Entscheidungen der Verfassungsgerichte der Länder
Berlin, Brandenburg, Bremen, Hamburg, Hessen, Mecklenburg-Vorpommern,
Saarland, Sachsen, Sachsen-Anhalt, Thüringen

Entscheidungen der Verfassungsgerichte der Länder

Berlin, Brandenburg, Bremen, Hamburg, Hessen, Mecklenburg-Vorpommern, Saarland, Sachsen, Sachsen-Anhalt, Thüringen

Herausgegeben
von den Mitgliedern der Gerichte

1998

Walter de Gruyter · Berlin · New York

Entscheidungen der Verfassungsgerichte der Länder

Berlin, Brandenburg, Bremen, Hamburg, Hessen, Mecklenburg-Vorpommern, Saarland, Sachsen, Sachsen-Anhalt, Thüringen

LVerfGE

5. Band
1. 7. bis 31. 12. 1996

1998

Walter de Gruyter · Berlin · New York

Zitierweise

Für die Zitierung dieser Sammlung wird die Abkürzung LVerfGE empfohlen,
z. B. LVerfGE 1,70 (= Band 1 Seite 70)

∞ Gedruckt auf säurefreiem Papier, das die US-ANSI-Norm über Haltbarkeit erfüllt.

Die Deutsche Bibliothek – CIP-Einheitsaufnahme

Entscheidungen der Verfassungsgerichte der Länder
= LVerfGE / hrsg. von den Mitgliedern der Gerichte. - Berlin ;
New York : de Gruyter

Bd. 5. Berlin, Brandenburg, Bremen, Hamburg, Hessen,
Mecklenburg-Vorpommern, Saarland, Sachsen, Sachsen-Anhalt,
Thüringen: 1. 7. bis 31. 12. 1996. - 1998
ISBN 3-11-016065-X

© Copyright 1998 by Walter de Gruyter GmbH & Co., D-10785 Berlin.
Dieses Werk einschließlich aller seiner Teile ist urheberrechtlich geschützt. Jede Verwertung außerhalb der engen Grenzen des Urheberrechtsgesetzes ist ohne Zustimmung des Verlages unzulässig und strafbar. Das gilt insbesondere für Vervielfältigungen, Übersetzungen, Mikroverfilmungen und die Einspeicherung und Verarbeitung in elektronischen Systemen.
Printed in Germany
Satz: Satz-Rechenzentrum Berlin. Druck: H. Heenemann GmbH & Co, Berlin.
Buchbinderische Verarbeitung: Lüderitz & Bauer GmbH, Berlin.

Inhalt

Entscheidungen des Verfassungsgerichtshofs des Landes Berlin — Seite

Nr. 1	13. 8. 96 63/94	Verfassungsbeschwerde eines privaten Krankentransportunternehmens gegen Vorschriften des Rettungsdienstgesetzes	3
Nr. 2	13. 8. 96 29/96	Umbenennung einer Straße; Auslegung des Berliner Straßengesetzes durch das Fachgericht; Prüfungsumfang des VerfGH	10
Nr. 3	26. 9. 96 46/93	Erhebung von Kammerbeiträgen durch die Ärztekammer Berlin; Recht auf informationelle Selbstbestimmung	14
Nr. 4	26. 9. 96 26/95	Verfassungsbeschwerde gegen Verurteilung zu einer Geldbuße wegen Zuwiderhandlung gegen die Zweckentfremdungsverbot-Verordnung ...	23
Nr. 5	26. 9. 96 76/95	Überprüfung einer arbeitsgerichtlichen Entscheidung am Maßstab des rechtlichen Gehörs und des Rechts auf freie Wahl des Arbeitsplatzes	30
Nr. 6	22. 10. 96 44/96	Abstrakte Normenkontrolle; Aufhebung von Studiengängen durch Haushaltsstrukturgesetz; Wissenschaftsfreiheit	37
Nr. 7	31. 10. 96 54/96	Verfassungsbeschwerde einer Universität gegen die Errichtung Gemeinsamer Kommissionen und die Aufhebung von Studiengängen durch Gesetz; Subsidiaritätsgrundsatz; Wissenschaftsfreiheit	49
Nr. 8	12. 12. 96 38/96	Überprüfung einer mietrechtlichen Entscheidung am Maßstab des Willkürverbots und der Grundrechte auf Gehör und den gesetzlichen Richter	58

Inhalt

Entscheidungen des Verfassungsgerichts des Landes Brandenburg

Nr. 1	14. 8. 96 VfGBbg 23/95	Verletzung von Art. 52 Abs. 4 LV – faires und zügiges Verfahren – bei versehentlichem Übersehen von strafrechtlichen Verjährungsvorschriften bei der Privatklage?	67
Nr. 2	17. 10. 96 VfGBbg 19/95	Selbständige Einziehung gem. § 76 a Abs. 3 StGB und Unschuldsvermutung nach Art. 53 Abs. 2 LV	74
Nr. 3	17. 10. 96 VfGBbg 5/95	Rechtsnatur von Pflichtaufgaben zur Erfüllung nach Weisung im Land Brandenburg; Anforderungen an die Entziehung einer solchen Aufgabe (hier: Verlagerung des Brandschutzes auf die Ämter)	79
Nr. 4	21. 11. 96 VfGBbg 26/96	Zur Frage eines Anspruchs ehemals durch das „Wissenschaftler-Integrationsprogramm (WIP)" geförderter Wissenschaftler auf Integration in die Hochschullandschaft des Landes Brandenburg vor dem Hintergrund von Art. 49 Abs. 1 LV	94
Nr. 5	21. 11. 96 VfGBbg 17/96, 18/96 und 19/96	Subsidiarität der Verfassungsbeschwerde; zur Frage einer Vorabentscheidung nach § 45 Abs. 2 Satz 2 VerfGGBbg, wenn die zu entscheidende Rechtsfrage in die Entscheidungszuständigkeit des Bundes fällt	112
Nr. 6	21. 11. 96 VfGBbg 35/96	Fristbeginn der Wiedereinsetzungsfrist nach § 47 Abs. 2 VerfGGBbg bei einer Verfassungsbeschwerde gegen eine Sachentscheidung, wenn (auch) Antrag auf Berichtigung des Tatbestandes gestellt war	123
Nr. 7	19. 12. 96 VfGBbg 28/96	Zulässigkeitsanforderungen an eine Verfassungsbeschwerde gegen Untätigbleiben eines Fachgerichts. Rechtsschutzbedürfnis insoweit nach Abschluß der betreffenden Instanz?	125
Nr. 8	19. 12. 96 VfGBbg 22/95	Unzulässigkeit einer einen Haftbefehl und die Dauer der Untersuchungshaft betreffenden Verfassungsbeschwerde nach Verurteilung unter Anrechenbarkeit der Untersuchungshaft	130

Inhalt VII

Entscheidungen des Staatsgerichtshofs der Freien Hansestadt Bremen

Nr. 1	29. 7. 96 St 3/95	Überprüfung der Gültigkeit eines Volksentscheides zur Änderung der Landesverfassung; Einflußnahme staatlicher Organe auf die Meinungsbildung der Stimmbürger............	137
Nr. 2	19. 10. 96 St 1/95	Zweckbindung öffentlicher Fraktionsmittel, Rechnungslegungspflicht der Fraktionen über die Verwendung öffentlicher Mittel, Erstattungsanspruch des Staates	158
Nr. 3	23. 12. 96 St 5/96	Wahlprüfung; Abgrenzung zwischen der Rundfunkfreiheit und der Chancengleichheit von Wahlbewerbern; Wahlwerbung durch Fraktionen; Obliegenheit, gegen Wahlbeeinträchtigungen den Rechtsschutz auszuschöpfen	176

Entscheidungen des Landesverfassungsgerichts Mecklenburg-Vorpommern

Nr. 1	11. 7. 96 LVerfG 1/96	Organstreit; Abgeordnete; freies Mandat; Regelung des Status; Parlamentswürdigkeit; Verfahren zur Überprüfung auf Tätigkeit für den Staatssicherheitsdienst der ehemaligen DDR.........	203

Entscheidungen des Verfassungsgerichtshofs des Saarlandes

Nr. 1	17. 12. 96 Lv 3/95	Beteiligung von Beamtenkoalitionen am Gesetzgebungsverfahren; wohlerworbene Rechte von Beamten auf Beihilfe......................	243

Entscheidungen des Verfassungsgerichtshofs des Freistaates Sachsen

Nr. 1	29. 8. 96 Vf. 6-IV-95	Subsidiarität der Verfassungsbeschwerde; Begründungspflicht........................	287
Nr. 2	25. 10. 96 Vf. 18-III-95	Konkrete Normenkontrolle; Pflicht zur finanziellen Förderung privater Ersatzschulen; Gestaltungsspielraum des einfachen Gesetzgebers	292

VIII Inhalt

Nr. 3	25. 10. 96 Vf. 29-IV-96 Vf. 30-IV-96	Verletzung der Grundrechte aus Art. 30 Abs. 1 und 31 Abs. 1 S. 1 SächsVerf durch eine zivilgerichtliche Entscheidung	300
Nr. 4	25. 10. 96 Vf. 34-IV-96 Vf. 35-IV-96	Grundrecht der Pressefreiheit; Gegendarstellungsanspruch; kein Schutz vor falschem Zitat	304
Nr. 5	13. 12. 96 Vf. 21-VIII-95	Kreisgebietsreform; Anhörungsgebot; verfassungsgerichtlicher Prüfungsmaßstab	311

Entscheidungen des Thüringer Verfassungsgerichtshofs

Nr. 1	6. 9. 96 VerfGH 4/95	Zuweisung einer Gemeinde zu einem neugebildeten Landkreis	331
Nr. 2	8. 10. 96 VerfGH 18/96	Mitwirkungsrechte von Beamtenkoalitionen im Landesgesetzgebungsverfahren	343
Nr. 3	28. 11. 96 VerfGH 1/95	Landtagswahl für den Freistaat Thüringen vom 16. 10. 1994: Verbindlichkeit der Entscheidung des Landeswahlausschusses darüber, ob eine Partei im Deutschen Bundestag oder in einem der Landtage seit deren letzter Wahl aufgrund eigener Wahlvorschläge ununterbrochen vertreten war. Relevanz der Entscheidung im Hinblick auf das Wahlergebnis bzw. die Sitzverteilung im Zweiten Thüringer Landtag.	356
Nr. 4	18. 12. 96 VerfGH 2/95, 6/95	Kreisgebietsreform in Thüringen; Eingliederung von Umlandgemeinden in eine kreisfreie Stadt	391

Sachregister 439

Gesetzesregister 453

Abkürzungsverzeichnis

aaO	am angegebenen Ort
ABl./Amtsbl.	Amtsblatt
AbgG	Abgeordnetengesetz Mecklenburg-Vorpommern
AG VwGO LSA	Ausführungsgesetz zur Verwaltungsgerichtsordnung Sachsen-Anhalt
AH-Drs.	Abgeordnetenhaus-Drucksachen
AK	Alternativ-Kommentar
AKB	Allgemeine Bedingungen für die Kraftfahrtversicherung
AmtsO	Amtsordnung
ÄndG	Änderungsgesetz
AO	Abgabenordnung
AöR	Archiv des öffentlichen Rechts
Art.	Artikel
AS	Amtliche Sammlung der Entscheidungen der Oberverwaltungsgerichte von Rheinland-Pfalz und dem Saarland
AsylbLG	Asylbewerberleistungsgesetz
AU	Amtlicher Umdruck
AuslG	Ausländergesetz
BayGO	Bayerische Gemeindeordnung
BayPAG	Bayerisches Polizeiaufgabengesetz
BayVBl.	Bayerische Verwaltungsblätter
BayVerfGH/BayVfGH	Bayerischer Verfassungsgerichtshof
BayVGH	Bayerischer Verwaltungsgerichtshof
BB	Bremische Bürgerschaft
BBG	Bundesbeamtengesetz
BbgDSG	Brandenburgisches Datenschutzgesetz
BbgIngkamG	Brandenburgisches Ingenieurkammergesetz
BbgKWahlG	Brandenburgisches Kommunalwahlgesetz
BbgNatschG	Brandenburgisches Naturschutzgesetz
BbgVerf	Verfassung des Landes Brandenburg
BbgWBG	Brandenburgisches Weiterbildungsgesetz
BDSG	Bundesdatenschutzgesetz
BerlASOG	Berliner Allgemeines Gesetz zum Schutz der öffentlichen Sicherheit und Ordnung
BerlHG	Berliner Hochschulgesetz
BerlVerfGH	Verfassungsgerichtshof des Landes Berlin
BetrVG	Betriebsverfassungsgesetz
BezVerwG/BezVG	Bezirksverwaltungsgesetz

BezWG	Gesetz über die Wahl zu den Bezirksversammlungen
BFH	Bundesfinanzhof
BFHE	Sammlung der Entscheidungen des Bundesfinanzhofs
BGB	Bürgerliches Gesetzbuch
BGBl.	Bundesgesetzblatt
BhVO	Verordnung über die Gewährung von Beihilfen in Krankheits-, Pflege-, Geburts- und Todesfällen (des Saarlandes)
BNatSchG	Bundesnaturschutzgesetz
BPersVG	Bundespersonalvertretungsgesetz
BPflVO	Bundespflegesatzverordnung
BRAGO	Bundesgebührenordnung für Rechtsanwälte
BRAO	Bundesrechtsanwaltsordnung
BremAbgG	Bremisches Abgeordnetengesetz
Brem.GBl.	Bremisches Gesetzblatt
BremLV	Landesverfassung der Freien Hansestadt Bremen
BremPolG	Bremisches Polizeigesetz
BremStGHE	Entscheidungen des Staatsgerichtshofs Bremen
BremStGHG	Gesetz über den Staatsgerichtshof Bremen
BremStiftG	Bremisches Stiftungsgesetz
BremWG	Bremisches Wahlgesetz
BRRG	Beamtenrechtsrahmengesetz
BSchG	Brandschutzgesetz
BschHLG	Brandschutz- und Hilfeleistungsgesetz
BSG	Bundessozialgericht
BSHG	Bundessozialhilfegesetz
BT-Drs.	Drucksachen des Deutschen Bundestages
Buchholz	Sammel- und Nachschlagewerk der Rechtsprechung des BVerwG, herausgegeben von K. Buchholz
BüWG	Gesetz über die Wahl zur hamburgischen Bürgerschaft
BVerfG	Bundesverfassungsgericht
BVerfGE	Entscheidungen des Bundesverfassungsgerichts
BVerfGG	Gesetz über das Bundesverfassungsgericht
BVerfSchG	Bundesverfassungsschutzgesetz
BVerwG	Bundesverwaltungsgericht
BVerwGE	Entscheidungen des Bundesverwaltungsgerichts
BVV	Bezirksverordnetenversammlung
BWaldG	Bundeswaldgesetz
BW-GO	Gemeindeordnung für Baden-Württemberg
BW PolG	Polizeigesetz für Baden-Württemberg
BZRG	Bundeszentralregistergesetz
CDU	Christlich Demokratische Union Deutschlands
DB	Der Betrieb
DDR	Deutsche Demokratische Republik
DDR-GBl.	Gesetzblatt der DDR
DemGO	Demokratische Gemeindeordnung

Abkürzungsverzeichnis   XI

DemOrgG-LSA	Gesetz über die weitere Demokratisierung des Aufbaus und der Arbeitsweise der staatlichen Organe Sachsen-Anhalt 1952
dess.	desselben
DGO	Deutsche Gemeindeordnung
DJT	Deutscher Juristentag
DÖV	Die Öffentliche Verwaltung
DRiG	Deutsches Richtergesetz
Drs.	Drucksache(n)
DVBl.	Deutsches Verwaltungsblatt
EA	Einstweilige Anordnung
ebd.	ebenda
EGGVG	Einführungsgesetz zum Gerichtsverfassungsgesetz
ElbElstG	Elbe-Elster-Gesetz
EMRK	Europäische Menschenrechtskonvention
ESVGH	Entscheidungssammlung des Hessischen Verwaltungsgerichtshofs und des Verwaltungsgerichtshofs Baden-Württemberg
EuGRZ	Europäische Grundrechte-Zeitschrift
e. V.	eingetragener Verein
EWGV	Vertrag zur Gründung der Europäischen Wirtschaftsgemeinschaft
EWiR	Entscheidungen zum Wirtschaftsrecht
FamRZ	Zeitschrift für das gesamte Familienrecht
FraktG	Fraktionsgesetz; Gesetz über die Rechtsstellung der Fraktionen des Abgeordnetenhauses von Berlin
FraktG-LSA	Fraktionsgesetz Sachsen-Anhalt
GBl. DDR	Gesetzblatt der DDR
GBO	Grundbuchordnung
GE	Das Grundeigentum
GemVerfG-33	Gemeindeverfassungsgesetz 1933
GerOrgG-ProvSAn	Gerichtsorganisationsgesetz in der Provinz Sachsen-Anhalt
GerZustV	Gerichtszuständigkeits-Verordnung
GewG	Gewerbegesetz
GewO	Gewerbeordnung
GG	Grundgesetz für die Bundesrepublik Deutschland
GK-AuslR	Gemeinschaftskommentar zum Ausländerrecht
GKG	Gerichtskostengesetz
GKG-LSA	Gesetz über die kommunale Gemeinschaftsarbeit Sachsen-Anhalt
GKöD	Gesamtkommentar zum öffentlichen Dienstrecht
GO	Geschäftsordnung
GOAvB	Geschäftsordnung des Abgeordnetenhauses von Berlin
GOBVerfG	Geschäftsordnung des Bundesverfassungsgerichts
GO-LSA	Gemeindeordnung Sachsen-Anhalt

Abkürzungsverzeichnis

GO-NW	Gemeindeordnung Nordrhein-Westfalen
GVABl.	Gesetz-, Verordnungs- und Amtsblatt
GVBl.	Gesetz- und Verordnungsblatt
Hdb	Handbuch
HdbStR	Handbuch des Staatsrechts
HeilberufsG	Heilberufsgesetz
HEP	Hochschulerneuerungsprogramm
HSOG	Hessisches Gesetz über die öffentliche Sicherheit und Ordnung
HessStAnz	Staatsanzeiger für das Land Hessen
Hess.VGH	Hessischer Verwaltungsgerichtshof
HmbBG	Hamburgisches Beamtengesetz
HmbDSG	Hamburgisches Datenschutzgesetz
HmbJVBl	Hamburgisches Justizverwaltungsblatt
HmbSOG	Hamburgisches Gesetz über die Sicherheit und Ordnung
HmbVwfG	Hamburgisches Verwaltungsverfahrensgesetz
HmbWO	Wahlordnung für die Wahlen zur hamburgischen Bürgerschaft und zu den Bezirksversammlungen
HRG	Hochschulrahmengesetz
Hrsg.	Herausgeber
Hs.	Halbsatz
HStrG	Haushaltsstrukturgesetz
HV	Verfassung des Landes Hessen
HVerf	Hamburger Verfassung
HVerfG	Hamburgisches Verfassungsgericht
HVerfGG	Hamburgisches Verfassungsgerichtsgesetz
InfAuslR	Informationsbrief Ausländerrecht
JA	Juristische Arbeitsblätter
JöR	Jahrbuch des öffentlichen Rechts der Gegenwart
JR	Juristische Rundschau
JurBüro	Das Juristische Büro
JuS	Juristische Schulung
JZ	Juristenzeitung
KaG	Kammergesetz
KG	Kammergericht
KGNGBbg	Kreis- und Gerichtsneugliederungsgesetz Brandenburg
1. KGRÄndG	1. Kreisgebietsreformänderungsgesetz
KJHG	Kinder- und Jugendhilfegesetz
KK	Karlsruher Kommentar zur StPO
KNGBbg	Kreisneugliederungsgesetz Brandenburg
KommVerf	Kommunalverfassung DDR
KostO	Kostenordnung
KostRÄndG	Kostenrechtsänderungsgesetz
KrsGebRefG-LSA	Gesetz zur Kreisgebietsreform
KTS	Konkurs-, Treuhand- und Schiedsgerichtswesen

LAbfG	Landesabfallgesetz Berlin
LAbgG	Gesetz über die Rechtsverhältnisse der Mitglieder des Abgeordnetenhauses von Berlin
LärmVO	Lärmverordnung
LdEinfG	Ländereinführungsgesetz DDR
LHO	Landeshaushaltsordnung
LHO/BremLHO	Landeshaushaltsordnung (Bremen)
LKO-LSA	Landkreisordnung Sachsen-Anhalt
LKV	Landes- und Kommunalverwaltung
LM	Nachschlagewerk des Bundesgerichtshofes, herausgegeben von Lindenmaier, Möhring und anderen
LS	Leitsatz
LSA-GABl.	Gesetz- und Amtsblatt Sachsen-Anhalt
LSA-GVBl.	Gesetz- und Verordnungsblatt Sachsen-Anhalt
LT	Landtag
LT-Drs.	Landtagsdrucksache
LV	Landesverfassung
LVerfG	Landesverfassungsgericht
LVerfGG	Landesverfassungsgerichtgesetz
LVerfGG-LSA	Landesverfassungsgerichtsgesetz Sachsen-Anhalt
LVerf-LSA	Verfassung des Landes Sachsen-Anhalt
LVfG-LSA	Landesverfassungsgericht Sachsen-Anhalt
LWahlG	Landeswahlgesetz
LWahlO	Landeswahlordnung
LWaldG	Waldgesetz des Landes Brandenburg
LWG	Landtagswahlgesetz
MDR	Monatsschrift für Deutsches Recht
MinBl.	Ministerialblatt
MRK	Konvention zum Schutze der Menschenrechte und Grundfreiheiten
MüKo	Münchener Kommentar zum Bürgerlichen Gesetzbuch
mwN	mit weiteren Nachweisen
NdsGefAG	Niedersächsisches Gefahrenabwehrgesetz
NdsGVBl.	Niedersächsisches Gesetz- und Verordnungsblatt
NdsStGH	Niedersächsischer Staatsgerichtshof
NdsStGHE	Entscheidungen des Nds. Staatsgerichtshofes
NdsVerf	Niedersächsische Verfassung
n. F.	Neue Folge (Sammlung von Entscheidungen des Bayerischen Verwaltungsgerichtshofs mit Entscheidungen des Bayerischen Verfassungsgerichtshofs)
NGO	Niedersächsische Gemeindeordnung
NJ	Neue Justiz
NJW	Neue Juristische Wochenschrift
NRW, NW	Nordrhein-Westfalen

NStZ	Neue Zeitschrift für Strafrecht
NV	Neugliederungs-Vertrag
NVG	Neugliederungsvertragsgesetz
NVR	Nationaler Verteidigungsrat
NVwZ	Neue Zeitschrift für Verwaltungsrecht
NVwZ-RR	Neue Zeitschrift für Verwaltungsrecht – Rechtsprechungsreport
NW-GO	Gemeindeordnung Nordrhein-Westfalen
NZS	Neue Zeitschrift für Sozialrecht
OLG	Oberlandesgericht
OLG-NL	OLG-Rechtsprechung Neue Länder
OLGZ	Entscheidungen der Oberlandesgerichte in Zivilsachen einschließlich der freiwilligen Gerichtsbarkeit
OVG	Oberverwaltungsgericht
OVGE	Entscheidungen des Oberverwaltungsgerichts für das Land Nordrhein-Westfalen in Münster sowie für die Länder Niedersachsen und Schleswig-Holstein in Lüneburg (1. 1950 ff.)
OWiG	Gesetz über Ordnungswidrigkeiten
PartG	Gesetz über die politischen Parteien (Parteiengesetz)
PDS	Partei des Demokratischen Sozialismus
PDS–LL	Partei des Demokratischen Sozialismus – Linke Liste
PDV	Polizeiliche Dienstvorschrift
PersR	Der Personalrat
PersVG	Personalvertretungsgesetz Mecklenburg-Vorpommern
PetG	Gesetz über die Behandlung von Petitionen durch die Bremische Bürgerschaft
Plen.-Prot.	Plenarprotokoll
PreußVerf	Verfassung des Freistaates Preußen
Pr-GS	Preußische Gesetzessammlung
Prot.	Protokoll
ProvSAn-GABl.	Gesetz- und Verordnungsblatt Sachsen-Anhalt
PrVG	Gesetz über die Anerkennung der politisch, rassisch oder religiös Verfolgten des Nationalsozialismus vom 20. 3. 1950
RAO	Reichsabgabenordnung
RDG	Rettungsdienstgesetz
Rdn.	Randnummer
RefEntw	Referentenentwurf
RegBkPlG	Gesetz zur Einführung der Regionalplanung und der Braunkohlen- und Sanierungsplanung
RegVorl	Regierungsvorlage
RettGBbg	Brandenburgisches Rettungsdienstgesetz
revDGO	revidierte Deutsche Gemeindeordnung
revStO	revidierte Städte-Ordnung für die preußische Monarchie
RGBl.	Reichsgesetzblatt

RiL	Richtlinie
ROG	Raumordnungsgesetz
ROLVG-LSA	Vorschaltgesetz zur Raumordnung und Landesplanung Sachsen-Anhalt
RPfleger	Der Deutsche Rechtspfleger
RV-Fo	Rahmenvereinbarung Forschungsförderung
RWahlG	Reichswahlgesetz
Rz.	Randzahl
SPolG	Saarländisches Polizeigesetz
SaBremR	Sammlung des Bremischen Rechts
SächsBGB	Bürgerliches Gesetzbuch für das Königreich Sachsen
SächsDSG	Sächsisches Datenschutzgesetz
SächsDolmG	Sächsisches Dolmetschergesetz
SächsFrTrSchulG	Gesetz über Schulen in freier Trägerschaft
SächsPolG	Sächsisches Polizeigesetz
SächsPresseG	Sächsisches Pressegesetz
SächsVBl.	Sächsische Verwaltungsblätter
SächsVerf	Verfassung des Freistaates Sachsen
SächsVerfGH	Verfassungsgerichtshof des Freistaates Sachsen
SächsVerfGHG	Sächsisches Verfassungsgerichtshofsgesetz
SächsVSG	Sächsisches Verfassungsschutzgesetz
SASOG	Gesetz über die öffentliche Sicherheit und Ordnung des Landes Sachsen-Anhalt
SBG	Saarländisches Beamtengesetz
SchlHA	Schleswig-Holsteinische
SchwbG	Schwerbehindertengesetz
SeuffA	Seufferts Archiv für Entscheidungen der obersten Gerichte in den deutschen Staaten
SGb	Die Sozialgerichtsbarkeit
SGB	Sozialgesetzbuch
SGB I	Sozialgesetzbuch, Erstes Buch
SGG	Sozialgerichtsgesetz
SH-GO	Gemeindeordnung Schleswig-Holstein
SH-GVOBl.	Gesetz und Verordnungsblatt Schleswig-Holstein
SHLVwG	Allgemeines Verwaltungsgesetz für das Land Schleswig-Holstein
SozR	Sozialrecht, Rechtsprechung und Schrifttum, herausgegeben von Richtern des BSG
SPD	Sozialdemokratische Partei Deutschlands
SpkAV	Sparkassenanpassungsverordnung
SRG	Schulreformgesetz
StAnz.	Staatsanzeiger
StenBer	Stenografische Berichte
StGB	Strafgesetzbuch
StGH	Staatsgerichtshof

Abkürzungsverzeichnis

StGHG	Gesetz über den Staatsgerichtshof
StPO	Strafprozeßordnung
StrG	Straßengesetz
StrRehaG	Strafrechtliches Rehabilitationsgesetz
st. Rspr.	ständige Rechtsprechung
StUG	Stasi-Unterlagen-Gesetz
StV	Strafverteidiger
SVerf	Verfassung des Saarlandes
ThürBG	Thüringer Beamtengesetz
ThürGOLT	Geschäftsordnung des Thüringer Landtags
ThürLWG	Thüringer Wahlgesetz für den Landtag
ThürKO	Thüringer Gemeinde- und Landkreisordnung (Thüringer Kommunalordnung)
ThürNGG	Thüringer Neugliederungsgesetz
ThürVerf	Verfassung des Freistaats Thüringen
ThürVerfGH	Thüringer Verfassungsgerichtshof
ThürVerfGHG	Thüringer Verfassungsgerichtshofsgesetz
UA	Urteilsausfertigung
UWG	Gesetz gegen den unlauteren Wettbewerb
VA	Verfassungsausschuß
VAGBbg	Volksabstimmungsgesetz Brandenburg
VE-Gesetz	Gesetz über das Verfahren beim Volksentscheid vom 1. April 1969 (Bremen)
VerfBW	Verfassung des Landes Baden-Württemberg
VerfGBbg	Verfassungsgericht des Landes Brandenburg
VerfGGBbg	Verfassungsgerichtsgesetz Brandenburg
VerfGH NRW	Verfassungsgerichtshof Nordrhein-Westfalen
VerfGH Rh.-Pf.	Verfassungsgerichtshof Rheinland-Pfalz
VerfGHG	Gesetz über den Verfassungsgerichtshof
VerfGH/VfGH	Verfassungsgerichtshof
VerfGrdsG	Verfassungsgrundsätzegesetz
Verf-ProvSAn	Verfassung der Provinz Sachsen-Anhalt
VfGBbg	Verfassungsgericht Brandenburg
VG	Verwaltungsgericht
VGH	Verwaltungsgerichtshof
VGHG	Gesetz über den Verfassungsgerichtshof (des Saarlandes)
vgl.	vergleiche
VvB	Verfassung von Berlin
VvB 1950	Verfassung von Berlin vom 1. September 1950
VVDStRL	Veröffentlichungen der Vereinigung der Deutschen Staatsrechtslehrer
VVG	Versicherungsvertragsgesetz
Vw GemVO LSA	Verordnung über die Zuordnung von Gemeinden zu Verwaltungsgemeinschaften

VwGO	Verwaltungsgerichtsordnung
VwVfG	Verwaltungsverfahrensgesetz
VwVfGBbg	Verwaltungsverfahrensgesetz Brandenburg
VwVfG-LSA	Verwaltungsverfahrensgesetz Sachsen-Anhalt
WahlDG	Wahldurchführungsgesetz
WarnRsp	Rechtsprechung des Reichsgerichts, soweit sie nicht in der amtlichen Sammlung der Entscheidung des RG abgedruckt ist, hrsg. v. Warneyer
WIP	Wissenschaftler-Integrationsprogramm
WKKG	Wahlkampfkostenerstattungsgesetz
WoBindG	Wohnungsbindungsgesetz
WPO	Wirtschaftsprüferordnung
WV	Weimarer Verfassung
ZfP	Zeitschrift für Politik
ZG	Zeitschrift für Gesetzgebung
ZGB	Zivilgesetzbuch der DDR
ZPO	Zivilprozeßordnung
ZRP	Zeitschrift für Rechtspolitik
ZSEG	Gesetz über die Entschädigung von Zeugen und Sachverständigen

Entscheidungen
des Verfassungsgerichtshofs
des Landes Berlin

Die amtierenden Richter des Verfassungsgerichtshofs des Landes Berlin

Prof. Dr. Klaus Finkelnburg, Präsident

Dr. Ehrhart Körting, Vizepräsident

Veronika Arendt-Rojahn

Renate Citron-Piorkowski

Hans Dittrich

Prof. Dr. Hans-Joachim Driehaus

Klaus Eschen

Prof. Dr. Philip Kunig

Edeltraut Töpfer

Nr. 1

Verfassungsbeschwerde eines privaten Krankentransportunternehmens gegen Vorschriften des Rettungsdienstgesetzes.

Verfassung von Berlin 1950 6, 11, 15 Abs. 1 Satz 1
Gesetz über den Verfassungsgerichtshof §§ 49, 51 Abs. 2
Gesetz über den Rettungsdienst für das Land Berlin (Rettungsdienstgesetz) vom 8. Juli 1993 (GVBl. S. 313) §§ 2 Abs. 2 Satz 1, 5 Abs. 1 Sätze 2 und 3, 23 Abs. 1 Satz 3, Abs. 2 Satz 1

Beschluß vom 13. August 1996 – VerfGH 63/94 –
In dem Verfahren über die Verfassungsbeschwerde der R. GmbH

Entscheidungsformel:

§ 5 Abs. 1 des Gesetzes über den Rettungsdienst für das Land Berlin (Rettungsdienstgesetz – RDG) vom 8. Juli 1993 (GVBl. S. 313) ist mit der Verfassung von Berlin vereinbar.
Die Verfassungsbeschwerde wird zurückgewiesen.
Das Verfahren ist gerichtskostenfrei.
Auslagen werden nicht erstattet.

Gründe:

I.

Die Beschwerdeführerin betreibt in Berlin ein Krankentransportunternehmen. Sie bemüht sich seit Jahren, in die vom Land Berlin getragene und organisierte Notfallrettung integriert zu werden. Im Jahre 1986 stellte die Beschwerdeführerin einen Antrag auf Übertragung von Aufgaben des Notfallrettungsdienstes. Der Senator für Inneres lehnte diesen Antrag mit Bescheid vom 17. Oktober 1986 mit der Begründung ab, er sehe keine Notwendigkeit, von der Möglichkeit des § 2 Abs. 1 des Berliner Feuerwehrgesetzes – FwG – Gebrauch zu machen und die Beschwerdeführerin mit dieser Ordnungsaufgabe zu betrauen. Die Berliner Feuerwehr und die Hilfsorganisationen – der Arbeiter-Samariter-Bund, das Deutsche Rote Kreuz, die Johanniter-Unfall-Hilfe und der Malteser-Hilfsdienst – seien in der Lage, einen ordnungsgemäßen Notfallrettungsdienst bei – im Verhältnis zum Bundesgebiet – überdurchschnittlich kurzen Eintreff- und Transportzeiten zu gewährleisten. Die daraufhin von der Beschwerdeführerin erhobene Verpflichtungsklage blieb vor dem Verwaltungsgericht und vor dem Oberverwaltungsgericht Berlin erfolglos (VG Berlin, Urteil vom 25. Januar 1989 – VG 1 A 275/86 –; OVG Berlin, Urteil vom 12. Februar 1992 – OVG 1 B 32/89 –).

Während des Revisionsverfahrens trat am 22. Juli 1993 das Gesetz über den Rettungsdienst für das Land Berlin (Rettungsdienstgesetz – RDG) vom 8. Juli 1993 (GVBl. S. 313) in Kraft, das u. a. folgende Regelungen enthält:

§ 2 Abs. 2 Satz 1:
Aufgabe der Notfallrettung ist es, das Leben oder die Gesundheit von Notfallpatienten zu erhalten, sie transportfähig zu machen und sie unter fachgerechter Betreuung in eine für die weitere Versorgung geeignete Einrichtung zu befördern.

§ 5 Abs. 1:
Die Notfallrettung wird von der Berliner Feuerwehr als Ordnungsaufgabe wahrgenommen. Daneben kann die für den Rettungsdienst zuständige Senatsverwaltung den Hilfsorganisationen, wie dem Arbeiter-Samariter-Bund, der Deutschen Lebens-Rettungs-Gesellschaft, dem Deutschen Roten Kreuz, der Johanniter-Unfall-Hilfe und dem Malteser-Hilfsdienst, diese Aufgabe übertragen. Die Aufgabe der Notfallrettung kann in besonderen Fällen und soweit ein Bedarf besteht auch anderen geeigneten privaten Einrichtungen übertragen werden.

§ 23 Abs. 1 Satz 3:
Zur Gewährleistung der nach diesem Gesetz gestellten Anforderungen können nachträglich Auflagen erteilt werden.

§ 23 Abs. 2 Satz 1:
Wer bis zu zwei Jahre nach Inkrafttreten dieses Gesetzes die Ausbildung zum Rettungssanitäter abgeschlossen hat, kann danach abweichend von § 9 Abs. 3 in der Notfallrettung zur Betreuung des Patienten eingesetzt werden, wenn er insgesamt über eine mindestens 2 000 Stunden umfassende praktische Erfahrung in diesem Bereich verfügt.

Das Bundesverwaltungsgericht wies die Revision der Beschwerdeführerin gegen das Urteil des Oberverwaltungsgerichts Berlin vom 12. Februar 1992 durch Urteil vom 3. November 1994 zurück (BVerwG 3 C 17/92, BVerwGE 97, 79 = NJW 1995, 3067). In der Begründung wird im einzelnen ausgeführt, § 5 Abs. 1 RDG sei verfassungsgemäß und verstoße weder gegen Art. 12 Abs. 1 GG noch gegen Art. 3 Abs. 1 GG.

Über eine gegen dieses Urteil beim Bundesverfassungsgericht eingelegte, auf die Verletzung von Vorschriften des Grundgesetzes gestützte Verfassungsbeschwerde (1 BvR 948/95) ist bisher nicht entschieden worden.

Mit der vorliegenden, mit Schriftsatz vom 20. Juli 1994 eingelegten Verfassungsbeschwerde rügt die Beschwerdeführerin die Verletzung von Grundrechten der Verfassung von Berlin in der bei Erlaß des RDG maßgeblichen, bis zum 28. November 1995 gültigen Fassung, und zwar Art. 6 Abs. 1, 11, 15 und 23 Abs. 2 VvB 1950. Sie macht geltend, sie sei von den angegriffenen landesgesetzlichen Regelungen selbst, gegenwärtig und unmittelbar betroffen. § 5 Abs. 1 Sätze 2 und 3 RDG schließe ihre Einbeziehung wie auch die anderer Rettungsdienste, die nicht zum Kreis der Hilfsorganisationen zählten, von vornherein aus. Durch § 2 Abs. 2 Satz 1 RDG würden Sekundärtransporte, die rechtlich bislang als Krankentransporte zu bewerten gewesen seien, ebenfalls der Notfallrettung zugeschlagen und damit von einer Übertragung dieser Aufgabe nach § 5 Abs. 1 RDG abhängig gemacht. Die Übergangsregelung des § 23 Abs. 1 Satz 3 RDG sei zu unbestimmt, da sie auch in dem Anpassungszeitraum der Verwaltung den Rückgriff auf § 14 RDG erlaube und damit Belastungen zulasse, die in grundrechtlich geschützte Sphären eingriffen. § 23 Abs. 2 RDG belaste sie insofern, als diese Regelung zu einer Abwanderung qualifizierter Mitarbeiter führe, auf die sie jedoch auch bei der Besetzung der Rettungsmittel „Krankenkraftwagen" angewiesen sei; dies führe zu einem Wettbewerbsnachteil, der vor dem Hintergrund der funktionalen Einheit des Rettungsdienstes im Land Berlin nicht gerechtfertigt sei. Durch die zitierten Bestimmungen des Rettungsdienstgesetzes werde sie willkürlich benachteiligt, da ihr auf Dauer jede Möglichkeit genommen werde, sich in dem Teilbereich der Notfallrettung zu engagieren.

Die Beschwerdeführerin beantragt festzustellen,
daß die §§ 2 Abs. 2 Satz 1, 5 Abs. 1 Sätze 2 und 3, 23 Abs. 1 Satz 3, Abs. 2 Satz 1 des Gesetzes über den Rettungsdienst für das Land Berlin vom 8. Juli 1993 gegen die Verfassung von Berlin verstoßen und nichtig sind.

Gemäß § 53 Abs. 3 in Verbindung mit § 44 VerfGHG haben das Abgeordnetenhaus und der Senat von Berlin Gelegenheit zur Stellungnahme erhalten.

II.

1. Die Verfassungsbeschwerde ist zulässig, soweit sich die Beschwerdeführerin gegen § 5 Abs. 1 RDG wendet. Im übrigen ist sie unzulässig.

a) Nach § 49 Abs. 1 VerfGHG kann jedermann mit der Behauptung, durch die öffentliche Gewalt des Landes Berlin in einem seiner in der Verfassung von Berlin enthaltenen Rechte verletzt zu sein, die Verfassungsbeschwerde zum Verfassungsgerichtshof erheben, soweit nicht Verfassungsbeschwerde zum Bundesverfassungsgericht erhoben ist oder wird. Gegenstand einer Verfassungsbeschwerde kann auch ein Landesgesetz sein. Eine solche Verfassungsbeschwerde ist allerdings nur zulässig, wenn der Beschwerdeführer geltend machen kann, durch das Gesetz selbst, gegenwärtig und unmittelbar in seinen Rechten verletzt zu sein. Dabei bedeutet Unmittelbarkeit, daß das Gesetz ohne einen weiteren vermittelnden Akt in den Rechtskreis des Beschwerdeführers einwirkt. Dieses Erfordernis soll sicherstellen, daß eine Verfassungsbeschwerde erst erhoben wird, wenn eine konkrete Beschwer vorliegt. Bedarf es zur Anwendung des Gesetzes noch eines Vollziehungsaktes, kann es zur Verletzung verfassungsmäßiger Rechte grundsätzlich erst durch die Anwendung des Gesetzes kommen (vgl. Beschluß vom 17. September 1992 – VerfGH 16/92 –; vgl. auch BVerfG NVwZ 1994, 889, 890).

aa) Die Beschwerdeführerin kann geltend machen, durch die Regelung in § 5 Abs. 1 RDG unmittelbar in ihren Rechten verletzt zu sein. Indem § 5 Abs. 1 RDG die Notfallrettung zur Ordnungsaufgabe erklärt und diese Aufgabe der staatlichen Feuerwehr zuweist, werden private Einrichtungen, deren Geschäftszweck die Durchführung von Rettungstransporten ist, von vornherein von dieser Tätigkeit ausgeschlossen. Damit erscheint ein Eingriff in die Berufsfreiheit (vgl. Art. 11 VvB 1950), auf die sich auch die Beschwerdeführerin als juristische Person des Privatrechts berufen kann (vgl. *Pfennig/Neumann*, Verfassung von Berlin, 2. Aufl., Rdn. 47 vor Art. 6) zumindest möglich. Die Notfallrettung ist der Beschwerdeführerin kraft Gesetzes verboten, es bedarf keiner Umsetzung dieses gesetzlichen Verbotes etwa in Form einer Untersagungsverfügung. Daß das RDG in § 5 Abs. 1 Satz 3 die Möglichkeit der Übertragung von Notfallrettungsdienstaufgaben auf Private vorsieht, ändert nichts an der Unmittelbarkeit der Beschwer. Denn der Beschwerdeführerin geht es um die generelle Beteiligung an der Notfallrettung, die ihr aufgrund der Aufgabenzuweisung in § 5 Abs. 1 Satz 1 RDG verwehrt ist. Die Übertragung nach § 5 Abs. 1 Satz 3 RDG kommt nur in besonderen Ausnahmefällen in Betracht, da nach dem gesetzgeberischen Willen die Notfallrettung der Berliner Feuerwehr und den Hilfsorganisationen vorbehalten bleiben soll (vgl. Amtliche Begründung zu § 5 Abs. 1 Satz 3 – Abgeordnetenhaus von Berlin Drs. 12/2881, Seite 10). Da es nicht völlig ausgeschlossen erscheint, daß die Beschwerdeführerin durch § 5 Abs. 1 RDG in ihren Rechten aus Art. 6 Abs. 1, 11 Abs. 1 VvB 1950 verletzt ist, ist die Beschwerdebefugnis insoweit gegeben.

bb) Mit Blick auf § 2 Abs. 2 Satz 1 RDG kann eine unmittelbare Betroffenheit der Beschwerdeführerin dagegen nicht festgestellt werden. Durch die darin enthaltene Legaldefinition der Notfallrettung wird die Beschwerdeführerin nicht unmittelbar beschwert.

Auch in bezug auf § 23 Abs. 1 Satz 3 und Abs. 2 Satz 1 RDG hat die Beschwerdeführerin eine unmittelbare Betroffenheit nicht dargelegt. Der Auflagenvorbehalt in § 23 Abs. 1 Satz 3 bewirkt keinen unmittelbaren Eingriff in den Rechtskreis der Beschwerdeführerin. Eine Belastung tritt vielmehr erst dann ein, wenn die zuständige Behörde von dem Auflagenvorbehalt Gebrauch macht. Da eine entsprechende Maßnahme der verwaltungsgerichtlichen Kontrolle unterliegt, ist für einen vorhergehenden Rechtsschutz durch den Verfassungsgerichtshof kein Raum.

Normadressat der Regelung in § 23 Abs. 2 Satz 1 RDG ist nicht die Beschwerdeführerin, vielmehr der Personenkreis der Rettungssanitäter. Soweit die Beschwerdeführerin eine Abwanderung qualifizierten Personals aufgrund dieser Regelung befürchtet, handelt es sich um wirtschaftliche und damit mittelbare Auswirkungen der gesetzlichen Regelung (vgl. BVerfGE 34, 338, 340). Da § 23 Abs. 2 Satz 1 RDG die Beschwerdeführerin nicht selbst in eigenen Rechten betreffen kann, ist die Verfassungsbeschwerde auch insoweit unzulässig.

b) Nach alledem ist die Verfassungsbeschwerde nur zulässig, soweit sich die Beschwerdeführerin gegen die Regelung in § 5 Abs. 1 RDG wendet. Insoweit scheitert die Zulässigkeit auch nicht an der Subsidiaritätsklausel des § 49 Abs. 1 Satz 1 VerfGHG, da sich die beim Bundesverfassungsgericht eingelegte Verfassungsbeschwerde gegen die in dem um die Zulassung der Beschwerdeführerin zum Rettungsdienst geführten Verwaltungsstreitverfahren ergangenen Entscheidungen richtet und damit nicht gegen den Hoheitsakt, der Gegenstand des vorliegenden Verfahrens ist.

c) Die Verfassungsbeschwerde ist auch fristgerecht erhoben. Entgegen der Auffassung der Senatsverwaltung für Inneres ist die Frist zur Einlegung der Verfassungsbeschwerde nicht abgelaufen. Gemäß § 51 Abs. 2 VerfGHG kann die Verfassungsbeschwerde gegen eine Rechtsvorschrift nur binnen eines Jahres seit dem Inkrafttreten der Rechtsvorschrift erhoben werden. Diese Frist ist gewahrt. Nach § 24 Abs. 1 RDG trat das Gesetz am Tag nach der Verkündung im Gesetz- und Verordnungsblatt in Kraft, somit am 22. Juli 1993. Gemäß §§ 187 Abs. 2 Satz 1, 188 Abs. 2 BGB endete die Jahresfrist am 21. Juli 1994, 24.00 Uhr. Die Verfassungsbeschwerde ging am 21. Juli 1994 beim Kammergericht ein, am 22. Juli 1994 beim Verfassungsgerichtshof des Landes Berlin. Da sich der Verfassungsgerichtshof gemäß § 12 Abs. 1 VerfGHG der Geschäftsstelle und der Geschäftseinrichtungen des Kammergerichts bedient, genügt der Eingang beim Kammergericht zur Fristwahrung (vgl. Beschluß vom 17. Februar 1994 – VerfGH 106/93 –).

2. Soweit die Verfassungsbeschwerde zulässig ist, ist sie jedoch nicht begründet. § 5 Abs. 1 RDG ist mit der Verfassung von Berlin vereinbar.

a) Art. 11 VvB 1950 (wortgleich mit dem jetzt geltenden Art. 17 VvB n. F. vom 23. November 1995) ist nicht verletzt. Diese Vorschrift gewährleistet ausdrücklich u. a. die freie Wahl des Berufs. Der Verfassungsgerichtshof hat bisher nicht entschieden, ob damit auch die Freiheit der Berufsausübung landesverfassungsrechtlich in dem Umfang geschützt wird, wie dies bundesrechtlich durch Art. 12 Abs. 1 GG erfolgt, oder ob die Berliner Regelung dahinter in dem Sinne zurückbleibt, daß sie nur insoweit vor Eingriffen in die Berufsausübung schützt, als damit bereits unmittelbare Auswirkungen auf die Entscheidung über die Berufswahl verbunden sind (vgl. das Urteil vom 31. Mai 1995 – VerfGH 55/93 – JR 1996, 146). Darauf kommt es indes im vorliegenden Falle nicht an. Denn selbst bei Annahme eines solchen beschränkten Gewährleistungsbereichs berührt die Regelung in § 5 RDG den Schutzbereich des Art. 11 VvB 1950 (jetzt Art. 17 VvB n. F.). Die Verstaatlichung einer Tätigkeit durch Schaffung eines Verwaltungsmonopols stellt für private Unternehmer die schärfste Form ihrer Beschränkung dar (vgl. Bundesverwaltungsgericht, Urteil vom 3. November 1994 – BVerwG 3 C 17/92 – BVerwGE 97, 79, 84). Auch wenn man die Notfallrettung nicht als eigenständigen Beruf auffaßt, sondern als einen Teil der Berufsausübung eines Krankentransportunternehmers versteht, ist hier ein Fall gegeben, in dem eine Berufsausübungsregelung unmittelbare Auswirkungen auf die Berufswahlentscheidung haben kann.

Der damit gegebene Eingriff in Art. 11 VvB 1950 ist indessen zum Schutze überragend wichtiger Gemeinschaftsgüter gerechtfertigt (vgl. BVerwG, aaO, sowie den zum Saarländischen Rettungsdienstgesetz ergangenen Beschluß des BVerfG vom 18. November 1985 – 1 BvR 1462/83 –).

Gemäß § 2 Abs. 2 RDG ist es Aufgabe der Notfallrettung, das Leben oder die Gesundheit von Notfallpatienten zu erhalten, sie transportfähig zu machen und sie unter fachgerechter Betreuung in eine für die weitere Versorgung geeignete Einrichtung zu befördern. Notfallpatienten sind Personen, die sich in einem lebensbedrohlichen Zustand befinden oder bei denen schwere gesundheitliche Schäden zu befürchten sind, wenn sie nicht umgehend geeignete medizinische Hilfe erhalten. Dient die Notfallrettung mithin unmittelbar der Erhaltung höchstrangiger Verfassungsgüter, nämlich Leben und Gesundheit, kann nicht beanstandet werden, daß der Gesetzgeber die Notfallrettung zur Ordnungsaufgabe erklärt hat und der staatlichen Feuerwehr zugewiesen hat. Wie der Staat öffentliche Aufgaben erledigen lassen will, ist im allgemeinen Sache seines freien Ermessens (BVerfGE 17, 371, 377). Private haben keinen Anspruch, bei der Erfüllung öffentlicher Aufgaben beteiligt zu werden. Wenn sich der Staat zum Schutze eines besonders wichtigen Gemeinschaftsguts, nämlich zur Erhaltung des bedrohten menschlichen Lebens, dazu entschließt, die Notfallrettung zur öffentlichen Aufgabe zu erklären und primär in die Hände der Feuerwehr zu legen, ohne dem Einzelnen ein subjektiv-öffentliches Recht auf Beteiligung einzuräumen, so läßt das eine Überschreitung des gesetzgeberischen Ermessens nicht erkennen (vgl. BVerfG, Beschluß vom 18. November 1985 – 1 BvR 1462/83 –). Für einen Formenmißbrauch ist entgegen der Auffassung der Beschwerdeführerin in diesem Zusammenhang nichts ersichtlich (vgl. auch BVerwG, Urteil vom 3. November 1994 – BVerwG 3 C 17/92 – aaO, S. 86). Die Feuerwehr fährt nämlich nach wie vor zahlreiche Einsätze selbst. Den Belangen privater Unternehmer hat der Berliner Gesetzgeber dadurch hinreichend Rechnung getragen, daß er ihnen und den Hilfsorganisationen die Durchführung des Krankentransports außerhalb des Notfallbereichs (§ 2 Abs. 3 RDG) in privatrechtlicher Form überlassen hat (§ 5 Abs. 2 Satz 1 RDG).

b) § 5 Abs. 1 RDG verstößt auch nicht gegen die verfassungsrechtliche Gleichheitsgarantie, die bei Erlaß des Gesetzes in Art. 6 Abs. 1 VvB 1950 in demselben Umfang wie nach Art. 3 Abs. 1 GG verbürgt war (vgl. Beschluß vom 17. Februar 1993 – VerfGH 53/92* –) und jetzt in Art. 10 VvB n. F. geregelt ist. Es ist verfassungsrechtlich nicht zu beanstanden, daß gemäß § 5 Abs. 1 Satz 2 RDG die sog. Hilfsorganisationen bei der Übertragung von Aufgaben der Notfallrettung bevorzugt werden, während andere private Einrichtungen grundsätzlich ausgeschlossen sind und gemäß § 5 Abs. 1 Satz 3 RDG nur „in besonderen Fällen und soweit Bedarf besteht" herangezogen werden. Es erscheint allerdings zweifelhaft, ob es zur sachlichen Rechtfertigung einer solchen Ungleichbehandlung ausreicht, daß die Hilfsorganisationen im Unterschied zu sonstigen privaten Unternehmen dem Gesetzgeber von vornherein in ihrer Struktur und Dauerhaftigkeit bekannt waren und sich in der Vergangenheit in der Notfallrettung bewährt hatten. Entsprechendes gilt auch für die Erwägung, daß im Interesse einer effizienten Aufgabenerfüllung der Beteiligtenkreis möglichst klein gehalten werden sollte. Grundsätzlich ist es der Behörde zuzumuten, die Eignung und Zuverlässigkeit auch privater Einrichtungen zu prüfen und zu überwachen sowie bei einem begrenzten Kreis von Betreibern ein sachgerechtes Auswahlverfahren einzurichten. Eine durchgreifende Rechtfertigung für die den Rettungsdiensten eingeräumte Sonderstellung bei der Beteiligung an der Notfallrettung folgt aber aus dem Anliegen, daß für den Katastrophenschutz und Zivilschutz große Kapazitäten vorgehalten werden müssen. Die Hilfsorganisationen sind mit ihrer großen Zahl von ausgebil-

---

* LVerfGE 1, 65.

deten und geübten Helfern und der entsprechenden Ausrüstung für die Erfüllung dieser Aufgaben unverzichtbar (vgl. auch BVerwG, Urteil vom 3. November 1994 – BVerwG 3 C 17/92 – aaO, S. 87). Die mit dem Vorhalten der Kapazitäten verbundene wirtschaftliche Belastung wird gemildert und die gewünschte Geübtheit nur erzielt, wenn Kapazitäten und Helfer auch außerhalb von Katastrophen eingesetzt werden und ausgelastet sind. Durch die Einbindung der privaten Krankentransportunternehmen wäre diese Vorsorge für den Katastrophenfall nicht in gleicher Weise ausreichend zu gewährleisten.

c) Auch Art. 15 Abs. 1 Satz 1 VvB 1950 (jetzt Art. 23 Abs. 1 Satz 1 VvB n. F.), der – wie Art. 14 Abs. 1 GG – das Eigentum gewährleistet, ist nicht verletzt. Zu den hierdurch geschützten Rechtspositionen gehören alle vermögenswerten Rechte, die die Rechtsordnung einem privaten Rechtsträger zuordnet. Die Reichweite des Schutzes der Eigentumsgarantie bemißt sich danach, welche Befugnisse einem Eigentümer zum Zeitpunkt der gesetzgeberischen Entscheidung konkret zustehen. Da die Beschwerdeführerin in diesem Zeitpunkt keinen Anspruch darauf hatte, im Bereich der Notfallrettung tätig zu werden, ist Art. 15 Abs. 1 Satz 1 VvB 1950 nicht berührt.

Die Entscheidung über die Kosten beruht auf §§ 33 f. VerfGHG.

Dieser Beschluß ist unanfechtbar.

Nr. 2

Die Annahme, § 5 Abs. 1 des Berliner Straßengesetzes begründe keine subjektiven Rechte des Bürgers gegen eine Straßenumbenennung, ist mit Art. 7 VvB vereinbar.

Verfassung von Berlin Art. 7

Berliner Straßengesetz vom 28. Februar 1985 (GVBl. S. 518) § 5 Abs. 1

Beschluß vom 13. August 1996 – VerfGH 29/96 –

In dem Verfahren über die Verfassungsbeschwerde des Vereins A. e. V. gegen
1. Allgemeinverfügung der Senatsverwaltung für Verkehr und Betriebe
   v. 25. August 1995 – VUB III A 33 –
2. Beschluß des Oberverwaltungsgerichts Berlin v. 21. März 1996
   – OVG 1 A 176/95 –

Entscheidungsformel:

Die Verfassungsbeschwerde wird zurückgewiesen.
Das Verfahren ist gerichtskostenfrei.
Auslagen werden nicht erstattet.

Gründe:

I.

Die Verfassungsbeschwerde richtet sich gegen die von der Senatsverwaltung für Verkehr am 29. August 1995 verfügte und im April 1996 vollzogene Umbenennung eines Teils der in den Bezirken Kreuzberg bzw. Mitte gelegenen Lindenstraße in Axel-Springer-Straße sowie den Beschluß des Oberverwaltungsgerichts Berlin vom 21. März 1996, mit welchem ein Antrag des Beschwerdeführers auf Wiederherstellung der aufschiebenden Wirkung seiner gegen die Umbenennung gerichteten verwaltungsgerichtlichen Klage abgelehnt wurde.
Der Beschwerdeführer ist ein in dem umbenannten Abschnitt der früheren Lindenstraße ansässiger Verein im Bund Deutscher Pfadfinderinnen Landesverband Berlin e. V. Er hält die Umbenennung aus verschiedenen Gründen für rechtswidrig und ist namentlich der Auffassung, der ihm daraus entstehende Aufwand – etwa: Änderung von Briefbögen, Versendung der geänderten Adresse – treffe ihn rechtswidrig. Er wendet sich auch gegen den Verlust der „in der ehemaligen Adresse erkennbaren Bindung zu dem traditionellen Kreuzberger Kiez". Der Beschwerdeführer gründet seine Verfassungsbeschwerde auf die Rüge, die angegriffenen Entscheidungen verletzten ihn in der ihm durch Art. 7 VvB verbürgten Freiheit auf Entfaltung der Persönlichkeit in Verbindung mit dem Rechtsstaatsprinzip. Die Senatsverwaltung für Verkehr und Betriebe habe Art. 7 VvB verletzt, weil sie verkannt habe, daß § 5 Abs. 1 des Berliner Straßengesetzes v. 28. Februar 1985 (GVBl. S. 518; zuletzt geändert durch G. v. 22. 12. 1994, GVBl. S. 520) bei der Umbenennung von Straßen eine Berücksichtigung individueller Interessen der Anlieger gebiete. Auch der Beschluß des Oberverwaltungsgerichts beruhe auf einer Verkennung des Art. 7 VvB, soweit das Oberverwaltungsgericht dem Beschwerdeführer für die erhobene Anfechtungsklage die Klagebefugnis gemäß § 42 Abs. 2 VwGO abgesprochen und hieraus den Schluß hergeleitet habe, dieses Rechtsmittel führe die aufschiebende Wirkung gemäß § 80 Abs. 1 VwGO nicht herbei.

II.

Die Verfassungsbeschwerde hat keinen Erfolg.

Es mag dahinstehen, ob die Verfassungsbeschwerde, soweit sie sich gegen die Verfügung der Senatsverwaltung für Verkehr und Betriebe richtet, angesichts des vor dem Verwaltungsgericht noch anhängigen Hauptsacheverfahrens bereits mangels Erschöpfung des Rechtsweges unzulässig ist (vgl. § 49 Abs. 2 VerfGHG). Denn der Verfassungsbeschwerde muß insgesamt der Erfolg jedenfalls deshalb versagt bleiben, weil weder die Umbenennungsverfügung noch auch der die Wiederherstellung der aufschiebenden Wirkung der Klage ablehnende Beschluß des Oberverwaltungsgerichts einen Verstoß gegen Art. 7 VvB erkennen lassen.

Dem Beschwerdeführer ist einzuräumen, daß er sich ungeachtet seiner Rechtsnatur als juristische Person des privaten Rechts auf das benannte Grundrecht berufen kann. Auch wenn in der Verfassung von Berlin eine dem Art. 19 Abs. 3 GG vergleichbare Vorschrift über die Voraussetzungen der Grundrechtsträgerschaft von Vereinigungen fehlt, ist davon auszugehen, daß sich ein Verein u. a. auf Art. 7 VvB als ein eigenes Recht berufen kann (vgl. in diesem Zusammenhang den Beschluß v. 19. Oktober 1992 – VerfGH 24/92 – LVerfGE 1, 9, 16). Im Grundrechtstatbestand ist diese Vorschrift, die in ihrem Wortlaut ersichtlich dem Art. 2 Abs. 1 GG nachgebildet ist, im Sinne einer „allgemeinen Handlungsfreiheit", also ein „Auffanggrundrecht" (und nicht lediglich als Persönlichkeitsschutz im engeren Sinne) zu verstehen (vgl. für das Bundesrecht BVerfGE 80, 137, 154 f.; s. auch VerfG Bbg., LVerfGE 1, 170, 177). Daraus ergibt sich aber nicht allgemein ein subjektives Abwehrrecht gegenüber aus staatlichem Handeln folgenden Belastungen, sondern namentlich das Recht zur Abwehr von Verwaltungsakten oder auch anderen Eingriffen in den persönlichen Rechtskreis, welche den einzelnen in dem Sinne unmittelbar betreffen, daß sie als solche ihm gegenüber rechtlich erhebliche Wirkungen auslösen. Das ist vorliegend nicht erkennbar.

Für diese Beurteilung hat der Verfassungsgerichtshof nicht abschließend zu entscheiden, ob und ggf. unter welchen Voraussetzungen dem einfachen Gesetzesrecht, hier also § 5 Abs. 1 des Berliner Straßengesetzes, ein subjektives Abwehrrecht einzelner Anwohner einer Straße namentlich gegen Straßenumbenennungen zu entnehmen ist (vgl. insoweit – grundsätzlich bejahend für das jeweilige Landesrecht – VGH Mannheim NJW 1981, 1749 und NVwZ 1992, 196; BayVGH BayVBl. 1988, 496; verneinend demgegenüber OVG Berlin in dem angegriffenen Beschluß sowie zuvor in LKV 1994, 298; OVG Münster NJW 1987, 2695). Denn die Auslegung des einfachen Gesetzesrechts ist in erster Linie Sache der hierfür zuständigen Fachgerichte und der Überprüfung durch den Verfassungsgerichtshof nur insoweit eröffnet, als eine Verkennung oder grundsätzlich unrichtige Anwendung von Grundrechten in Rede steht (vgl. den Beschluß v. 30. Juni 1992 – VerfGH 9/92 – LVerfGE 1, 7, 8 f.).

Ein Verständnis des § 5 Abs. 1 des Berliner Straßengesetzes als einer allein im öffentlichen Interesse bestehenden und in der Konsequenz einzelnen Bürgern, auch Anwohnern, keine wehrfähige Rechtsposition vermittelnden Vorschrift steht mit der Verfassung von Berlin jedenfalls nicht in Widerspruch. Weder die Senatsverwaltung für Verkehr und Betriebe noch das Oberverwaltungsgericht waren wegen Art. 7 VvB dazu verpflichtet, unabhängig von der nach dem einfachen Straßenrecht bestehenden Rechtslage verfassungsunmittelbar ein subjektives Abwehrrecht gegenüber der in Rede stehenden Straßenumbenennung anzunehmen oder das einfache Recht in diesem Sinne „verfassungskonform" auszulegen. Der Verfassungsgerichtshof folgt insoweit nicht der von dem Oberverwaltungsgericht Schleswig-Holstein (SchlHA 1992, 94) im Blick auf den mit Art. 7 VvB – wie gesagt – inhaltsgleichen Art. 2 Abs. 1 GG vertretenen Auffassung, durch eine Straßenumbenennung sich ergebende Folgen für Anwohner stellten sich notwendig als Eingriffe in den Schutzbereich der allgemeinen Handlungsfreiheit dar. Solche Folgen, wie sie vorliegend im einzelnen auch der Beschwerdeführer geltend macht, wenn er sich auf ihm entstehende finanzielle Aufwendungen bzw. auch den behaupteten Verlust einer „Bindung zu dem traditionellen Kreuzberger Kiez" beruft, ergeben sich lediglich *mittelbar* aus der Straßenumbenennung. Sie stellen sich durchaus als Lästigkeit dar bzw. – wie hinsichtlich der zweitgenannten Folge – mögen nachhaltig als solche empfunden werden. Sie verbleiben aber unterhalb der Eingriffsschwelle des hier in Rede stehenden Grundrechts (vgl. z. B. auch *Ennuschat*, LKV 1993, 43, 46). Nur klarstellend sei bemerkt, daß die „Folgelasten" einer Straßenumbenennung, soweit sie Vermögensinteressen betreffen, auch nicht den grundrechtlichen Schutz des Eigentums berühren (vgl. dazu BayVGH BayVBl. 1966, 64; OVG Münster NJW 1987, 2695).

Der Verfassungsgerichtshof hat im vorliegenden Fall keinen Anlaß zu einer Prüfung, ob und unter welchen Voraussetzungen im Einzelfall der Anwohner einer Straße gegenüber deren Umbenennung sich auf einen verfassungsrechtlich gewährten Schutz der persönlichen Ehre oder unter Umständen auch das dem allgemeinen Gleichheitssatz des Art. 10 Abs. 1 VvB zu entnehmende Verbot willkürlichen staatlichen Handelns (vgl. den Beschluß v. 17. 2. 1993 – VerfGH 53/92 – LVerfGE 1, 65, 67) berufen kann. Denn irgendwelche Anhaltspunkte für einen Rechtsverstoß solcher Art sind hier weder vorgetragen worden noch sonst ersichtlich.

Die Entscheidung über die Kosten folgt aus den §§ 33 f. VerfGHG.
Dieser Beschluß ist unanfechtbar.

Nr. 3

1. Der Schutz des Art. 21 b VvB 1950 erfaßt alle personenbezogenen Daten über persönliche oder sachliche Verhältnisse einer Person.
2. Es stellt eine zulässige Einschränkung des von Art. 21 b VvB 1950 gewährleisteten Rechts auf informationelle Selbstbestimmung dar, wenn bei einer einkommensabhängigen Beitragserhebung der Bemessung fiktiv ein besonders hohes Einkommen zugrunde gelegt wird, falls der Beitragspflichtige keine Auskunft über seine Einkünfte gibt.
3. § 13 des Berliner Kammergesetzes ermächtigt die Ärztekammer nicht nur dazu, eine Beitragsordnung zu erlassen und auf ihrer Grundlage Kammerbeiträge zu erheben, sondern stellt auch eine mit Blick auf Art. 21 b VvB 1950 hinreichende Ermächtigungsgrundlage dar, um in der Beitragsordnung zu bestimmen, daß die der Ärztekammer angehörenden Ärzte zum Zwecke der Veranlagung zum Kammerbeitrag Auskunft über ihre Einkünfte aus ärztlicher Tätigkeit zu geben haben.
4. Die von Art. 11 VvB 1950 verbürgte freie Wahl des Berufes gewährleistet grundsätzlich nicht auch die Freiheit der Berufsausübung (im Anschluß an Urteil vom 31. Mai 1995 – VerfGH 55/93 – JR 1996, 146).

Verfassung von Berlin 1950 Art. 6, 11, 21 b

Berliner Kammergesetz vom 4. September 1978
(GVBl. S. 1937, 1980) § 13

Beschluß vom 26. September 1996 – VerfGH 46/93 –

in dem Verfahren über die Verfassungsbeschwerde des Herrn Dr. S. gegen das Urteil des Verwaltungsgerichts Berlin vom 15. Oktober 1990
– VG 14 A 178/89 –
und das Urteil des Oberverwaltungsgerichts Berlin vom 12. Januar 1993
– OVG 4 B 11/92 –

Beteiligte gemäß § 53 Abs. 2 VerfGHG:
Ärztekammer Berlin, vertreten durch ihren Präsidenten.

Entscheidungsformel:

Die Verfassungsbeschwerde wird zurückgewiesen.
Das Verfahren ist gerichtskostenfrei.
Auslagen werden nicht erstattet.

Gründe:

I.

Der Beschwerdeführer ist niedergelassener Arzt der Orthopädie und als solcher Mitglied der Ärztekammer Berlin. Diese erhebt von ihren Mitgliedern Kammerbeiträge. Die Heranziehung zu den Kammerbeiträgen erfolgt seit der Beitragsordnung vom 4. Mai 1971 (ABl. S. 621) im Wege der Selbstveranlagung. Die Kammerangehörigen sind verpflichtet, eine Veranlagungserklärung auszufüllen, auf deren Grundlage die Heranziehung zum Kammerbeitrag nach jährlich von der Delegiertenversammlung der Ärztekammer festgesetzten Beitragstabellen erfolgt. Schon 1971 war für Kammerangehörige mit Einkünften aus selbständiger Tätigkeit, zu denen die niedergelassenen Ärzte gehören, ein nach den Einkünften gestufter Kammerbeitrag vorgesehen, so daß bereits damals Angaben zu den Einkünften aus ärztlicher Tätigkeit erforderlich waren. Sie ließen allerdings keine genauen Rückschlüsse auf die tatsächlichen Einnahmen des niedergelassenen Arztes zu, da in der Beitragstabelle nur vier Einkunftsstufen vorgesehen waren, deren letzte alle Einkünfte ab 40 000 DM erfaßte.

Für das Beitragsjahr 1988, um das es in diesem Verfahren geht, beschloß die Delegiertenversammlung der Ärztekammer eine grundlegende Änderung der Beitragstabelle. Während es in der für den Beschwerdeführer maßgebenden Beitragsgruppe B, die u. a. die Ärzte mit überwiegenden Einkünften aus selbständiger Tätigkeit erfaßt, nach der Beitragstabelle 1987 nur fünf Beitragsstufen gab, deren erste und niedrigste für Ärzte mit Einkünften bis 50 000 DM einen Beitrag von 155 DM vorsah, der in der fünften höchsten Beitragsstufe für Ärzte mit Einkünften über 80 000 DM auf 860 DM anstieg, sieht die Beitragstabelle 1988 in der Eingangsstufe der Beitragsgruppe B bei Einkünften unter 30 000 DM einen Jahresbeitrag von 80 DM und in der Stufe 40 bei Einkünften von 400 000 DM einen Jahresbeitrag von 3 600 DM vor. Die Beitragstabelle ist nach oben „offen" und steigt in Einkommensstufen von jeweils 10 000 DM an.

Der Beschwerdeführer, zur Abgabe der Veranlagungserklärung für das Jahr 1988 aufgefordert, lehnte dies „aus datenrechtlichen Gründen" ab und überwies statt dessen den Höchstbeitrag nach der Beitragstabelle 1987, nämlich 860 DM. Die Ärztekammer zog ihn daraufhin zu einem Einkünften in Höhe von 400 000 DM entsprechenden Kammerbeitrag von 3 600 DM heran. Sie stützte sich dabei auf § 6 Abs. 4 der Beitragsordnung für 1988, nach der der Kammerbeitrag nach Einkünften von 400 000 DM erhoben werden kann, wenn eine Veranlagungserklärung nicht ordnungsgemäß abgegeben wird und Anhaltspunkte für eine Schätzung nicht vorliegen. Nach erfolglosem Widerspruch focht der Beschwerdeführer den Heranziehungsbescheid im Verwaltungsrechtsweg an, blieb aber in allen Rechtszügen, einschließlich des Verfahrens der Nichtzulassungsbeschwerde, erfolglos. Verwaltungsgericht und Oberverwaltungsgericht hielten die Heranziehung zu einem Kammerbeitrag von 3 600 DM für gerechtfertigt und teilten insbesondere die datenrechtlichen Bedenken des Beschwerdeführers nicht.

Mit seiner am 3. Mai 1993, zwei Monate nach Zustellung des Urteils des Oberverwaltungsgerichts und noch während des Verfahrens der Nichtzulassungsbeschwerde erhobenen Verfassungsbeschwerde wendet sich der Beschwerdeführer gegen die ihm ungünstigen Urteile des Verwaltungsgerichts und des Oberverwaltungsgerichts Berlin. Er rügt die Verletzung seiner Grundrechte aus Art. 1 Abs. 3 VvB in Verbindung mit Art. 1, 2 Abs. 1, Art. 3 Abs. 1, Art. 12 Abs. 1, Art. 14 GG, sowie aus Art. 15 und Art. 21 b VvB, die von Verwaltungs- und Oberverwaltungsgericht nicht hinreichend beachtet worden seien. Zur Begründung trägt er vor: Die in der Veranlagungserklärung geforderte Angabe der Einkünfte aus ärztlicher Tätigkeit stelle eine Erhebung von Daten dar, die von der Ärztekammer gespeichert und verarbeitet würden. Dies sei verfassungsrechtlich nicht zulässig, da ein Eingriff in die informationelle Selbstbestimmung nur aufgrund eines förmlichen Gesetzes, nicht aber auf der Grundlage einer Satzung, die sich ihrerseits nur auf eine allgemeine gesetzliche Ermächtigung stützen könne, erfolgen dürfe. Außerdem verstoße es gegen den Grundsatz der Verhältnismäßigkeit, wenn er wegen der Verweigerung der Selbstveranlagung gemäß § 6 Abs. 4 der Beitragsordnung 1988 nach einem Einkommen von 400 000 DM veranlagt werde. Es wäre der Ärztekammer möglich gewesen, sein Einkommen zu schätzen, statt ihn mit der „Einstufung in den Höchstbeitragssatz zu bestrafen". Eine Verletzung der Freiheit der Berufsausübung sieht der Beschwerdeführer u. a. darin, daß die Beitragsordnung kein formelles Gesetz sei und die Abstufung der Kammerbeiträge nach dem Einkommen nicht geeignet sei, „das Ziel der formellen Funktionserhaltung der Ärztekammer zu erreichen". Ein einkommensunabhängiger Beitrag wäre hierzu besser geeignet und stelle außerdem das mildere Mittel dar. Der Beschwerdeführer rügt außerdem einen unverhältnismäßigen Eingriff in seine Arztpraxis, worin er eine Verletzung seines Grundrechts auf Eigentum sieht. Schließlich macht er eine Verletzung des Gleichheitssatzes geltend, die er darin sieht, daß die Rechtsanwaltskammer Berlin einkommensunabhängige Beträge erhebe, daß die Ärzte mit niedrigen Einkünften nur einen niedrigen Beitrag zu leisten hätten, obwohl sie ein weit höheres Interesse an den von der Ärztekammer angebotenen Leistungen hätten als die besser verdienenden Ärzte, und daß die zur Beitragsgruppe C gehörenden Ärzte mit überwiegenden Einkünften aus nicht selbständiger Arbeit im öffentlichen Dienst einen gegenüber den niedergelassenen Ärzten der Beitragsgruppe B um 10 % geringeren Kammerbeitrag zu zahlen hätten.

Nach § 53 Abs. 2 VerfGHG ist der Ärztekammer Berlin als der durch die angefochtenen Entscheidungen Begünstigten Gelegenheit zur Äußerung gegeben worden. Sie tritt dem Vorbringen des Beschwerdeführers entgegen und hält insbesondere die Selbstveranlagung für verfassungsrechtlich unbedenklich.

II.

Die Verfassungsbeschwerde ist teilweise unzulässig und im übrigen unbegründet.

1. Die Verfassungsbeschwerde ist nach §§ 49 ff. VerfGHG zulässig, soweit der Beschwerdeführer eine Verletzung seines Rechts auf informationelle Selbstbestimmung aus Art. 21 b VvB 1950 und die Verletzung des Gleichheitssatzes des Art. 6 VvB 1950 rügt.

Soweit der Beschwerdeführer rügt, die angefochtenen Urteile verletzten ihn in seinem Grundrecht auf Freiheit der Berufsausübung, genügt die Verfassungsbeschwerde hingegen nicht den Anforderungen, welche die §§ 49 Abs. 1, 50 VerfGHG an die Begründung einer Verfassungsbeschwerde stellen. Nach diesen Vorschriften ist in der Verfassungsbeschwerde u. a. die konkrete Möglichkeit der Verletzung eines in der Verfassung von Berlin enthaltenen Rechts des Beschwerdeführers darzulegen. Dies ist in der Verfassungsbeschwerde nicht geschehen. Art. 1 Abs. 3 VvB, auf den sich der Beschwerdeführer beruft, um durch die darin enthaltene Verweisung Art. 12 Abs. 1 GG in Bezug zu nehmen, bestimmt, daß das Grundgesetz und die Gesetze des Bundes für Berlin bindend sind. Damit wird – lediglich – die sich aus Art. 1 Abs. 3 GG und Art. 20 Abs. 3 GG ergebende Bindung der Organe des Landes Berlin an das Grundgesetz und das sonstige Bundesrecht wiederholt. Dagegen begründet Art. 1 Abs. 3 VvB keine landesverfassungsrechtliche Verbürgung der Grundrechte des Grundgesetzes. Diese werden durch Art. 1 Abs. 3 VvB nicht Bestandteil der Verfassung von Berlin und können daher nicht mit der Verfassungsbeschwerde des § 49 VerfGHG geltend gemacht werden (Beschluß vom 8. September 1993 – VerfGH 59/93 – LVerfGE 1, 149). Ein eigenständiges Grundrecht auf Freiheit der Berufsausübung, auf das sich der Beschwerdeführer bei sinngemäßer Auslegung seiner Verfassungsbeschwerde (möglicherweise) ebenfalls berufen will, ist in der Verfassung von Berlin nicht enthalten. Zwar gewährleistet Art. 11 VvB 1950 die freie Wahl des Berufs. Dieses Grundrecht umfaßt jedoch grundsätzlich nicht die Freiheit der Berufsausübung (Urteil vom 31. Mai 1995 – VerfGH 55/93 – JR 1996, 146, 149), um die es hier allein gehen kann.

Ebenfalls unzulässig ist die Verfassungsbeschwerde, soweit sie eine Verletzung des Grundrechts auf Eigentum aus Art. 15 VvB 1950 geltend macht.

Bei der Rüge der Verletzung dieses Grundrechts läßt die Verfassungsbeschwerde jede konkrete Darlegung vermissen, wieso der Beschwerdeführer durch die beanstandete Maßnahme, also letztlich durch die von ihm angegriffene Beitragserhebung der Ärztekammer, in seinem Grundrecht auf Eigentum verletzt sein kann. Nach der ständigen Rechtsprechung des Bundesverfassungsgerichts zu dem mit Art. 15 Abs. 1 VvB nahezu wortgleichen Art. 14 Abs. 1 GG schützt das Grundrecht auf Eigentum nicht das Vermögen als solches vor der Auferlegung von Geldleistungspflichten (zuletzt BVerfG, Beschluß vom 12. Oktober 1994 – 1 BvL 19/90 – BVerfGE 91, 207, 220 mwN). Angesichts dieser Rechtsprechung genügt der Satz, „konkret geschützte Vermögensposition", in die eingegriffen werde, sei „die Arztpraxis", nicht, um eine Verletzung des Beschwerdeführers in seinem Grundrecht auf Eigentum durch die Heranziehung zum Kammerbeitrag als möglich erscheinen zu lassen.

2. Soweit die Verfassungsbeschwerde zulässig ist, ist sie unbegründet.

a) Art. 21 b VvB 1950 – jetzt wortgleich Art. 33 VvB 1995 –, der dem Einzelnen das Recht gewährleistet, grundsätzlich selbst über die Preisgabe und Verwendung seiner persönlichen Daten zu bestimmen, ist nicht verletzt. Dem Beschwerdeführer ist einzuräumen, daß die im Rahmen der von § 6 der Beitragsordnung vorgeschriebenen Selbstveranlagung geforderte Angabe seiner Einkünfte aus ärztlicher Tätigkeit im datenrechtlichen Sinne eine Erhebung personenbezogener Daten ist. Damit ist der Schutzbereich des Art. 21 b VvB berührt. Zwar erfaßt § 21 b VvB seinem Wortlaut nach nur „persönliche Daten", während es sich bei dem Einkommen aus ärztlicher Tätigkeit nicht um persönliche Daten im engeren Sinne, sondern um Daten über sachliche Verhältnisse des Arztes handelt. Angesichts der Gleichbehandlung der Daten über persönliche und sachliche Verhältnisse einer Person im geltenden Datenschutzrecht, das sie gleichermaßen unter dem Begriff der „personenbezogenen Daten" zusammenfaßt (vgl. § 3 Abs. 1 BDSG, § 4 Abs. 1 Bln DSG), ist der Begriff der „persönlichen Daten" in Art. 21 b VvB im Sinne des datenrechtlichen Begriffs der „personenbezogenen Daten" zu verstehen, da nicht anzunehmen ist und auch keine Anhaltspunkte dafür vorliegen, daß mit Art. 21 b VvB nur die Daten über die persönlichen Verhältnisse einer Person, nicht aber die nicht weniger bedeutsamen Daten über deren sachliche Verhältnisse geschützt werden sollen. Das danach von Art. 21 b S. 1 VvB dem Beschwerdeführer verbürgte Recht, grundsätzlich selbst über die Preisgabe der seine Einkommensverhältnisse betreffenden Daten zu bestimmen, wird durch die Verpflichtung, in der Veranlagungserklärung Auskunft über die Einkünfte aus ärztlicher Tätigkeit zu geben, eingeschränkt. Zwar übt die Ärztekammer keinen Zwang zur Selbstveranlagung aus, sondern nimmt es hin, wenn ein Kammermitglied die

Selbstveranlagung verweigert. Die dann gem. § 6 Abs. 4 Beitragsordnung drohende Veranlagung nach Einkünften von 400 000 DM stellt jedoch einen mittelbaren Zwang zur Offenlegung der Einkommensverhältnisse dar, da sie auf die Entscheidung des Einzelnen über die Preisgabe seiner Daten einwirkt. Er entscheidet letztlich nicht mehr „selbst", nämlich nicht mehr frei und unbeeinflußt, über die Preisgabe seiner Daten, sondern muß befürchten, notfalls nach dem erfahrungsgemäß nur von wenigen Ärzten erzielbaren Einkommen von 400 000 DM veranlagt zu werden. Diese Einschränkung der informationellen Selbstbestimmung ist indes verfassungsrechtlich unbedenklich, da sie auf hinreichender gesetzlicher Grundlage beruht und im überwiegenden Allgemeininteresse erfolgt (Art. 21 b S. 2, 3 VvB). Rechtsgrundlage der Selbstveranlagung und der mit ihr verbundenen Pflicht, Auskunft über die erzielten Einkünfte aus ärztlicher Tätigkeit zu geben, ist die Beitragsordnung der Ärztekammer Berlin vom 4. Mai 1971 (ABl. S. 621) in der Fassung des 17. Nachtrags zur Beitragsordnung vom 26. November 1987 (ABl. S. 430). Diese stützt sich auf § 13 des Berliner Kammergesetzes (Bln KaG), der die Ärztekammer ermächtigt, von den Kammerangehörigen Beiträge aufgrund einer von ihr zu erlassenden Beitragssatzung zu erheben. Diese Vorschrift ist eine hinreichende Ermächtigungsgrundlage für die aus der Beitragsordnung der Ärztekammer folgende Einschränkung des Rechts der der Kammer angehörenden Ärzte, selbst über die Daten ihrer Einkünfte zu verfügen. Zwar beschränkt sich § 13 Bln KaG seinem Wortlaut nach darauf, die Ärztekammer zur Erhebung eines Kammerbeitrags und zum Erlaß einer Beitragsordnung zu verpflichten und zu ermächtigen. Ohne die Kenntnis der in der Beitragsordnung bestimmten Erhebungsmerkmale ist jedoch eine Beitragserhebung und damit die Erfüllung der der Ärztekammer von § 13 Bln KaG auferlegten Pflicht zur Beitragserhebung nicht möglich. Deshalb enthält § 13 zugleich die Ermächtigung, in der Beitragsordnung die für die Veranlagung erforderlichen Auskünfte über die persönlichen oder sachlichen Daten des Kammermitglieds zu verlangen. Da es seit langem zwar nicht allenthalben, aber doch vielerorts üblich ist, bei der Erhebung von Kammerbeiträgen die Kammerangehörigen je nach Art ihrer Berufstätigkeit in Beitragsgruppen einzuteilen und innerhalb dieser Gruppen nach Einkünften abgestufte Beiträge zu erheben (vgl. hierzu auch BVerwG, Beschluß vom 25. Juni 1989 – 1 B 109/89 – NJW 1990, 786; BGH, Beschluß vom 25. Januar 1971 – AnwZ (B) 16/70 – NJW 1971, 1041), ermächtigt § 13 Bln KaG auch dazu, Auskünfte über das erzielte Einkommen einzuholen, falls ein einkommensabhängiger Kammerbeitrag erhoben wird. Andere als die zur Veranlagung erforderlichen Auskünfte dürfen, da die gesetzliche Zweckbestimmung die Datenerhebung begrenzt, nicht erhoben werden. Inzwischen ist der Ärztekammer in § 5 a Bln KaG ausdrücklich die Befugnis verliehen worden, bestimmte Daten ihrer Mitglieder, darunter auch Daten zur Beitrags- und

Gebührenpflicht, zu erheben und weiterzuleiten. Aus dieser Ergänzung des Berliner Kammergesetzes durch das „Gesetz über die Schaffung bereichsspezifischer Regelungen für die Verarbeitung personenbezogener Daten" vom 26. Januar 1993 (GVBl. S. 40) kann jedoch nicht gefolgert werden, daß die Erhebung dieser Daten zuvor nicht zulässig war. Sie war aus den genannten Gründen auch ohne ausdrückliche Erwähnung durch das Berliner Kammergesetz zugelassen, weil und soweit dies zu dessen Vollzug notwendig war. Die Erhebung der Daten über das Einkommen aus ärztlicher Tätigkeit dient, wie von Art. 21 b S. 3 VvB gefordert, auch einem überwiegenden Allgemeininteresse, da sie sozial abgestufte Kammerbeiträge ermöglichen soll und damit ein sozialstaatliches Anliegen verfolgt. Das öffentliche Interesse an sozial abgestuften Kammerbeiträgen überwiegt das Interesse des Beschwerdeführers, sein Einkommen nicht preisgeben zu müssen. Bei der Gewichtung dieses Interesses ist zu berücksichtigen, daß die Preisgabe des Einkommens aus ärztlicher Tätigkeit nur für den begrenzten Zweck der Beitragserhebung erfolgt und daß innerhalb der Ärztekammer, wie Verwaltungs- und Oberverwaltungsgericht festgestellt haben, die notwendigen Vorkehrungen zur Wahrung des Datenschutzes getroffen sind, zumal die Bediensteten der Ärztekammer als Angehörige des öffentlichen Dienstes zur Verschwiegenheit verpflichtet sind. Im übrigen ist darauf hinzuweisen, daß es, wenn auch mit weitaus geringerer Staffelung, die Selbstveranlagung mit Angabe des Einkommens aus ärztlicher Tätigkeit spätestens seit der Beitragsordnung vom 4. März 1971 gibt, und daß, soweit ersichtlich, ein Mißbrauch der dabei mitgeteilten Daten bisher nicht bekannt geworden und auch vom Beschwerdeführer nicht geltend gemacht worden ist.

b) Es ist verfassungsrechtlich nicht zu beanstanden, daß die Ärztekammer die Grundlagen der Beitragserhebung schätzen und mangels hinreichender Anhaltspunkte für eine Schätzung den Beitrag nach Einkünften von 400 000 DM erheben kann, wenn die Veranlagungserklärung nicht ordnungsgemäß abgegeben wird. Ein Verstoß gegen das im Gleichbehandlungsgebot des Art. 6 VvB enthaltene Willkürverbot oder gegen das aus dem Rechtsstaatsprinzip folgende Übermaßverbot ist hierin nicht zu sehen. Wie bereits erwähnt, beruht die Beitragserhebung der Ärztekammer auf dem Prinzip der Selbstveranlagung. Dies bedeutet, daß es ausschließlich von der Bereitschaft des einzelnen Kammermitglieds, die Selbstveranlagung ordnungsgemäß, insbesondere wahrheitsgemäß, vorzunehmen, abhängt, ob ihm gegenüber die Heranziehung zum Kammerbeitrag entsprechend den Sätzen der Beitragsordnung erfolgt und die Beitragsordnung damit allen Kammermitgliedern gegenüber gleichheitsgemäß angewandt werden kann. Die dem Prinzip der Selbstveranlagung somit zwangsläufig innewohnende Gefahr einer in bezug auf die Gesamtheit der Kammermitglieder ungleichen Anwendung der Beitragsordnung verlangt im Interesse der Wahrung des Grundsatzes der Gleichbehandlung hinreichende Vorkehrungen dafür, daß die Belastungsgleichheit gewahrt wird. So bedarf, wie das Bundesverfassungsgericht im Zusammenhang mit der Besteuerung von Kapitalerträgen ausgesprochen hat (Urteil vom 27. Juni 1991 – 2 BvR 1493/89 – BVerfGE 83, 239, 273), im Veranlagungsverfahren das Deklarationsprinzip der Ergänzung durch das Verifikationsprinzip. Dem trägt die jetzt geltende Beitragsordnung der Ärztekammer Berlin vom 29. November 1995 (ABl. 1996, 652) Rechnung, wenn sie in § 5 Abs. 3 S. 1 bestimmt, daß der Veranlagungserklärung eine Kopie des entsprechenden Auszugs aus dem Einkommensteuerbescheid oder eine die deklarierten Einkünfte bestätigende Erklärung des Steuerberaters beizufügen ist. Die Beitragsordnung 1988 kannte noch keine Verifikationspflicht und begnügte sich damit, im Falle ersichtlich nicht ordnungsgemäßer Selbstveranlagung notfalls den Beitrag nach einem fiktiven Einkommen von 400 000 DM zu erheben. Dies ist ein mittelbarer Zwang zur ordnungsgemäßen Selbstveranlagung, der der Wahrung des Gleichbehandlungsgebots dient, das durch die Weigerung eines Beitragspflichtigen, eine ordnungsgemäße Selbstveranlagung vorzunehmen, gefährdet wird. Dieses deshalb nicht willkürliche Verfahren ähnelt in seiner Zielrichtung der vom Bundesverfassungsgericht geforderten Verifikation, da es dazu bestimmt ist, eine gleichheitswidrige Besserstellung der die Angabe ihres Einkommens verweigernden Kammermitglieder zu verhindern. Eine übermäßige Belastung entsteht für die eine ordnungsgemäße Selbstveranlagung verweigernden Kammermitglieder durch die Veranlagung nach einem fiktiven Einkommen von 400 000 DM nicht, da sie sich von einer gegenüber ihrem tatsächlich erzielten Einkommen zu hohen Veranlagung jederzeit dadurch befreien können, daß sie gegen den Heranziehungsbescheid Widerspruch erheben und im Widerspruchsverfahren die ordnungsgemäße Deklaration und notfalls Verifikation ihrer Einkünfte aus ärztlicher Tätigkeit nachholen. Soweit der Beschwerdeführer geltend macht, entgegen der Annahme von Verwaltungs- und Oberverwaltungsgericht wäre der Ärztekammer statt der Veranlagung nach einem fiktiven Einkommen von 400 000 DM eine Schätzung seines Einkommens möglich gewesen, wendet er sich gegen tatrichterliche Feststellungen, die einen Verfassungsverstoß nicht erkennen lassen.

c) Die mit der Verfassungsbeschwerde angefochtenen Urteile verletzen unter den von dem Beschwerdeführer geltend gemachten Gesichtspunkten nicht den in Art. 6 VvB enthaltenen allgemeinen Gleichheitssatz. Die Rechtsanwaltskammer Berlin, auf deren nicht einkommensgestufte Beitragserhebung der Beschwerdeführer verweist, ist nicht mit einer Ärztekammer vergleichbar. Ihre Tätigkeit richtet sich nach der Bundesrechtsanwaltsordnung. Der Kammerversammlung obliegt es nach § 89 Abs. 2 Nr. 2 BRAO, die Höhe und die

Fälligkeit des Beitrags zu bestimmen. Sie allein entscheidet, ob sie einen einkommensgestuften oder einen einheitlichen Beitrag erheben will. Eine Bindung für andere Kammern wird durch die Beitragsgestaltung der Rechtsanwaltskammer nicht begründet. Das Vorbringen des Beschwerdeführers, die Ärzte mit niedrigem Einkommen zögen größeren Nutzen aus den Leistungen der Ärztekammer als die besser verdienenden Ärzte, ist eine unbewiesene Behauptung, die in Einzelfällen zutreffen mag, sich aber keinesfalls verallgemeinern läßt. Sie ist daher nicht geeignet, die einkommensgestufte Beitragstabelle der Beitragsordnung 1988 als willkürlich und damit gleichheitswidrig erscheinen zu lassen. Verfassungsrechtlich unbedenklich ist es schließlich, daß die Ärzte mit überwiegenden Einkünften aus nicht selbständiger Arbeit im öffentlichen Dienst, also die angestellten oder beamteten Ärzte, die in Krankenhäusern des Landes Berlin, in Universitätskliniken oder Behörden tätig sind, zu Beiträgen herangezogen werden, die um 10 % niedriger sind als die Beiträge der niedergelassenen Ärzte. Denn erstere verursachen, wie die Ärztekammer mit Recht vorträgt, einen geringeren Verwaltungsaufwand, da bei ihnen gemäß § 4 Abs. 1 Nr. 2 Bln KaG die Überwachung der Erfüllung der Berufspflichten seitens der Ärztekammer eingeschränkt ist.

Die Entscheidung über die Kosten beruht auf den §§ 33, 34 VerfGHG. Dieser Beschluß ist unanfechtbar.

Sondervotum der Richterinnen Arendt-Rojahn und Citron-Piorkowski sowie des Richters Eschen

Wir folgen dem Beschluß im Ergebnis, nicht jedoch in der – unter II 1 auf S. 17 dargestellten – Begründung, soweit es um die vom Beschwerdeführer geltend gemachte Verletzung seiner Berufsfreiheit geht. Anders als die Mehrheit der Richter des Verfassungsgerichtshofs sind wir nicht der Auffassung, die betreffende Rüge sei unzulässig, weil ein eigenständiges Grundrecht auf Freiheit der Berufsausübung in der Verfassung von Berlin nicht enthalten sei. Die Mehrheit meint, Art. 11 VvB 1950 gewährleiste zwar die freie Wahl des Berufs, jedoch grundsätzlich nicht die Freiheit der Berufsausübung, und nimmt zur Begründung dieser Auffassung auf das Urteil des Verfassungsgerichtshofs vom 31. Mai 1995 – VerfGH 55/93 –, veröffentlicht in JR 1996, S. 146 ff., Bezug. In jener Entscheidung war es zu einer Stimmengleichheit (4:4) hinsichtlich der jetzt erstmals mehrheitlich vertretenen Auffassung von der Ausklammerung der Berufsausübungsfreiheit aus dem Schutzbereich des Art. 11 VvB 1950 gekommen, womit für die seinerzeitige Verfassungsbeschwerde die in § 11 Abs. 2 Satz 2 VerfGHG enthaltene Regelung eingriff, daß Stimmengleichheit Ablehnung bedeutet. Wir halten demgegenüber an der in dem betreffenden Urteil (s. JR 1996, S. 147) im einzelnen begründeten Auffassung der vier die damalige Entscheidung nicht tragenden Richter fest, daß Art. 11 VvB 1950 ein einheitliches Grundrecht der Berufsfreiheit gewährleistet, dessen sachlicher Umfang sich mit demjenigen des Art. 12 Abs. 1 GG deckt und die Berufsausübungsfreiheit als unabtrennbaren Aspekt der „freien Wahl des Berufes und des Arbeitsplatzes" mit umfaßt.

Auch nach unserer Auffassung hat jedoch die vorliegende Verfassungsbeschwerde hinsichtlich der Rüge der Verletzung des Art. 11 VvB 1950 keinen Erfolg, weil die in diesem Zusammenhang vom Beschwerdeführer erhobenen Einwände nicht die Möglichkeit einer Verletzung seiner Berufsausübungsfreiheit erkennen lassen und deshalb nicht den Anforderungen des § 50 VerfGHG genügen.

Nr. 4

Verfassungsbeschwerde gegen Verurteilung zu einer Geldbuße wegen Zuwiderhandlung gegen die Zweckentfremdungsverbot-Verordnung.

Verfassung von Berlin 1950 Art. 6 Abs. 1, 11, 15, 62

Beschluß vom 26. September 1996 – VerfGH 26/95 –

in dem Verfahren über die Verfassungsbeschwerde des Herrn G. L. gegen
1. das Urteil des Amtsgerichts Tiergarten in Berlin vom 15. Juni 1994
– 329 OWi 536/93 –
2. den Beschluß des Kammergerichts vom 23. Dezember 1994
– 2 Ss 214/94 – 5 Ws (B) 351/94 –

Entscheidungsformel:

Die Verfassungsbeschwerde wird zurückgewiesen.
Das Verfahren ist gerichtskostenfrei.
Auslagen werden nicht erstattet.

Gründe:

I.

Der Beschwerdeführer wendet sich mit seiner Verfassungsbeschwerde gegen seine Verurteilung zu einer Geldbuße von 8 000 DM wegen einer Zuwiderhandlung gegen die Zweckentfremdungsverbot-Verordnung.

Er vermietete mit einem „Mietvertrag für gewerbliche Räume" vom 9. Februar 1989 eine in der Reichsstraße 1 in Berlin-Charlottenburg gelegene 180 m² große Wohnung. Der Mieter nutzte die aus fünf Zimmern, einer Kammer, einer Küche, einem WC sowie einem Bad mit WC bestehende Wohnung zum Betrieb eines Büros und zahlte dafür eine Kaltmiete von 2 700 DM. Außerdem wandte er für bauliche Veränderungen der Räume insgesamt etwa 120 000 DM auf. Nach dem Bezug der Räume forderte der Beschwerdeführer den Mieter vergeblich auf, eine Vereinbarung zu unterzeichnen, nach der er sich zur Anmeldung seines ersten Wohnsitzes in der Reichsstraße 1 verpflichtete. Der Mieter wies darauf hin, daß er die Räume ausdrücklich als Gewerberaum angemietet habe. Aufgrund einer Kündigung seitens des Beschwerdeführers vom 20. Februar 1993, die mit dem Fehlen der Zweckentfremdungsgenehmigung begründet war, beendete der Mieter die Nutzung der Räume am 24. September 1993. Das Bezirksamt Charlottenburg von Berlin, das gegen den Beschwerdeführer hinsichtlich derselben Wohnung bereits im Jahre 1981 einen Bußgeldbescheid wegen Verstoßes gegen die Zweckentfremdungsverbot-Verordnung erlassen hatte und in dem seinerzeitigen Verwaltungsverfahren zu der Auffassung gelangt war, daß zwei der fünf Zimmer bereits vor Inkrafttreten der Zweckentfremdungsverbot-Verordnung anderen als Wohnzwecken zugeführt worden seien, für die weiteren drei Räume jedoch eine Genehmigung erforderlich sei, erließ gegen den Beschwerdeführer am 28. April 1993 einen Bußgeldbescheid mit dem Vorwurf einer vorsätzlichen Ordnungswidrigkeit nach der Zweckentfremdungsverbot-Verordnung. Er setzte gegen ihn eine Geldbuße in Höhe von 5 000 DM fest. In dem sich daran anschließenden Bußgeldverfahren erließ das Amtsgericht Tiergarten von Berlin am 15. Juni 1994 das angegriffene Urteil, mit dem es eine Geldbuße von 8 000 DM verhängte. Die hiergegen gerichtete Rechtsbeschwerde des Beschwerdeführers hat das Kammergericht mit dem ebenfalls angegriffenen Beschluß vom 23. Dezember 1994 verworfen.

Mit seiner Verfassungsbeschwerde macht der Beschwerdeführer geltend, er werde in seinen Grundrechten auf Gewährung rechtlichen Gehörs und Gleichbehandlung sowie in seinem Eigentumsrecht und seiner Berufsfreiheit als Hausverwalter verletzt.

Die Akten des Verfahrens beim Amtsgericht Tiergarten in Berlin – 329 OWi 536/93 (Kammergericht 5 Ws (B) 351/94) – sowie die Akten des Bezirksamts Charlottenburg von Berlin – Wohn 315/OWi 1/93 – wurden beigezogen.

II.

Die Verfassungsbeschwerde hat keinen Erfolg.

1. Hinsichtlich der Rüge der Verletzung des rechtlichen Gehörs und der Berufsfreiheit ist die Verfassungsbeschwerde unzulässig.

a) Zwar war das rechtliche Gehör auch in der Verfassung von Berlin in der hier noch maßgeblichen Fassung vom 1. September 1950 (VOBl. S. 433), zuletzt geändert durch Gesetz vom 8. Juni 1995 (GVBl. S. 339) – VvB – namentlich in Art. 62 VvB inhaltsgleich mit Art. 103 Abs. 1 GG gewährleistet (vgl. VerfGH, Beschluß vom 15. Juni 1993, LVerfGE 1, 81). Das Vorbringen des Beschwerdeführers genügt jedoch in dieser Hinsicht nicht den Zulässigkeitsanforderungen des § 50 VerfGHG, weil der zur Entscheidung unterbreitete Sachverhalt den behaupteten Verstoß von vornherein nicht als möglich erscheinen läßt.

Zum einen trägt der Beschwerdeführer vor (S. 13 der Beschwerdeschrift vom 22. Februar 1995), das Kammergericht nehme sein Vorbringen zur Klausel unter „§ 1 Nr. 4" des Mietvertrages zwar zur Kenntnis, ziehe es jedoch nicht ernsthaft in Erwägung, weil es sich damit nicht auseinandersetze. Dies trifft ausweislich der Entscheidungsgründe des angefochtenen Beschlusses nicht zu. Auf S. 8 des Beschlußabdrucks wird unter d) in diesem Zusammenhang ausgeführt: „Der Vereinbarung in § 1 Abs. 4 des Mietvertrages kommt in diesem Zusammenhang keine Bedeutung zu. Die vermieteten Räume entsprachen den behördlichen Vorschriften, und behördliche Auflagen existierten für sie nicht. Die Einholung einer Genehmigung für eine Nutzungsänderung war nicht Gegenstand der Vereinbarung. Im übrigen hätte sich der Betroffene seiner aus der Zweckentfremdungsverbot-Verordnung folgenden öffentlich-rechtlichen Verpflichtung, die Wohnräume ohne Genehmigung nicht für andere als Wohnzwecke zu überlassen, ohnehin nicht durch eine Absprache mit dem Zeugen K. entledigen können."

Soweit der Beschwerdeführer zum anderen die Rüge der Verletzung des rechtlichen Gehörs damit begründet, daß das Gericht die Vorschriften der Zweckentfremdungsverbot-Verordnung angewandt habe, obwohl er deren Verfassungswidrigkeit behauptet hatte (s. 16 der Beschwerdeschrift), ist ein Gehörsverstoß nicht nachvollziehbar vorgetragen und durch die Gründe des angefochtenen Beschlusses im übrigen ebenfalls widerlegt: Das Kammergericht geht auf S. 4 des Beschlußabdrucks unter 3. auf das Thema der Verfassungsmäßigkeit der Verordnung ausdrücklich ein. Es heißt dort: „Gegen die Verfassungsmäßigkeit des Verbotes der Zweckentfremdung von Wohnraum bestehen keine Bedenken. Die Beschränkungen, die dieses Verbot den Eigentümern von Wohnraum auferlegt, werden nach wie vor durch den in Berlin fortbestehenden erheblichen Mangel an Wohnraum gerechtfertigt (vgl. Beschluß des Senats vom 20. August 1993 – 4 Ws (B) 218/93 –)." Der Einwand des Beschwerdeführers gegen die Verfassungsmäßigkeit der Rechtsgrundlage für die Bußgeldfestsetzung ist damit ersichtlich vom Kammergericht beschieden worden. Auf Einzelheiten seines Vorbringens brauchte es dabei nicht einzugehen (vgl. BVerfGE 22, 267, 274 zu Art. 103 Abs. 1 GG).

b) Hinsichtlich der Rüge der Verletzung seiner Berufsfreiheit läßt das Vorbringen des Beschwerdeführers nicht erkennen, wodurch der Schutzbereich des Art. 11 VvB beeinträchtigt sein könnte.

2. Im übrigen ist die Verfassungsbeschwerde unbegründet.

a) Zu dem vom Beschwerdeführer im Rahmen des vorliegenden Verfassungsbeschwerdeverfahrens wiederholten Einwand, die Rechtsgrundlage der Bußgeldfestsetzung sei wegen Verstoßes gegen sein Eigentumsgrundrecht (Art. 15 VvB) verfassungswidrig, ist zunächst auf folgendes hinzuweisen: Die von ihm mit dem Vorwurf der „grundrechtsverletzenden Wohnungszwangsbewirtschaftung" in Frage gestellte Verfassungsmäßigkeit der gesetzlichen Ermächtigung für den Erlaß der Zweckentfremdungsverbot-Verordnung – des Artikels 6 § 1 des Gesetzes zur Verbesserung des Mietrechts und zur Begrenzung des Mietanstiegs sowie zur Regelung von Ingenieur- und Architektenleistungen vom 4. November 1971 – ist vom Bundesverfassungsgericht in seiner Entscheidung vom 4. Februar 1975 – 2 BvL 5/74 – seinerzeit bejaht worden (BVerfGE 38, 348; zur Funktion der Ermächtigung vgl. insbesondere S. 360 f., zu deren Vereinbarkeit mit Art. 14 GG S. 370 f.). Neue Aspekte, die gegen die Richtigkeit dieser Entscheidung sprechen und den Verfassungsgerichtshof ggf. – die Entscheidungserheblichkeit der Frage voraussetzt – zu einer Vorlage gemäß Art. 100 Abs. 1 GG an das Bundesverfassungsgericht veranlassen könnten, sind nicht erkennbar (vgl. in diesem Zusammenhang auch BVerwG, Urteil vom 22. April 1994, BVerwGE 95, 341, 349). Soweit der Beschwerdeführer geltend macht, jedenfalls sei die Zweckentfremdungsverbot-Verordnung infolge einer Änderung der tatsächlichen Verhältnisse nach der Wiedervereinigung verfassungswidrig geworden, weil die in der Ermächtigungsgrundlage vorausgesetzte Wohnungsmangellage nicht mehr bestehe, verkennt er, daß die Beurteilung, ob die Voraussetzungen der Ermächtigungsgrundlage in Berlin noch gegeben sind, der normativen Gestaltungsfreiheit des Verordnungsgebers unterfällt (vgl. BVerwGE 59, 197; OVG Berlin, Urteil vom 25. Mai 1984, GE 1984, S. 1129; Urteil vom 28. Juli 1994 – OVG 5 B 66/93 –, Urteilsumdruck S. 11). Erst wenn das Zweckentfremdungsverbot offensichtlich entbehrlich wäre, könnte das automatische Außerkrafttreten der Verordnung angenommen werden; anderenfalls ist es Sache des Verordnungsgebers, die Konsequenzen aus einem Wandel der Verhältnisse zu ziehen (vgl. auch VGH Kassel ZMR 1987, 75; BayVerfGH NJW 1989, S. 94, 95). Eine derartige Sachlage ist nicht gegeben. Insbesondere wird die vom Verordnungsgeber der

– für den Bußgeldvorwurf betreffend den Zeitraum Februar 1989 bis September 1993 noch maßgeblichen – Verordnung über das Verbot der Zweckentfremdung von Wohnraum in der Fassung vom 9. Februar 1973 (GVBl. S. 421) angenommene Wohnungsmangellage weder durch den Hinweis des Beschwerdeführers auf einen im Herbst 1993 festgestellten Wohnungsleerstand im Bereich der ehemaligen Alliierten-Wohnungen noch durch die pauschalen Behauptungen des Vorhandenseins von preiswertem Wohnraum im Umland in Frage gestellt. Die Annahme, die Beschränkungen, die das Verbot der Zweckentfremdung von Wohnraum den Eigentümern von Wohnraum auferlegt, würden auch nach der Wiedervereinigung durch den in Berlin fortbestehenden erheblichen Mangel an Wohnraum gerechtfertigt, wird im übrigen auch von dem für verwaltungsrechtliche Streitigkeiten im Zusammenhang mit der Zweckentfremdungsverbot-Verordnung zuständigen Senat des Oberverwaltungsgerichts Berlin geteilt, der in der zitierten Entscheidung vom 28. Juli 1994 (S. 12 des Urteilsumdrucks) ausführt: „Davon aber, daß die Mangellage auf dem Berliner Wohnungsmarkt infolge der Wiedervereinigung endgültig behoben wäre oder daß auch nur die Voraussetzungen für die Annahme eines „Sickereffekts" im Sinne der Rechtsprechung des Bundesverfassungsgerichts durch das seitdem zur Verfügung stehende Umland entfallen wären, kann offenkundig keine Rede sein (vgl. hierzu insbesondere die Zweite Verordnung über das Verbot der Zweckentfremdung von Wohnraum vom 15. März 1994 [GVBl. 1994, S. 91] und auch die vom Land Brandenburg erlassene Verordnung zur Bestimmung von Gebieten mit erhöhtem Wohnungsbedarf vom 21. November 1991 [GVBl. Land Brandenburg 1991, S. 500] sowie die für die dort bestimmten Gebiete geltende Zweckentfremdungsverbot-Verordnung vom 21. Januar 1993 [ABl. Land Brandenburg, S. 379])." Unter diesen Umständen kann von einer offensichtlichen Entbehrlichkeit des Zweckentfremdungsverbots für den hier interessierenden Zeitraum – 1989 bis 1993 – nicht gesprochen werden.

b) Soweit der Beschwerdeführer schließlich geltend macht, es fehle an einer willkürfreien und – insbesondere im Hinblick auf sein Grundrecht auf Eigentum und sein Recht auf Gleichbehandlung – verfassungskonformen Anwendung der Zweckentfremdungsverbot-Verordnung (S. 21 ff. der Beschwerdeschrift), weil die Räume wegen ihres zu hohen Mietpreises ohnehin nicht für den Wohnungsmarkt geeignet seien, ist darauf hinzuweisen, daß die Feststellung und Würdigung des Sachverhalts, die Auslegung des einfachen Rechts und seine Anwendung auf den zu entscheidenden Fall in erster Linie Sache der dafür im Einzelfall zuständigen Fachgerichte sind und sich der Prüfungsmaßstab des Verfassungsgerichtshofs allein auf die Frage beschränkt, ob die fachgerichtlichen Entscheidungen Fehler aufweisen, die auf einer grundsätzlich unrichtigen Anschauung von der Bedeutung eines Grundrechts oder dem Umfang seines Schutzbereichs beruhen oder ob sie unter keinem rechtlichen Aspekt mehr vertretbar sind und sich daher der Schluß aufdrängt, daß sie auf sachfremden Erwägungen beruhen. Setzt sich hingegen ein Gericht mit der Rechtslage eingehend auseinander und entbehrt seine Auffassung nicht jeden sachlichen Grundes, liegt eine willkürliche Mißdeutung nicht vor (vgl. BVerfGE 87, 273, 278 f.; VerfGH, Beschluß vom 25. April 1994, LVerfGE 2, 16, 18). Das Kammergericht hat vorliegend nachvollziehbar – auf S. 7 des Beschlußabdrucks unter c) – ausgeführt, ob und gegebenenfalls unter welchen Voraussetzungen überhaupt angenommen werden könne, daß eine Wohnung allein deshalb nicht dem Verbot der Zweckentfremdung unterliege, weil der Verfügungsberechtigte für die Miete in einer Höhe verlangen wolle, die Wohnungssuchende nicht mehr aufbringen könnten, könne dahinstehen. Jedenfalls sei diese Grenze bei der in Rede stehenden Wohnung nicht überschritten, weil von einem Mietpreis von 15,00 DM pro Quadratmeter auszugehen sei. Die Aufwendungen des Mieters für bauliche Veränderungen in Höhe von 120 000 DM seien nicht dem Mietpreis hinzuzurechnen, weil der Mieter sich im Mietvertrag verpflichtet habe, die Räume bei seinem Auszug in den ursprünglichen Zustand zu versetzen oder einen angemessenen Ausgleich zu zahlen, falls der Nachmieter die Veränderungen nicht übernehme. Diese Ausführungen sind nachvollziehbar und rechtfertigen unter keinem Gesichtspunkt den Vorwurf der Verkennung des Schutzbereichs der vom Beschwerdeführer geltend gemachten Grundrechte oder der willkürlichen Rechtsanwendung. Im Ergebnis das gleiche gilt für den Vorwurf, (S. 23 ff. der Beschwerdeschrift), das Kammergericht habe zu Unrecht die Anwendung des Ausnahmetatbestandes des § 1 Abs. 4 der Zweckentfremdungsverbot-Verordnung verneint, weil es auf Geschäftsraum im baulichen Sinne abgestellt habe: Diese Auslegung folgt dem Wortlaut der Ausnahmevorschrift. Mit dem gegen diese Regelung selbst erhobenen Einwand, der Gleichheitsgrundsatz gebiete eine Gleichbehandlung von baulichem und lediglich „gewidmetem" Geschäftsraum, verkennt er den Gestaltungsspielraum des Verordnungsgebers – ganz abgesehen davon, daß die vorgenommene Differenzierung durchaus einleuchtend ist.

c) Die Rüge, der angefochtene Beschluß sei willkürlich und verletze damit das in Art. 6 Abs. 1 VvB gewährleistete Grundrecht auf Gleichbehandlung, stützt der Beschwerdeführer des weiteren auch (S. 15 der Beschwerdeschrift) auf den Vorwurf, das Kammergericht verstoße gegen den Grundsatz der „reformatio in peius", da es die vom Amtsgericht in Höhe von 8 000 DM festgesetzte Geldbuße nicht reduziert habe, obwohl es den Schuldumfang für geringer halte, weil es anders als das Amtsgericht nicht von einer Zweckentfremdung der gesamten Wohnung ausgehe: Das Kammergericht hat angenommen, daß zwei der fünf Zimmer bereits bei Inkrafttreten der Zweckentfremdungsverbot-Verordnung gewerblich genutzt worden waren und deshalb der Genehmigungspflicht nicht unterlagen. Der Vorwurf der Willkür ist hier schon deswegen ungerechtfertigt, weil das Verbot der reformatio in peius ersichtlich nicht verletzt worden ist. Das Kammergericht durfte bei seiner auf § 79 Abs. 6 des Ordnungswidrigkeitengesetzes gestützten eigenen Entscheidung über den Bußgeldausspruch lediglich „Art und Höhe" der Rechtsfolge nicht zum Nachteil des Beschwerdeführers ändern (vgl. § 79 Abs. 3 OWiG, § 358 Abs. 2 StPO), war hingegen nicht daran gehindert, mit eigenen Erwägungen zur wirtschaftlichen Leistungsfähigkeit des Beschwerdeführers die Höhe des Bußgeldes zu bestätigen (vgl. die Kommentierung zur entsprechenden Regelung des § 331 Abs. 1 StPO in *Kleinknecht/Meyer-Goßner*, Strafprozeßordnung, 42. Aufl. 1995, § 331, Rdn. 11 mwN).

d) Auch die nachträglich am 8. März 1995 – und damit noch innerhalb der Zweimonatsfrist des § 51 Abs. 1 VerfGHG nach Zugang der das fachgerichtliche Verfahren abschließenden Entscheidung des Kammergerichts am 9. Januar 1995 – erhobene Rüge, bereits die amtsgerichtliche Entscheidung verletze den Grundsatz der Gleichbehandlung in der Rechtsanwendung, ist unbegründet. Wenn der Mieter von derselben Abteilung des Gerichts keine Geldbuße auferlegt, sondern die Möglichkeit erhalten hat, rückwirkend die Zweckentfremdungsgenehmigung beim Bezirksamt Charlottenburg zu beantragen, woraufhin ihm die Genehmigung gegen Zahlung einer Ausgleichsabgabe von 18 144 DM erteilt worden sei, so läßt dies keinen Verfassungsverstoß erkennen. Wie dargelegt, sind die Feststellung und Würdigung des maßgeblichen Sachverhalts, die Auslegung des einfachen Rechts und seine Anwendung auf den zu entscheidenden Fall in erster Linie Sache der dafür im Einzelfall zuständigen Fachgerichte.

Eine Differenzierung zwischen dem Schuldvorwurf gegenüber dem Beschwerdeführer einerseits und dem Mieter andererseits ist nachvollziehbar, zumal der Beschwerdeführer aus dem im Jahre 1981 durchgeführten Bußgeldverfahren seine Verpflichtungen nach der Zweckentfremdungsverbot-Verordnung gerade hinsichtlich dieser Wohnung kannte. Soweit im übrigen der entsprechende Vorwurf auch gegenüber dem Kammergericht erhoben wird, ist nicht nachvollziehbar, weshalb davon auszugehen sein soll, daß das Kammergericht ohne entsprechende Hinweise seitens des Beschwerdeführers den nunmehr vorgetragenen Verlauf des vom Mieter betriebenen Genehmigungsverfahrens hätte kennen sollen.

Die Entscheidung über die Kosten beruht auf §§ 33, 34 VerfGHG.
Dieser Beschluß ist unanfechtbar.

Nr. 5

Überprüfung einer arbeitsgerichtlichen Entscheidung am Maßstab des rechtlichen Gehörs und des Rechts auf freie Wahl des Arbeitsplatzes.

Verfassung von Berlin 1950 Art. 11, 62
Gesetz über den Verfassungsgerichtshof §§ 49 Abs. 1, 51

Beschluß vom 26. September 1996 – VerfGH 76/95 –

in dem Verfahren über die Verfassungsbeschwerde der Frau Dr. R. K. gegen das Urteil des Landesarbeitsgerichts Berlin vom 8. Mai 1995 – 9 Sa 144/94 –

Beteiligte: Humboldt-Universität zu Berlin, vertreten durch die Präsidentin.

Entscheidungsformel:

Die Verfassungsbeschwerde wird zurückgewiesen.
Das Verfahren ist gerichtskostenfrei.
Auslagen werden nicht erstattet.

Gründe:

I.

Die 1938 geborene Beschwerdeführerin wendet sich mit der Verfassungsbeschwerde dagegen, daß ihre Kündigungsschutzklage im arbeitsgerichtlichen Verfahren ohne Erfolg geblieben ist. Die Beschwerdeführerin stand seit 1. September 1962 im Dienst der Beteiligten, zunächst als Pflichtassistentin, danach als wissenschaftliche Assistentin am Pathologischen Institut der Medizinischen Fakultät (Charité). Seit dem 1. September 1969 arbeitete sie als Fachärztin für Gerichtliche Medizin am Institut für Gerichtliche Medizin der Charité.

Mit Schreiben vom 24. November 1993 kündigte die Beteiligte das Arbeitsverhältnis der Beschwerdeführerin wegen mangelnden Bedarfs zum 31. März 1994. Der Kündigungsschutzklage der Beschwerdeführerin hat das Arbeitsgericht Berlin stattgegeben und festgestellt, daß das Arbeitsverhältnis durch die Kündigung nicht aufgelöst worden sei. Zur Begründung führte es aus: Die Unwirksamkeit der Kündigung folge entsprechend § 108 Abs. 2 BPersVG daraus, daß die Beteiligte das vor der Kündigung durchzuführende Mitwirkungsverfahren vor Ausspruch der Kündigung nicht ordnungsgemäß abgeschlossen habe, weil sie nicht auf die Einwendungen des Personalrats in

seinem die Zustimmung zur Kündigung verweigernden Schreiben eingegangen sei.
Auf die Berufung der Beteiligten änderte das Landesarbeitsgericht Berlin durch das angefochtene Urteil das Urteil des Arbeitsgerichts und wies die Klage ab. Zur Begründung führte es aus: Die am 24. November 1993 fristgerecht ausgesprochene ordentliche Kündigung habe die beiderseitigen arbeitsvertraglichen Beziehungen rechtswirksam zum 31. März 1994 beendet. Nach dem Einigungsvertrag sei die ordentliche Kündigung eines Arbeitsverhältnisses in der öffentlichen Verwaltung auch zulässig, wenn der Arbeitnehmer wegen mangelnden Bedarfs nicht mehr verwendbar sei. Der Arbeitsplatz der Beschwerdeführerin sei aufgrund der Stellenstreichung ersatzlos weggefallen. Die Stelle sei in dem allein rechtsverbindlichen Stellenplan nicht mehr enthalten. Zu Recht weise die Beteiligte darauf hin, daß der Beschwerdeführerin auch keine der im Stellenplan ausgewiesenen Stellen der Besoldungsgruppen C 4, C 3 und C 2 habe zugewiesen werden können. Für die C 4- und C 3-Stellen fehlten der Beschwerdeführerin die notwendige Qualifikation. Ebensowenig könne der Beschwerdeführerin aufgrund ihres Lebensalters die Stelle einer wissenschaftlichen Assistentin nach der Besoldungsgruppe C 1 übertragen werden, da sie selbst nicht an einer solchen Qualifizierungsstelle interessiert sei. Soweit die Beteiligte Funktionsstellen an Herrn W. und Frau H. übertragen habe, sei diese Verfahrensweise kündigungsrechtlich nicht zu beanstanden. Zwar könne die Beschwerdeführerin eine Facharztausbildung vorweisen. Sie habe jedoch bereits seit Anfang der achtziger Jahre keine Tätigkeiten mehr in der Patientenversorgung und in anderen ärztlichen Bereichen der Gerichtsmedizin übernommen. Frau H. sei überdies als Diplomchemikerin am Institut beschäftigt und ausgebildete Fachchemikerin für Analytik und Spektroskopie sowie Fachchemikerin der Medizin. Sie verfüge über Lehrerfahrungen und Kenntnisse auf dem Gebiet der forensischen und klinischen Toxikologie. Insoweit sei die Beteiligte nicht verpflichtet gewesen, die genannten Arbeitsgebiete der Beschwerdeführerin zuzuweisen, um eine Kündigung wegen mangelnden Bedarfs zu vermeiden. Ebensowenig könne die Beschwerdeführerin mit Erfolg geltend machen, die Beteiligte habe bei der ausgesprochenen Kündigung keine soziale Auswahl im Sinne von § 1 Abs. 3 KSchG vorgenommen, da der Arbeitgeber nach gefestigter Rechtsprechung hierzu bei einer Kündigung nach dem Sondertatbestand des Einigungsvertrages nicht verpflichtet sei. Schließlich erweise sich die Kündigung auch nicht deshalb als rechtsunwirksam, weil nach den Behauptungen der Beschwerdeführerin der Personalrat vor dem Ausspruch der Kündigung nicht ordnungsgemäß angehört worden sein solle. § 89 Abs. 1 des Berliner Personalvertretungsgesetzes schränke das Mitbestimmungsrecht in personalrechtlichen Angelegenheiten u. a. für Dienstkräfte mit vorwiegend wissenschaftlicher Tätigkeit in dem Sinne ein, daß kein

Mitbestimmungs-, sondern nur ein Mitwirkungsrecht bestehe. Die Beschwerdeführerin sei aufgrund ihres Einsatzes in der wissenschaftlichen Forschung als wissenschaftliche Mitarbeiterin an einer Hochschule im Sinne von § 2 der Verordnung über wissenschaftliche und künstlerische Mitarbeiter vom 9. August 1988 einzustufen. Der bei der Charité bestehende Personalrat sei vor dem Ausspruch der Kündigung ordnungsgemäß beteiligt worden; seiner Zustimmung habe es nicht bedurft. Selbst wenn man von den Behauptungen der Beschwerdeführerin ausgehe, die Erörterungen mit dem Personalrat seien nicht ordnungsgemäß durchgeführt worden, so folge daraus jedenfalls noch nicht die Rechtsunwirksamkeit der personellen Einzelmaßnahmen.

Die Nichtzulassungsbeschwerde der Beschwerdeführerin wies das Bundesarbeitsgericht durch Beschluß vom 7. September 1995 (8 AZN 467/95) mit der Begründung, das anzufechtende Urteil sei von divergenzfähigen Entscheidungen anderer Gerichte nicht abgewichen, als unbegründet zurück.

Mit der am 15. November 1995 eingegangenen, gegen das Urteil des Landesarbeitsgerichts vom 8. Mai 1995 gerichteten Verfassungsbeschwerde rügt die Beschwerdeführerin eine Verletzung der Grundrechte aus Art. 11 VvB 1950 (freie Wahl des Arbeitsplatzes) sowie Art. 62 VvB 1950 (rechtliches Gehör). Sie ist der Ansicht: Das Landesarbeitsgericht habe bei seiner arbeitsgerichtlichen Entscheidung die Drittwirkung dieser Grundrechte nicht ausreichend berücksichtigt. Indem es die Bevorzugung der Mitarbeiter W. und H. akzeptiere, habe es ihr Grundrecht auf Schutz des Arbeitsplatzes verletzt. Bei der Auslegung der Sonderkündigungsvorschriften seien das hohe Lebensalter und die lange Betriebszugehörigkeit zu berücksichtigen. Im Sinne der Warteschleifenrechtsprechung des Bundesverfassungsgerichts gehöre sie aufgrund ihres hohen Lebensalters zu einer geschützten Arbeitnehmergruppe. Außerdem sei sie positiv evaluiert worden. Die ausgewählten Mitarbeiter W. und H. seien nicht besser qualifiziert als sie.

Zur Verletzung des Grundrechts auf rechtliches Gehör führt die Beschwerdeführerin aus: Das Arbeitsgericht Berlin habe in seinem Urteil vom 7. Juli 1994 die Unwirksamkeit der Kündigung ausschließlich auf die fehlerhafte Personalratsbeteiligung gestützt. Das Landesarbeitsgericht Berlin habe hingegen eingehend ausgeführt, daß mögliche Fehler im Rahmen des Mitwirkungsrechts nicht die Unwirksamkeit der Kündigung zur Folge habe. Diese Ausführungen stellten ein Abweichen von der gängigen und bekannten arbeitsgerichtlichen Rechtsprechung zum Betriebsverfassungsrecht und Personalvertretungsrecht dar. In jedem Fall hätte sie das Landesarbeitsgericht nach den Grundsätzen des fairen Verfahrens und des rechtlichen Gehörs auf diesen Rechtsstandpunkt hinweisen müssen. Ein solcher Hinweis sei um so mehr geboten gewesen, als das erstinstanzliche Urteil die Kündigung allein wegen Mängeln im personalvertretungsrechtlichen Verfahren für unwirksam erklärt habe. Mithin habe sie sich darauf einstellen können, daß ohne einen entsprechenden richterlichen Hinweis der Schwerpunkt des Berufungsverfahrens auch bei der Überprüfung des personalvertretungsrechtlichen Mitwirkungsverfahrens liegen würde und nicht bei der Bewertung ihrer fachlichen Qualifikation, ihres beruflichen Werdegangs und der in den letzten Jahren ausgeübten Tätigkeit. Indem das Landesarbeitsgericht die entsprechenden Hinweise unterlassen habe, habe es ihr Grundrecht nach Art. 62 VvB verletzt. Das Urteil beruhe auch auf dieser Grundrechtsverletzung. Bei entsprechenden Hinweisen hätte sie sich eingehender auf das Berufungsverfahren vorbereiten können und zu ihrer Qualifkation und Berufspraxis Stellung nehmen und vortragen können.

Die Beteiligte hält die vorliegende Verfassungsbeschwerde für unzulässig: Da es sich bei dem Kündigungsschutzgesetz um Bundesrecht handele, sei die Prüfungskompetenz des Berliner Verfassungsgerichtshofs wegen des Vorrangs von Bundesrecht vor Landesrecht (Art. 31 GG) nicht eröffnet. Die Verfassungsbeschwerde sei im übrigen unbegründet. Die Rechtsprechung des Bundesverfassungsgerichts zur sogenannten Warteschleife sei vorliegend nicht heranzuziehen. Auch ein Verstoß gegen das Grundrecht auf rechtliches Gehör sei nicht gegeben. Die Prüfung der ordnungsgemäßen Anhörung der Personalvertretung erfolge von Amts wegen. Das rechtliche Gehör der Beschwerdeführerin bestehe nur insofern, als sie die Möglichkeit haben müsse, die Tatsachen vorzutragen, die Grundlage der rechtlichen Bewertung der Personalratsbeteiligung seien. Dies sei vorliegend der Fall gewesen. Die Feststellung des Landesarbeitsgerichts, daß Fehler im Mitwirkungsverfahren nicht zur Unwirksamkeit der Kündigung führten, gehöre nicht zu den das Urteil tragenden Erwägungen. Dies habe auch das Bundesarbeitsgericht in seinem die Nichtzulassungsbeschwerde zurückweisenden Beschluß ausgeführt.

II.

1. Die Verfassungsbeschwerde ist zulässig.

a) Die Beschwerdeführerin hat die gesetzliche Frist für die Einlegung der Verfassungsbeschwerde (§ 51 Abs. 1 VerfGHG) gewahrt. Nach § 51 Abs. 1 Sätze 1 und 2 VerfGHG ist die Verfassungsbeschwerde binnen zweier Monate zu erheben, wobei die Frist mit der Zustellung der Entscheidung beginnt. Die gegen das am 29. Mai 1995 zugestellte Urteil des Landesarbeitsgerichts vom 8. Mai 1995 gerichtete Verfassungsbeschwerde ist zwar erst am 15. November 1995 eingegangen, aber gleichwohl nicht verfristet. Nach § 49 Abs. 2 Satz 1 VerfGHG kann die Verfassungsbeschwerde erst nach Erschöpfung des

Rechtswegs erhoben werden. Zur Erschöpfung des Rechtswegs gehört grundsätzlich auch eine gesetzlich vorgesehene Beschwerde gegen die Nichtzulassung der Revision (vgl. Urteil vom 19. Oktober 1992 – VerfGH 24/92 – LVerfGE 1, 9, 19; Beschluß vom 12. Oktober 1994 – VerfGH 53/94 – NJ 1995, S. 373). Wäre die Verfassungsbeschwerde unmittelbar im Anschluß an das Urteil des Landesarbeitsgerichts erhoben worden, hätte der Zulässigkeit die Nichterschöpfung des Rechtswegs entgegengestanden. Die Beschwerdeführerin hat somit folgerichtig zunächst die Nichtzulassungsbeschwerde beim Bundesarbeitsgericht eingelegt. Daß sie nicht zeitgleich auch Verfassungsbeschwerde zum Verfassungsgerichtshof erhoben hat (vgl. *Majer*, in: Umbach/Clemens, BVerfGG, Kommentar, Rdn. 22 zu § 93), kann ihr nicht entgegengehalten werden. Vielmehr ist davon auszugehen, daß mit der Zustellung der Entscheidung des Bundesarbeitsgerichts die Zweimonatsfrist zur Einlegung der Verfassungsbeschwerde gegen das vorangegangene Berufungsurteil des Landesarbeitsgerichts erneut in Gang gesetzt worden ist (vgl. Bayerischer Verfassungsgerichtshof, Entscheidung vom 21. Juli 1989 – BayVerfGH 42, 117, 120). Eine andere Beurteilung käme nur dann in Betracht, wenn die Einlegung der Nichtzulassungsbeschwerde offensichtlich unzulässig gewesen wäre (vgl. BVerfG NJW 1989, S. 1148). Hiervon kann im vorliegenden Fall schon deshalb keine Rede sein, weil das Bundesarbeitsgericht die Nichtzulassungsbeschwerde als unbegründet zurückgewiesen hat. Die durch den am 27. September 1995 zugestellten Beschluß des Bundesarbeitsgerichts vom 7. September 1995 neu in Gang gesetzte Zweimonatsfrist war bei Eingang der Verfassungsbeschwerde am 15. November 1995 noch nicht abgelaufen.

b) Bedenken gegen die Zulässigkeit der Verfassungsbeschwerde bestehen auch im übrigen nicht. Entgegen der Auffassung der Beteiligten ist die Prüfungskompetenz des Verfassungsgerichtshofs gegeben. Die Beschwerdeführerin wendet sich gegen eine Entscheidung des Landesarbeitsgerichts Berlin also einen gemäß § 49 Abs. 1 VerfGHG grundsätzlich der Überprüfung durch den Verfassungsgerichtshof unterliegenden Akt der öffentlichen Gewalt des Landes Berlin. Die Prüfungskompetenz besteht grundsätzlich auch dann, wenn die angegriffene gerichtliche Entscheidung auf der Anwendung von Bundesrecht – hier auf der Anwendung des Einigungsvertrages und des Kündigungsschutzgesetzes – beruht. Denn die in der Verfassung von Berlin gewährleisteten Grundrechte sind auch in diesem Bereich in den Grenzen der Art. 142, 31 GG, nämlich soweit sie in inhaltlicher Übereinstimmung mit Grundrechten des Grundgesetzes stehen, von der rechtsprechenden Gewalt des Landes Berlin zu beachten und dem Schutz durch den Verfassungsgerichtshof des Landes Berlin anvertraut (st. Rspr., u. a. Beschluß vom 12. Juli 1994 – VerfGH 94/93 – LVerfGE 2, 19, 23 = DVBl. 1994, S. 1189).

2. Die Verfassungsbeschwerde ist jedoch nicht begründet. Die Entscheidung des Landesarbeitsgerichts verletzt weder Art. 11 noch Art. 62 der Verfassung von Berlin in der im vorliegenden Fall noch anwendbaren Fassung vom 1. September 1950.

Gerichtliche Entscheidungen können im Verfahren der Verfassungsbeschwerde nur in engen Grenzen überprüft werden. Die Gestaltung des Verfahrens, die Feststellung und Würdigung des Sachverhalts, die Auslegung des einfachen Rechts und seine Anwendung auf den Einzelfall sind Sache der dafür allgemein zuständigen Gerichte und der Nachprüfung durch den Verfassungsgerichtshof entzogen. In Anwendung dieses Prüfungsmaßstabs läßt die angefochtene Entscheidung des Landesarbeitsgerichts einen Verfassungsverstoß zu Lasten der Beschwerdeführerin nicht erkennen.

a) Art. 11 VvB, der, soweit er die freie Berufswahl und die freie Wahl des Arbeitsplatzes schützt, inhaltsgleich mit Art. 12 Abs. 1 Satz 1 GG ist und neben dieser Grundrechtsgewährung des Grundgesetzes in Kraft bleibt (vgl. Beschluß vom 10. November 1993 – VerfGH 78/93 –; Urteil vom 31. Mai 1995 – VerfGH 55/93 – JR 1996, S. 146), ist nicht verletzt. Zwar kann ein Eingriff in den Schutzbereich dieser Bestimmung auch vorliegen, wenn eine fachgerichtliche Entscheidung Auslegungsfehler erkennen läßt, die auf einer grundsätzlich unrichtigen Auffassung von der Bedeutung des Grundrechts beruhen. Doch ist zu beachten, daß der Bedeutung der Berufsfreiheit schon der Gesetzgeber im Rahmen des Kündigungsrechts Rechnung getragen hat. Art. 11 VvB gewährt ebensowenig unmittelbaren Schutz vor Kündigungen wie Art. 12 Abs. 1 GG, ist jedoch bei der Auslegung und Anwendung von arbeitsrechtlichen Kündigungen zu beachten (vgl. BVerfGE 84, 133, 146 f.; siehe auch BVerfGE 92, 140, 153; *Jarass* in: Jarass/Pieroth, GG, 3. Aufl., Rdn. 16 zu Art. 12; *Gubelt* in: von Münch/Kunig, GG, 4. Aufl., Bd. I Rdn. 25 zu Art. 12).

Im Falle der Beschwerdeführerin war die Kündigung gestützt auf Anlage I, Kapitel XIX, Sachgebiet A, Abschnitt III Ziff. 1 Abs. 4 Nr. 2 des Vertrages zwischen der Bundesrepublik Deutschland und der Deutschen Demokratischen Republik über die Herstellung der Einheit Deutschlands (Einigungsvertrag). Danach ist die ordentliche Kündigung eines Arbeitsverhältnisses in der öffentlichen Verwaltung auch zulässig, wenn der Arbeitnehmer wegen mangelnden Bedarfs nicht mehr verwendbar ist. Das Landesarbeitsgericht hat unter Hinweis auf die Rechtsprechung des Bundesarbeitsgerichts entschieden, daß der Einigungsvertrag mit dieser Regelung bewußt von den in § 1 Abs. 2 Satz 1 KSchG verankerten restriktiven Voraussetzungen für den Ausspruch einer betriebsbedingten Kündigung abweicht und daß diese Kündigungsregelung im Einigungsvertrag § 1 KSchG ersetzt. Es hat im einzelnen dargelegt, daß die Voraussetzungen für eine ordentliche Kündigung im Falle der Beschwerdeführerin erfüllt waren, da der Arbeitsplatz aufgrund der Stellenstreichung ersatzlos weggefallen ist. Ferner hat das Landesarbeitsgericht unter Würdigung des beruflichen Werdegangs der Beschwerdeführerin ausgeführt, die Übertragung von Funktionsstellen an Herrn W. und Frau H. könne kündigungsrechtlich nicht beanstandet werden.

Diese Anwendung des einfachen Rechts durch das Landesarbeitsgericht läßt einen Verstoß gegen das Grundrecht der freien Wahl des Arbeitsplatzes nicht erkennen. Daß der Einigungsvertrag in Abweichung vom Kündigungsschutzgesetz Kündigungen ermöglicht, um die Voraussetzungen für den Aufbau einer rechtsstaatlichen Verwaltung zu schaffen, kann nicht beanstandet werden. Die von der Beschwerdeführerin angeführte Rechtsprechung des Bundesverfassungsgerichts zu sogenannten Abwicklungssachverhalten rechtfertigt keine andere Beurteilung. Das Bundesverfassungsgericht hat Regelungen des Einigungsvertrages, nach denen Arbeitsverhältnisse von Beschäftigten bei abzuwickelnden öffentlichen Einrichtungen zum Ruhen gebracht und befristet werden, für nur insoweit mit dem Grundgesetz unvereinbar gehalten, als dadurch die Kündigungsvorschriften des Mutterschutzrechts durchbrochen werden; es hat ferner entschieden, daß die besondere Lage von Schwerbehinderten, älteren Arbeitnehmern, Alleinerziehenden und anderen in ähnlicher Weise Betroffenen bei der Besetzung von Stellen im öffentlichen Dienst berücksichtigt werden müssen (BVerfGE 84, 133; 85, 360). Abgesehen davon, daß diese Rechtsprechung Regelungen des Einigungsvertrages betrifft, die unmittelbar kraft Gesetzes zum Arbeitsplatzverlust führten, kann ihr nicht entnommen werden, daß die Beendigung der Arbeitsverhältnisse älterer Arbeitnehmer mit langer Betriebszugehörigkeit generell unzulässig sei.

b) Das in der Verfassung von Berlin vom 1. September 1950 namentlich in Art. 62 VvB im gleichen Umfang wie bundesrechtlich nach Art. 103 Abs. 1 GG verbürgte Verfahrensgrundrecht auf rechtliches Gehör ist ebenfalls nicht verletzt. Die Beschwerdeführerin sieht einen Verstoß gegen den Grundsatz des rechtlichen Gehörs in dem Umstand, daß das Landesarbeitsgericht von dem „allgemeinen arbeitsrechtlichen Grundsatz" abgewichen sei, wonach Mängel im personalvertretungsrechtlichen wie auch im betriebsverfassungsrechtlichen Mitwirkungsverfahren zur Unwirksamkeit einer Kündigung führen, ohne vorher darauf hingewiesen zu haben. Dieses Vorbringen geht schon im Ansatz fehl. Die Beschwerdeführerin verkennt insoweit, daß das Landesarbeitsgericht von einer ordnungsgemäßen Beteiligung des bei der Charité bestehenden Personalrats vor dem Ausspruch der fristgerechten Kündigung ausgegangen ist, somit einen Mangel im Mitwirkungsverfahren gerade nicht festgestellt hat. Das Landesarbeitsgericht stellt lediglich in einer zusätzlichen, das Urteil nicht tragenden, Erwägung darauf ab, daß die Kündigung selbst dann nicht rechtsunwirksam wäre, wenn man mit der Beschwerdeführerin davon ausginge, die Erörterungen mit dem Personalrat seien nicht ordnungsgemäß durchgeführt worden. Das Bundesarbeitsgericht hat in der Entscheidung über die Nichtzulassungsbeschwerde die Begründung des Landesarbeitsgerichts in gleicher Weise rechtlich gewürdigt und ausgeführt, die Frage der Abweichung könne dahinstehen, da diese Ausführungen im Urteil nicht tragend seien.

Schließlich kann dem Landesarbeitsgericht ein Unterlassen rechtlich gebotener Hinweise auch sonst nicht angelastet werden. Die beklagte Universität hatte in ihrer Berufung gegen das Urteil des Amtsgerichts nicht nur das Problem der ordnungsgemäßen Anhörung des Personalrats, sondern auch alle übrigen Rechts- und Sachfragen angesprochen. Im Rahmen der Berufungserwiderung hatte die Beschwerdeführerin ausreichend Gelegenheit, umfassend Stellung zu nehmen. Das Landesarbeitsgericht war nicht verpflichtet, die Beschwerdeführerin in Vorbereitung der mündlichen Verhandlung darauf hinzuweisen, welche der schriftsätzlich angesprochenen Fragen entscheidungserheblich sein könnten.

Die Entscheidung über die Kosten beruht auf §§ 33 f. VerfGHG.

Dieser Beschluß ist unanfechtbar.

Nr. 6

1. Der Berliner Landesgesetzgeber ist ungeachtet der rahmenrechtlichen Vorgaben des Hochschulrahmengesetzes befugt, im Einzelfall einen bestimmten Studiengang einer Hochschule unmittelbar durch Gesetz aufzuheben.

2. Die Aufhebung eines Studiengangs und die damit einhergehende Veränderung des Fachbereichs bzw. der Fakultät einer Hochschule verstößt nicht schon um ihrer selbst willen gegen die von Art. 21 Satz 1 VvB verbürgte Wissenschaftsfreiheit. Vielmehr ist der Berliner Landesgesetzgeber grundsätzlich berechtigt, von ihm geschaffene Möglichkeiten wissenschaftlicher Betätigung namentlich im Interesse einer Haushaltskonsolidierung einzuschränken.

3. Die durch Art. 21 Satz 1 VvB garantierte Wissenschaftsfreiheit begründet ein Recht der Hochschule auf Teilhabe in Form der Mitwirkung an wissenschaftsrelevanten Organisationsentscheidungen des Berliner Landesgesetzgebers. Zu den in diesem Sinne wissenschaftsrelevanten Organisationsentscheidungen zählt u. a. die Aufhebung eines Studiengangs.

4. Soll ein Studiengang unmittelbar durch Gesetz aufgehoben werden und damit eine Beteiligung der Hochschule nach Maßgabe des Berliner Hochschulgesetzes entfallen, verlangt Art. 21 Satz 1 VvB, daß die Belange von Wissenschaft, Forschung und Lehre angemessen sorgfältig ermittelt und gewichtet und die vom Staat beabsichtigten Maßnahmen mit ihnen abgewogen werden. Daraus folgt, daß der betreffenden Hochschule Gelegenheit gegeben werden muß, sich nach fundierter Vorbereitung unter Einschaltung der zuständigen Hochschulorgane zu der geplanten Maßnahme sachgerecht zu äußern und ihre Auffassung zur Geltung zu bringen.

Verfassung von Berlin Art. 21 Satz 1, 84 Nr. 2

Grundgesetz Art. 70 Abs. 1, 75 Abs. 1 Nr. 1 a

Hochschulrahmengesetz § 60

Berliner Hochschulgesetz §§ 61 Abs. 1 Nr. 3, 22 Abs. 3

Haushaltsstrukturgesetz 1996 Art. II § 2 Abs. 1 Nr. 1 sowie Art. II § 2 Abs. 2

Urteil vom 22. Oktober 1996 – VerfGH 44/96 –

in dem Verfahren über den Antrag, Art. II § 2 Abs. 1 Nr. 1 sowie Art. II § 2 Abs. 2 des Gesetzes zur Beseitigung des strukturellen Ungleichgewichts des Haushalts (Haushaltsstrukturgesetz 1996 – HStrG 96) vom 15. April 1996 (GVBl. S. 126) für nichtig zu erklären.

Antragsteller: 63 Mitglieder des Abgeordnetenhauses.

Entscheidungsformel:

Art. II § 2 Abs. 1 Nr. 1 und Art. II § 2 Abs. 2 des Gesetzes zur Beseitigung des strukturellen Ungleichgewichts des Haushalts (Haushaltsstrukturgesetz 1996 – HStrG 96) vom 15. April 1996 (GVBl. S. 126) sind mit Art. 21 Satz 1 der Verfassung von Berlin unvereinbar und nichtig.

Das Verfahren ist gerichtskostenfrei.

Auslagen werden nicht erstattet.

Gründe:

I.

Die 63 Antragsteller machen als Mitglieder des Abgeordnetenhauses von Berlin im Verfahren der abstrakten Normenkontrolle geltend, Art. II § 2

Abs. 1 Nr. 1 und Art. II § 2 Abs. 2 des Gesetzes zur Beseitigung des strukturellen Ungleichgewichts des Haushalts (Haushaltsstrukturgesetz 1996 – HStrG 96) vom 15. April 1996 (GVBl. S. 126) verstießen gegen die Verfassung von Berlin (VvB) vom 23. November 1995 (GVBl. S. 779) und seien deshalb für nichtig zu erklären. Die beiden Vorschriften des Haushaltsstrukturgesetzes 1996 haben folgenden Wortlaut:

„Art. II
Unmittelbar haushaltswirksame gesetzliche Regelungen

§ 1
...

§ 2
Abbau von Mehrfachangeboten an Hochschulen

(1) Für die Freie Universität gilt:
1. Im Fachbereich Humanmedizin wird der Studiengang „Zahnmedizin" aufgehoben. Vom Zeitpunkt des Inkrafttretens dieses Gesetzes an findet, abweichend von den Vorschriften des Neuordnungsgesetzes Zahnmedizin vom 22. Dezember 1993 (GVBl. S. 657), die Ausbildung im Fach Zahnmedizin nur an der Medizinischen Fakultät Charité der Humboldt-Universität zu Berlin mit einer Aufnahmekapazität von 80 Studienanfängern im Jahr statt.
2. ...

(2) An der Humboldt-Universität zu Berlin wird an der Mathematisch-Naturwissenschaftlichen Fakultät I der Studiengang „Pharmazie" aufgehoben."

Das Haushaltsstrukturgesetz dient, wie seine Präambel ausweist, der Haushaltskonsolidierung, insbesondere der Reduzierung des sich bis zum Jahre 1999 abzeichnenden Finanzierungsdefizits. Es stellt in seinem Art. I Grundsätze und Vorgaben für haushaltspolitische Maßnahmen auf und trifft in Art. II unmittelbar haushaltswirksame Regelungen. Soweit sie die Hochschulen des Landes Berlin betreffen, sehen sie u. a. einen Abbau von Mehrfachangeboten an den Hochschulen vor, darunter die Aufhebung der Studiengänge Zahnmedizin und Pharmazie. Der Gesetzentwurf des Haushaltsstrukturgesetzes 1996 vom 8. März 1996 (Drs. AbgH 13/201) verweist zur Begründung der Aufhebung von Studiengängen vor allem auf die Koalitionsvereinbarung, die einen Abbau von Mehrfachangeboten an den Universitäten vorsehe, sowie darauf, daß die Studiengänge Zahnmedizin und Pharmazie sowohl an der Freien Universität wie an der Humboldt-Universität angeboten würden, also Doppelangebote seien, und auf die mit der Aufhebung dieser Studiengänge zu erwartende Senkung des konsumtiven und investiven Aufwands an den Universitäten, die mittelfristig für die Freie Universität mit 34,84 Mio. DM und für die Humboldt-Universität mit 28,5 Mio. DM veranschlagt wird. Nach der ersten Lesung am 14. März 1996 wurde der Gesetzentwurf an den Hauptausschuß (federführend) sowie mitberatend u. a. an den Ausschuß für Wissenschaft und Forschung überwiesen. Dieser Ausschuß führte am 18. März 1996 eine Anhörung zu den Auswirkungen des Haushaltsstrukturgesetzes auf die Bereiche Wissenschaft und Forschung durch und hörte dabei u. a. den Präsidenten der Freien Universität und die damalige Präsidentin der Humboldt-Universität an. Aus dem Wortprotokoll dieser Ausschußsitzung ergibt sich, daß die Anhörung etwa vier Stunden gedauert hat, daß außerdem noch drei weitere Präsidenten von Hochschulen sowie die Vertreter der Landeskonferenz der Direktoren und Präsidenten der Berliner Hochschulen, der Landeskonferenz der Frauenbeauftragten an Berliner Hochschulen, der Landesarbeitsgemeinschaft Akademischer Mittelbau, der Landes-Asten-Konferenz und der Gewerkschaft ÖTV angehört wurden. Allen stand eine Redezeit von jeweils 10 Minuten zur Verfügung; außerdem wurden Fragen der Abgeordneten beantwortet. Weiter ergibt das Wortprotokoll, daß der Präsident der Freien Universität und die Präsidentin der Humboldt-Universität zu Beginn ihrer Ausführungen erklärten, daß das Verfahren der Anhörung nicht dem Gebot der Mitwirkung der Universitäten an weitreichenden strukturellen Maßnahmen genüge. In der der Anhörung folgenden Sitzung vom 25. März 1996 beschloß der Wissenschaftsausschuß einstimmig bei Stimmenthaltung der Vertreter der Regierungsfraktionen, dem Abgeordnetenhaus die Annahme des Gesetzentwurfs mit verschiedenen Änderungen zu empfehlen, darunter die Streichung der vorgesehenen Aufhebung der Studiengänge Zahnmedizin und Pharmazie. Der Hauptausschuß empfahl dem Abgeordnetenhaus die Annahme des Gesetzentwurfs, ohne über die Vorschläge des Wissenschaftsausschusses im einzelnen zu beraten. In der zweiten Lesung des Haushaltsstrukturgesetzes, die am 28. März 1996 verbunden mit der zweiten Lesung des Nachtragshaushaltsgesetzes 1995/96 stattfand und bei der zahlreiche Änderungsanträge zu beiden Gesetzen vorlagen, wurde u. a. die Verfassungsmäßigkeit von Art. II § 2 Abs. 1 Nr. 1 und Art. II § 2 Abs. 2 HStrG 96 diskutiert, nicht jedoch die Aufhebung der Studiengänge Pharmazie und Zahnmedizin im einzelnen. Das Abgeordnetenhaus nahm das Haushaltsstrukturgesetz mit verschiedenen, für das vorliegende Verfahren nicht bedeutsamen Änderungen und unter Aufrechterhaltung der Aufhebung der Studiengänge Zahnmedizin und Pharmazie an.

Die Antragsteller sehen ebenso wie die betroffenen Universitäten, die Verfassungsbeschwerde erhoben haben (VerfGH 47/96, 54/96, 63/96), in der Aufhebung der Studiengänge einen unzulässigen Eingriff in die den Hochschulen durch Art. 21 Satz 1 VvB gewährleistete Freiheit von Forschung und Lehre sowie eine Verletzung des verfassungsmäßig verbürgten Rechts der Studierenden und Studienbewerber, ihre Ausbildungsstätte frei zu wählen. Die nach diesen verfassungsrechtlichen Verbürgungen gebotene Ermittlung der Auswirkungen der Aufhebung der beiden Studiengänge auf die Belange der Universitäten, Studierenden und Studienbewerber und die Abwägung der angestrebten Einsparung von Haushaltsmitteln mit diesen Belangen habe vor der Verabschiedung des Haushaltsstrukturgesetzes 1996 durch das Abgeordnetenhaus nicht in dem sachlich erforderlichen Umfang stattgefunden. Schon die Gesetzesbegründung zeige, daß die Auswirkungen der Aufhebung der beiden Studiengänge auf Forschung und Lehre, auf Studierende und Studienbewerber nicht ermittelt und nicht abwägend bedacht worden seien. Auch im Gesetzgebungsverfahren sei dies, wie die Antragsteller unter Hinweis auf die Art und Weise der Anhörung vor dem Wissenschaftsausschuß, die Beratung des Hauptausschusses und die zweite Lesung des Gesetzes im Abgeordnetenhaus im einzelnen vortragen, nicht geschehen.

Die Antragsteller beantragen,

Art. II § 2 Abs. 1 Nr. 1 sowie Art. II § 2 Abs. 2 des Gesetzes zur Beseitigung des strukturellen Ungleichgewichts des Haushalts (Haushaltsstrukturgesetz 1996 – HStrG 96) vom 15. April 1996 (GVBl. S. 126) für nichtig zu erklären.

Abgeordnetenhaus und Senat haben gemäß § 44 VerfGHG Gelegenheit gehabt, sich zu äußern. Sie haben hiervon Gebrauch gemacht. Die Senatsverwaltung für Wissenschaft, Forschung und Kultur, die sich für den Senat geäußert hat, ist insbesondere der Auffassung, eine ausreichende Abwägung der widerstreitenden Interessen habe stattgefunden. Auch hätten die betroffenen Hochschulen ausreichend Zeit gehabt, in ihren Gremien Alternativvorschläge vorzubereiten und zu beschließen. Erste Erwägungen hinsichtlich einer Aufhebung von Studiengängen seien bereits im Januar 1996 anläßlich der Koalitionsverhandlungen angestellt worden, aufgrund deren der damalige Senator seine Verwaltung aufgefordert habe, „Details über die erörterte Einstellung von Studiengängen" zu erstellen. Dies sei geschehen und als Beratungsgrundlage in die weiteren Koalitionsverhandlungen eingeführt worden. Dabei sei den Beteiligten klar gewesen, daß eine Beteiligung der betroffenen Hochschulen erforderlich sein würde. Deshalb sei in der Koalitionsvereinbarung ausdrücklich festgehalten worden, „daß die Hochschulen im Gesetzgebungsverfahren Gelegenheit haben würden, Alternativen zum Abbau der namentlich genannten Studiengänge vorzulegen". Auch habe der damalige Senator bereits am 18. Januar 1996 die Präsidenten der betroffenen Hochschulen in einem Gespräch auf die zu erwartende Entwicklung hingewiesen. Mit Schreiben vom 13. Februar 1996 sei den Hochschulen mitgeteilt worden, auf welches Vorgehen sich die Koalitionsfraktionen für die Erarbeitung neuer Haushaltsstrukturen verständigt hätten. In diesem Schreiben heiße es wörtlich: „Nach der Koalitionsvereinbarung haben Sie Gelegenheit, im Gesetzgebungsverfahren zum

Haushaltsstrukturgesetz alternativ abzubauende Studiengänge zu benennen, die an Ihrer Hochschule allerdings der oben genannten Einsparungssumme entsprechen müssen. Ich darf Sie bitten, bezüglich der vorgeschlagenen Maßnahmen das Ihnen erforderlich Erscheinende zu veranlassen". Nachdem sich die Übernahme der Vorgaben der Koalitionsvereinbarung in den Entwurf des Haushaltsstrukturgesetzes 1996 in den Einzelheiten abgezeichnet habe, habe die Wissenschaftsverwaltung Mitte März sehr detaillierte Abwägungsmerkmale erstellt, darunter einen umfassenden Vermerk vom 18. März 1996 über die Schließung des Studienganges Zahnmedizin. Diese Vermerke seien während der parlamentarischen Beratung des Haushaltsstrukturgesetzes der CDU-Fraktion übergeben worden, die die Verteilung dieser Unterlagen im Wissenschafts- und Hauptausschuß habe vornehmen sollen. Hierzu erklärten die in der mündlichen Verhandlung anwesenden Vertreter der Fraktionen Bündnis 90/Grüne und PDS, daß ihre Fraktionen die Vermerke nicht erhalten hätten. Die Präsidenten von Freier Universität und Humboldt-Universität erklärten, von diesen Vermerken inhaltlich erst im Laufe der Verfassungsbeschwerdeverfahren Kenntnis bekommen zu haben.

Der Verfassungsgerichtshof hat über den Normenkontrollantrag und die Verfassungsbeschwerden der Humboldt-Universität, der Freien Universität und der Technischen Universität gemeinsam mündlich verhandelt.

II.

Der nach Art. 84 Abs. 2 Nr. 2 VvB, §§ 14 Nr. 4, 43 Nr. 1 VerfGHG zulässige Normenkontrollantrag ist begründet. Art. II § 2 Abs. 1 Nr. 1 sowie Art. II § 2 Abs. 2 HStrG 96 verletzen Art. 21 Satz 1 VvB und sind nichtig.

1. Das Abgeordnetenhaus besitzt entgegen der insbesondere von der Humboldt-Universität und der Freien Universität in den Verfassungsbeschwerdeverfahren und in der gemeinsamen mündlichen Verhandlung geäußerten Auffassung die Gesetzgebungskompetenz für den Erlaß der angegriffenen Regelungen. Diese haben die Aufhebung des Studienganges Zahnmedizin im Fachbereich Humanmedizin der Freien Universität und des Studienganges Pharmazie an der Mathematisch-Naturwissenschaftlichen Fakultät I der Humboldt-Universität zum Gegenstand. Der Gesetzgeber des Landes Berlin durfte diese Materie aufgrund der ihm von Art. 70 Abs. 1 GG überantworteten Gesetzgebungsbefugnis regeln. Zwar hat der Bund nach Art. 75 Abs. 1 Nr. 1 a GG das Recht, unter den Voraussetzungen des Art. 72 GG Rahmenvorschriften für die Gesetzgebung der Länder über die allgemeinen Grundsätze des Hochschulwesens zu erlassen. Das Hochschulrahmengesetz in der Fassung der Bekanntmachung vom 9. April 1987 (BGBl. I S. 1170), zu-

letzt geändert durch Gesetz vom 20. Mai 1994 (BGBl. I S. 1078) – HRG –, mit dem der Bund von diesem Recht Gebrauch gemacht hat, enthält jedoch keine Vorschriften, angesichts derer der Erlaß der hier zur Normenkontrolle gestellten Berliner Vorschriften sich als kompetenzwidrig erwiese. Vielmehr ist insoweit das grundsätzlich aus Art. 70 Abs. 1 GG folgende Recht des Landes Berlin zur Gesetzgebung unberührt geblieben.

Das Hochschulrahmengesetz enthält Vorschriften über die Schaffung bzw. Einrichtung von Studiengängen einerseits (§ 4 Abs. 2 Nr. 1, § 10 Abs. 6 HRG) und über die Kompetenz des Landes, die Aufgaben der einzelnen Hochschulen zu bestimmen, andererseits (§ 2 Abs. 9 HRG), sowie über das Zusammenwirken von Land und Hochschule u. a. für die Ordnung des Studiums und der Hochschulprüfungen sowie die Errichtung, Änderung und Aufhebung von Fachbereichen, Studienbereichen, wissenschaftlichen Einrichtungen, Betriebseinheiten und gemeinsamen Kommissionen (§ 60 Nr. 1 und 2 HRG). Die letztgenannten Vorschriften sehen für ihren Anwendungsbereich ein Verfahren der Kooperation von Staat und Hochschule vor, dem im Zuge der hier in Rede stehenden, unmittelbar durch Gesetz bewirkten Umgestaltungen nicht entsprochen worden ist. Kompetenzielle Bedenken bestehen indes gegen diesen „Zugriff" des Landesgesetzgebers nicht.

Die erwähnten rahmengesetzlichen Vorgaben des Bundes regeln die Kooperation zwischen der staatlichen Verwaltung und den Hochschulen und ziehen hierfür dem Landesgesetzgeber einen Rahmen für die Inanspruchnahme des ihm gemäß Art. 70 Abs. 1 GG überantworteten Gesetzgebungsrechts. Sie schließen aber nicht allgemein aus, daß der Gesetzgeber des Landes eine nach dem Kooperationsmodell des Bundesrechts grundsätzlich im kondominialen Verhältnis zwischen Verwaltung und Hochschulen im Wege einer gemeinschaftlich zu treffenden Sachentscheidung zu bewältigende Materie unmittelbar selbst regelt. Das ergibt sich aus folgenden Erwägungen:

Die durch Bundesrecht für bestimmte Kooperationsfelder vorgesehene Überlagerung der grundsätzlichen Trennung von akademischen und staatlichen Angelegenheiten durch ein Zusammenwirken von Hochschulen und Verwaltung sucht dem besonderen grundrechtlichen Status der Hochschulen Rechnung zu tragen, wie ihn Art. 5 Abs. 3 GG bundesverfassungsrechtlich garantiert. Ebensowenig wie dies der Annahme eines Letztentscheidungsrechts – im Rahmen eines grundsätzlich kooperativen Entscheidungsprozesses – entweder für den Staat zur Durchsetzung seiner hochschulstrukturpolitischen Vorstellungen (vgl. dazu BVerwG NVwZ-RR 1990, 79; unter Erwähnung gerade auch der Aufhebung von Studiengängen *Hailbronner*, Kommentar zum HRG, Stand: August 1996, § 60 Rdn. 5 a) oder andererseits auch der Hochschulen (vgl. BayVGH DVBl. 1989, 105, 110; s. in diesem Zusammenhang auch *Thieme*, WissR 1989, 1, 5 f.) schlechterdings entgegenstehen muß, ergibt sich hieraus eine absolute Sperre für den Zugriff des (Landes-)Gesetzgebers. Als – nicht abschließende – Ausformungen der Garantie der Freiheit von Forschung und Lehre geben mithin (auch) die Regelungen des § 60 Nr. 1 und 2 HRG dem Landesgesetzgeber gleichsam für den „Normalfall", für das „alltägliche Zusammenwirken" eine Vorgabe bzw. erfordern entsprechendes Landesrecht (vgl. Art. 75 Abs. 3 GG), ohne damit indes „rahmenrechtlich" auszuschließen, daß der Landesgesetzgeber im Einzelfall strukturpolitische Entscheidungen selbst trifft. Vorliegend hat der Berliner Landesgesetzgeber die einschlägigen, dem Gebot des § 60 HRG entsprechenden Regelungen des Berliner Hochschulgesetzes über die Einrichtung und Aufhebung von Studiengängen – § 61 Abs. 1 Nr. 3 BerlHG und § 22 Abs. 3 BerlHG – und damit die grundsätzliche Zuständigkeit des akademischen Senats, der jedoch der Zustimmung der Senatsverwaltung bedarf, unverändert gelassen und lediglich punktuelle Entscheidungen über die Aufhebung zweier Studiengänge getroffen. Insoweit gibt nicht das Hochschulrahmengesetz, sondern allein das materielle Verfassungsrecht den Maßstab für das Ausmaß einer gebotenen Mitwirkung des Hochschulbereichs an staatlichen Einrichtungen (vgl. in diesem Sinne auch *Hailbronner*, aaO, § 60 Rdn. 39).

Bei diesem Ergebnis kann dahingestellt bleiben, welche Konsequenzen sich ergeben, wenn der Verfassungsgerichtshof im Rahmen einer ihm zur Prüfung auf die Vereinbarkeit mit der Verfassung von Berlin gestellten Vorschrift des Berliner Landesrechts zu dem Ergebnis kommt, diese Vorschrift sei von der Gesetzgebungsbefugnis des Landes Berlin nicht umfaßt (vgl. dazu einerseits NRW VerfGH NVwZ 1993, 57, 59, andererseits BayVerfGH BayVerfGHE 45, 33, 41 f.; wie hier offengeblieben in SächsVerfGH LKV 1996, 273, 275).

2. Der Berliner Landesgesetzgeber hat im Rahmen seiner Beratungen die durch die Aufhebung der Studiengänge Zahnmedizin und Pharmazie betroffenen Universitäten nicht in einer den Anforderungen des Art. 21 Satz 1 VvB genügenden Weise angehört und damit die Auswirkungen seiner Entscheidung auf Wissenschaft, Forschung und Lehre nicht in gebotenem Umfang ermittelt und abgewogen.

a) Art. 21 Satz 1 VvB gewährleistet ebenso wie Art. 5 Abs. 3 Satz 1 GG die Freiheit von Wissenschaft, Forschung und Lehre. Dies begründet neben einem individuellen Freiheitsrecht für jeden, der in diesem Bereich tätig ist (BVerfGE 35, 79, 112), ein Recht der Hochschulen auf Selbstverwaltung in dem auf Wissenschaft, Forschung und Lehre unmittelbar bezogenen Bereich (vgl. zu Art. 5 Abs. 3 GG: BVerfGE 85, 360, 384; siehe auch BVerfGE 35, 79, 116) und enthält zugleich eine das Verhältnis der Wissenschaft zum Staat regelnde wertentscheidende Grundsatznorm (vgl. BVerfGE 35, 79, 114).

Diese Wertentscheidung hat zum einen zur Folge, daß der Staat zur Pflege der freien Wissenschaft und ihrer Vermittlung an die nachfolgende Generation personelle, finanzielle und organisatorische Mittel bereitstellen muß. Ohne eine geeignete Organisation und ohne entsprechende finanzielle Mittel, über die im wesentlichen nur noch der Staat verfügt, kann in weiten Bereichen keine unabhängige Forschung und wissenschaftliche Lehre mehr betrieben werden. Dies gilt uneingeschränkt für den Bereich der Zahnmedizin, es gilt, soweit es die wissenschaftliche Lehre betrifft, uneingeschränkt auch für den Bereich der Pharmazie. Der Staat besitzt hinsichtlich dieses Wissenschaftsbetriebs weitgehend ein faktisches Monopol; eine Ausübung der Wissenschaftsfreiheit ist hier notwendig mit einer Teilhabe an staatlichen Leistungen verbunden (vgl. BVerfGE 35, 79, 115). Zum anderen hat der Staat durch geeignete organisatorische Maßnahmen dafür zu sorgen, daß das Grundrecht der freien wissenschaftlichen Betätigung soweit unangetastet bleibt, wie das unter Berücksichtigung der anderen legitimen Aufgaben der Wissenschaftseinrichtungen und der Grundrechte der verschiedenen Beteiligten möglich ist.

Diese Grundsatzentscheidung verstärkt die Geltungskraft der Wissenschaftsfreiheit in Richtung auf eine Teilhabeberechtigung. Soweit ein Wissenschaftler der Korporation einer Hochschule angehört, muß sichergestellt sein, daß er bei der Beratung wesentlicher Fragen seines Fachgebiets in geeigneter Form zu Gehör kommt; in diesem Rahmen stehen dem einzelnen Hochschullehrer durch das Grundrecht der Wissenschaftsfreiheit gewährleistete Mitwirkungsrechte in der akademischen Selbstverwaltung zu (vgl. zu Art. 5 Abs. 3 GG: BVerfGE 35, 79, 128 f. und 131 ff.; 43, 242, 267; 47, 327, 387; 51, 369, 379). Auch öffentliche Einrichtungen, die den Zwecken der Wissenschaftsfreiheit dienen und denen deshalb dieses Grundrecht unmittelbar zugeordnet ist – die Hochschulen, ihre Fakultäten und Fachbereiche – können insoweit Grundrechtsschutz in Anspruch nehmen (vgl. zu Art. 5 Abs. 3 GG: BVerfGE 85, 360, 384; 93, 85, 93).

b) Diese Teilhaberechte werden durch Art. II § 2 Abs. 1 Nr. 1 und Abs. 2 HStrG 96 mit der Aufhebung des Studienganges „Zahnmedizin" im Fachbereich Humanmedizin der Freien Universität Berlin und der Aufhebung des Studienganges „Pharmazie" in der Mathematisch-Naturwissenschaftlichen Fakultät I der Humboldt-Universität zu Berlin berührt. Aus der Gewährleistung der Freiheit von Wissenschaft, Forschung und Lehre durch Art. 21 Satz 1 VvB ergibt sich weder die Annahme eines Letztentscheidungsrechts der Hochschulen hinsichtlich der hier in Frage stehenden Einrichtung und Aufhebung von Studiengängen noch die Annahme, daß ein Einvernehmen mit der Hochschule herzustellen ist (vgl. in diesem Zusammenhang BVerfGE 67, 202, 207 f.; BayVGH BayVBl. 1976, 272 und BayVBl 1978, 576). Jedoch bestehen zwischen Forschungsmöglichkeiten, Lehrangebot und Lehrinhalten einerseits sowie vorhandenen Studiengängen andererseits enge sachliche Zusammenhänge angesichts derer die Wissenschaftsfreiheit sowohl in ihrer Ausprägung als objektiv rechtliche Wertentscheidung als auch in Form der Teilhabe der einzelnen in den betroffenen Bereichen tätigen Hochschullehrer, der veränderten Fachbereiche und der Hochschulen insgesamt betroffen sind. In diesem Zusammenhang ist erneut darauf zu verweisen, daß gerade die Wissenschaftsrelevanz von Maßnahmen der hier in Rede stehenden Art den Rahmengesetzgeber zu dem in § 60 HRG ausgesprochenen Gebot eines Zusammenwirkens von Land und Hochschule bei Eingriffen der staatlichen Hochschulverwaltung veranlaßt hat, das sich im Ergebnis als Ausfluß eines aus der Wissenschaftsfreiheit herzuleitenden Rechts der Hochschule auf Teilhabe in Form einer Mitwirkung an wissenschaftsrelevanten Organisationsentscheidungen darstellt. Das Teilhaberecht aus Art. 21 Satz 1 VvB gilt auch bei staatlichen Organisationsmaßnahmen wissenschaftsrelevanter Art durch den Landesgesetzgeber.

c) Allerdings verstoßen die hier vom Gesetzgeber getroffenen Regelungen über die Einstellung der Studiengänge und die damit einhergehende Veränderung eines Fachbereichs bzw. einer Fakultät nicht schon um ihrer selbst Willen gegen die Wissenschaftsfreiheit. Die Teilhaberechte des einzelnen Wissenschaftlers bzw. der Hochschule als solcher stehen von vornherein unter dem Vorbehalt des Möglichen im Sinne dessen, was der Einzelne vernünftigerweise von der Gesellschaft beanspruchen kann. Die insoweit erforderliche Beurteilung hat in erster Linie der Gesetzgeber in Eigenverantwortung vorzunehmen. Gerade im Bereich staatlicher Teilhabegewährung würde es dem Gebot sozialer Gerechtigkeit zuwiderlaufen, die nur begrenzt verfügbaren öffentlichen Mittel unter Vernachlässigung anderer wichtiger Gemeinschaftsbelange bevorzugt einem bestimmten Teil der Bevölkerung zugute kommen zu lassen (vgl. in diesem Zusammenhang zu Art. 12 Abs. 1 GG: BVerfGE 33, 303, 333 ff.). Angesichts dessen ist der Gesetzgeber grundsätzlich berechtigt, von ihm geschaffene Möglichkeiten wissenschaftlicher Betätigung einzuschränken, insbesondere mit Rücksicht auf bestehende Sparzwänge, und die Hochschulen in die Bemühungen des Landes zur Haushaltskonsolidierung einzubeziehen (vgl. ebenso im Hinblick auf die Reduzierung von Ausbildungskapazitäten u. a. OVG Berlin, Beschluß vom 13. März 1996 – OVG 7 NC 147/95 – Abdruck S. 14). Unter Beachtung der landesverfassungsrechtlichen Gewährleistung des Art. 21 Satz 1 VvB und innerhalb der bundesrechtlichen Vorgaben obliegt es dem Abgeordnetenhaus als dem Berliner Landesgesetzgeber, die Organisation der Hochschulen nach seinem Ermessen zu ordnen und sie den gegebenen Anforderungen und Begrenzungen, auch finanzieller Art, anzupassen. Erforderlich ist mit Blick auf Art. 21 Satz 1 VvB jedoch stets, daß die Belange von Wissenschaft, Forschung und Lehre angemessen sorgfältig ermittelt und gewichtet und daß die vom Staat beabsichtigten Maßnahmen mit ihnen abgewogen werden.

Vorliegend ist die dem Gesetzgeber obliegende Abwägung zwischen den Interessen der beiden betroffenen Universitäten einschließlich ihrer Untergliederungen und der in den veränderten Bereichen tätigen Wissenschaftler einerseits und den Belangen der Allgemeinheit andererseits nicht in der durch Art. 21 Satz 1 VvB gebotenen Weise vorgenommen worden. Denn es fehlt an einer den Anforderungen der Wissenschaftsfreiheit genügenden Ermittlung der durch die gesetzlichen Regelungen betroffenen Wissenschaftsbelange. Angesichts der Konkretheit der gesetzgeberischen Regelungen, die nach Art eines Maßnahmegesetzes zwei bestimmte Studiengänge betreffen, reicht eine abstrakte Berücksichtigung der Wissenschaftsfreiheit im Rahmen der zu treffenden Abwägung von vornherein nicht aus. Vielmehr verlangt der spezifische Charakter der Wissenschaftsfreiheit mit Rücksicht auf das wissenschaftliche Selbstbestimmungsrecht eine Einbeziehung der Träger des betreffenden Grundrechts dahingehend, daß diesen die Möglichkeit eröffnet wird, ihre Belange in einer der Sache nach angemessenen Weise vorzubringen. Nur so kann der Komplexität des mit der Wissenschaftsfreiheit geschützten Bereichs angemessen Rechnung getragen und eine – unzulässige – staatliche Einflußnahme auf Wissenschaftsinhalte vermieden werden. Diesem Gebot, die berührten Wissenschaftsbelange authentisch und nicht lediglich durch „stellvertretende" eigene Überlegungen oder mit Hilfe von Stellungnahmen aus der zuständigen Senatsverwaltung zu ermitteln, ist nicht genügt worden. Der vorliegende Fall nötigt nicht zu einer allgemeinen Klärung der Frage, welche Form der Einbeziehung der Hochschulen im einzelnen angemessen wäre: Die gebotene Intensität der Anhörung läßt sich nicht generell festlegen, sondern ist abhängig von den jeweiligen Umständen des Einzelfalles, u. a. von der Zielrichtung der Maßnahme. Jedenfalls, wenn wie hier ein Studiengang unmittelbar durch Gesetz aufgehoben werden soll und damit die Beteiligung der Hochschule nach Maßgabe des Berliner Hochschulgesetzes entfällt, muß eine angemessene Mitwirkung der Hochschule im Rahmen des Gesetzgebungsverfahrens erfolgen. Den betroffenen Hochschulen war es nicht möglich, sich nach fundierter Vorbereitung unter Mitwirkung der zuständigen Hochschulorgane zu den geplanten Maßnahmen sachgerecht zu äußern und ihre Auffassung zur Geltung zu bringen. Zwar wurden der Präsident der Freien Universität und die Präsidentin der Humboldt-Universität am 18. März 1996 vom Ausschuß für Wissenschaft und Forschung zu der Drucksache 13/201 und den darin enthaltenen Vorschlägen, die Studiengänge Zahnmedizin und Pharmazie aufzugeben, angehört. Der betreffende Gesetzentwurf war jedoch gerade zehn Tage zuvor beschlossen worden; seine Überweisung an den Ausschuß für Wissenschaft und Forschung sogar erst am 14. März 1996 (vgl. Plenarprotokoll 13/5, S. 254). Unter diesen Umständen kann von einer sachangemessenen Einbeziehung der durch die Wissenschaftsfreiheit geschützten Belange nicht ausgegangen werden. Dabei ist es unerheblich, ob man von einer mit dem Erscheinen der Drucksache beginnenden Vorbereitungszeit der universitären Bereiche ausgeht oder auf die förmliche Einladung zur Ausschußsitzung abstellt: Auch im erstgenannten Fall genügt der verbliebene Zeitraum nicht für eine Befassung der nach dem Berliner Hochschulgesetz für Fragen der Fachbereichsorganisation und der angebotenen Studiengänge zuständigen Gremien. Der Präsident der Freien Universität und die Präsidentin der Humboldt-Universität haben denn auch in jener Ausschußsitzung gerügt, es würden Studiengänge eingestellt, ohne daß vorher ein gesetzliches Verfahren zur Mitwirkung bestimmt sei. Entgegen der Annahme der Senatsverwaltung für Wissenschaft, Forschung und Kultur kann den Universitäten nicht vorgehalten werden, daß sie nicht bereits die Koalitionsvereinbarung von Januar 1996 und die mündlichen oder schriftlichen Hinweise des Senators auf die Absichten der Koalition zum Anlaß für Beratungen in den zuständigen Hochschulgremien genommen haben. Denn hierbei handelte es sich lediglich um rechtlich unverbindliche politische Absichtserklärungen.

d) Die Erheblichkeit der unzureichenden Anhörung der Hochschulen wäre allenfalls zu verneinen, wenn feststünde, daß ihr Vorbringen schlechterdings keinen Einfluß auf die Willensbildung des Abgeordnetenhauses hätte haben können. Davon kann indes nicht ausgegangen werden. Die Hochschulen haben auf eine Reihe von Gesichtspunkten hingewiesen, die sie nicht haben in das Gesetzgebungsverfahren einbringen können.

Dieser Teil der Entscheidung ist mit sechs zu drei Stimmen ergangen.

3. Nach alledem bedarf es keiner Entscheidung, ob die zur Normenkontrolle gestellten Bestimmungen auch gegen weitere Vorschriften der Verfassung von Berlin verstoßen.

4. Die Nichtigkeit von Art. II § 2 Abs. 1 Nr. 1 sowie Art. II § 2 Abs. 2 HStrG 96 hat keine Auswirkungen auf die übrigen Bestimmungen des Gesetzes. Allerdings ist Art. II § 2 Abs. 5 HStrG 96 gegenstandslos, soweit er sich auf die Studiengänge Zahnmedizin und Pharmazie bezieht.

Die Kostenentscheidung beruht auf den §§ 33, 34 VerfGHG.

Dieses Urteil ist unanfechtbar.

Verfassungsgerichtshof des Landes Berlin

Nr. 7

1. Nach dem in § 49 Abs. 2 Satz 1 VerfGHG zum Ausdruck kommenden Subsidiaritätsgrundsatz obliegt die Auslegung einer einfachrechtlichen Vorschrift namentlich dann vorrangig dem jeweiligen Fachgericht, wenn diese Vorschrift verschiedene Auslegungen zuläßt, die unterschiedliche Auswirkungen auf ein mit einer Verfassungsbeschwerde als verletzt gerügtes Grundrecht haben können.

2. Soll ein Studiengang unmittelbar durch Gesetz aufgehoben werden und damit eine Beteiligung der Hochschule nach Maßgabe des Berliner Hochschulgesetzes entfallen, verlangt Art. 21 Satz 1 VvB, daß die Belange von Wissenschaft, Forschung und Lehre angemessen sorgfältig ermittelt und gewichtet und die vom Staat beabsichtigten Maßnahmen mit ihnen abgewogen werden. Daraus folgt, daß der betreffenden Hochschule Gelegenheit gegeben werden muß, sich nach fundierter Vorbereitung unter Einschaltung der zuständigen Hochschulorgane zu der geplanten Maßnahme sachgerecht zu äußern und ihre Auffassung zur Geltung zu bringen (wie Urteil vom 22. Oktober 1996 – VerfGH 44/96 –).

3. § 68 a des Berliner Hochschulgesetzes (Gemeinsame Finanz- und Wirtschaftskommission für die Universitätsklinika) ist mit der durch Art. 21 Satz 1 VvB verbürgten Wissenschaftsfreiheit vereinbar.

Verfassung von Berlin Art. 21 Satz 1

Gesetz über den Verfassungsgerichtshof § 49 Abs. 2 Satz 1

Haushaltsstrukturgesetz 1996 Art. II § 2 Abs. 1 Nrn. 1 und 2,
§ 3 Nrn. 2, 3 und 6

Urteil vom 31. Oktober 1996 – VerfGH 54/96 –

in dem Verfahren über die Verfassungsbeschwerde der Freien Universität Berlin, vertreten durch den Präsidenten, gegen Art. II § 2 Abs. 1 Nrn. 1 und 2 sowie § 3 Nrn. 2, 3 und 6 des Haushaltsstrukturgesetzes 1996.

Entscheidungsformel:

Es wird festgestellt, daß Art. II § 2 Abs. 1 Nr. 1 des Gesetzes zur Beseitigung des strukturellen Ungleichgewichts des Haushalts (Haushaltsstrukturgesetz 1996 – HStrG 96) vom 15. April 1996 (GVBl. S. 126) mit Art. 21 Satz 1 der Verfassung von Berlin unvereinbar und nichtig ist.

Im übrigen wird die Verfassungsbeschwerde zurückgewiesen.
Das Verfahren ist gerichtskostenfrei.
Das Land Berlin hat der Beschwerdeführerin die notwendigen außergerichtlichen Kosten zur Hälfte zu erstatten.

Gründe:

I.

Die Beschwerdeführerin macht mit ihrer Verfassungsbeschwerde geltend, Art. II § 2 Abs. 1 Nrn. 1 und 2 sowie Art. II § 3 Nrn. 2, 3 und 6 des Gesetzes zur Beseitigung des strukturellen Ungleichgewichts des Haushalts (Haushaltsstrukturgesetz 1996 – HStrG 96) vom 15. April 1996 (GVBl. S. 126) verletzten sie in ihrem durch Art. 21 der Verfassung von Berlin (VvB) vom 23. November 1995 (GVBl. S. 779) verbürgten Grundrecht auf Wissenschaftsfreiheit und seien deshalb nichtig. Die bezeichneten Vorschriften des Haushaltsstrukturgesetzes 1996 haben folgenden Wortlaut:

a) (Art. II § 2 Abs. 1 Nrn. 1 und 2 HStrG 96)

„§ 2

Abbau von Mehrfachangeboten an Hochschulen

(1) Für die Freie Universität Berlin gilt:
1. Im Fachbereich Humanmedizin wird der Studiengang „Zahnmedizin" aufgehoben. Vom Zeitpunkt des Inkrafttretens dieses Gesetzes an findet, abweichend von den Vorschriften des Neuordnungsgesetzes Zahnmedizin vom 22. Dezember 1993 (GVBl. S. 657), die Ausbildung im Fach Zahnmedizin nur an der medizinischen Fakultät der Charité der Humboldt-Universität zu Berlin mit einer Aufnahmekapazität von 80 Studienanfängern im Jahr statt.
2. Im Fachbereich Veterinärmedizin wird nach planmäßigem Abbau der Fusionsüberhangkapazität die Soll-Aufnahmekapazität auf jährlich 150 Studienanfänger festgesetzt. Der Landeszuschuß im Kapitel 14 des Haushaltsplanes der Freien Universität Berlin wird mittelfristig um 15 Millionen Deutsche Mark abgesenkt."

b) (Art. II § 3 Nr. 2 HStrG 96)

„In § 4 <Berliner Hochschulgesetz> wird folgender Absatz 10 angefügt:
(10) Zur Verwirklichung der Hochschulplanung wird eine Gemeinsame Finanzkommission der Universitäten mit Entscheidungsbefugnis gebildet. Der Gemeinsamen Finanzkommission gehören an:
1. sechs Mitglieder des Senats, darunter die für Hochschulen (Vorsitz), für Finanzen und für Inneres zuständigen, die sich durch Beauftragte ihrer Verwaltung vertreten lassen können,

2. jeweils zwei von den stimmberechtigten universitären Mitgliedern der Kuratorien der Universitäten zu bestimmende Mitglieder der Kuratorien,
3. die jeweiligen Vizepräsidenten der Freien Universität, der Technischen Universität und der Humboldt-Universität,
4. drei vom Abgeordnetenhaus zu wählende Mitglieder des Abgeordnetenhauses, die gleichzeitig Mitglieder der Kuratorien der Hochschulen sein müssen.

Bei Stimmengleichheit in der Gemeinsamen Finanzkommission gibt die Stimme des Vorsitzenden den Ausschlag."

c) (Art. II § 3 Nr. 3 HStrG 96)

„Es wird folgender § 68 a <in das Berliner Hochschulgesetz> eingefügt:

§ 68 a
Gemeinsame Finanz- und Wirtschaftskommission mit Entscheidungsbefugnis für die Universitätsklinika in Berlin

(1) Für die Universitätsklinika der Humboldt-Universität und der Freien Universität wird eine Gemeinsame Finanz- und Wirtschaftskommission mit Entscheidungsbefugnis eingerichtet.

(2) Der Gemeinsamen Finanz- und Wirtschaftskommission gehören an:
1. sechs Mitglieder des Senats, die für Hochschulen (Vorsitz), für Finanzen, für Inneres, für Bauwesen, für Justiz und für Gesundheit zuständig sind, die sich durch Beauftragte ihrer Verwaltung vertreten lassen können,
2. jeweils drei von den stimmberechtigten universitären Mitgliedern der Finanz- und Wirtschaftskommissionen der Freien Universität und der Humboldt-Universität zu bestimmende Mitglieder dieser Kommissionen,
3. die Vizepräsidenten der Freien Universität und der Humboldt-Universität für den medizinischen Bereich,
4. drei vom Abgeordnetenhaus zu wählende Mitglieder des Abgeordnetenhauses, die gleichzeitig Mitglieder der Finanz- und Wirtschaftskommissionen der Freien Universität oder der Humboldt-Universität sein müssen.

§ 68 Abs. 8 gilt entsprechend.

(3) Die Gemeinsame Finanz- und Wirtschaftskommission entscheidet verbindlich für alle medizinischen Fachbereiche und Universitätsklinika über die Veranschlagung der Landeszuschüsse für Forschung und Lehre sowie für Investitionen in den Wirtschaftsplänen der Klinika und über damit verbundene grundsätzliche strukturelle Angelegenheiten. Die Finanz- und Wirtschaftskommission der Klinika sind an die Entscheidungen gebunden."

d) (Art. II § 3 Nr. 6 HStrG 96)

„In § 89 <Berliner Hochschulgesetz> wird folgender Absatz 3 angefügt:

(3) Aus wichtigem Grund, insbesondere zur Verwirklichung der Hochschulplanung des Landes Berlin, kann der Senat von Berlin verlangen, daß innerhalb einer angemessenen Frist entsprechend der Finanzplanung des Landes Berlin Strukturentscheidungen durch Beschluß von der Gemeinsamen Finanzkommission gemäß § 4 Abs. 10 über die Veränderung oder Aufhebung von Fachbereichen, Zentralinstituten, wissenschaftlichen oder künstlerischen Einrichtungen, Betriebseinrichtungen oder Studiengängen vorbereitet werden. Der Senat von Berlin entscheidet auf Vorschlag der Gemeinsamen Finanzkommission. Insofern nimmt der Senat von Berlin die Aufgaben gemäß § 61 Abs. 1 Nr. 3 wahr. Kommt die Gemeinsame Finanzkommission zu keiner entsprechenden Empfehlung, kann der Senat von Berlin die erforderlichen Entscheidungen und Maßnahmen treffen."

Die Beschwerdeführerin meint, die akademische Selbstverwaltung sei Bestandteil der in Art. 21 Satz 1 VvB gewährleisteten Wissenschaftsfreiheit; aus diesem Grunde stehe einer Universität bei der Gestaltung und Umgestaltung ihrer Einrichtungen ein Mitwirkungs- und Beteiligungsrecht zu. Organisatorische Maßnahmen könnten nicht unabhängig und ohne Rücksicht auf wissenschaftsrelevante Gesichtspunkte getroffen werden. Den Staat treffe eine Pflicht zur Zusammenarbeit mit der Hochschule, die ihn zur Beteiligung der Hochschule bei der organisatorischen Änderung von Hochschulbereichen in einem gesetzlich geregelten Verfahren verpflichte. Das Land Berlin habe bei der Neuregelung das Beteiligungsrecht der Hochschule verletzt, indem es die im Hochschulrahmengesetz und im Berliner Hochschulgesetz vorgesehenen Entscheidungsformen schlichtweg ignoriert habe. Die Verletzung von Hochschulrahmengesetz und Berliner Hochschulgesetz sei zugleich eine Verletzung des in Art. 21 VvB in Verbindung mit Art. 10 VvB verankerten Gebots der Systemgerechtigkeit. Überdies greife die Aufhebung des Studiengangs Zahnmedizin und die Begrenzung der Aufnahmekapazität im Fachbereich Veterinärmedizin in unzulässiger Weise in die durch Art. 17 VvB geschützten Rechte von Studienplatzbewerbern ein, was ebenfalls zur Nichtigkeit des Gesetzes führe und daher auch ihr zugute komme, auch wenn sie nicht berechtigt sei, mit der Verfassungsbeschwerde Rechte der Studenten und Studienbewerber geltend zu machen. Insgesamt handele es sich bei hochschulrechtlichen Strukturmaßnahmen mit Auswirkungen auf Kapazitäten um einen Bereich widerstreitender Grundrechtspositionen, die eine besonders sorgfältige Abwägung erforderlich machten. Eine den verfassungsrechtlichen Anforderungen genügende Abwägung habe im vorliegenden Gesetzgebungsverfahren ersichtlich nicht stattgefunden.

Das Abgeordnetenhaus von Berlin und der Senat von Berlin haben gemäß §§ 53 Abs. 3, 44 VerfGHG Gelegenheit zur Äußerung erhalten und Stellungnahmen abgegeben.

II.

1. Die Verfassungsbeschwerde ist nur teilweise zulässig.

a) Die Verfassungsbeschwerde ist zulässig, soweit sich die Beschwerdeführerin unter Berufung auf das in Art. 21 Satz 1 VvB verbürgte Grundrecht der Wissenschaftsfreiheit gegen die Aufhebung des Studiengangs Zahnmedizin und gegen die Reduzierung der Aufnahmekapazität im Fachbereich Veterinärmedizin wendet. Die Beschwerdeführerin ist Trägerin dieses Grundrechts und als solche gemäß § 49 Abs. 1 VerfGHG ungeachtet dessen zur Einlegung einer Verfassungsbeschwerde befugt, daß sie rechtlich eine juristische Person des öffentlichen Rechts ist (vgl. Beschluß vom 16. August 1995 – VerfGH 7/95*).

Zulässiger Prüfungsmaßstab im Verfahren der Beschwerdeführerin ist nicht ein gegebenenfalls in Art. 20 Abs. 1 VvB oder in Art. 17 VvB enthaltenes Recht der Studienbewerber auf freie Wahl der Ausbildungsstätte, weil die Hochschule insoweit nicht Grundrechtsträgerin ist.

b) Dagegen ist die Verfassungsbeschwerde unzulässig, soweit sie sich gegen Art. II § 3 Nrn. 2 und 6 HStrG 96 richtet. Insoweit steht ihrer Zulässigkeit der Grundsatz der Subsidiarität entgegen, wie er in § 49 Abs. 2 Satz 1 VerfGHG seinen Ausdruck gefunden hat.

aa) Der Subsidiaritätsgrundsatz dient einer sachgerechten Aufgabenverteilung zwischen dem Verfassungsgerichtshof und den Fachgerichten. Danach obliegt es vorrangig den Fachgerichten, einfachrechtliche Vorschriften auszulegen und die zur Anwendung dieser Vorschriften erforderlichen Ermittlungen vorzunehmen (vgl. u. a. Verfassungsgericht des Landes Brandenburg, Beschluß vom 15. September 1994 – VfGBbg 5/94 – LVerfGE 2, 170, 176). Eine derartige Vorklärung durch die Fachgerichte ist namentlich dort von Bedeutung, wo die Beurteilung der mit der Verfassungsbeschwerde erhobenen Rügen die Prüfung einfachrechtlicher Fragen voraussetzt (vgl. BVerfG, Beschluß vom 24. Juni 1992 – 1 BvR 1028/91 – BVerfGE 86, 382, 386 f.), d. h. wo eine Vorschrift verschiedene Auslegungen zuläßt, die unterschiedliche Auswirkungen auf das jeweils in Rede stehende Grundrecht haben können (vgl. in diesem Zusammenhang u. a. BVerfG, Beschluß vom 31. Mai 1995 – 1 BvR 1379, 1413/94 – BVerfGE 93, 85, 94). Ein solcher Fall ist hier gegeben.

Der durch Art. II § 3 Nr. 2 HStrG 96 in das Berliner Hochschulgesetz (BerlHG) eingefügte § 4 Abs. 10 sieht in Satz 1 vor, daß „zur Verwirklichung der Hochschulplanung ... eine Gemeinsame Finanzkommission der Universitäten mit Entscheidungsbefugnis gebildet" wird. Ob diese Kommission – wie

* LVerfGE 3, 47.

die Beschwerdeführerin geltend macht – in die verfassungsrechtlich gewährleistete Wissenschaftsfreiheit einzugreifen in der Lage ist, hängt ausschlaggebend ab von dem ihr durch das Gesetz zugewiesenen Aufgabenbereich, den sie – wie gesagt – „mit Entscheidungsbefugnis" zu bewältigen hat. Eine hinreichend verläßliche Aussage darüber läßt sich § 4 Abs. 10 BerlHG nicht ohne weiteres entnehmen. Zwar könnte die Bezeichnung „Gemeinsame Finanzkommission" in dieser Bestimmung auf – jedenfalls in erster Linie – Aufgaben in finanziell-organisatorischen, die Wissenschaftsfreiheit nicht unmittelbar berührenden Bereichen hinweisen. Doch schließt allein diese Bezeichnung nicht schon aus, daß von der Kommission auch darüber hinausgehende, zu Lasten unter anderem der Beschwerdeführerin in die Wissenschaftsfreiheit eingreifende Aufgaben wahrgenommen werden sollen. Klarheit verschafft darüber auch nicht der durch Art. II § 3 Nr. 6 HStrG 96 in das Berliner Hochschulgesetz eingefügte Absatz 3 des § 89 BerlHG, nach dem der Senat von Berlin – „insbesondere zur Verwirklichung der Hochschulplanung des Landes Berlin" – „aus wichtigem Grund ... verlangen" kann, daß von der Gemeinsamen Finanzkommission „Strukturentscheidungen ... über die Veränderung und Aufhebung von Fachbereichen, Zentralinstituten, wissenschaftlichen oder künstlerischen Einrichtungen, Betriebseinheiten oder Studiengängen vorbereitet werden". Denn der Umstand, daß der Kommission in diesem Zusammenhang lediglich eine „Vorbereitungsbefugnis" eingeräumt worden ist, könnte den Schluß rechtfertigen, es müsse sich insoweit um andere Aufgaben handeln als die, zu deren Bewältigung der Kommission durch § 4 Abs. 10 BerlHG eine Entscheidungsbefugnis verliehen worden ist. Abgesehen davon wirft § 89 Abs. 3 BerlHG seinerseits eine Reihe von Fragen auf, die einer Beantwortung durch die Fachgerichte bedürfen. So ist beispielsweise unklar, welche inhaltlichen Anforderungen an das Merkmal „aus wichtigem Grund" zu stellen sind, ob der Senat von Berlin in diesem Rahmen der Gemeinsamen Finanzkommission inhaltliche Vorgaben machen kann, ob die Kommission einem Verlangen des Senats innerhalb welchen Zeitraums („angemessene Frist") Folge leisten muß und unter welchen Voraussetzungen der Senat von Berlin die „erforderlichen Entscheidungen und Maßnahmen" (§ 89 Abs. 3 Satz 4 BerlHG) ohne entsprechenden Vorschlag der Gemeinsamen Finanzkommission treffen kann.

bb) Die Voraussetzungen für eine Entscheidung vor Erschöpfung des Rechtswegs nach der – im Rahmen des Subsidiaritätsgrundsatzes sinngemäß anwendbaren – Vorschrift des § 49 Abs. 2 Satz 2 VerfGHG sind nicht erfüllt.

Selbst wenn im vorliegenden Fall eine allgemeine Bedeutung im Sinne dieser Bestimmung anzunehmen sein sollte, nötigte dies nicht zu einer Vorabentscheidung des Verfassungsgerichtshofs. Das Vorliegen einer allgemeinen Bedeutung ist nämlich nur ein Moment im Rahmen der Abwägung für und wider eine sofortige Sachentscheidung des Verfassungsgerichtshofs, die aufgrund der „Kann"-Vorschrift des § 49 Abs. 2 Satz 2 VerfGHG vorzunehmen ist (vgl. ebenso zum Bundesrecht BVerfG, Beschluß vom 24. Juni 1992 – 1 BvR 1028/ 91 – aaO, S. 388). Das Interesse an der fachgerichtlichen Vorklärung wiegt hier so schwer, daß ein etwaiges allgemeines Interesse an einer sofortigen Entscheidung des Verfassungsgerichtshofs zurücktreten muß.

Eine Vorabentscheidung ist auch nicht wegen eines der Beschwerdeführerin drohenden schweren und unabwendbaren Nachteils geboten. Es ist nicht zur Überzeugung des Verfassungsgerichtshofs dargetan, daß die Verweisung auf den Rechtsweg bei der Beschwerdeführerin derartige Nachteile auslösen könnte. Es erscheint daher der Beschwerdeführerin zumutbar, abzuwarten, ob und welche Entscheidungen durch die Gemeinsame Finanzkommission oder – im Verfahren nach § 89 Abs. 3 BerlHG – den Senat von Berlin getroffen werden, und diese gegebenenfalls im Wege des vorläufigen Rechtsschutzes oder im Klageweg fachgerichtlich überprüfen zu lassen.

c) Zulässig ist die Verfassungsbeschwerde indes, soweit sie sich gegen Art. II § 3 Nr. 3 HStrG 96 richtet. Der Aufgabenbereich der nach Maßgabe des durch diese Bestimmung in das Berliner Hochschulgesetz eingefügten § 68 a gebildeten Gemeinsamen Finanz- und Wirtschaftskommission für die Universitätsklinika in Berlin ist in § 68 a Abs. 3 BerlHG klar umrissen, so daß es zur Auslegung und zum Verständnis dieser Vorschrift einer vorgängigen fachgerichtlichen Entscheidung nicht bedarf. Danach entscheidet diese Kommission „verbindlich für alle medizinischen Fachbereiche und Universitätsklinika über die Veranschlagung der Landeszuschüsse für Forschung und Lehre sowie für Investitionen in den Wirtschaftsplänen der Klinika und über damit verbundene grundsätzliche strukturelle Angelegenheiten". Angesichts der damit bezeichneten Entscheidungskompetenz dieser Kommission erscheint es jedenfalls nicht von vornherein ausgeschlossen, daß die Beschwerdeführerin durch die in Rede stehende Regelung des Haushaltsstrukturgesetzes 1996 in ihrem Grundrecht auf Wissenschaftsfreiheit verletzt sein könnte.

2. Soweit die Verfassungsbeschwerde zulässig ist, ist sie nur teilweise begründet.

a) Die Verfassungsbeschwerde ist begründet, soweit die Beschwerdeführerin die Verfassungswidrigkeit von Art. II § 2 Abs. 1 Nr. 1 HStrG 96 geltend macht. Dies hat der Verfassungsgerichtshof auf Antrag von 63 Mitgliedern des Abgeordnetenhauses von Berlin in dem am 22. Oktober 1996 im Verfahren der abstrakten Normenkontrolle (Art. 84 Abs. 2 Nr. 2 VvB, § 14 Nr. 4 VerfGHG) verkündeten Urteil (VerfGH 44/96[*]) festgestellt. Dieses Urteil hat nach § 30

[*] In diesem Band S. 37.

Abs. 2 S. 1 VerfGHG Gesetzeskraft. Mit ihm steht daher für das vorliegende Verfahren fest, daß Art. II § 2 Abs. 1 Nr. 1 HStrG 96 nichtig ist. Dem Ausspruch der Nichtigkeit in der Entscheidungsformel kommt demgemäß nur eine deklaratorische Wirkung zu. Aus der Nichtigkeit von Art. II § 2 Abs. 1 Nr. 1 HStrG 96 folgt, daß Art. II § 2 Abs. 5 HStrG 96 gegenstandslos ist, soweit er sich auf den Studiengang Zahnmedizin bezieht.

b) Die Verfassungsbeschwerde ist unbegründet, soweit die Beschwerdeführerin geltend macht, Art. II § 2 Abs. 1 Nr. 2 Satz 1 HStrG 96 sei wegen eines Verstoßes gegen Art. 21 Satz 1 VvB nichtig. Die durch diese Bestimmung bewirkte Reduzierung der jährlichen Aufnahmekapazität im Fachbereich Veterinärmedizin von 200 Studienanfängern auf 150 Studienanfänger verletzt die durch Art. 21 Satz 1 VvB verbürgte Wissenschaftsfreiheit (noch) nicht.

Zwar besteht zwischen Lehrangebot und Lehrinhalt einerseits sowie vorhandenen Studiengängen andererseits tatsächlich ein enger sachlicher Zusammenhang, so daß durch die Aufhebung eines Studiengangs der Bereich der Wissenschaftsfreiheit berührt wird (vgl. Urteil vom 22. Oktober 1996 – VerfGH 44/96 –). Das gleiche gilt indessen nicht auch für eine Reduzierung der jeweiligen Aufnahmekapazität. Zwischen ihr und der Wissenschaftsfreiheit besteht kein unmittelbarer Berührungspunkt, sie hat gerade keinen bestimmenden Einfluß auf Lehrangebot und Lehrinhalt, sondern betrifft lediglich die Zahl derjenigen, an die Lehrangebot und Lehrinhalt gerichtet ist. Bei der Reduzierung einer Aufnahmekapazität handelt es sich grundsätzlich nicht um einen qualitativen, die Wissenschaftsfreiheit berührenden, sondern um einen sozusagen quantitativen Schnitt im Vorfeld der Wissenschaftsfreiheit, der den Schutzbereich des Art. 21 Satz 1 VvB erst erreicht, wenn er bei wertender Betrachtungsweise (vgl. in diesem Zusammenhang BVerfG, Beschluß vom 20. Oktober 1982 – 1 BvR 1470/80 – BVerfGE 61, 260, 280) von derartigem Ausmaß ist, daß er in seinen Auswirkungen einer Einstellung des betreffenden Studiengangs nahe kommt. Daß ein solcher Fall hier gegeben sein könnte, ist weder von der Beschwerdeführerin vorgetragen worden noch sonst erkennbar.

Insoweit ist die Entscheidung mit vier zu vier Stimmen ergangen, so daß gemäß § 11 Abs. 2 Satz 2 VerfGHG ein Verfassungsverstoß nicht festzustellen war.

c) Die Verfassungsbeschwerde ist ferner unbegründet, soweit die Beschwerdeführerin geltend macht, Art. II § 3 Nr. 3 HStrG 96 sei wegen Verstoßes gegen Art. 21 Satz 1 VvB nichtig.

aa) Die bezeichnete Vorschrift des Haushaltsstrukturgesetzes 1996 ist von der Gesetzgebungskompetenz des Berliner Gesetzgebers umfaßt. Sie hat die Einrichtung einer Gemeinsamen Finanz- und Wirtschaftskommission für die Universitätsklinika in Berlin zum Gegenstand. Der Gesetzgeber des Landes Berlin durfte diese Materie aufgrund der ihm aus der bundesstaatlichen Kompetenzordnung (Art. 70 GG) zustehenden Gesetzgebungsbefugnis auf dem Gebiet des Hochschulrechts eigenständig regeln. Zwar ist der Bund nach Art. 75 Abs. 1 Nr. 1 a GG berechtigt, unter den Voraussetzungen des Art. 72 GG Rahmenvorschriften für die Gesetzgebung der Länder über die allgemeinen Grundsätze des Hochschulwesens zu erlassen. Von diesem Recht hat er durch den Erlaß des Hochschulrahmengesetzes (HRG) in der Fassung der Bekanntmachung vom 9. April 1987 (BGBl. I S. 1170) Gebrauch gemacht. Die Einrichtung der Gemeinsamen Finanz- und Wirtschaftskommission für die Universitätsklinika stellt mit Rücksicht auf die beschränkte, den Bereich von Wirtschaft und Finanzen der Klinika betreffende Zuständigkeit dieser Kommission keinen die Gesetzgebungskompetenz des Berliner Landesgesetzgebers ausschließenden Widerspruch zu den §§ 60 f. HRG dar. Bei diesem Ergebnis kann dahingestellt bleiben, ob und wie weit der Verfassungsgerichtshof die Gesetzgebungskompetenz des Landes Berlin im Verhältnis zu der Gesetzgebungskompetenz des Bundes zu überprüfen hätte, wenn ernsthafte Zweifel an der Gesetzgebungsbefugnis des Landes Berlin bestünden (vgl. dazu NRWVerfGH, Urteil vom 19. Mai 1992 – 5/91 – NVwZ 1993, 57, 59, sowie BayVerfGH, Entscheidung vom 27. März 1992 – Vf 8/VII 89 – BayVerfGH 45, 33, 41 f.).

bb) Mit dem Erlaß von Art. II § 3 Nr. 3 HStrG 96 ist die durch Art. 21 Satz 1 VvB gewährleistete Wissenschaftsfreiheit nicht verletzt worden. Absatz 3 des durch Art. II § 3 Nr. 3 HStrG 96 in das Berliner Hochschulgesetz eingefügten § 68 a legt die der Gemeinsamen Finanz- und Wirtschaftskommission für die Universitätsklinika in Berlin zugewiesenen Aufgaben abschließend und zweifelsfrei fest. Diese Aufgaben betreffen Wirtschaft und Finanzen der Klinika, einen vornehmlich der staatlichen Organisationsgewalt und weniger der akademischen Selbstverwaltung als Teilaspekt der Wissenschaftsfreiheit zuzurechnenden Bereich. Das Abgeordnetenhaus hat insoweit die Auswirkungen dieser Vorschrift auf Forschung und Lehre mit der Anhörung der Präsidenten der betroffenen Hochschulen hinreichend ermittelt. Die Gründe, die zur Nichtigkeit von Art. II § 2 Abs. 1 Nr. 1 HStrG 96 geführt haben, erfassen daher Art. II § 3 Nr. 3 HStrG 96 nicht.

Auch inhaltlich begründen die Regelungen über die Gemeinsame Finanz- und Wirtschaftskommission der Universitätsklinika in Berlin (§ 68 a Abs. 2 BerlHG) keine Verletzung der Wissenschaftsfreiheit. Zwar ist danach Kommissionsmitglied unter anderem der Vizepräsident der Beschwerdeführerin für den medizinischen Bereich, nicht aber der Präsident der Beschwerdeführerin. Richtig ist auch, daß nach § 62 Abs. 1 Nr. 2 HRG dem jeweiligen Präsidenten die Leitung der Hochschule obliegt. Doch schließt das Prinzip der Einheitsverwaltung (vgl. § 58 Abs. 2 HRG) es nicht aus, daß bestimmte Aufgaben bestimmten anderen, namentlich – wie hier – sachnäheren Organen zugeordnet werden. Überdies ist eine solche rein organisationsrechtliche Entscheidung schon vom Ansatz her grundsätzlich nicht geeignet, sich abträglich auf die freie wissenschaftliche Betätigung auszuwirken und in diesem Sinne die verfassungsrechtlich geschützte Wissenschaftsfreiheit zu berühren. Weitere konkrete Rügen hat die Beschwerdeführerin in diesem Zusammenhang nicht erhoben.

Der Ausspruch über die Kosten folgt aus §§ 33 f. VerfGHG.

Diese Entscheidung ist unanfechtbar.

Nr. 8

Überprüfung einer mietrechtlichen Entscheidung am Maßstab des Willkürverbots und der Grundrechte auf Gehör und den gesetzlichen Richter.

Verfassung von Berlin Art. 10 Abs. 1, 15 Abs. 1, Abs. 5 Satz 2

Beschluß vom 12. Dezember 1996 – VerfGH 38/96 –

in dem Verfahren über die Verfassungsbeschwerde der Frau S. W. und des Herrn K. W. gegen das Urteil des Landesgerichts Berlin vom 5. März 1996 – 64 S 414/94 –

Entscheidungsformel:

Die Verfassungsbeschwerde wird zurückgewiesen.
Das Verfahren ist gerichtskostenfrei.
Auslagen werden nicht erstattet.

Gründe:

I.

Die Beschwerdeführer mieteten im August 1989 eine Wohnung in dem Gebäude auf dem Grundstück Minkwitzweg 10 in Berlin-Köpenick. Vermieter war ein privater Grundstücksverwalter, der aufgrund einer Vollmacht aus dem Jahre 1971 mit der Verwaltung betraut war. Die Kläger des Ausgangsverfahrens und Beteiligten dieses Verfassungsbeschwerdeverfahrens erwarben im

Februar 1993 das in Rede stehende Grundstück. Mit Schreiben vom 28. Januar 1994 kündigten sie das Mietverhältnis mit der Begründung, die Beschwerdeführer hätten die Miete nicht bezahlt. Durch Urteil vom 7. März 1995 hat das Landgericht Berlin die Beschwerdeführer zur Räumung verurteilt. Auf die Verfassungsbeschwerde des Beschwerdeführers K. W. hat das Bundesverfassungsgericht mit Beschluß vom 27. November 1995 das Urteil des Landgerichts Berlin vom 7. März 1995 aufgehoben und die Sache zur erneuten Verhandlung an das Landgericht zurückverwiesen. Durch Urteil vom 5. März 1996 hat das Landgericht Berlin die Beschwerdeführer erneut zur Räumung verurteilt. Das Landgericht hat diese Entscheidung nicht mehr auf die Kündigung vom 28. Januar 1994, sondern auf eine erneute Kündigung vom 28. Dezember 1994 gestützt und gemeint, die Beschwerdeführer hätten sich in einem schuldhaften, die Kündigung rechtfertigenden Verzug des Mietzinses befunden.

Gegen diese Entscheidung richtet sich die vorliegende Verfassungsbeschwerde. Mit ihr machen die Beschwerdeführer geltend, die Annahme eines eine Kündigung rechtfertigenden, verschuldeten Mietrückstandes sei rechtlich so unvertretbar, daß sie als willkürlich anzusehen sei und gegen das in Art. 10 Abs. 1 VvB garantierte Grundrecht auf Gleichbehandlung in der Bedeutung als Willkürverbot verstoße. Die angefochtene Entscheidung des Landgerichts verletze ferner das in Art. 15 Abs. 1 VvB verbürgte Grundrecht auf rechtliches Gehör, weil wesentliche Teile ihres Vortrags übergangen worden seien. Die Beschwerdeführer rügen überdies eine Verletzung ihres Grundrechts auf den gesetzlichen Richter (Art. 15 Abs. 5 Satz 2 VvB). Im Hinblick auf das vom Landgericht angenommene, ihnen – den Beschwerdeführern – zuzurechnende Verschulden ihres früheren beratenden Anwalts, bei dem sie den Mietzins auf einem Anderkonto hinterlegt hätten, sei es wegen der in Rechtsprechung und Literatur umstrittenen Frage, ob das Anwaltsverschulden einem Mieter zuzurechnen sei, zwingend erforderlich gewesen, einen Rechtsentscheid einzuholen. Schließlich bringen die Beschwerdeführer vor, das Landgericht habe bei seiner Entscheidung unberücksichtigt gelassen, daß dem Mieter ein Besitzrecht am Wohnraum zustehe, das vom Grundrecht auf Eigentumsschutz gemäß Art. 23 Abs. 1 VvB mitumfaßt werde. Die Kläger des Ausgangsverfahrens und Beteiligten dieses Verfassungsbeschwerdeverfahrens haben sich zur Sache geäußert.

II.

Die Verfassungsbeschwerde hat keinen Erfolg.

Der Vortrag der Beschwerdeführer gibt Veranlassung, eingangs darauf hinzuweisen, daß der Verfassungsgerichtshof kein Rechtsmittelgericht ist und er daher nicht die Aufgabe hat, allgemein die Entscheidungen der Gerichte des Landes Berlin auf jegliche Rechtsfehler zu kontrollieren. Er hat vielmehr nur zu überprüfen, ob die in der Verfassung von Berlin gewährten subjektiven Rechte grundsätzlich in Existenz und Tragweite hinreichend für die Einzelfallentscheidung berücksichtigt worden sind (LVerfGE 1, 169, 184). Bei Beachtung dieses Prüfungsmaßstabs verletzt das Urteil des Landgerichts Berlin vom 5. März 1996 keine Grundrechte der Beschwerdeführer.

1. Richtig ist, daß sich aus dem in Art. 10 Abs. 1 VvB gewährleisteten Recht auf Gleichbehandlung auch ein zugunsten der Beschwerdeführer wirkendes Willkürverbot ergibt (vgl. zuletzt Beschluß vom 28. Oktober 1996 – VerfGH 84/96 –) . Richtig ist ferner, daß dieses Grundrecht ebenso wie die ebenfalls als verletzt gerügten Grundrechte des rechtlichen Gehörs und des gesetzlichen Richters inhaltsgleich mit den in den einschlägigen Bestimmungen des Grundgesetzes enthaltenen bundesrechtlichen Verbürgungen sind und daher nach der ständigen Rechtsprechung des Verfassungsgerichtshofs (vgl. u. a. LVerfGE 1, 169, 179) durch die öffentliche Gewalt des Landes Berlin zu beachten sowie im Verfassungsbeschwerdeverfahren beim Verfassungsgerichtshof selbst dann rügefähig sind, wenn die angegriffene Maßnahme – wie hier – in Anwendung von Bundesrecht ergangen ist. Nicht gefolgt werden kann indes der Ansicht der Beschwerdeführer, die angegriffene Entscheidung des Landgerichts verstoße gegen das landesverfassungsrechtliche Willkürverbot.

Ein Richterspruch verletzt das landesverfassungsrechtliche Willkürverbot ausschließlich, wenn er „unter keinem denkbaren Aspekt rechtlich vertretbar ist und sich daher der Schluß aufdrängt, daß er auf sachfremden Erwägungen beruht" (so zum Bundesrecht u. a. BVerfGE 89, 1, 14). Eine fehlerhafte Auslegung eines Gesetzes allein macht eine Gerichtsentscheidung nicht willkürlich. Willkür liegt vielmehr erst dann vor, wenn die Rechtslage in krasser Weise verkannt worden ist, d. h. wenn bei objektiver Würdigung der Gesamtumstände die Annahme geboten ist, die vom Gericht vertretene Rechtsauffassung sei im Bereich des schlechthin Abwegigen anzusiedeln (vgl. LVerfGE 2, 16, 18). Davon kann nicht gesprochen werden, wenn das Gericht sich mit der Rechtslage eingehend auseinandergesetzt und seine Auffassung nicht jedes sachlichen Grundes entbehrt. So liegen die Dinge im vorliegenden Fall.

Das Landgericht hat offengelassen, ob die Beschwerdeführer nur den ursprünglich mit der Hausverwaltung vereinbarten Mietzins schuldig waren oder einen mit Erklärung vom 29. August 1991 erhöhten Mietzins. Jedenfalls hätten die Beschwerdeführer von Februar bis Dezember 1994 keinen Mietzins an die Kläger entrichtet. Sie hätten zwar für die Monate bis Oktober 1994 eine Miete auf ein Anderkonto ihres Prozeßbevollmächtigten gezahlt, doch löse dies keine Erfüllungswirkung aus. Den dadurch eingetretenen Verzug hätten die Beschwerdeführer zu vertreten. Einzuräumen sei, daß ihnen selbst kein Schuldvorwurf gemacht werden könne; indes müßten sie sich das Verschulden ihres Prozeßbevollmächtigten, der die fehlende Erfüllungswirkung der Zahlung auf ein von ihm geführtes Anderkonto hätte erkennen müssen, zurechnen lassen. Letztlich könne das allerdings dahinstehen. Selbst wenn nämlich die Zahlungen auf das Anderkonto ihres Prozeßbevollmächtigten Erfüllungswirkung gehabt hätte, seien die Beschwerdeführer deshalb in einen schuldhaften, zur Kündigung berechtigenden Verzug geraten, weil sie den Mietzins für die Monate November und Dezember 1994 weder an die Kläger geleistet noch auf das Anderkonto ihres damaligen Prozeßbevollmächtigten überwiesen hätten.

Soweit sich die Beschwerdeführer auf ein Zurückbehaltungsrecht an den Betriebskostenvorschüssen wegen fehlender Abrechnung für das Jahr 1994 berufen hätten, habe dies den Verzug nicht ausgeschlossen. Denn den Beschwerdeführern habe ein derartiges Zurückbehaltungsrecht nicht zugestanden. Als Abrechnungszeiträume für die Betriebskosten sei der Zeitraum vom 1. Oktober bis 30. September festgesetzt gewesen, so daß über die Vorschüsse im Zeitpunkt der Kündigung noch nicht abzurechnen gewesen sei. Auch auf eine fehlende Abrechnung der Abrechnungszeiträume 1991 und 1992 könnten sich die Beschwerdeführer nicht berufen, weil insoweit das Zurückbehaltungsrecht erst mit Schriftsatz vom 20. Dezember 1995 verspätet geltend gemacht worden sei. Der einmal eingetretene Verzug entfalle aber nicht dadurch, daß nachträglich ein Zurückbehaltungsrecht ausgeübt werde. Den Beschwerdeführern habe auch kein den Verzug ausschließendes Zurückbehaltungsrecht aus § 320 Abs. 1 BGB wegen Instandhaltungsansprüchen zur Seite gestanden. Soweit die Beschwerdeführer im Juli, Oktober und November 1994 Arbeiten an der Wohnung auf eigene Kosten vorgenommen hätten, sei dadurch kein Zurückbehaltungsrecht entstanden. Denn derartige Aufwendungsersatzansprüche stünden in keinem Gegenseitigkeitsverhältnis zur Mietzinsforderung. Soweit die Beschwerdeführer schließlich eine Verrechnung mit dem hinterlegten Jahresbetrag der Miete von 3 656,04 DM behaupteten, habe dies keine rückwirkende Unwirksamkeit der Kündigung bewirkt. Die Verrechnung sei erst nach dem 5. März 1995 erfolgt und damit weder unverzüglich im Sinne des § 554 Abs. 1 Satz 3 BGB noch innerhalb der Schonfrist von einem Monat nach Rechtshängigkeit.

Es kann dahingestellt bleiben, ob diese Ausführungen im einzelnen mehr oder weniger zu überzeugen vermögen. Darauf kommt es in diesem Zusammenhang nicht an, weil das eine Frage des einfachen Rechts ist, die sich der Beurteilung des Verfassungsgerichtshofs entzieht. Jedenfalls kann keine Rede davon sein, die Auffassung des Landgerichts entbehre jeder sachlichen Grundlage, sei unter keinem denkbaren Aspekt rechtlich vertretbar und müsse deshalb als willkürlich qualifiziert werden.

2. Auch die Rüge einer Verletzung des Grundrechts auf rechtliches Gehör vor Gericht ist unbegründet.

Dieses Grundrecht verlangt, daß einer gerichtlichen Entscheidung nur solche Tatsachen und Beweisergebnisse zugrundegelegt werden, zu denen Stellung zu nehmen den Beteiligten Gelegenheit gegeben war (LVerfGE 1, 81, 87). Daraus folgt u. a., daß ein Gericht das Vorbringen des Verfahrensbeteiligten zur Kenntnis nehmen muß. Es ist nicht ersichtlich, daß das Landgericht diese Pflicht verletzt hat. Denn das Grundrecht aus Art. 15 Abs. 1 VvB begründet keinen Anspruch darauf, daß das Gericht sich in den schriftlichen Entscheidungsgründen mit jedem Einzelvorbringen auseinandersetzen muß. Vielmehr kommt eine Verletzung des rechtlichen Gehörs erst in Betracht, wenn das Gericht ein für den Rechtsstreit und dessen Entscheidung erhebliches Vorbringen erkennbar in seine Überlegungen nicht einbezogen hat. Die insoweit erhobene Rüge, das Landgericht habe sich nicht ausdrücklich damit auseinandergesetzt, daß auch die Kläger das Vorliegen eines wirksamen Mietvertrags bestritten hätten, der Irrtum über den Mietzinsgläubiger daher von den Klägern mitverursacht worden sei und dies im Rahmen der Verschuldensprüfung habe berücksichtigt werden müssen, geht erkennbar fehl. Die Beschwerdeführer konnten – ohne daß das Landgericht dies ausdrücklich betonen mußte – nicht davon ausgehen, daß Unklarheiten der Wirksamkeit des Mietvertrags sie von einer Verpflichtung zur regelmäßigen Mietzinszahlung befreien würden.

Selbst aus dem Vorbringen der Beschwerdeführer, das Landgericht sei bei der Prüfung eines Zurückbehaltungsrechts wegen unterlassener Betriebskostenabrechnung zwar auf die Jahre 1991 und 1992, nicht aber auf die ebenfalls gerügte unterlassene Betriebskostenabrechnung für das Jahr 1993 eingegangen, ist keine verfassungsrechtlich beachtliche Gehörsverletzung herzuleiten. Denn nach dem eigenen Vortrag der Beschwerdeführer ist auch insoweit das Zurückbehaltungsrecht erst mit Schreiben vom 20. Dezember 1995, also nach dem vom Landgericht angenommenen Eintritt des Verzugs, geltend gemacht worden, so daß es für die Entscheidung des Landgerichts auf die Frage, ob auch eine Betriebskostenabrechnung für das Jahr 1993 in Rede stand, offensichtlich nicht ankam.

3. Entgegen der Ansicht der Beschwerdeführer war das Landgericht auch nicht zur Einholung eines Rechtsentscheids im Hinblick auf das von ihm angenommene Verschulden des früheren Rechtsanwalts der Beschwerdeführer und vor allem auf die Frage der Zurechenbarkeit dieses Verschuldens zu Lasten der Beschwerdeführer bei der Hinterlegung des Mietzinses auf dem Anwalts-Anderkonto verpflichtet. Das gilt schon deshalb, weil das Landgericht seine Entscheidung insoweit auf zwei jeweils selbständig tragende Gründe ge-

stützt hat, es mithin aus seiner in diesem Zusammenhang maßgeblichen materiell-rechtlichen Sicht nicht entscheidungserheblich auf die Frage der Zurechenbarkeit des Anwaltsverschuldens ankam. Das Landgericht hat nämlich – wie bereits gesagt – erkannt, die Beschwerdeführer seien unabhängig von dem in Rede stehenden Anwaltsverschulden deshalb in einen schuldhaften, die Kündigung rechtfertigenden Verzug geraten, weil sie den Mietzins für die Monate November und Dezember 1994 weder an die Kläger noch auf das Anderkonto ihres seinerzeitigen Prozeßbevollmächtigten entrichtet hätten.

4. Soweit die Beschwerdeführer schließlich beanstanden, „daß die Entscheidung des Landgerichts das aus dem Eigentumsschutz abgeleitete Besitzrecht des Mieters übergeht (Art. 23 Abs. 1 VvB)" (Beschwerdeschrift S. 8), dürfte die Beschwerde mangels Erfüllung der Anforderungen an das durch die §§ 49 Abs. 1, 50 VerfGHG begründete Darlegungsgebot unzulässig sein. Doch mag das auf sich beruhen. Ebenfalls mag offenbleiben, ob – wovon die Beschwerdeführer ausgehen – der Auslegung, die das Bundesverfassungsgericht neuerdings dem Eigentumsgrundrecht im Blick auf den Schutz des Besitzrechts des Mieters gegeben hat (BVerfGE 89, 1 = NJW 1993, 2035), auch für Art. 23 Abs. 1 Satz 1 VvB zu folgen ist (vgl. in diesem Zusammenhang auch Beschluß vom 17. März 1994 – VerfGH 139/93 –). Denn jedenfalls lassen sich den Überlegungen des Landgerichts keine Hinweise darauf entnehmen, das Gericht könne ein etwa aus dem Eigentumsschutz herzuleitendes Besitzrecht des Mieters an seiner Mietwohnung in seiner Ausstrahlungswirkung in verfassungsrechtlich relevanter Weise verkannt haben.

Diese Entscheidung ist mit fünf zu vier Stimmen ergangen.

Die Kostenentscheidung folgt aus §§ 33, 34 VerfGHG.

Dieser Beschluß ist unanfechtbar.

Sondervotum der Richterinnen Arendt-Rojahn und Citron-Piorkowski und der Richter Dittrich und Eschen

Das Urteil des Landgerichts, durch das den Beschwerdeführern die Früchte ihres Obsiegens beim Bundesverfassungsgericht (ZMR 1996, 120) genommen werden, beruht nach unserer Auffassung auf einer Verletzung des Grundrechts auf rechtliches Gehör.

Dabei mag dahingestellt bleiben, ob es nicht geboten gewesen wäre, bei der Prüfung der Wirksamkeit der auf § 554 BGB gestützten Kündigung zu erwägen, daß die in der Leugnung des Bestehens eines Mietverhältnisses liegende eigene grobe Vertragsverletzung der Vermieter, die maßgeblich zu den weiteren Verwirrungen geführt hat, der Ausübung des Gestaltungsrechts entgegenstehen könnte. Auch wenn man das noch der verfassungsgerichtlich nicht überprüfbaren Ebene einer Anwendung einfachen Rechts zuweisen wollte, ist die Schwelle eines Verfassungsverstoßes jedenfalls dadurch erreicht, daß das Landgericht für seine Feststellung, bei der unter dem 28. Dezember 1994 ausgesprochenen erneuten Kündigung der Vermieter seien die Beschwerdeführer jedenfalls mit dem für November und Dezember 1994 in Höhe von mindestens monatlich 60,50 DM fällig gewordenen Mietzins im Rückstand gewesen, die Rechtswirkungen der früheren gerichtlichen Hinterlegung von Mietzins völlig außer acht gelassen hat, was als Verletzung des in Art. 15 Abs. 1 VvB übereinstimmend mit Art. 103 Abs. 1 GG verbürgten Verfahrensgrundrechts auf rechtliches Gehör zu qualifizieren ist.

Die am 26. September 1994 von den Beschwerdeführern zugunsten der fünf Vermieter unter Verzicht auf Rücknahme vorgenommene gerichtliche Hinterlegung eines etwaigen „Mietrückstandes" von 3 656,04 DM (mangels Nachweises der Empfangszuständigkeit) entsprach zwar der damaligen Forderungsberühmung der Vermieter, führte aber in Wahrheit zu einer erheblichen Überzahlung des Mietkontos, weil nach den Feststellungen des Landgerichts Ansprüche erst für die Zeit nach der Eigentumsumschreibung vom 11. Januar 1994 begründet waren. Indem das Landgericht an anderer Stelle der Urteilsgründe den Beschwerdeführern vorwirft, sie hätten „die Leistung im Sinne des § 372 Abs. 1 BGB hinterlegen müssen", hat es völlig aus dem Auge verloren und erkennbar in seine Überlegungen nicht einbezogen, daß die Würdigung der tatsächlich erfolgten Hinterlegung als eine ohne weitere Gestaltungserklärung *anzurechnende* Mietzinsüberzahlung bzw. Vorwegbefriedigung in Betracht kam und dann den Verzugseintritt von vornherein ausschloß. Statt dessen wird erst an späterer Stelle der Urteilsgründe bei der Prüfung, ob eine vorher wirksam erklärte Kündigung nachträglich in Anwendung von § 554 Abs. 2 Nr. 2 BGB unwirksam geworden sein könnte, die erfolgte Hinterlegung erwähnt und für unbeachtlich erklärt, weil die Vermieter sich erst am 5. März 1995 zur Abholung des Geldes bei der Hinterlegungsstelle und zur „Verrechnung" entschlossen hatten. Die Vernachlässigung der Erfüllungswirkung als eines für die Entscheidung eindeutig erheblichen Umstands ist als Verletzung des rechtlichen Gehörs zu werten (vgl. BVerfG NJW-RR 1995, 1033).

Sofern den Ausführungen des Landgerichts etwa doch die Rechtsansicht zu entnehmen sein sollte, eine Überzahlung von Mietzins hindere nicht den Verzugseintritt für anschließende Zeiträume und könne einer auf angebliche Rückstände gestützten fristlosen Kündigung nur gemäß § 554 Abs. 1 Satz 3 BGB im Wege einer unverzüglich zu erklärenden „Aufrechnung" entgegengesetzt werden, so müßte das als rechtlich grob fehlerhaft und unverständlich im Sinne einer Verletzung des verfassungsrechtlichen Willkürverbots angesehen werden.

Entscheidungen
des Verfassungsgerichts
des Landes Brandenburg

Die amtierenden Richter des Verfassungsgerichts des Landes Brandenburg

Dr. Peter Macke, Präsident
Dr. Wolfgang Knippel, Vizepräsident
Prof. Dr. Hans Herbert v. Arnim (bis zum 30. 01. 1996)
Dr. Matthias Dombert
Prof. Dr. Beate Harms-Ziegler
Prof. Dr. Rolf Mitzner
Prof. Dr. Richard Schröder
Prof. Dr. Karl-Heinz Schöneburg
Monika Weisberg-Schwarz
Prof. Dr. Rosemarie Will (seit dem 26. 09. 1996)

Nr. 1

Das Übersehen der bevorstehenden Verjährung in einem Privatklageverfahren bedeutet nicht zwangsläufig eine Verletzung des Rechts auf ein faires und zügiges Verfahren, Art. 52 Abs. 4 Satz 1 LV.*

Verfassung des Landes Brandenburg Art. 52 Abs. 4
Strafgesetzbuch § 78 Abs. 3 Nr. 5
Strafprozeßordnung § 380

Beschluß vom 14. August 1996 – VfGBbg 23/95 –

in dem Verfahren über die Verfassungsbeschwerde des Herrn W. wegen Nichtdurchführung von Privatklageverfahren durch das Amtsgericht X.

Entscheidungsformel:

Die Verfassungsbeschwerde wird zurückgewiesen.

Gründe:

A.

Der Beschwerdeführer wendet sich mit seiner Verfassungsbeschwerde dagegen, daß das Amtsgericht X. von ihm angestrengte Privatklageverfahren – jedenfalls in einem Falle bis über den Eintritt der Verjährung hinaus – nicht durchgeführt habe.

I.

Der Beschwerdeführer stellte mit Schreiben vom 6. Dezember 1992 Strafantrag beim Kreisgericht (seit 1. Dezember 1993 Amtsgericht) X. gegen die stellvertretende Bürgermeisterin der Stadt X., Frau B., aufgrund eines Vorgangs vom 22. April 1992. Das Gericht wertete die Eingabe zunächst als Pri-

---

* Nichtamtlicher Leitsatz.

vatklage (1 Bs .../92, später 2 Bs .../92). Nachdem der Beschwerdeführer klargestellt hatte, daß er einen Strafantrag stellen, nicht aber Privatklage erheben wolle, übersandte das Kreisgericht Ablichtungen des eingegangenen Schreibens an die Staatsanwaltschaft zur weiteren Veranlassung. Am 9. März 1993 erhob er wegen desselben Geschehens ausdrücklich Privatklage (2 Bs .../93). Zugleich beantragte er, das Verfahren auszusetzen, bis ein Arbeitsrechtsstreit entschieden sei. Im September 1993 übersandte er ein klageabweisendes Urteil des Arbeitsgerichts und teilte mit, daß er Berufung eingelegt habe. Gleichzeitig bat er, das Verfahren gegen die stellvertretende Bürgermeisterin mit einem Verfahren „W. gegen A. und Bl. zusammenzulegen" und „diese gemeinsam abzuhandeln". Nach einem Hinweis des Amtsgerichts, daß ein Verfahren gegen A. und Bl. nicht anhängig sei, strengte er am 5. Oktober 1993 ein (weiteres) Privatklageverfahren gegen den Bürgermeister der Stadt X., Herrn A., und den Hauptamtsleiter, Herrn Bl., wegen eines Vorfalls vom 29. Juni 1992 (2 a .../93) an. In dieser Sache wies das Amtsgericht den Beschwerdeführer am 11. Oktober 1993 darauf hin, daß gemäß § 380 Strafprozeßordnung (StPO) vor der Erhebung einer Privatklage ein Sühneversuch bei einer Schiedsstelle durchzuführen sei. Der Beschwerdeführer beantragte sodann am 31. Oktober 1993 bei der Schiedsstelle 1 der Stadt X. die Durchführung des Sühneverfahrens. Die Schiedsperson lehnte die Durchführung des Sühneverfahrens mit der Begründung ab, die Antragsfrist für die Einreichung einer Privatklage bei Gericht sei gemäß § 77 b Strafgesetzbuch (StGB) verstrichen.

Der Beschwerdeführer legte erstmals am 24. Mai 1994 wegen Nichtdurchführung des Privatklageverfahrens 1 Bs .../92 bzw. 2 Bs .../93 Verfassungsbeschwerde zum Verfassungsgericht des Landes ein (VfGBg 9/94) und rügte u. a. eine Verletzung seines Rechts aus Art. 52 Abs. 4 Landesverfassung (LV). Das Verfassungsgericht des Landes wies die Verfassungsbeschwerde mit Beschluß vom 19. Januar 1995 zurück[*]. Wegen der Einzelheiten des entsprechenden Sachverhalts und der rechtlichen Ausführungen wird auf die Gründe der Entscheidung vom 19. Januar 1995 Bezug genommen. Die Akten des Ausgangsverfahrens sandte das Verfassungsgericht am 24. Januar 1995 an das Amtsgericht X. zurück.

Auf die hiernach erfolgte Anfrage des Amtsgerichts X. vom 29. Januar 1995 teilte der Beschwerdeführer am 7. März 1995 mit, daß er beabsichtige, die Verfahren 1 Bs .../92, 2 Bs .../93 und 2 a Bs .../93 weiter zu betreiben. Das Amtsgericht X. fragte daraufhin am 15. Mai 1995 bei der Staatsanwaltschaft Z. an, ob ein Strafverfahren in der Angelegenheit vom 22. April 1992 anhängig sei oder gewesen sei oder ob eine Einstellung erfolgt sei. Am 19. Juni 1995 teilte das Amtsgericht X. sodann der Beschuldigten, Frau B., anstelle der Privatklage

[*] Vgl. LVerfGE 3, 129.

vom 4. März 1993 versehentlich die Strafantragsschrift des Beschwerdeführers vom 6. Dezember 1992 mit der Gelegenheit zur Stellungnahme mit. Auf entsprechendes Schreiben der Frau B. teilte das Amtsgericht X. am 5. Juli 1995 die (entsprechende) Antragsschrift vom 4. März 1993 mit und verlängerte die Frist zur Stellungnahme auf Antrag der Beschuldigten bis zum 6. August 1995. Es unterrichtete den Beschwerdeführer zugleich über die Mitteilung der Klageschrift und die Verlängerung der Stellungnahmefrist. Nach Eingang der Stellungnahme der Beschuldigten am 28. Juli 1995 wies das Amtsgericht X. mit Beschluß vom 22. September 1995 die Klage des Beschwerdeführers gegen die Beschuldigte Frau B. zurück. Die der Beschuldigten zur Last gelegte Tat sei gem. § 78 Abs. 3 Ziffer 5 StGB nach 3 Jahren – mithin am 22. April 1995 – verjährt. Eine verjährungsunterbrechende Maßnahme sei nicht ersichtlich. Dem Beschwerdeführer wurden die Kosten des Verfahrens sowie die der Beschuldigten erwachsenen notwendigen Auslagen auferlegt. Die hiergegen am 14. Oktober 1995 eingelegte Beschwerde wurde am 4. Dezember 1995 durch das Landgericht Y. unter Bezugnahme auf die Gründe der angefochtenen Entscheidung auf Kosten des Beschwerdeführers verworfen.

II.

Mit seiner am 19. Dezember 1995 erhobenen Verfassungsbeschwerde rügt der Beschwerdeführer abermals eine Verletzung seines Grundrechts aus Art. 52 Abs. 4 Satz 1 LV. Er meint, er sei in seinem Grundrecht auf zügiges Verfahren jedenfalls deswegen verletzt, weil das von ihm unter Beachtung der formellen Voraussetzungen eingeleitete Verfahren (2 Bs …/93) bis zum Eintritt der Verjährung nicht weiterbetrieben worden sei. Das Privatklageverfahren diene dem auch landesverfassungsrechtlich in Art. 7 Abs. 1 und 2 LV verbürgten Schutz der persönlichen Ehre. Dadurch, daß ihm aufgrund unwahrer Tatsachenbehauptungen sein Arbeitsplatz gekündigt worden sei, um diesen mit jemandem anderen zu besetzen, benötige er das Privatklageverfahren auch, damit sein Grundrecht auf gleichen Zugang zu öffentlichen Ämtern geschützt werde, Art. 21 Abs. 2 Satz 1 LV. Es verstoße gegen das Rechtsstaatsprinzip, wenn ein zur Sicherung des Einzelnen vor Beleidigungen und Verleumdungen geschaffenes Verfahren – wie es die Privatklagemöglichkeit gewähre – durch den Staat nicht betrieben werde. Gleiches gelte hinsichtlich der Nichtbetreibung des Privatklageverfahrens 2 a Bs …/93.

III.

Am 3. Mai 1996 hat der Beschwerdeführer seine Verfassungsbeschwerde erweitert. Er greift nunmehr auch den in der Sache 2 Bs …/93 ergangenen

Kostenfestsetzungsbeschluß des Amtsgerichts X. vom 8. Januar 1996 und den diesen bestätigenden Beschluß des Landgerichts Y. an. Hiernach wurden die vom Beschwerdeführer an die Beschuldigte zu erstattenden Kosten auf DM 184,- festgesetzt. Der Beschwerdeführer macht insoweit geltend, der Kostenfestsetzungsbeschluß beruhe auf dem seines Erachtens verfassungswidrigen Beschluß über die Abweisung der Privatklage. Der Kostenfestsetzungsbeschluß müsse daher ebenfalls verfassungswidrig sein.

B.

Die Verfassungsbeschwerde ist nur teilweise zulässig (I.) und im übrigen unbegründet (II.).

I.

1. Soweit der Beschwerdeführer sich mit seiner Verfassungsbeschwerde gegen die Nichtdurchführung des Privatklageverfahrens durch das Amtsgericht X. wendet und dabei den Sachverhalt bis zur Entscheidung des Verfassungsgerichts des Landes vom 19. Januar 1995 (VfGbg 9/94*) mit einbezieht, ist die Verfassungsbeschwerde unzulässig, weil über diesen Zeitraum bereits abschließend entschieden worden ist. Den Entscheidungen des Verfassungsgerichts des Landes kommt wie denen anderer Gerichte Rechtskraftwirkung zu (vgl. auf Bundesebene BVerfGE 78, 320, 328). Die Rechtskraft des Beschlusses in dem Verfahren VfGBbg 9/94 ist mit Zustellung der Entscheidung am 25. Januar 1995 eingetreten. Sie bewirkt im Interesse des Rechtsfriedens, daß kein Gericht – auch nicht das Verfassungsgericht selbst – über den Entscheidungsgegenstand neu befinden darf (vgl. *Rennert*, in: Umbach/Clemens, Kommentar zum Bundesverfassungsgerichtsgesetz, 1992, § 31, Rdn. 44). Entscheidungsgegenstand des Verfahrens VfGBbg 9/94 war die Frage, ob die Nichtdurchführung des Privatklageverfahrens zur Zeit der Entscheidung des Gerichts (vgl. BVerfGE 70, 242, 249) den Beschwerdeführer in den von ihm gerügten Grundrechten verletzt. Diese Frage hat das Gericht verneint. Es kann jetzt nur noch darüber befinden, ob nach der früheren Entscheidung eingetretene Umstände eine Verfassungsrechtsverletzung des Beschwerdeführers ergeben. Dabei kann sich allerdings die „Vorgeschichte" insofern auswirken, als sich angesichts der darüber verstrichenen Zeit eine gesteigerte Pflicht zur Förderung des Verfahrens ergeben kann.

---

* Vgl. LVerfGE 3, 129.

2. Mit der Rüge, das Amtsgericht X. habe das Privatklageverfahren 2 Bs .../93 nach Abschluß des Verfassungsbeschwerdeverfahrens nicht in einer der drohenden Verjährung gerecht werdenden Weise weiterbearbeitet, ist die Verfassungsbeschwerde zulässig. Das allgemeine Rechtsschutzinteresse ist hier (noch) zu bejahen. Diese Sachentscheidungsvoraussetzung fehlte etwa dann, wenn die gewünschte Entscheidung dem Beschwerdeführer nichts nützte (vgl. *Kley/Rühmann*, in: Umbach/Clemens, Kommentar zum Bundesverfassungsgerichtsgesetz, 1992, § 90, Rdn. 62 ff.). Zwar wäre ein Ausspruch des Gerichts nicht geeignet, die Voraussetzungen für die Durchführung des Privatklageverfahrens wiederherzustellen; vielmehr ist die Möglichkeit, ein solches Verfahren durchzuführen, mit Eintritt der Verjährung am 22. April 1995 unwiederbringlich verloren gegangen. Indessen wendet sich der Beschwerdeführer (auch) gegen die Umstände, durch die ihm die Durchführung des Privatklageverfahrens unmöglich geworden ist. Insoweit besteht nach wie vor eine Betroffenheit des Beschwerdeführers, die durch eine Entscheidung des Gerichts – feststellender Art – abgemildert werden könnte.

II.

Die Verfassungsbeschwerde bleibt aber in der Sache ohne Erfolg. Es bleibt dabei ausdrücklich offen, ob Grundrechtsverletzungen, die im Rahmen eines bundesrechtlich geordneten Verfahrens – hier in dem durch die Strafprozeßordnung geregelten Privatklageverfahren – erfolgt sein sollen, vor dem Verfassungsgericht des Landes unter Berufung auf die verfahrensrechtlichen Grundrechtsgewährleistungen der Landesverfassung geltend gemacht werden können (vgl. bereits Verfassungsgericht des Landes Brandenburg, Beschluß vom 19. Januar 1995 – VfGBbg 9/94 – LVerfGE 3, 129, 133). In dem vorliegenden Verfahren ist die Frage abermals nicht entscheidungserheblich und kann daher dahinstehen. Denn das von dem Beschwerdeführer in Anspruch genommene Grundrecht aus Art. 52 Abs. 4 LV auf ein faires und zügiges Verfahren ist jedenfalls nicht verletzt.

1. In dem Privatklageverfahren 2 Bs .../93 liegt das eigentliche Problem des Falles darin, daß das Amtsgericht X. den bevorstehenden Ablauf der Strafverfolgungsverjährung offensichtlich nicht erkannt hat. Dies ergibt sich daraus, daß die Abteilungsrichterin die Klageschrift noch im Juni 1995 – und damit nach Ablauf der Verjährung – zugestellt hat und erst durch Hinweis der anwaltlich vertretenen Beschuldigten auf den zwischenzeitlichen Ablauf der Verjährung aufmerksam gemacht worden ist. Hätte das Amtsgericht den drohenden Ablauf der Verjährung erkannt, hätte dies unter Mitberücksichtigung der in der Entscheidung des Verfassungsgerichts vom 19. Januar 1995 darge-

stellten und gewürdigten Vorgeschichte Veranlassung geben müssen, Ende Januar 1995 nach Rücklauf der Akten im Anschluß an das Verfassungsbeschwerdeverfahren die Privatklageschrift nunmehr unverzüglich mitzuteilen, die Stellungnahme der Beschuldigten einzuholen und zur Unterbrechung der Verjährung anschließend rechtzeitig die Eröffnung des Hauptverfahrens zu beschließen, soweit hinreichender Tatverdacht zu bejahen war. Dies hätte – zweckmäßigerweise – auch parallel zu der Anfrage an den Beschwerdeführer vom 29. Januar 1995, ob er das Verfahren weiter betreiben wolle, geschehen können.

Daß das Amtsgericht die bevorstehende Verjährung nicht erkannt hat, stellt sich nach Lage der Dinge als das Übersehen eines bundesrechtlich bedeutsamen Gesichtspunktes dar. Nicht jede Verkennung einfachen Rechts ist aber zugleich schon eine Verletzung von Verfassungsrecht. Eine verfassungsrechtlich relevante Verletzung einfachen Rechts liegt erst dann vor, wenn das Gericht bei der Auslegung und Anwendung materiellen Rechts und der Handhabung von Verfahrensrecht die ihm eingeräumten Ermessens- und Beurteilungsspielräume in einer das Willkürverbot verletzenden Weise überschreitet (vgl. BVerfGE 42, 72 ff.; BayVerfGH, BayVBl. 1965, 237, 239). Ein in diesem Sinne willkürliches Verhalten setzt allerdings nicht voraus, daß den Richter subjektiv ein Schuldvorwurf trifft. Maßgebend ist vielmehr, ob das Verhalten objektiv willkürlich, ob es, gemessen an der zugrundeliegenden Situation, unerklärlich sachwidrig ist (vgl. BVerfG, aaO, S. 73; BVerfGE 83, 82, 84). Demzufolge wäre es gewiß etwa „willkürlich", wenn die Abteilungsrichterin das Verfahren bewußt – durch bewußtes Untätigbleiben oder bewußtes Unterlassen einer verjährungsunterbrechenden Handlung – der Verjährung zugeführt hätte, wovon hier jedoch, wie ausgeführt, nicht ausgegangen werden kann. Auch ein unbewußtes Verhalten des Gerichts – hier: das Übersehen eines rechtlichen Gesichtspunktes – kann auf Willkür hinauslaufen und deshalb verfassungswidriger Willkür gleichzuachten sein. Diese Grenze wird jedoch erst erreicht, wenn das Versagen des Richters bei Anlegen eines objektiven Maßstabs ganz und gar unverständlich erscheint und einem Richter schlechterdings nicht unterlaufen darf (vgl. auch BVerfGE 87, 273, 279). Ob das der Fall ist, hängt von den Umständen des Einzelfalls ab. Diese werden hier dadurch geprägt, daß das zugrundeliegende Privatklageverfahren – wie bereits in der Entscheidung des Verfassungsgerichts vom 19. Januar 1995 ausgeführt auch aufgrund des eigenen prozessualen Verhaltens des Beschwerdeführers, nicht zuletzt durch von ihm hergestellte Verknüpfungen mit und Abhängigkeiten von anderen Verfahren – in hohem Maße unübersichtlich geworden war. Es ist weiterhin zu berücksichtigen, daß an einem kleineren Amtsgericht Privatklagesachen üblicherweise einem Richter zugewiesen sind, der mit dem Hauptteil seiner Arbeitskraft für andere Aufgaben zuständig ist, welche – mitbedingt dadurch, daß es sich bei den Privatklageverfahren um Angelegenheiten handelt, für die die Staatsanwaltschaft ein öffentliches Interesse verneint hat – im Vordergrund seiner Aufmerksamkeit zu stehen pflegen; auch auf die hohe Belastung, der die Amtsrichterschaft im Land Brandenburg, teils noch als Folge des Neuaufbaus der Justiz in einem neuen Bundesland, ausgesetzt ist (vgl. hierzu Verfassungsgericht des Landes Brandenburg, Beschluß vom 19. Mai 1994 – VfGBbg 6/93, 6/93 EA – LVerfGE 2, 105, 112; Beschluß vom 19. Januar 1995 – VfGBbg 9/94 – LVerfGE 3, 129, 133), ist in diesem Zusammenhang hinzuweisen. Daß in einer solchen Situation der bevorstehende Ablauf der Verjährung übersehen worden ist, ist objektiv – und auch subjektiv – nicht in Ordnung, erreicht aber noch nicht das Ausmaß eines Fehlers, der ganz und gar unerklärlich und deshalb Willkür gleichzuachten wäre. Das bestätigt bis zu einem gewissen Grade ein Blick auf die Offizial-Strafverfahren. Obwohl sie gleichsam der ungeteilten Aufmerksamkeit der in diesem Bereich tätigen Richter und Staatsanwälte unterliegen, kommt es auch dort vor, daß, nicht rechtzeitig bemerkt, Verjährung eintritt, was – in Fällen, in denen es sich nicht gerade um Kapitalvergehen handelt – als zwar bedauerlicher, aber eben nicht mehr zu ändernder Umstand angesehen wird. Am Rande sei erwähnt – und auch dies mindert das Gewicht des in Rede stehenden Übersehens der bevorstehenden Verjährung –, daß nicht allzuviel dafür spricht, daß das Privatklageverfahren gegen Frau B. in der Sache Erfolg gehabt hätte; immerhin hat die Staatsanwaltschaft die gegen Frau B. wegen derselben Tat geführten Ermittlungen durch Einstellungsbescheid vom 27. Januar 1993 mangels hinreichenden Tatverdachts eingestellt, weil sich Frau B. – die Erweislichkeit der angelasteten Straftaten unterstellt – jedenfalls auf die Wahrnehmung berechtigter Interessen berufen könne.

2. Soweit der Beschwerdeführer sich auch gegen die Nichtdurchführung des Privatklageverfahrens 2 a .../93 durch das Amtsgericht X. wendet, bleibt seine Verfassungsbeschwerde ebenfalls ohne Erfolg. In diesem Verfahren hat der Abteilungsrichter den Beschwerdeführer darüber benachrichtigt, daß ein Sühneversuch nach § 380 StPO nicht durchgeführt worden ist. Hier ist das Amtsgericht offensichtlich davon ausgegangen, daß – wie dies in der Rechtsprechung vertreten wird (vgl. etwa LG Hamburg, NJW 1973, 382) – die Privatklage damit endgültig unzulässig oder jedenfalls nicht mehr förderungsfähig ist; daß sich das Gericht auf diesen Standpunkt stellt, zeigt sich auch darin, daß der gemäß § 379 a StPO erforderliche Gebührenvorschuß nicht mehr abverlangt worden ist. Ist aber das Privatklageverfahren, wie das Amtsgericht hiernach in vertretbarer Weise annimmt, nicht mehr förderbar, so kann darin, daß es bisher an einer förmlichen verfahrensbeendenden Entscheidung fehlt, eine Verletzung spezifischen Verfassungsrechts – hier des Art. 52 Abs. 4 LV – nicht erblickt werden.

III.

Der Beschwerdeführer dringt auch insoweit nicht durch, als er die Verfassungswidrigkeit des Kostenfestsetzungsbeschlusses geltend macht. Die dem Beschluß zugrundeliegende Sachentscheidung ist – wie dargelegt – verfassungsrechtlich nicht zu beanstanden.

Nr. 2

Die nach Einstellung des Steuerstrafverfahrens angeordnete selbständige Einziehung unversteuerter Waren verstößt weder gegen die Unschuldsvermutung noch gegen die Eigentumsgarantie.[*]

Grundgesetz Art. 100 Abs. 1

Verfassung des Landes Brandenburg Art. 41 Abs. 1; 53 Absätze 1 und 2

Strafgesetzbuch §§ 74 Abs. 2 Nr. 2; 76 a Absätze 1 und 3

Strafprozeßordnung §§ 153, 440, 441

Beschluß vom 17. Oktober 1996 – VfGBbg 19/95 –

in dem Verfahren über die Verfassungsbeschwerde der Frau D. gegen einen Beschluß des Landgerichts X. vom 15. September 1995, betreffend die Einziehung von Zigaretten, Spirituosen u. ä.

Entscheidungsformel:

Die Verfassungsbeschwerde wird zurückgewiesen.

Gründe:

A.

Die Beschwerdeführerin wendet sich im Wege der Verfassungsbeschwerde gegen die Einziehung einer größeren Anzahl von Genußmitteln (Zigaretten, Spirituosen u. ä.).

---

[*] Nichtamtlicher Leitsatz.

Im November 1992 beschlagnahmte das Zollfahndungsamt X. in der Wohnung der Beschwerdeführerin u. a. 6 900 unversteuerte Zigaretten, 52 Flaschen Spirituosen, 19 Büchsen Kaviar und diverse Päckchen und Gläser Kaffee. Im Rahmen des anschließend eingeleiteten Steuerstrafverfahrens gab die Beschwerdeführerin an, die Zigaretten, einen Teil der Spirituosen und die übrigen beschlagnahmten Dinge, die ihr im übrigen nur zum Teil gehörten, habe sie im Jahre 1992 im Magazin der russischen Streitkräfte gekauft; die restlichen Spirituosen hätten ihr russische Staatsangehörige geschenkt. Daß der zoll- und steuerfreie Einkauf im Magazin der GUS-Streitkräfte eine Steuerstraftat darstelle, habe sie nicht gewußt. Nach Erhebung der öffentlichen Klage durch die Staatsanwaltschaft stellte das Amtsgericht X. das Verfahren mit Zustimmung der Staatsanwaltschaft und der Beschwerdeführerin durch Beschluß vom 12. September 1994 nach § 153 der Strafprozeßordnung (StPO) ein. Zugleich ordnete es auf Antrag der Staatsanwaltschaft die selbständige Einziehung der beschlagnahmten Gegenstände an. Die von der Beschwerdeführerin gegen die Einziehung erhobene sofortige Beschwerde wurde von dem Landgericht X. mit Beschluß vom 15. September 1995 verworfen. Zur Begründung hat das Landgericht ausgeführt: Die in § 76 a Abs. 3 Strafgesetzbuch (StGB) auch nach einer Einstellung des Verfahrens eröffnete – selbständige – Einziehung sei zu Recht erfolgt. Die Beschwerdeführerin habe sich Waren aus der Zollgutverwendung der GUS-Streitkräfte verschafft und dadurch eine Steuerhinterziehung begangen. Es sei zu befürchten, daß die Waren weiterveräußert würden.

Mit ihrer hiergegen rechtzeitig eingelegten Verfassungsbeschwerde rügt die Beschwerdeführerin eine Verletzung der Unschuldsvermutung (Art. 53 Abs. 2 der Landesverfassung – LV –), des Verbots rückwirkender Strafbarkeit (Art. 53 Abs. 1 LV) und der Sache nach die Eigentumsgarantie (Art. 41 LV). Sie macht geltend, die Einziehung wirke für sie wie eine Strafe. Eine Straftat habe sie jedoch nicht begangen. Bereits die Formulierung in dem Beschluß des Landgerichts, daß sie sich Waren „verschafft" habe, empfinde sie als belastend. Einen Teil der Gegenstände habe sie im übrigen schon seit 1987 oder 1988 in ihrem Besitz, und jedenfalls seinerzeit sei der Erwerb nicht strafbar gewesen. Entweder seien ihr die Gegenstände zurückzugeben oder es sei entsprechender Ersatz zu leisten.

B.

Die Verfassungsbeschwerde ist zulässig, hat indes in der Sache keinen Erfolg. Hierbei läßt das Gericht wie schon in früheren Entscheidungen ausdrücklich offen, ob Grundrechtsverletzungen, die im Rahmen eines bundesrechtlich geordneten Verfahrens – hier der Strafprozeßordnung – erfolgt sein sollen, von dem erkennenden Gericht am Maßstab der brandenburgischen Landesverfassung gemessen werden können (siehe dazu Verfassungsgericht des Landes Brandenburg, Beschluß vom 15. September 1994 – VfGBbg 10/93 – LVerfGE 2, 179, 182). Das Gericht hat auch im vorliegenden Fall keine Veranlassung, zu dieser Frage eingehend und abschließend Stellung zu nehmen. Denn die von der Beschwerdeführerin als verletzt gerügten Landesverfassungsnormen wären, ihre Anwendbarkeit als Prüfungsmaßstab in dem vorliegenden Verfahren unterstellt, durch den angegriffenen Beschluß des Landgerichts X. nicht verletzt.

I.

Der Beschluß vom 15. September 1995 verstößt nicht gegen die Unschuldsvermutung des Art. 53 Abs. 2 LV. Nach dieser Bestimmung ist jeder wegen einer Straftat Beschuldigte oder Angeklagte so lange als unschuldig anzusehen, bis er rechtskräftig verurteilt ist. Einem Täter müssen hiernach Tat und Schuld nachgewiesen werden; bis zu einem etwaigen Nachweis der Schuld wird seine Unschuld vermutet. Gegen diese Grundsätze verstößt der angegriffene Beschluß weder in seinem Tenor noch in seinen Gründen.

1. Der Tenor enthält über die Frage, ob die Beschwerdeführerin einer Straftat schuldig ist, keine Aussage. Darum geht es in einem selbständigen Einziehungsverfahren auch nicht. Das in den §§ 76 a StGB, 440, 441 StPO geregelte selbständige (objektive) Einziehungsverfahren enthält keine Entscheidung über Schuld oder Nichtschuld und damit über die Strafbarkeit eines bestimmten Beschuldigten. Es geht in einem solchen selbständigen Einziehungsverfahren, anders als die Beschwerdeführerin dies empfinden mag, nicht um den Vorwurf strafrechtlicher Schuld, sondern allein um die Anordnung der Einziehung unter den dafür bestimmten Voraussetzungen. Eine solche Anordnung kann auch dann ergehen, wenn ein schuldhaftes Verhalten nicht vorliegt (vgl. auch § 74 Abs. 3 StGB; zum Wesen des selbständigen Einziehungsverfahrens etwa *Gössel*, in: Löwe/Rosenberg, Strafprozeßordnung, Fünfter Band, 24. Aufl., 1989, § 440 StPO, Rdn. 1). Die hier von dem Landgericht X. bestätigte Einziehung erweist sich im Kern als Sicherungsmaßnahme (vgl. dazu z. B. *Lackner*, StGB, 21. Aufl., 1995, § 74, Rdn. 2); sie geht ersichtlich auch von der Besorgnis aus, daß die beschlagnahmte Ware unbefugtermaßen in die Hände Dritter gelangen könnte und stützt sich damit der Sache nach im wesentlichen auf § 74 Abs. 2 Nr. 2 StGB.

2. Den Ausführungen in den Gründen des Beschlusses des Landgerichts vom 15. September 1995 ist ein Verstoß gegen die Unschuldsvermutung ebenfalls nicht zu entnehmen. Das Landgericht nimmt eine strafrechtliche Wertung

des Verhaltens der Beschwerdeführerin lediglich im Rahmen seiner Begründung für die Einziehung der beschlagnahmten Waren vor. Dies hängt damit zusammen, daß unbeschadet des nicht auf einen Schuldausspruch gerichteten Wesens des selbständigen Einziehungsverfahrens die strafrechtliche Wertung als Voraussetzung für die Anordnung der Einziehung eine Rolle spielt. Sie wird dort aber nur inzident, nämlich außerhalb einer gegebenenfalls zum Schuldspruch führenden Hauptverhandlung und (lediglich) unter den Verfahrensmodalitäten der §§ 440 f. StPO, geprüft (vgl. etwa *Boujong*, in: Pfeiffer – Hrsg. –, Karlsruher Kommentar zur Strafprozeßordnung, § 440 StPO, Rdn. 1). § 76 a Abs. 3 StGB, auf den der Beschluß des Landgerichts X. (mit) abstellt, läßt die selbständige Einziehung auch dann zu, wenn das (subjektive) Strafverfahren – wie hier – nach § 153 StPO eingestellt worden ist. § 76 a Abs. 1 StGB, auf den der Abs. 3 des § 76 a StGB verweist, verlangt hierbei, daß „im übrigen" die Einziehungsvoraussetzungen vorliegen.

Das erkennende Gericht sieht keinen durchgreifenden Grund, an der Verfassungsmäßigkeit dieser (bundesrechtlichen) Regelung zu zweifeln und die Sache etwa – mit Blick auf die auch im Grundgesetz verankerte Unschuldsvermutung – nach Art. 100 Abs. 1 GG dem Bundesverfassungsgericht vorzulegen. § 76 a Abs. 3 StGB liegt erkennbar zugrunde, daß sich die zuständigen Stellen an der Einstellung eines Strafverfahrens nicht dadurch gehindert sehen sollen, daß damit zugleich die Möglichkeit der Einziehung von Unrechtsgut entfiele (vgl. *Gössel*, aaO, § 440 StPO, Rdn. 13). Dies gerät nicht in Widerspruch zur Unschuldsvermutung und ist von Verfassungs wegen nicht zu beanstanden. Im übrigen hat die seinerzeit anwaltlich vertretene Beschwerdeführerin die Einstellung des Strafverfahrens angeregt und dieser zugestimmt, folglich die Rechtslage – Einziehbarkeit auch ohne strafgerichtliche Verurteilung – zumindest in Kauf genommen.

3. Auch die weiteren Ausführungen in dem Beschluß des Landgerichts X. verstoßen nicht gegen die Unschuldsvermutung. Dies gilt namentlich für die dem Beschluß zugrundeliegende Bewertung der Angaben der Beschwerdeführerin, sie habe nicht gewußt, daß der Einkauf von Waren im GUS-Magazin strafbar sei. Die Würdigung solcher Einlassungen in tatsächlicher und rechtlicher Hinsicht ist in erster Linie Sache des dafür zuständigen Fach- und nicht Aufgabe des Verfassungsgerichts. Das Verfassungsgericht greift bei der Kontrolle einer fachgerichtlichen Entscheidung grundsätzlich nur – und, wenn sich die Beschwer wie hier vornehmlich aus Einzelausführungen in der Begründung der Entscheidung ergeben soll, allenfalls ausnahmsweise (siehe Verfassungsgericht des Landes Brandenburg, Beschluß vom 20. April 1995 – VfGBbg 11/94 – LVerfGE 3, 141, 145) – ein, wenn die fachgerichtliche Entscheidung willkürlich erscheint und sich deshalb der Schluß aufdrängt, sie be-

ruhe auf sachfremden Erwägungen (vgl. zum Ganzen Verfassungsgericht des Landes Brandenburg, aaO, S. 145 und bereits Beschluß vom 19. Mai 1994 – VfGBbg 6/93, 6/93 EA – LVerfGE 2, 105, 110). Das ist hier – und zwar auch in bezug auf die Frage, ob und gegebenenfalls wie sich eine etwaige Unkenntnis über das Entstehen des staatlichen Steueranspruchs beim Einkauf oder sonstiger ungenehmigter Entgegennahme unversteuerter Waren aus der Zollgutverwendung strafrechtlich auswirkt (vgl. hierzu etwa *Lackner*, aaO, § 17 StGB, Rdn. 22 mwN) – nicht zu erkennen. Auch in diesem Zusammenhange ist darauf hinzuweisen, daß die – seinerzeit auch anwaltlich vertretene – Beschwerdeführerin die Möglichkeit gehabt hätte, ihre Zustimmung zur Einstellung des Strafverfahrens (§ 153 Abs. 2 Satz 1 StPO) zu verweigern und so die Durchführung des Strafverfahrens – mit dem Ziel des Freispruchs, allerdings auch der Gefahr einer Verurteilung – zu erreichen.

II.

Desgleichen verstößt die Beschlagnahme der in Frage stehenden Waren nicht gegen das Verbot der rückwirkenden Strafbarkeit i. S. des Art. 53 Abs. 1 LV. Zum einen handelt es sich hier, wie dargelegt, nicht um eine Bestrafung, sondern um eine Sicherungsmaßnahme zur Freihaltung des Marktes von unversteuerter Ware. Zum anderen bestand die Einziehungsmöglichkeit jedenfalls 1992, als die Beschwerdeführerin, wovon das Landgericht nach den damaligen eigenen Angaben der Beschwerdeführerin ersichtlich ausgegangen ist, die in Frage stehenden Waren erworben hat. Daß sie einen Teil der hier eingezogenen Waren schon in den Jahren 1987 und 1988, also noch zu Zeiten der DDR, erworben habe, hat die Beschwerdeführerin erstmals im Verfahren der Verfassungsbeschwerde geltend gemacht. Dieser Vortrag konnte deshalb von dem Landgericht noch gar nicht berücksichtigt werden. Schon allein deshalb ist jedenfalls der Vorwurf der Beschwerdeführerin, daß das Landgericht mit seiner Bestätigung der Beschlagnahmeentscheidung gegen die Verfassung verstoßen habe, nicht gerechtfertigt.

III.

Schließlich verstößt der Beschluß des Landgerichts vom 15. September 1995 auch nicht gegen die verfassungsrechtliche Eigentumsgarantie (Art. 41 LV). Art. 41 Abs. 1 Satz 2 LV gewährleistet das Eigentum nur nach Maßgabe der gesetzlichen Inhalts- und Schrankenbestimmungen. Hierzu zählen auch die Vorschriften über das selbständige Einziehungsverfahren, deren Anwendung hier verfassungsgerichtlich nicht zu beanstanden ist.

Nr. 3

Im Land Brandenburg sind Pflichtaufgaben zur Erfüllung nach Weisung von der Selbstverwaltungsgarantie des Art. 97 LV jedenfalls dann umfaßt, wenn es sich zugleich um eine Aufgabe der örtlichen Gemeinschaft handelt. Ihrer Natur nach – nämlich wegen ihrer Belastung mit dem staatlichen Weisungsrecht – gelten für sie jedoch geringere Eingriffsvoraussetzungen.

Grundgesetz Art. 28 Abs. 2

Verfassung des Landes Brandenburg Art. 97

Verfassungsgerichtsgesetz Brandenburg § 51 Abs. 2

Gemeindeordnung §§ 3 Abs. 3; 35 Abs. 1; 63 Abs. 1 Buchst. c

Amtsordnung §§ 1, 4, 5

Brandschutz- und Hilfeleistungsgesetz § 4

Erstes Gesetz zur Änderung des Brandschutzgesetzes Art. 1

Urteil vom 17. Oktober 1996 – VfGBbg 5/95 –

in dem Verfahren über die kommunale Verfassungsbeschwerde der Gemeinden Teupitz, Märkisch Buchholz, Briesen, Freidorf, Groß Köris, Halbe, Löpten, Münchehofe, Oderin und Schwerin, jeweils vertreten durch die Bürgermeisterin bzw. den Bürgermeister, betreffend das Erste Gesetz zur Änderung des Brandschutzgesetzes vom 14. Februar 1994 (Gesetz- und Verordnungsblatt für das Land Brandenburg I S. 22).

Entscheidungsformel:

Die Verfassungsbeschwerde wird zurückgewiesen.

Gründe:

A.

Die Beschwerdeführerinnen – sämtliche amtsangehörigen Gemeinden des Amtes Schenkenländchen – wenden sich mit ihrer kommunalen Verfassungsbeschwerde dagegen, daß ihnen die Trägerschaft für den Brandschutz entzogen und auf das Amt Schenkenländchen übertragen worden ist; sie erstreben die entsprechende Nichtigerklärung des Ersten Gesetzes zur Änderung des Brandschutzgesetzes vom 14. Februar 1994 (GVBl. I S. 22).

I.

Das „Gesetz über die Gewährung des Brandschutzes und die technische Hilfeleistung der Feuerwehren" vom 14. Juni 1991 (Brandschutz- und Hilfeleistungsgesetz – BschHLG –, GVBl. S. 192) hatte die Aufgaben des Brandschutzes den Gemeinden und Landkreisen als Pflichtaufgaben zur Erfüllung nach Weisung zugewiesen. In dem Gesetz heißt es u. a.:

§ 1 Aufgaben der Gemeinden

(1) Zur Bekämpfung von Schadenfeuer sowie zur Hilfeleistung bei Unglücksfällen und bei solchen öffentlichen Notständen, die durch Naturereignisse, Explosionen oder ähnliche Vorkommnisse verursacht werden, unterhalten die Gemeinden den örtlichen Verhältnissen entsprechende leistungsfähige Feuerwehren als ihre Einrichtungen. Zur zweckentsprechenden Erfüllung dieser Aufgabe können sich mehrere Gemeinden zusammenschließen...

§ 2 Aufgaben der Landkreise

Die Landkreise oder mehrere Landkreise gemeinsam unterhalten Einrichtungen für die Feuerwehren in diesen Gebieten, soweit dafür ein Bedarf besteht. Unter der gleichen Voraussetzung obliegt ihnen die Vorbereitung und Durchführung der zur Beseitigung öffentlicher Notstände erforderlichen Maßnahmen.

...

§ 4 Art der Durchführung

Die Gemeinden und Landkreise nehmen die Aufgaben nach diesem Gesetz als Pflichtaufgaben zur Erfüllung nach Weisung wahr.

...

§ 26 Weisungsrecht

...

(2) Die Aufsichtsbehörden können Weisungen erteilen, um die gesetzmäßige Erfüllung der den Trägern des Brandschutzes nach diesem Gesetz obliegenden Aufgaben zu sichern.

(3) Zur zweckmäßigen Erfüllung dieser Aufgaben dürfen
1. die oberste Aufsichtsbehörde allgemeine Weisungen über die Stärke, Gliederung, Ausstattung, Ausbildung und Fortbildung der öffentlichen Feuerwehren, das Verfahren bei Ersatzleistungen nach § 9 Abs. 2 und § 35 Abs. 2, den Kostenersatz nach § 17 Abs. 2, die Dienstkleidung der Feuerwehrangehörigen, die Tätigkeit der Kreisbrandmeister, die Brandsicherheitswachen, die Leitstellen sowie die Löschwasserversorgung,

2. die Aufsichtsbehörden allgemeine und besondere Weisungen zur Bekämpfung öffentlicher Notstände erteilen.

Gemäß § 5 Abs. 1 Satz 1 der Amtsordnung für das Land Brandenburg vom 15. Oktober 1993 (Art. 3 der Kommunalverfassung des Landes Brandenburg vom 15. Oktober 1993, GVBl. I S. 398, 450 ff.) – AmtsO –, der unverändert aus der Amtsordnung vom 19. Dezember 1991 (GVBl. S. 682) übernommen worden ist, ist das Amt Träger der ihm durch Gesetz oder Verordnung übertragenen Pflichtaufgaben zur Erfüllung nach Weisung, wobei es in allen anderen Fällen bei der Zuständigkeit der amtsangehörigen Gemeinden verbleibt. Zur Stellung und zu den Aufgaben der Ämter heißt es in der Amtsordnung im einzelnen wie folgt:

§ 1 Allgemeine Stellung der Ämter

(1) Die Ämter sind Körperschaften des öffentlichen Rechts, die aus aneinandergrenzenden Gemeinden desselben Landkreises bestehen. Soweit in Gesetzen oder Verordnungen der Gemeindeverband als Sammelbegriff verwendet wird, gelten auch die Ämter als Gemeindeverbände.

(2) Ämter dienen der Stärkung der Selbstverwaltung der amtsangehörigen Gemeinden und verwalten deren Gebiete zum Besten ihrer Einwohner. Die Ämter treten als Träger von Aufgaben der öffentlichen Verwaltung an die Stelle der amtsangehörigen Gemeinden, soweit dieses Gesetz es bestimmt oder zuläßt.

...

§ 4 Amt und Gemeinde

(1) Das Amt bereitet durch den Amtsdirektor im Benehmen mit dem jeweiligen Bürgermeister bei Selbstverwaltungsaufgaben die Beschlüsse der Gemeindevertretung vor und führt sie nach deren Beschlußfassung durch.

(2) Die Ämter sind ferner Träger der Aufgaben nach § 5.

...

§ 5 Aufgaben der Ämter

(1) Das Amt ist Träger der ihm durch Gesetz oder Verordnung übertragenen Pflichtaufgaben zur Erfüllung nach Weisung; in allen anderen Fällen verbleibt es bei der Zuständigkeit der amtsangehörigen Gemeinden.

...

(3) Das Amt hat die Gemeinden zu unterstützen sowie bei der Wahrnehmung ihrer gesetzlichen Aufgaben zu beraten und auf deren Erfüllung hinzuwirken...

(4) Ferner erfüllt das Amt einzelne Selbstverwaltungsaufgaben der amtsangehörigen Gemeinden nur dann an deren Stelle, wenn mehrere Gemeinden des Amtes die Aufgaben auf das Amt übertragen haben...

Am 18. Februar 1994 ist das mit der Verfassungsbeschwerde angegriffene Erste Gesetz zur Änderung des Brandschutzgesetzes vom 14. Februar 1994 (GVBl. I S. 22) in Kraft getreten. Art. 1 Nr. 1 Buchst. b) hat neben den amtsfreien Gemeinden und den kreisfreien Städten nunmehr die Ämter zu Trägern des Brandschutzes bestimmt (vgl. jetzt § 1 Abs. 1 des Gesetzes über den Brandschutz und die Hilfeleistung bei Unglücksfällen und öffentlichen Notständen des Landes Brandenburg in der Fassung der Bekanntmachung vom 9. März 1994, GVBl. I S. 65 – BSchG –). Die weiteren Bestandteile des Art. 1 des Änderungsgesetzes gehen größtenteils auf diese Zuständigkeitsverlagerung zurück. Der Begriff „Gemeinde" war in weiteren einzelnen Bestimmungen durch „Träger des Brandschutzes" zu ersetzen.

II.

Mit ihrer am 17. Februar 1995 bei Gericht eingegangenen Verfassungsbeschwerde rügen die Beschwerdeführerinnen eine Verletzung der in Art. 97 der Landesverfassung (LV) sowie Art. 28 Abs. 2 Grundgesetz (GG) gewährleisteten kommunalen Selbstverwaltung. Mit Art. 1 des Ersten Gesetzes zur Änderung des Brandschutzgesetzes habe der Gesetzgeber die amtsangehörigen Gemeinden ohne zwingenden Grund von der Trägerschaft des Brandschutzes entbunden und den Ämtern übertragen. Dies stehe im Widerspruch zu den verfassungsrechtlichen Maßstäben für eine kommunale Funktionalreform; danach hätten Eingriffe in die kommunale Selbstverwaltung deren Kernbereich zu achten und seien nur unter Wahrung verfassungsrechtlicher Grundmaßstäbe – Verhältnismäßigkeit, Gemeinwohlbezogenheit und Abwägungsgebot – zulässig. Im einzelnen führen die Beschwerdeführerinnen aus:

1. Entgegen Art. 97 Abs. 4 LV seien die Träger der kommunalen Selbstverwaltung nicht ordnungsgemäß an der Aufgabenverlagerung beteiligt worden. Weder die einzelnen Gemeinden noch die kommunalen Spitzenverbände seien angehört worden.

2. Die Aufgaben des Brandschutzes gehörten traditionell zu den Angelegenheiten der kommunalen Selbstverwaltung. Daß der Brandschutz den Gemeinden nach dem Brandschutz- und Hilfeleistungsgesetz 1991 als sogenannte Pflichtaufgabe zur Erfüllung nach Weisung übertragen worden sei, stehe dem nicht entgegen. Dieser Aufgabentypus sei als ein „Zwischending zwischen Selbstverwaltungsangelegenheiten und Auftragsangelegenheiten" zu betrachten, das den echten Selbstverwaltungsangelegenheiten angenähert sei. Aufgaben dieser Art enthielten neben staatlichen zugleich kommunale „Bestandteile", deren Verletzung und Entziehung von einer Gemeinde geltend gemacht werden könne.

3. Die Übertragung des Brandschutzes auf die Ämter sei in der Sache nicht gerechtfertigt. Die ehrenamtlichen Feuerwehren erfüllten vor allem in den Gemeinden des ländlichen Raumes eine wichtige Aufgabe; oftmals handele es sich bei ihnen um einen wichtigen Kulturträger in der Gemeinde. Bei Übertragung des Brandschutzes auf die Ämter sei den Bürgermeistern und den Gemeindevertretungen die Möglichkeit genommen, wie bisher einen direkten Einfluß auf die Feuerwehren zu nehmen. Daß die Bürgermeister der Gemeinden im Amtsausschuß vertreten seien, sei nicht gleichwertig. Bei Wegfall der gemeindlichen Feuerwehr seien Unmut und Unlust vorprogrammiert. Verbleibe es bei der Aufgabenverlagerung auf die Amtsebene, führe dies zu einem Verlust an bürgerschaftlicher Mitverantwortung, was letztlich bedeuten könne, daß die Wahrnehmung des Brandschutzes selbst Schaden nehme.

III.

Zu der Verfassungsbeschwerde hat die Landesregierung Brandenburg Stellung genommen. Die Beschwerdeführerinnen seien nicht in ihrem Recht auf kommunale Selbstverwaltung verletzt. Der Brandschutz sei als Pflichtaufgabe zur Erfüllung nach Weisung eine originäre staatliche Aufgabe, die als solche nicht in den Schutzbereich der kommunalen Selbstverwaltungsgarantie falle. Dies zeige schon das in § 26 BschHLG geregelte Weisungsrecht. Auch die Amtsordnung mache mit ihrer unterschiedlichen Behandlung der Selbstverwaltungsangelegenheiten in § 4 Abs. 1 AmtsO und der Pflichtaufgaben zur Erfüllung nach Weisung in § 5 Abs. 1 AmtsO deutlich, daß es sich um unterschiedliche Aufgabentypen handele. Auch unabhängig davon habe die Übertragung des Brandschutzes auf die Ämter vor der gemeindlichen Selbstverwaltungsgarantie Bestand. Formellrechtlich seien die Beteiligungserfordernisse des Art. 97 Abs. 4 LV hinreichend berücksichtigt worden. In materiell-rechtlicher Hinsicht sei die Übertragung des Brandschutzes auf die Ämter gerechtfertigt. Sie berühre nicht den Kernbereich der kommunalen Selbstverwaltung und stehe mit dem Grundsatz der Verhältnismäßigkeit in Einklang. Zunächst sei zu berücksichtigen gewesen, daß von 1 787 Gemeinden 1 173 Gemeinden weniger als 500 Einwohner hätten. Die amtsangehörigen Gemeinden wiesen eine zu geringe Verwaltungskraft und fachliche Kompetenz auf, um die bedeutsame Aufgabe des Brandschutzes sachgerecht ausführen zu können. Demgegenüber seien gerade die Ämter als örtlich zuständige Ordnungsbehörden für den gesamten Bereich der lokalen Gefahrenabwehr verantwortlich und somit auch für die Aufgaben des Brandschutzes prädestiniert. Weiter sei zu vergegenwärtigen gewesen, daß Brandschutzträgerschaft auch Kostenträgerschaft bedeute. Um einen vergleichbaren Ausstattungsstandard wie in den alten Bundesländern zu erreichen, sei landesweit ein Finanzaufwand von ca. 1 Mrd. DM erforderlich. Eine wichtige Rolle hätten auch grundsätzliche feuerwehrtaktische und -technische Überlegungen gespielt. Wegen des auf die Feuerwehren neu zugekommenen Aufgabenspektrums – beispielhaft seien die technische Hilfeleistung und der Einsatz bei Gefahrgutunfällen zu nennen – und der flächenmäßigen Größe der Landkreise sei eine mittlere Ebene zwischen Kreisbrandmeister und Ortswehren in Gestalt des Amtsbrandmeisters unerläßlich. Schließlich habe die bisherige Praxis unter Beweis gestellt, daß die Übertragung des Brandschutzes auf die Ämter richtig gewesen sei. Weder sei es zu einer Auflösung von Feuerwehren gekommen noch hätten diese ihre Identität und ihre Aufgabe als kulturpolitischer Faktor in den Gemeinden verloren. Insgesamt gestalte sich – was nicht zuletzt das entsprechende Echo in den Medien zeige – die Arbeit der Feuerwehren im Land zunehmend positiv.

B.

I.

Die Verfassungsbeschwerde ist im wesentlichen zulässig.

1. Die beschwerdeführenden amtsangehörigen Gemeinden werden hier – wie bereits in dem seinerzeit angestrengten Verfahren auf Erlaß einer einstweiligen Anordnung (VfGBbg 14/94 EA) dargelegt – nicht durch den Amtsdirektor ihres Amtes, sondern durch ihre jeweiligen Bürgermeister vertreten (vgl. bereits Verfassungsgericht des Landes Brandenburg, Urteil vom 15. Dezember 1994 – VfGBbg 14/94 EA – LVerfGE 2, 214, 218 f.).

2. Die Beschwerdeführerinnen sind beschwerdebefugt. Es kommt immerhin in Betracht, daß sie durch Art. 1 des Ersten Gesetzes zur Änderung des Brandschutzgesetzes in ihrem (landes-)verfassungsrechtlich gewährleisteten Recht auf Selbstverwaltung aus Art. 97 LV verletzt werden. Das Selbstverwaltungsrecht einer Gemeinde schließt ein, geltend machen zu können, ihr werde die Zuständigkeit für eine bestimmte Angelegenheit entzogen. Dies gilt unbeschadet dessen, daß es sich bei der hier in Frage stehenden Aufgabe des Brandschutzes, jedenfalls in Brandenburg, nämlich aufgrund § 4 BschHLG, um eine sogenannte Pflichtaufgabe zur Erfüllung nach Weisung handelt und deren Rechtsnatur außerordentlich umstritten ist (vgl. zum Streitstand nur *Vietmeier*, Die Staatlichen Aufgaben der Kommunen und ihrer Organe, 1992, 71 ff.). Zwar wird hierzu im rechtswissenschaftlichen Schrifttum auch vertreten, solche Aufgaben seien als (rein staatliche) Auftragsangelegenheiten zu behandeln, die sich außerhalb der kommunalen Selbstverwaltungsgarantie abspielten (vgl. aus jüngerer Zeit etwa *Gern*, Deutsches Kommunalrecht, 1994, Rdn. 239). Die rechtliche Einordnung der Pflichtaufgaben zur Erfüllung nach Weisung und

ihr Verhältnis zur kommunalen Selbstverwaltung sind jedoch für das Land Brandenburg bisher verfassungsgerichtlich nicht geklärt. Schon deshalb muß eine Gemeinde, der eine solche Aufgabe entzogen wird, in zulässiger Weise das Verfassungsgericht des Landes anrufen können.

3. Die Beschwerdeführerinnen haben die Jahresfrist des § 51 Abs. 2 Verfassungsgerichtsgesetz Brandenburg (VerfGGBbg) gewahrt. Der angegriffene Artikel 1 des Ersten Gesetzes zur Änderung des Brandschutzgesetzes ist am 18. Februar 1994 in Kraft getreten (vgl. Art. 3 des Ersten Gesetzes zur Änderung des Brandschutzgesetzes). Die am 17. Februar 1995 eingelegte Verfassungsbeschwerde war damit rechtzeitig erhoben.

4. Die Verfassungsbeschwerde ist allerdings unzulässig, soweit die Beschwerdeführerinnen auch eine Verletzung der in Art. 28 Abs. 2 GG gewährleisteten (bundesverfassungsrechtlichen) Selbstverwaltung geltend machen. Eine solche Verletzung ist vor dem Verfassungsgericht des Landes nicht rügefähig. Nach Art. 100 LV können Gemeinden und Gemeindeverbände Verfassungsbeschwerde (nur) mit der Behauptung erheben, daß ein Gesetz des Landes ihr Recht auf Selbstverwaltung „nach dieser Verfassung" – also der Landesverfassung – verletzt.

II.

Die Verfassungsbeschwerde hat in der Sache keinen Erfolg.

1. Art. 1 des Ersten Gesetzes zur Änderung des Brandschutzgesetzes ist mit Art. 97 LV vereinbar. Die durch das angegriffene Änderungsgesetz vorgenommene Verlagerung der Trägerschaft für den Brandschutz auf das Amt greift in den Schutzbereich der durch Art. 97 LV gewährleisteten gemeindlichen Selbstverwaltung ein (a)). Dieser Eingriff wird indes den von Verfassungs wegen zu stellenden Anforderungen gerecht (b)).

a) Das gemeindliche Selbstverwaltungsrecht im Sinne von Art. 97 LV umfaßt die eigenverantwortliche Wahrnehmung von Angelegenheiten der örtlichen Gemeinschaft (vgl. Verfassungsgericht des Landes Brandenburg, Urteil vom 20. Oktober 1994 – VfGBbg 1/93 – LVerfGE 2, 183, 188). Hierzu zählt, freilich in eingeschränkter Weise, auch die Aufgabe des Brandschutzes. Mit der im Jahre 1991 in § 4 BschHLG vorgenommenen Einordnung des Brandschutzes als Pflichtaufgabe zur Erfüllung nach Weisung hat der Gesetzgeber des Landes Brandenburg den Brandschutz der gemeindlichen Selbstverwaltung nicht ganz und gar entzogen, jedoch – in nicht mehr angreifbarer Weise (vgl. dazu unten zu 2.) – an den Rand des Schutzbereichs der gemeindlichen Selbstverwaltungsgarantie gerückt.

aa) Die Pflichtaufgaben zur Erfüllung nach Weisung werden teilweise als Auftragsangelegenheiten betrachtet (vgl. etwa: *Dregger*, Der Städtetag 1955, 190, 192; *Gönnenwein*, Gemeinderecht, 1963, S. 105 f.; *Weber*, Staats- und Selbstverwaltung in der Gegenwart, 2. Aufl., 1967, S. 43 mit N. 23; *Gern*, aaO; vgl. auch für die Rechtslage in Nordrhein-Westfalen – in Form eines obiter dictum – BVerfGE 6, 104, 116), die als solche der Selbstverwaltungsgarantie von vornherein entzogen sind (vgl. BVerfG, NVwZ 1989, 45). Nach anderer Ansicht sind die Pflichtaufgaben zur Erfüllung nach Weisung wie Selbstverwaltungsangelegenheiten zu behandeln (vgl. – für die Rechtslage in Nordrhein-Westfalen – VerfGH Nordrhein-Westfalen, DVBl. 1985, 685, 687; ferner – beispielsweise – *Rietdorf*, DVBl. 1958, 344, 345 ff.; *Grawert*, VVDStRL 36 – 1978 – 277, 283 in N. 15; *Erichsen*, Kommunalrecht des Landes Nordrhein-Westfalen, 1988, S. 60; *Brohm*, DÖV 1989, 429, 432; *Vietmeier*, DVBl. 1992, 413, 416 ff. und *ders.*, Die staatlichen Aufgaben der Kommunen und ihrer Organe, S. 77 ff.). Daneben werden vermittelnde Ansichten vertreten (vgl. insbesondere OVG Münster OVGE 13, 356, 359, wonach es sich um ein „Zwischending zwischen Selbstverwaltungs- und Auftragsangelegenheiten" und jedenfalls um „keine [echten] Selbstverwaltungsangelegenheiten" handele; vgl. weiter etwa *Pagenkopf*, Kommunalrecht, Band 1, Verfassungsrecht, 1975, S. 177; *Stüer*, Funktionalreform und kommunale Selbstverwaltung, 1980, S. 258; *v. Mutius*, Kommunalrecht, 1996, S. 167 f.).

bb) Die Streitfrage ist für die Rechtslage im Land Brandenburg dahin zu beantworten, daß Pflichtaufgaben zur Erfüllung nach Weisung jedenfalls dann, wenn es sich dabei zugleich um eine Aufgabe der örtlichen Gemeinschaft handelt, als Selbstverwaltungsangelegenheiten, jedoch, weil gleichsam „belastet" mit dem staatlichen Weisungsrecht, als Selbstverwaltungsangelegenheiten „in abgeschwächter Form" zu behandeln sind (vgl. auch *Muth*, in: Stork/Muth, Amtsordnung für das Land Brandenburg, 2. Aufl., 1992, Anm. 3 vor § 4 AmtsO, S. 23; *Nierhaus*, LKV 1995, 5, 10 mit N. 44 und *ders.* in: Nierhaus – Hrsg. –, Kommunale Selbstverwaltung, 1996, S. 45, 57 u. 67; wohl auch *v. Mutius*, Kommunalrecht, 1996, 167 f.).

Die Figur der Pflichtaufgaben zur Erfüllung nach Weisung, zurückzuführen auf § 3 Abs. 2 des Weinheimer Entwurfs einer Gemeindeordnung vom 3. Juli 1948 (abgedruckt bei *Pagenkopf*, aaO, S. 168 mit N. 11), sollte den überkommenen Dualismus von gemeindlichen Aufgaben des eigenen und eines übertragenen Wirkungskreises überwinden helfen. Der Weinheimer Entwurf verfolgte ein monistisches Modell, demzufolge die Gemeinden in ihrem Gebiet – soweit die Gesetze nicht ausdrücklich etwas anderes bestimmten – ausschließliche und eigenverantwortliche Träger der gesamten öffentlichen Verwaltung sein sollten (vgl. statt vieler: *Schmidt-Eichstaedt*, in: Handbuch der kommunalen Wissenschaft und Praxis, Band 3, 2. Aufl., 1983, S. 9 ff.). In diesem Modell, in dem es nur noch einen einheitlichen Wirkungskreis der Gemeinde gab und deshalb für eine Unterscheidung zwischen einem eigenen (kommunalen) und einem übertragenen (staatlichen) Wirkungsbereich der Gemeinde und damit auch für die Unterscheidung zwischen „Selbstverwaltungsangelegenheiten" und „Auftragsangelegenheiten" an sich kein Platz war (vgl. hierzu insb.: *Burmeister*, Verfassungstheoretische Neukonzeption der kommunalen Selbstverwaltungsgarantie, 1977, 116 ff., 119), sollten die Pflichtaufgaben zur Erfüllung nach Weisung diejenigen Aufgaben kennzeichnen, in denen die Gemeinden aus übergeordneten Gründen Weisungen unterliegen sollten: Im Vergleich zu den klassischen Selbstverwaltungsaufgaben öffnen sich die Pflichtaufgaben zur Erfüllung nach Weisung staatlicher Einflußnahme.

Der Landesverfassung läßt sich für die rechtliche Qualifizierung der Pflichtaufgaben zur Erfüllung nach Weisung nichts Zwingendes entnehmen. Nach Art. 97 Abs. 2 LV erfüllen die Gemeinden und Gemeindeverbände in ihrem Gebiet „alle Aufgaben der örtlichen Gemeinschaft, die nicht nach dieser Verfassung oder kraft Gesetzes anderen Stellen obliegen". Hinter dieser Formulierung, die den Gemeinden (nur) die Angelegenheiten der örtlichen Gemeinschaft zuweist, verbirgt sich dem Grundsatz nach ein eher dualistisches Modell (vgl. für den insoweit vergleichbaren Wortlaut in Art. 28 Abs. 2 Satz 1 GG etwa *Schmidt-Eichstaedt*, aaO, S. 19; *Stober*, Kommunalrecht, 2. Auflage, 1992, S. 162). Dem entspricht auch die Entstehungsgeschichte des Art. 97 LV. Nach den Beratungen des Unterausschusses II des (vorparlamentarischen) Verfassungsausschusses war zunächst die Zuständigkeit der Gemeinden – eher monistisch ansetzend – für „alle öffentlichen Aufgaben" vorgesehen. Diese Wendung ist dann aber durch die jetzt in Art. 97 LV enthaltene Formulierung „alle Aufgaben der örtlichen Gemeinschaft" ersetzt worden (vgl. Protokoll VA 1/UA II/9 vom 2. Mai 1991, Dokumentation der Verfassung des Landes Brandenburg, Band 2, S. 929, 938). In diesem Zusammenhang wurde die als grundsätzlich empfundene Frage, in welchem Umfang die Gemeinden mit Eigenverantwortung ausgestattet sein sollten, im Unterausschuß II ausführlich diskutiert. Diese Diskussion schloß mit einer förmlich festgehaltenen Abstimmung, in der es die Mitglieder des Unterausschusses mehrheitlich ablehnten, „die staatlichen Aufgaben prinzipiell den Kommunen zu übertragen..." (Protokoll VA 1/UA II/9, aaO, S. 941).

Hiernach ließe es Art. 97 LV zwar auch zu, Pflichtaufgaben zur Erfüllung nach Weisung als (reine) Auftragsangelegenheiten auszugestalten (vgl. demgegenüber für die Rechtslage in Nordrhein-Westfalen: VerfGH NW, DVBl. 1985, 685, 687). Die Landesverfassung legt sich hierin aber nicht fest. Vielmehr beläßt sie dem Gesetzgeber in dieser Hinsicht, wie auch in den Beratungen des

Unterausschusses II zum Ausdruck gekommen ist, einen Gestaltungsspielraum auch in Richtung gemeindlicher Selbstverwaltung (vgl. Protokoll VA 1/ UA II/9, aaO, S. 938 ff.). Der brandenburgische Gesetzgeber hat in der Folge zu erkennen gegeben, daß Pflichtaufgaben zur Erfüllung nach Weisung nicht mit (reinen) Auftragsangelegenheiten identisch sind, sondern – zumindest in gewissem Umfange, nämlich im weisungsfreien Raum – in den Bereich der gemeindlichen Selbstverwaltung fallen. Abgesehen davon, daß er – etwa bei der Bestimmung der Aufgaben in § 3 GO – Pflichtaufgaben zur Erfüllung nach Weisung schon begrifflich von den Auftragsangelegenheiten abgesetzt hat, behandelt er sie auch im Hinblick auf die Wahrnehmungszuständigkeit in der Gemeinde unterschiedlich: Nach § 63 Abs. 1 Buchst. c) GO hat der hauptamtliche Bürgermeister oder der Amtsdirektor die Entscheidungen im Bereich der Auftragsangelegenheiten stets, die Entscheidungen im Bereich der Pflichtaufgaben zur Erfüllung nach Weisung aber nur insoweit zu treffen, als es sich dabei um Angelegenheiten der Gefahrenabwehr handelt, während sie im übrigen – und damit grundsätzlich – in die Zuständigkeit der Gemeindevertretung fallen (§ 35 Abs. 1 GO). Daß der Gesetzgeber für die Entscheidungen im Bereich der Pflichtaufgaben zur Erfüllung nach Weisung grundsätzlich die Gemeindevertretung zuständig sieht, zeigt, daß er diese Aufgaben eher den Selbstverwaltungsangelegenheiten zuordnet (vgl. auch *Schmidt-Eichstaedt*, aaO, S. 22). Dies bestätigt sich auch in den Materialien zu § 3 GO. In der amtlichen Begründung des Gesetzentwurfes heißt es insoweit:

„Absatz 3 enthält eine Definition des eigenen Wirkungskreises. Zu diesem Bereich gehören die (klassischen) Selbstverwaltungsangelegenheiten, aber auch die der Gemeinde aufgrund eines Gesetzes oder einer Rechtsverordnung zugewiesenen Pflichtaufgaben zur Erfüllung nach Weisung. Durch diese Systematik wird deutlich gemacht, daß die Pflichtaufgaben zur Erfüllung nach Weisung nicht dem Bereich der ‚Auftragsangelegenheiten' zuzuordnen sind" (LT-Drs. 1/1902, Begründung S. 6).

Allerdings können die Pflichtaufgaben zur Erfüllung nach Weisung den klassischen Selbstverwaltungsaufgaben nicht in jeder Hinsicht zugeordnet werden. Der brandenburgische Gesetzgeber hebt sie von den überkommenen Selbstverwaltungsangelegenheiten etwa in der unterschiedlichen Behandlung dieser Aufgabentypen in den §§ 4 und 5 AmtsO deutlich ab. Gerade die Zusammenschau von § 4 Abs. 1 und § 5 Abs. 1 Satz 1 und Abs. 4 AmtsO ergibt, daß nach Maßgabe der Amtsordnung die überkommenen Selbstverwaltungsangelegenheiten grundsätzlich in der Hand der Gemeindevertretung verbleiben, während die Pflichtaufgaben zur Erfüllung nach Weisung in die Trägerschaft des Amtes abwandern. Damit stellen sich die Pflichtaufgaben zur Erfüllung nach Weisung als Aufgabentypus dar, der von einem – dualistisch gesprochenen – staatlichen Weisungsrecht „überlagert" wird, jedoch Elemente gemeindlicher Selbstverwaltung enthält und deshalb zumindest teilweise – nämlich auf den weisungsfreien Raum bezogen – dem Selbstverwaltungsbereich angehört.

cc) Mit einer solchen Einordnung als Selbstverwaltungsangelegenheit „in abgeschwächter Form" ist noch nicht beantwortet, ob es stets den Gewährleistungsbereich des Art. 97 LV betrifft, wenn der Gesetzgeber einer Gemeinde eine Pflichtaufgabe zur Erfüllung nach Weisung gänzlich entzieht, oder ob es, abhängig vom Gegenstand der Aufgabe und den für sie geltenden gesetzlichen und behördlichen Vorgaben, Fälle geben kann, in denen es sich nicht mehr um eine „Aufgabe der örtlichen Gemeinschaft" handelt, auf die sich die Selbstverwaltungsgarantie in Art. 97 Abs. 2 LV beschränkt. Die Frage bedarf hier keiner abschließenden Beantwortung. Denn eine Pflichtaufgabe zur Erfüllung nach Weisung wird mit ihren kommunalen Bestandteilen jedenfalls dann von der Selbstverwaltungsgarantie des Art. 97 LV noch erfaßt, wenn es sich dabei zugleich um eine Aufgabe der örtlichen Gemeinschaft handelt, sie also zu denjenigen Bedürfnissen und Interessen zählt, „die in der örtlichen Gemeinschaft wurzeln oder auf sie einen spezifischen Bezug haben" (BVerfGE 79, 127, 151 f.; ebenso Verfassungsgericht des Landes Brandenburg, Urteil vom 20. Oktober 1994 – VfGBbg 1/93 – LVerfGE 2, 183, 188). So liegt es beim Brandschutz. Das Feuerwehrwesen hat sich aus der Nachbarschaftshilfe entwickelt, um Leben, Gesundheit und Sachwerte der Mitbürger vor Brand und Brandgefahr zu schützen. Wesensmerkmal des Brandschutzes in Deutschland ist seine rechtliche Anbindung an die Kommune als Trägerin (vgl. *Lankau*, in: Handbuch der kommunalen Wissenschaft und Praxis, Band 4, 2. Auflage, 1983, S. 130, 131). Der Brandschutz ist originär als Aufgabe der Gemeinden zu betrachten (vgl. etwa: *Böttcher/Collingro/Heuschen/Zachertz*, Brand- und Katastrophenschutzgesetz Thüringen, 1993, S. 5; *Fuhrmann*, in: Deutscher Städtetag, Beiträge zum Kommunalrecht, Heft 6, 1991, S. 7). Auch nach § 1 Abs. 2 des Gesetzes über das Feuerlöschwesen und den Katastrophenschutz im Lande Brandenburg vom 12. Oktober 1947 (Gesetz- u. Verordnungsblatt der Landesregierung Brandenburg I S. 25) war der Feuer- und Katastrophenschutz als Selbstverwaltungsangelegenheit der Gemeinden und Kreise durchzuführen.

dd) Ein Eingriff in den Normbereich des Art. 97 LV scheidet auch nicht deswegen aus, weil es hier (lediglich) um die Übertragung von den (amtsangehörigen) Gemeinden auf die Ämter geht. Zwar benennt § 1 Abs. 2 AmtsO als Zweck der Ämterbildung seinerseits die Stärkung der gemeindlichen Selbstverwaltung. Auch verlieren die amtsangehörigen Gemeinden durch die Übertragung des Brandschutzes auf das Amt nicht jeden Einfluß auf die Wahrnehmung der Aufgabe (vgl. § 7 Abs. 5 AmtsO). Unbeschadet dessen gilt die Garantie der Selbstverwaltung der Gemeinde auch in dem Verhältnis von amtsangehöriger Gemeinde und Amt (vgl. auch BVerfGE 52, 95, 116 f.; ebenso BVerwG, Urteil vom 27. Januar 1984 – 8 C 128.81 – Buchholz 415.1 Nr. 45 S. 28, 30).

b) Die Übertragung der Trägerschaft für den Brandschutz von den amtsangehörigen Gemeinden auf die Ämter genügt in formeller (nachfolgend aa)) und materieller Hinsicht (nachfolgend bb)) den Anforderungen, die für die Entziehung einer Pflichtaufgabe zur Erfüllung nach Weisung Art. 97 LV zu entnehmen sind.

aa) Nach Art. 97 Abs. 4 LV sind die Gemeinden und die Gemeindeverbände in Gestalt ihrer kommunalen Spitzenverbände rechtzeitig zu hören, bevor durch Gesetz oder Rechtsverordnung allgemeine Fragen geregelt werden, die sie unmittelbar berühren. Diesem Anhörungserfordernis ist hier noch ausreichend Genüge getan. Das Gericht hat für den Fall der Auflösung eines Gemeindeverbandes festgestellt, daß für die von Verfassungs wegen geforderte Anhörung (Art. 98 Abs. 3 Satz 3 LV) kein bestimmtes förmliches Verfahren vorgeschrieben ist (vgl. Verfassungsgericht des Landes Brandenburg, Urteil vom 15. September 1994 – VfGBbg 3/93 – LVerfGE 2, 143, 156). Entsprechendes hat für die (allgemeine) Anhörung nach Art. 97 Abs. 4 LV zu gelten. Zwar ist der Städte- und Gemeindebund Brandenburg nicht förmlich angehört worden. Jedoch ist das Erste Gesetz zur Änderung des Brandschutzgesetzes im Brandschutzbeirat – einem gemäß § 28 BschHLG (jetzt § 28 BSchG) zur Unterstützung des Ministers des Innern in allen grundsätzlichen Angelegenheiten des Brandschutzes und der Hilfeleistung geschaffenen Gremium – abgestimmt worden, dem gemäß § 28 Abs. 1 Ziff. 5 BSchG Vertreter der kommunalen Spitzenverbände angehören. Damit bestand – auch mit Blick darauf, daß nur eine Pflichtaufgabe zur Erfüllung nach Weisung mit entsprechend herabgesetzten Eingriffsvoraussetzungen (siehe insoweit nachfolgend bb)) in Rede steht – für den Städte- und Gemeindebund Brandenburg hinreichende Gelegenheit, zu der Änderung des Brandschutzgesetzes Stellung zu beziehen. Unabhängig davon hat auch der Landkreistag Brandenburg mit Schreiben vom 1. Dezember 1992 zu der Novelle des Brandschutzgesetzes Stellung genommen.

bb) Die Verlagerung des Brandschutzes von den amtsangehörigen Gemeinden auf die Ämter wird auch in materiell-rechtlicher Hinsicht den Anforderungen des Art. 97 LV gerecht.

Der Gesetzgeber kann sowohl für die Art und Weise der Erledigung der örtlichen Angelegenheiten als auch für die gemeindliche Zuständigkeit in diesen Angelegenheiten Regelungen treffen (vgl. BVerfGE 22, 180, 204 ff.; zuletzt BVerfGE 79, 127, 143). Freilich hat er den Wesensgehalt der gemeindlichen

Selbstverwaltung zu respektieren und darf nicht in ihren Kernbereich eingreifen (vgl. BVerfGE 79, 127, 146). Eine Pflichtaufgabe zur Erfüllung nach Weisung ist aber nicht dem Kernbereich der gemeindlichen Selbstverwaltung zuzurechnen, sondern fällt, wie ausgeführt, wegen ihrer Belastung mit dem staatlichen Weisungsrecht in ihren Randbereich.

Soweit sich für den Gesetzgeber aus Art. 97 LV Anforderungen auch bei Eingriffen in den Bereich der den Gemeinden als Pflichtaufgaben zur Erfüllung nach Weisung übertragenen Angelegenheiten ergeben, ist ihnen Rechnung getragen.

(1) Zu diesen Anforderungen zählt zum einen die Beachtung des Subsidiaritätsprinzips, demzufolge eine Zuständigkeitspriorität zugunsten der Gemeinden in bezug auf alle Angelegenheiten der örtlichen Gemeinschaft gilt (vgl. BVerfGE 79, 127, 150). Dieses verfassungsrechtliche Aufgabenverteilungsprinzip, das auch in Art. 97 LV Niederschlag gefunden hat (vgl. dazu ausführlich Verfassungsgericht des Landes Brandenburg, Urteil vom 19. Mai 1994 – VfGBbg 9/93 – LVerfGE 2, 93, 101 f. mit Anm. *Nierhaus*, EWiR 1994, 1105 f.), gilt auch im Verhältnis von amtsangehörigen Gemeinden und Ämtern. Dies folgt schon aus dem Wesen der Ämter, deren Aufgaben abschließend bestimmt sind und denen es damit an der den Gemeinden eigenen Allzuständigkeit fehlt. Grundsätzlich darf – mit den Worten des Bundesverfassungsgerichts – der Gesetzgeber den Gemeinden eine Aufgabe mit relevantem örtlichen Charakter „nur aus Gründen des Gemeininteresses, vor allem also dann entziehen, wenn anders die ordnungsgemäße Aufgabenerfüllung nicht sicherzustellen wäre. Demgegenüber scheidet das bloße Ziel der Verwaltungsvereinfachung oder der Zuständigkeitskonzentration – etwa im Interesse der Übersichtlichkeit der öffentlichen Verwaltung – als Rechtfertigung eines Aufgabenentzugs aus; denn dies zielte ausschließlich auf die Beseitigung eines Umstandes, der gerade durch die vom Grundgesetz gewollte dezentrale Aufgabenansiedlung bedingt wird. Auch Gründe der Wirtschaftlichkeit und Sparsamkeit der öffentlichen Verwaltung insgesamt rechtfertigen eine ‚Hochzonung' nicht schon aus sich heraus, sondern erst dann, wenn eine Belassen der Aufgabe bei den Gemeinden zu einem unverhältnismäßigen Kostenanstieg führen würde" (BVerfGE 79, 127, 153). Es ist freilich zu berücksichtigen, daß diese vom Bundesverfassungsgericht aufgestellten Grundsätze nicht in gleicher Stringenz für das Verhältnis der amtsangehörigen Gemeinden zu den Ämtern gelten können, vielmehr – weil den amtsangehörigen Gemeinden noch eine gewisse Einwirkungsmöglichkeit auf die Entscheidungen der Ämter verbleibt (§ 7 Abs. 5 AmtsO) – insoweit weniger strenge Anforderungen zu stellen sind. Weiter hat das Gericht auch hier zu berücksichtigen, daß die Aufgabe des Brandschutzes im Land Brandenburg kraft Gesetzes eine Pflichtaufgabe zur Erfüllung nach Weisung ist. Damit ist diese Aufgabe, wie ausgeführt,

an den Rand der gemeindlichen Selbstverwaltungsgarantie gerückt worden. Dies ist nach Auffassung des Gerichts auch in bezug auf das Subsidiaritätsprinzip ebenso zu beachten wie das gegebenenfalls vom Gesetzgeber einzuschätzende Gewicht einer Aufgabe als Angelegenheit der örtlichen Gemeinschaft (vgl. dazu BVerfGE 79, 127, 153 und *Clemens*, NVwZ 1990, 834, 839, re. Sp. oben). Da im Land Brandenburg die Aufgabe des Brandschutzes als Pflichtaufgabe zur Erfüllung nach Weisung bezogen auf die gemeindliche Selbstverwaltungsgarantie von verringertem Gewicht ist, können auch an die Gründe für einen Entzug dieser Aufgabe nur entsprechend verringerte Anforderungen gestellt werden. Hiernach erscheint die Entscheidung des Gesetzgebers für eine Übertragung des Brandschutzes von den amtsangehörigen Gemeinden auf die Ämter (auch) gemessen am Subsidiaritätsprinzip vertretbar. Der Gesetzgeber hat mit dieser Entscheidung erkennbar an die Motive für die Ämterbildung auf der Grundlage der Amtsordnung vom 19. Dezember 1991 angeknüpft (vgl. insoweit die Begründung zum Gesetzentwurf der Landesregierung zum Ersten Gesetz zur Änderung des Brandschutzgesetzes, LT-Drs. 1/2045, S. 1 unter 1.) und sich in dieser Weise für die Verlagerung des Brandschutzes auf die Ämter von den allgemein der Ämterbildung zugrundeliegenden Gesichtspunkten leiten lassen. Hierzu zählt die Einschätzung des Gesetzgebers, daß die damalige Verwaltungsstruktur der mehr als 1700 Gemeinden Brandenburgs „auf die Dauer nicht lebensfähig" sei (vgl. Plenarprotokoll der 32. Sitzung des Landtages Brandenburg vom 12. Dezember 1991, S. 2354). Diese gesetzgeberische Erwägung ist als solche nicht zu beanstanden. Ihr liegt zugrunde, daß auf dem Territorium der ehemaligen DDR die Klein- und Kleinstgemeinden im wesentlichen erhalten geblieben waren (vgl. *Rösler*, in: Püttner/Bernet – Hrsg. –, Verwaltungsaufbau und Verwaltungsreform in den neuen Ländern, 1992, S. 29, 31 f. mit dem dortigen Zahlenmaterial) und dies Anlaß zu Bedenken bezüglich ihrer Verwaltungs-, Leistungs- und Finanzkraft geben mußte. Dies gilt grundsätzlich auch für den Brandschutz: Das Feuerwehrwesen hat eine immer größere Bedeutung erlangt. Neben die klassischen Aufgaben der Feuerwehren, nämlich die Bekämpfung von Schadenfeuern und die Rettung von Menschen, Tieren und Sachwerten vor Brand und Brandgefahr, ist etwa die sogenannte technische Unfallhilfe, die Hilfeleistung in Not- und Unglücksfällen, getreten (vgl. etwa *Diegmann/Lankau*, Hessisches Brandschutzhilfeleistungsgesetz, Kommentar, 5. Auflage, 1994, Erl. 2 zu § 1; *Lankau*, in: Handbuch der kommunalen Wissenschaft und Praxis, Band 4, 2. Auflage, 1983, 130, 133 f.). Zu erinnern ist an den Einsatz bei Großbränden, unter Umständen verbunden mit der Entwicklung giftiger Gase, und im Katastrophenschutz. Daß diese Aufgaben in jeder Hinsicht und auf Dauer auch von Klein- und Kleinstgemeinden erfüllt werden können, kann nicht angenommen werden. Entsprechendes gilt für die zur Wahrnehmung dieser Aufgaben aufzubringenden Kosten, welche gemäß § 35 BschHLG bzw. § 35 BSchG von den Trägern des Brandschutzes (ergänzend von den Landkreisen) zu tragen sind und deshalb von jeder amtsangehörigen Gemeinde für sich aufgebracht werden müßten, wenn sie Träger des Brandschutzes blieben. Abgesehen von Ausnahmefällen insbesondere bei der kommunalen Neugliederung (vgl. hierzu insbesondere Verfassungsgericht des Landes Brandenburg, Urteil vom 19. Mai 1994 – VfGBbg 9/93 – LVerfGE 2, 93, 101) kann es grundsätzlich nicht darauf ankommen, wieweit die Gründe im Gesetzgebungsverfahren ausdrücklich erörtert worden sind (vgl. VerfGH Nordrhein-Westfalen, DVBl. 1991, 488, 489 mit Hinweis auf BVerfGE 75, 246, 268).

(2) Die hier in Frage stehende Regelung entspricht auch dem verfassungsrechtlichen Grundsatz der Verhältnismäßigkeit (vgl. hierzu auch Verfassungsgericht des Landes Brandenburg, Urteil vom 19. Mai 1994 – VfGBbg 9/93 – LVerfGE 2, 93, 101). Den Gründen, die eine Verlagerung der Trägerschaft für den Brandschutz auf die Ämter rechtfertigen, ist ein höheres Gewicht beizumessen als – in dieser Hinsicht – dem Selbstverwaltungsrecht der einzelnen amtsangehörigen Gemeinden. Hierbei ist mit zu berücksichtigen, daß mit der Einordnung als amtsangehörige Gemeinde der Übergang von Aufgaben – in rechtlichen Grenzen – auf das Amt vorgezeichnet war. Und auch hier wirkt sich aus, daß es sich beim Brandschutz als einer Pflichtaufgabe zur Erfüllung nach Weisung um eine Selbstverwaltungsangelegenheit „in abgeschwächter Form" handelt und deshalb niedrigere Eingriffsvoraussetzungen gelten. Weiter ist auch nicht ersichtlich, daß es, wie die Beschwerdeführerinnen vortragen, bei einer „Aufgabenabwanderung in die Amtsebene" zu einem Verlust an bürgerschaftlicher Mitverantwortung und damit letztlich zu einer Beschädigung der Aufgabe des Brandschutzes selbst käme. Nach Abschnitt 2 Ziffer 7 Verwaltungsvorschrift des Ministers des Innern zur Durchführung des Brandschutzgesetzes vom 9. März 1994 (ABl. S. 226) sollen, worauf das Gericht bereits bei der Zurückweisung des seinerzeit gestellten Antrages auf Erlaß einer einstweiligen Anordnung (Urteil vom 15. Dezember 1994 – VfGBbg 14/94 EA – LVerfGE 2, 214, 223) hingewiesen hat, die lokalen Feuerwehreinrichtungen trotz Trägerschaft des Amtes in ihrer Struktur und Organisation möglichst weitgehend fortbestehen. Der örtliche Bezug der Freiwilligen Feuerwehr bleibt insoweit erhalten.

2. Eine über die Überprüfung des von den Beschwerdeführerinnen angegriffenen Art. 1 des Ersten Gesetzes zur Änderung des Brandschutzgesetzes hinausgehende Überprüfung dahin, ob bereits die im Jahre 1991 in § 4 BschHLG vorgenommene Einordnung des Brandschutzes als Pflichtaufgabe zur Erfüllung nach Weisung die Beschwerdeführerinnen in ihrem Recht auf gemeindliche Selbstverwaltung verletzt hat, ist dem Gericht verwehrt, da die

Beschwerdeführerinnen diese Regelung, die den Brandschutz schon damals zu einer Selbstverwaltungsangelegenheit „in abgeschwächter Form" gemacht und damit dem erleichterten Zugriff ausgesetzt hat, nicht angefochten haben und wegen Fristablaufs (§ 51 Abs. 2 VerfGGBbg) nicht mehr anfechten können. Soweit das erkennende Gericht in einer früheren Entscheidung eine ältere (im übrigen damals mit angegriffene) Regelung in die verfassungsgerichtliche Überprüfung mit der Begründung einbezogen hat, daß sie zusammen mit einer fristgerecht angefochtenen Regelung einen neuen Anwendungsfall ergebe (vgl. Verfassungsgericht des Landes Brandenburg, Urteil vom 19. Mai 1994 – VfGBbg 9/93 – LVerfGE 2, 93, 99), ist diese Rechtsprechung hier nicht einschlägig. Denn die Rechtslage hinsichtlich des Brandschutzes hat sich schon damals durch dessen gesetzgeberische Einordnung als Pflichtaufgabe zur Erfüllung nach Weisung abschließend so verändert, daß die Beschwerdeführerinnen nunmehr die jetzt erfolgte Verlagerung dieser Aufgabe auf das Amt hinzunehmen haben.

Nr. 4

1. Die Bindungswirkung nach § 31 Abs. 1 BVerfGG ist nicht unmittelbar Prüfungsmaßstab vor dem Landesverfassungsgericht.

2. Aus Art. 49 Abs. 1 LV ergibt sich kein Anspruch der durch das „Wissenschaftler-Integrationsprogramm (WIP)" geförderten Wissenschaftler der aufgelösten wissenschaftlichen Akademien der DDR auf dauerhafte Integration in die Hochschulstrukturen des Landes Brandenburg. Eine etwaige Zusage der Länder gegenüber dem Bund wirkt sich auf die Rechtslage nach der Landesverfassung nicht aus.*

Verfassung des Landes Brandenburg Art. 6 Abs. 2 Satz 1; 7; 10;
12 Abs. 3; 31; 48; 49 Abs. 1

Verfassungsgerichtsgesetz Brandenburg §§ 13 Abs. 1; 45 Abs. 1 und 2; 46

Grundgesetz Art. 5 Abs. 3; 12 Abs. 1; 91 b

Bundesverfassungsgerichtsgesetz § 31 Abs. 1

Einigungsvertrag Art. 38

* Nichtamtliche Leitsätze.

Verfassungsgericht des Landes Brandenburg

Beschluß vom 21. November 1996 – VfGBbg 26/96 –

in dem Verfassungsbeschwerdeverfahren des Herrn B. sowie 151 weiterer Beschwerdeführer wegen Auslaufens des Wissenschaftler-Integrationsprogramms im Lande Brandenburg.

Entscheidungsformel:
1. Das Verfahren wird eingestellt, soweit es die Verfassungsbeschwerde der Beschwerdeführerin zu 146) betrifft.
2. Im übrigen werden die Verfassungsbeschwerden zurückgewiesen.

Gründe:

A.

Die Beschwerdeführer sind Wissenschaftler der durch Art. 38 Einigungsvertrag (EV) aufgelösten oder umgewandelten Einrichtungen der wissenschaftlichen Akademien der DDR, die nach 1991 durch das zum 31. Dezember 1996 auslaufende sogenannte „Wissenschaftler-Integrationsprogramm (WIP)" aufgefangen worden sind. Die Verfassungsbeschwerde richtet sich gegen das Unterlassen von Maßnahmen des Landes Brandenburg – Landtag und Landesregierung –, die darauf abzielen, die Beschwerdeführer dauerhaft in den Hochschulstrukturen des Landes Brandenburg zu integrieren.

I.

Im Rahmen der Deutschen Einigung stellte sich die Frage nach der Zukunft des Wissenschaftssystems der DDR. Dort standen den in erster Linie für die Ausbildung zuständigen Hochschulen eine große Anzahl außeruniversitärer Forschungseinrichtungen gegenüber, in die die Forschung zum größten Teil – aus den Hochschulen heraus – verlagert war. Diese Forschungseinrichtungen standen vor allem unter der Trägerschaft der Akademie der Wissenschaften, der Akademie der Landwirtschaftswissenschaften und der Bauakademie, die zusammen ca. 36 000 Beschäftigte hatten (Zahlenangabe nach *Röhl*, Der Wissenschaftsrat, 1994, S. 73 mit N. 1). Mit Art. 38 Einigungsvertrag wurden die Akademien von ihren Einrichtungen getrennt. Die Einrichtungen sollten zunächst bis zum 31. Dezember 1991 von den Ländern fortgeführt werden. Im einzelnen hat der Einigungsvertrag dazu folgende Regelung getroffen:

Art. 38 Wissenschaft und Forschung
(1) Wissenschaft und Forschung bilden auch im vereinten Deutschland wichtige Grundlagen für Staat und Gesellschaft. Der notwendigen Erneuerung von Wissen-

schaft und Forschung unter Erhaltung leistungsfähiger Einrichtungen in dem in Art. 3 genannten Gebiet dient eine Begutachtung von öffentlich getragenen Einrichtungen durch den Wissenschaftsrat, die bis zum 31. Dezember 1991 abgeschlossen sein wird, wobei einzelne Ergebnisse schon vorher schrittweise umgesetzt werden sollen. Die nachfolgenden Regelungen sollen diese Begutachtung ermöglichen sowie die Einpassung von Wissenschaft und Forschung in dem in Art. 3 genannten Gebiet in die gemeinsame Forschungsstruktur der Bundesrepublik Deutschland gewährleisten.

(2) Mit dem Wirksamwerden des Beitritts wird die Akademie der Wissenschaften der Deutschen Demokratischen Republik als Gelehrtensozietät von den Forschungsinstituten und sonstigen Einrichtungen getrennt. Die Entscheidung, wie die Gelehrtensozietät der Akademie der Wissenschaften der Deutschen Demokratischen Republik fortgeführt werden soll, wird landesrechtlich getroffen. Die Forschungsinstitute und sonstigen Einrichtungen bestehen zunächst bis zum 31. Dezember 1991 als Einrichtungen der Länder in dem in Art. 3 genannten Gebiet fort, soweit sie nicht vorher aufgelöst oder umgewandelt werden. Die Übergangsfinanzierung dieser Institute und Einrichtungen wird bis zum 31. Dezember 1991 sichergestellt; die Mittel hierfür werden im Jahr 1991 vom Bund und den in Art. 1 genannten Ländern bereitgestellt.

(3) Die Arbeitsverhältnisse der bei den Forschungsinstituten und sonstigen Einrichtungen der Akademie der Wissenschaften der Deutschen Demokratischen Republik beschäftigten Arbeitnehmer bestehen bis zum 31. Dezember 1991 als befristete Arbeitsverhältnisse mit den Ländern fort, auf die diese Institute und Einrichtungen übergehen. Das Recht zur ordentlichen oder außerordentlichen Kündigung dieser Arbeitsverhältnisse in den in Anlage I dieses Vertrags aufgeführten Tatbeständen bleibt unberührt.

(4) Für die Bauakademie der Deutschen Demokratischen Republik und die Akademie der Landwirtschaftswissenschaften der Deutschen Demokratischen Republik sowie die nachgeordneten wissenschaftlichen Einrichtungen des Ministeriums für Ernährung, Land- und Forstwirtschaft gelten die Absätze 1 bis 3 sinngemäß.

(5) bis (7) ...

Diese Regelung hat das Bundesverfassungsgericht in seinen Entscheidungen vom 10. März 1992 (BVerfGE 85, 360) und vom 12. Mai 1992 (BVerfGE 86, 81) im Kern und mit gewissen Maßgaben für verfassungsgemäß erachtet. Zur Notwendigkeit der Regelung hat es vornehmlich darauf abgestellt, daß die entsprechenden Einrichtungen in die verfassungsrechtlich vorgegebene föderale Ordnung der Bundesrepublik einzupassen und die Trägerschaft und Finanzierung der Forschungsaufgaben in die bestehenden Strukturen einzubetten gewesen seien. Im Zusammenhang mit der Frage, ob die Beendigung der Arbeitsverhältnisse auch denjenigen Arbeitnehmern zuzumuten sei, die als Forscher in den Einrichtungen der Akademien der Wissenschaften tätig waren, hat das Gericht u. a. festgestellt:

"Es kommt hinzu, daß die Wissenschaftsverwaltungen die Härten der angegriffenen Regelung auch insoweit abgemildert haben. Dazu dienen vor allem Beschäftigungsgesellschaften und Arbeitsbeschaffungsmaßnahmen sowie das Programm zur Integration von Wissenschaftlern in die Hochschulen. Durch diese Maßnahmen wird ausgeschiedenen Forschern die Möglichkeit gegeben, noch einige Zeit in ihrem Fach weiterzuarbeiten und dabei ihre Qualifikation zu erhalten und auszuweiten" (BVerfGE 85, 360, 382).

II.

Die Programme zur Forschungsförderung, mit deren Hilfe die Beschwerdeführer aufgefangen wurden, sind auf Art. 91 b GG zurückzuführen. Auf der Grundlage dieser Verfassungsvorschrift schlossen die Bundesregierung und die Regierungen der Länder der alten Bundesrepublik im Jahre 1975 die sogenannte „Rahmenvereinbarung Forschungsförderung (RV-Fo)"; die neuen Bundesländer traten dieser Vereinbarung mit Wirkung vom 1. Januar 1991 bei. Die hier wesentlichen Bestimmungen der RV-Fo lauten wie folgt:

Art. 1

(1) Die Vertragsschließenden wirken bei der Förderung von Einrichtungen und Vorhaben der wissenschaftlichen Forschung von überregionaler Bedeutung nach den näheren Bestimmungen dieser Vereinbarung zusammen und unterrichten sich zu diesem Zweck gegenseitig über ihre Planungen und Entscheidungen auf diesem Gebiet. Sie streben unter Wahrung ihrer Kompetenzen eine enge Koordination auf dem Gebiet der Forschungspolitik an.

(2) Die Vertragsschließenden übernehmen Verpflichtungen nach diesem Abkommen vorbehaltlich der Bereitstellung der erforderlichen Haushaltsmittel durch ihre gesetzgebenden Körperschaften.

Protokollnotiz zu Art. 1

Die Vertragsschließenden gehen davon aus, daß die Rahmenvereinbarung mit ihren Ausführungsvereinbarungen Inhalt und Formen ihrer Zusammenarbeit auf dem Gebiet der Forschungsförderung umfassend und ausschließlich regelt.
...

Art. 8

(1) Die Bund-Länder-Kommission für Bildungsplanung schlägt die Maßnahmen und Entscheidungen vor, die nach dieser Rahmenvereinbarung von allen Vertragsschließenden gemeinsam zu treffen sind. Sie führt die Bezeichnung „Gemeinsame Kommission für Bildungsplanung und Forschungsförderung" (Kommission).
...

Art. 9

(1) Beschlüsse der Kommission nach Art. 8 werden mit Zustimmung der Regierungschefs für die Vertragsschließenden verbindlich.

(2) Die Zustimmung gemäß Abs. 1 gilt als erteilt, wenn nicht binnen 4 Wochen nach Zugang eines Beschlusses der Kommission einer der Vertragsschließenden die Beratung und Beschlußfassung der Regierungschefs beantragt.

...

Im Mai 1991 vereinbarten die Bundesregierung und die Regierungen der Länder das – auf entsprechende Empfehlungen des Wissenschaftsrates zurückgehende – sogenannte „Hochschulerneuerungsprogramm (HEP)". Die wichtigsten Bestimmungen lauten folgendermaßen:

Art. 1

(1) Zur Erneuerung von Hochschule und Forschung und zum Aufbau der Fachhochschulen in den Ländern Brandenburg, Mecklenburg-Vorpommern, Sachsen, Sachsen-Anhalt und Thüringen sowie in dem Teil Berlins, in dem das Grundgesetz bisher nicht galt (im folgenden neue Länder genannt), wirken Bund und Länder in einem Erneuerungsprogramm zusammen. Ziel der Maßnahmen sind Soforthilfen zur personellen Erneuerung der Hochschulen, zur Sicherung des Verbleibens von qualifizierten Wissenschaftlern in den neuen Ländern, zur Förderung des wissenschaftlichen Nachwuchses, zur Förderung von Frauen in der Wissenschaft, zur weiteren Qualifizierung von Studierenden und Wissenschaftlern, zur Eingliederung der Forschung aus den Akademien in die Hochschulen oder in von Bund und Ländern gemeinsam geförderte Einrichtungen sowie zur Verstärkung der Investitionen in Wissenschaft und Forschung außerhalb der Gemeinschaftsaufgabe Hochschulbau.

...

(4) ...Im Ergebnis tragen der Bund 75 vom Hundert und die neuen Länder 25 vom Hundert der Kosten des gemeinsamen Erneuerungsprogramms.

...

Das „Wissenschaftler-Integrationsprogramm (WIP)", das Bestandteil des HEP ist und dazu dienen sollte, leistungsfähige Grundlagenforscher aus den ehemaligen Akademien in die Hochschulen zu überführen, war zunächst auf 2 Jahre – 1992 und 1993 – angelegt und ursprünglich mit 400 Mio. DM ausgestattet; im Juli 1992 wurde es bis 1996 und auf 600 Mio. DM erweitert. Das WIP basiert auf Art. 8 Abs. 1 HEP in der (überarbeiteten) Fassung vom 9. Juli 1992. Diese Bestimmung lautet:

Art. 8

(1) Zur Eingliederung von wissenschaftlichen Arbeitsgruppen und Einzelforschern in die Hochschulen werden in den Jahren 1992 bis 1996 Mittel in Höhe von 600 Mio. DM bereitgestellt. Die Empfehlungen des Wissenschaftsrats bilden dabei die Grundlage. Die Förderung endet für diejenigen am 31. Dezember 1993, deren Eingliederung zu diesem Zeitpunkt nicht gewährleistet ist.

Bundesweit kamen 1 984 Personen in den Genuß der WIP-Mittel; davon fielen 294 Förderfälle auf Forscher aus dem Land Brandenburg, darunter die Beschwerdeführer. Mit den Geförderten wurden befristete Arbeitsverträge geschlossen, und zwar bis 1992 mit einer gesondert eingerichteten Koordinierungsstelle („KAI e. V."), anschließend mit den Hochschulen selbst. Die Arbeitsverträge von mehr als 200 Geförderten – darunter die der Beschwerdeführer – laufen Ende 1996 aus.

Zu einer Fortführung des WIP hat die Bundesregierung auf entsprechende Anfrage im Bundestag Ende 1995 mitteilen lassen:

„Die Bundesregierung hat stets betont, daß es eine – wie auch immer geartete – Verlängerung des WIP über das Jahr 1996 hinaus mit einer finanziellen Beteiligung des Bundes nicht geben wird. Gleichwohl wird es nach dem bisherigen Stand der Beratungen im Rahmen des neu konzipierten Hochschulsonderprogramms eine Reihe von Maßnahmen geben, die im Einzelfall eine Förderung auch für Personen und Vorhaben, die bis Ende 1996 im Rahmen des WIP gefördert werden, über diesen Zeitpunkt hinaus ermöglichen" (BT-Drucks. 13/3392).

Im Anschluß an diese Position hat der Landtag Brandenburg am 6. September 1995 zu einer „Anschlußfinanzierung für das WIP" beschlossen:

„1. Der Landtag unterstützt die Landesregierung bei ihren Verhandlungen mit der Bundesregierung über das Hochschulsonderprogramm III mit dem Ziel, die Ausfinanzierung des WIP bis zum Ende des Jahres 1996 sicherzustellen.

2. Der Landtag unterstützt die Position der Landesregierung, im Hochschulsonderprogramm III Maßnahmen vorzusehen, die auch geeignet sind, ehemaligen WIP-Geförderten eine Beschäftigung auf Drittmittelbasis zu ermöglichen, wo dies erforderlich erscheint" (LT-Drucks. 2/1026-B).

Das Hochschulsonderprogramm III (HSP III) aus Juli 1996 mit dem Ziel der „Verbesserung der Strukturen im Hochschulbereich", ebenfalls eine Vereinbarung zwischen der Bundes- und den Landesregierungen, soll bis zum 31. Dezember 2000 laufen; es umfaßt ein Gesamtvolumen von 3,6 Mrd. DM. Davon sollen 100 Mio. DM auf den sogenannten Förderungspunkt „Förderung innovativer Forschung in den neuen Ländern und Berlin" entfallen. Auf Anfrage des Gerichts hat die Landesregierung mit Schreiben vom 6. November 1996 mitgeteilt, daß diese Mittel „in voller Höhe den WIP-Angehörigen zur Verfügung" stehen.

III.

Mit ihren am 28. Juni 1996 bei Gericht eingegangenen Verfassungsbeschwerden rügen die Beschwerdeführer eine – von Landesregierung und Landtag zu verantwortende – Verletzung von gemäß § 31 Abs. 1 Bundesverfassungsgerichtsgesetz (BVerfGG) verbindlichen Maßgaben in der zu Art. 38

EV ergangenen Entscheidung des Bundesverfassungsgerichts vom 10. März 1992, ferner der Art. 48 LV (Recht auf Arbeit), 49 (Berufsfreiheit), 10 (freie Entfaltung der Persönlichkeit) sowie Art. 7 LV (Menschenwürde), und zwar „in Verbindung mit" Art. 5 Abs. 3 GG (Wissenschaftsfreiheit) und Art. 12 GG (Berufsfreiheit). Die weiblichen Beschwerdeführer rügen darüber hinaus eine Verletzung ihres Grundrechts aus Art. 12 Abs. 3 LV (Gleichstellung der Frauen im Beruf). Im einzelnen machen die Beschwerdeführer geltend:

1. Aus der Entscheidung des Bundesverfassungsgerichts zur Akademie der Wissenschaften vom 10. März 1992 (BVerfGE 85, 360) ergäben sich über die Bindungswirkung des § 31 Abs. 1 BVerfGG unmittelbare Leistungsansprüche der Beschwerdeführer auf finanzielle Weiterförderung.

2. In diesem Zusammenhang sei zu berücksichtigen, daß die Länder dem Bund die Zusage gegeben hätten, die WIP-Geförderten dauerhaft in die Hochschullandschaft des jeweiligen Landes zu integrieren. Diese Zusage sei nach den Bestimmungen der RV-Fo verbindlich. In diesem Zusammenhang legen die Beschwerdeführer mehrere Schreiben des Bundesbildungsministers an im Rahmen des WIP geförderte Wissenschaftler aus jüngster Zeit vor, wo es etwa heißt:

„... Diese Hilfe war stets an die Zusage der Länder gebunden, daß sie Beschäftigungspositionen schaffen, auf denen diese Wissenschaftler bis zum Auslaufen des WIP und darüber hinaus dauerhaft untergebracht werden. Die Länder sind nun in der Pflicht, diese Zusage einzuhalten. Nach 1996 müssen daher die Länder allein dafür Sorge tragen, daß die Integration von Akademie-Wissenschaftlern in die Hochschulen ... gelingt."

Weiter legen die Beschwerdeführer ein Schreiben des Bundeskanzleramtes aus August 1996 an einen im Rahmen des WIP geförderten Wissenschaftler vor, in dem es heißt:

„Die Bundesregierung ist ihrer Verantwortung gegenüber den WIP-Geförderten mehr als gerecht geworden. Sie hat rund 500 Mio. DM für das WIP-Programm bereit gestellt. Das Engagement des Bundes war an die Zusage der Länder gebunden, für die WIP-Geförderten Beschäftigungspositionen zu schaffen, auf denen sie dauerhaft untergebracht werden. Nach 1996 sind die Länder nun in der Pflicht, die Integration ehemaliger Akademie-Wissenschaftler in die Hochschulen ... zu vollziehen."

3. Aus den genannten Landesgrundrechten ergäben sich, ebenso wie dies auf Bundesebene anerkannt sei, Teilhaberechte bzw. unmittelbare Ansprüche gegen das Land Brandenburg auf eine Weiterbeschäftigung nach 1996. In diesem Zusammenhang sei zu berücksichtigen, daß ca. 40 % der Beschwerdeführer – insgesamt 64 von ihnen – älter als 50 Jahre und damit auf dem Arbeitsmarkt praktisch chancenlos seien.

4. Die Auswertung der Rechtsprechung des Bundesverfassungsgerichts zu den Art. 5 Abs. 3 und 12 GG ergebe, daß den Beschwerdeführern auch aus diesen (Bundes)Grundrechten unmittelbare Ansprüche gegen das Land Brandenburg zustünden. Auch die Einhaltung von Bundesverfassungsrecht sei einer Prüfung durch das Verfassungsgericht eines Landes zugänglich.

5. Es sei im übrigen praktisch ausgeschlossen, daß sie – die Beschwerdeführer – in den Genuß von Mitteln des HSP III gelangten. Abgesehen davon, daß das HSP III für den gesamten Hochschulbereich und allenfalls in nur geringem Umfang zur Förderung ehemals WIP-Begünstigter bestimmt sei, sei eine Inanspruchnahme von Mitteln des HSP III mit Ablauf des Jahres 1996 nicht mehr möglich, zumal eine Förderung nach den gerade erst herausgegebenen Richtlinien nur in Frage komme, wenn eine sog. Sockelfinanzierung durch Drittmittel gesichert sei. Diese zu beschaffen, sei indes fast unmöglich. Nach den Begutachtungsfristen etwa der Deutschen Forschungsgemeinschaft, die für die Vergabe von Drittmitteln zuständig sei, könne mit einer Entscheidung nicht mehr im Jahre 1996 gerechnet werden.

Die Beschwerdeführerin zu 146) hat ihre Verfassungsbeschwerde mit Schriftsatz vom 13. August 1996 am selben Tage zurückgenommen.

Die Beschwerdeführer beantragen,

die Brandenburger Landesregierung bzw. den Landesgesetzgeber zu verpflichten, die finanziellen und sachlichen Mittel für ihre Weiterförderung im Sinne des Wissenschaftler-Integrationsprogramms über das sog. Hochschulsonderprogramm III hinaus bereitzustellen, um ihre dauerhafte Integration in ihren jetzigen Arbeitsbereichen und Projekten oder anderen Arbeitsbereichen an universitären Forschungseinrichtungen sowie ihre Weiterbeschäftigung über 1996 hinaus zu erreichen,

hilfsweise

festzustellen, daß der Beschluß des Landtags des Landes Brandenburg vom 6. September 1995 (Drucksache 2/1026-B) insoweit gegen die Entscheidung des BVerfG vom 10. 03. 1992 – 1 BvR 454/91 u. a., BVerfGE 85, 360 ff. – sowie gegen Art. 48 Abs. 1 und 2, 49 Abs. 1, 31 Abs. 1, 12 Abs. 3, 10 und 7 Abs. 1 der Verfassung des Landes Brandenburg i. V. m. Art. 5 Abs. 3 GG und Art. 12 Abs. 1 GG verstoßen, als lediglich eine Sicherstellung der „...Ausfinanzierung des WIP bis zum Ende des Jahres 1996" sowie weiterhin lediglich die Vorgabe formuliert wird, „...im Hochschulsonderprogramm III Maßnahmen vorzusehen, die auch geeignet sind, ehemaligen WIP-Geförderten eine Beschäftigung auf Drittmittelbasis zu ermöglichen, wo dies erforderlich erscheint".

IV.

Der Landtag Brandenburg hat von einer Stellungnahme zu den Verfassungsbeschwerden abgesehen.

V.

Die Landesregierung Brandenburg hält die Verfassungsbeschwerden für unzulässig (1.), jedenfalls aber für unbegründet (2.).

1. Adressat der Beanstandungen der Beschwerdeführer könne zunächst lediglich der Landtag sein, weil nur er über die Bereitstellung notwendiger Mittel bestimme; da indes der Haushalt für 1997 noch nicht verabschiedet sei, werde hier der Sache nach ein Unterlassen beanstandet, das (noch) nicht stattgefunden habe.

Soweit eine Verletzung von Maßgaben der Entscheidung des Bundesverfassungsgerichts zur Auflösung der Einrichtungen der Akademien gerügt werde, wiesen diese Maßgaben keinen verpflichtenden Charakter auf. Zudem habe eine etwaige Verletzung der Bindungswirkung des § 31 Abs. 1 BVerfGG keine landesgrundrechtliche Qualität.

Eine Verletzung von Landesgrundrechten erscheine nicht einmal möglich, so daß es bereits an der Beschwerdebefugnis fehle: Art. 48 LV (Recht auf Arbeit) stelle lediglich eine Staatszielbestimmung, nicht aber ein (subjektiv einklagbares) Grundrecht dar. Art. 49 LV (Berufsfreiheit) gebe weder einen Anspruch auf Bereitstellung eines Arbeitsplatzes eigener Wahl noch eine Bestandsgarantie für den einmal gewählten Arbeitsplatz. Art. 31 LV (Wissenschaftsfreiheit) sei nicht einschlägig; da es den Beschwerdeführern vorrangig um ihre Weiterbeschäftigung gehe, werde Art. 31 LV durch den insoweit sachnäheren Art. 49 LV verdrängt. Auch unabhängig davon vermittle das Grundrecht der Wissenschaftsfreiheit keinen generellen Bestandsschutz in bezug auf die Durch- und Weiterführung bestimmter staatlich geförderter Forschungsprojekte. Auch Art. 7 LV (Menschenwürde) und Art. 10 LV (freie Entfaltung der Persönlichkeit) seien nicht verletzt: Garantiert sei danach nur ein Existenzminimum, das hier als solches nicht in Frage stehe.

2. Die Verfassungsbeschwerden seien jedenfalls unbegründet. Das Bundesverfassungsgericht habe in seiner Entscheidung zu Art. 38 EV jedenfalls im Kern nicht beanstandet, daß die Beschäftigungsverhältnisse der ehemaligen Wissenschaftler der Akademien zum 31. 12. 1991 beendet worden sind. Es sei nicht zu sehen, warum die Beschwerdeführer durch die zwischenzeitliche Förderung durch das WIP eine Position erlangt haben sollten, die ihnen einen Anspruch auf Weiterbeschäftigung über 1996 hinaus verschaffe. Auch aus einer etwaigen Zusage der Länder gegenüber dem Bund könnten die Beschwerdeführer – unabhängig von der rechtlichen Einordnung etwaiger entsprechender Erklärungen – für sich nichts herleiten; jedenfalls seien solche Erklärungen ersichtlich nicht mit dem Ziel abgegeben worden, Individualansprüche zu begründen, auf die sich nunmehr unter anderem die Beschwerdeführer berufen

könnten. Im übrigen bemühten sich Landesregierung und Landtag nach Kräften, das ihnen Mögliche zur Absenkung der Arbeitslosigkeit im Lande Brandenburg zu tun.

B.

Das Verfahren über die Verfassungsbeschwerde der Beschwerdeführerin zu 146) war gemäß § 13 Abs. 1 Verfassungsgerichtsgesetz Brandenburg (VerfGGBbg) i. V. m. § 92 Abs. 2 Verwaltungsgerichtsordnung (VwGO) einzustellen, nachdem die Beschwerdeführerin zu 146) ihre Beschwerde zurückgenommen hat.

Die Verfassungsbeschwerden der übrigen Beschwerdeführer bleiben sowohl hinsichtlich des Haupt- als auch des Hilfsantrages ohne Erfolg.

I.

1. Die Verfassungsbeschwerden sind bereits unzulässig, soweit die Beschwerdeführer eine Verletzung der Bindungswirkung des § 31 Abs. 1 BVerfGG, der Art. 5 Abs. 3 und 12 Abs. 1 GG sowie der Art. 48 und Art. 7 LV behaupten; gleiches gilt für die von den weiblichen Beschwerdeführern bezüglich Art. 12 Abs. 3 LV erhobene Rüge.

a) Was die Bindungswirkung des § 31 Abs. 1 BVerfGG angeht, kann offenbleiben, ob die von den Beschwerdeführern herangezogenen Passagen der Entscheidung des Bundesverfassungsgerichts vom 10. März 1992 überhaupt an der Bindungswirkung teilnehmen und ob sie gegebenenfalls mißachtet worden sind bzw. von Landtag und Landesregierung mißachtet werden. Denn ein Verstoß gegen die Bindungswirkung des § 31 Abs. 1 BVerfGG kann bei dem Verfassungsgericht des Landes nicht mit der Verfassungsbeschwerde geltend gemacht werden. Eine solche kann gemäß Art. 6 Abs. 2 Satz 1 LV nur mit der Behauptung erhoben werden, durch die öffentliche Gewalt in einem „in dieser Verfassung" – also in der Verfassung des Landes Brandenburg – gewährleisteten Grundrecht verletzt zu sein. Demgegenüber handelt es sich bei der Bindungswirkung nach § 31 Abs. 1 BVerfGG um ein bundesrechtliches Institut, das als unmittelbarer Prüfungs- oder Kontrollmaßstab im Rahmen einer Verfassungsbeschwerde vor dem Verfassungsgericht des Landes ausscheidet (vgl. auch Art. 100 Abs. 1 Satz 2, 2. Alt. GG).

b) Entsprechendes gilt für die Behauptung, das Verhalten des Landes Brandenburg verletze die Beschwerdeführer in ihren Grundrechten aus Art. 5 Abs. 3 und 12 Abs. 1 GG. Auch die Verletzung von grundrechtlichen Gewährleistungen des Grundgesetzes ist, wie das Verfassungsgericht des Landes mehrfach ausgesprochen hat (vgl. Verfassungsgericht des Landes Brandenburg, Beschluß vom 15. September 1994 – VfGBbg 10/93 – LVerfGE 2, 179, 181; zuletzt – für die kommunale Verfassungsbeschwerde – Urteil vom 17. Oktober 1996 – VfGBbg 5/95 –*), vor dem Landesverfassungsgericht nicht rügefähig.

c) Die Verfassungsbeschwerden sind weiter unzulässig, soweit die Beschwerdeführer behaupten, in der verfassungsrechtlichen Gewährleistung des Art. 48 Abs. 1 LV verletzt zu sein. Nach dieser Vorschrift ist das Land „verpflichtet, im Rahmen seiner Kräfte durch eine Politik der Vollbeschäftigung und Arbeitsförderung für die Verwirklichung des Rechts auf Arbeit zu sorgen, welches das Recht jedes einzelnen umfaßt, seinen Lebensunterhalt durch freigewählte Arbeit zu verdienen". Bei dieser Norm handelt es sich nicht, wie es Art. 6 Abs. 2 Satz 1 LV und § 45 Abs. 1 VerfGGBbg für die Beschwerdebefugnis jedoch voraussetzen, um ein mit der Verfassungsbeschwerde einklagbares Grundrecht, sondern um eine (bloße) Staatszielbestimmung (vgl. *Berlit*, in: Simon/Franke/Sachs, Handbuch der Verfassung des Landes Brandenburg, 1994, § 9, Rdn. 34; zu der entsprechenden Verfassungsnorm des Art. 45 Satz 2 Verfassung des Saarlandes jüngst wie hier ausführlich SaarlVerfGH, NJW 1996, 383). Staatszielbestimmungen aber begründen keine subjektive Berechtigung auf Seiten des Bürgers; sie gewähren – anders als Grundrechte – keine individuellen Rechte, auf die sich der Einzelne gegenüber der öffentlichen Gewalt berufen kann, sondern stellen lediglich (objektive) Verfassungsnormen dar, die der Staatstätigkeit die fortdauernde Beachtung oder Erfüllung bestimmter Aufgaben und in diesem Sinne sachlich umschriebene Ziele vorschreiben. Dieses Verständnis als (bloße) Staatszielbestimmung ist nach dem Wortlaut des Art. 48 Abs. 1 LV offensichtlich. Im zuständigen Unterausschuß des (vorparlamentarischen) Verfassungsausschusses ist sogar kurzzeitig erwogen worden, die Bestimmung des Rechts auf Arbeit förmlich als „Staatsziel" auszuweisen (vgl. Protokoll VA/UA I/19 vom 26. November 1991, Dokumentation der Verfassung des Landes Brandenburg, Band 2, S. 759, 770).

d) Auch soweit die Beschwerdeführer eine Verletzung ihres Grundrechts auf Menschenwürde (Art. 7 LV) beanstanden, sind die Verfassungsbeschwerden unzulässig. Eine Verletzung der Menschenwürde kommt nach Lage des Falles von vornherein nicht in Betracht. Es gibt keinerlei Anhaltspunkte dafür, daß die Beschwerdeführer ohne weitere Förderung der von ihnen erstrebten Art in eine so bedrängte Lage geraten würden, daß eine ihre Menschenwürde berührende Not entstünde.

---

* Siehe S. 79, 85.

e) Schließlich ist auch nicht erkennbar, daß die weiblichen Beschwerdeführer in ihrem in Art. 12 Abs. 3 LV verbürgten Recht auf Gleichstellung im Beruf verletzt werden. Das von den Beschwerdeführern beanstandete Unterlassen von Landtag und Landesregierung Brandenburg betrifft nicht etwa typischerweise nur die weiblichen, sondern weibliche und männliche Forscher gleichermaßen.

2. Soweit die Beschwerdeführer eine Verletzung ihrer Grundrechte aus Art. 49, 31 und 10 LV rügen, sind die Verfassungsbeschwerden zulässig.

a) Beschwerdegegenstand ist hier in zulässiger Weise ein Unterlassen der öffentlichen Gewalt des Landes Brandenburg, nämlich der Landesregierung und des Landtages Brandenburg (vgl. §§ 45 Abs. 1, 46 VerfGGBbg). Zwar ist in dem hier in Frage stehenden Zusammenhang am 6. September 1995 ein Beschluß des Landtags Brandenburg ergangen. Dieses Tätigwerden der Landesgewalt steht jedoch nicht im Vordergrund der Verfassungsbeschwerden. Vielmehr erstreben die Beschwerdeführer – noch hinreichend konkret – im Kern die (im Verfassungsbeschwerdeverfahren zulässige) Feststellung, daß ihre Grundrechte durch ein Unterlassen, nämlich dadurch verletzt werden, daß Landtag und Landesregierung nichts – oder doch zu wenig – unternommen haben bzw. unternehmen, sie – etwa durch Bereitstellung finanzieller oder sachlicher Mittel bzw. durch eine Weiterförderung über die im HSP III zu ihren Gunsten vorgesehenen Möglichkeiten hinaus – dauerhaft in die brandenburgische Hochschullandschaft zu integrieren, gegebenenfalls also Beschäftigungsstellen zur Verfügung zu stellen. Insoweit sind die Beschwerdeführer auch gegenwärtig betroffen, weil feststeht, daß die Mittel aus dem WIP mit dem Ende des laufenden Jahres nicht mehr zur Verfügung stehen werden.

b) Einer Entscheidung des Verfassungsgerichts des Landes steht nach Lage des Falles nicht im Wege, daß die Verfassungsbeschwerden nach § 45 Abs. 2 Satz 1 VerfGGBbg an sich die Erschöpfung des Rechtsweges voraussetzen. Soweit ein Unterlassen nicht nur der Landesregierung, sondern auch des Gesetzgebers beanstandet wird, bestehen bereits erhebliche Zweifel, ob gegen ein gesetzgeberisches Unterlassen der Rechtsweg zu den Fachgerichten – hier den Verwaltungsgerichten – überhaupt eröffnet ist (siehe hierzu BVerwGE 75, 330, 334; 80, 355, 358). Jedenfalls aber kann das Gericht über die Verfassungsbeschwerde vor Erschöpfung des Rechtsweges in Ausnahmefällen dann sofort entscheiden, wenn sie von allgemeiner Bedeutung ist (§ 45 Abs. 2 Satz 2 VerfGGBbg). Einen solchen Fall nimmt das Gericht hier an. Zum einen werfen die Verfassungsbeschwerden die – letztendlich in die Zuständigkeit des erkennenden Gerichts gehörende – Grundsatzfrage auf, ob sich die genannten Landesgrundrechte (Art. 49, 31 und 10 LV) unter den vorliegend gegebenen

Umständen zu sogenannten Teilhaberechten verdichten. Zum anderen betrifft die Entscheidung eine Vielzahl gleichliegender Fälle und hat auch deshalb weitreichende Bedeutung (vgl. zu diesem Aspekt bei der Annahme „allgemeiner Bedeutung" i. S. d. § 45 Abs. 2 Satz 2 VerfGGBbg bereits Verfassungsgericht des Landes Brandenburg, Beschluß vom 20. Oktober 1994 – VfGBbg 12/94 – LVerfGE 2, 193, 199 f. und Urteil vom 1. Juni 1995 – VfGBbg 6/95 – LVerfGE 3, 157, 162).

c) Die Möglichkeit einer Verletzung der Grundrechte der Beschwerdeführer aus Art. 49, 31 und 10 LV ist nicht von vornherein von der Hand zu weisen. Die Beschwerdeführer haben genügend konkret dargetan, daß sie bis Ende 1996 keine dauerhafte Beschäftigung an einer brandenburgischen Hochschule gefunden haben werden. Aus dem Vorbringen der Landesregierung ergibt sich in dieser Hinsicht nichts Abweichendes.

II.

Die in dem gekennzeichneten Umfang zulässigen Verfassungsbeschwerden sind indes nicht begründet.

1. Das Verhalten der Landesregierung Brandenburg und des Landtages Brandenburg verletzt die Beschwerdeführer nicht in ihrem Grundrecht aus Art. 49 Abs. 1 LV. Hiernach hat jeder das Recht, seinen Beruf frei zu wählen und auszuüben. Dieses Grundrecht auf Berufsfreiheit umfaßt – entsprechend der korrespondierenden bundesrechtlichen Gewährleistung in Art. 12 Abs. 1 Satz 1 GG – auch das Recht, den Arbeitsplatz frei zu wählen (vgl. BVerfGE 84, 133, 146). Ein Anspruch der Beschwerdeführer auf Eingliederung in die Hochschullandschaft des Landes Brandenburg läßt sich jedoch aus dieser Verfassungsbestimmung nicht herleiten.

a) Ebenso wie andere Freiheitsgrundrechte ist auch das Grundrecht aus Art. 49 Abs. 1 LV in erster Linie als Abwehrrecht konzipiert. Als solches ist es vorrangig dazu bestimmt, „die Freiheitssphäre des einzelnen vor Eingriffen der öffentlichen Gewalt zu sichern" (BVerfGE 7, 198, 204; vgl. entsprechend zu Art. 12 Abs. 1 GG: BVerfGE 33, 303, 329), d. h. die Freiheit des Bürgers vor ungerechtfertigten Eingriffen des Staates zu schützen (vgl. *Isensee*, in: Isensee/Kirchhof, Handbuch des Staatsrechts, Bd. V, 1992, § 111, Rdn. 2). Dies ergibt sich – mit den Worten des Bundesverfassungsgerichts im „Lüth-Urteil" – „aus der geistesgeschichtlichen Entwicklung der Grundrechtsidee wie aus den geschichtlichen Vorgängen, die zur Aufnahme von Grundrechten in die Verfassungen der einzelnen Staaten geführt haben" (BVerfGE 7, 198,

204 f.). Daß Art. 49 Abs. 1 Satz 1 LV ein abwehrrechtliches Verständnis zugrundeliegt, zeigt sich deutlich in Satz 2 der Vorschrift, indem dort klargestellt wird, unter welchen Voraussetzungen in das Grundrecht „eingegriffen" werden darf („ In diese Freiheit darf nur durch Gesetz oder aufgrund eines Gesetzes eingegriffen werden").

b) Vorliegend geht es demgegenüber – anders als bei der vorangegangenen Auflösung der Einrichtungen der Akademien durch Art. 38 EV (dazu BVerfGE 85, 360 ff. und 86, 81 ff.) – nicht um die Abwehr eines Eingriffs. Die Beschwerdeführer erstreben vielmehr im Ergebnis ein Tätigwerden der Landesregierung und des Landtages Brandenburg mit dem Ziel der dauerhaften Verschaffung von Arbeitsplätzen an den Hochschulen Brandenburgs. Einen Anspruch hierauf gibt Art. 49 Abs. 1 Satz 1 LV jedoch nicht her.

aa) Freilich erschöpft sich Art. 49 Abs. 1 Satz 1 LV nicht in der Funktion eines (bloßen) Abwehrrechts gegen Eingriffe der öffentlichen Gewalt. Grundrechte sind nach modernem Verständnis zwar in erster Linie, aber nicht ausschließlich subjektive Freiheitsrechte gegen den Staat. Sie sind zugleich Ausdruck einer Wertordnung, die als verfassungsrechtliche Grundentscheidung für alle Bereiche des Rechts Geltung beansprucht (vgl. grundlegend BVerfGE 7, 198, 205 ff. und – statt vieler – *Böckenförde*, Zur Lage der Grundrechtsdogmatik nach 40 Jahren Grundgesetz, 1990, S. 22 ff.).

(1) Hiervon ausgehend hat das Bundesverfassungsgericht dem Grundrecht auf Berufsfreiheit nach Art. 12 Abs. 1 GG im Zusammenhang mit dem Recht auf freie Wahl der Ausbildungsstätte zugleich den Charakter eines Teilhaberechts, gegebenenfalls gerichtet auf ein Tätigwerden des Staates, beigemessen und hierzu in seinem sogenannten „Numerus-clausus"-Urteil folgendes ausgeführt:

„Je stärker der moderne Staat sich der sozialen Sicherung und kulturellen Förderung der Bürger zuwendet, desto mehr tritt im Verhältnis zwischen Bürger und Staat neben das ursprüngliche Postulat grundrechtlicher Freiheitssicherung vor dem Staat die komplementäre Forderung nach grundrechtlicher Verbürgung der Teilhabe an staatlichen Leistungen ..." (BVerfGE 33, 303, 330 f.).

Zu der – sich vorliegend stellenden – Frage, ob sich ein solcher „Anspruch auf Teilhabe" gegebenenfalls lediglich auf vorhandene Möglichkeiten bezieht oder insoweit auch eine Erweiterung vorhandener Kapazitäten in den Blick zu nehmen ist, hat das Bundesverfassungsgericht letzteres nicht von vornherein ausgeschlossen und hierzu dargelegt:

„Würde sich die verfassungsrechtliche Betrachtung von Anfang an auf die Teilhabe am Vorhandenen verengen, ginge sie ... am Kern der Schwierigkeiten vorbei ... Da diesen Auswirkungen nachhaltig nur durch Erweiterung der Kapazitäten begegnet werden kann, ließe sich fragen, ob aus den grundrechtlichen Wertentscheidungen und der Inanspruchnahme des Ausbildungsmonopols ein objektiver sozialstaatlicher Verfassungsauftrag zur Bereitstellung ausreichender Ausbildungskapazitäten für die verschiedenen Studienrichtungen folgt. Ob diese Frage zu bejahen wäre und ob sich aus diesem Verfassungsauftrag unter besonderen Voraussetzungen ein einklagbarer Individualanspruch des Staatsbürgers auf Schaffung von Studienplätzen herleiten ließe, bedarf jedoch hier keiner Entscheidung. Denn verfassungsrechtliche Konsequenzen kämen erst bei evidenter Verletzung jenes Verfassungsauftrages in Betracht" (BVerfG, aaO, S. 332 f.).

Das Bundesverfassungsgericht hat indes in diesem Zusammenhang klargestellt, daß es in erster Linie Sache des Gesetzgebers sei, darüber zu entscheiden, was der Einzelne vernünftigerweise von der Gesellschaft beanspruchen könne; dazu heißt es in der genannten Entscheidung:

„Auch soweit Teilhaberechte nicht von vornherein auf das jeweils Vohandene beschränkt sind, stehen sie doch unter dem Vorbehalt des Möglichen im Sinne dessen, was der Einzelne vernünftigerweise von der Gesellschaft beanspruchen kann. Dies hat in erster Linie der Gesetzgeber in eigener Verantwortung zu beurteilen, der bei seiner Haushaltswirtschaft auch andere Gemeinschaftsbelange zu berücksichtigen und nach der ausdrücklichen Vorschrift des Art. 109 Abs. 2 GG den Erfordernissen des gesamtwirtschaftlichen Gleichgewichts Rechnung zu tragen hat ... Andererseits verpflichtet ein etwaiger Verfassungsauftrag aber nicht dazu, für jeden Bewerber zu jeder Zeit den von ihm gewünschten Studienplatz bereitzustellen ... Das liefe auf ein Mißverständnis von Freiheit hinaus, bei dem verkannt würde, daß sich persönliche Freiheit auf die Dauer nicht losgelöst von Funktionsfähigkeit und Gleichgewicht des Ganzen verwirklichen läßt und daß ein unbegrenztes subjektives Anspruchsdenken auf Kosten der Allgemeinheit unvereinbar mit dem Sozialstaatsgedanken ist. Das Grundgesetz hat – wie das Bundesverfassungsgericht wiederholt im Zusammenhang mit dem Grundrecht der allgemeinen Handlungsfreiheit hervorgehoben hat ... – die Spannung Individuum–Gemeinschaft im Sinne der Gemeinschaftsbezogenheit und Gemeinschaftsgebundenheit der Person entschieden; der Einzelne muß sich daher diejenigen Schranken seiner Handlungsfreiheit gefallen lassen, die der Gesetzgeber zur Pflege und Förderung des sozialen Zusammenlebens in den Grenzen des allgemein Zumutbaren vorsieht, vorausgesetzt, daß dabei die Eigenständigkeit der Person gewahrt bleibt. Diese Erwägungen beanspruchen erst recht im Bereich staatlicher Teilhabegewährung Geltung" (BVerfG, aaO, S. 333 und 334).

In seinem Urteil vom 24. April 1991 (BVerfGE 84, 133, 146) über eine Regelung im Einigungsvertrag, derzufolge Arbeitsverhältnisse von Beschäftigten im öffentlichen Dienst der Deutschen Demokratischen Republik unter bestimmten Voraussetzungen beendet worden sind, hat das Gericht entschieden, daß Art. 12 Abs. 1 GG keinen Anspruch auf die Schaffung oder den Erhalt von Arbeitsplätzen vermittle (dem folgend sodann BVerfGE 85, 360, 373).

(2) Ähnlich wie bei Art. 12 Abs. 1 GG erscheint auch bei Art. 49 Abs. 1 Satz 1 LV prinzipiell denkbar, daß dieses Grundrecht den Staat zur Ergreifung

von Maßnahmen verpflichtet, ohne die das Grundrecht leerlaufen müßte, und in diesem Sinne zugunsten des einzelnen Bürgers individualanspruchsähnliche Wirkung entfaltet. Es kann nicht davon ausgegangen werden, daß der brandenburgische Verfassungsgesetzgeber hinter der Wirkweise und Reichweite des (bundesrechtlichen) Art. 12 Abs. 1 Satz 1 GG zurückbleiben wollte (vgl. auch *Berlit*, in: Simon/Franke/Sachs, Handbuch der Verfassung des Landes Brandenburg, 1994, § 9, Rdn. 38). Es entspricht dem Konzept des Art. 142 GG, daß Gewährleistungen der Landesverfassungen, auch was eine gegebenenfalls teilhaberechtliche Wirkung angeht, nicht hinter den bundesgrundrechtlichen „Mindeststandard" zurückfallen (vgl. *Dietlein*, Die Grundrechte in den Verfassungen der neuen Bundesländer, 1993, S. 32). In den Beratungen des Unterausschusses I des (vorparlamentarischen) Verfassungsausschusses ist die Gesamtproblematik gesehen und ausführlich erörtert worden (vgl. Protokoll VA/UA I-11 vom 30. September 1991, Dokumentation der Verfassung des Landes Brandenburg, Band 2, S. 643, 645 ff.).

Die teilhaberechtliche Komponente des Art. 49 Abs. 1 Satz 1 LV geht jedoch nicht so weit, daß Landesregierung und Landtag hiernach verpflichtet wären, den Beschwerdeführern über 1996 hinaus dauerhafte Beschäftigungsmöglichkeiten zur Verfügung zu stellen. Auch hier gilt, daß es in erster Linie Sache des Gesetzgebers ist zu entscheiden, was der Einzelne von der Gesellschaft beanspruchen kann. Der Einzelne muß sich gefallen lassen, daß der Gesetzgeber im Rahmen der insgesamt verfügbaren Mittel andere Prioritäten setzt, und kann ihn aus einem Individualgrundrecht wie Art. 49 Abs. 1 LV heraus allenfalls – wie es das Bundesverfassungsgericht zu Art. 12 GG ausgedrückt hat – „bei evidenter Verletzung" eines aus jenem Grundrecht herzuleitenden Verfassungsauftrages (BVerfGE 33, 303, 333) zwingen, in seinem Sinne tätig zu werden. In dieser Weise „evident" aber ist der Fall der Beschwerdeführer, läßt man zunächst die von ihnen in Anspruch genommene Zusage der Länder gegenüber dem Bund (siehe dazu nachfolgend zu bb)) beiseite und stellt man allein auf Art. 49 Abs. 1 LV ab, nicht gelagert. Jedenfalls aus Art. 49 Abs. 1 LV allein können die Beschwerdeführer ebensowenig wie andere von Arbeitslosigkeit Bedrohte verlangen, daß ihnen der Staat einen Arbeitsplatz zur Verfügung stellt. In Rechnung zu stellen ist dabei auch, daß das Bundesverfassungsgericht in seinen Entscheidungen zu Art. 38 EV die damalige Beendigung der Arbeitsverhältnisse der Wissenschaftler der Akademien jedenfalls grundsätzlich für mit dem Grundgesetz vereinbar gehalten hat (BVerfGE 85, 360, 381). Daß speziell das Land Brandenburg aus Art. 49 Abs. 1 seiner Verfassung heraus – evident – gehalten wäre, diesen Zustand, letztlich durch Schaffung von Beschäftigungspositionen, quasi „rückgängig" zu machen, kann, auch angesichts der weitgehenden Deckungsgleichheit der Art. 12 Abs. 1 GG und 49 Abs. 1 LV, nicht angenommen werden. Anderes läßt sich auch aus der vom Bundesverfassungsgericht zur Zumutbarkeit der Beendigung der damaligen Arbeitsverhältnisse angestellten Überlegung nicht herleiten, daß die Härten der Regelung unter anderem durch das WIP abgemildert würden. Das Bundesverfassungsgericht hat dabei durchaus gesehen, daß den ausgeschiedenen Wissenschaftlern dadurch die Möglichkeit eröffnet würde, „noch einige Zeit" (aaO S. 382) in ihrem Fach weiterzuarbeiten und dabei ihre Qualifikation zu erhalten und auszuweiten. Auch aus dem von den Beschwerdeführern herangezogenen Leitsatz 3 der Entscheidung des Bundesverfassungsgerichts vom 10. März 1992 und den damit zusammenhängenden Überlegungen des Gerichts, wonach bei der Ausschreibung und Besetzung der Stellen von Nachfolgeeinrichtungen der Akademie der Wissenschaften die sozialen Belange der früheren Mitarbeiter, vor allem auch die von Schwerbehinderten, älteren Arbeitnehmern, Alleinerziehenden und anderen in ähnlicher Weise Betroffenen, angemessen zu berücksichtigen seien, läßt sich für eine Bereitstellung von Beschäftigungsstellen über das Vorhandene hinaus, d. h. die Schaffung neuer Stellen bzw. Zurverfügungstellung entsprechender Mittel, nichts herleiten. Auch sonst kann in dem Verhalten des Landesgesetzgebers und der Landesregierung in bezug auf die bis Ende 1996 durch das WIP geförderten Wissenschaftler ein „evidenter" Verstoß gegen Art. 49 Abs. 1 LV nicht erblickt werden. Die Landesregierung hat in ihrer Stellungnahme zu der Verfassungsbeschwerde dargelegt, daß vorhandene Mittel zur Schaffung von Stellen im Interesse Aller sorgfältig und ausgewogen zu verteilen seien. Sie anerkennt die generelle Verpflichtung, das ihr Mögliche zur Absenkung der Arbeitslosigkeit im Land Brandenburg zu tun. Darüber hinaus hat sie auf Anfrage vom 23. Oktober 1996 dem Gericht gegenüber mit Schreiben vom 6. November 1996 zu dem ab 1997 anlaufenden Hochschulsonderprogramm III erklärt, daß die Mittel des Programmpunktes 1.6 (Innovative Forschergruppen) – nach Maßgabe näherer Richtlinien – in voller Höhe den WIP-Angehörigen (also offenbar jedenfalls einem Teil von ihnen, darunter möglicherweise auch Beschwerdeführern) zur Verfügung stehen und daß eine entsprechende Förderung auch aus anderen Programmpunkten des HSP III grundsätzlich möglich sei. Das Gericht geht davon aus, daß sich die Landesregierung an diese Ankündigung halten und in ihrem Sinne verfahren wird, und zwar auch dann, wenn die Entscheidung über die für die Förderung durch HSP III notwendigen zusätzlichen Drittmittel erst, wie die Beschwerdeführer der Sache nach vorgetragen haben, im Laufe des ersten Halbjahres 1997 getroffen werden und sich dadurch der Beginn eines etwaigen neuen Beschäftigungsverhältnisses verzögern kann. Unbeschadet dessen läßt sich ein Anspruch der Beschwerdeführer gegen das Land Brandenburg, für die einzelnen Beschwerdeführer finanzielle und sächliche Mittel für ihre Weiterbeschäftigung zur Verfügung zu stellen, jedenfalls aus Art. 49 Abs. 1 Satz 1 LV nicht herleiten.

bb) An diesem Ergebnis kann eine etwaige Zusage der Länder gegenüber dem Bund, die mit Hilfe des WIP geförderten Wissenschaftler dauerhaft in die Hochschullandschaft des jeweiligen Bundeslandes zu integrieren, nichts ändern. Für den Erfolg der Verfassungsbeschwerden kommt es allein auf die Rechtslage an, die sich unmittelbar aus der Landesverfassung, hier Art. 49 Abs. 1 Satz 1 LV, ergibt. Das Grundrecht aus Art. 49 Abs. 1 LV würde durch die von den Beschwerdeführern in Anspruch genommene Zusage keine Verstärkung erfahren.

Eine solche „Zusage" könnte – ungeachtet ihres unscharfen Inhalts und Umfangs sowie des Grades ihrer Verbindlichkeit – rechtsrelevante oder politische Bindungen allenfalls zwischen den Regierungen des Bundes und der Länder, nicht aber verfassungsgerichtlich „einklagbare" Ansprüche einzelner Bürger begründen (vgl. – zu Verwaltungsabkommen im Rahmen des Art. 91 b GG – *Richter/Faber*, in: AK-GG, Band 2, 2. Aufl., 1989, Art. 91 a/91 b, Rdn. 27; *Maunz*, in: Maunz/Dürig, Grundgesetz, Band IV, Stand Mai 1994, Art. 91 b, Rdn. 9; *Liesegang*, in: v. Münch, Grundgesetz-Kommentar, Band 3, 2. Auflage 1983, Art. 91 b, Rdn. 8 und 91 a, Rdn. 30). Bei dem HEP, das mit seinem Art. 8 Abs. 1 Grundlage des WIP ist, handelt es sich nach seiner Präambel um eine Vereinbarung zwischen der Bundesregierung und den Regierungen der Länder (vgl. den vollständigen Abdruck des HEP bei *Röhl*, Der Wissenschaftsrat, 1994, Anl. J, S. 255 f.), die Rechte und Pflichten allein in diesem Verhältnis begründen kann. Gleiches gilt, soweit Art. 9 RV-Fo unter bestimmten Voraussetzungen die Verbindlichkeit von Beschlüssen der Bund-Länder-Kommission für Bildungsplanung regelt; auch bei der RV-Fo handelt es sich um eine Vereinbarung zwischen der Bundesregierung und den Regierungen der Länder (vgl. die Präambel der RV-Fo, abgedruckt bei *Röhl*, aaO, Anl. E, S. 251 f.). Damit geht es um Bestimmungen, die nicht einmal den einzelnen Landesgesetzgeber binden wollen und dies als (bloße) Verwaltungsabkommen mit Blick auf den Grundsatz des Vorrangs des Gesetzes auch nicht könnten (vgl. dazu *Grawert*, Verwaltungsabkommen zwischen Bund und Ländern in der Bundesrepublik Deutschland, 1967, S. 128 ff.). Noch viel weniger können derartige Vereinbarungen die Rechtslage nach der Landesverfassung beeinflussen und etwa – wie hier für Art. 49 Abs. 1 LV in Frage stehend – den Gehalt oder das Gewicht eines Grundrechts verändern.

2. Ebenso werden die Beschwerdeführer durch das Verhalten des Landtages und der Landesregierung Brandenburg nicht in ihrem Grundrecht auf Wissenschaftsfreiheit (Art. 31 LV) verletzt. Zwar ist, wenn wie hier im Rahmen der erstrebten Arbeitsverhältnisse zugleich Forschung betrieben werden

soll, zusätzlich (vgl. dazu BVerfGE 85, 360, 381, 382) eine etwaige teilhaberechtliche Wirkung des die Wissenschaftsfreiheit verbürgenden Art. 31 Abs. 1 LV mit zu berücksichtigen. Aus der entsprechenden bundesverfassungsrechtlichen Verbürgung des Art. 5 Abs. 3 Satz 1 GG entnimmt das Bundesverfassungsgericht nicht nur eine Absage an staatliche Eingriffe in die Wissenschaftsfreiheit, sondern auch eine Verpflichtung des Staates, „sein Handeln positiv danach einzurichten, d. h. schützend und fördernd einer Aushöhlung dieser Freiheitsgarantie vorzubeugen" (vgl. BVerfGE 35, 79, 114); daraus ergeben sich, so folgert das Bundesverfassungsgericht, Postulate in zweifacher Hinsicht: zum einen, die Wissenschaft und ihre Vermittlung „durch Bereitstellung von personellen, finanziellen und organisatorischen Mitteln zu ermöglichen und zu fördern" und damit „funktionsfähige Institutionen für einen freien Wissenschaftsbetrieb zur Verfügung zu stellen", zum anderen, „durch geeignete organisatorische Maßnahmen dafür zu sorgen, daß das Grundrecht der freien wissenschaftlichen Betätigung soweit unangetastet bleibt, wie das unter Berücksichtigung der anderen legitimen Aufgaben der Wissenschaftseinrichtungen und der Grundrechte der verschiedenen Beteiligten möglich ist" (BVerfGE 35, 79, 114 f.; vgl. auch BVerfGE 43, 242, 267). Um Wissenschaftsfreiheit in der so umschriebenen Weise geht es den Beschwerdeführern jedoch nicht, sondern sie beanspruchen Arbeits- bzw. Forschungsplätze für sich persönlich bzw. finanzielle oder sächliche Mittel hierfür. Ein derart weitgehendes Recht freilich gibt aus den zu Art. 49 Abs. 1 Satz 1 LV dargelegten Erwägungen auch Art. 31 Abs. 1 LV nicht her (vgl. insoweit zu Art. 5 Abs. 3 Satz 1 GG auch BVerwGE 52, 339, 341 ff.).

3. Auch eine Verletzung des Grundrechts auf freie Entfaltung der Persönlichkeit (Art. 10 LV) ist nicht festzustellen. Wenn sich Rechtsfolgen, wie sie die Beschwerdeführer in Anspruch nehmen, schon aus den hier spezielleren Art. 49 Abs. 1 Satz 1 und 31 Abs. 1 LV nicht herleiten lassen, gilt dies erst recht mit Blick auf das allgemeinere (insoweit: Auffang-)Grundrecht auf freie Entfaltung der Persönlichkeit.

Nr. 5

Eine Verfassungsbeschwerde gegen eine im Verfahren der Einstweiligen Anordnung ergangene letztinstanzliche Entscheidung (hier: des Oberverwaltungsgerichts betreffend die Form der Hilfe zum Lebensunterhalt für Asylbewerber) kann wegen der noch offenen Klärung im Hauptsacheverfahren unter dem Gesichtspunkt der Subsidiarität unzulässig sein. Für die Frage einer Vorabentscheidung nach § 45 Abs. 2 Satz 2 VerfGGBbg kann in einem solchen Falle eine Rolle spielen, daß die Hauptsachefrage in die Entscheidungszuständigkeit des Bundes (hier: BVerwG) fällt.*

Verfassungsgerichtsgesetz Brandenburg § 45 Abs. 2 Sätze 1 und 2
Asylbewerberleistungsgesetz § 2
Bundessozialhilfegesetz §§ 3 Abs. 1; 4 Abs. 2; 22 Abs. 1

Beschluß vom 21. November 1996 – VfGBbg 17/96, 18/96 und 19/96 –

in dem Verfassungsbeschwerdeverfahren des Herrn und Frau R., beide zugleich als gesetzliche Vertreter ihrer minderjährigen Kinder, Beschwerdeführer zu 1); des Herrn und Frau S., beide zugleich als gesetzliche Vertreter ihrer minderjährigen Kinder, Beschwerdeführer zu 2); des Herrn T., Beschwerdeführer zu 3); gegen Beschlüsse des Oberverwaltungsgerichts für das Land Brandenburg vom 2. Februar 1996.

Entscheidungsformel:
1. Die Verfassungsbeschwerden VfGBbg 17/96, 18/96 und 19/96 werden zur gemeinsamen Entscheidung verbunden.
2. Die Verfassungsbeschwerden werden als unzulässig verworfen.
3. Die Anträge der Beschwerdeführer auf Bewilligung von Prozeßkostenhilfe werden zurückgewiesen.

Gründe:
A.

Die Verfassungsbeschwerden betreffen die Handhabung des § 2 des Gesetzes zur Neuregelung der Leistungen an Asylbewerber vom 30. Juni 1993 – Asylbewerberleistungsgesetz – (BGBl. I S. 1074 ff.) durch erst- und zweitinstanzliche Verwaltungsgerichte des Landes Brandenburg. Die Beschwerdeführer halten es für verfassungswidrig, daß ihnen Hilfe zum Lebensunterhalt in Form von Wertgutscheinen/Sachleistungen statt durch Geldleistung gewährt werde.

I.

Die Sicherstellung des Lebensunterhalts von Asylbewerbern erfolgte vor Inkrafttreten des Asylbewerberleistungsgesetzes nach dem Bundessozialhilfe-

* Nichtamtlicher Leitsatz.

gesetz. Mit dem Asylbewerberleistungsgesetz wurden Ausländer, die sich im Bundesgebiet aufhalten und entweder eine Aufenthaltsgestattung nach dem Asylverfahrensgesetz besitzen oder vollziehbar zur Ausreise verpflichtet sind, sowie ihre Ehegatten und minderjährigen Kinder aus dem Anwendungsbereich des Bundessozialhilfegesetzes ausgegliedert. Sie erhalten nunmehr Hilfe zum Lebensunterhalt und Hilfe in besonderen Lebenslagen nach Maßgabe der Bestimmungen der §§ 2 bis 7 Asylbewerberleistungsgesetz (AsylbLG). Hiernach sind den nach dem Asylbewerberleistungsgesetz Leistungsberechtigten Grundleistungen (§ 3) und sonstige Leistungen (§ 6) vorrangig in Form von Sachleistungen zu gewähren.

Die für das vorliegende Verfahren maßgebende Vorschrift des § 2 AsylbLG bestimmt:

§ 2

Leistungen in besonderen Fällen

(1) Abweichend von den §§ 3 bis 7 ist das Bundessozialhilfegesetz auf Leistungsberechtigte entsprechend anzuwenden, wenn
1. über ihren Asylantrag zwölf Monate nach Antragstellung noch nicht unanfechtbar entschieden ist, solange sie nicht vollziehbar zur Ausreise verpflichtet sind (§ 1 Abs. 1 Nr. 2), oder
2. sie eine Duldung erhalten haben, weil ihrer freiwilligen Ausreise und ihrer Abschiebung Hindernisse entgegenstehen, die sie nicht zu vertreten haben.

...

Die wesentlichen Vorschriften des Bundessozialhilfegesetzes zur Form der zu gewährenden Leistung lauten wie folgt:

§ 3

(1) Art, Form und Maß der Sozialhilfe richten sich nach der Besonderheit des Einzelfalles, vor allem nach der Person des Hilfeempfängers, der Art seines Bedarfs und den örtlichen Verhältnissen.

...

§ 4

...

(2) Über Form und Maß der Sozialhilfe ist nach pflichtmäßigem Ermessen zu entscheiden, soweit dieses Gesetz das Ermessen nicht ausschließt.

§ 22

(1) Laufende Leistungen zum Lebensunterhalt außerhalb von Anstalten, Heimen und gleichartigen Einrichtungen werden nach Regelsätzen gewährt. Sie sind abweichend von den Regelsätzen zu bemessen, soweit dies nach der Besonderheit des Einzelfalles geboten ist.

...

II.

Die Beschwerdeführer in den zur gemeinsamen Entscheidung verbundenen Verfahren unterfallen dem Regelungsbereich des § 2 AsylbLG. Sie wenden sich mit ihren Verfassungsbeschwerden gegen verwaltungsgerichtliche Entscheidungen, mit denen ihr im einstweiligen Anordnungsverfahren gestellter Antrag, ihnen statt der gewährten Sachleistungen laufende Hilfe zum Lebensunterhalt ausschließlich in Form von Geldleistungen zu gewähren, abgelehnt worden ist. Die Verwaltungsgerichte haben im einstweiligen Rechtsschutzverfahren im Kern den Standpunkt vertreten, daß sich ein Anspruch auf Gewährung von Geldleistungen als Hilfe zum Lebensunterhalt aus § 2 AsylbLG nicht ergebe.

1. Zum Verfahren VfGBbg 17/96

Die Beschwerdeführer, ein Ehepaar mit 7 minderjährigen Kindern, sind albanischer Volkszugehörigkeit und stammen aus dem Kosovo, einem Teil des ehemaligen Jugoslawien. Die Familie reiste mit ihren zunächst 6 Kindern nach Deutschland ein und stellte im Februar 1992 Anträge auf Anerkennung als Asylberechtigte beim Bundesamt für die Anerkennung ausländischer Flüchtlinge. Ihre Anträge sind noch nicht beschieden. Das 7. Kind wurde in Deutschland geboren. Seit Januar 1994 ist die Familie in der Gemeinschaftsunterkunft in F. untergebracht. Mit Bescheid vom 8. März 1995 bewilligte das zuständige Sozialamt des Landkreises X. den Beschwerdeführern Barleistungen in Höhe von insgesamt monatlich 700,– DM. Zur Deckung des Bedarfs an Ernährung, Heizung, Kleidung, Gesundheits- und Körperpflege und Gebrauchs- und Verbrauchsgütern des Haushaltes erhalten sie Sachleistungen in Form von „Kundenkontoblättern". Diese „Kundenkontoblätter" können die Beschwerdeführer in dem 5 km von der Gemeinschaftsunterkunft liegenden „Kaufland Warenhandel" oder im 2 km entfernten „SB Warenhaus Familie" einlösen.

Über den gegen diesen Bescheid eingelegten Widerspruch ist bislang noch nicht entschieden worden.

Am 18. April 1995 beantragten die Beschwerdeführer beim Verwaltungsgericht M. den Erlaß einer einstweiligen Anordnung mit dem Ziel, die Hilfe zum Lebensunterhalt ausschließlich in Form von Barleistungen zu erhalten. Das Verwaltungsgericht hat den Antrag auf Erlaß einer einstweiligen Anordnung abgelehnt. Es fehle bereits an der für den Erlaß einer einstweiligen Anordnung erforderlichen überwiegenden Erfolgsaussicht in der Sache. Nach § 2 Abs. 1 Nr. 1, Abs. 2 AsylbLG sei das Bundessozialhilfegesetz (lediglich) entsprechend anwendbar. Zwar habe das Bundesverwaltungsgericht entschieden, daß sich aus § 22 Abs. 1 Satz 1 BSHG (laufende Leistungen zum Lebensunterhalt ... werden nach Regelsätzen gewährt) ergebe, daß Sozialhilfe im Rahmen der Hilfe zum Lebensunterhalt unter Ausschluß von Ermessen (§ 4 Abs. 2

BSHG) für den Regelfall als schematisierte betragsmäßig fixierte Geldleistung zu gewähren sei. Diese Rechtsprechung sei jedoch auf das Asylbewerberleistungsgesetz nicht übertragbar. Mit der Neuregelung der Leistungen an Asylbewerber und ihnen gleichgestellter Ausländer sei das Ziel verfolgt worden, keinen Anreiz zu schaffen, aus wirtschaftlichen Gründen nach Deutschland zu kommen. Zudem solle sogenannten Schlepperorganisationen der Nährboden entzogen werden. Diese Gesichtspunkte seien bei der Entscheidung über die Form der Hilfegewährung mit zu berücksichtigen. Bei der nach dem Asylbewerberleistungsgesetz zu treffenden Ermessensentscheidung könnten sozialhilferechtliche Maßstäbe nur insoweit maßgeblich sein, als die Lebenssituation eines Asylbewerbers mit der eines Anspruchsberechtigten nach dem Bundessozialhilfegesetz übereinstimme. Anders als beim Sozialhilfeempfänger gehe es aber bei den Leistungsberechtigten nach dem Asylbewerberleistungsgesetz nicht um eine auf Dauer angelegte soziale Situation.

Die gegen die Entscheidung des Verwaltungsgerichts M. gerichtete Beschwerde hat das Oberverwaltungsgericht für das Land Brandenburg zurückgewiesen. Das Oberverwaltungsgericht begründet seine Entscheidung ähnlich wie das Verwaltungsgericht M. im wesentlichen mit einer vom Bundessozialhilfegesetz abweichenden, bei der Ermessensentscheidung zu berücksichtigenden Zwecksetzung des Asylbewerberleistungsgesetzes.

2. Zum Verfahren VfGBbg 18/96

Die Beschwerdeführer zu 2), eine Familie mit sechs minderjährigen Kindern, sind Asylbewerber aus dem Libanon. Sie beantragten im Jahre 1991 ihre Anerkennung als Asylberechtigte; über die Anträge ist noch nicht rechtskräftig entschieden. Die Familie lebt in einer Gemeinschaftsunterkunft in Y. Die Beschwerdeführer erhalten – neben einem monatlichen Taschengeld – zur Deckung ihres Bedarfs an Ernährung, Gesundheits- und Körperpflege sowie Gebrauchs- und Verbrauchsgütern des Haushalts Sachleistungen aus dem dem Heim angeschlossenen Magazin. Ihr Antrag, ihnen Sozialleistungen künftig ausschließlich in Bargeld zu gewähren, lehnte das Sozialamt in Y. ab. Das Widerspruchsverfahren blieb erfolglos. Über die daraufhin erhobene Klage hat das Verwaltungsgericht Y. noch nicht entschieden.

Den Antrag auf Gewährung einstweiligen Rechtsschutzes hat das Verwaltungsgericht Y. zurückgewiesen. Das Verwaltungsgericht Y. hat sich wie das Verwaltungsgericht M. auf den Standpunkt gestellt, ein Anspruch auf die Gewährung von Lebensunterhalt in Form von Bargeld bestehe – anders als im Bundessozialhilfegesetz – aufgrund der besonderen Zielsetzung des Asylbewerberleistungsgesetzes nicht. Weiter vergleicht das Verwaltungsgericht Y. die Situation der Asylbewerber vor und nach dem Inkrafttreten des Asylbewerberleistungsgesetzes. Eine Auslegung dahin, daß den nach § 2 AsylbLG

Berechtigten im Wege der Ermessensreduzierung Leistungen nur in Form von Bargeld zu gewähren sei, laufe auf eine Verbesserung im Vergleich zu der früher einschlägigen Sollvorschrift des § 120 Abs. 2 Satz 3 BSHG hinaus, wonach die Hilfe in erster Linie als Sachleistung, in zweiter Linie durch Aushändigung von Warengutscheinen, aber eben nicht durch Geldleistungen zu erbringen gewesen sei. Eine solche Verbesserung gegenüber der früheren Rechtslage sei aber – berücksichtige man das Ziel des Gesetzes als „flankierende Maßnahme" zu dem 1993 erzielten „Asylkompromiß" – erkennbar nicht gewollt. Vorliegend seien keine Umstände ersichtlich, die das Ermessen des Antragsgegners in der Weise einschränkten, daß als zulässige Leistung nur Leistung in Geld in Frage komme.

Die gegen die Entscheidung des Verwaltungsgerichts Y. gerichtete Beschwerde hat das Oberverwaltungsgericht für das Land Brandenburg zurückgewiesen. Der Beschluß beruht im wesentlichen auf den bereits zum Verfahren VfGBbg 17/96 wiedergegebenen Erwägungen.

3. Zum Verfahren VfGBbg 19/96

Der Beschwerdeführer zu 3) stammt aus Sierra Leone. Er lebt seit 1993 in Deutschland; über seinen Asylantrag ist noch nicht rechtskräftig entschieden worden. Der Beschwerdeführer erhält monatliche Unterstützung in Form eines Taschengeldes in Höhe von 140,– DM, i. ü. in Form von Wertgutscheinen im Werte von 310,– DM. Die Wertgutscheine kann der Beschwerdeführer in zwei Filialen der Handelskette „SPAR" einlösen. Im November 1994 beantragte er beim Sozialamt des Landkreises Z., ihm künftig Sozialleistungen ausschließlich in Geld zu gewähren. Der Landkreis lehnte den Antrag ab; über den hiergegen erhobenen Widerspruch ist noch nicht entschieden.

Unter dem 6. Januar 1995 suchte der Beschwerdeführer um einstweiligen Rechtsschutz beim Verwaltungsgericht Y. nach. Das Verwaltungsgericht Y. hat den Antrag abgelehnt. Die Entscheidung beruht wiederum auf der Erwägung, daß das Asylbewerberleistungsgesetz nicht zu einer Ermessensreduzierung dahingehend führe, daß Leistungen nur in Bargeld zu gewähren seien.

Die gegen diesen Beschluß gerichtete Beschwerde hat das Oberverwaltungsgericht mit ähnlicher Begründung wie in den zuvor erwähnten Beschlüssen zurückgewiesen.

III.

Mit ihrer am 1. April 1996 beim Verfassungsgericht des Landes eingegangenen Verfassungsbeschwerde wenden sich die Beschwerdeführer gegen die genannten erst- und zweitinstanzlichen verwaltungsgerichtlichen Entscheidungen. Sie rügen die Verletzung ihrer Grundrechte aus Art. 2, 6, 7, 10, 12 Abs. 1 Satz 1 und 2, 26 Abs. 1 Satz 2, 27 Abs. 1 und 4, 45 Abs. 1 Satz 2 Landesverfassung (LV) sowie des Verhältnismäßigkeitsprinzips und des Sozialstaatsgrundsatzes aus der Verfassung des Landes Brandenburg. Sie machen – insoweit übereinstimmend – geltend:

1. Die Verfassungsbeschwerden seien zulässig. Da das einstweilige Rechtsschutzverfahren ein gegenüber dem Klageverfahren eigenständiges Verfahren darstelle und gegen die Entscheidung des Oberverwaltungsgerichts ein Rechtsmittel nicht gegeben sei, sei der Rechtsweg erschöpft. Jedenfalls aber sei die Verfassungsbeschwerde von allgemeiner Bedeutung i. S. v. § 45 Abs. 2 Satz 2 Verfassungsgerichtsgesetz Brandenburg (VerfGGBbg). Sie betreffe sämtliche in Brandenburg lebenden Asylbewerber, deren Asylverfahren bereits länger als 1 Jahr dauere. Es seien eine Vielzahl von Verwaltungsverfahren und gerichtlichen Verfahren zu diesem Komplex anhängig. Es gehe nicht an, die Beschwerdeführer auf das Hauptsacheverfahren zu verweisen, weil sie damit schweren und unabwendbaren Nachteilen ausgesetzt würden. Nach verwaltungs- und sozialrechtlichen Grundsätzen sei eine rückwirkende Gewährung von Geldleistungen unzulässig. Der Anspruch auf Bargeldleistungen werde folglich schon durch bloßen Zeitablauf vereitelt.

2. Die Verfassungsbeschwerde müsse auch in der Sache Erfolg haben. Die Berufung auf die gerügten Grundrechte sei nicht dadurch ausgeschlossen, daß diese Grundrechte im wesentlichen deckungsgleich auch im Grundgesetz enthalten seien. Es sei vielmehr möglich, die Grundrechte aus der Bundesverfassung und aus der Landesverfassung alternativ geltend zu machen. Auch stehe nicht entgegen, daß die angegriffenen Beschlüsse in Anwendung von Bundesrecht – dem Asylbewerberleistungsgesetz – ergangen seien. Denn die Verwaltungsgerichte des Landes Brandenburg hätten auch bei der Auslegung und Anwendung von Bundesrecht die Grundrechte aus der Landesverfassung zu beachten. Die landesverfassungsrechtlichen Vorgaben hätten die Gerichte im vorliegenden Fall dadurch mißachtet, daß sie die § 2 AsylbLG unterfallenden Ausländer auf eine andere Form der Hilfe zum Lebensunterhalt verwiesen als (sonstige) Sozialhilfeempfänger.

B.

I.

Die Verfassungsbeschwerden sind unzulässig.

a) Der Zulässigkeit der Verfassungsbeschwerden steht der Grundsatz der Subsidiarität entgegen. Zwar haben die Beschwerdeführer den Rechtsweg im Sinne von § 45 Abs. 2 Satz 1 VerfGGBbg erschöpft, weil gegen die angegriffenen Beschlüsse des Oberverwaltungsgerichts für das Land Brandenburg im einstweiligen Rechtsschutzverfahren ein (weiteres) Rechtsmittel nicht gegeben ist (vgl. §§ 146 Abs. 1, 152 Abs. 1 Verwaltungsgerichtsordnung – VwGO –). Indessen ist § 45 Abs. 2 Satz 1 VerfGGBbg seinerseits Ausdruck des allgemeineren Grundsatzes der Subsidiarität der Verfassungsbeschwerde. Er dient, über das Gebot einer Rechtswegerschöpfung im engeren Sinne hinausgehend, einer sachgerechten Aufgabenverteilung zwischen Verfassungsgericht und Fachgerichten. Danach obliegt es vorrangig den Fachgerichten, einfachrechtliche Vorschriften auszulegen, die zur Anwendung der Vorschriften erforderlichen Ermittlungen vorzunehmen und den so ermittelten Sachverhalt tatsächlich und rechtlich zu würdigen. Der Grundsatz der Subsidiarität verlangt deswegen von einem Beschwerdeführer, daß er – über eine Rechtswegerschöpfung im engeren Sinne hinaus – alles im Rahmen seiner Möglichkeiten Stehende unternimmt, um eine etwaige Grundrechtsverletzung zu beseitigen oder zu verhindern. Er muß vor Anrufung des Verfassungsgerichts in rechtsanaloger Anwendung des § 45 Abs. 2 Satz 1 VerfGGBbg alle nach Lage der Dinge ihm gegebenenfalls zur Verfügung stehenden prozessualen Möglichkeiten zur Korrektur der geltend gemachten Grundrechtsverletzung ergreifen (vgl. zu alledem Verfassungsgericht des Landes Brandenburg, Beschluß vom 18. Juli 1996 – VfGBbg 20/95 –*).

Eine Verfassungsbeschwerde ist nach der ständigen Rechtsprechung des Gerichts nach Maßgabe dieser Grundsätze unter dem Gesichtspunkt der Subsidiarität regelmäßig auch dann unzulässig, wenn trotz Erschöpfung des Rechtsweges im einstweiligen fachgerichtlichen Verfahren in zumutbarer Weise Rechtsschutz auch noch im fachgerichtlichen Hauptsacheverfahren erlangt werden kann (vgl. Verfassungsgericht des Landes Brandenburg, Beschluß vom 17. März 1994 – VfGBbg 11/93 – LVerfGE 2, 85, 87; Beschluß vom 18. Juli 1996, aaO**; vgl. auch BVerfGE 86, 15, 22). Die Möglichkeit des Grundrechtsschutzes durch das Fachgericht in der Hauptsache korrespondiert mit der Verantwortung, die diesem Gericht auch in dieser Hinsicht zukommt (vgl. Verfassungsgericht des Landes Brandenburg, Beschluß vom 17. März 1994, aaO). Die Beschwerdeführer der vorliegenden Verfahren sind hiernach gehalten, zunächst die entsprechenden Hauptsacheverfahren durchzuführen. Mit den von ihnen hier aufgeworfenen Rechtsfragen werden sich die Verwaltungsgerichte im Hauptsacheverfahren erneut mit der gebotenen Sorgfalt auseinanderzusetzen haben. Von daher besteht die Möglichkeit, daß sie zu einer anderslautenden und den Beschwerdeführern günstigeren Beurteilung gelangen. Damit geht diese Rechtsschutzmöglichkeit der Verfassungsbeschwerde grundsätzlich vor.

* Siehe LVerfGE 4, 201, 205.
** Siehe LVerfGE 4, 201, 206.

b) Ebenso wie gemäß § 45 Abs. 2 Satz 2 VerfGGBbg bei Nichterschöpfung des Rechtsweges (im engeren Sinne) kann das Verfassungsgericht auch im Anwendungsbereich des Subsidiaritätsgrundsatzes, nämlich in analoger Anwendung (auch) des Satzes 2 des § 45 Abs. 2 VerfGGBbg, „im Ausnahmefall über eine ... Verfassungsbeschwerde sofort entscheiden, wenn sie von allgemeiner Bedeutung ist oder wenn dem Beschwerdeführer ein schwerer und unabwendbarer Nachteil entstünde", falls er zunächst darauf verwiesen würde, um Rechtsschutz vor den Fachgerichten nachzusuchen. Das erkennende Gericht sieht sich jedoch nicht veranlaßt, von dieser Möglichkeit der Sofortentscheidung Gebrauch zu machen.

aa) Nach der ständigen Rechtsprechung des Gerichts kommt eine Sofortentscheidung nach § 45 Abs. 2 Satz 2 VerfGGBbg nur unter besonderen Umständen in Betracht. Die Ausgestaltung des § 45 Abs. 2 Satz 2 VerfGGBbg als Kann-Vorschrift macht deutlich, daß auch bei Vorliegen der darin genannten Voraussetzungen eine Vorabentscheidung des Verfassungsgerichts keineswegs zwangsläufig ist. Sie bleibt vielmehr auch in diesen Fällen schon nach dem Wortlaut des § 45 Abs. 2 Satz 2 VerfGGBbg die Ausnahme („im Ausnahmefall"). Die „allgemeine Bedeutung" – wie sie hier mit Blick auf die Vielzahl der nach § 2 AsylbLG Leistungsberechtigten und angesichts von Parallelverfahren möglicherweise zu bejahen wäre – ist nur ein Aspekt unter mehreren, die im Rahmen einer Abwägung für und wider eine sofortige Sachentscheidung zu berücksichtigen sind (Verfassungsgericht des Landes Brandenburg, Beschluß vom 15. September 1994 – VfGBbg 5/94 – LVerfGE 2, 170, 178; Beschluß vom 20. Oktober 1994 – VfGBbg 12/94 – LVerfGE 2, 193, 200; ähnlich etwa BVerfGE 71, 305, 349; 77, 381, 408).

bb) Unbeschadet dessen kann es Fälle geben, in denen sich das durch § 45 Abs. 2 Satz 2 VerfGGBbg eröffnete Ermessen nach der Art und Schwere des dem Beschwerdeführer gegebenenfalls entstehenden Nachteils unter Abwägung auch der weiteren Umstände des Falles auf eine Verpflichtung des Gerichts reduziert, durch eine Vorabentscheidung einzugreifen (vgl. BVerfGE 86, 15, 26 f.). So liegt es hier jedoch nicht. Indem das Gesetz in § 45 Abs. 2 Satz 2 VerfGGBbg ebenso wie auf Bundesebene, insoweit übereinstimmend, in § 90 Abs. 2 Satz 2 BVerfGG für eine Vorabentscheidung des Verfassungsgerichts darauf abstellt, ob dem Beschwerdeführer anderenfalls ein „schwerer" (und – additiv – „unabwendbarer") Nachteil entstünde, wird deutlich, daß selbst eine Grundrechtsverletzung als solche nicht ausreicht (vgl. insoweit BVerfGE 9, 120, 121 f.), sondern eine Grundrechtsverletzung in Frage stehen muß, die den Beschwerdeführer besonders massiv betrifft und die für die Zeit bis zur Erschöpfung des Rechtsweges bzw. – hier – bis zur Klärung im Hauptsacheverfahren hinzunehmen ganz oder gar unerträglich wäre. Diese – hohe

Schwelle, die für die Frage einer verfassungsgerichtlichen Vorabentscheidung über § 123 Abs. 1 VwGO hinausgeht, wird hier für den Fall, daß die Beschwerdeführer durch die Gewährung der Hilfe zum Lebensunterhalt in Form von Wertgutscheinen und Sachleistungen statt durch Bargeld in Grundrechten verletzt werden (wie folglich dahingestellt bleibt), noch nicht überschritten. Die Beschwerdeführer erhalten Leistungen, die, wenn auch zum Teil in Form von Sachleistungen/Gutscheinen, dem Wert nach den Geldleistungen des Bundessozialhilfegesetzes entsprechen. Die Beschwerdeführer sind damit besser gestellt als Asylbewerber, die sich erst weniger als 12 Monate im Bundesgebiet aufhalten. Durch die gewährten Leistungen ist sichergestellt, daß sie, ohne in direkte materielle Not zu geraten, ihre Anerkennung als Asylberechtigte im Bundesgebiet (weiter-)verfolgen können. Hiernach vermag das Gericht einen Nachteil der in § 45 Abs. 2 Satz 2 VerfGGBbg vorausgesetzten Schwere nicht zu erkennen.

cc) Unter diesen Umständen bleibt für die Frage einer Vorwegentscheidung nach § 45 Abs. 2 Satz 2 VerfGGBbg ohne vorherige Erschöpfung des Rechtsweges bzw. – hier – unter Hintansetzung des Gesichtspunktes der Subsidiarität der Gedanke einer sachgerechten Aufgabenabgrenzung zwischen Verfassungs- und Fachgerichtsbarkeit (vgl. oben zu a)) von ausschlaggebender Bedeutung. Hiernach erscheint dem Gericht eine Sofortentscheidung nach § 45 Abs. 2 Satz 2 VerfGGBbg nicht angezigt. Es geht um die Beurteilung schwieriger und der Sache nach letztlich in die Entscheidungszuständigkeit des Bundesverwaltungsgerichts gehörender Fragen des Asylbewerberleistungsgesetzes und des Bundessozialhilfegesetzes. Insbesondere die Auslegung des § 2 AsylbLG – im einzelnen: ob und inwieweit die in § 2 AsylbLG vorgesehene entsprechende Anwendung des Bundessozialhilfegesetzes Abweichungen von den Grundsätzen zuläßt, die im Sozialhilferecht zur Art und Weise der zu gewährenden Leistungen gelten oder ob sich hier ebenso wie dort aus den „geschriebenen und ungeschriebenen Grundsätze(n)" des einfachen Rechts „und gegebenenfalls aus dem Verfassungsrecht" (vgl. insoweit noch BVerwGE 72, 355, 357) oder auch unmittelbar aus dem Bundessozialhilfegesetz selbst (vgl. zur neueren Rechtsprechung BVerwG, Buchholz 436.0 § 22 BSHG Nr. 19 und Nr. 23) grundsätzlich ein Anspruch auf Gewährung von Hilfe zum Lebensunterhalt in Form von Bargeld ergibt – ist umstritten. Die Rechtsprechung der Oberverwaltungsgerichte der Bundesländer hierzu ist nicht einheitlich. Die hier im Verfahren des vorläufigen Rechtsschutzes vom Oberverwaltungsgericht für das Land Brandenburg vertretene Rechtsansicht, daß sich die Sozialhilfebehörden im Rahmen ihres pflichtgemäßen Ermessens auch für die Gewährung von Sachleistungen entscheiden könnten, wird vom Oberverwaltungsgericht für das Land Nordrhein-Westfalen geteilt (OVG

Münster, NVwZ-Beilage 3/1995, S. 20 ff.). Andere Oberverwaltungsgerichte sehen hingegen das Ermessen überwiegend auf die Gewährung von Geldleistungen hin reduziert (s. etwa OVG Berlin, NVwZ-Beilage 2/1994, S. 13 f.; VGH Mannheim, NVwZ-Beilage 5/1994, S. 34 ff; VGH München, NVwZ-Beilage 5/1994, S. 36 ff.; OVG Greifswald, NVwZ-Beilage 6/1994, S. 46 ff.). Eine Entscheidung des Bundesverwaltungsgerichts steht noch aus. Es ist mithin keineswegs sicher, daß sich die hier von den Beschwerdeführern bekämpfte Rechtsauffassung des Oberverwaltungsgerichts für das Land Brandenburg oder ob sich nicht eine den Beschwerdeführern günstigere Auffassung durchsetzt.

Im übrigen ist für eine Überprüfung der Anwendung von Bundesrecht am Maßstab der Landesverfassung, wie das erkennende Gericht für den Bereich des Bundes-Verfahrensrechts ausgesprochen hat (Verfassungsgericht des Landes Brandenburg, Beschluß vom 15. September 1994 – VfGBbg 10/93 – LVerfGE 2, 179, 182) und wie in gleicher Weise für das materielle Bundesrecht gelten muß, von vornherein kein Raum, wo das Bundesrecht abschließend und zwingend ist. Sie kommt allenfalls in Betracht, wo das Bundesrecht Wertungs- und Ermessensspielräume läßt (Verfassungsgericht des Landes Brandenburg, aaO). Auch von daher, nämlich zur Klärung der Frage, ob und inwieweit bei der Anwendung von § 2 AsylbLG Ermessensspielräume bestehen, ist der Verwaltungsrechtsweg im Hauptsacheverfahren einschlägig.

In dieser Lage kann es nicht Aufgabe des Landesverfassungsgerichts sein, den Verwaltungsgerichten vorzugreifen und in entsprechender Anwendung von § 45 Abs. 2 Satz 2 VerfGGBbg Streitfragen des bundesrechtlichen Sozialhilfe- und Asylbewerberleistungsrechts vorab zu entscheiden. Anders als es ansonsten seiner Funktion und Aufgabenstellung entspricht, könnte das Gericht eine Grundrechtsverletzung, wenn es eine solche aus landesverfassungsrechtlicher Sicht bei der von dem Oberverwaltungsgericht für das Land Brandenburg gebilligten Handhabung annähme, nicht abschließend und gewissermaßen das letzte Wort sprechend aus der Welt schaffen. Vielmehr wäre nicht auszuschließen, daß eine etwaige Sachentscheidung des Gerichts, wie immer sie ausfiele, durch eine abweichende Beurteilung der einfachrechtlichen Lage durch das Bundesverwaltungsgericht – und gegen eine solche Entscheidung wäre sodann gegebenenfalls Verfassungsbeschwerde beim Bundesverfassungsgericht einzulegen – überrollt würde. Aus diesen Gründen kann sich das erkennende Gericht nicht dazu verstehen, unter Aussparung des im Hauptsacheverfahren noch nicht in Anspruch genommenen verwaltungsgerichtlichen Rechtsschutzes eine Sachentscheidung zu treffen, und erweisen sich damit die Verfassungsbeschwerden unter dem Gesichtspunkt der Subsidiarität als unzulässig.

Verfassungsgericht des Landes Brandenburg

II.

Die Anträge auf Bewilligung von Prozeßkostenhilfe waren gemäß § 48 Satz 1 VerfGGBbg i. V. m. § 114 Zivilprozeßordnung abzulehnen, da die Verfassungsbeschwerden, wie dargelegt, als unzulässig keinen Erfolg haben.

Nr. 6

Für den Beginn der Frist nach § 47 Abs. 2 Satz 5 Verfassungsgerichtsgesetz Brandenburg ist auch für den Fall, daß ein Antrag auf Berichtigung des Tatbestandes gestellt war, die Zustellung der Entscheidung in der Sache maßgeblich. Es gehört zu den Sorgfaltspflichten eines Rechtsanwalts, sich insoweit kundig zu machen.*

Verfassungsgerichtsgesetz Brandenburg § 47 Abs. 2 Sätze 1 und 5

Beschluß vom 21. November 1996 – VfGBbg 35/96 –

in dem Verfassungsbeschwerdeverfahren des Herrn H. gegen den Beschluß des Landgerichts X. vom 21. November 1994; Beschluß des Brandenburgischen Oberlandesgerichts vom 29. Mai 1995; Beschluß des Brandenburgischen Oberlandesgerichts vom 12. Februar 1996.

Entscheidungsformel:

Die Verfassungsbeschwerde wird verworfen.

Gründe:

Die Verfassungsbeschwerde war nach § 21 Verfassungsgerichtsgesetz Brandenburg (VerfGGBbg) ohne weitere Begründung zu verwerfen, nachdem der Beschwerdeführer mit Schreiben vom 23. September 1996, zugestellt am 25. September 1996, auf die Bedenken gegen die Zulässigkeit seiner Verfassungsbeschwerde, nämlich auf die Versäumung der Frist für die Erhebung der Verfassungsbeschwerde, hingewiesen worden ist.

Die mit Schreiben vom 26. September 1996 beantragte Wiedereinsetzung in den vorherigen Stand war nicht zu gewähren. Der Antrag auf Wiedereinsetzung ist bereits unzulässig. § 47 Abs. 2 Satz 5 VerfGGBbg bestimmt, daß der

---

* Nichtamtlicher Leitsatz.

Antrag nach einem Jahr nach dem Ende der versäumten Frist unzulässig ist. Die – hier die Beschwer begründende und damit fristauslösende (vgl. ständige Rechtsprechung BGH, FamRZ 1990, 988 f.; siehe u. a. auch *Albers*, in: Baumbach/Lauterbach/Albers/Hartmann, Zivilprozeßordnung, 53. Auflage, § 516, Rdn. 2) – letztinstanzliche Sachentscheidung (Beschluß des Brandenburgischen Oberlandesgerichts vom 29. Mai 1995) wurde dem Beschwerdeführer am 27. Juni 1995 zugestellt. Die nach § 47 Abs. 1 Satz 1 VerfGGBbg bestimmte Zweimonatsfrist endete deshalb am 27. August 1995. Die Verfassungsbeschwerde ist bei Gericht jedoch erst am 13. September 1996 und damit mehr als ein Jahr seit dem Ende der versäumten Frist eingegangen.

Unbeschadet dessen könnte der Antrag auf Wiedereinsetzung auch in der Sache keinen Erfolg haben. Gemäß § 47 Abs. 2 Satz 1 VerfGGBbg ist einem Beschwerdeführer auf Antrag Wiedereinsetzung in den vorherigen Stand zu gewähren, wenn er ohne Verschulden verhindert war, die Frist einzuhalten. Dabei hat sich der Beschwerdeführer das Verhalten und gegebenenfalls Verschulden seines Verfahrensbevollmächtigten zurechnen zu lassen (siehe § 13 Abs. 1 VerfGGbbg i. V. m. §§ 173 VwGO, 85 Abs. 2 ZPO). Die Verfahrensbevollmächtigte des Beschwerdeführers ist hier davon ausgegangen, die Frist des § 47 Abs. 2 Satz 1 VerfGGBbg sei nicht mit der Zustellung der letztinstanzlichen Sachentscheidung, sondern erst mit Zustellung der Entscheidung über den Antrag auf Berichtigung des Tatbestandes (§ 320 ZPO) am 13. August 1996 in Gang gesetzt worden. Diese Einschätzung der Rechtslage war irrig und bei Anwendung äußerster zumutbarer Sorgfalt, wie sie einem Rechtsanwalt im Rahmen des Wiedereinsetzungsrechts abzuverlangen ist (vgl. BGH, NJW 1952, 425; NJW 1953, 179, 180; OLG Stuttgart, FamRZ 1984, 402, 405 mwN), vermeidbar. Die Verfahrensbevollmächtigte des Beschwerdeführers hätte sich über die Fristenlage in einem Fall wie dem vorliegenden ohne weiteres durch eine Prüfung der Kommentarliteratur zu dem § 45 Abs. 2 VerfGGBbg entsprechenden § 90 Abs. 2 Bundesverfassungsgerichtsgesetz (dort etwa *Schmidt-Bleibtreu*, in: Maunz/Schmidt-Bleibtreu/Klein/Ulsamer, BVerfGG, Stand März 1992, § 90, Rdn. 200) und zu Rechtsmittelfristen im allgemeinen (etwa Zöller/Gummer, ZPO, 19. Aufl., § 516, Rdn. 6; *Albers*, in: Baumbach/Lauterbach/Albers/Hartmann, ZPO, 53. Aufl., aaO; MünchKomm ZPO – *Rimmelspacher*, Band 2, 1992, § 516, Rdn. 15) unterrichten können.

Auch soweit der Beschwerdeführer mit Schreiben vom 26. September 1996 ergänzend geltend macht, das Oberlandesgericht habe entgegen § 320 Abs. 3 Satz 1 ZPO ohne mündliche Verhandlung über den Antrag auf Berichtigung des Tatbestandes entschieden, hat seine Verfassungsbeschwerde keinen Erfolg. Das Gericht wertet dieses Vorbringen als Rüge einer Verletzung des in Art. 52 Abs. 3 Landesverfassung verbürgten Anspruchs auf rechtliches Gehör.

Rechtliches Gehör bedeutet indes begrifflich nur Gelegenheit zur Äußerung zu den entscheidungserheblichen Fragen (Verfassungsgericht des Landes Brandenburg, Beschluß vom 15. September 1994 – VfGBbg 10/93 – LVerfGE 2, 179, 182; auch etwa BVerfGE 60, 175, 210), und besagt für sich allein noch nicht, daß nur auf Grund mündlicher Verhandlung entschieden werden dürfte (vgl. etwa BVerfGE 5, 9, 11; 6, 19, 20; 15, 303, 307; 60, 175, 210 f.). Dementsprechend ist aus verfassungsrechtlicher Sicht nicht zu beanstanden, daß hier über den Berichtigungsantrag, wie dies für Beschlußangelegenheiten der sog. Freiwilligen Gerichtsbarkeit vertreten wird (vgl. BayObLGZ 1989, 51, 52), ohne mündliche Verhandlung entschieden worden ist. Daß hier der Beschwerdeführer vor dem Oberlandesgericht keine hinreichende Gelegenheit gehabt hätte, sich zu der im Rahmen des Tatbestandsberichtigungsantrages allein interessierenden Frage der Darstellung des Prozeßstoffes zu äußern, ist weder dargetan noch sonst ersichtlich.

Nr. 7

1. Zu der Frage, ob es geboten ist, bei einem Untätigbleiben eines Fachgericht vor einer Anrufung des Verfassungsgerichts zunächst eine – gegebenenfalls außerordentliche – Beschwerde an das (Fach-)Beschwerdegericht einzulegen.

2. Ist bei einer wegen Verletzung des Art. 52 Abs. 4 Satz 1 LV (zügiges Verfahren) erhobenen Verfassungsbeschwerde die betreffende Instanz abgeschlossen, ist ein Interesse an einem – insoweit nachträglichen – Tätigwerden des Verfassungsgerichts nur ausnahmsweise anzuerkennen. Zu den Voraussetzungen für ein solches Tätigwerden.*

Grundgesetz Art. 19 Abs. 4

Verfassung des Landes Brandenburg Art. 6 Abs. 1; 52 Abs. 4 Satz 1

Verfassungsgerichtsgesetz Brandenburg § 45 Abs. 2 Satz 1

Beschluß vom 19. Dezember 1996 – VfGBbg 28/96 –

in dem Verfahren über die Verfassungsbeschwerde der Eheleute M. wegen Feststellung einer Grundrechtsverletzung durch Untätigbleiben des Ver-

---

* Nichtamtliche Leitsätze.

waltungsgerichts X. in einem Verfahren auf Gewährung vorläufigen Rechtsschutzes.

Entscheidungsformel:
1. Die Verfassungsbeschwerde wird verworfen.
2. Auslagen werden den Beschwerdeführern nicht erstattet.

Gründe:

A.

Die Beschwerdeführer erstreben sinngemäß die Feststellung, daß sie in ihrem Prozeßgrundrecht auf zügiges Verfahren dadurch verletzt worden seien, daß das Verwaltungsgericht X. über einen von ihnen gestellten Antrag auf Gewährung vorläufigen Rechtsschutzes erst nach 14 Monaten entschieden habe.

Am 3. Juli 1995 stellten die Beschwerdeführer im Zusammenhang mit der Erteilung einer – aus ihrer Sicht rechtswidrigen – Nutzungs- bzw. Baugenehmigung für ein in ihrer Nachbarschaft gelegenes Ausflugslokal mit Biergarten bei dem Verwaltungsgericht X. Antrag auf Gewährung vorläufigen Rechtsschutzes. In der Folgezeit, zuletzt im Mai und im Juni 1996, suchte der Verfahrensbevollmächtigte der Beschwerdeführer mehrfach ohne Erfolg um Bescheidung des Antrages nach.

Am 12. Juli 1996 haben die Beschwerdeführer das Verfassungsgericht des Landes angerufen und „eine Verletzung der Garantie auf Rechtsschutz aus Art. 19 Abs. 4 GG und Art. 6 Abs. 1 der Brandenburgischen Landesverfassung" gerügt. Nach Erhebung der Verfassungsbeschwerde hat das Verwaltungsgericht X. – Mitte August 1996 – in der Sache entschieden. Die Beschwerdeführer beantragen nunmehr die Feststellung, daß das Verwaltungsgericht sie „durch Inanspruchnahme einer Entscheidungsfrist von 58 Wochen bis zu einer erstmaligen Entscheidung über die Gewährung einstweiligen Rechtsschutzes im Verfahren ... in ihren Grundrechten aus Art. 6 Abs. 1 der Verfassung für das Land Brandenburg" verletzt habe. Zur Begründung machen sie geltend: Eine Erledigung ihres vor dem Verfassungsgericht verfolgten Anliegens könne in der nunmehr ergangenen Entscheidung des Verwaltungsgerichts X. nicht gesehen werden. Dieses habe ihren Anträgen nur teilweise stattgegeben. Die verfassungswidrige Untätigkeit wirke deswegen dergestalt fort, daß sie erst jetzt die Beschwerde zum Oberverwaltungsgericht Frankfurt (Oder) erheben könnten und somit im Ergebnis noch immer auf eine Entscheidung über den beantragten vorläufigen Rechtsschutz warten müßten.

Zudem ergebe sich ein besonderes Feststellungsinteresse aus einer Wiederholungsgefahr. Das benachbarte Ausflugslokal habe zwischenzeitlich die Nutzung erweitert. Sie – die Beschwerdeführer – hätten deswegen jüngst einen Antrag auf Untersagung der erweiterten Nutzung bei dem zuständigen Landkreis gestellt; da damit zu rechnen sei, daß die Behörde – wie schon früher – nicht einschreiten werde, sei mit der erneuten Inanspruchnahme des Verwaltungsgerichts X. auf Gewährung vorläufigen Rechtsschutzes zu rechnen.

B.

I.

Die Verfassungsbeschwerde ist unzulässig.

1. Das mit der Verfassungsbeschwerde verfolgte Anliegen – die (nachträgliche) Feststellung einer Grundrechtsverletzung durch die Verfahrensführung des Verwaltungsgerichts X. – ist als solches statthaft. Soweit sich die Beschwerdeführer in diesem Zusammenhange (auch) auf die Rechtsschutzgarantie „aus Art. 19 Abs. 4 GG" berufen, ist für die Anrufung des erkennenden Gerichts allerdings kein Raum. Zufolge Art. 6 Abs. 2 Landesverfassung (LV) setzt eine Verfassungsbeschwerde zum Landesverfassungsgericht die Behauptung voraus, durch die öffentliche Gewalt „in einem in dieser Verfassung gewährleisteten Grundrecht", also in einem Grundrecht aus der Landesverfassung, verletzt zu sein (vgl. zuletzt Verfassungsgericht des Landes Brandenburg, Beschluß vom 21. November 1996 – VfGBbg 26/96 –*). Hierzu zählt Art. 19 Abs. 4 des Grundgesetzes nicht. Auch soweit sich die Beschwerdeführer auf die Rechtsschutzgarantie „aus Art. 6 Abs. 1 LV" beziehen, ist eine Grundrechtsverletzung nicht einmal dargetan. Der Rechtsweg (zu den Verwaltungsgerichten) als solcher stand und steht den Beschwerdeführern ersichtlich offen. Das Recht auf ein zügiges Verfahren ist in der Brandenburgischen Landesverfassung gesondert – in Art. 52 Abs. 4 Satz 1 LV – behandelt.

Der Sachvortrag der Beschwerdeführer zielt freilich thematisch zugleich auf das in der Brandenburgischen Verfassung gewährleistete Grundrecht auf ein zügiges Verfahren vor Gericht aus Art. 52 Abs. 4 Satz 1 LV. Daß die Beschwerdeführer diesen Artikel der Landesverfassung nicht ausdrücklich genannt haben, steht einer Sachentscheidung des Landesverfassungsgerichts nicht entgegen, weil die Ausführungen in der Beschwerdeschrift ergeben, daß sie sich in dieser Hinsicht in ihren Rechten verletzt fühlen. Dies reicht für die Erfüllung der formalen Erfordernisse des § 46 VerfGGBbg, wonach u. a. das als verletzt angesehene Grundrecht anzugeben ist, noch aus (vgl. Verfassungs-

---

* Siehe S. 94, 103 f.

gericht des Landes Brandenburg, Beschluß vom 23. Mai 1996 – VfGBbg 9/95 –*).

2. Das Gericht läßt offen, ob die Beschwerdeführer gegen ein Untätigbleiben des Verwaltungsgerichts im Wege einer Beschwerde das Oberverwaltungsgericht hätten anrufen können und demzufolge die Verfassungsbeschwerde schon mangels Erschöpfung des Rechtsweges oder jedenfalls deswegen unzulässig ist, weil ihr der Grundsatz der Subsidiarität entgegensteht. Dem aus § 45 Abs. 2 Satz 1 VerfGGBbg folgenden Gebot der Rechtswegerschöpfung und dem auf der rechtsanalogen Anwendung dieser Norm beruhenden Subsidiaritätsgrundsatz liegt der Gedanke zugrunde, daß ein Beschwerdeführer vor der Anrufung des Verfassungsgerichts alle ihm nach Lage der Dinge gegebenenfalls zur Verfügung stehenden prozessualen Möglichkeiten zur Korrektur der geltend gemachten Grundrechtsverletzung ergreifen muß, wie es einer sachgerechten Aufgabenverteilung zwischen dem Verfassungsgericht und den Fachgerichten entspricht (ständige Rechtsprechung des Verfassungsgerichts des Landes Brandenburg, zuletzt Beschluß vom 21. November 1996 – VfGBbg 17/96, 18/96, 19/96 –**). Hierzu kann auch eine – gegebenenfalls außerordentliche – Beschwerde gegen ein Untätigbleiben des angerufenen Gerichts an das Beschwerdegericht mit dem Ziel gehören, daß dem Verfahren Fortgang gegeben werde. Daß die Statthaftigkeit eines solchen Rechtsbehelfs in der verwaltungsgerichtlichen Rechtsprechung und der wissenschaftlichen Literatur unterschiedlich beantwortet wird (vgl. dazu – einen solchen Rechtsbehelf für den Fall bejahend, daß die Verfahrensverzögerung praktisch einer Rechtsschutzverweigerung gleichkommt – VGH München, BayVBl. 1978, 212, 213; offenlassend etwa VGH Mannheim, NJW 1984, 993; ablehnend dagegen OVG Bremen, NJW 1984, 992; vgl. aus der Literatur einerseits etwa *Meyer-Ladewig*, in: Schoch/Schmidt-Aßmann/Pietzner, Verwaltungsgerichtsordnung, Kommentar, Stand: 1. April 1996, Vorb. § 124, Rdn. 36 und andererseits z. B. *Schmidt-Aßmann*, in: Maunz/Dürig, Grundgesetz, Kommentar, Band II, Stand Mai 1994, Art. 19 Abs. 4 GG, Rdn. 263; vgl. i. ü. auch BVerfG, NJW 1992, 1497), bedeutet nicht zwingend, daß dem Beschwerdeführer die entsprechende Anrufung des Fachgerichts nicht zumutbar wäre (vgl. dazu BVerfGE 91, 93, 106; 70, 180, 185 ff.; 68, 376, 381; 16, 1, 2 f.).

3. Die Verfassungsbeschwerde ist jedenfalls deshalb unzulässig, weil mit der inzwischen ergangenen Entscheidung des Verwaltungsgerichts X. das Rechtsschutzbedürfnis für eine Inanspruchnahme des Verfassungsgerichts entfallen ist. Die Verfassungsbeschwerde dient in erster Linie dem subjektiven

---

* Siehe LVerfGE 4, 170, 172.
** Siehe S. 112, 119.

Rechtsschutz des Bürgers; sie will dem Bürger bei der Durchsetzung seines Anliegens die Hilfe des Verfassungsgerichts zuteil werden lassen (vgl. nur *Kley/Rühmann*, in: Umbach/Clemens, Bundesverfassungsgerichtsgesetz, Kommentar, 1992, § 90, Rdn. 62). Demgemäß macht eine auf eine Verletzung des Art. 52 Abs. 4 Satz 1 LV gestützte Verfassungsbeschwerde vor allem dann Sinn, wenn die Untätigkeit oder zögerliche Verfahrensweise des Fachgerichts andauert und ein Eingreifen des Verfassungsgerichts deshalb geboten ist. Ist demgegenüber der zu beurteilende Verfahrensteil abgeschlossen und damit eine Behebung der dort etwa eingetretenen Grundrechtsverletzung nicht mehr möglich, ist ein Interesse an einem – insoweit nachträglichen – Tätigwerden des Verfassungsgerichts nur ausnahmsweise anzuerkennen. Eine solche Ausnahme sieht das Gericht hier nicht. Soweit die Beschwerdeführer geltend machen, das Verwaltungsgericht habe ihre Anträge teilweise zurückgewiesen, so daß sie erst jetzt (insoweit) Beschwerde zum Oberverwaltungsgericht einlegen könnten, ergibt sich aus diesem allgemeinen Hinweis nicht zwingend, daß sich eine etwaige Grundrechtsverletzung weiterhin auswirkt (vgl. zu solchen Fällen BVerfGE 15, 226, 230; 21, 378, 383). Es gehört zu der Verantwortung eines Berufungs- bzw. Beschwerdegerichts, in die verfahrensmäßige Behandlung einzubeziehen, ob die längere Verfahrensdauer in erster Instanz eine um so zielstrebigere Erledigung in zweiter Instanz nahelegt.

Auch eine Wiederholungsgefahr, wie sie die Beschwerdeführer befürchten, vermag das Gericht nicht zu erkennen. Unabhängig davon, daß zum jetzigen Zeitpunkt offen ist, ob und inwieweit die Beschwerdeführer abermals auf die Gewährung vorläufigen Rechtsschutzes durch das Verwaltungsgericht X. angewiesen sein werden, ist nicht absehbar, ob sich eine Verfahrensdauer von fast 14 Monaten im Eilverfahren bei den Beschwerdeführern noch einmal wiederholen würde. Dies gilt um so mehr, als der Präsident des Verwaltungsgerichts X. in seiner Stellungnahme zum hiesigen Verfahren ausgeführt hat, daß das Verwaltungsgericht zwischenzeitlich durch Einsetzung weiterer Richter verstärkt worden ist.

II.

Der Antrag auf Auslagenerstattung bleibt ebenfalls ohne Erfolg. § 32 Abs. 7 Satz 1 VerfGGBbg ordnet eine solche nur bei gänzlich oder teilweise erfolgreicher Verfassungsbeschwerde zwingend an. In den übrigen Fällen kann das Verfassungsgericht nach § 32 Abs. 7 Satz 2 VerfGGBbg volle oder teilweise Erstattung der Auslagen anordnen. Nach der Rechtsprechung des erkennenden Gerichts kommt – mit Blick auf die Kostenfreiheit des Verfahrens (§ 32 Abs. 1 VerfGGBbg) einerseits und den fehlenden Anwaltszwang andererseits – eine Auslagenerstattung nach dieser Vorschrift nur in Betracht, wenn besondere Billigkeitsgründe vorliegen (vgl. schon Verfassungsgericht des Landes Brandenburg, Beschluß vom 20. Oktober 1994 – VfGBbg 9/93 EA – LVerfGE 2, 191, 192). Solche Billigkeitsgründe vermag das Gericht hier nicht zu erkennen. Es steht nicht fest, daß die Verfassungsbeschwerde Erfolg gehabt hätte. Dies im Rahmen einer bloßen Auslagenerstattungsentscheidung zu vertiefen, besteht kein Anlaß.

Nr. 8

Für eine Verfassungsbeschwerde gegen einen Haftbefehl ist regelmäßig kein Raum mehr, wenn der Beschwerdeführer wegen der Tat, für die die Untersuchungshaft angeordnet war, rechtskräftig verurteilt worden und die erlittene Untersuchungshaft auf die erkannte Strafe gemäß § 51 Abs. 1 Satz 1 Strafgesetzbuch anzurechnen ist.*

Verfassung des Landes Brandenburg Art. 52 Abs. 4

Strafgesetzbuch § 51 Abs. 1 Satz 1

Beschluß vom 19. Dezember 1996 – VfGBbg 22/95 –

in dem Verfahren über die Verfassungsbeschwerde des Herrn Sch. gegen den Haftbefehl des Amtsgerichts X. vom 20. September 1994, neu gefaßt durch Beschluß des Amtsgerichts Y. vom 20. Februar 1995, erweitert durch Beschluß des Landgerichts Y. vom 17. Januar 1996 in der Fassung des Beschlusses des Landgerichts Y. vom 1. März 1996.

Entscheidungsformel:

Die Verfassungsbeschwerde wird verworfen.

Gründe:

A.

Der Beschwerdeführer wendet sich mit seiner Verfassungsbeschwerde gegen die Dauer der von ihm erlittenen Untersuchungshaft.

---

* Nichtamtlicher Leitsatz.

Verfassungsgericht des Landes Brandenburg

I.

Der Beschwerdeführer befand sich aufgrund eines Haftbefehls des Amtsgerichts X. vom 20. September 1994, erweitert und neu gefaßt durch Beschluß des Amtsgerichts Y. vom 20. Februar 1995, seit dem 25. Oktober 1994 bis zu seinem Entweichen aus der Justizvollzugsanstalt am 13. August 1995 ununterbrochen in Untersuchungshaft. Am 29. August 1995 wurde er in der Justizvollzugsanstalt M. erneut in Untersuchungshaft genommen. Grundlage dafür war ein Haftbefehl des Landgerichts Berlin; wegen des fortbestehenden Haftbefehls des Amtsgerichts Y. wurde Überhaft notiert.

Zwischenzeitlich hatte das Landgericht Y. die Eröffnung des Hauptverfahrens wegen der Taten, für die der als Überhaft notierte Haftbefehl bestand, beschlossen. Mit Blick auf dieses Verfahren stellte das Landgericht Berlin durch Beschluß vom 4. Dezember 1995 das gegen den Beschwerdeführer geführte Strafverfahren gemäß § 154 Abs. 2 Strafprozeßordnung (StPO) vorläufig ein und hob den darauf bezogenen Haftbefehl auf.

Der Beschwerdeführer blieb aufgrund des ursprünglichen, später erweiterten und neu gefaßten Haftbefehls des Amtsgerichts X. vom 20. September 1994, durch Beschluß des Landgerichts Y. vom 17. Januar 1996 abermals erweitert, weiterhin in Untersuchungshaft. Mit Urteil vom 1. März 1996 verurteilte das Landgericht Y. den Beschwerdeführer – u. a. wegen gewerbsmäßiger Bandenhehlerei – zu einer Freiheitsstrafe von 3 Jahren und 4 Monaten und beschloß zugleich, den Haftbefehl aufrechtzuerhalten. Gegen das Urteil des Landgerichts legte der Verteidiger des Beschwerdeführers am selben Tage Revision zum Bundesgerichtshof ein, die der Beschwerdeführer persönlich, ohne vorher mit seinem Verteidiger gesprochen zu haben, am 20. März 1996 wieder zurücknahm. Der Verteidiger griff die seitens seines Mandanten erklärte Rücknahme der Revision mit der Beschwerde zum Bundesgerichtshof an. Mit Beschluß vom 21. August 1996 entschied dieser, daß die Revision wirksam zurückgenommen worden sei. Das Urteil ist seit dem 21. März 1996 rechtskräftig.

Der Beschwerdeführer verbüßt nunmehr seine Freiheitsstrafe in der Justizvollzugsanstalt Y.

II.

Der Beschwerdeführer hatte bereits am 23. Juni 1995 den Haftbefehl des Amtsgerichts X. in der Fassung des Beschlusses des Amtsgerichts Y. vom 20. Februar 1995 beim Verfassungsgericht des Landes angegriffen und eine Verletzung seines Grundrechts aus Art. 52 Abs. 4 Landesverfassung (LV) wegen der Länge seiner Untersuchungshaft gerügt. Das Gericht hat diese Verfassungsbeschwerde mit Beschluß vom 12. Oktober 1995 verworfen

(Az.: VfGBbg 14/95)*, weil die Inhaftierung nicht mehr auf dem Haftbefehl des Amtsgerichts X. bzw. Y. beruhe, sondern auf dem Haftbefehl des Landgerichts Berlin, welcher damit den Beschwerdeführer allein beschwere. Der Haftbefehl des Landgerichts Berlin sei aber mit der Verfassungsbeschwerde nicht angegriffen worden und könne, da es sich um einen Akt der öffentlichen Gewalt des Landes Berlin handele, auch nicht in zulässiger Weise zum Gegenstand einer Verfassungsbeschwerde vor dem Verfassungsgericht des Landes Brandenburg gemacht werden.

III.

Mit seiner am 13. Dezember 1995 erhobenen Verfassungsbeschwerde rügt der Beschwerdeführer erneut eine Verletzung seines Grundrechts auf ein zügiges Verfahren aus Art. 52 Abs. 4 LV. Er beantragt die Aufhebung des Haftbefehls. Zur Begründung seiner Verfassungsbeschwerde trägt er im wesentlichen vor, die Dauer der Untersuchungshaft sei allein durch das Landgericht Y. zu verantworten, welches das Verfahren nur zögerlich bearbeitet habe. Die Länge der Untersuchungshaft habe ihn auch physisch und persönlich übermäßig schwer getroffen. Der Beschwerdeführer macht im übrigen seine Verfassungsbeschwerde vom 23. Juni 1995 auch „zum Gegenstand" dieser Verfassungsbeschwerde.

IV.

Das Landgericht Y. hat von der Gelegenheit zur Äußerung Gebrauch gemacht. Es führt aus, das Verfahren habe aufgrund des Entweichens des Beschwerdeführers aus der Justizvollzugsanstalt nicht – wie ursprünglich vorgesehen – Anfang September 1995 durchgeführt werden können. Daß die Hauptverhandlung erst im Februar 1996 habe durchgeführt werden können, habe sich der Beschwerdeführer daher selbst zuzuschreiben.

B.

Die Verfassungsbeschwerde ist unzulässig.

1. Der Verfassungsbeschwerde steht nicht die Rechtskraft der Entscheidung des Gerichts vom 12. Oktober 1995 (VfGBbg 14/95, LVerfGE 3, 174) entgegen. Im Rahmen dieser Entscheidung hatte sich das Gericht zwar auch schon mit der – hier erneut aufgeworfenen – Frage zu befassen, ob die Aufrechterhaltung der Untersuchungshaft wegen der dem Haftbefehl der Amtsgerichte X. und Y. zugrundeliegenden Taten den Beschwerdeführer in seinem

---

* LVerfGE 3, 174 ff.

Grundrecht aus Art. 52 Abs. 4 LV verletzt. Die Rechtskraft dieser Entscheidung bezieht sich jedoch nur auf den den Zeitpunkt der Entscheidung betreffenden Lebenssachverhalt. Von der Rechtskraft nicht umfaßt werden dagegen Veränderungen durch nachträglich eintretende Umstände (vgl. bereits Verfassungsgericht des Landes Brandenburg, Beschluß vom 14. August 1996 – VfGBbg 23/95 –*; auch etwa BVerfGE 70, 242, 249 f.; 33, 199, 203 f.). Eine solche Veränderung liegt hier vor. Das Gericht hat seinerzeit die Verfassungsbeschwerde als unzulässig verworfen, weil der Beschwerdeführer damals aufgrund des Haftbefehls des Landgerichts Berlin einsaß und durch den Haftbefehl des Amtsgerichts X. und des Amtsgerichts Y., der (lediglich) als Überhaft notiert war, nicht gegenwärtig beschwert war (Verfassungsgericht des Landes Brandenburg, Beschluß vom 12. Oktober 1995 – VfGBbg 14/95 – LVerfGE 3, 174, 176). Mit der Aufhebung des Haftbefehls durch das Landgericht Berlin ist die Verfassungsbeschwerde jedenfalls unter diesem Gesichtspunkt nicht (mehr) unzulässig.

2. Es fehlt jedoch das allgemeine Rechtsschutzbedürfnis für eine erneute Entscheidung des Gerichts. Die Verfassungsbeschwerde ist mit der rechtskräftigen Verurteilung des Beschwerdeführers am 21. März 1996 gegenstandslos geworden. Mit Eintritt der Rechtskraft eines strafgerichtlichen Urteils geht die Untersuchungshaft gegebenenfalls unmittelbar in die zu verbüßende Strafhaft über (vgl. BGH, NStZ 1991, 605; NStZ 1993, 31). Damit hat sich zugleich der hier angegriffene Haftbefehl erledigt (vgl. hierzu auch BVerfGE 9, 160, 161; aus dem neueren Schrifttum etwa *KK-Boujong*, StPO, 3. Aufl., § 120, Rdn. 22 mit weiteren Nachweisen; *Wendisch*, in: Löwe-Rosenberg, StPO, 24. Aufl., § 120, Rdn. 135). Für die vom Beschwerdeführer begehrte Aufhebung des Haftbefehls bleibt bei dieser Sachlage kein Raum.

3. Aus demselben Grunde besteht auch kein rechtliches Interesse an der Feststellung, daß die Untersuchungshaft zu lange gedauert habe, weil das Strafverfahren damals nicht zügig genug bearbeitet worden sei. Das Strafverfahren hat zu einer Verurteilung zu einer mehrjährigen Freiheitsstrafe geführt, auf welche die Untersuchungshaft anzurechnen ist (§ 51 Abs. 1 Satz 1 StGB), die sich damit als teilweise Verbüßung der Strafe darstellt (BGH, StV 1990, 303) und damit die Untersuchungshaft auffängt (s. *Tröndle*, LK-StGB, 10. Aufl., § 51, Rdn. 13; vgl. auch BVerfGE 9, 89, 94). Die Dauer der Freiheitsentziehung wäre bei zügigerer Durchführung des Strafverfahrens im Ergebnis gleichgeblieben. Es ist nicht ersichtlich, daß die Untersuchungshaft insgesamt belastender als die allgemeine Strafverbüßung wäre; das Gesetz wertet beide Formen der Freiheitsentziehung, wie aus § 51 Abs. 1 Satz 1 StGB ersichtlich, gleich.

* Siehe S. 67, 70.

Entscheidungen
des Staatsgerichtshofs
der Freien Hansestadt Bremen

Die amtierenden Richter des Staatsgerichtshofs der Freien Hansestadt Bremen*

Prof. Günter Pottschmidt, Präsident
  (Brigitte Dreger)

Prof. Dr. Alfred Rinken, Vizepräsident
  (Heinz Brandt)
  (Hans Alexy)

Dr. Jörg Bewersdorf
  (Annegret Derleder)
  (Dr. Axel Boetticher)

Prof. Dr. Eckart Klein
  (Dr. Erich Röper)
  (Dr. Herbert Müffelmann)

Uwe Lissau
  (Rainer Kulenkampff)
  (Dr. Albert Schnelle)

Prof. Dr. Ulrich K. Preuß
  (Dr. Annegret Lenze)
  (Sabine Heinke)

Konrad Wesser
  (Friedrich Wulf)
  (Peter Friedrich)

---

* In Klammern die Stellvertreter

Nr. 1

1. Die im demokratischen Rechtsstaat notwendige strikte Respektierung des Willens der Wähler oder Abstimmenden hat zur Folge, daß deren Entscheidung nur dann für unbeachtlich erklärt werden darf, wenn sich Wahl- und Abstimmungsfehler auf das Ergebnis auswirken konnten.

2. Das Bremische Wahlprüfungsgericht (erster Instanz) ist wegen seiner personellen Verschränkung mit der Legislative kein echtes Gericht; die personelle Verschränkung ist im Licht der allgemeinen Grundsätze der Wahlprüfung im demokratischen Rechtsstaat zulässig. Die Entscheidungen des erstinstanzlichen Wahlprüfungsgerichts unterliegen der nach Art. 19 Abs. 4 GG gebotenen richterlichen Kontrolle durch das Wahlprüfungsgericht zweiter Instanz (Staatsgerichtshof).

3. Den zur Wahlprüfung gesetzlich berufenen Parlamentsmitgliedern kann wegen dieser Mitgliedschaft nicht pauschal Befangenheit vorgeworfen werden.

4. Zur Pflicht des Staates, den Stimmbürger über den zur Abstimmung gestellten Gesetzesentwurf sachgerecht zu informieren, und zur Verpflichtung des Stimmbürgers, die nähere Information und die mit der Erarbeitung seiner Entscheidung verbundene Mühsal als eigene Aufgabe zu verstehen.

5. Anders als bei Wahlen unterliegen die staatlichen Organe bei Volksentscheiden keiner strikten Neutralitätspflicht. Gegenstand der Abstimmung ist eine Sachfrage; Staatsorgane dürfen ihre Auffassung dazu mitteilen und für diese werbend eintreten. Sie unterliegen dem Gebot der Objektivität. Sie dürfen zur Meinungsbildung des Bürgers beitragen, haben aber stets dessen Entscheidungsfreiheit zu respektieren.

6. Zur Rechtsstellung von Fraktionen und zu den rechtlichen Grenzen ihrer Betätigung.

Landesverfassung der Freien Hansestadt Bremen Art. 70, Art. 125

Bremisches Wahlgesetz § 32, § 37, § 38

Bremisches Volksentscheidgesetz § 2 a, § 3, § 24

Entscheidung vom 29. Juli 1996 – St 3/95 –

in dem Wahlprüfungsverfahren betreffend den Volksentscheid über das von der Bremischen Bürgerschaft (Landtag) am 30. Juni 1994 beschlossene Gesetz zur Änderung der Landesverfassung der Freien Hansestadt Bremen am 16. Oktober 1994.

Entscheidungsformel:

Die Beschwerden gegen den Beschluß des Wahlprüfungsgerichts vom 2. Mai 1995 werden zurückgewiesen.

Gründe

I.

Gegenstand dieses Verfahrens ist die Gültigkeit des Volksentscheides vom 16. Oktober 1994 über die Änderung der Verfassung der Freien Hansestadt Bremen.

Die Landesverfassung vom 21. Oktober 1947, vor dem Volksentscheid zuletzt geändert durch Gesetz vom 8. September 1987 (Brem.GBl. 1987 S. 233), enthielt in den Art. 70 und 125 nachfolgende Bestimmungen zum Volksentscheid:

Art. 70 Abs.1:

Der Volksentscheid findet statt:
a) zur Bestätigung einer Verfassungsänderung, sofern sie nicht von der Bürgerschaft einstimmig beschlossen wird und die Mehrheit der gesetzlichen Mitgliederzahl der Bürgerschaft anwesend ist; (...).

Art. 125 Abs. 3 und 4:

(3) Ein Beschluß auf Abänderung der Verfassung kommt nur zustande, wenn
a) die Mehrheit der gesetzlichen Mitgliederzahl der Bürgerschaft zustimmt und
b) die so beschlossene Verfassungsänderung durch Volksentscheid angenommen ist.

(4) Der Volksentscheid ist nicht erforderlich, wenn die Verfassungsänderung von der Bürgerschaft einstimmig angenommen ist und die Mehrheit der gesetzlichen Mitgliederzahl der Bürgerschaft anwesend ist.

Am 30. Juni 1994 verabschiedete die Bremische Bürgerschaft mehrheitlich ein Gesetz über die Änderung der Landesverfassung (Brem.GBl. 1994 S. 289). Dem Entwurf des Änderungsgesetzes waren drei Lesungen vorausgegangen. Nach der ersten Lesung wurde ein Ausschuß beauftragt, dessen Bericht vor der zweiten Lesung vorlag (vgl. Art. 125 Abs. 2 BremLV i. V. m. § 32 Geschäftsordnung der Bremischen Bürgerschaft).

Gem. Art. 1 des Änderungsgesetzes wurde die Landesverfassung u.a. in folgenden Punkten geändert:

Nr. 4: Art. 70 Abs. 1 wird wie folgt geändert:
a) Buchstabe a erhält folgende Fassung:
„a) wenn die Bürgerschaft mit der Mehrheit ihrer Mitglieder eine Verfassungsänderung dem Volksentscheid unterbreitet;"

Nr. 25: Art. 125 Abs. 3 und 4 erhalten folgende Fassung:
„Ein Beschluß auf Abänderung der Verfassung kommt außer durch Volksentscheid nur zustande, wenn die Bürgerschaft mit der Mehrheit von zwei Dritteln ihrer Mitglieder zustimmt.

Eine Änderung dieser Landesverfassung, durch welche die in den Art. 143, 144, 145 Abs. 1 und 147 niedergelegten Grundsätze und die Einteilung des Wahlgebietes in die Bereiche Bremen und Bremerhaven (Art. 75) berührt werden, ist nur durch Volksentscheid oder einstimmigen Beschluß der Bürgerschaft zulässig."

Am 30. August 1994 gab der Senat der Freien Hansestadt Bremen den Tag des Volksentscheids, dessen Gegenstand sowie das Stimmzettelmuster bekannt (Amtsbl. 1994 S. 409). Der Volksentscheid wurde auf Sonntag, den 16. Oktober 1994, festgesetzt; er sollte damit zeitgleich mit der Wahl zum 13. Deutschen Bundestag stattfinden. Im September 1994 erhielten die stimmberechtigten Bürgerinnen und Bürger eine gemeinsame Wahlbenachrichtigung für den Volksentscheid und die Wahl zum Deutschen Bundestag sowie ein Informationsblatt der Wahlämter in Bremen und Bremerhaven. Dort war das Änderungsgesetz in vollständigem Wortlaut abgedruckt. Darüber hinaus wurde u. a. auf folgendes hingewiesen:

„Für den Volksentscheid werden Sie einen besonderen Stimmzettel erhalten, mit dem Sie über die Änderung der Landesverfassung abstimmen können. (...)
Damit Sie sich vor Ihrer Stimmabgabe über den Inhalt dieses Gesetzes informieren können, ist dessen Text auf den folgenden Seiten abgedruckt.
Dieser Gesetzestext ist sehr umfangreich. Deshalb sollen hier die Kernpunkte der Verfassungsänderung hervorgehoben werden:
1. Die Mitwirkungsrechte der Bürgerinnen und Bürger sollen verbessert werden. (...)
– Außerdem wird das Volksbegehren erleichtert, das zu unmittelbar vom Volk beschlossenen Gesetzen führen kann (Volksentscheid) (...).
– Durch Volksentscheid soll auch die Bürgerschaft aufgelöst und eine vorzeitige Neuwahl herbeigeführt werden können. (...)
2. Änderungen der Landesverfassung sind derzeit nur möglich, wenn die Bürgerschaft sie einstimmig beschließt oder ein Volksentscheid durchgeführt wird. In Zukunft sollen Verfassungsänderungen dagegen wie in den meisten anderen

Ländern und im Bund mit der Zustimmung von zwei Dritteln der Mitglieder der Bürgerschaft zustande kommen können. Volksbegehren und Volksentscheid bleiben weiterhin möglich.

3. Weitere Änderungen betreffen (...).

Wenn Sie mehr über die Verfassungsänderung wissen wollen, wenden Sie sich bitte an **die Pressestelle der Bremischen Bürgerschaft**. Sie können dort eine ausführliche Broschüre abholen oder sich zusenden lassen. Auch die Berichte des Parlamentsausschusses zur Verfassungsreform sind dort als Bürgerschafts-Drucksachen zu erhalten. Die Broschüre können Sie außerdem beim **Büro der Stadtverordnetenversammlung der Stadt Bremerhaven** bekommen."

– (Hervorhebungen im Original) –

Am 16. Oktober 1994 stimmten die Bremerinnen und Bremer gleichzeitig mit der Bundestagswahl über das Änderungsgesetz zur Landesverfassung durch Volksentscheid ab. Am 2. November 1994 wurde das endgültige Stimmergebnis des Volksentscheides bekanntgegeben (Amtsbl. 1994 S. 501). Danach gaben von den 506 815 stimmberechtigten Bürgerinnen und Bürgern 396 769 (78,29 %) ihre Stimme ab. Gemäß § 5 Abs. 1 S. 1 des Gesetzes über das Verfahren beim Volksentscheid (Brem.GBl. 1969 S. 39; zuletzt geändert durch Gesetz vom 5. Juli 1994, Brem.GBl. 1994 S. 200) – im folgenden VE-Gesetz – lag die Mindestteilnehmerzahl (Quorum) für die Abstimmungsbeteiligung bei 253 408 Stimmen. Von den abgegebenen Stimmen waren 375 757 (94,70 %) gültig, 21 012 Stimmen waren ungültig. Auf „Ja" entfielen dabei 285 748 (76,05 %) und auf „Nein" 90 009 (23,95 %). Daraufhin wurde am 7. November 1994 das dem Volksentscheid unterbreitete Änderungsgesetz verkündet (Brem.GBl. 1994 S. 289).

Die Beschwerdeführer, sieben Bürgerinnen und Bürger aus Bremen, haben am 25. Oktober 1994 (Beschwerdeführer zu 1.b) bzw. am 28. November 1994 (alle Beschwerdeführer) beim Landeswahlleiter der Freien Hansestadt Bremen Einspruch gegen die Gültigkeit des Volksentscheides erhoben.

Die Einsprüche wurden im wesentlichen wie folgt begründet:

Die Abstimmenden seien über den Volksentscheid nur unzureichend und unvollständig unterrichtet worden. Insbesondere habe eine vergleichende Gegenüberstellung (Synopse) der bestehenden und der beabsichtigten Regelungen der Landesverfassung zu Voraussetzungen und Verfahren des Volksentscheides als Vorabinformation gefehlt.

Überdies sei die Darstellung im Informationsblatt irreführend gewesen. Dem Bürger sei eine Beschneidung bisheriger Bürgerrechte durch die Änderung der Landesverfassung verschwiegen worden, da nunmehr – anders als früher – eine Verfassungsänderung auch bei fehlender Einstimmigkeit in der Bürgerschaft ohne Volksentscheid möglich sei. Gleichwohl sei im Informationsblatt lediglich auf eine Verbesserung der Bürgerrechte hingewiesen worden. Auch könne der Verweis auf eine weitere ausführliche Informationsbroschüre Lücken allgemein notwendiger Information nicht schließen und sei daher unzureichend.

Mit Hilfe einer telefonischen Mobilisierungsaktion vom 11. Oktober 1994 sei durch Vertreter der Bürgerschaftsfraktionen einseitig für ein Votum zugunsten der Verfassungsänderung aufgerufen worden. Ferner sei durch den Präsidenten der Bremischen Bürgerschaft, die Vorsitzenden der SPD-, CDU- und F.D.P.-Fraktion sowie den Fraktionssprecher von Bündnis 90/DIE GRÜNEN in einer gemeinsam unterzeichneten Zeitungsannonce vom 14. und 15. Oktober 1994 in unzulässiger Weise auf die Abstimmung zugunsten eines „Ja" zum Volksentscheid unter einseitigem Hinweis auf die mit der Verfassungsänderung verbundenen Verbesserungen Einfluß genommen worden.

Weiterhin seien die Stimmberechtigten nicht darüber unterrichtet worden, daß sie ihre Stimmabgabe auf die Bundestagswahl hätten beschränken können und daß ein Gesetz durch einen Volksentscheid nicht angenommen sei, wenn sich weniger als die Hälfte der Stimmberechtigten daran beteiligten. Gerügt wurde auch der auf dem gemeinsamen Wahlbriefumschlag angebrachte Hinweis an die Briefwähler, wonach sie in ihn die beiden Wahlumschläge für die Bundestagswahl und den Volksentscheid einlegen „müssen", da dies für die Wähler zum Bundestag eine Pflicht zur Teilnahme an der anderen Abstimmung (Volksentscheid) suggeriere.

Schließlich sei das Wahlgeheimnis dadurch verletzt worden, daß es einigen Stimmberechtigten in den Wahllokalen erst nach „öffentlicher" Diskussion mit den Wahlvorständen möglich gewesen sei, die Entgegennahme der Abstimmungsunterlagen zum Volksentscheid zu verweigern.

Die Beschwerdeführer zu 1. a), b) und d) bis f) haben in der mündlichen Verhandlung vor dem Wahlprüfungsgericht am 28. April 1995 beantragt,

den Volksentscheid vom 16. Oktober 1994 insoweit für ungültig zu erklären, als er die Änderung von Art. 70 Abs. 1 Buchst. a) und 125 BremLV betrifft; hilfsweise haben sie beantragt, den Volksentscheid insgesamt für ungültig zu erklären.

Die übrigen Beschwerdeführer haben keinen förmlichen Antrag gestellt.
Die Verfahrensbeteiligten zu 2. und 3. haben jeweils beantragt,

die Einsprüche zurückzuweisen.

Hierzu haben sie im wesentlichen folgendes ausgeführt:
Die Stimmberechtigten seien durch das Informationsblatt ausreichend und zutreffend über den Gegenstand des Volksentscheids informiert worden. Die Gestaltung der Wahlbenachrichtigungen und Briefwahlunterlagen habe den gesetzlichen Vorschriften entsprochen. Die von den Beschwerdeführern

gerügte Verfahrensweise in einigen Wahllokalen habe – die Rechtswidrigkeit unterstellt – jedenfalls das konkrete Abstimmungsverhalten und -ergebnis nicht beeinflußt.

Das Wahlprüfungsgericht der Freien Hansestadt Bremen hat die Einsprüche der Beschwerdeführer mit Beschluß vom 2. Mai 1995 – zugestellt am 2. Juni 1995 (Beschwerdeführer zu 1. a), c) bis g) bzw. am 3. Juni 1995 (Beschwerdeführer zu 1. b) – als unbegründet zurückgewiesen.

In den Gründen ist im wesentlichen ausgeführt:

Es sei nicht zu beanstanden, daß die Stimmzettel den Text des Änderungsgesetzes nicht enthielten. Die Bürgerinnen und Bürger seien in ausreichender Form über das Änderungsgesetz zur Landesverfassung unterrichtet worden. Der Stimmzettel habe in Übereinstimmung mit Art. 69 Abs. 2 BremLV nur die Möglichkeit enthalten, mit „Ja" oder „Nein" abzustimmen. Dem Erfordernis aus § 2 a VE-Gesetz sei durch Unterrichtung mit dem Informationsblatt der Wahlämter, welches den Text des ganzen Änderungsgesetzes enthalten habe, entsprochen worden. Das Informationsblatt habe darüber hinaus die wichtigsten Änderungen als „Kernpunkte der Verfassungsänderung" in verständlicher Weise dargestellt. Zudem habe es auf weitere Informationsmöglichkeiten hingewiesen. Eine Pflicht zur Erstellung einer Synopse zur weiteren Verdeutlichung der Änderung bestehe nicht.

Die Erläuterung der „Kernpunkte der Verfassungsänderung" habe weder verfälschenden noch irreführenden Charakter. Mit den objektiv zutreffenden Formulierungen unter Ziffer 2 sei die den Wahlämtern obliegende Objektivitäts- und Neutralitätspflicht nicht verletzt worden.

Ferner hätten weder die Bürgerschaftsfraktionen noch der Präsident der Bürgerschaft in unzulässiger Weise auf das Abstimmungsergebnis eingewirkt. Zwar gelte bei Wahlen für den Staat und seine Organe das Neutralitätsgebot. Dieses Gebot beruhe auf dem Grundgedanken, daß in der Demokratie alle Staatsgewalt vom Volke ausgehe. Im demokratischen Staat habe die Wahl die für die Ausübung der Staatsgewalt notwendige demokratische Legitimation zu vermitteln. Den Staatsorganen sei es hierbei verwehrt, die Willensbildung des Volkes durch besondere Maßnahmen zu beeinflussen. Beim Volksentscheid handele es sich hingegen nicht um einen Grundakt demokratischer Legitimation, sondern um einen Gesetzgebungsakt. Hier gehe es um die Abstimmung über eine Sachfrage und nicht um die Übertragung von Herrschaft. Staatsorgane seien berechtigt, ihre Interessen und Ansichten in ein Volksgesetzgebungsverfahren einzubringen. Sie seien nicht wie bei Wahlen der Neutralität, sondern nur dem Gebot der Sachlichkeit und Objektivität verpflichtet.

Im übrigen seien die Fraktionen der Bremischen Bürgerschaft im Zusammenhang mit einem Volksentscheid keine Institutionen, die Staatsorganen gleichgestellt werden könnten. Vielmehr seien sie bzw. ihre Mitglieder Parteien des Abstimmungskampfes und deshalb auch berechtigt, ihre Ansicht gegenüber den Stimmberechtigten im Vorfeld des Volksentscheids zu äußern. Dies gelte auch hinsichtlich der in der Zeitungsannonce ins Auge springenden Aufforderung, „Ja" zur vorgeschlagenen Verfassungsänderung zu sagen. Für den Präsidenten der Bürgerschaft, der wie die Fraktionsvorsitzenden als Bürgerschaftsmitglied gehandelt habe, träfen entsprechende Überlegungen zu. Daher sei weder durch die Zeitungsannonce noch durch die Telefonaktion gegen das Objektivitäts- und Sachlichkeitsgebot verstoßen worden.

Anhaltspunkte dafür, daß die den Stimmberechtigten zugegangenen Wahlbenachrichtigungen und -unterlagen der Verordnung über die gemeinsame Durchführung des Volksentscheides und einer Wahl zum Deutschen Bundestag vom 16. Juni 1994 (Brem.GBl. 1994 S. 165) – im folgenden BWVEO – widersprächen, seien nicht gegeben. Weder aus der Landesverfassung noch aus den Bestimmungen des VE-Gesetzes, des Bremischen Wahlgesetzes, der Bremischen Landeswahlordnung und der BWVEO, noch aus allgemeinen Wahlverfahrensgrundsätzen ergebe sich eine Verpflichtung der Wahlämter, darauf hinzuweisen, daß die Wähler ihre Teilnahme auf die Bundestagswahl hätten beschränken können und daß die Annahme eines Gesetzes durch Volksentscheid von der Beteiligung der Mehrheit der Stimmberechtigten an der Abstimmung abhänge.

Selbst wenn aber solche Hinweise rechtlich erforderlich gewesen wären, hätte ihre Unterlassung die Gültigkeit des Volksentscheids nur dann beeinträchtigen können, wenn sich dieser – unterstellte – Fehler auf das Abstimmungsergebnis ausgewirkt hätte, was jedoch beim Volksentscheid vom 16. Oktober 1994 angesichts des Abstimmungsergebnisses ausgeschlossen sei.

Ob mit dem Vermerk, die Wahlumschläge für die Bundestagswahl und den Volksentscheid „müßten" in den Umschlag eingelegt werden (vgl. Anlage 7 zu § 6 Abs. 6 BWVEO), den Briefwählern der Eindruck vermittelt worden sei, sie könnten im Fall einer Beteiligung an der Bundestagswahl nicht von der Abstimmung über den Volksentscheid absehen, könne dahingestellt bleiben. Denn auch diese Falschinformation hätte sich nicht auf das Abstimmungsergebnis i. S. v. Art. 72 Abs. 1 BremLV ausgewirkt.

Auch der Frage, inwieweit die gleichzeitige Aushändigung der Unterlagen für den Volksentscheid und der Unterlagen für die Bundestagswahl in den Wahlräumen zu „öffentlichen Diskussionen" geführt und somit das Wahlgeheimnis aufgehoben habe, brauche nicht weiter nachgegangen zu werden, da zum einen ein ausreichend substantiierter Vortrag fehle und zum anderen derartige Fälle nur selten vorgekommen sein dürften, so daß deren Auswirkung auf das Abstimmungsergebnis ebenfalls ausgeschlossen sei.

Schließlich führe auch nicht der Umstand, daß das Informationsblatt der Wahlämter in und vor den Wahllokalen ausgehängt gewesen sei oder ausgelegen habe, zur Ungültigkeit der Abstimmung; eine unzulässige Beeinflussung der Stimmberechtigten gem. § 32 Abs. 1 BremWG i. V. m. § 24 Abs. 1 S. 2 Nr. 4 VE-Gesetz liege nicht vor.

Gegen diesen Beschluß haben die Beschwerdeführer am 14. Juni 1995 bzw. 16. Juni 1995 Beschwerde erhoben.

Zur Begründung wiederholen sie ihren Vortrag aus dem Einspruchsverfahren und führen ergänzend im wesentlichen aus:

Der erstinstanzliche Beschluß verletze Art. 20 GG sowie Art. 66, 67, 71, 72 BremLV und § 2 a VE-Gesetz.

Die Zusammensetzung des Wahlprüfungsgerichts (erster Instanz) verletze den Grundsatz der Unabhängigkeit der Gerichte, denn bei den Mitgliedern dieses Gerichts, die zugleich Abgeordnete der Bremer Bürgerschaft seien, bestehe die Besorgnis der Befangenheit im Sinne von § 54 Abs. 3 VwGO.

Weiter liege eine Verletzung des § 2 a VE-Gesetz vor, da die Stimmzettel den Wortlaut der Verfassungsänderung hätten enthalten müssen. Das Wahlprüfungsgericht berufe sich zu Unrecht auf § 2 a S. 2 VE-Gesetz, da die Verfassungsänderung nicht „umfangreich" im Sinne dieser Vorschrift gewesen sei. Selbst wenn sie jedoch als „umfangreich" zu betrachten wäre, hätte das Ermessen pflichtgemäß dahingehend ausgeübt werden müssen, daß vom Abdruck des Wortlautes des Änderungsgesetzes nicht hätte abgesehen werden dürfen. Im übrigen bestünden Zweifel an der Verfassungsmäßigkeit von § 2 a S. 2 VE-Gesetz.

Ferner ergänzen die Beschwerdeführer ihre Ausführungen zu den Informationsdefiziten der Stimmberechtigten im Vorfeld des Volksentscheides insoweit, als – entgegen der Ansicht des erstinstanzlichen Wahlprüfungsgerichts – das der Wahlbenachrichtigung beigelegte Informationsblatt der Wahlämter in Verbindung mit Informationsangeboten nicht als ausreichende Unterrichtung angesehen werden könne, weil Informationsangebote gerade noch keine Informationen seien. Die Erläuterungen zur Verfassungsänderung hätten überdies nicht die Abschnitte der Landesverfassung benannt, auf die sich die Änderungen bezogen hätten; hierdurch und durch das Fehlen einer synoptischen Darstellung sei die den Abstimmungsberechtigten gegenüber bestehende Informations-„Bringschuld" nicht erfüllt worden. Defizitär sei die Information auch deshalb, weil auf die Notwendigkeit eines Quorums (Mindestbeteiligung) für einen Volksentscheid nicht besonders hingewiesen worden und damit der zu Wahlen bestehende Unterschied nicht verdeutlicht worden sei.

Sowohl durch die Aufschrift auf dem gemeinsamen Wahlbriefumschlag als durch die unaufgeforderte Aushändigung beider Stimmzettel im Wahllokal sei der Eindruck vermittelt worden, man müsse an beiden Abstimmungsakten teilnehmen. Hierin liege ebenso wie in der Auslage des Informationsblattes in den Wahllokalen eine Beeinflussung zur Stimmabgabe, die wegen der Quorum-Voraussetzung beim Volksentscheid eine ganz andere Konsequenz habe als bei Wahlen. Es bestehe der Verdacht, daß die BWVEO selbst gegen höherrangiges Recht verstoße, da sie für beide Abstimmungen einen gemeinsamen Wahlschein vorsehe (vgl. § 5 BWVEO).

Im Hinblick auf die gerügte Einflußnahme staatlicher Organe im Wege der Zeitungsanzeige sei die vom Wahlprüfungsgericht getroffene Unterscheidung zwischen Wahlen und Volksentscheiden zweifelhaft, da es bei der Verfassungsänderung um die Verteilung der Macht zwischen dem Volk und der Volksvertretung gehe. Wolle man trotzdem nur von einem Sachlichkeits- und Objektivitätsgebot ausgehen, sei auch dessen Verletzung festzustellen. Denn die Annonce habe nicht nur die Verschlechterung des Bürgerstatus verschwiegen, sondern sie stelle auch eine unzulässige unmittelbare Beeinflussung des Abstimmungsvorgangs selbst dadurch dar, daß der in Anlehnung an den Stimmzettel vorgedruckte Ja-Kreis durchkreuzt und damit die Abstimmungsentscheidung des Bürgers suggestiv vorweggenommen worden sei. Im übrigen begründe die Inanspruchnahme öffentlicher Mittel eine unwiderlegliche Vermutung für ein amtliches Tätigwerden der Fraktionsvorsitzenden und des Bürgerschaftspräsidenten. Dafür spreche auch die allgemeine Stellung der Fraktionen in der Bremischen Bürgerschaft und die Aufmachung der Anzeige.

Was die Erheblichkeit von Wahlfehlern angehe, sei darauf hinzuweisen, daß es analog zu absoluten Revisionsgründen auch absolute Wahlfehler gebe, die stets zur Ungültigkeit führen müßten. Darüber hinaus müßten die Kumulierung, die Synergieeffekte von Wahlfehlern berücksichtigt werden. Es sei danach zu fragen, ob unter diesen Umständen ausgeschlossen werden könne, daß es ohne Fehler zu einem anderen Stimmergebnis gekommen wäre. Da das Ergebnis mit 285 748 „Ja"-Stimmen nur gut 6 Prozent über dem Quorum von 253 408 Stimmen gelegen habe, könne ein anderes Ergebnis nicht ausgeschlossen werden.

Der Beschwerdeführer zu 1. b) macht darüber hinaus eine Verletzung seines Rechts auf rechtliches Gehör (Art. 103 Abs. 1 GG) und auf freie Meinungsäußerung (Art. 5 GG, Art. 15 BremLV) geltend. Dazu führt er aus, daß das Wahlprüfungsgericht seinem Antrag, durch Beweisaufnahme festzustellen, daß nur ein Mitglied der Bremischen Bürgerschaft an einer einwandfreien Abstimmung interessiert gewesen sei, nicht entsprochen habe. Ferner sei das Thema „freie Meinungsäußerung" vom Wahlprüfungsgericht nicht aufgegriffen worden. Gegnern der Verfassungsänderung, jedenfalls ihm – dem Beschwerdeführer –, sei es aus finanziellen Gründen nicht möglich gewesen, ihre Ansicht in den Medien zu vertreten.

Die Beschwerdeführer beantragen,

den Beschluß des Wahlprüfungsgerichts vom 2. Mai 1995 aufzuheben und den Volksentscheid vom 16. Oktober 1994 insoweit für ungültig zu erklären, als er die Änderung von Art. 70 Abs. 1 Buchst. a) und 125 der Landesverfassung der

Freien Hansestadt Bremen (Art. 1 Nr. 4 a und 25 des Gesetzes zur Änderung der Bremischen Landesverfassung) betrifft, hilfsweise, den Volksentscheid vom 16. Oktober 1994 insgesamt für ungültig zu erklären.

Die weiteren Verfahrensbeteiligten beantragen,

die Beschwerden zurückzuweisen.

Nach ihrer Ansicht könne offenbleiben, ob § 54 Abs. 3 VwGO trotz § 39 Abs. 2 BremWahlG als Prüfungsmaßstab im Beschwerdeverfahren herangezogen werden könne, denn jedenfalls sei von den Beschwerdeführern nicht beachtet worden, daß der Wirkungskreis dieser Norm auf die Verwaltungsgerichtsbarkeit beschränkt sei. Im übrigen gebe es keine rechtlichen Bedenken gegen die Zusammensetzung des Wahlprüfungsgerichts.

Die Rüge einer Verletzung von § 2 a VE-Gesetz sei unbegründet; es handele sich nämlich um einen „umfangreichen" Gesetzesentwurf im Sinne des § 2 a S. 2 VE-Gesetz, so daß vom Abdruck des Textes auf dem Stimmzettel zu Recht habe abgesehen werden können.

Die Unterrichtung der Bremer Bürgerinnen und Bürger über den Gegenstand des Volksentscheids durch das Informationsblatt sei weder unzureichend noch unzutreffend erfolgt. Die übermittelten Informationen und Informationsangebote hätten ausgereicht, das Informationsbedürfnis der Abstimmungsberechtigten zu befriedigen. Eine Pflicht zur Information dahingehend, daß die Teilnahme auf die Bundestagswahl habe beschränkt werden können, bestehe nicht. Umgekehrt hätte ein Hinweis auf die Nichtteilnahmemöglichkeit als Beeinflussung mißverstanden werden können.

Die Äußerungen des Präsidenten der Bürgerschaft und der Fraktionen seien entsprechend der Gebote der Sachlichkeit und Objektivität erfolgt; daher sei auch der Einsatz öffentlicher Mittel zulässig.

Der Aufdruck auf dem Briefwahlumschlag sei die Folge der notwendigen Transformation der bundesrechtlichen Wahlbestimmungen auf die gemeinsame Abstimmung zur Bundestagswahl und zum Volksentscheid. Es könne dahingestellt bleiben, ob es nötig und möglich gewesen wäre, den Aufdruck abzuändern, um dem von den Beschwerdeführern behaupteten fälschlichen Eindruck entgegenzutreten, der Wähler zum Bundestag müsse auch an dem Volksentscheid teilnehmen. Angesichts der geringen Zahl von Briefwählern, von denen auch nur 10 079 mit Nein gestimmt hätten, könne jedenfalls nicht von einem erheblichen Wahlfehler ausgegangen werden, selbst wenn alle Briefwahl-Neinstimmen im Sinne einer Nichtteilnahme gewertet würden. Im übrigen solle der Hinweis darauf, daß beide Wahlumschläge in dem Wahlbriefumschlag eingelegt werden „müssen", den Briefwähler auf das Risiko aufmerksam machen, das er eingehe, wenn er die Wahlvorschriften nicht korrekt befolge. Die gemeinsame Aushändigung der Wahlunterlagen für die beiden

Abstimmungsvorgänge in den Wahllokalen habe der Entscheidung über Teilnahme oder Nichtteilnahme an dem Volksentscheid nicht vorgegriffen. Selbst wenn man aber davon ausgehe, daß die behaupteten Wahlfehler tatsächlich vorlägen, könnten sie weder für sich noch kumuliert zu einem anderen Abstimmungsergebnis geführt haben. Ebensowenig hätte der Volksentscheid bei den – unterstellten – Wahlfehlern an einer zu geringen Teilnahme von Stimmberechtigten scheitern können. Beim Volksentscheid habe die Zahl der abgegebenen „Ja"-Stimmen deutlich über der notwendigen Mindestzahl gelegen. Bei einem solchen Stimmenverhältnis liege es außerhalb jeder Lebenserfahrung, daß das Ergebnis anders hätte ausfallen können.

II.

Die zulässigen Beschwerden sind nicht begründet.

1. Die Beschwerden können gemäß § 39 Abs. 2 BremWG i. V. m. § 24 Abs. 1 Satz 1 Nr. 7 VE-Gesetz nur darauf gestützt werden, daß die Entscheidung des Wahlprüfungsgerichts das Grundgesetz, die Landesverfassung, das Wahlgesetz oder das Volksentscheid-Gesetz verletzt hat. Solche Verletzungen haben die Einspruchs- bzw. Beschwerdeberechtigten substantiiert geltend zu machen.

Während Schutzgut des eigentlichen Wahlprüfungsverfahrens die gesetzmäßige Zusammensetzung der gewählten Gremien (Parlamente, Räte) ist (vgl. BVerfGE 85, 148, 158 f.), ist Schutzgut des Prüfungsverfahrens im vorliegenden Fall die Ordnungsgemäßheit des Volksentscheids, die daran zu messen ist, ob bei der Abstimmung die oben genannten Rechtsnormen eingehalten worden sind oder im Fall ihrer Verletzung nicht ausgeschlossen werden kann, daß es ohne diese Fehler zu einem anderen Abstimmungsergebnis gekommen wäre (vgl. BVerfGE 37, 84, 89). Diese allgemein anerkannten Grundsätzen entsprechende „Ergebnisorientiertheit" des Wahlprüfungsverfahrens beruht auf der gerade im demokratischen Rechtsstaat notwendigen strikten Respektierung des Willens der Wähler oder Abstimmenden, deren Entscheidung nur dann für unbeachtlich erklärt werden darf, wenn die ermittelten Wahl- oder Abstimmungsfehler sich auf diese Entscheidung auswirken konnten. Absolute Wahl- oder Abstimmungsfehler in dem Sinne, daß sie ohne Berücksichtigung ihrer Auswirkung auf das Wahl- oder Abstimmungsergebnis zur Ungültigkeit der Wahl oder Abstimmung führen würden, gibt es demnach nicht.

2. Die Rüge der Beschwerdeführer, die Zusammensetzung des Wahlprüfungsgerichts verstoße gegen die Grundsätze der Gewaltenteilung und der Unabhängigkeit der Gerichte, da neben zwei Berufsrichtern fünf Abgeordnete der Bremischen Bürgerschaft Mitglieder des Wahlprüfungsgerichtes sind,

deren Mitwirkung gemäß §§ 38 Abs. 4 BremWG, 54 Abs. 3 VwGO die Besorgnis der Befangenheit auslöse, ist unbegründet. Das Wahlprüfungsgericht zweiter Instanz hat bereits in früheren Entscheidungen dargelegt, daß das Wahlprüfungsgericht wegen seiner personellen Verschränkung mit der Legislative nicht als Gericht im Sinne des Art. 92 GG anzusehen ist (BremStGHE 1, 218, 233; BremStGHE 5, 94, 96). Diese personelle Verschränkung ist im Licht der allgemeinen Grundsätze der Wahlprüfung im demokratischen Rechtsstaat zulässig. Danach bestehen selbst dann keine verfassungsrechtlichen Bedenken, wenn die Wahlprüfung – zunächst – ausschließlich von Abgeordneten durchgeführt wird (BVerfGE 37, 84, 90 f.). Da eine solche Prüfungsinstanz jedoch öffentliche Gewalt im Sinne von Art. 19 Abs. 4 GG ausübt, ist der verfassungsrechtlich gebotene Rechtsschutz allerdings nur dann gewährleistet, wenn ein Gericht im Sinne von Art. 92 GG, Art. 135 Abs. 1 BremLV die Entscheidung des Wahlprüfungsgerichts zu überprüfen imstande ist. Das Wahlprüfungsgericht zweiter Instanz, das sich aus den Mitgliedern des Staatsgerichtshofs zusammensetzt, ist ein solches Gericht. Gegen die vorgängige Einschaltung des Wahlprüfungsgerichts bestehen daher keine Bedenken.

Aus diesem Grund können sich die Beschwerdeführer im vorliegenden Fall auch nicht gegenüber den fünf Abgeordneten, aus denen sich das Wahlprüfungsgericht neben den beiden Berufsrichtern zusammensetzt (§ 37 Abs. 1 S. 2 BremWG), auf § 54 Abs. 3 VwGO berufen. Das Wahlprüfungsgericht ist kein (Verwaltungs-)Gericht, so daß diese Bestimmung ohnehin nicht unmittelbar anwendbar ist. Auf sie wird zwar durch § 38 Abs. 4 BremWG pauschal mit verwiesen. Daraus folgt, daß im Einzelfall, also wenn etwa einer der mitentscheidenden Abgeordneten an dem Ausgang des Verfahrens ein besonderes Interesse hat oder er sich offenkundig bereits vor Prüfung in seiner Entscheidung festgelegt hat, ihm gegenüber die Besorgnis der Befangenheit bestehen kann. Eine solche Besorgnis und ein daraus folgendes Mitwirkungsverbot können aber gegenüber den mitwirkenden Abgeordneten nicht allein mit der Begründung geltend gemacht werden, als Abgeordnete hätten sie ein Interesse an der Gültigkeit der Wahl oder des Volksentscheides. Anderenfalls könnten Abgeordnete an der Entscheidung im Wahlprüfungsverfahren grundsätzlich nicht teilnehmen. Eben dies aber ist, wie bereits angeführt wurde, nicht zutreffend. Die in § 38 Abs. 4 BremWG enthaltene Verweisung auf § 54 Abs. 3 VwGO ist daher von Anfang an unter die sich aus § 37 Abs. 1 BremWG (Zusammensetzung des Wahlprüfungsgerichts) ergebende Einschränkung gestellt.

Das erkennende Gericht hat im übrigen bereits früher entschieden, daß dieser Lösung auch Art. 84 BremLV nicht entgegensteht. Auf diese Rechtsprechung wird verwiesen (BremStGHE 1, 218, 233; 5, 94, 96).

3. Die Rüge des Beschwerdeführers zu 1. b), das Wahlprüfungsgericht habe gegen Art. 103 Abs. 1 GG verstoßen, weil es seinem Beweisantrag nicht gefolgt ist, einen bestimmten Abgeordneten dazu zu vernehmen, er sei als einziger Abgeordneter an einer ordnungsgemäßen Durchführung des Volksentscheids interessiert gewesen, ist unbegründet. Aus dem fehlenden parlamentarischen Interesse könnte für die gesetzmäßige Durchführung des Volksentscheids nichts folgen. Daher bestand auch für das erkennende Gericht keine Veranlassung, dem diesbezüglichen Antrag des Beschwerdeführers zu 1. b) zu entsprechen. Auch der Hinweis dieses Beschwerdeführers, ihm hätten die notwendigen Geldmittel gefehlt, um in den Massenmedien per Anzeige gegen die geplante Verfassungsänderung vorzugehen, kann einen Abstimmungsfehler nicht begründen.

4. Auch die Rüge, bei der Durchführung des Volksentscheids sei gegen § 2 a S. 1 VE-Gesetz i. d. F. vom 5. Juli 1994 (Brem.GBl. 1994 S. 200) verstoßen worden, ist unbegründet. Die Vorschrift gebietet zwar, daß der Stimmzettel den Text des zur Abstimmung gestellten Gesetzentwurfs zu enthalten hat, doch kann nach Satz 2 vom Abdruck umfangreicher Gesetzentwürfe abgesehen werden; in diesem Fall ist der Gesetzentwurf den Stimmberechtigten von den Gemeindebehörden vor der Abstimmung zu übermitteln.

Der beim Volksentscheid vom 16. Oktober 1994 zur Verwendung gelangte Stimmzettel sah gem. Art. 69 Abs. 2 BremLV i. V. m. § 3 Abs. 1 S. 2, Abs. 2 S. 2 VE-Gesetz, nur die Antwort „Ja" oder „Nein" auf die Frage vor: „Stimmen Sie dem von der Bremischen Bürgerschaft (Landtag) am 30. Juni 1994 beschlossenen Gesetz zur Änderung der Landesverfassung der Freien Hansestadt Bremen zu?". Vom Abdruck des Änderungstextes auf dem Stimmzettel wurde abgesehen; der Text war jedoch unstreitig vor der Abstimmung an die Stimmberechtigten versandt worden.

Vom Abdruck des Textes auf dem Stimmzettel darf nur abgesehen werden, wenn es sich um einen „umfangreichen" Gesetzentwurf handelt. Der Entwurf erstreckt sich in der durch den Volksentscheid unverändert angenommenen Fassung auf mehr als drei Seiten im Gesetzblatt (Brem.GBl. 1994 S. 409–412). Bereits dies spricht für einen umfangreichen Entwurf. Hierfür spricht auch der Sinn dieser Vorschrift. Wird der Gesetzestext auf dem Stimmzettel abgedruckt, entfällt die gesetzliche Pflicht zu seiner Vorabübermittlung. Daraus folgt, daß nur ein kurzer, schnell überblickbarer Entwurf sich zum Abdruck auf dem Stimmzettel eignet und auch dies sinnvollerweise nur dann, wenn er in sich verständlich, d. h. nicht zu kompliziert ist. Die hier zu behandelnde Verfassungsänderung war aber auch in diesem Sinne kompliziert, weil sie im Hinblick auf 36 Artikel der Landesverfassung Änderungen, Ergänzungen, teilweise Aufhebungen oder völlige Neufassungen vornahm. Unter diesen Umständen ist gegen die Wertung, es habe sich um einen „umfangreichen Gesetzentwurf" gehandelt, nichts einzuwenden. Die zuständige Behörde hat daher ihr Ermessen bei dem Aufgreifen der zweiten Alternative des § 2 a VE-Gesetz nicht verletzt. Da sie auch den Anforderungen des Satzes 2 dieser Bestimmung entsprach, kann eine Rechtsverletzung nicht festgestellt werden.

Die von den Beschwerdeführern herangezogene Entscheidung des Hessischen Staatsgerichtshofs (NVwZ 1991, 561, 563) enthält keine diesem Ergebnis widerstreitenden Aussagen. Dem Hessischen Staatsgerichtshof kam es ersichtlich allein darauf an, daß die Abstimmenden über den Gegenstand der Abstimmung ausreichend unterrichtet sind. Die ausreichende Unterrichtung der Beschwerdeführer war jedoch durch die Versendung des Textes der geplanten Verfassungsänderung sichergestellt.

Da § 2 a VE-Gesetz in jedem Fall dafür Sorge trägt, daß die Stimmberechtigten den Gesetzestext, über den abgestimmt werden soll, zur Kenntnis erhalten, ergeben sich auch keinerlei Hinweise auf eine Verfassungswidrigkeit dieser Vorschrift.

5. Soweit die Beschwerdeführer weitere organisatorische Mängel bei der Durchführung des Volksentscheides rügen, ist dieses Vorbringen ebenfalls nicht geeignet, Abstimmungsfehler zu begründen.

a) Dies gilt einmal für die Rüge, bei den Briefwählern sei durch den Aufdruck auf dem Wahlbriefumschlag der Eindruck erweckt worden, sie seien verpflichtet, wenn sie an der Briefwahl zum Deutschen Bundestag teilnehmen wollten, zugleich auch an dem Volksentscheid teilzunehmen.

Gemäß Anlage 7 zu § 6 Abs. 6 BWVEO (Brem.GBl. 1994 S. 165, 175) war auf der Rückseite des für Bundestagswahl und Volksentscheid gemeinsamen Wahlbriefumschlags folgendes aufgedruckt:

„In diesen Wahlbriefumschlag müssen Sie einlegen
1. den gemeinsamen **Wahlschein** und
2. die **verschlossenen blauen und gelben Wahlumschläge** mit den darin befindlichen Stimmzetteln. Sodann den Wahlbriefumschlag zukleben."

– (Hervorhebungen im Original) –

Entgegen der Auffassung der Beschwerdeführer kann aufgrund der Verwendung des Wortes „müssen" der Eindruck einer Verpflichtung zur gemeinsamen Teilnahme an Bundestagswahl und Volksentscheid bei einem Wähler vernünftigerweise nicht entstanden sein.

Zunächst ist auf die – auch allgemein bekannte – generelle Rechtslage zu verweisen, daß in der Bundesrepublik Deutschland und in ihren Ländern eine Wahlpflicht oder ein sonstiger Abstimmungszwang nicht besteht. Diese Kenntnis darf bei mündigen Bürgern vorausgesetzt werden.

Hierfür spricht auch die herkömmliche, ganz parallele Ausgestaltung des Wahlbriefumschlags bei Wahlen zum Bundestag gemäß Anlage 11 (zu § 28 Abs. 3 und § 45 Abs. 4 BWO), wo ebenfalls der Aufdruck erscheint, wonach die Briefwähler 1. den Wahlschein und 2. den verschlossenen blauen Wahlumschlag mit dem darin befindlichen Stimmzettel in den Wahlbriefumschlag einlegen „müssen". Auch hieraus wird in der Praxis nicht eine Wahlpflicht gefolgert.

Auch die hier gegebene Situation der gemeinsamen Briefwahl konnte nicht den Eindruck erwecken, zu einer Kombination beider Abstimmungen gezwungen zu sein. Ein solcher Eindruck konnte nämlich nach Lektüre der „Vorderseite des Merkblatts für die gemeinsame Briefwahl zum Deutschen Bundestag und Volksentscheid" (Anlage 5 zu § 5 Abs. 2 BWVEO, Brem.GBl. 1994 S. 172) nicht entstehen. Dort wird nicht nur ausdrücklich vermerkt „Sie können an der Wahl zum Deutschen Bundestag und am Volksentscheid teilnehmen", sondern die zusätzlichen „Wichtige Hinweise für Briefwähler" lassen deutlich werden, daß die Anweisungen technischer Art sind, um bei dem Wähler das Risiko zu vermeiden, durch Fehler die Ungültigkeit seiner Stimmabgabe herbeizuführen.

Aufgrund dieser Erwägungen ist auch gegen § 5 BWVEO nichts einzuwenden, der bei gleichzeitiger Durchführung eines Volksentscheids mit einer Bundestagswahl einen „gemeinsamen Wahlschein" anordnet.

b) In gleicher Weise geht die Rüge fehl, die gleichzeitige Aushändigung der Unterlagen zur Bundestagswahl und zum Volksentscheid in den Wahllokalen habe eine Verpflichtung zur Teilnahme an beiden Abstimmungen suggeriert und diejenigen Stimmberechtigten, die nur die Bundestagswahlunterlagen entgegennehmen wollten, durch die daraus entstandene Diskussion mit den Wahlvorständen unter Verletzung des Abstimmungsgeheimnisses als Nichtteilnehmer am Volksentscheid öffentlich herausgestellt.

Ein Abstimmungsfehler kann in dem gerügten Verhalten nicht erblickt werden; es war daher auch nicht notwendig, von Amts wegen der Frage nachzugehen, in wievielen Fällen es zu solchen Auseinandersetzungen kam. Es ist nicht ersichtlich, weshalb sich aus der gleichzeitigen Aushändigung der Wahl- und Abstimmungsunterlagen ein Abstimmungszwang ergeben konnte. Jeder Stimmberechtigte war frei, in der Wahlkabine allein den Stimmzettel zur Bundestagswahl auszufüllen. Umgekehrt wäre die Nichtaushändigung aller Wahlunterlagen oder die Aushändigung nur auf ausdrücklichen Wunsch in hohem Maße problematisch gewesen. Durch die Verweigerung der Entgegennahme der Unterlagen zum Volksentscheid haben die betreffenden Abstimmungsberechtigten im übrigen selbst kundgetan, daß sie an dem Volksentscheid nicht teilnehmen wollten.

c) Auch der Aushang oder die Auslage des Informationsblattes der Wahlämter, das neben dem vollen Text der geplanten Verfassungsänderung eine Zusammenfassung der wichtigsten Änderungen („Kernpunkte der Verfassungsänderung") enthielt, in den Wahllokalen ist rechtlich nicht zu beanstanden. Das Informationsblatt enthielt keinerlei Aufforderung an die Stimmberechtigten, entweder mit „Ja" oder „Nein" zu stimmen. Ebensowenig haltbar ist die Auffassung, damit habe die notwendige Zahl der Abstimmenden (Quorum) gesichert werden sollen. Eine unzulässige „schriftliche Beeinflussung" der Abstimmungsberechtigten im Sinne des § 32 Abs. 1 BremWG, der gemäß § 24 Abs. 1 S. 2 Nr. 4 VE-Gesetz zur Anwendung gelangt – und § 27 BremWG entspricht – liegt daher nicht vor.

d) Schließlich kann auch eine gemeinsame Kennzeichnung der Stimmabgabe für Bundestagswahl und Volksentscheid im Wählerverzeichnis nicht als Abstimmungsfehler bewertet werden, da eine solche Handhabung offenkundig auf die Stimmabgabe selbst keinen Einfluß haben konnte. Auch die Stimmauszählung erfolgt nicht anhand der Vermerke im Wählerverzeichnis, sondern anhand der in der Wahlurne vorhandenen Wahl- oder Abstimmungszettel.

6. Unbegründet ist weiterhin die Rüge der Beschwerdeführer, daß die Abstimmungsberechtigten vor dem Volksentscheid unzureichend und auch falsch informiert worden seien. Diese Rüge bezieht sich auf die fehlende Information im Hinblick auf die mit der Verfassungsänderung eintretende „Verschlechterung der Rechtsstellung der Bürger", auf die Bedeutung des Quorums bei einem Volksentscheid und auf die unkommentierte Mitteilung des Verfassungsänderungsgesetzes, die ohne Verweis auf die entsprechenden Abschnitte der Landesverfassung, ohne Hervorhebung der tatsächlichen Änderungen und ohne Synopse dem Informationsbedürfnis der Stimmberechtigten nicht habe genügen können.

a) Die staatlichen Organe haben ihrer Informationspflicht gegenüber den Stimmberechtigten in rechtlich nicht zu beanstandendem Umfang genügt. Hierzu reicht allerdings die Erfüllung der sich aus § 2 a VE-Gesetz ergebenden Anforderungen allein nicht aus. Um der Verantwortung, die Bürgerinnen und Bürger mit ihrer Teilnahme an einem Volksentscheid übernehmen, gerecht werden, also eine sachgerechte Entscheidung treffen zu können, müssen diese den Inhalt des Gesetzentwurfs verstehen, seine Auswirkungen überblicken und die wesentlichen Vor- und Nachteile abschätzen können (ebenso BayVerfGH, BayVBl. 1994, 203, 206). Daraus folgt, daß den Stimmberechtigten alle Unterlagen zur Verfügung zu stellen sind oder der Zugang zu ihnen zu eröffnen ist, die ihnen eine eigenständige Bewertung und ein Abwägen der Vor- und Nachteile erlauben. Mit der Überlassung des Gesetzestextes und mit der

Möglichkeit, die weiteren einschlägigen Unterlagen einzusehen und bei einer genau angegebenen Dienststelle weiteres Informationsmaterial anzufordern, ist dieser Verpflichtung genügt. Die Stimmberechtigten waren auf dieser Basis in die Lage versetzt, eigene verantwortungsvolle Schlüsse zu ziehen.

Daß dieses Ergebnis vom Stimmberechtigten selbst gewisse eigene Anstrengung und Initiative verlangt, ist nicht zu beanstanden, da es seiner Rolle als Akteur in der direkten Demokratie entspricht. Plebiszitäre Entscheidungen gewinnen nur dann ein „Mindestmaß an Qualität", wenn „der Stimmbürger fähig und bereit ist, die Mühsal auf sich zu nehmen, die eine solche Entscheidung erfordert" (*Krause* in: Isensee/Kirchhof (Hrsg.), Handbuch des Staatsrechts II, 1987, § 39 Rdn. 25). Es ist widersprüchlich, als „Souverän" auftreten zu wollen und gleichzeitig jede Bemühung um nähere Information nicht als eigene Aufgabe zu verstehen, sondern auf den Staat abzuwälzen.

Die staatlichen Organe sind danach nicht verpflichtet, dem besseren Verständnis der Verfassungsänderung dadurch zu dienen, daß sie eine Synopse liefern, die Änderungen im bisherigen Text besonders markieren oder einen Verweis auf die betreffenden Abschnitte der Landesverfassung anbringen. Vielmehr ist es dem mündigen Bürger zuzumuten, anhand der bisherigen Landesverfassung, deren Text ihm auf Anfrage zur Verfügung gestellt werden kann, die Änderungen selbst zu erkennen und einzuschätzen.

Der notwendige Informationsumfang ist jedenfalls – wie im vorliegenden Fall – dann gewahrt, wenn in einer zusätzlich verteilten Information die wesentlichen Änderungen, darunter gerade solche, die die Rechtsstellung der Bürger betreffen, in allgemein verständlicher Sprache dargestellt werden (sog. „Kernpunkte der Verfassungsänderung"). Vorausgesetzt dabei ist allerdings, daß die hierbei gegebenen Informationen korrekt sind.

Demgemäß ist auch die Rüge, die zuständigen staatlichen Organe hätten auf die Bedeutung des Quorums im Volksentscheidverfahren besonders aufmerksam machen müssen, nicht stichhaltig. Dem Bürger ist zuzumuten, daß er sich über seine Rolle als Mitwirkender bei der Volksgesetzgebung selbst informiert. Zwar ist es staatlichen Organen hier wie sonst unbenommen, im zulässigen Rahmen ein „Mehr" an Information zu geben. Hier kommt es aber nur darauf an, ob die rechtliche Verpflichtung dazu besteht und nicht erfüllt wurde. Dafür ergeben sich aber aus der Rechtsordnung keine Anhaltspunkte.

b) Die Stimmberechtigten sind auch im Hinblick auf den Gegenstand des Volksentscheids nicht falsch oder irreführend informiert worden. Die Veränderung der Einflußnahmemöglichkeit des Bürgers auf die Durchführung einer Verfassungsänderung, die vom Standpunkt der Bürgerpartizipation sicherlich nicht, wie es das Wahlprüfungsgericht formuliert, als „Erleichterung" für den Bürger zu verstehen ist, ist in dem den Stimmberechtigten zur Verfügung gestellten Informationsmaterial korrekt wiedergegeben worden. In Ziff. 2 Satz 1 der „Kernpunkte der Verfassungsänderung" wird die bisherige Situation skizziert und dabei für den Fall fehlender Einstimmigkeit in der Bürgerschaft die Notwendigkeit des Volksentscheids benannt. Satz 2 enthält die zutreffende Mitteilung, daß eine Verfassungsänderung in Zukunft bereits aufgrund der Zustimmung von zwei Dritteln der Mitglieder der Bürgerschaft möglich sein wird. Auch wenn in Satz 3 der weitere zutreffende Hinweis erfolgt, daß Volksbegehren und Volksentscheid auch künftig möglich bleiben, kann dies nicht dahin mißverstanden werden, daß wie bisher bei nicht einstimmiger Verfassungsänderung durch die Bürgerschaft ein Volksentscheid notwendig wäre. Dies wird auch durch das Wort „dagegen" in Satz 2 – in Hervorhebung des Unterschieds zur bisherigen Rechtslage – zum Ausdruck gebracht. Durch diese Information waren die Stimmberechtigten in die Lage versetzt, die neue Rechtslage von der bisherigen zu unterscheiden, sie an dieser zu messen und ihre Schlußfolgerungen bezüglich der Einschränkung der plebiszitären Mitwirkungsrechte zu ziehen. Aufgrund dieser Situation ist es auch nicht irreführend, wenn in Ziff. 1 der „Kernpunkte der Verfassungsänderung" davon die Rede ist, daß die Mitwirkungsrechte der Bürgerinnen und Bürger „verbessert" werden. Denn die in diesem Zusammenhang im einzelnen vorgenommenen Änderungen sind als solche richtig benannt. Damit wird nicht zum Ausdruck gebracht, daß alle Veränderungen als Verbesserung zu qualifizieren sind. Die nachfolgenden Ziffern der „Kernpunkte" sind systematisch eindeutig nicht der ersten Ziffer zuzuordnen. Es wird daher nicht vorgespiegelt, auch die das Verfassungsänderungsverfahren betreffende Neuregelung sei als Verbesserung der Mitwirkungsrechte der Bürger zu qualifizieren.

7. Keinen Erfolg haben die Beschwerdeführer letztlich auch mit ihrer Rüge, durch die mit öffentlichen Mitteln finanzierten und vom Präsidenten der Bremischen Bürgerschaft und den Vorsitzenden (Sprechern) der Fraktionen der SPD, CDU, FDP und Bündnis 90/GRÜNE unterzeichneten Zeitungsannoncen vom 14. und 15. Oktober 1994 – also unmittelbar vor der Abstimmung – sowie durch eine Telefonaktion wenige Tage zuvor sei massiv für die Zustimmung zur Verfassungsänderung geworben und damit der Ausgang des Volksentscheids unzulässig beeinflußt worden.

a) Während die Staatsorgane sich bei Wahlen und im Vorfeld von Wahlen strikt neutral zu verhalten haben, also sich weder mit politischen Parteien noch einzelnen Wahlbewerbern identifizieren oder sie bekämpfen, insbesondere nicht durch Werbung die Entscheidung des Wählers beeinflussen dürfen (vgl. BVerfGE 44, 125, 142; 63, 230, 242 ff.; BremStGHE 4, 74, 79 f.), kann ein solches striktes Neutralitätsgebot nicht in gleicher Weise im Hinblick auf Volksentscheide Geltung beanspruchen. Zwar muß in beiden Fällen sichergestellt sein, daß die Integrität der Willensbildung des Volkes gesichert ist und seine freie Entscheidung nicht beeinträchtigt wird. Gleichwohl ergeben sich aus der tatsächlichen und rechtlichen Verschiedenheit zwischen Wahlen und Abstimmungen Konsequenzen. Gegenstand der Abstimmung ist eine Sachfrage, die die Abstimmungsberechtigten verantwortungsvoll nur entscheiden können, wenn sie in der Lage sind, die möglichen Folgen für das Staatsganze umfassend abzuschätzen. Von seiten der Staatsorgane betrachtet, bedeutet das, daß es diesen nicht verwehrt sein kann, auf mögliche Konsequenzen der zu treffenden Entscheidung hinzuweisen – was auch eine Pro- und Contra-Wertung miteinschließt – und für die eigene Überzeugung werbend einzutreten (vgl. BayVerfGH, BayVBl. 1994, 203, 206; auch BVerfGE 37, 84, 90 f. geht offenkundig von einem rechtlich erheblichen Unterschied zwischen Wahlen und Abstimmungen aus; restriktiver BayVGH, NVwZ 1991, 699 ff.).

Diese Grundsätze gelten auch für den Fall, daß – wie hier – über eine Verfassungsänderung abgestimmt wird. Mit der Verfassung oder ihrer Änderung wird zwar die rechtliche Grundlage des Staates (neu) bestimmt, werden die maßgeblichen politischen Kräfte einander zugeordnet und das Verhältnis des einzelnen zur staatlichen Ordnung festgelegt. Insoweit ereignet sich hier durchaus etwas ähnliches wie bei der Wahl, weil dem staatlichen Ganzen die Legitimationsgrundlage gegeben wird. Verfassunggebung bzw. Verfassunggesetzgebung teilt auch Macht zu, überträgt Herrschaft – im vorliegenden Fall vom Volk auf seinen Repräsentanten, die Bürgerschaft.

Aber gerade wegen der Bedeutung dieses Vorgangs gilt auch bei dieser Konstellation, daß die Stimmberechtigten möglichst umfassend von der Auffassung der maßgeblichen politischen Kräfte und auch der Verfassungsorgane Kenntnis erlangen, ob eine solche Verfassungsänderung aus deren Sicht sinnvoll und empfehlenswert ist. Je umfassender das ihm vorgelegte Meinungsspektrum ist, desto eher ist der einzelne in der Lage, seine Entscheidung verantwortungsvoll zu treffen.

Die Grenzen, die den Aktivitäten staatlicher Organe bei Abstimmungen gezogen sind, ergeben sich daraus, daß die Entscheidung der Stimmberechtigten rational, sachbezogen und frei erfolgen können muß. Dies erlegt den staatlichen Organen ein „Objektivitätsgebot oder Sachlichkeitsgebot" auf, das zwar von ihnen nicht verlangt, ihre eigene Auffassung zu unterdrücken, wohl aber, ihre Überzeugung in einer die Entscheidungsfreiheit der Stimmberechtigten respektierenden Weise zu äußern. Dies schließt parteiergreifende – sofern sachliche – Äußerungen nicht aus. Die Grenze ist aber überschritten, wenn amtliche, nach außen gerichtete Äußerungen nicht nur auf die Meinungsbildung, sondern auf den Abstimmungsvorgang selbst zielen und damit die eigenverantwortliche Entscheidung der Abstimmenden beeinträchtigen. Dies ist etwa der Fall, wenn Muster von Stimmzetteln veröffentlicht werden, die bereits in der vom Amtsträger empfohlenen Weise durch Ankreuzen ausgefüllt sind (ebenso BayVerfGH, BayVBl. 1994, 203, 208).

b) Die vorstehend entwickelten Grundsätze sind auf den hier zu entscheidenden Fall anzuwenden, da beide gerügten Verhaltensweisen – Zeitungsannoncen und Telefonaktion – von den beteiligten Organen als solchen, also in amtlicher Funktion durchgeführt wurden. Die Fraktionsvorsitzenden und der Präsident der Bremischen Bürgerschaft haben nicht, wie es Ausführungen des Wahlprüfungsgerichts nahelegen, nur in privater Eigenschaft gehandelt. Beleg hierfür ist der unbestrittene Einsatz öffentlicher Gelder zu diesem Zweck. Die Beurteilung der Aktivitäten der durch ihre Vorsitzenden/Sprecher vertretenen Fraktionen einerseits, des Präsidenten der Bürgerschaft andererseits an diesen Maßstäben führt indes zu unterschiedlichen Ergebnissen. Während das Verhalten der Fraktionen aus Rechtsgründen nicht zu beanstanden ist, überschreitet die Beteiligung des Präsidenten der Bürgerschaft an den Zeitungsannoncen den zulässigen Rahmen. Mangels Erheblichkeit führt dieser Abstimmungsfehler jedoch nicht zur Ungültigkeit des Volksentscheids.

Soweit es um die Tätigkeiten der Fraktionen geht, ist festzuhalten, daß sie sich unter Berücksichtigung des auch für sie geltenden Objektivitäts- oder Sachlichkeitsgebots an den öffentlichen Diskussionen über den Gegenstand des Volksentscheids beteiligen durften. Dabei haben sie die Grenzen dieses Gebots noch nicht überschritten. Was die Zeitungsannonce angeht, so wird darin zwar eindeutig zum „Ja" beim Volksentscheid aufgefordert. In den Annoncen wird allerdings kein Stimmzettel abgebildet, in dem der Ja-Kreis durchkreuzt wäre und damit der Stimmberechtigte zum bloßen „Übertragen" auf den echten Stimmzettel verleitet würde. Das „Ja zur Verfassungsänderung" ist vielmehr als freilich sehr pointierte Stellungnahme zum Volksentscheid zu qualifizieren, mit der die Fraktionen in die öffentliche Auseinandersetzung für das Für und Wider bzw. Ja oder Nein zur Verfassungsänderung in indirekter Weise eingreifen. Anknüpfungspunkt ist insoweit die Einflußnahme auf die stimmberechtigten Bürgerinnen und Bürger im Stadium der Willens- und Meinungsbildung, nicht jedoch eine konkrete, gezielte Vorgabe für das Votum im späteren Stadium des Abstimmungsvorgangs, die suggestiv die Entscheidung der Abstimmenden vorwegzunehmen, ihnen geradezu abzunehmen versuchte.

Für die Beurteilung der Frage, ob die Fraktionen die Grenzen des Sachlichkeitsgebots überschritten haben, kann auch ihre einzigartige Stellung nicht außer Betracht bleiben, die zutreffend „als Scharnier zwischen Staatswillensbildung und gesellschaftlicher Willensbildung, zwischen Parlament und Parteien, zwischen Parlament und einzelnen Abgeordneten sowie zwischen Öffentlichkeit und politischer Innenwelt" beschrieben wurde (*Zeh* Handbuch des Staatsrechts II, 1987, § 42 Rdn. 8). Die für Parlamentsfraktionen typische Nähe zu „ihren" politischen Parteien darf zwar keineswegs in dem Sinn mißverstanden werden, sie seien allein deren verlängerter Arm; dies würde die gleichzeitig bestehende latente Spannung zwischen Fraktion und Partei und vor allem die verfassungsrechtlich garantierte Unabhängigkeit der Mandatsträger (Art. 38 Abs. 1 Satz 2 GG; Art. 83 Abs. 1 BremLV) unberücksichtigt lassen. Wohl aber ist dieses auch von der Öffentlichkeit wahrgenommene Näheverhältnis bei der Anwendung des Sachlichkeitsgebots auf die Fraktionen zu berücksichtigen, da parteilich-politische Stellungnahmen von diesen im Meinungskampf allseits erwartet werden und von den Stimmberechtigten in das gesamte Argumentationspotential entsprechend eingeordnet werden können.

Der für Abstimmungen notwendige Freiheitsraum, der auch unter dem Gesichtspunkt des mündigen, die politischen Aktionen der Fraktionen durchschauenden Staatsbürgers zu sehen ist, bleibt vorliegend noch in dem erforderlichen Umfang erhalten. Diese Wertung gilt erst recht für die Telefonaktion. Abgesehen davon, daß insoweit kaum substantiiert vorgetragen ist, ist hier von einem solchen der Abbildung eines bereits angekreuzten Stimmzettels vergleichbaren Einwirken auf den Abstimmungsvorgang nicht auszugehen. Demgegenüber hat der Präsident der Bremischen Bürgerschaft dadurch, daß er in den Annoncen mit Namen und Amtsbezeichnung an erster Stelle für das Ja beim Volksentscheid geworben hat, die ihm auferlegte Zurückhaltungspflicht verletzt und gegen das ihn bindende Objektivitäts- oder Sachlichkeitsgebot verstoßen. Die Mitwirkung des Präsidenten konnte dahin verstanden werden, daß sich die Bürgerschaft insgesamt eindeutig zugunsten der Verfassungsänderung ausspreche. Eine solche werbende Äußerung hat nach außen ein anderes Gewicht als die Stellungnahme von Parlamentsfraktionen, da die Bürgerschaft die Gesamtrepräsentanz der Bürger darstellt. Zusammen mit der pointierten Werbung für das Zustandekommen der Verfassungsänderung ist der Vorgang als unzulässige Beeinflussung der Stimmberechtigten zu beurteilen.

Hieraus folgt jedoch nicht, daß der Antrag der Beschwerdeführer Erfolg haben kann. Aufgrund des großen Vorsprungs der Stimmen, die sich für die Verfassungsänderung ausgesprochen haben, kann ausgeschlossen werden, daß allein die rechtswidrige Hinzufügung der Unterschrift des Präsidenten der Bürgerschaft auf ansonsten rechtlich noch nicht zu beanstandende Annoncen parlamentarischer Fraktionen sich auf das Ergebnis des Volksentscheids, d. h. das „Ja" zur Verfassungsänderung, ausgewirkt haben konnte.

Nach allem ist der Hauptantrag der Beschwerdeführer unbegründet. Auf den hilfsweise gestellten Antrag braucht nicht eingegangen zu werden, da er weiter reicht als der Hauptantrag und die Beschwerdeführer damit erst recht keinen Erfolg haben können.

Nr. 2

1. Die zwischen dem Parlament und einer parlamentarischen Gruppierung (Fraktion oder Gruppe) streitige Frage, ob die der Gruppierung zugeflossenen öffentlichen Mittel an die Staatskasse zurückzuerstatten sind, ist staatsrechtlicher Natur; es sei denn, das Rechtsverhältnis hat eine verwaltungsrechtliche Ausgestaltung erfahren.

2. Eine parlamentarische Gruppierung existiert nach Beendigung der Legislaturperiode – auch ohne ausdrückliche gesesetzliche Regelung – als Liquidationssubjekt fort und ist im verfassungsgerichtlichen Verfahren beteiligungsfähig.

3. Als Grundlage einer Rückzahlungsverpflichtung kommt – sofern eine spezielle gesetzliche Regelung fehlt – der öffentlich-rechtliche Erstattungsanspruch in Betracht. Er wurzelt im Rechtsstaatsprinzip und gilt auch im Verfassungsrecht.

4. Die an die parlamentarischen Gruppierungen gezahlten Haushaltsmittel müssen der Erfüllung der Verfassungsfunktionen dieser Gruppierungen dienen.

Parlamentarische Gruppierungen dürfen die ihnen zur Verfügung gestellten Haushaltsmittel (jedenfalls) nicht für Zwecke Dritter, insbesondere nicht für Parteiaufgaben, sowie nicht für Zwecke verwenden, für die die Abgeordneten eine Amtsausstattung erhalten.

5. Die parlamentarischen Gruppierungen haben – auch ohne spezielle gesetzliche Regelung – über die Verwendung der ihnen überlassenen Haushaltsmittel umfassend Rechnung zu legen; diese verfahrensrechtliche Pflicht folgt aus der Zweckbestimmung der Mittel, deren ordnungsgemäße Verwendung anderenfalls nicht überprüft werden könnte, und wurzelt in dem in Art. 20 Abs. 3 GG statuierten Prinzip der Rechtsbindung staatlicher Organe.

Die Verletzung dieser Pflicht hat zur Folge, daß von einer ordnungsgemäßen Mittelverwendung nicht ausgegangen werden kann.

Landesverfassung der Freien Hansestadt Bremen Art. 92 Abs. 3, Art. 140 Abs. 1

Entscheidung vom 19. Oktober 1996 – St 1/95 –

in dem Verfahren der Bremischen Bürgerschaft (Landtag) gegen die Gruppe der Deutschen Volksunion in der Bremischen Bürgerschaft (Landtag) i. L.

Entscheidungsformel:

Die Antragsgegnerin wird verurteilt, von den in der Zeit vom 16. Oktober 1991 bis zum 23. Januar 1993 an die Fraktion der DVU in der Bremischen Bürgerschaft ausgezahlten Fraktionsmitteln DM 261 768,17 an die Freie Hansestadt Bremen zurückzuzahlen. Der weitergehende Antrag wird zurückgewiesen.
Der auf Auszahlung der in der Zeit vom 1. Januar 1995 bis zum 7. Juni 1995 fällig gewordenen Gruppenmittel gerichtete Antrag der Antragsgegnerin wird zurückgewiesen.

Gründe:

A.

Die Antragstellerin begehrt die Rückzahlung von Mitteln, die der Präsident der Bremischen Bürgerschaft während der 13. Wahlperiode der Bremischen Bürgerschaft gemäß § 37 a. F. BremAbgG an die Fraktion der DVU ausgezahlt hat. Diese wiederum verlangt die Auszahlung weiterer Mittel, die der Präsident der Bremischen Bürgerschaft in der Zeit vom 1. Januar 1995 bis zum Ende der Wahlperiode, dem 7. Juni 1995, einbehalten hat.

Bei der Wahl zur Bremischen Bürgerschaft vom 29. September 1991 errang die Deutsche Volksunion (DVU) sechs Mandate. Die sechs Abgeordneten bildeten die Fraktion der DVU. Nachdem bereits 1991 der Abgeordnete H. A. die Fraktion verlassen hatte, schied aus dieser im Januar 1993 auch der Abgeordnete P. N. aus. Damit verlor die Fraktion der DVU ihren Fraktionsstatus und bildete für den Rest der 13. Wahlperiode eine Gruppe. Deren Mitgliederzahl reduzierte sich im Oktober 1993 durch den Austritt des Abgeordneten K. B. erneut. Vorsitzende der Gruppe war zuletzt die Abgeordnete M. B.

Bei der Wahl vom 14. Mai 1995 zur 14. Wahlperiode der Bremischen Bürgerschaft errang die DVU kein Mandat.

Dem Verfahren liegt folgender Sachverhalt zugrunde:
In der Zeit vom 16. Oktober 1991 bis zum 23. Januar 1993 flossen der Fraktion der DVU DM 995 757,– an Fraktionsmitteln zu. Nachdem der Rechnungshof der Freien Hansestadt Bremen die Verwendung der Mittel geprüft hatte, übersandte er der Fraktion seine Prüfungsmitteilung vom 29. Juli 1994, zu der deren Rechtsvertreter mit Schreiben vom 19. August 1994 Stellung nahm. In seiner abschließenden Feststellung und Bewertung vom 6. Dezember 1994 kam der Rechnungshof zu dem Ergebnis, daß die Mittelverwendung teilweise als „in gravierendem Maße mißbräuchlich" anzusehen sei, und unterrichtete den Präsidenten der Antragstellerin hiervon. Dieser und der Vorstand der Bremischen Bürgerschaft beschlossen daraufhin, ab 1. Januar 1995 keine

Mittel mehr an die Gruppe der DVU auszuzahlen, sondern die dieser zustehenden Mittel mit Rückforderungsansprüchen wegen zweckwidrig verwendeter Fraktionsmittel zu verrechnen.

Nachdem zunächst der Präsident der Bremischen Bürgerschaft den Antrag vor dem Staatsgerichtshof gestellt hatte, hat er, nachdem der Staatsgerichtshof Zweifel an seiner Antragsbefugnis geäußert hatte, auf der Grundlage eines Beschlusses der Bremischen Bürgerschaft namens der Bürgerschaft erklärt, diese trete selbst als Antragstellerin in das Verfahren ein.

Im wesentlichen trägt die Antragstellerin vor:

Das Verfahren sei zulässig. Insbesondere sei die Zuständigkeit des Staatsgerichtshofs gegeben, da Streitigkeiten um die Gewährung und Rückforderung von Mitteln für Fraktionen und Gruppen verfassungsrechtlicher Art seien. Der Weg zum Staatsgerichtshof sei nach Art. 140 Abs. 1 LV offen.

Der Rückforderungsbetrag setze sich wie folgt zusammen:

– Gehalt des Fraktionsgeschäftsführers (DM 70 000,–)

Die Antragsgegnerin habe mit Herrn S. E. am 12. Dezember 1991 rückwirkend zum 13. Oktober 1991 einen Arbeitsvertrag geschlossen, wonach dieser seine volle Arbeitskraft der Tätigkeit als Fraktionsgeschäftsführer der Antragsgegnerin zu widmen gehabt habe. Sein Gehalt habe im Prüfungszeitraum vom 13. Oktober 1991 bis 31. Januar 1993 DM 108 738,51 betragen. Dieser Betrag sei zu Lasten der Fraktionszuschüsse seitens der Bürgerschaft unmittelbar an Herrn E. gezahlt worden.

Dieser habe ein weiteres Arbeitsverhältnis als leitender Angestellter beim Verlag des DVU-Vorsitzenden an seinem Wohnort in München gehabt. Dort habe auch in dem hier interessierenden Zeitraum der Schwerpunkt seiner Tätigkeit gelegen, denn Herr E. sei seinerzeit lediglich rund vierzigmal für jeweils einen oder mehrere Tage im Lande Bremen gewesen. Auch habe der Rechnungshof in den Unterlagen kaum Spuren seiner Arbeit gefunden. Es müsse daher davon ausgegangen werden, daß er weit überwiegend nicht für die Antragsgegnerin, sondern für die Partei DVU und den ihr nahestehenden Verlag, die beide von Dr. Frey in München geleitet würden, gearbeitet habe.

In Übereinstimmung mit den Feststellungen des Rechnungshofes könne daher nur davon ausgegangen werden, daß Herr E. höchstens ein Drittel seiner Arbeitskraft für die Antragsgegnerin aufgewendet habe. Bezüglich der übrigen Gehaltszahlung liege daher eine zweckwidrige Mittelverwendung vor. Da sich der Rückforderungsbetrag nicht exakt berechnen lasse, werde dieser auf DM 70 000,– abgerundet.

– Zahlungen an einen Fraktionsmitarbeiter (DM 28 000,–)

Aufgrund eines vom 16. Oktober 1991 datierenden Vertrages seien seitens der Antragsgegnerin an einen Mitarbeiter, Herrn Z., monatlich DM 4 000,–

gezahlt worden. Für den Zeitraum von Oktober 1991 bis April 1992 sei das Entgelt, insgesamt DM 28 000,–, in einer Summe ausgezahlt worden. Es sei davon auszugehen, daß Herr Z. seine Tätigkeit nicht bereits im Oktober 1991, sondern erst mit der Einrichtung der Geschäftstelle im Mai 1992 aufgenommen habe. Im Januar 1992 sei nämlich noch nicht beabsichtigt gewesen, ein Fraktionsbüro einzurichten, und noch am 25. Februar 1992 habe sich die Antragsgegnerin um einen Mitarbeiter auf Honorarbasis bemüht. Hinzu komme, daß es keine Erklärung dafür gebe, weshalb Herr Z. sieben Monate auf sein Entgelt verzichtet und es dann in einer Summe beansprucht haben solle.

– Öffentlichkeitsarbeit (DM 144 151,60)

Die Antragsgegnerin habe im Prüfungszeitraum für Öffentlichkeitsarbeit fast DM 400 000,– und damit rund 42 Prozent ihrer Gesamtausgaben aufgewendet. Dies falle im Vergleich mit den entsprechenden Ausgaben der Fraktionen der Bremischen Bürgerschaft und anderer Landtage sowie des Deutschen Bundestages völlig aus dem Rahmen.

Der geltend gemachte Betrag von DM 144 151,60 sei zur Parteienfinanzierung und damit eindeutig zweckwidrig verwendet worden. Er setze sich wie folgt zusammen:

– Die Antragsgegnerin habe 28 000 Exemplare der Deutschen Wochen-Zeitung, die Sprachrohr der DVU sei und von deren Parteivorsitzendem herausgegeben werde, für DM 42 728,– gekauft und verteilt.

– Darüber hinaus habe die Antragsgegnerin zwölf Großanzeigen in der Deutschen Wochen-Zeitung veröffentlichen lassen und in sieben Fällen die Zeitung jeweils – über den Kiosk- und Abonnentenverkauf hinaus – an 10 800 Werbeanschriften versandt. Dabei seien allein für die Belieferung der Werbeanschriften Kosten von insgesamt DM 101 423,60 entstanden. Den Anzeigentext hätte die Antragsgegnerin weit preiswerter als Massendrucksache versenden können; es sei ihr indessen um die flächendeckende Vertreibung der in der Deutschen Wochen-Zeitung enthaltenen Auffassungen der DVU gegangen.

– Zahlungen an Sachverständige und Honorarkräfte (DM 207 028,57)

Die Antragsgegnerin habe für Sachverständige und zehn Honorarkräfte, die fast alle in der Umgebung Münchens gewohnt hätten und von denen eine regelmäßig für die Deutsche Wochen-Zeitung tätig gewesen sei, insgesamt DM 207 028,57 ausgegeben. Die Vergütung sei unterschiedlich gehandhabt worden. Einige Honorarkräfte hätten monatlich laufend Beträge erhalten, anderen seien Einzelleistungen vergütet worden. Lediglich in zwei Fällen hätten seitens der Antragsgegnerin schriftliche Vereinbarungen vorgelegt werden können; weitere nachprüfbare Unterlagen seien offensichtlich nicht vorhanden.

Auch hinsichtlich zweier Gutachten, die Professor Th. M. für ein Honorar von insgesamt DM 7 000,- angeblich für die Antragsgegnerin erstattet habe, fehlten jegliche Unterlagen.

Die Summe der Einzelforderungen ergebe DM 449 180,17. Hiervon seien die ab 1. Januar 1995 bis zum Ende der Wahlperiode am 7. Juni 1995 fälligen Gruppenmittel – für die Monate Januar bis März monatlich DM 18 471,- und für die Monate April bis Juni monatlich DM 18 333,- – abzusetzen.

Die Antragstellerin beantragt,

> die Antragsgegnerin zu verurteilen, an die Freie Hansestadt Bremen DM 375 434,17 zu zahlen,

hilfsweise

> festzustellen, daß die Antragsgegnerin verpflichtet ist, an die Freie Hansestadt Bremen DM 375 434,17 zu zahlen.

Die Antragsgegnerin beantragt,

> die Anträge als unzulässig – hilfsweise als unbegründet – zurückzuweisen.

Des weiteren beantragt sie,

> die Antragstellerin zu verpflichten, an die ehemalige Gruppe der DVU in der Bremischen Bürgerschaft die in der Zeit vom 1. Januar 1995 bis zum Ende der Wahlperiode (7. Juni 1995) fällig gewordenen Gruppenmittel auszuzahlen,

sowie

> festzustellen, daß die ehemalige Gruppe der DVU in der Bremischen Bürgerschaft der Antragstellerin und deren Präsidenten nichts schulde.

Sie hält die Anträge für unzulässig:

Diese seien bereits bei Antragstellung unzulässig gewesen, da es keine Rechtsnachfolge von der Fraktion auf die Gruppe der DVU gebe. Jedenfalls sei die Unzulässigkeit aber durch die Wahl zur Bürgerschaft vom 14. Mai 1995 eingetreten, bei der Kandidaten der DVU kein Mandat errungen hätten.

Im übrigen seien die Anträge aber auch unbegründet:

Es fehle bereits an der Aktivlegitimation. Als Antragstellerin komme allenfalls die Freie Hansestadt Bremen in Betracht. Weder die jetzige Antragstellerin noch deren Präsident seien befugt, Gruppenmittel zurückzufordern.

Für die Rückforderung der Mittel gebe es im übrigen keine Anspruchsgrundlage. Die Fraktionen und Gruppen bestimmten im Rahmen ihrer verfassungsmäßigen Aufgabenstellung selbst über die Verwendung der Mittel.

Sie, die Antragsgegnerin, sei auch nicht verpflichtet – etwa im Rahmen eines Kooperationsverhältnisses – gegenüber der Antragstellerin zu den unbegründeten Vorwürfen des Landesrechnungshofes über das bereits gegenüber dem Rechnungshof Vorgetragene hinaus im einzelnen Stellung zu nehmen. Ein derartiges Kooperationsverhältnis bestehe nicht. Die Beweislast für die den Antrag begründenden Tatsachen liege allein bei der Antragstellerin. Schließlich stehe der ehemaligen Vorsitzenden der Gruppe, gegen die ein staatsanwaltschaftliches Ermittlungsverfahren eingeleitet worden sei, nach den §§ 53, 55 StPO ein Aussageverweigerungsrecht zu. Ein solches Recht ergebe sich im übrigen auch aus Art. 96 LV.

Nach Art. 92 Abs. 3 LV verfüge der Präsident der Bürgerschaft über Einnahmen und Ausgaben „nach Maßgabe des Haushalts". Nach dem Haushalt hätten der Antragsgegnerin aber die hier in Rede stehenden Mittel zugestanden. Die Auffassung, der Präsident der Antragstellerin habe die Mittel sperren dürfen, weil er für den Haushalt „verantwortlich" sei, werde von Art. 92 Abs. 3 LV nicht getragen. Deshalb habe die Antragsgegnerin (in Abwicklung) noch einen Anspruch auf die rechtswidrig einbehaltenen Gruppenmittel.

B.

I.

Der von der Antragstellerin zur Entscheidung gestellte Hauptantrag ist zulässig.

1. Die Zuständigkeit des Staatsgerichtshofs ergibt sich aus Art. 140 Abs. 1 Satz 1 LV, § 1 Nr. 1 StGHG (1956). Nach diesen Vorschriften ist der Staatsgerichtshof zuständig zur Entscheidung von Zweifelsfragen über die Auslegung der Verfassung und staatsrechtliche Fragen, die ihm von den in Art. 140 LV aufgeführten Antragsberechtigten vorgelegt worden sind. Diese Voraussetzungen sind hier gegeben:

a) Der Gegenstand des vorliegenden Verfahrens wurzelt im materiellen Verfassungsrecht. Die unter den Beteiligten streitige Frage, ob die Antragsgegnerin die ihr zugeflossenen Mittel zurückzuzahlen hat, ist staatsrechtlicher Art. Die Entscheidung des Rechtsstreits erfordert eine Klärung der rechtlichen Beziehungen zwischen der Bremischen Bürgerschaft insgesamt und Untergliederungen (Teilorganen) der Bürgerschaft zueinander, die z. T. in der Landesverfassung selbst, zu anderen Teilen aber in der Geschäftsordnung und ergänzend durch ungeschriebene Rechtsgrundsätze geregelt werden. Entscheidungserheblich sind die Regeln über innere Organisation, Tätigkeit, Befugnisse und rechtliche Beziehungen der Staatsorgane und ihrer Untergliederungen zueinander, sie sind unabhängig von ihrer Aufnahme in den Verfassungstext solche des Staatsrechts.

Die Tatsache, daß die Beteiligten den Status von verfassungsrechtlichen Organen bzw. von Organteilen haben, schließt allein zwar nicht aus, daß die rechtlichen Beziehungen zwischen ihnen im Einzelfall verwaltungsrechtlicher

Natur sein können (vgl. BVerfGE 27, 152, 157; 42, 103, 112 f.; 73, 1, 30 f.; BVerwG NJW 1985, 2344 = DÖV 1986, 244; NJW 1985, 2346 = DÖV 1986, 246). Im vorliegenden Falle wird der von der Antragstellerin geltend gemachte Anspruch indessen nicht durch verwaltungsrechtliche Normen bestimmt. Die vom Präsidenten der Antragstellerin an Fraktionen und Gruppen der Bürgerschaft geleisteten Zahlungen beruhten auf dem durch die Landesverfassung und die Geschäftsordnung geregelten staatsorganisatorischen Binnenrecht der Bürgerschaft.

b) Daß die Antragstellerin inzwischen der Bürgerschaft nicht mehr angehört und damit auch nicht mehr ein mit eigenen Rechten ausgestatteter Teil des Parlaments ist, hindert nicht die Annahme einer verfassungsrechtlichen Streitigkeit, da diese nicht das Fortbestehen der (Teil-)Organstellung voraussetzt. Vielmehr genügt es, daß das verfassungsrechtliche Rechtsverhältnis Grundlage des erhobenen Anspruchs ist und insoweit noch der Abwicklung bedarf.

2. Die Antragsgegnerin ist im verfassungsrechtlichen Verfahren beteiligungsfähig. Sie existiert, obwohl die 13. Wahlperiode der Bremischen Bürgerschaft, in der sie als Vereinigung von Abgeordneten bestand, inzwischen beendet ist, als Liquidationssubjekt fort.

a) Die Antragsgegnerin war als Abgeordnetengruppe institutionalisiert. Die Geschäftsordnung der Bremischen Bürgerschaft sieht – insoweit in Übereinstimmung mit der Geschäftsordnung des Deutschen Bundestages (vgl. dort § 10 Abs. 4) – die Existenz von Gruppen in ihrem § 7 Abs. 5 ausdrücklich vor.

Eine Gruppe von Abgeordneten ist ebenso wie eine Fraktion ein Zusammenschluß von Parlamentsmitgliedern von in wesentlicher Hinsicht übereinstimmender politischer Überzeugung. Das Bundesverfassungsgericht hat die Fraktionen und Gruppen u. a. als „Gliederungen des Bundestages" oder als dessen „Teile" sowie als „notwendige Einrichtungen des Verfassungslebens" umschrieben, die „der organisierten Staatlichkeit" eingefügt seien (so etwa BVerfGE 10, 4, 14; 20, 56, 104; 43, 142, 147; 62, 194, 202). Der Staatsgerichtshof hat hinsichtlich der Fraktionen, die in Art. 77 und 105 Abs. 2 LV ausdrücklich erwähnt werden, ausgeführt, nach bremischem Verfassungsrecht handele es sich bei ihnen um „ständige, mit eigenen Rechten ausgestattete Gliederungen der Bürgerschaft", die zugleich im Parlament mittelbar als Repräsentanten der jeweiligen Parteien wirkten (BremStGHE 2, 19, 21). An dieser Charakterisierung der Fraktionen hat sich auch durch das – im übrigen erst mit dem Beginn der 14. Wahlperiode in Kraft getretene und daher hier nicht anwendbare – Gesetz zur Änderung des Bremischen Abgeordnetengesetzes und des Senatsgesetzes vom 5. Juli 1994 (Brem.GBl. S. 195), durch das Regelungen über die Rechtsstellung der Fraktionen in das Bremische Abgeordnetengesetz (§§ 36 bis 45 n. F.) aufgenommen worden sind, nichts geändert; in dem Bericht zum Abänderungsgesetz (Drucksache 13/935 der Bremischen Bürgerschaft, S. 3) ist ebenfalls von Fraktionen als Gliederungen der Bürgerschaft die Rede. Sind aber die Fraktionen Gliederungen des Parlaments, so führt dessen Ende – sei es infolge Ablaufs der Wahlperiode oder kraft Auflösung – auch zur Auflösung der Fraktionen, weil diese als seine Gliederungen an seinen Bestand gebunden sind (*Achterberg* Parlamentsrecht, 1984, S. 281 m. N.; s. a. *Hauenschildt* Wesen und Rechtsnatur der parlamentarischen Fraktionen, 1968, S. 193; *Kretschmer* Fraktionen, 2. Auflage, 1992, S. 54; *Stern* Das Staatsrecht der Bundesrepublik Deutschland, Band I, 2. Auflage, 1984, § 23 I 2 e).

Die vorstehenden Überlegungen gelten sinngemäß auch für Abgeordnetengruppen. Sie besitzen zwar nicht alle parlamentarischen Rechte, die den Fraktionen eingeräumt sind; sie sind jedoch – wie diese – Gliederungen des Parlaments (BVerfGE 62, 194, 202) und daher ebenfalls von dessen Bestand abhängig. Hieraus folgt, daß die Antragsgegnerin mit dem Ende der 13. Wahlperiode der Bremischen Bürgerschaft als parlamentarische Gliederung aufgehört hat zu bestehen.

b) Die Antragsgegnerin besteht jedoch als Liquidationssubjekt fort. Fraktionen und Gruppen sind nicht nur parlamentarisch tätig, sondern nehmen in erheblichem Umfang auch am allgemeinen Rechtsverkehr teil, indem sie Vertragsbeziehungen (z. B. Arbeitsverträge, Mietverträge) eingehen und für ihre Wirtschaftsführung über eigene Bankkonten verfügen. Die Funktion von Fraktionen und parlamentarischen Gruppen besteht in der Mitwirkung an der staatlichen Willensbildung, die durch die Sicherung der kollektiven Wahrnehmung parlamentarischer Rechte sowie durch die Steuerung der Arbeit des Parlaments durch diese Gruppierungen erreicht wird (*Stern* aaO). Diese Funktion erfordert organisatorische Strukturen, die ohne Eingehung der unterschiedlichsten rechtlichen Beziehungen nicht geschaffen und aufrechterhalten werden können. Mit dem Ende der parlamentarischen Funktion verflüchtigen sich diese Rechtsbindungen nicht gleichsam von selbst. Vielmehr bedarf es deren geregelter Abwicklung. Es ist darum unabweisbar, daß Fraktionen und parlamentarische Gruppen nach dem Verlust der Rechtsstellung im Parlament außerhalb des Parlaments als Liquidationssubjekte fortbestehen. Wie der Gegenstand dieses Verfahrens zeigt, kann auch das verfassungsrechtliche Rechtsverhältnis zum Parlament selbst nicht in jeder Beziehung abwicklungslos beendet werden.

Dem haben inzwischen auch der Bundesgesetzgeber und die Landesgesetzgeber Rechnung getragen und im Anschluß an einen gemeinsamen Musterentwurf der Landtagspräsidenten entweder in gesonderten Fraktionsgesetzen – so etwa Bayern (Gesetz zur Rechtsstellung und Finanzierung der Fraktionen im Bayerischen Landtag vom 26. März 1992 – GVBl. S. 39 –) – oder durch entsprechende Änderung und Ergänzung der bestehenden Abgeordnetengesetze – so etwa der Bund (Sechzehntes Gesetz zur Änderung des Abgeordnetengesetzes vom 11. März 1994 – BGBl. I S. 526 –) und Bremen (Gesetz zur Änderung des Bremischen Abgeordnetengesetzes und des Senatsgesetzes vom 5. Juli 1994 – Brem.GBl. S. 195 –) – den Fraktionen nicht nur ausdrücklich den Status von „rechtsfähigen Vereinigungen" zuerkannt, sondern für den Fall des Wegfalls dieser Rechtsstellung auch Regelungen über deren Liquidation aufgenommen.

3. Die Antragsgegnerin ist auch ordnungsgemäß vertreten, und zwar durch die ehemalige Abgeordnete M. B., die am Ende der 13. Wahlperiode der Bremischen Bürgerschaft ihre Vorsitzende war. Dies ergibt sich aus dem Status der Antragsgegnerin als parlamentarische Gruppe.

Da Fraktionen und parlamentarische Gruppen durch den freiwilligen Zusammenschluß von Abgeordneten entstehen (§ 7 Abs. 1 und Abs. 5 GO der Bremischen Bürgerschaft; s. a. § 10 Abs. 1 und 4 GO des Deutschen Bundestages), haben sie eine mitgliedschaftliche Struktur. Als Vorbild bietet sich daher vor allem das Vereinsmodell an. Nach der von der Zivilrechtsprechung entwickelten Definition ist der Verein die auf eine gewisse Dauer berechnete Verbindung einer Anzahl von Personen zur Erreichung eines gemeinsamen Zwecks, die nach ihrer Satzung körperschaftlich organisiert ist, einen Gesamtnamen führt und auf einen wechselnden Mitgliederbestand angelegt ist (RGZ 95, 192, 193 f.; 165, 140, 143). Parlamentarische Fraktionen und Gruppen erfüllen diese Merkmale in einem Maße, das die strukturelle Gleichsetzung rechtfertigt. Für sie ist ein Wechsel der Mitglieder zwar nicht typisch, er ist aber möglich und berührt nicht den Bestand der Vereinigung. Daß ihre Dauer nur auf die Legislaturperiode bezogen ist, ist ebenfalls unschädlich. Damit kommt Vereinsrecht zur Anwendung, so daß auf die Vorschriften der §§ 21 ff. BGB zurückgegriffen werden kann. Danach bleibt der Vorstand als Liquidator im Amt.

4. Die Antragstellerin ist nach Art. 140 Abs. 1 Satz 1 LV antragsbefugt. Der Beteiligtenwechsel vom Präsidenten der Bremischen Bürgerschaft zur Antragstellerin war sachdienlich und damit zulässig (§§ 6 StGHG, 91 Abs. 1 VwGO, 263 ZPO). Er vermeidet ein zusätzliches Verfahren. Daraus erwächst auch der Antragsgegnerin kein Nachteil. Da in einem Verfahren vor dem Staatsgerichtshof eine Kostenerstattung nicht vorgesehen ist (§ 10 Satz 2 StGHG), führt die Vermeidung eines weiteren Verfahrens vielmehr auch für die Antragsgegnerin zu einer Entlastung. Aus diesem Grunde hat der Staatsgerichtshof die Möglichkeit des Beteiligtenwechsels aufgezeigt.

5. Der Zahlungsantrag ist im Verfahren vor dem Staatsgerichtshof gemäß Art. 140 Abs. 1 LV zulässig, so daß es keines Eingehens auf den Feststellungsantrag bedarf.

II.

Der Antrag ist begründet, soweit die Antragsgegnerin von der Antragstellerin die Rückzahlung der in der Zeit vom 16. Oktober 1991 bis zum 23. Januar 1993 an die Fraktion DVU in der Bremischen Bürgerschaft ausgezahlten Fraktionsmitteln in Höhe von DM 261 768,17 verlangt; im übrigen ist der Antrag unbegründet.

1. Die Antragstellerin ist Inhaberin des geltend gemachten Anspruchs auf Rückzahlung der ausgekehrten Mittel, und zwar ungeachtet der haushaltsrechtlichen Verfügungszuständigkeit des Präsidenten der Bremischen Bürgerschaft. Die finanziellen Beziehungen zwischen der Bürgerschaft und den Fraktionen und Gruppen betreffen die Einnahmen und Ausgaben der Bürgerschaft (Art. 92 Abs. 3 LV). Diese ist – jedenfalls auf Betreiben des Präsidenten – befugt, den Anspruch selbst einzuklagen. Ob dem Präsidenten daneben nach Maßgabe des jeweils zum Zuge kommenden Verfahrensrechts eine eigene Klagebefugnis zusteht, bedarf hier keiner Erörterung.

2. Die Rückforderungen beziehen sich auf die Mittel, die gemäß § 37 a. F. BremAbgG in der Zeit vom 16. Oktober 1991 bis zum 23. Januar 1993 an die DVU-Fraktion ausgezahlt worden sind. Daß diese im Januar 1993 den Fraktionsstatus verloren hat, führt nicht zur Verneinung ihrer Passivlegitimation. Denn der Verlust des Fraktionsstatus bedeutete zwar das Ende der DVU-Fraktion „als Fraktion", nicht jedoch deren Ende als parlamentarische Gliederung.

3. Anspruchsgrundlage für das Begehren der Antragstellerin ist der öffentlich-rechtliche Erstattungsanspruch.

a) § 44 a LHO, der die die Erstattung von an Dritte geleisteten Zuwendungen regelt, ist bereits deshalb nicht anwendbar, weil er einen Zuwendungsbescheid, d. h. einen Verwaltungsakt und damit eine Beziehung der Über- und Unterordnung zwischen dem Zuwendenden und dem Zuwendungsempfänger voraussetzt. Derartige Beziehungen bestehen in verfassungsrechtlichen Rechtsverhältnissen im allgemeinen jedoch nicht und existieren auch nicht im Verhältnis zwischen dem Präsidenten der Bremischen Bürgerschaft und der Antragsgegnerin, solange nicht die Rechtsbeziehungen durch ein Leistungsgesetz verwaltungsrechtlich gestaltet sind. Eine derartige Regelung ist in Bremen erst seit der Änderung des Abgeordnetengesetzes durch das Gesetz vom 5. Juli

1994 (Brem.GBl. S. 195) vorgenommen worden, so daß für den hier bedeutsamen Zeitraum ein Rückzahlungsanspruch nur verfassungsrechtlich begründet werden kann. Im übrigen müßte die Anwendung des § 44 a LHO auch deshalb scheitern, weil der Begriff der Zuwendungen Zahlungen an Privatpersonen oder andere Empfänger außerhalb der staatlichen Funktions- und Ämterordnung meint, während Fraktionen und parlamentarische Gruppen Gliederungen der Staatsorganisation sind, so daß Ausgaben für sie Ausgaben zur staatlichen Bedarfsdeckung sind (vgl. *Müller* Fraktionsfinanzierung unter der Kontrolle der Rechnungshöfe, NJW 1990, 2046).

b) Der öffentlich-rechtliche Erstattungsanspruch wird in Rechtsprechung und Literatur üblicherweise zwar als ein verwaltungsrechtliches Institut behandelt, das als Ausprägung des allgemeinen Rechtsgedankens zu verstehen ist, wonach ohne rechtfertigenden Grund vorgenommene Vermögensverschiebungen rückabgewickelt werden müssen (vgl. BVerwGE 71, 85, 88; 80, 170, 177; *Wolff/Bachof/Stober* Verwaltungsrecht, Band I, 10. Auflage, 1994, § 55 Rdn. 19; *Ossenbühl* NVwZ 1991, 513 ff.).

Dieser allgemeine Rechtsgedanke gilt auch im Verfassungsrecht. Er wurzelt letztlich im rechtsstaatlichen Prinzip des Art. 20 Abs. 3 GG. Ein verfassungsrechtlicher Erstattungsanspruch ist gegeben, wenn ein Rechtsgrund für eine Vermögensverschiebung zwischen den Beteiligten einer verfassungsrechtlichen Rechtsbeziehung entweder von Anfang an nicht besteht oder später wegfällt oder wenn ein mit der Vermögensverschiebung verfolgter Zweck nicht erreicht wird und endgültig nicht mehr eintreten kann. Da der verfassungsrechtliche Rechtsgrund für die Zahlungen an Fraktionen und Gruppen der Bürgerschaft in ihrem Rechtsverhältnis zur Bürgerschaft liegt (vgl. § 7 GO der Bürgerschaft) und da auch das spätere Ausscheiden der Antragsgegnerin aus der Bürgerschaft und damit das Erlöschen des verfassungsrechtlichen Rechtsverhältnisses den Rechtsgrund der Zahlungen nicht beseitigt hat, kommt im vorliegenden Fall der Tatbestand der Zweckverfehlung in Betracht.

Dieser Tatbestand setzt voraus, daß die Fraktionsmittel zweckbezogen gezahlt worden sind und die mit der Zahlung verfolgten Zwecke nicht mehr verwirklicht werden können. Da Fraktionen nach gefestigter Rechtsprechung des BVerfG Gliederungen des Parlaments und als solche „der organisierten Staatlichkeit eingefügt" sind (BVerfGE 20, 56, 104; 62, 194, 202; 70, 324, 362; 80, 188, 231; vgl. auch BremStGHE 4, 111, 145 f.), müssen die ihnen zugeflossenen Haushaltsmittel aufgrund des in Art. 131 Abs. 2 Satz 2 Nr. 1 LV enthaltenen Prinzips der Vollständigkeit des Haushalts notwendigerweise zweckbezogen sein.

4. Die an die parlamentarischen Gruppierungen gezahlten Haushaltsmittel müssen der Erfüllung ihrer Verfassungsfunktionen dienen.

a) Die durch das Änderungsgesetz vom 5. Juli 1995 geschaffene Rechtslage sieht vor, daß nach § 40 Abs. 1 BremAbgG die Fraktionen zur Erfüllung ihrer Aufgaben einen Anspruch auf Geld- und Sachleistungen haben, wobei sie diese staatlichen Haushaltsmittel nach § 40 Abs. 4 BremAbgG nur für Aufgaben verwenden dürfen, „die ihnen nach der Landesverfassung, diesem Gesetz und der Geschäftsordnung der Bürgerschaft obliegen. Eine Verwendung für Parteiaufgaben ist unzulässig". Zwar ist das Änderungsgesetz auf die hier interessierenden – in der Zeit zwischen Oktober 1991 und Januar 1993 ausgezahlten – Fraktionsmittel nicht anwendbar; die Rechtslage für den genannten Zeitraum unterscheidet sich inhaltlich jedoch nicht von der durch das Änderungsgesetz geschaffenen.

Die bis zum Ende der 13. Wahlperiode der Bremischen Bürgerschaft und daher für den hier interessierenden Zeitraum geltende Fassung des BremAbgG bestimmte in § 37 Abs. 1 Satz 1, daß die Fraktionen der Bürgerschaft die zur Durchführung ihrer Aufgaben erforderlichen Mittel erhalten. Diese Regelung entsprach inhaltlich der des Änderungsgesetzes vom 5. Juni 1995, das den Rechtsanspruch der Fraktionen auf die Gewährung öffentlicher Mittel nicht ändern, sondern ausweislich der Gesetzesbegründung (vgl. BB-Drucksache 13/935, S. 4) nur präzisieren wollte, insbesondere durch die Klarstellung, daß die den Fraktionen zufließenden Mittel auch Sachmittel umfassen, und durch das ausdrückliche Verbot der Verwendung der Mittel für Parteiaufgaben. Das Änderungsgesetz lehnte sich dabei bewußt an das vom Bundestag beschlossene 16. Gesetz zur Änderung des Bundesabgeordnetengesetzes vom 11. März 1994 (BGBl. I S. 526) an, „um bei Auslegungszweifeln den Rückgriff auf die Begründung des Bundesgesetzes" zu ermöglichen (BB-Drucksache 13/935, S. 1). Da das Bundesgesetz wiederum an die Rechtsprechung des Bundesverfassungsgerichts zu den Aufgaben der Fraktionen anknüpft und diese aufgreift (vgl. BT-Drucksache 12/4756, S. 4), können die vom Bundesverfassungsgericht für die Gewährung öffentlicher Mittel zur Finanzierung von Fraktionen entwickelten Grundsätze auch für die Beurteilung der bremischen Rechtslage herangezogen werden.

Das Bundesverfassungsgericht hat in seiner Entscheidung vom 13. Juni 1989 zum Zweck der Finanzierung parlamentarischer Gruppierungen ausgeführt: „Die Fraktionszuschüsse dienen ausschließlich der Finanzierung von Tätigkeiten des Bundestages, die den Fraktionen nach Verfassung und Geschäftsordnung obliegen. Die Fraktionen steuern und erleichtern in gewissem Grade die parlamentarische Arbeit (vgl. BVerfGE 20, 56, 104), indem sie insbesondere eine Arbeitsteilung unter ihren Mitgliedern organisieren, gemeinsam Initiativen vorbereiten und aufeinander abstimmen sowie eine umfassende Information der Fraktionsmitglieder unterstützen. Auf diese Weise fassen sie unterschiedliche politische Positionen zu handlungs- und verständigungsfähigen Einheiten zusammen. Die Fraktionszuschüsse sind für die Finanzierung dieser der Koordination dienenden Parlamentsarbeit bestimmt und insoweit zweckgebunden (BVerfGE 80, 188, 231).

Aus dieser Entscheidung ergibt sich, daß parlamentarische Gruppierungen die ihnen zur Verfügung gestellten Haushaltsmittel nicht für Zwecke Dritter, insbesondere nicht für Parteiaufgaben, sowie nicht für Zwecke verwenden dürfen, für die die Abgeordneten eine Amtsausstattung erhalten. Auf der anderen Seite werden Haushaltsmittel zweckentsprechend verwendet, wenn sie der Koordinierung der Arbeit der Mitglieder der parlamentarischen Gruppierung dienen. Daraus ist von Teilen der Literatur gefolgert worden, staatliche Zuschüsse an parlamentarische Gruppierungen dienten ausschließlich parlamentsinternen Koordinationsaufgaben (vgl. *v. Arnim* Finanzierung der Fraktionen, 1993, S. 22; *Müller* Fraktionsfinanzierung unter Kontrolle der Rechnungshöfe, NJW 1990, 2046, 2047). Gegenüber dieser engen Auslegung läßt sich jedoch einwenden, sie berücksichtige nicht hinreichend, daß Fraktionen und Abgeordnetengruppen nicht nur Teile des Parlaments und damit Teile der Staatsorganisation, sondern auch Repräsentanten einer Partei seien (vgl. StGHE 2, 19, 21; 4, 111, 145 f. m. N.); diese verfassungsrechtliche Doppelstellung parlamentarischer Gruppierungen beeinflusse Charakter und Umfang der Zwecke, die sie verfolgten und für die die staatlicherseits zur Verfügung gestellten Haushaltsmittel verwendet werden dürften.

b) Einer näheren Bestimmung des Zweckes der Fraktionsmittel bedarf es im vorliegenden Verfahren nicht. Vielmehr ermöglichen die Grenzlinien, soweit sie soeben als gesichert beschrieben worden sind, die Entscheidung dieses Verfassungsrechtsstreits.

Die Frage, ob Mittel, die Fraktionen und Gruppen zweckbestimmt aus dem Haushalt der Bremischen Bürgerschaft zur Verfügung gestellt werden, im Einzelfall im Rahmen ihrer Zweckbindung verwendet worden sind oder nicht, läßt sich nur beantworten, wenn der Mittelempfänger über deren Verwendung umfassend Rechnung legt. Seine verfahrensrechtliche Pflicht zur Rechnungslegung über die ihm zugeflossenen Mittel folgt aus der Zweckbestimmung der Mittel, deren ordnungsgemäße Verwendung ohne eine derartige Verpflichtung nicht überprüft werden könnte. Letztlich wurzelt die Pflicht zur Rechnungslegung, die inzwischen durch das Änderungsgesetz vom 5. Juli 1994 (Brem.GBl S. 195) durch den hier allerdings noch nicht anwendbaren § 42 n. F. BremAbgG ihre gesetzliche Ausprägung erhalten hat, in dem in Art. 20 Abs. 3 GG statuierten Prinzip der Rechtsbindung staatlicher Organe. Es gilt in allen Bereichen staatlichen Handelns und daher auch im Verhältnis parlamentarischer Gruppierungen zu den zur Überprüfung der Mittelverwendung berufenen staatlichen Einrichtungen. Diese Einrichtungen sind nicht nur der von

Gesetzes wegen für Prüfung der Haushaltsführung zuständige Rechnungshof der Freien Hansestadt Bremen (vgl. §§ 88 ff. LHO), sondern auch der Präsident der Bremischen Bürgerschaft, der gemäß Art. 92 Abs. 3 LV über die Einnahmen und Ausgaben der Bürgerschaft verfügt, sowie der Staatsgerichtshof, sofern – wie hier – in einem verfassungsgerichtlichen Verfahren über Fragen der gesetzmäßigen Verwendung von Haushaltsmitteln zu entscheiden ist.

Die Verpflichtung staatlicher Organe und Organteile zur Rechnungslegung, die auch die Pflicht umfaßt, bei der Aufklärung von Unklarheiten über die Verwendung der Haushaltsmittel mitzuwirken und insoweit Auskunft zu erteilen, ginge – wäre ihre Verletzung ohne Folgen – ins Leere. Die Verletzung dieser Pflicht muß daher dazu führen, daß zu Lasten der Fraktion oder Gruppe, die ihrer Mitwirkungspflicht nicht nachkommt, von der nicht ordnungsgemäßen Mittelverwendung ausgegangen wird. Dies gilt insbesondere dann, wenn konkrete Anhaltspunkte für eine zweckwidrige Verwendung der dem Empfänger anvertrauten zweckgebundenen Haushaltsmittel vorliegen.

Die Kooperationspflicht staatlicher Organe oder Organteile wird durch möglicherweise bestehende Aussage- und Zeugnisverweigerungsrechte von Personen, die den Organen oder Organteilen angehören und für diese handeln, nicht berührt. Diese Rechte schützen den einzelnen lediglich vor der Erzwingung seiner Einlassung oder Aussage, nicht aber vor möglichen anderen Nachteilen.

5. Die Anwendung dieser Kriterien führt im einzelnen zu folgenden Ergebnissen:

a) Gehalt des Fraktionsgeschäftsführers (DM 70 000,–)

Fraktionsgeschäftsführern obliegt die Erledigung der laufenden organisatorischen, juristischen und parlamentarischen Arbeiten der Fraktion (*Achterberg* Parlamentsrecht, 287; vgl. auch *Hauenschild* Wesen und Rechtsnatur der parlamentarischen Fraktionen, 62 ff.). Sie haben schon vom Aufgabenfeld her primär Koordinations- und Steuerungstätigkeiten wahrzunehmen, so daß sich gegen eine Bezahlung des Geschäftsführers aus staatlichen Mitteln keine grundsätzlichen Bedenken ergeben.

Derartige Bedenken erhebt auch die Antragstellerin nicht. Sie begründet die Rückforderung vielmehr damit, der Fraktionsgeschäftsführer habe überwiegend für Dr. Frey in München gearbeitet und allenfalls ein Drittel seiner Arbeitskraft als Geschäftsführer für die DVU-Fraktion eingesetzt.

Es kann dahinstehen, ob die Antragsgegnerin ihrer Verpflichtung zur Kooperation bei der Aufklärung der Verwendung der ihr insoweit zugeflossenen Haushaltsmittel hinreichend nachgekommen ist. Denn die Tatsachen, aus denen der Präsident der Bürgerschaft in Übereinstimmung mit dem Landesrechnungshof schließt, der Geschäftsführer der DVU-Fraktion habe nur einen

Bruchteil seiner Arbeitskraft für die Fraktion eingesetzt, reichen für die Annahme einer derartigen Feststellung nicht aus:

Grundlage für die Schätzung des Umfangs der Tätigkeit des Geschäftsführers für die DVU-Fraktion ist im wesentlichen die Zahl der Tage seiner Anwesenheit im Lande Bremen in der Zeit von Oktober 1991 bis Januar 1993. Abgesehen davon, daß bei dem Vergleich der Zeiten des Aufenthalts des Fraktionsgeschäftsführers im Lande Bremen einerseits mit der Zahl der in den genannten Zeitraum fallenden Werktage andererseits sich letztere noch um Urlaubs- und eventuelle Krankheitstage vermindern, verliert dieses Indiz angesichts der Möglichkeit des Einsatzes moderner Kommunikationsmittel an Gewicht, zumal da der Geschäftsführer von seiner Tätigkeit bei Dr. Frey (weitgehend) freigestellt gewesen sein soll. Daß der Fraktionsgeschäftsführer seinen Wohnsitz nicht nach Bremen verlegt hat, mag private Gründe gehabt haben. Und wenn sich „Spuren seiner Arbeit in den Unterlagen kaum gefunden haben", kann dies auch am persönlichen Arbeitsstil des Geschäftsführers gelegen haben, durch den vielleicht nur wenige – schriftliche – Spuren gelegt worden sind.

b) Zahlungen an einen Fraktionsmitarbeiter (DM 28 000,-)

Die Rückforderung der Summe, die der Fraktionsmitarbeiter Z. für die Zeit von Oktober 1991 bis April 1992 nachträglich in einer Summe (7× DM 4 000,- = DM 28 000,-) erhalten hat, wird damit begründet, daß der Mitarbeiter seine Tätigkeit erst im Mai 1992 aufgenommen habe. Dies folge daraus, daß die Fraktionsgeschäftsstelle, in der er seine Tätigkeit ausgeübt habe, erst in jenem Monat eingerichtet worden sei und daß kein Grund ersichtlich sei, weshalb der Mitarbeiter nicht schon zu einem früheren Zeitpunkt auf die Auszahlung des ihm zustehenden Entgelts gedrungen habe. Desweiteren sei einer Besprechungsnotiz vom 25. Februar 1992 zu entnehmen, daß man sich zur Erledigung bestimmter Aufgaben um Mitarbeiter bemühen müsse. Auch dies rechtfertige den Schluß, daß Z. seine Arbeit für die Fraktion der DVU erst später aufgenommen habe.

In dem an den Präsidenten des Landesrechnungshofes gerichteten Schreiben vom 29. August 1994 hat die DVU-Fraktion durch den von ihr seinerzeit beauftragten Rechtsanwalt hierzu vortragen lassen, daß Z. auch in dem hier interessierenden Zeitraum die vereinbarte Tätigkeit ausgeübt habe. Die Vorsitzende B. hatte in diesem Zusammenhang erklärt, Z. habe bis zur Eröffnung der Fraktionsgeschäftsstelle in ihrer Wohnung gelebt und dort auch gearbeitet.

Die vom Landesrechnungshof festgestellten Tatsachen rechtfertigen den Schluß, daß der Mitarbeiter Z. seine Tätigkeit für die Fraktion der DVU tatsächlich erst im Mai 1992 aufgenommen hat. Die Antragsgegnerin ist auf diese Tatsachen im einzelnen nicht eingegangen und hat sich insbesondere geweigert, ihrer Pflicht zur Mitwirkung bei der Überprüfung der ihr zugeflossenen Haushaltsmittel durch Erfüllung der ihr vom Staatsgerichtshof durch Verfügung vom 17. April 1996 gemachten Auflagen nachzukommen. Angesichts dieser Sachlage ist die Feststellung gerechtfertigt, daß die Bezahlung des Mitarbeiters Z., soweit sie den Zeitraum vom Oktober 1991 bis April 1992 betraf, nicht für fraktionsbezogene Aufgaben erfolgte.

c) Öffentlichkeitsarbeit (DM 144 151,60)

Es kann dahinstehen, ob und gegebenenfalls in welchem Umfang bereits vor dem Inkrafttreten des Änderungsgesetzes vom 5. Juni 1995, das die Unterrichtung der Öffentlichkeit durch Fraktionen über deren Tätigkeit nunmehr ausdrücklich für zulässig und damit zu den mit Haushaltsmitteln finanzierten Aufgaben der Fraktionen erklärt (vgl. §§ 38 Abs. 2 Satz 2, 40 Abs. 3 Satz 1 n. F. BremAbgG), die Öffentlichkeitsarbeit parlamentarischer Gruppierungen vor dem Hintergrund der Entscheidung des Bundesverfassungsgerichts vom 13. Juni 1989 (BVerfGE 80, 188 ff.) vom Zweck der Fraktionszuschüsse gedeckt war. Denn der hier geltend gemachte Rückzahlungsanspruch ist jedenfalls deshalb begründet, weil aufgrund der Feststellungen des Landesrechnungshofes konkrete Anhaltspunkte vorliegen, die auf eine zweckwidrige Verwendung für Parteiaufgaben schließen lassen. Die Antragsgegnerin ist ihrer Mitwirkungspflicht nicht nachgekommen. Vielmehr hat sie sich noch in dem vorliegenden Verfahren trotz entsprechender Auflagen durch den Staatsgerichtshof geweigert, hierzu nähere Angaben – etwa dazu, in welchem geographischen Raum die Ausgaben der Deutschen Wochen-Zeitung mit den hier interessierenden Anzeigen verteilt worden sind – zu machen.

d) Zahlungen an Sachverständige und Honorarkräfte (DM 207 028,57)

Ob die Zahlungen an Sachverständige und sog. Honorarkräfte aus den Fraktionszuschüssen von der Zweckbestimmung dieser Mittel noch gedeckt ist, läßt sich nur beantworten, wenn feststeht, welche Gutachten und sonstigen Leistungen im einzelnen von den Zahlungsempfängern erbracht worden sind. Hierzu hat die Antragsgegnerin gegenüber dem Landesrechnungshof lediglich Angaben zu zwei von Professor Th. M. erstellte Gutachten gemacht und ausgeführt, das erste Gutachten habe die Frage behandelt, ob es gerechtfertigt sei, der Fraktion der DVU wegen der (anfänglichen) Nichtunterhaltung eines Fraktionsbüros Fraktionsmittel zu sperren, während das zweite sich damit befaßt habe, ob durch den Vertrag von Maastricht Rechte des Landes Bremen und mittelbar auch die der in der Bremischen Bürgerschaft vertretenen Fraktionen verletzt werden. Angesichts dieser Themenstellung läßt sich ein Bezug zur Steuerung der parlamentarischen Arbeit der DVU-Fraktion nicht verneinen; dies hat zur Folge, daß jedenfalls das Vorliegen konkreter Anhaltspunkte für eine zweckwidrige Verwendung der Fraktionsmittel insoweit nicht bejaht werden kann, so daß trotz der mangelnden Kooperationsbereitschaft der Antragsgegnerin in diesem Punkt – Verweigerung der Vorlage der Gutachten – nicht von einer nicht zweckentsprechenden Mittelverwendung ausgegangen werden kann. Eine Rückforderung der für die beiden genannten Gutachten aufgewendeten DM 7 000,– kommt daher nicht in Betracht.

Den weiteren Betrag von DM 200 028,57 hat die Antragsgegnerin jedoch zurückzuzahlen, da nach den vom Landesrechnungshof getroffenen Feststellungen konkrete Anhaltspunkte dafür vorhanden sind, daß diese Mittel zweckwidrig verwendet worden sind. Insoweit ist die Antragsgegnerin ihrer Kooperationspflicht nicht nachgekommen, indem sie genauere Angaben zu den von ihr bezahlten Dienstleistungen nicht gemacht und sich auch geweigert hat, die ihr durch den Staatsgerichtshof gemachten Auflagen – u. a Benennung der von den Honorarkräften und Sachverständigen im einzelnen erbrachten Leistungen – zu erfüllen.

e) Damit errechnet sich der Rückzahlungsanspruch gegen die Antragsgegnerin wie folgt:

Zahlungen an einen Fraktionsmitarbeiter	DM 28 000,–
Aufwendungen für Öffentlichkeitsarbeit	DM 144 151,60
Zahlungen an Sachverständige und Honorarkräfte	DM 200 028,57
	DM 372 180,17
abzüglich einbehaltener Gruppenmittel	DM 110 412,–
	DM 261 768,17

III.

1. Der auf die Auszahlung der vom Präsidenten der Bürgerschaft in der Zeit vom 1. Januar 1995 bis zum 7. Juni 1995 einbehaltenen Gruppenmittel gerichtete Antrag der Antragsgegnerin ist aus den entsprechend heranzuziehenden Darlegungen zur Zulässigkeit des Begehrens der Antragstellerin (s. o. B I) zulässig. Er erweist sich jedoch als unbegründet, da die Forderung der Antragsgegnerin durch Aufrechnung (§§ 387 ff. BGB) erloschen ist (s .o. B II 5 e).

2. Aus der Tatsache, daß der Antrag auf Rückzahlung erhaltener Haushaltsmittel teilweise begründet ist, folgt zugleich die Unbegründetheit des auf die Feststellung, sie „schulde der Antragstellerin und deren Präsidenten nichts", gerichteten Antrages der Antragsgegnerin.

IV.

Angesichts des Fehlens einer ausdrücklichen Vollstreckungsregelung liegt es im Ermessen des Staatsgerichtshofs zu bestimmen, wer seine Entscheidung vollstreckt und auf welche Weise die Vollstreckung vorzunehmen ist (vgl.

Koch Die Landesverfassungsgerichtsbarkeit der Freien Hansestadt Bremen, 1981, S. 172).

Im Hinblick darauf, daß die Vollstreckung zugunsten des Landeshaushalts vorzunehmen ist, erscheint es zweckmäßig und geboten, als Vollstreckungsbehörde den Senator für Finanzen zu bestimmen, der die Vollstreckung in entsprechender Anwendung des Bremischen Gesetzes über die Vollstreckung von Geldforderungen im Verwaltungswege vom 15. Dezember 1981 (Brem.GBl S. 283) vorzunehmen haben wird.

C.

Die Entscheidung ist einstimmig ergangen.

Nr. 3

1. Die durch Art. 5 Abs. 1 Satz 2 GG gewährleistete Freiheit des Rundfunks zur Programmgestaltung und die in Art. 21 Abs. 1 GG garantierte Freiheit und Gleichheit der Parteien müssen im Wege der praktischen Konkordanz einander so zugeordnet werden, daß keine der konkurrierenden Freiheiten einseitig zu Lasten einer anderen durchgesetzt wird.

2. a) Ein originärer, dem Grundgesetz unmittelbar zu entnehmender Anspruch auf Zuteilung von Sendezeiten läßt sich für die politischen Parteien weder aus ihrer Mitwirkungsbefugnis bei der politischen Willensbildung (Art. 21 Abs. 1 GG) noch aus dem Grundrecht auf freie Meinungsäußerung und -verbreitung (Art. 5 Abs. 1 Satz 1 GG), noch aus der der Freiheit der Meinungsbildung dienenden Funktion der Rundfunkfreiheit (Art. 5 Abs. 1 Satz 2 GG) ableiten (Anschluß an BVerfGE 47, 198, 237; BVerfG NJW 1994, 40; BVerwGE 75, 67, 70; 87, 270, 272).

b) Auch soweit die Rundfunkanstalten Entscheidungen darüber treffen, ob politische Parteien als Veranstalter eigener Wahlwerbespots zugelassen werden, handeln sie im Rahmen der Rundfunkfreiheit. Es ist Aufgabe des Gesetzgebers, für diese Entscheidungen eine rechtliche Ordnung vorzugeben, durch die sichergestellt wird, daß die Vielfalt der bestehenden Meinungen im Rundfunk möglichst breit und vollständig Ausdruck findet.

3. Das Grundrecht aus Art. 5 Abs. 1 Satz 2 GG umfaßt auch das Recht der Rundfunkanstalt, selbst zu bestimmen, wen sie als Diskussionspartner zu einer redaktionell gestalteten Fernsehdiskussion einladen will. Soweit solche Sendungen wahlwerbende Wirkung haben, hat die Rund-

funkanstalt das Recht der Parteien auf gleiche Chancen im Wettbewerb um Wählerstimmen zu beachten. Dabei darf der Begriff der wahlwerbenden Wirkung nicht zu eng bestimmt werden.

4. a) Die Fraktionen haben als parlamentarische Repräsentanten der politischen Parteien eine Doppelfunktion. Sie sind einerseits Teile des Parlaments und damit Teile des staatorganschaftlichen Bereichs, andererseits Repräsentanten einer Partei. Anders als rein staatliche Organe unterliegen die Fraktionen aufgrund ihrer Doppelstellung keinem Neutralitätsgebot. Allerdings erfordert die Tatsache, daß die Fraktionen nicht nur Vertreter der Parteien im Parlament, sondern in dieser Eigenschaft auch gleichzeitig Teil eines staatlichen Organs sind, daß ihre Öffentlichkeitsarbeit von Sachlichkeit und Objektivität getragen ist.

b) Wahlwerbende Annoncen dürfen nicht mit Mitteln finanziert werden, die den Fraktionen aus der Staatskasse zugeflossen sind.

5. Wähler, Gruppen oder Vereinigungen von Wählern, die sich in ihrer Wahlfreiheit oder Chancengleichheit verletzt fühlen, müssen die vorhandenen Rechtsschutzmöglichkeiten ausschöpfen, um einen Wahlfehler zu vermeiden. Erst wenn dieser zumutbare Eigenschutz erfolglos geblieben ist, kann die entsprechende Wahlrechtsverletzung erfolgversprechend in einem Wahlanfechtungsverfahren gerügt werden. Dies ergibt sich in erster Linie aus der Verantwortung des Aktivbürgers für den das Parlament konstituierenden Wahlakt und dem Respekt vor der zu treffenden Entscheidung des Wahlvolkes.

Grundgesetz Art. 5, Art. 21

Landesverfassung der Freien Hansestadt Bremen Art. 76

Bremisches Wahlgesetz § 39

Gesetz über den Staatsgerichtshof Bremen § 30

Urteil vom 23. Dezember 1996 – St 5/96 –

in dem Wahlprüfungsverfahren betreffend die Wahl zur 14. Bremischen Bürgerschaft am 14. Mai 1995.

Entscheidungsformel:

Die Beschwerden der Antragsteller gegen die Beschlüsse des Wahlprüfungsgerichts der Freien Hansestadt Bremen vom 12. Februar 1996 (WP 6/95 und WP 5/95) werden zurückgewiesen.

Gründe:

I.

Gegenstand des Verfahrens ist die Gültigkeit der Wahl zur Bremischen Bürgerschaft vom 14. Mai 1995.

Am 30. Juni 1994 beschloß die Bremische Bürgerschaft (Landtag) ein Gesetz zur Änderung der Landesverfassung der Freien Hansestadt Bremen, das am 16. Oktober 1994 durch Volksentscheid angenommen und am 7. November 1994 verkündet worden ist (Brem.GBl. 1994 S. 289). Nach Art. 76 Abs. 1 BremLV in seiner geänderten Fassung kann die Wahlperiode durch einen Beschluß der Bürgerschaft, der der Zustimmung von mindestens zwei Dritteln der Mitglieder der Bürgerschaft bedarf, vorzeitig beendet werden. Am 1. März 1995 beschloß die Bürgerschaft mit der erforderlichen Stimmenmehrheit die vorzeitige Beendigung der 13. Wahlperiode und setzte als Wahltag den 14. Mai 1995 fest. Gegen den Volksentscheid vom 16. Oktober 1994 sind mehrere Einsprüche eingelegt worden, die das Wahlprüfungsgericht durch Beschluß vom 2. Mai 1995 zurückgewiesen hat. Die dagegen eingelegten Beschwerden hat das Wahlprüfungsgericht 2. Instanz mit Entscheidung vom 29. Juli 1996 (St 3/95) zurückgewiesen.

Die Antragstellerin zu a), der die Antragstellerin zu b) und der Antragsteller zu c) angehören, bewarb sich neben 13 anderen Parteien bei der Wahl am 14. Mai 1995 um Sitze in der Bremischen Bürgerschaft. Nach der Feststellung des endgültigen Wahlergebnisses durch den Landeswahlleiter (BremABl. 1995 S. 453) entfielen auf die Antragstellerin zu a) – bei einem Stimmanteil von 2,47 % im gesamten Land – im Wahlbereich Bremen 5808 Stimmen (= 2,02 %) und im Wahlbereich Bremerhaven 2695 Stimmen (= 4,69 %). Da die Antragstellerin zu a) in keinem Wahlbereich mindestens 5 % der abgegebenen gültigen Stimmen errungen hatte, erhielt sie in der 14. Wahlperiode in der Bremischen Bürgerschaft keine Sitze (§ 7 Abs. 4 BremWG).

Die Antragsteller zu a) bis c) haben am 23. Juni 1995, der Antragsteller zu d) hat mit gleichlautenden Schreiben vom 30. Mai und 27. Juni 1995 über den Landeswahlleiter beim Wahlprüfungsgericht Einspruch gegen die Gültigkeit der Wahl vom 14. Mai 1995 eingelegt.

Zur Begründung haben sie im wesentlichen vorgetragen:
Die Wahl verstoße gegen Verfassungsrecht; die Bremische Bürgerschaft sei nicht befugt gewesen, die Wahlperiode vorzeitig zu beenden.

Die Wahl sei auch nicht ordnungsgemäß zustande gekommen. Im Urnenwahlbezirk 241/03 habe der Antragsteller zu d) feststellen können, daß in zwei Wahlumschlägen jeweils ein Stimmzettel für die Bürgerschaftswahl sowie jeweils zwei Stimmzettel für die Beiratswahl enthalten gewesen seien.

Alle zur Wahl zugelassenen Parteien und Vereinigungen hätten im Wahlkampf einen Anspruch auf angemessene und gleiche Behandlung. Bei der Durchsetzung dieses Grundsatzes komme dem Landessender Radio Bremen mit seinen Fernsehsendungen eine besondere Rolle zu. Der Sender habe gegen den Grundsatz, alle zur Wahl zugelassenen Parteien und Vereinigungen im Wahlkampf angemessen und gleich zu behandeln, eklatant verstoßen, da er Wahlwerbung nicht zugelassen habe.

Im übrigen seien die Grundsätze der Wahlfreiheit und Wahlgleichheit verletzt worden, insbesondere dadurch, daß Rundfunk und Fernsehen unausgewogen berichtet und gegen die Neutralitätspflicht verstoßen hätten. Dem Antragsteller zu c) als Spitzenkandidaten der Antragstellerin zu a) sei die Teilnahme an Streitgesprächen im Programm „Buten & Binnen" von Radio Bremen im Gegensatz zu den Kandidaten Nölle (CDU), Jäger (FDP) sowie Fücks (Bündnis 90/Die GRÜNEN) und Rebers (Wählergemeinschaft „Arbeit für Bremen" – AfB –) verweigert worden; die Antragstellerin zu a) sei nicht zu der Livediskussion im Programm N3 am 10. Mai 1995 eingeladen worden.

Die CDU-Bürgerschaftsfraktion habe unter Mißachtung einer Sperrfrist von sechs Monaten in Tageszeitungen in Bremen und Bremerhaven unter Verwendung von Steuermitteln Anzeigen aufgegeben. Sie habe damit unter Verletzung von Verfassungsrecht Einfluß auf das Wahlverhalten der Bürger genommen.

Die SPD habe vor der vom Stadtamt Bremen festgesetzten 8-Wochen-Frist Wahlplakate aufgestellt, während die Antragstellerin zu a) die Erlaubnis erst mit Bescheid des Stadtamtes vom 29. März 1995 erhalten habe.

Der Antragstellerin zu a) sei die Erlaubnis zum Einsatz von Lautsprecherwagen zu Unrecht und ermessensfehlerhaft verweigert worden. Die Wahlplakate der Antragstellerin zu a) seien zerstört und gestohlen worden. Gewalttätige Gegendemonstrationen hätten ihr öffentliche Wahlveranstaltungen und das Aufstellen von Informationsständen unmöglich gemacht. Gegenüber Wahlhelfern sei teilweise Gewalt ausgeübt worden. Das Schalten von Wahlinseraten sei ihr von der Tagespresse verweigert worden.

Diese Wahlrechtsverletzungen seien entscheidend dafür gewesen, daß die Antragstellerin zu a) die 5%-Grenze nicht habe überwinden können. Im Wahlbereich Bremerhaven hätten ihr nur 177 Stimmen gefehlt, um Sitze in der Bremischen Bürgerschaft zu erlangen.

Der Beteiligte zu 2.) hat im wesentlichen ausgeführt: Einen Anspruch auf Wahlsendezeit habe die Antragstellerin zu a) nicht gehabt, da Radio Bremen keiner Partei eine solche Sendezeit eingeräumt habe. Der Vorwurf der Benachteiligung bei redaktionellen Rundfunk- und Fernsehsendungen sei unberechtigt. Die Redakteure hätten sich im Rahmen der ihnen verfassungsrechtlich verbürgten Presse- und Rundfunkfreiheit bewegt. Die Benutzung von Fraktionsmitteln für Inserate in der Tageszeitung sei den Fraktionen auch in der letzten Phase von Wahlkämpfen nicht verboten. Die Verletzung der vom Stadtamt Bremen gesetzten 8-Wochen-Frist in bezug auf die Plakatwerbung stelle keinen Wahlrechtsverstoß, sondern eine Ordnungswidrigkeit dar.

Der Beteiligte zu 3.) hat von einer Stellungnahme abgesehen.

Mit Beschlüssen vom 12. Februar 1996 hat das Wahlprüfungsgericht die Anträge der Antragstellerinnen zu a) und b) und des Antragstellers zu c) (Verfahren WP 6/95) sowie des Antragstellers zu d) (Verfahren WP 5/95) abgewiesen. In den Gründen hat das Wahlprüfungsgericht ausgeführt:

Die Durchführung der Wahl mehrere Monate vor dem regulären Ablauf der 13. Wahlperiode am 14. Mai 1995 sei zulässig gewesen, da die Bürgerschaft gestützt auf Art. 76 Abs. 1 der Landesverfassung die 13. Wahlperiode durch Beschluß vom 1. März 1995 vorzeitig zum Ablauf des 7. Juni 1995 beendet und den Wahltag gem. Art. 76 Abs. 3 Landesverfassung auf den dem 70. Tag folgenden Sonntag festgelegt habe. Die genannten Verfassungsbestimmungen seien gültig. Das Gesetz zur Änderung der Landesverfassung vom 1. November 1994 sei am 30. Juni 1994 durch die Bürgerschaft beschlossen und durch Volksentscheid am 16. Oktober 1994 angenommen worden. Das Wahlprüfungsgericht habe die Einsprüche gegen den Volksentscheid vom 16. Oktober 1994 durch Beschluß vom 2. Mai 1995 als unbegründet zurückgewiesen. Es gebe keinen Anlaß, die Rechtslage nunmehr anders zu beurteilen.

Unbegründet seien die Rügen, Radio Bremen habe Verfassungsrecht, insbesondere die Wahlgrundsätze der Wahlgleichheit und Wahlfreiheit, verletzt. Als Anstalt des öffentlichen Rechts dürfe Radio Bremen seine Aufgabe, der gesamten Bevölkerung als Medium und Faktor im Prozeß der freien Meinungsbildung zu dienen, nicht einseitig zum Nachteil einer Partei in einem Wahlkampf ausüben. Der Sender müsse sich im Wahlwettbewerb der politischen Parteien neutral verhalten. Durch die Verweigerung von eigenen Sendezeiten für die DVU habe Radio Bremen nicht rechtswidrig gehandelt. Aus dem Verfassungsrecht lasse sich ein Anspruch auf Einräumung von Wahlwerbezeiten im Rundfunk nicht herleiten. Das Grundrecht auf Freiheit der Meinungsäußerung und Meinungsverbreitung gebe niemandem ein Recht, Einrichtungen und Leistung einer Rundfunkanstalt für die Verbreitung der eigenen Meinung in Anspruch zu nehmen. Die Rundfunkfreiheit sei nicht mit der Pflicht belastet, den politischen Parteien Sendezeiten einzuräumen. Eine solche Pflicht ergebe sich auch nicht aus der den Parteien nach Art. 21 Abs. 1 GG zukommenden Aufgabe, als Instrument der Demokratie an der Willensbildung des Volkes mitzuwirken. Auch das für Radio Bremen maßgebliche Radio-Bremen-Gesetz (RBG) gebe Dritten keinen Anspruch auf Überlassung von Sendezeiten. Der Staatsvertrag über den Rundfunk im vereinigten Deutschland und zu dem europäischen Fernsehkulturkanal regele die Ansprüche der politischen

Parteien auf Sendezeit nur gegen die bundesweit verbreiteten Privatrundfunksender und gegen das Zweite Deutsche Fernsehen während der Beteiligung an Wahlen zum Deutschen Bundestag oder zum Europäischen Parlament.

Radio Bremen stehe bei der Entscheidung, dem Wunsch der DVU auf Sendezeit nachzukommen oder nicht, ein Ermessen zu. Bei der Ausübung dieses Ermessens sei der Sender zur Beachtung des sich aus dem Recht der Parteien auf Chancengleichheit im Wahlkampf gem. Art. 3 Abs. 1 GG i. V. m. Art. 21 Abs. 1 GG ergebenden Neutralitätsgebots verpflichtet. Gegen dieses Gebot habe die Rundfunkanstalt nicht verstoßen. Durch den Beschluß des Direktoriums, keine Wahlwerbespots der Parteien zu senden, sei die DVU nicht rechtswidrig zurückgesetzt worden, da durch den Beschluß alle Parteien in gleichem Maße und in gleicher Weise betroffen gewesen seien.

In der Gestaltung der Sendung aus Anlaß der Vorbereitung zur Wahl der Bremischen Bürgerschaft sei weder eine Benachteiligung der DVU noch eine Verletzung der Wahlfreiheit und Wahlgleichheit zu sehen. Rundfunk- und Fernsehsendungen genössen den Schutz der Freiheit der Berichterstattung des Art. 5 Abs. 1 Satz 2 GG (Rundfunkfreiheit). Dieses Grundrecht sei in einem weiten Sinne zu verstehen. Der Umstand, daß die öffentlich-rechtlichen Rundfunkanstalten den Parteien als Teil der Staatsgewalt gegenüberstünden, schränke die Rundfunkfreiheit grundsätzlich nicht ein. Eine solche Begrenzung ergebe sich nur aus dem Gebot, daß das Gesamtprogramm der Rundfunkanstalten ein Mindestmaß an inhaltlicher Ausgewogenheit, Sachlichkeit und gegenseitiger Achtung aufweisen müsse. Dieses Gebot schließe die Pflicht ein, den Hörer und Zuschauer objektiv über die Gewichtsverteilung zwischen den bedeutsamen politischen Gruppen zu informieren. Die Rundfunkanstalt könne bei solchen journalistisch gestalteten Sendungen nach der Bedeutung der Parteien differenzieren. Dabei könne sie auch die ihr passend erscheinende Form der Präsentation des Stoffes bestimmen und die Themen zur Sprache bringen, an deren Erörterung ein Interesse bei den Zuhörern und Zuschauern zu erwarten sei. Unter diesem Gesichtspunkt sei es auch legitim, einzelne Personen, die sich um ein Mandat bewürben, zu den Sendungen einzuladen. Da die DVU am 6. Mai 1995 an einer in der Zeit von 18.00 Uhr bis 19.30 Uhr in dem Programm N3 gesendeten „Wahlanhörung" teilgenommen habe, in der alle zur Wahl zugelassenen Parteien und Wählervereinigungen Gelegenheit zur Selbstdarstellung und Beantwortung von journalistischen Fragen gehabt hätten, und darüber hinaus in der letzten Woche vor dem Wahltag im Regionalmagazin „Buten & Binnen" über den Wahlkampf der DVU berichtet worden sei, habe die Rundfunkanstalt das Mindestmaß an Ausgewogenheit bei Berücksichtigung der politischen Bedeutung der DVU nicht unterschritten.

Es sei sachlich zu vertreten gewesen, die DVU nicht zu einer zweiten Wahlanhörung am 10. Mai 1995 unter dem Thema „Nie wieder Ampel – Wer soll Bremen regieren?" einzuladen. Bereits das Thema lasse erkennen, daß sich die Rundfunkanstalt bei der Einladung der Vertreter der Parteien von dem Gesichtspunkt ihrer Fähigkeit zur Beteiligung an einer neuen Landesregierung habe leiten lassen. Aufgrund objektiver Kriterien habe angenommen werden können, daß nur die eingeladenen Parteien eine realistische Aussicht auf den Erwerb von Mandaten in der Bremischen Bürgerschaft und eine Chance auf Übernahme von Regierungsverantwortung gehabt hätten. Dies habe auch für die neu gegründete AfB gegolten. Radio Bremen habe aufgrund der bekannten demoskopischen Umfragen und anderer Umstände erwarten können, daß die AfB in die Bürgerschaft einziehen werde und eine Chance auf Übernahme von Regierungsverantwortung habe. Demgegenüber sei zwar die DVU in der Bürgerschaft bereits vertreten gewesen, im Laufe der 13. Wahlperiode der Bremischen Bürgerschaft habe sich jedoch die Bedeutung der DVU entscheidend vermindert. Dies zeige sich bereits darin, daß die DVU während der 13. Legislaturperiode ihren Fraktionsstatus verloren habe.

Sachlich begründet sei auch die Nichteinladung eines Vertreters der DVU zu den Streitgesprächen zwischen den Spitzenkanditaten Nölle (CDU), Jäger (F.D.P.) sowie Rebers (AfB) und Fücks (Bündnis 90/Die GRÜNEN) in der Sendung „Buten & Binnen". Radio Bremen habe sich mit der Sendung in dem Bereich der Rundfunkfreiheit bewegt. Dies werde schon aus der Überlegung heraus deutlich, daß die Durchführung politischer Streitgespräche zwischen den Spitzenkandidaten zweier oder mehrerer Parteien im Fernsehen nur mit dem Einverständnis der in Frage kommenden Partner möglich sei. Das Einverständnis potentieller Gesprächskontrahenten werde immer dann fehlen, wenn diese in einer Auseinandersetzung mit dem Interessenten keinen politischen Vorteil sähen. Die DVU habe nicht einmal vorgetragen, daß Politiker gegnerischer Parteien zu einer Diskussion mit einem Vertreter der DVU bereit gewesen wären.

Soweit die DVU rüge, daß die Spitzenvertreter der SPD auf Bundesebene Gäste einer Talk-Show bei Radio Bremen gewesen seien, daß über einen Wahlkampfauftritt der CDU mit dem Bundeskanzler berichtet und der AfB ständig Wahlwerbung ermöglicht worden sei, müsse ihr entgegengehalten werden, daß die Rundfunkanstalten in Wahrnehmung ihrer grundrechtlich geschützten Freiheit der Berichterstattung die Auswahl der Gegenstände ihrer Berichte nach ihrem Ermessen am öffentlichen Interesse ausrichten könnten. Die DVU habe auch nicht dargelegt, daß sie mit Veranstaltungen oder Persönlichkeiten in Bremen hervorgetreten sei, über die wegen ihrer öffentlichen Wirkung zur Vermeidung einer sachwidrigen Benachteiligung hätte berichtet werden müssen.

Die CDU-Bürgerschaftsfraktion habe durch Veröffentlichung ihrer „Leistungsbilanzen Teil 1 und 2" in der Nordsee-Zeitung vom 21. März 1995 und im Weser-Kurier vom 22. März 1995 nicht rechtswidrig gehandelt. Die Anzeigen trügen zwar unverkennbar Züge einer Wahlwerbung; dies mache sie jedoch nicht unzulässig. Die Verpflichtung einer Regierung oder anderer Organe der Exekutive, sich in Wahlkampfnähe mit Leistungsberichten zurückzuhalten, treffe die Parlamentsfraktionen nicht. Eine Bürgerschaftsfraktion unterliege anders als die Organe der Regierung nicht der Neutralitätspflicht. Ihre unmittelbar durch Wahl legitimierten Angehörigen repräsentierten eine Partei im Parlament. Eine Fraktion dürfe deshalb grundsätzlich im Wahlkampf werbend nach außen auftreten. Allerdings sei die Befugnis einer Fraktion, Wahlwerbung zu betreiben, nicht unbeschränkt. Eine Fraktion dürfe ihre Befugnis, für sich zu werben, nicht zum Nachteil politischer Konkurrenten mißbrauchen, indem sie die ihr für ihre Arbeit zur Verfügung gestellten Haushaltsmittel übermäßig und massiv für Wahlkampfzwecke einsetze. Auf diese Weise verschaffe sie sich mit Mitteln des zur Neutralität verpflichteten Staates einen illegitimen Vorteil gegen schwächere politische Konkurrenten, denen solche Mittel nicht gewährt worden seien. Indem die CDU-Bürgerschaftsfraktion die ihr für ihre Aufgaben nach der Landesverfassung, dem Bremischen Abgeordnetengesetz und der Geschäftsordnung zugeflossenen Haushaltsmittel zur Finanzierung der Anzeigen verwendet habe, habe sie sich möglicherweise im Grenzbereich des Zulässigen bewegt. Einerseits habe sie ihr Recht wahrgenommen, die Öffentlichkeit über ihre Tätigkeit und damit auch über das Ergebnis ihrer politischen Überlegungen zu unterrichten; andererseits sei von den Anzeigen wegen der bevorstehenden Wahl auch eine werbende Wirkung ausgegangen. Ein Mißbrauch durch massiven und übermäßigen Einsatz ihrer Mittel zu einem verbotenen Zweck und eine Überschreitung der Grenzen des Zulässigen zu Lasten der Antragstellerin zu a) könne jedoch nicht festgestellt werden. Zwei fast zeitgleiche Anzeigen könnten eine solche Feststellung nicht rechtfertigen. Hinzu komme, daß die Auflösung des Parlaments relativ kurze Zeit zurückgelegen habe, während der Wahltag und die „heiße Phase" des Wahlkampfes noch relativ fern gelegen hätten. Da die Wahlperiode vorzeitig beendet worden sei, könne auch noch Nachholbedarf für die Öffentlichkeitsarbeit anerkannt werden.

Zu Unrecht mache die Antragstellerin zu a) geltend, daß sie von der Stadtgemeinde Bremen daran gehindert worden sei, durch Lautsprecherwagen von einem fahrenden Fahrzeug aus Wahlwerbung zu betreiben. Der maßgebliche Grund dafür, daß sie diese Art der Werbung in Bremen nicht habe durchführen können, sei in ihrem eigenen Verhalten zu suchen. Obwohl das Stadtamt Bremen ihr bereits am 3. April 1995 bekanntgegeben habe, eine (straßenrechtliche) Genehmigung werde nicht erteilt werden, und sie gefragt habe, ob ein rechtsmittelfähiger Bescheid gewünscht werde, habe sie nicht reagiert und sei erst eine Woche vor Ablauf der Wahlkampfzeit auf ihr Begehren zurückgekommen. Ihr Antrag auf eine einstweilige Anordnung gegen die Stadtgemeinde Bremen habe im wesentlichen daran scheitern müssen, daß die Zeit zu kurz gewesen sei, um die Berechtigung ihres Begehrens in tatsächlicher Hinsicht zu überprüfen.

Der Beginn der Plakatwerbung auf den Straßen vor der vom Stadtamt Bremen festgesetzten 8-Wochen-Frist durch die SPD sei keine dem Staat oder der Stadtgemeinde Bremen zuzurechnende Wahlrechtsverletzung. Die Einspruchführer hätten nichts dazu vorgetragen, daß staatliche oder kommunale Organe diese Ordnungswidrigkeit veranlaßt hätten oder bis zum Beginn der Frist mit geeigneten Mitteln hätten unterbinden können. Inwieweit der Antragstellerin zu a) dadurch Nachteile entstanden sein sollten, daß ihr das Stadtamt erst am 29. März 1995 eine Genehmigung für die Anbringung von Plakaten erteilt habe, lasse sich ihrem Vortrag nicht entnehmen; auch seien solche Nachteile nicht ersichtlich. Die Zerstörung von Wahlplakaten der DVU sei aus den gleichen Gründen für das Wahlprüfungsverfahren ohne Relevanz. Abgesehen davon sei die Beschädigung von Wahlplakaten eine allgemeine Erscheinung, die nicht nur die DVU treffe. Unsubstantiiert und deshalb nicht für die Feststellung von Wahlfehlern geeignet sei die Behauptung, der Antragstellerin zu a) seien Wahlinserate verweigert worden, sie sei an Wahlveranstaltungen und der Aufstellung von Informationsständen durch gewalttätige Demonstrationen gehindert und durch die Veröffentlichung von Wählerumfragen kurz vor der Wahl benachteiligt worden.

Die Entscheidung des Wahlprüfungsgerichts im Verfahren WP 6/95 ist dem Prozeßbevollmächtigen der Antragstellerin zu b) und des Antragstellers zu c) am 30. März 1996 und dem Vorsitzenden der Antragstellerin zu a) am 2. April 1996 zugestellt worden. Die Entscheidung im Verfahren WP 5/95 wurde dem Antragsteller zu d) am 30. März 1996 zugestellt.

Gegen den Beschluß im Verfahren WP 6/95 haben die Antragstellerin zu a) mit Schreiben vom 11. April 1996, die Antragstellerin zu b) mit Schreiben vom 12. April 1996 und der Antragsteller zu c) mit Schriftsatz seines Prozeßbevollmächtigten vom 11. April 1996 Beschwerde beim Wahlprüfungsgericht eingelegt. Der Antragsteller zu d) hat mit Schriftsatz vom 10. April 1996 Beschwerde gegen den Beschluß im Verfahren WP 5/95 eingelegt.

In der Sache beziehen sich die Antragstellerinnen und Antragsteller auf ihr erstinstanzliches Vorbringen und tragen weiter vor:

Eine Anstalt des öffentlichen Rechts dürfe nicht einseitig zum Nachteil oder zum Vorteil einer Partei in den Wahlkampf eingreifen. Dies sei hier geschehen. Während andere Parteivertreter die Möglichkeit gehabt hätten, sich ständig in den Medien darzustellen, sei dies den Antragstellern verwehrt worden. Zur Ausgewogenheit der Berichterstattung gehöre, daß bei Angriffen gegen eine bestimmte Partei eine Gegenstellungnahme eingeholt und gesendet werde. Wenn überhaupt über die Antragstellerin zu a) berichtet worden sei, dann grundsätzlich nur negativ, ohne die Möglichkeit einer Richtigstellung.

Die Antragstellerin zu a) hätte eine ganze Anzahl von Veranstaltungen in Bremen durchgeführt, wenn die öffentliche Sicherheit und Ordnung gewährleistet gewesen wäre. Wegen zu erwartender gewalttätiger Gegendemonstrationen hätten sich die Gastwirte geweigert, Räumlichkeiten für öffentliche Veranstaltungen zur Verfügung zu stellen. Die Partei sei daran gehindert gewesen, die ihr nach dem Grundgesetz und dem Parteiengesetz zustehenden Rechte wahrzunehmen. Die grundgesetzlich garantierte Versammlungsfreiheit sei in bezug auf die Deutsche Volksunion praktisch ausgeschaltet. Schon die Ankündigung einer öffentlichen Versammlung löse Gewaltakte und Gegendemonstrationen aus. Selbst nicht-öffentliche Versammlungen würden von politischen Gegnern mit Gewalt verhindert. Die zuständigen Staatsorgane seien offensichtlich nicht willens, die Versammlungsfreiheit zu schützen. Die Störungen und Gewalttaten gegen die DVU seien nur möglich, weil der Polizei „von oben" defensive Zurückhaltung auferlegt sei.

Im Gegensatz zur Auffassung des Wahlprüfungsgerichts halte der Landesrechnungshof die Schaltung von Fraktionsanzeigen innerhalb eines Zeitraums von sechs Monaten vor Wahlen für unzulässig.

Die vorzeitige Plakatierung der SPD verletze den Grundsatz der Chancengleichheit. Deshalb hätte das Stadtamt die Beseitigung der Wahlplakate veranlassen müssen.

Die Veröffentlichung von Wahlumfragen kurz vor der Wahl beeinträchtige die Wahl- und Entschließungsfreiheit. Während früher etwa 80 % der Wähler ihre Entscheidung für eine bestimmte Partei schon Wochen vor der Wahl getroffen hätten und 10 % entschlossen gewesen seien, Wahlenthaltung zu üben, legten sich heute nur noch 50 % der Wähler langfristig fest. Gerade die letzten Tage vor der Wahl hätten eine zunehmende Bedeutung gewonnen. Eine bereits getroffene Entscheidung für eine Partei werde durch Umfragen wieder umgestoßen. Die Zahl der Spontan- und Wechselwähler nehme zu. Umfrageinstitute leisteten zunehmend „Wahlhilfe" für eine bestimmte Partei.

Der Antragsteller zu d) trägt ergänzend vor, einige Punkte seines Einspruches seien in der Entscheidung überhaupt nicht erwähnt worden. So habe z. B. sein Vortrag zur Wahlmanipulation im Wahlbezirk 241/03 in der Entscheidung keinen Niederschlag gefunden.

Die Antragsteller beantragen,

> den Beschluß des Wahlprüfungsgerichts aufzuheben und die Wahl für ungültig zu erklären und außerdem Wiederholungswahlen anzuordnen.

Hilfsweise beantragen die Antragsteller,

> statt der Anordnung einer Wiederholungswahl eine Neuwahl anzuordnen.

Staatsgerichtshof der Freien Hansestadt Bremen 185

Die Antragsteller beantragen weiter hilfsweise,

die Wahl im Wahlbereich Bremerhaven für ungültig zu erklären und für diesen Wahlbereich eine Wiederholungswahl anzuordnen,

hilfsweise,

eine Neuwahl anzuordnen.

Der Präsident der Bremischen Bürgerschaft stellt den Antrag,

die Beschwerden zurückzuweisen.

Er trägt im wesentlichen vor: Die Rüge, Radio Bremen habe die Verfassungsgrundsätze der Wahlgleichheit und Wahlfreiheit dadurch verletzt, daß der Sender den Parteien keine Sendezeit für Wahlwerbesendungen eingeräumt und einige Parteien nicht zu Livediskussionen und Streitgesprächen eingeladen habe, gehe fehl. Das Wahlprüfungsgericht habe zu Recht in seinen Entscheidungen ausgeführt, daß das Grundrecht auf freie Meinungsäußerung und Meinungsverbreitung nicht das Recht enthalte, Einrichtungen und Leistungen der Rundfunkanstalten für die Verbreitung der eigenen Meinung in Anspruch zu nehmen. Das Recht der Rundfunkfreiheit räume auch nicht automatisch allen Parteien einen Anspruch auf Sendezeit ein. Vielmehr stehe es im Ermessen von Radio Bremen, Sendezeiten zu gewähren und Einladungen auszusprechen. Dieses Ermessen habe Radio Bremen nicht mißbraucht. Bei der Gestaltung des Programms ergebe sich für Radio Bremen eine Begrenzung der Gestaltungsfreiheit daraus, daß das Gesamtprogramm ein Mindestmaß an inhaltlicher Ausgewogenheit, Sachlichkeit und gegenseitiger Achtung aufweisen müsse. Außerdem müsse der Hörer und Zuschauer objektiv über die Gewichtsverteilung zwischen den bedeutsamen politischen Gruppierungen informiert werden. Ein Verstoß gegen diese Grundsätze durch Radio Bremen sei nicht feststellbar.

In der mündlichen Verhandlung am 16. November 1996 hat der Vertreter des Präsidenten der Bremischen Bürgerschaft auf Befragen zu Protokoll gegeben, daß der CDU-Bürgerschaftsfraktion im Jahre 1994 DM 2 891 221,37 an öffenlichen Fraktionsgeldern und DM 1 595,89 an Fraktionsmitteln aus anderen Quellen zugeflossen seien. Im Jahre 1995 habe die CDU-Bürgerschaftsfraktion DM 2 959 339,65 an Fraktionsgeldern und DM 85 133,15 an „Drittmitteln" erhalten. Diese „Drittmittel" seien nach seiner Kenntnis in der zweiten Jahreshälfte an die Fraktion geflossen. Es handele sich um Mittel der CDU. Die Kosten für die von der CDU-Bürgerschaftsfraktion geschalteten Inserate wurden von ihm mit DM 47 198,76 beziffert.

Der Landeswahlleiter der Freien Hansestadt Bremen hat keine Stellungnahme abgegeben und keine Anträge gestellt.

Der Staatsgerichtshof hat die Verfahren St 4/96 (Beschwerde gegen den Beschluß des Wahlprüfungsgerichts im Wahlprüfungsverfahren WP 5/95) und St 5/96 (Beschwerde gegen den Beschluß des Wahlprüfungsgerichts im Wahlprüfungsverfahren WP 6/95) zur gemeinsamen Verhandlung und Entscheidung unter dem Aktenzeichen St 5/96 verbunden.

II.

Die Beschwerden sind zulässig. Gemäß § 39 Abs. 1 des Bremischen Wahlgesetzes (BremWG) kann gegen Entscheidungen des Wahlprüfungsgerichts innerhalb von zwei Wochen nach Zustellung des Beschlusses schriftliche Beschwerde eingelegt werden. Mit dem Inkrafttreten des Gesetzes über den Staatsgerichtshof (BremStGHG) vom 18. Juni 1996 (Brem.GBl. S. 179) am 10. Juli 1996 ist der Staatsgerichtshof für Beschwerden gegen die Beschlüsse des Wahlprüfungsgerichts zuständig (§§ 34, 35 BremStGHG).

III.

Die Beschwerden sind nicht begründet. Sie könnten nach § 39 Abs. 2 BremWG nur Erfolg haben, wenn die Entscheidungen des Wahlprüfungsgerichts mit dem Grundgesetz, der Landesverfassung oder dem Wahlgesetz unvereinbar wären. Das ist jedoch nicht der Fall.

1. Die vorzeitige Beendigung der 13. Wahlperiode der Bremischen Bürgerschaft und die Festsetzung eines vorgezogenen Wahltermins für die Wahlen zur 14. Wahlperiode ist rechtlich nicht zu beanstanden und vermag deshalb die Ungültigkeit der Bürgerschaftswahlen vom 14. Mai 1995 nicht zu begründen. Die Möglichkeit einer vorzeitigen Beendigung der Wahlperiode durch Beschluß der Bürgerschaft und entsprechend vorzeitiger Neuwahlen beruht auf Art. 76 Abs. 1 Buchst. a) und Abs. 3 BremLV. Diese Bestimmungen sind der Landesverfassung durch das Gesetz zur Änderung der Landesverfassung der Freien Hansestadt Bremen vom 1. November 1994 (Brem.GBl. S. 289) eingefügt worden. Die vom Antragsteller zu d) gegen das Verfahren der Verfassungsänderung, insbesondere gegen den Volksentscheid vom 16. Oktober 1994 vorgetragenen Einwände sind der Sache nach vom Staatsgerichtshof als Wahlprüfungsgericht zweiter Instanz bereits in der Entscheidung vom 29. Juli 1996 (St 3/95)* zurückgewiesen worden. Zu einer abweichenden Beurteilung besteht kein Anlaß.

---

* In diesem Band S. 137.

Das Gesetz zur Änderung der Landesverfassung der Freien Hansestadt Bremen vom 1. November 1994 ist am 7. November 1994 verkündet worden und am 8. November 1994 in Kraft getreten. Von diesem Zeitpunkt an ist Art. 76 BremLV in seiner geänderten Fassung geltendes Recht und konnte somit von der Bremischen Bürgerschaft angewandt werden. Die Einschränkung, daß eine Auflösung der Bürgerschaft für die noch laufende Wahlperiode ausgeschlossen sein solle, enthält Art. 76 BremLV n. F. nicht; eine solche Einschränkung läßt sich der Verfassungsbestimmung angesichts der Eindeutigkeit des Wortlauts auch nicht, wie die Antragstellerinnen zu a) und b) und der Antragsteller zu c) meinen, durch Auslegung entnehmen. Auch das von diesen Antragstellern vorgetragene Argument, die Abgeordneten der Bürgerschaft hätten sich mit der vorzeitigen Auflösung selbst begünstigt, vermag nicht zu überzeugen, da in der Abkürzung der Wahlperiode durch Beschluß der Bürgerschaft eher eine Schlechterstellung der Abgeordneten der 13. Wahlperiode gesehen werden muß.

2. Unbegründet sind auch die Rügen, die Bürgerschaftswahl vom 14. Mai 1995 leide unter einem Wahlfehler, weil Radio Bremen keine Wahlwerbespots der politischen Parteien gesendet und die Antragstellerin zu a) und ihre Repräsentanten unzureichend im redaktionellen Programm berücksichtigt habe.

Maßgebend für die verfassungsrechtliche Beurteilung ist die in Art. 5 Abs. 1 Satz 2 GG gewährleistete Freiheit des Rundfunks einerseits und die in Art. 21 Abs. 1 GG garantierte Freiheit und Gleichheit der Parteien andererseits.

Die Rundfunkfreiheit ist eine der Freiheit der Meinungsbildung dienende Freiheit: Diese vollzieht sich in einem Kommunikationsprozeß, in welchem dem Rundfunk die Aufgabe eines „Mediums" und „Faktors" zukommt (BVerfGE 12, 205, 260). Es obliegt ihm, so breit und vollständig wie möglich zu informieren; er gibt dem einzelnen und den gesellschaftlichen Gruppen Gelegenheit zu meinungsbildendem Wirken und ist selbst an dem Prozeß der Meinungsbildung beteiligt (vgl. BVerfGE 57, 295, 319 f.; 73, 118, 152). Seine Vermittlungsfunktion im Prozeß der freien individuellen und öffentlichen Meinungsbildung erfüllt der Rundfunk durch sein Programm. Rundfunkfreiheit ist daher vor allem Programmfreiheit. Sie gewährleistet, daß Auswahl, Inhalt und Gestaltung des Programms Sache des Rundfunks bleiben und sich an publizistischen Kriterien ausrichten können (vgl. BVerfGE 90, 60, 87).

Die Programmfreiheit des Rundfunks ist aber durch die ebenfalls auf Verfassungsebene garantierte Freiheit und Gleichheit der Parteien beschränkt (vgl. BVerfGE 57, 295, 321; 73, 118, 166). Die politischen Parteien sind die verfassungsrechtlich notwendigen Instrumente, derer die Demokratie bedarf, um die Wähler zu politisch aktionsfähigen Gruppen zusammenzuschließen und ihnen so einen wirksamen Einfluß auf das staatliche Geschehen zu ermöglichen. Sie nehmen an der politischen Willensbildung des Volkes vornehmlich durch ihre Beteiligung an den Wahlen teil, die ohne die Parteien nicht durchgeführt werden könnten (BVerfGE 52, 63, 82; 60, 53, 66). Dabei sind Information, Argument und Überzeugung die wesentlichen Mittel, die die Parteien im Verhältnis zu den Bürgern einsetzen, um ihre Ziele zu erreichen (BVerfGE 47, 130, 140 ff.; BVerwGE 87, 270, 272). Für die Verbreitung ihrer Informationen, Argumente und werbenden Selbstdarstellungen kommt dem Rundfunk wegen seiner Breitenwirkung, Aktualität und Suggestivkraft besondere Bedeutung zu (vgl. BVerfGE 90, 60, 87).

Die Freiheit des Rundfunks zur Programmgestaltung und die Freiheit und Gleichheit der Parteien müssen im Wege der praktischen Konkordanz einander so zugeordnet werden, daß keine der konkurrierenden Freiheiten einseitig zu Lasten einer anderen durchgesetzt wird. Das bedeutet nicht nur, daß die Programmgestaltung der öffentlich-rechtlichen Rundfunkanstalten einem strikten Neutralitätsgebot unterliegt, sondern schließt es auch aus, den Zugang zu den Rundfunkprogrammen ausschließlich in die Verfügungsgewalt der Rundfunkanstalten zu geben. Vielmehr ergibt sich aus der der Meinungsfreiheit und dem Informationsanspruch der Bürger dienenden Funktion der Rundfunkfreiheit einerseits und aus der Bedeutung des Mediums Rundfunk für die Parteienfreiheit und -gleichheit andererseits, daß die öffentlich-rechtlichen Rundfunkanstalten während des Wahlkampfes in ihrem Gesamtprogramm in angemessener Weise über alle nicht nach Art. 21 Abs. 2 GG verbotenen politischen Parteien informieren und ihnen dabei auch Raum zur Selbstdarstellung geben müssen.

Mißt man das von den Antragstellern gerügte Verhalten des Senders Radio Bremen in der Wahlkampfzeit vor den Bürgerschaftswahlen am 14. Mai 1995 an diesen verfassungsrechtlichen Maßstäben, so läßt sich bei der gebotenen Gesamtwürdigung des Gesamtprogramms ein Wahlfehler nicht feststellen.

a) Verfassungsrechtlich nicht zu beanstanden ist die Weigerung Radio Bremens, Werbespots der Antragstellerin zu a) zu senden.

Ein originärer, dem Grundgesetz unmittelbar zu entnehmender Anspruch auf Zuteilung von Sendezeiten läßt sich für die politischen Parteien weder aus ihrer Mitwirkungsbefugnis bei der politischen Willensbildung (Art. 21 Abs. 1 GG) noch aus dem Grundrecht auf freie Meinungsäußerung und -verbreitung (Art. 5 Abs. 1 Satz 1 GG), noch aus der der Freiheit der Meinungsbildung dienenden Funktion der Rundfunkfreiheit (Art. 5 Abs. 1 Satz 2 GG) ableiten. Der insoweit gefestigten Rechtsprechung des Bundesverfassungsgerichts und des Bundesverwaltungsgerichts (vgl. BVerfGE 47, 198, 237;

BVerfG, Kammerbeschluß vom 9. September 1993, NJW 1994, 40; BVerwGE 75, 67, 70; 87, 270, 272) schließt sich der Staatsgerichtshof an. Auch soweit die Rundfunkanstalten Entscheidungen darüber treffen, ob politische Parteien als Veranstalter selbst gestalteter Wahlwerbespots zugelassen werden, handeln sie dabei im Rahmen der Rundfunkfreiheit. Es ist Aufgabe des Gesetzgebers, für diese Entscheidungen eine rechtliche Ordnung vorzugeben, durch die sichergestellt wird, daß die Vielfalt der bestehenden Meinungen im Rundfunk möglichst breit und vollständig Ausdruck findet. Wie der Gesetzgeber diese Aufgabe erfüllt, ist aber in den von der Rundfunkfreiheit gezogenen Grenzen Sache seiner Gestaltungskompetenz (BVerfGE 57, 295, 320 f.; 73, 118, 153; 74, 297, 324). Diese Grenzen hat der bremische Landesgesetzgeber mit seiner Entscheidung, den politischen Parteien generell keinen Anspruch auf die Vergabe von Sendezeiten einzuräumen, nicht überschritten (Gesetz über die Errichtung und die Aufgaben einer Anstalt des öffentlichen Rechts – Radio Bremen – (Radio-Bremen-Gesetz – RBG –) vom 22. Juni 1993 [Brem.GBl. S. 197]). Die damit getroffene Entscheidung für das sog. „binnen-pluralistische" Modell, nach dem die Vielfalt der politischen Meinungen durch publizistische Vermittlung nach den Regeln eines autonomen Journalismus im Gesamtprogramm zur Darstellung kommt, ist verfassungsrechtlich nicht zu beanstanden (vgl. BVerwGE 87, 270, 274 f.).

Somit hatte Radio Bremen nach pflichtgemäßem Ermessen über die Zuteilung von Sendezeiten für Wahlwerbung an die Antragstellerin zu a) zu entscheiden. Daß der Sender diese Entscheidung in negativem Sinne getroffen hat, vermag einen Wahlfehler nicht zu begründen. Dabei beschränkt sich die Kontrolle des Staatsgerichtshofs im Wahlprüfungsverfahren im Gegensatz zu einer vollen Ermessenskontrolle im verwaltungsgerichtlichen Rechtsschutzverfahren (vgl. insoweit VG Bremen, Beschl. vom 22. März 1995 – 2 V 35/95, NJW 1996, 140; OVG Bremen, Beschl. vom 10. April 1995 – 1 B 30/95) auf die ergebnisbezogene Prüfung, ob die ablehnende Entscheidung einen Rechtsanspruch der Antragstellerin zu a) verkannt hat, ob also Radio Bremen wegen einer „Reduzierung seines Ermessens auf Null" der Antragstellerin zu a) Sendezeiten für Wahlwerbesendungen hätte einräumen müssen. Das ist nicht der Fall. Der Radio Bremen zustehende Ermessensspielraum schloß grundsätzlich auch die von dem Sender im Wahlkampf vor den Bürgerschaftswahlen 1995 praktizierte Möglichkeit einer vollständigen Versagung gegenüber allen politischen Parteien ein (BVerwGE 87, 270, 275). Eine Pflicht zur kompensatorischen Bevorzugung kleinerer und neuer Parteien, für die sich der völlige Wegfall selbstgestalteter Werbespots in besonderer Weise nachteilig auswirken mag, läßt sich dem verfassungsrechtlichen Gebot, nicht nur Gleiches gleich, sondern auch Ungleiches ungleich zu behandeln (Art. 3 Abs. 1 GG), nicht entnehmen. Der verfassungsrechtliche Gleichheitssatz gebietet nicht, faktisch bestehende Ungleichheiten politischer Kräfte auszugleichen; denn damit würde der Staat in die politische Willensbildung eingreifen.

b) Auch die Rüge, die Antragstellerin zu a) und ihre Repräsentanten seien während des Bürgerschaftswahlkampfs von Radio Bremen in den redaktionellen Sendungen benachteiligt worden, führt, obwohl die Praxis des Senders insoweit nicht ohne Bedenken ist, im Ergebnis nicht zur Feststellung eines Wahlfehlers.

Das Grundrecht aus Art. 5 Abs. 1 Satz 2 GG umfaßt auch das Recht der Rundfunkanstalt, selbst zu bestimmen, wen sie als Diskussionspartner zu einer redaktionell gestalteten Fensehdiskussion einladen will (BVerfGE 82, 54, 58). Es ist grundsätzlich der Rundfunk selbst, der aufgrund seiner professionellen Maßstäbe bestimmen darf, was der gesetzliche Rundfunkauftrag in publizistischer Hinsicht verlangt (BVerfGE 90, 60, 87). Dem daraus resultierenden Ermessen der Rundfunkanstalt zur Entscheidung darüber, Vertreter welcher politischen Parteien sie an einer redaktionell gestalteten Sendung teilnehmen läßt, sind jedoch in Wahlkampfzeiten engere Grenzen gezogen. Soweit solche Sendungen wahlwerbende Wirkung haben, hat die Rundfunkanstalt das Recht der Parteien auf gleiche Chancen im Wettbewerb um Wählerstimmen zu beachten. Dabei darf der Begriff der wahlwerbenden Wirkung nicht zu eng bestimmt werden. Wahlwerbend sind zunächst typische Wahlhearings, darüber hinaus aber auch solche redaktionell gestalteten Sendungen, die es im Wahlkampf stehenden Parteien und Wählergruppen objektiv ermöglichen, unmittelbar Einfluß auf das Wahlverhalten zu nehmen (vgl. BayVGH, Beschl. vom 8. Oktober 1990 – 25 CE 90.2929 –, NVwZ 1991, 581; OVG Hamburg, Beschl. vom 8. September 1987 – Bs IV 668/87 –, NJW 1988, 928).

Die Chancengleichheit der Parteien wird während der Wahlkampfzeit nicht schon ausreichend dadurch gewahrt, daß für das redaktionelle Programm ein Mindestmaß an inhaltlicher Ausgewogenheit, Sachlichkeit und gegenseitiger Achtung gewährleistet ist (so noch BremStGH, Entsch. vom 4. Mai 1981 – St 1/80 –, BremStGHE 4, 111, 143; dazu kritisch OVG Bremen, Beschl. vom 18. September 1991 – 1 B 53/91 –, DVBl. 1991, 1269). Auch reicht es nicht aus, daß dem Rundfunksender der Ausschluß einer Partei von einer redaktionellen Sendung nur dann verwehrt werden kann, wenn sich kein vernünftiger, sachlich einleuchtender Grund für die Differenzierung finden läßt und die Unsachlichkeit der Regelung offenkundig ist. Ein solches Willkürverbot ist im Hinblick darauf, daß die Einladungskriterien ergebnisorientiert festgelegt und den aktuellen politischen Wünschen angepaßt werden können, kein ausreichender Schutz. Vielmehr geht es um die Konsequenzen der oben entwickelten verfassungsrechtlichen Pflicht der öffentlichrechtlichen Rundfunkanstalten, in ihrem Gesamtprogramm in angemessener Weise über alle politischen

Parteien zu informieren und ihnen dabei auch Raum zur Selbstdarstellung einzuräumen. Je näher eine Wahl rückt und je „heißer" der Wahlkampf wird, um so stärkere Bindungen ergeben sich aus der Parteienfreiheit und -gleichheit auch für die Gestaltung wahlwerbender redakioneller Sendungen – und dies erst recht, wenn innerhalb des Gesamtprogramms die Sendung von Parteien-Wahlspots völlig ausgeschlossen worden ist. Allerdings gebietet es das Gebot der Chancengleichheit der Parteien nicht, daß allen Parteien in streng formaler Gleichbehandlung unabhängig von ihrer Größe und ihrem Einfluß eine Beteiligung an redaktionellen Sendungen offenstehen muß. Vielmehr bleibt aufgrund des Prinzips der abgestuften Chancengleichheit (BVerfGE 14, 121, 137 ff.; 48, 271, 277 f.) ein Spielraum für redaktionelle Gestaltungsmöglichkeiten; auch während des Wahlkampfs ist die Rundfunkfreiheit nicht aufgehoben, sondern nur modifiziert (vgl. BayVGH, Beschl. vom 8. Oktober 1990, aaO).

Auf der Grundlage dieser Bewertungsmaßstäbe ergibt sich für den konkreten Fall, daß Radio Bremen seiner Pflicht zu umfassender Information über alle wahlwerbenden politischen Parteien in verfassungsrechtlich gerade noch ausreichenden Weise nachgekommen ist.

aa) Bei der erforderlichen Gesamtbetrachtung der redaktionellen Wahlsendungen vor der Bürgerschaftswahl am 14. Mai 1995 ist zunächst festzuhalten, daß die Antragstellerin zu a) am 6. Mai 1995 zu einer Wahlanhörung mit allen bei der Wahl angetretenen Parteien eingeladen worden ist. In dieser Wahlanhörung konnte jede Partei zwei Kandidaten präsentieren, die jeweils eine Minute Zeit hatten, um sich selbst vorzustellen, und jeweils zwei Minuten, um sich journalistischen Fragen zu stellen. In dieser Sendung hat Radio Bremen auf eine Praktizierung der abgestuften Chancengleichheit verzichtet, so daß die Antragstellerin zu a) in dieser Sendung, gemessen an den größeren Parteien, ein Übergewicht gehabt hat. Festzuhalten ist auch, daß Radio Bremen in der letzten Woche vor der Wahl über den Wahlkampf der DVU berichtet hat.

bb) Bei den Streitgesprächen zwischen den Spitzenkandidaten Nölle (CDU) und Jäger (F.D.P.) sowie Rebers (AfB) und Fücks (Bündis 90/DIE GRÜNEN) in der Sendung „Buten & Binnen" handelt es sich nicht um eine Sendung mit wahlwerbender Wirkung in dem oben erläuterten Sinne. Nach einer vor dem Verwaltungsgericht Bremen abgegebenen Stellungnahme der Chefredaktion von Radio Bremen (Beschl. vom 10. Mai 1995 – 2 V 59/95 –, NJW 1996, 141) handelt es sich um eine von der Redaktion seit Jahren gepflegte Institution, die nicht für den Wahlkampf erfunden worden ist und immer dann ins Programm gelangt, wenn eine politische Kontroverse von öffentlichem Interesse dazu Anlaß gibt und sich in zwei Gesprächspartnern personalisieren läßt. Daß es sich hier nicht um eine Wahlsendung handelt, ergibt sich insbesondere daraus, daß dieses Streitgespräch schon seit längerer Zeit in der Unterhaltungssendung „Buten & Binnen" mit ständig wechselnden Partnern stattfindet. Es wäre mit der Programmfreiheit nicht zu vereinbaren, wenn die Rundfunkanstalten in Wahlkampfzeiten auf Standardprogrammanteile, die bereits lange Jahre laufen, verzichten oder sie grundlegend verändern müßten, weil mit dem Auftreten von Politikern in diesen Sendungen auch eine gewisse wahlbezogene Nebenwirkung verbunden sein mag. Ein Indiz dafür, daß die Auswahl der Diskussionsteilnehmer jedenfalls keine die Antragstellerin zu a) betreffende Diskriminierung darstellt, daß Radio Bremen hier vielmehr einem langjährigen redaktionellen Konzept gefolgt ist, ist die Tatsache, daß auch Vertreter der SPD nicht zu einem solchen Streitgespräch vor der Wahl eingeladen worden sind.

cc) Auf einen problematischen Punkt verweist allerdings die Rüge der Antragsteller, die Chancengleichheit der Antragstellerin zu a) sei dadurch verletzt, daß keiner ihrer Vertreter zu der Sendung am 10. Mai 1995 mit dem Titel „Nie wieder Ampel – Wer soll Bremen regieren?" eingeladen worden ist. Zwar ist aus dem Titel der Sendung zu entnehmen, daß nach dem redaktionellen Konzept der Rundfunkanstalt vor allem Vertreter der Parteien für die Sendung von Interesse waren, die für die künftige Regierung in Frage kommen konnten, sowie Vertreter der Parteien, die an der Ampelregierung beteiligt waren. Auch ist es aufgrund des deutlichen Zerfallsprozesses der DVU-Bürgerschaftsfrakton während der 13. Wahlperiode nachzuvollziehen, daß Radio Bremen der Antragstellerin zu a) wenig Aussicht einräumte, an der zukünftigen Regierung beteiligt zu werden. Doch erscheint es, insbesondere angesicht des Sendetermins unmittelbar vor dem Wahltag, unter dem Gesichtspunkt der Chancengleichheit bedenklich, daß Radio Bremen sich bei diesem Thema auf Vertreter der alten und potentiellen neuen Regierungsparteien beschränkt und keine Vertreter der sonstigen Oppositionsparteien eingeladen hat. Hier hat der Sender nicht hinreichend berücksichtigt, daß der Ausschluß von einer voraussichtlich besonders publikumswirksamen Sendung die Chancen der Antragstellerin zu a) nachhaltig verschlechtern könnte (vgl. BVerfGE 82, 54, 59).

dd) Die Rüge der Antragstellerinnen und Antragsteller, daß am 5 Mai 1995 in „Buten & Binnen" ein Interview mit dem Bundeskanzler und dem Spitzenkandidaten der CDU stattgefunden habe, ohne die Antragstellerin zu a) zu einer Ausgleichssendung einzuladen, kann keinen Erfolg haben. Der Besuch des Bundeskanzlers in Bremen zählt zu den aktuellen Tagesereignissen, von denen der Bürger erwarten kann, daß hierüber in Rundfunk und Fernsehen berichtet wird. Daß der Bundeskanzler bei seinen Besuchen von einem Landesspitzenpolitiker seiner Partei begleitet wurde und bei dieser Gelegenheit dem Rundfunk und Fernsehen Rede und Antwort stand, entspricht den allgemeinen Gepflogenheiten und macht die Reportage nicht zu einer Sendung wahlwerbender Wirkung, für die das Gebot abgestufter Chancengleichheit gilt. Gleiches gilt für den Auftritt der Spitzenpolitiker der SPD Lafontaine, Schröder und Scharping am Samstag, dem 29. April 1995, in der Sendung „Auf dem Swutsch".

ee) Eine Gesamtwürdigung der von Radio Bremen veranstalteten redaktionellen Sendungen vor der Wahl führt zu dem Ergebnis, daß der Sender unter Berücksichtigung der Stärke und Bedeutung der Antragstellerin zu a) trotz der unter cc) dargelegten Bedenken die erforderliche Chancengleichheit der Parteien gerade noch gewahrt hat, so daß ein Wahlfehler nicht festgestellt werden kann.

3. Die Veröffentlichung von demoskopischen Umfragen kurz vor der Wahl stößt auf keine rechtlichen Bedenken. Das Recht, derartige Umfrageergebnisse zu veröffentlichen, ist durch Artikel 5 Abs. 1 S. 1 GG geschützt.

4. Soweit die Antragsteller rügen, eine Verletzung des Grundsatzes der gleichen Wettbewerbschancen der Parteien und Wahlbewerber liege darin, daß die CDU-Bürgerschaftsfraktion der Bremischen Bürgerschaft unter Einsatz der ihr gewährten öffentlichen Mittel durch Zeitungsanzeigen Wahlwerbung für die CDU betrieben habe, ist folgendes festzustellen:

a) Die Fraktionen haben als parlamentarische Repräsentanten der politischen Parteien eine Doppelfunktion. Sie sind einerseits Teile des Parlaments und damit Teile des staatsorganschaftlichen Bereichs, andererseits Repräsentanten einer Partei (BremStGHE 4, 111, 145 ff.). Anders als rein staatliche Organe unterliegen die Fraktionen aufgrund ihrer Doppelstellung keinem Neutralitätsgebot. Allerdings erfordert die Tatsache, daß die Fraktionen nicht nur Vertreter der Parteien im Parlament, sondern in dieser Eigenschaft auch gleichzeitig Teil eines staatlichen Organs sind, daß ihre Öffentlichkeitsarbeit von Sachlichkeit und Objektivität getragen ist (BremStGH, Entsch. vom 29. Juli 1996 – St 3/95 unter II 7 b*). Prüft man unter diesen Voraussetzungen die Annoncen der CDU-Bürgerschaftsfraktion, so kann festgestellt werden, daß ihnen einerseits ein wahlwerbender Charakter nicht abgesprochen werden kann, andererseits aber mit den Annoncen der politische Gegner nicht diffamiert, sondern überwiegend die Arbeit der Fraktion in der Vergangenheit dargestellt wird und die Ziele der Fraktionsarbeit für die Zukunft formuliert werden. Damit bewegen sich diese Anzeigen in dem zu fordernden Rahmen von Objektivität und Sachlichkeit.

* In diesem Band S. 137, 156.

b) Allerdings dürfen wahlwerbende Annoncen nicht mit Mitteln finanziert werden, die den Fraktionen aus der Staatskasse zugeflossen sind. Steuermittel werden von allen Staatsbürgern ohne Ansehen ihrer politischen Anschauung oder Parteizugehörigkeit erbracht; sie sind dem Staat zur Verwendung für das gemeine Wohl anvertraut. Diese Zweckbindung schließt es aus, daß bei einem so entscheidend auf das Staatsganze bezogenen Vorgang wie der Wahl der Volksvertretung die von der Allgemeinheit erbrachten und getragenen finanziellen Mittel des Staates zugunsten oder zu Lasten von politischen Parteien oder Bewerbern in parteiergreifender Weise eingesetzt werden (vgl. BVerfGE 44, 125, 143). Demzufolge ist es den Fraktionen verwehrt, Fraktionsmittel, die ihnen von der öffentlichen Hand zugeflossen sind, zur Finanzierung des Wahlkampfes der Parteien zu verwenden. Verstößt die Fraktion gegen diesen Grundsatz und betreibt sie Wahlwerbung unter Einsatz der ihr gewährten staatlichen Zuschüsse, so wird damit zugleich das Recht der übrigen Parteien und Wahlbewerber auf gleiche Wettbewerbschancen verletzt, da der Grundsatz der gleichen Wettbewerbschancen nicht nur den Wahlvorgang selbst beherrscht, sondern auch für die Wahlvorbereitung Gültigkeit hat (vgl. BVerfG, Beschl. vom 19. Mai 1982 – 2 BvR 630/81 –, NVwZ 1982, 613 ff., mwN).

Nach den zu Protokoll gegebenen Erklärungen des Präsidenten der Bremischen Bürgerschaft in der mündlichen Verhandlung am 16. November 1996 steht für den Staatsgerichtshof folgendes fest: Die CDU-Bürgerschaftsfraktion hat im Jahre 1994 DM 2 891 221,37 an Fraktionsgeldern aus öffentlichen Mitteln erhalten und weitere DM 1 595,89 aus anderen Quellen. Im Wahljahr 1995 sind der CDU-Bürgerschaftsfraktion DM 2 959 339,65 an Fraktionsgeldern aus öffentlichen Mitteln zugeflossen; einen weiteren Betrag in Höhe von DM 85 133,15 hat die Fraktion in der zweiten Hälfte des Jahres von der Partei erhalten. Die Kosten für die geschalteten Inserate bezifferte der Präsident der Bremischen Bürgerschaft mit DM 47 198,76. Da die Inserate in der ersten Hälfte des Jahres am 21. und 22. März 1995 in der Regionalpresse erschienen sind, steht für den Staatsgerichtshof fest, daß zu ihrer Finanzierung staatliche Fraktionsmittel verwendet wurden. In dieser Verwendung staatlicher Mittel für den Wahlkampf liegt ein Wahlfehler.

Der Hinweis des Präsidenten der Bremischen Bürgerschaft, kassentechnisch gelte für die Fraktionsmittel das Jährlichkeitsprinzip, kann an dieser Feststellung nichts ändern, da zum Zeitpunkt der Ausgabe dieser Mittel für Zeitungsinserate nur Fraktionsmittel aus öffentlichen Kassen zur Verfügung standen und nach dem Vortrag des Präsidenten der Bremischen Bürgerschaft nach langwierigen Verhandlungen mit der CDU diese weiteren Mittel erst in der zweiten Hälfte des Jahres geflossen sind. Deshalb ist davon auszugehen, daß zum Zeitpunkt des Erscheinens der Inserate nicht einmal feststand, wann und in welcher Höhe diese Mittel fließen würden. Es kann deshalb dahingestellt bleiben, ob es sich bei diesen Mitteln in Höhe von DM 85 133,15 um Fraktionsmittel aus öffentlichen Kassen gehandelt hat, die die CDU zu erstatten hatte, oder um echte „Drittmittel" an die Fraktion.

c) Dieser Wahlfehler ist jedoch nicht erheblich für den Ausgang der Wahl im Wahlbereich Bremerhaven oder im Wahlbereich Bremen gewesen, so daß er eine Feststellung der Ungültigkeit der Bürgerschaftswahlen vom 14. Mai 1995 nicht zu begründen vermag.

Die Möglichkeit, daß ein erwiesener Wahlfehler auf das Wahlergebnis von Einfluß sein kann, darf keine theoretische, sondern muß eine nach den allgemeinen Lebenserfahrungen konkrete und nicht ganz fernliegende sein (BVerfGE 89, 266, 273, mwN). Entscheidend sind somit Aufmachung und Inhalt der Anzeige, der Zeitpunkt der Anzeige im Verhältnis zum Wahltag und das Ergebnis der Antragstellerin zu a) bei der Wahl am 14. Mai 1995.

Unter der Überschrift „Leistungsbilanz der CDU-Bürgerschaftsfraktion Teil 1 und Teil 2" hat die CDU-Bürgerschaftsfraktion jeweils zwei Anzeigen in der Regionalpresse Bremens und Bremerhavens geschaltet. Die Anzeigen im Weser-Kurier nahmen ca. 3/7 einer Seite der Tageszeitung ein, die in der Nordsee-Zeitung Bremerhaven erschienenen Anzeigen ca. $^1/_2$ Seite der Tageszeitung. Wie bereits oben erwähnt, kann diesen Anzeigen ein gewisser wahlwerbender Charakter nicht abgesprochen werden. Häufigkeit, Größe und Aufmachung der Anzeigen sprechen jedoch dafür, daß sie auf das Wahlverhalten der Bürger am 14. Mai 1996 keine Auswirkungen gehabt haben. Die aufgewendeten Kosten für diese Anzeigen sind innerhalb der Gesamtaufwendungen für den Wahlkampf von nicht erheblichem Gewicht.

Die Anzeigen erschienen ca. $7^1/_2$ Wochen vor dem Wahltag in den genannten Tageszeitungen. Da Tageszeitungen, anders als Wochen- oder Monatszeitschriften, die in dem Zeitraum, für den sie bestimmt sind, immer wieder einmal zur Hand genommen werden, ein in der Sache begründetes kurzes Dasein haben, spricht die allgemeine Lebenserfahrung dagegen, daß der in den Anzeigen begründete Wahlfehler das Wahlergebnis beeinflußt haben kann. Die Vielfalt und Masse der Informationen durch Presse, Rundfunk und Fernsehen, denen sich der Bürger und Wähler kaum entziehen kann, begründen die hohe Wahrscheinlichkeit, daß die veröffentlichte Leistungsbilanz der CDU-Bürgerschaftsfraktion in der kurzlebigen Tagespresse sehr schnell wieder in Vergessenheit geraten ist und die $7^1/_2$ Wochen später erfolgte Bürgerschaftswahl nicht beeinflußt hat.

Die Antragstellerin zu a) hat im Wahlbereich Bremerhaven knapp die 5%-Grenze verfehlt. Die auf ihre Vorschlagsliste entfallenen 2 695 Stimmen ergaben 4,69 % der abgegebenen gültigen Stimmen. Um die 5%-Grenze in diesem Wahlbereich zu erreichen, fehlten ihr demzufolge 178 Stimmen. Setzt man diese fehlenden Stimmen ins Verhältnis zu den erhaltenen, so ergibt sich, daß ca. 6,6 % mehr Wählerstimmen auf die Vorschlagsliste der Antragstellerin hätten entfallen müssen als tatsächlich entfallen sind. Unter Berücksichtigung der vorstehenden Ausführungen erscheint es unwahrscheinlich, daß ohne die Anzeigen der CDU-Bürgerschaftsfraktion die Antragstellerin zu a) ein Wahlergebnis erzielt hätte, das ihr den Einzug in die Bremische Bürgerschaft erlaubt hätte. Insgesamt kann deshalb eine Erheblichkeit des Wahlfehlers für den Ausgang der Wahl im Wahlbereich Bremerhaven nicht festgestellt werden.

Ist eine Erheblichkeit bereits für den Wahlbereich Bremerhaven nicht festzustellen, so muß dies um so mehr für den Wahlbereich Bremen und damit auch für das Land Bremen insgesamt gelten. Im Wahlbereich Bremen hätten auf die Vorschlagsliste der Antragstellerin zu a) mehr als das Doppelte an Stimmen entfallen müssen als sie erhalten hat, um einen Sitz in der Bürgerschaft zu erlangen.

Gleichwohl bleibt festzuhalten, daß die Ausgabe von Fraktionsmitteln aus öffentlicher Hand zur Wahlwerbung eine zweckwidrige Verwendung dieser Mittel ist, die zu einer Erstattungspflicht an die öffentliche Hand führen kann. Auf die Entscheidungen des Staatsgerichtshofes vom 19. Oktober 1996 in den Verfahren St 1/96 und St 2/96 wird hingewiesen.

5. Unbegründet ist weiterhin die Rüge, der Antragstellerin zu a) sei rechtswidrig und ermessensfehlerhaft der Einsatz eines Lautsprecherwagens in der Zeit vom 8. Mai 1995 bis zum 13. Mai 1995 zwischen 9.00 Uhr und 13.00 Uhr und 15.00 Uhr und 19.00 Uhr verweigert worden. Die Antragstellerin zu a) hatte beim Stadtamt Bremen am 27. März 1995 einen entsprechenden Antrag gestellt, den das Stadtamt in Fokopie mit folgendem handschriftlichen Vermerk zurücksandte:

„Ablichtung zurückgesandt. Die Erlaubnis kann nicht erteilt werden, vgl. anl. Urteil. Wünschen Sie einen ablehnenden Bescheid?
Bremen, den 3. 4. 1995. Telefon 36 169 51 – Stadtamt
i. A. Unterschrift."

Daraufhin ließ die Antragstellerin zu a) ihren Antrag auf Einsetzung eines Lautsprecherwagens zunächst ruhen und beantragte erst mit Schriftsatz vom 6. Mai 1995 beim Verwaltungsgericht Bremen im Wege der einstweiligen Anordnung eine Genehmigung für den Einsatz von Lautsprecherwerbung von einem fahrenden Fahrzeug aus. Mit Beschluß vom 9. Mai 1995 hat das Verwaltungsgericht diesen Antrag zurückgewiesen (Az: 4 V 91/95). Die dagegen gerichtete Beschwerde wies das Oberverwaltungsgericht der Freien Hansestadt Bremen mit Beschluß vom 11. Mai 1995 zurück. In den Gründen führte das Oberverwaltungsgericht aus, es spreche einiges dafür, daß das Stadtamt den Ermessensrahmen des § 46 Abs. 1 Nr. 9 StVO mit dem Ablehnungsbeschluß vom 9. Mai 1995 zu eng gezogen habe, da der verfassungsrechtlichen Bedeutung von Parlamentswahlen ein grundsätzlicher Vorrang gegenüber den Belangen des Straßenverkehrs einzuräumen sei. Gleichwohl sei der Erlaß einer einstweiligen Anordnung nicht geboten, da der Verfahrensablauf zu erkennen gebe, daß die Antragstellerin ihrem jetzigen Begehren bislang selbst nicht eine Bedeutung beigemessen habe, die zur Abwendung wesentlicher Nachteile den Erlaß einer einstweiligen Anordnung erforderlich mache, und da aufgrund des jetzt unmittelbar bevorstehenden Wahltermins eine sachgerechte Prüfung der Voraussetzungen, unter denen der Einsatz von Lautsprecherwagen im Stadtgebiet der Antragsgegnerin in Betracht komme, nicht mehr vorgenommen werden könne (OVG Bremen, Beschl. vom 11. Mai 1995 – Az 1 B 41/95). In Würdigung dieses vom Oberverwaltungsgericht festgestellten Sachverhaltes, kommt der Staatsgerichtshof zu dem Ergebnis, daß ein Wahlfehler nicht vorliegt. Dem liegen folgende grundsätzliche Überlegungen zugrunde:

Immer dann, wenn sich Wähler, Gruppen oder Vereinigungen von Wählern in ihrer Wahlfreiheit oder Chancengleichheit verletzt fühlen, ist es erforderlich, die vorhandenen Rechtsbehelfe und Rechtsmittel auszuschöpfen, um einen Wahlfehler zu vermeiden. Erst wenn dieser zumutbare Eigenschutz erfolglos geblieben ist, kann die entsprechende Wahlrechtsverletzung erfolgversprechend in einem Wahlanfechtungsverfahren gerügt werden. Dies ergibt sich in erster Linie aus der Verantwortung des Aktivbürgers für den das Parlament konstituierenden Wahlakt und dem Respekt vor der zu treffenden Entscheidung des Wahlvolkes. Damit stünde es nicht im Einklang, abwendbare Wahlfehler zunächst geschehen zu lassen und sie später als Argument gegen die Gültigkeit der Wahl zu verwenden. Dabei ist auch zu berücksichtigen, daß Wahlen als Massenvorgang besonders fehleranfällig sind.

Aufgrund dieser Überlegungen ist festzustellen, daß die Antragstellerin zu a) für das Unterbleiben des Einsatzes eines Lautsprecherwagens in Bremen wegen ihrer zögerlichen Rechtsverfolgung soviel Mitverantwortung trägt, daß sie mit dieser Rüge im Wahlanfechtungsverfahren keinen Erfolg haben kann. Hätte die Antragstellerin zu a) ihren Genehmigungsantrag auf den Hinweis des Stadtamtes vom 3. April 1995 nicht mehrere Wochen liegen lassen, sondern einen rechtsmittelfähigen Bescheid verlangt, um dann – wie in Bremerhaven geschehen – die Verwaltungsgerichte anzurufen, wäre mit hoher Wahrscheinlichkeit spätestens durch Beschluß des Oberverwaltungsgerichts Bremen im Wege der einstweiligen Anordnung die Genehmigung erteilt und die Möglichkeit eines Wahlfehlers vermieden worden.

6. Soweit die Antragsteller weiter rügen, die SPD habe vor der vom Stadtamt festgesetzten 8-Wochen-Frist mit der Plakatwerbung in den Straßen begonnen und der Antragstellerin zu a) sei die Erlaubnis zum Aufstellen von Pla-

katen erst am 29. März 1995 erteilt worden, ist der Vortrag so unsubstantiiert, daß ein Wahlfehler nicht festgestellt werden kann.

a) Gem. § 38 Abs. 1 und 2 BremWG erfolgt die Prüfung der Wahl nur auf Einspruch, der zu begründen ist. Hieraus folgt, daß die Antragsteller substantiiert Tatsachen vortragen müssen, aus denen sich die Verletzung des Grundgesetzes, der Landesverfassung oder des Wahlgesetzes ergeben soll. Von dieser Darlegungslast werden die Beschwerdeführer auch nicht durch den in diesem Verfahren anzuwendenden Grundsatz der Amtsermittlung befreit (BVerfGE 48, 271, 280). Dieser Rechtsprechung hat sich das (früher zuständige) Wahlprüfungsgericht II. Instanz in seiner Entscheidung vom 4. Mai 1981 angeschlossen (BremStGHE 4, 111, 145). Hierbei wird nicht übersehen, daß das Bundesverfassungsgericht in einer späteren Entscheidung vor einer Überspannung der an die Substantiierungspflicht gestellten Anforderungen gewarnt hat (BVerfGE 85, 148, 159).

Im hier zu entscheidenden Fall fehlt es an einem Vortrag, zu welchem Zeitpunkt die SPD mit der Plakatwerbung begonnen hat, wo diese vorzeitige Plakatwerbung stattfand und wieviele Plakate schätzungsweise vorzeitig geklebt worden sind. Darüber hinaus ist auch in diesem Zusammenhang auf das unter Ziffer 5. Gesagte hinzuweisen, denn auch hier könnte ein Wahlfehler nur dann festgestellt werden, wenn das Stadtamt auf eine Beschwerde der Antragstellerin zu a) hin der vorzeitigen Plakatierung durch die SPD nicht Einhalt geboten hätte.

b) Aufgrund der Tatsache, daß der Antragstellerin zu a) erst am 29. März 1995 die Erlaubnis zur Plakatwerbung erteilt wurde, ist ein Wahlfehler nicht festzustellen, da es an dem Vortrag fehlt, wann die Antragstellerin zu a) bei dem Stadtamt den Antrag gestellt und ob sie diesen Antrag mit der zu fordernden Nachdrücklichkeit verfolgt hat.

7. Schließlich können die Antragsteller auch keinen Erfolg mit ihrem Vortrag haben, öffentliche Veranstaltungen der Antragstellerin zu a) seien nicht möglich gewesen und deshalb unterblieben. Kein Gastwirt sei bereit gewesen, für öffentliche Veranstaltungen der Antragstellerin zu a) Räumlichkeiten zu vermieten. Wahlplakate der Antragstellerin zu a) seien in großer Anzahl zerstört worden, Strafanzeigen nicht bearbeitet oder die Verfahren mangels öffentlichen Interesses eingestellt worden. Die Tageszeitungen hätten sich geweigert, Wahlinserate zu schalten, gewalttätige Demonstranten seien gegen Informationsstände und Wahlhelfer tätlich vorgegangen.

Die Antragsteller haben diese Rügen nur schlagwortartig in den Prozeß eingebracht. Für die einzelnen Behauptungen fehlt ein nachprüfbarer Tatsachenvortrag, aus dem hervorgeht, daß sich die Antragstellerin zu a) gegen diese

Wahlrechtsverletzungen mit rechtsstaatlichen Mitteln zur Wehr gesetzt hat. Soweit die Antragstellerinnen und Antragsteller zu a) bis c) mit Schriftsatz vom 28. Oktober 1996 zu diesem Komplex einen Tatsachenvortrag beigebracht haben, handelt es sich um Ereignisse aus den Jahren 1992 und 1993; damit läßt sich kein Wahlfehler im Jahre 1995 feststellen.

Ob das Land Bremen die ihm gegenüber der Antragstellerin zu a) obliegende Schutzpflicht während des Wahlkampfes verletzt hat, kann der Staatsgerichtshof nicht feststellen, da ein entsprechender substantiierter Sachvortrag fehlt. Die dem Schriftsatz vom 8. Oktober 1996 der Antragsteller zu a) bis c) beigefügten Ausschnitte aus der Nordsee-Zeitung vom 8. August 1992 und der Bildzeitung vom 22. März 1993 lassen jedenfalls erkennen, daß den Mitgliedern und Anhängern der Antragstellerin zu a) Polizeischutz gewährt worden ist.

8. Die Rüge des Antragstellers zu d), die Bürgerschaftswahl vom 14. Mai 1995 sei durch Falschbestückung der Wahlumschläge manipuliert worden, ist unbegründet. Nach seinem eigenen Vortrag waren die Briefumschläge nicht mit zwei Stimmzetteln für die Bürgerschaftswahl, sondern für die Beiratswahl bestückt. Die Falschbestückung betrifft demzufolge nur die Beiratswahl, nicht jedoch die Bürgerschaftswahl. Die nach den Feststellungen des Landeswahlleiters durch den Wahlvorstand getroffene Entscheidung, die Stimmzettel für die Bürgerschaftswahl aus den falsch bestückten Umschlägen als gültige Stimme zu zählen, ist nicht zu beanstanden. Bei den Wahlen zur Bürgerschaft und den Wahlen zu den Beiräten handelt es sich um Wahlen unterschiedlicher Ebenen, für die getrennt gewählt wird und deren Ergebnisse getrennt ausgezählt werden. Eine Falschbestückung der Umschläge mit Stimmzetteln zur Beiratswahl ist deshalb für die Bürgerschaftswahl irrelevant.

9. Da nur in bezug auf die Rüge der Anzeigen der CDU-Bürgerschaftsfraktion ein Wahlrechtsverstoß festgestellt worden ist, der sich aber nicht so auf das Ergebnis in den Wahlbereichen Bremen und Bremerhaven ausgewirkt hat, daß die Antragstellerin zu a) bei Unterbleiben dieses Verstoßes mit hinreichender Wahrscheinlichkeit Sitze in der Bürgerschaft erhalten hätte, müssen die Beschwerden in vollem Umfang erfolglos bleiben.

IV.

Die Entscheidung ist einstimmig ergangen.

Entscheidungen
des Landesverfassungsgerichts
Mecklenburg-Vorpommern

Die amtierenden Richter des Landesverfassungsgerichts Mecklenburg-Vorpommern

Dr. Gerhard Hückstädt, Präsident
Helmut Wolf, Vizepräsident
Peter Häfner
Dr. Dietmar Schneider
Gustav-Adolf Stange (bis 2. Oktober 1996)
Brunhild Steding
Joachim von der Wense

Stellvertretende Richter

Dr. Siegfried Wiesner
Klaus-Dieter Essen
Rudolf Mellinghoff
Dr. Christa Unger
Gudrun Köhn
Karin Schiffer
Rolf Christiansen

Nr. 1

1. Löst nicht schon ein Gesetz, sondern erst ein auf seiner Grundlage ergehender Beschluß des Landtages Rechtsfolgen für seine Mitglieder aus, so ist der Beschluß die im Organstreitverfahren angreifbare Maßnahme.

2. Ein Abgeordneter kann einen Antrag im Organstreit auch dann stellen, wenn nicht ein Einzelrecht aus seinem Status, sondern sein freies Mandat als solches betroffen ist.

3. Eine Verletzung von Grundrechten kann im Organstreitverfahren nicht gerügt werden.

4. Auch ohne daß die Landesverfassung insoweit einen ausdrücklichen Regelungsvorbehalt enthält, kann der Landtag den Status seiner Mitglieder durch Gesetz und Geschäftsordnung ausformen.

5. Angesichts des freien Mandats sind für die Regelungen über die Parlamentswürdigkeit der Abgeordneten enge Grenzen gesetzt. Die in Rede stehenden Verhaltensweisen müssen zweifellos für die Würdigkeit von Bedeutung sein. Ferner hat das Parlament bei der Regelung im einzelnen, etwa über das Verfahren oder über Sanktionen, das freie Mandat im Blick zu haben; es darf nur im sachlich gebotenen Umfang in die Selbstbestimmung der Abgeordneten eingreifen.

6. Das öffentliche Interesse an der Aufklärung, ob dem Landtag des Landes Mecklenburg-Vorpommern Personen angehören, die nachhaltig und zum Schaden anderer Bürger für den Staatssicherheitsdienst der ehemaligen Deutschen Demokratischen Republik tätig gewesen sind, ist ein Belang von hohem Rang, der gegenwärtig die Überprüfung seiner Abgeordneten ohne deren Zustimmung rechtfertigt.

7. Es ist verfassungsrechtlich nicht zu beanstanden, daß der Landtag für alle Abgeordneten ein Überprüfungs- und Bewertungsverfahren vorgeschrieben hat, bei dem keine Sanktionen vorgesehen sind, sondern lediglich eine zu umfassender Geheimhaltung verpflichtete unabhängige Kommission die Niederlegung des Mandats empfehlen kann; in diesem Verfahren müssen die Abgeordneten ihre Belange effektiv vertreten können.

8. Ein verfassungswidriger Eingriff in das freie Mandat wäre zu besorgen, wenn die Abgeordneten nicht die Möglichkeit hätten, nach der Überprüfung und Bewertung ihres Verhaltens Verdächtigungen abzuwehren. Dem muß im Verfahren Rechnung getragen werden.

Grundgesetz Art. 38 Abs. 1 Satz 2

Stasi-Unterlagen-Gesetz §§ 20, 21

Abgeordnetengesetz Bund § 44 b Abs. 2

Landesverfassung Mecklenburg-Vorpommern Art. 6 Abs. 1, 20 Abs. 1 S. 1, 22 Abs. 1, 23 Abs. 2, 53 Nrn. 1, 6

Landesverfassungsgerichtsgesetz §§ 11 Abs. 1 Nr. 1, 36

Abgeordnetengesetz Mecklenburg-Vorpommern § 48 = § 47 a

Urteil vom 11. Juli 1996 – LVerfG 1/96 –

in dem Organstreitverfahren der 1. ...– 18. gegen Landtag Mecklenburg-Vorpommern.

Entscheidungsformel:

Es wird festgestellt, daß der Beschluß des Landtages Mecklenburg-Vorpommern vom 14. Dezember 1995 über die Überprüfung seiner Mitglieder nach § 48 Absatz 1 des Abgeordnetengesetzes nicht gegen Artikel 22 Absatz 1 der Verfassung des Landes Mecklenburg-Vorpommern verstößt.

Im übrigen wird der Antrag als unzulässig verworfen.

Die Entscheidung ergeht kostenfrei. Auslagen werden nicht erstattet.

Gründe:

A.

Die Antragsteller sind Mitglieder des zweiten Landtages Mecklenburg-Vorpommern. Sie wenden sich dagegen, daß die Abgeordneten auf eine Tätigkeit für das Ministerium für Staatssicherheit und das Amt für nationale Sicherheit (Staatssicherheitsdienst) der ehemaligen Deutschen Demokratischen Republik überprüft werden sollen.

I.

Auf Antrag der Fraktionen der CDU und der SPD (Gesetzentwurf in LT-Drs. 2/158 vom 1. 3. 1995) und auf Empfehlung des Rechtsausschusses

(LT-Drs. 2/494 vom 13. 6. 1996) verabschiedete der Antragsgegner am 20. 6. 1995 (PlenProt. 2/15, S. 692) das Fünfte Gesetz zur Änderung des Gesetzes über die Rechtsverhältnisse der Mitglieder des Landtages von Mecklenburg-Vorpommern (Abgeordnetengesetz) – 5. ÄndG AbgG M-V –. Dieses Gesetz vom 19. 7. 1995 wurde im Gesetz- und Verordnungsblatt vom 28. 7. 1995 (S. 332) verkündet. Es lautet wie folgt:

Artikel 1

Das Gesetz über die Rechtsverhältnisse der Mitglieder des Landtages von Mecklenburg-Vorpommern (Abgeordnetengesetz) vom 20. Dezember 1990 (GVOBl. M-V 1991 S. 3), zuletzt geändert durch das Vierte Gesetz zur Änderung des Abgeordnetengesetzes – 4. ÄndG AbgG M-V – vom 15. Dezember 1994, wird wie folgt geändert:

Nach § 47 wird folgender § 47 a eingefügt:

„**§ 47 a**
Überprüfung der Abgeordneten

(1) Der Landtag kann die Überprüfung seiner Mitglieder durch den Bundesbeauftragten für die Unterlagen des Staatssicherheitsdienstes der ehemaligen Deutschen Demokratischen Republik gemäß § 20 Abs. 1 Nr. 6 lit.b und § 21 Abs. 1 Nr. 6 lit.b des Gesetzes über die Unterlagen des Staatssicherheitsdienstes der ehemaligen Deutschen Demokratischen Republik vom 20. Dezember 1991 (BGBl. I S. 2272) beschließen.

(2) Innerhalb von zwei Wochen nach dem Beschluß haben die Abgeordneten dem Präsidenten des Landtages ihre Wohnanschriften der letzten zehn Jahre vor dem 3. Oktober 1990 schriftlich mitzuteilen. Die Abgeordneten können ihre Personenkennzahl nach dem Recht der Deutschen Demokratischen Republik hinzufügen. Während der Legislaturperiode nachfolgende Abgeordnete haben die Mitteilungen zwei Wochen nach Annahme des Mandats zu machen. Der Präsident des Landtages übersendet dem Bundesbeauftragten für die Unterlagen des Staatssicherheitsdienstes der ehemaligen Deutschen Demokratischen Republik die Mitteilungen und bittet um die Überprüfung.

(3) Der Landtag wählt mit der Mehrheit seiner Mitglieder eine Bewertungskommission. Diese besteht aus drei Mitgliedern. Sie müssen zum Landtag von Mecklenburg-Vorpommern wählbar sein und dürfen weder dem Landtag noch der Landesregierung angehören. Die Mitglieder der Bewertungskommission sind zur Geheimhaltung aller Informationen, die sie bei ihrer Tätigkeit erlangen, verpflichtet.

(4) Die Ergebnisse der Überprüfung stellt der Bundesbeauftragte für die Unterlagen des Staatssicherheitsdienstes der ehemaligen Deutschen Demokratischen Republik dem Präsidenten des Landtages zu. Dieser übergibt sie unverzüglich und ohne sich selbst oder einem anderen Kenntnis von ihrem Inhalt zu verschaffen, der Bewertungskommission. Die Bewertungskommission bewertet die als Er-

gebnis der Überprüfung übergebenen Unterlagen und gewährt dem Abgeordneten Gehör. Sie kann einem Abgeordneten die Niederlegung des Mandats empfehlen, wenn er für das frühere Ministerium für Staatssicherheit/Amt für nationale Sicherheit der Deutschen Demokratischen Republik tätig war und deshalb die fortdauernde Innehabung des Mandats unzumutbar erscheint.

(5) Das nähere Verfahren regelt der Landtag in einer Richtlinie." (Anlage)

Artikel 2

Dieses Gesetz tritt am Tage nach seiner Verkündung in Kraft.

Durch Art. 1 Nr. 19 des Sechsten Gesetzes zur Änderung des Gesetzes über die Rechtsverhältnisse der Mitglieder des Landtages von Mecklenburg-Vorpommern (Abgeordnetengesetz) – 6. ÄndG AbgG M-V – vom 11. 12. 1995 (GVOBl. M-V S. 608) wurde § 47 a AbgG wie folgt geändert:

Der bisherige § 47 a wird § 48 und wie folgt geändert:

In Absatz 2 Satz 1 werden die Worte „haben die Abgeordneten" durch die Worte „ hat ein Abgeordneter" sowie das Wort „ihrer" durch das Wort „seiner" ersetzt.

In Satz 2 werden die Worte „die Abgeordneten können ihre" durch die Worte „ein Abgeordneter kann seine" ersetzt.

Zusätzlich zum Fünften Änderungsgesetz beschloß der Landtag am 20. 6. 1995 (PlenProt. 2/15, S. 703) auf die Empfehlung des Rechtsausschusses in der genannten Drucksache als Anlage zum Gesetz eine Richtlinie für das Verfahren der Überprüfung der Abgeordneten gemäß § 47 a Abgeordnetengesetz (GVOBl. M-V S. 333). Sie lautet:

1. Der vom Landtag gemäß § 47 a Abs. 3 Abgeordnetengesetz zu wählenden Kommission sollen ein Arbeitsrichter oder ein Verwaltungsrichter sowie der jeweilige Landesbeauftragte Mecklenburg-Vorpommern für die Unterlagen des Staatssicherheitsdienstes der ehemaligen DDR angehören.

2. Die Mitglieder der Kommission bestimmen einen Vorsitzenden. Dieser bestimmt den Termin der Sitzungen und veranlaßt die Ladung hierzu. Die Ladungsfrist beträgt 14 Tage. Bei ordnungsgemäßer Ladung ist die Kommission bei Anwesenheit der Mehrheit ihrer Mitglieder beschlußfähig.

3. Kosten des Verfahrens trägt der Landtag. Die Vorschriften des § 10 Abs. 1 Satz 1 und Absatz 3 sowie § 11 Abs. 1 des Gesetzes über die Rechtsverhältnisse der Mitglieder des Landtages von Mecklenburg-Vorpommern in der Fassung vom 20. Dezember 1994 gelten entsprechend.

4. Die Kommission tagt nicht öffentlich. Sie führt mit jedem Abgeordneten ein persönliches Gespräch. In diesem wird dem Abgeordneten das Überprüfungsergebnis mitgeteilt. Diese Gespräche finden in den Räumen des Landtages statt.

5. Die Gespräche werden zur Wahrung von Persönlichkeitsrechten der Abgeordneten in alphabetischer Reihenfolge der Abgeordneten unabhängig von der Fraktionszugehörigkeit oder der Stellung im Parlament durchgeführt.
6. Die Einladung zu dem Gespräch erfolgt durch den Vorsitzenden der Kommission.
7. Die Kommission beschließt, ob dem einzelnen Abgeordneten empfohlen werden soll, sein Landtagsmandat niederzulegen. Vor diesem Beschluß kann die Kommission den Bundesbeauftragten für die Unterlagen des Staatssicherheitsdienstes der ehemaligen Deutschen Demokratischen Republik um weitere Aufklärung bitten. Die Kommission faßt ihre Beschlüsse mit der Mehrheit ihrer Mitglieder.
8. Sollte ein Abgeordneter vor dem Gespräch mit der Kommission sein Mandat zurückgeben, ist auf das Gespräch zu verzichten.
9. Zu dem Ergebnis der Überprüfung wird den betroffenen Abgeordneten die Möglichkeit einer Gegendarstellung bei dem Bundesbeauftragten für die Unterlagen des Staatssicherheitsdienstes der ehemaligen Deutschen Demokratischen Republik gegeben.
10. Soweit die Überprüfungsergebnisse einen Abgeordneten belasten, soll er innerhalb eines Monats die Vorwürfe gegenüber der Kommission ausräumen. Der Abgeordnete kann hierauf verzichten.
11. Macht der Abgeordnete von dem Recht der Gegendarstellung Gebrauch, wird der Bundesbeauftragte für die Unterlagen des Staatssicherheitsdienstes der ehemaligen Deutschen Demokratischen Republik um eine weitere Überprüfung ersucht. Über das Ergebnis der weiteren Überprüfung sowie eine eventuelle neue Darstellung, die aufgrund der Gegendarstellung durch den Bundesbeauftragten für die Unterlagen des Staatssicherheitsdienstes erstellt worden ist, faßt die Kommission einen neuen Beschluß. Dieser Beschluß wird dem Abgeordneten in einem erneuten Gespräch mitgeteilt.
12. Ist die Überprüfung aller Mitglieder des Landtages durch die Kommission endgültig abgeschlossen, teilt sie dem Landtag das Ergebnis ihrer Arbeit mit. Hierbei ist ein Gesamtbericht ohne Nennung der Namen der überprüften Abgeordneten zu geben. Im Abstand von zwölf Monaten gibt die Kommission Zwischenberichte.

Auf Antrag der Fraktionen der CDU und der SPD (LT-Drs. 2/1050 vom 29. 11. 1995) beschloß der Landtag am 14. 12. 1995 (PlenProt. 2/29, S. 1552) die Durchführung der Überprüfung seiner Mitglieder nach § 48 Abs. 1 Abgeordnetengesetz.

Am gleichen Tage wählte der Landtag die von den Fraktionen der CDU und der SPD (LT-Drs. 2/1101 vom 14. 12. 1995) vorgeschlagenen drei Mitglieder der Bewertungskommission nach § 48 Abs. 3 Abgeordnetengesetz (PlenProt. 2/29, S. 1552 f.).

II.

Am 19. 1. 1996 haben die Antragsteller ein Verfahren beim Landesverfassungsgericht eingeleitet und ihren Antrag zunächst bezeichnet als gerichtet

„auf Feststellung der teilweisen Verfassungswidrigkeit des § 48 des Abgeordnetengesetzes des Landes Mecklenburg-Vorpommern in der Fassung des 6. Änderungsgesetzes vom 11. Dezember 1995 (GVOBl. 1995 S. 608). Die Norm verletzt in der geltenden Fassung das Grundrecht der Antragsteller auf informationelle Selbstbestimmung."

Einen Antragsgegner haben die Antragsteller in dem das Verfahren einleitenden Schriftsatz nicht genannt. Ausdrücklich gerügt haben sie dort lediglich, das bundesrechtlich und durch Art. 6 Abs. 1 der Landesverfassung – LV – grundrechtlich geschützte informationelle Selbstbestimmungsrecht sei verletzt.

Auf Anfrage des Gerichts, welche Art von Verfahren eingeleitet sein solle, haben die Antragsteller am 24. 1. 1996 mitgeteilt, ihr Antrag beziehe sich auf ein Verfahren gemäß Art. 53 Nr. 1 LV; sollte das Gericht das Vorliegen einer Organstreitigkeit verneinen, bäten sie den Antrag als nach Art. 53 Nr. 6 LV gestellt anzusehen.

Nunmehr begehren die Antragsteller eine Entscheidung im Organstreitverfahren mit dem in der mündlichen Verhandlung gestellten Antrag,

festzustellen:

der Landtag von Mecklenburg-Vorpommern hat durch die Verabschiedung von § 48 des Abgeordnetengesetzes von Mecklenburg-Vorpommern sowie durch den hierzu ergangenen Durchführungsbeschluß des Landtages Mecklenburg-Vorpommern vom 14. 12. 1995 die Antragsteller in ihrem aus Art. 22 Abs. 1 der Landesverfassung von Mecklenburg-Vorpommern folgenden Recht auf freie politische Selbstdarstellung dadurch verletzt, daß sie verpflichtet werden, gegen ihren Willen an einem „Überprüfungsverfahren" hinsichtlich eines möglichen früheren Zusammenwirkens mit dem MfS der DDR mitzuwirken.

Die Antragsteller haben schriftsätzlich und in der mündlichen Verhandlung vorgetragen:

Bereits die Vorschrift des § 48 AbgG – nicht erst der Beschluß des Antragsgegners vom 14. 12. 1995 – stelle eine Maßnahme dar, die Gegenstand eines Organstreits sein könne. Denn schon das Gesetz verletze die Rechtsstellung der Abgeordneten, indem die Landtagsmehrheit sich anmaße, ein Überprüfungsverfahren festzulegen, und so der Minderheit ihren Willen aufzwinge. Der Beschluß wende lediglich das Gesetz an und enthalte keine neue, über dieses hinausgehende Beschwer. Gewissermaßen konkretisiere er die durch das Gesetz gegebene Rechtsverletzung, indem er dieses durchführe.

Verletzt werde das Prinzip, daß die politische Identität der bei der Mandatsausübung nur ihrem Gewissen unterworfenen Abgeordneten vor jedweder Fremdbestimmung geschützt sei. Das durch Art. 22 Abs. 1 LV gewährleistete freie Mandat der Abgeordneten schließe ein, daß jeder von ihnen das Recht auf politische Selbstdarstellung habe. Ausschließlich dieses Recht werde durch die vom Antragsgegner beschlossene Regelüberprüfung tangiert. Sie, die Antragsteller, als Mitglieder der Fraktion der PDS, würden mehr beeinträchtigt als andere Abgeordnete, da sie anders als jene nicht der Auffassung seien, eine Zusammenarbeit mit dem Ministerium für Staatssicherheit stehe der Wahrnehmung von öffentlichen Ämtern und Funktionen entgegen. Ihnen würden also die Legitimitätsvorstellungen einer Mehrheit aufgezwungen, noch dazu so, daß sie zur Mitwirkung an der Überprüfung verpflichtet seien. Dem legitimen Anspruch der Mehrheitsfraktionen auf widerspruchsfreie Selbstdarstellung würde aber eine freiwillige Überprüfung genügen.

Abgeordnete seien Inhaber nicht eines fremdbestimmten Amtes, sondern eines selbstbestimmten Mandats. In den Beschlüssen des Parlaments äußere sich Staatswille; der Weg dahin sei aber nicht verstaatlicht. Die Aufstellung neuer „Eignungskriterien" für Abgeordnete bedürfe einer verfassungsrechtlichen Regelung. Unbeschadet dessen könnten den Status der Abgeordneten betreffende sonstige Regelungen auch durch Gesetz oder Geschäftsordnung getroffen werden.

Die Regelüberprüfung sei nicht aus einer Umbruchsituation nach der Wiedervereinigung Deutschlands zu rechtfertigen. Der Systemwechsel sei gegenwärtig längst vollzogen. Es gebe keine Veranlassung, zum Schutz vor Unterminierung einen bestimmten Personenkreis wie auch immer auszugrenzen. Sei nach dem 8. Mai 1945 das bestehende Verfassungssystem gefährdet gewesen, so liege es nach der Wiedervereinigung anders. Das System bedürfe zu seiner Sicherheit keiner Reinigung der Parlamente. Ein ausschließlich moralisch begründbares Werturteil reiche als Grundlage eines Eingriffs in das politische Selbstbestimmungsrecht von Abgeordneten nicht aus.

Wenn auch nicht selbständig im Organstreit, so doch in Zusammenhang mit dem durch das freie Mandat garantierten Recht auf politische Selbstdarstellung könne auch eine Verletzung des Grundrechts auf informationelle Selbstbestimmung geltend gemacht werden. Dies berücksichtigend, ergebe sich folgendes:

Eingriffe in das Recht des Einzelnen, über die Preisgabe und Verwendung seiner persönlichen Daten selber zu bestimmen, seien nur im überwiegenden Allgemeininteresse und auf verfassungsmäßiger gesetzlicher Grundlage zulässig. Der Grundsatz der Verhältnismäßigkeit sei zu wahren, und es müßten organisatorische und verfahrensmäßige Vorkehrungen getroffen werden, die der Gefahr einer Verletzung des Persönlichkeitsrechts hinreichend entgegenwirkten. Wie sich aus der Rechtsprechung des Bundesverfassungsgerichts zur Versammlungsfreiheit ergebe, seien im Kontext politischer Auseinandersetzungen Grundrechtseingriffe zur präventiven Gefahrenabwehr nur zulässig, wenn die Annahme der Gefahrenlage hinreichend durch Tatsachen gestützt werde. Das gleiche müsse für normative Eingriffsermächtigungen gelten, die eine Prüfung der Gefahrenlage im Einzelfall vor dem Grundrechtseingriffe nicht vorsähen.

Ausnahmen von der Regel, daß Abgeordneten nicht mehr als die für alle Staatsbürger geltenden Pflichten auferlegt werden dürften, seien nur zulässig, wenn die in die Freiheit eingreifenden Maßnahmen zur Sicherung einer unabhängigen Mandatsausübung geeignet und erforderlich seien. Daran fehle es hier.

Nach seinem Wortlaut solle der Regelungszweck des § 48 AbgG sich darin erschöpfen, daß die Bewertungskommission einem Abgeordneten die Niederlegung des Mandats empfehlen könne. Die Abgeordneten sollten mit der Bewertungskommission vertrauliche Gespräche führen, um sich mit der Frage auseinanderzusetzen, ob bestimmte zurückliegende Verhaltensweisen mit der Abgeordnetentätigkeit vereinbar seien. Bei Wahrung der Geheimhaltung wäre der Eingriff recht gering. Es sei aber nicht ersichtlich, daß die Förderung von Selbsterkenntnis der Abgeordneten für eine unabhängige Mandatsausübung geeignet und erforderlich sei.

Nach aller Erfahrung sei zu erwarten, daß vom Bundesbeauftragten gelieferte Informationen an die Öffentlichkeit gelangten. Vertraulichkeit sei verfahrensmäßig nicht gesichert. Die Diskussion von Informationen und von ihrer Bewertung vermöge eine Regelüberprüfung nicht zu rechtfertigen. Sie sei nicht geeignet und erforderlich, einer Erpreßbarkeit von Abgeordneten entgegenzuwirken. Sechs Jahre nach dem Untergang des Ministeriums für Staatssicherheit bestünden nämlich keine Strukturen des Geheimdienstes fort, von denen Erpressungen ausgehen könnten. Nur dann, wenn konkrete Anhaltspunkte für eine Zusammenarbeit mit dem Ministerium für Staatssicherheit vorlägen, sei die verfassungsrechtlich gebotene Abwägung zwischen dem öffentlichen Interesse an der Vermeidung von Erpreßbarkeit mit dem Anspruch des Einzelnen auf Schutz seiner Persönlichkeitsrechte möglich.

Der Eingriff sei nicht damit zu rechtfertigen, daß der Landtag in seinen Reihen keine Mitarbeiter des Ministeriums für Staatssicherheit dulden wolle. Zum einen dürfe der Abgeordnetenstatus rechtlich nicht von der Duldung durch andere abhängen. Überdies ginge eine solche Zielrichtung des Eingriffs über die gesetzliche Rechtsfolge, daß nämlich nur eine unverbindliche Empfehlung der Bewertungskommission gegeben werde, hinaus. Das gleiche gelte, soweit in den Beratungen des Landtages der Zweck des Gesetzes als Akt der Selbstreinigung oder der politischen Hygiene umschrieben worden sei.

Die Behauptung, die überwältigende Mehrheit der Bevölkerung wünsche keine belasteten Abgeordneten im Landtag, gebe keine Grundlage für den Eingriff. Ebensowenig genüge dafür ein angebliches Recht des Bürgers zu erfahren, wen er gewählt habe. Wer eindeutig unbelastete Kandidaten oder Abgeordnete unterstützen wolle, könne seine Unterstützung denen versagen, die sich nicht freiwillig überprüfen ließen. Zur Information des Bürgers genüge es, die Namen dieser Abgeordneten bekanntzugeben. Auch wären die Fraktionen nicht gehindert, diese auszuschließen.

Mit Beamten, bei denen eine Regelüberprüfung stattfinde, seien Abgeordnete nicht vergleichbar. Die Regelüberprüfung von Beamten finde eine gewisse Grundlage in Art. 33 Abs. 2 und 3 GG. Abgeordnete aber hätten kein Amt, sondern ein Mandat. Sie stünden nicht in einem justiziablen Dienst- und Treueverhältnis. Über ihre „Eignung" entscheide allein der Wähler. Ihr freies, unabhängiges Mandat kenne nur eine politische Verantwortung gegenüber den Wählern und ihrer Partei.

III.

Der Antragsgegner beantragt,
    den Antrag zurückzuweisen.

Er hält den Antrag der Antragsteller, soweit er sich auf die gesetzliche Regelung des § 48 AbgG bezieht, für unzulässig:

In einem Organstreit könne nicht eine Norm als solche, sondern nur die Maßnahme, die in ihrem Erlaß liege, beanstandet werden. Dies wiederum komme nur in Betracht, wenn die Norm unmittelbar, also vollzugslos, auf das verfassungsrechtliche Statusverhältnis durchgreife. Hier habe erst der Beschluß des Landtages gemäß § 48 Abs. 1 AbgG unmittelbare Wirkung.

Soweit der Antrag der Antragsteller darauf gerichtet ist, die Unvereinbarkeit des Beschlusses vom 14. 12. 1995 mit der Landesverfassung festzustellen, erachtet der Antragsgegner ihn für zulässig, aber unbegründet:

Ein Abgeordneter könne im Organstreit geltend machen, in seinem freien Mandat verletzt zu sein. Einzig in dessen Rahmen entfalte sich sein Freiheitsstatus als Abgeordneter. Bei den mit dem freien Mandat verbundenen „Rechten" handle es sich, genau gesehen, um Kompetenzen. Die Abgeordneten seien mit ihrem Mandat Teilhaber an der Staatsgewalt; nicht aber nähmen sie bei der Mandatsausübung Grundrechte wahr. Demgemäß prüfe in Organstreitigkeiten das Bundesverfassungsgericht – jedenfalls in aller Regel – nicht am Maßstab der Grundrechte. Dies müßten die Antragsteller sich entgegenhalten lassen, soweit sie sich darauf beriefen, daß ihr Recht auf informationelle Selbstbestimmung verletzt sei.

Das Abgeordnetenmandat sei amtsrechtlich strukturiert. Seine Bindungen dürften festgelegt werden. Dafür sei ein Gesetzesvorbehalt in der Landesverfassung nicht erforderlich. Eine dem Art. 38 Abs. 3 GG – danach regelt das Nähere über den Abgeordnetenstatus das Gesetz – entsprechende Bestimmung fehle in allen Landesverfassungen außer der des Freistaats Sachsen. Eine explizite Ermächtigung zur Ausgestaltung des Mandats durch das Parlament sei jedoch nicht notwendig. Denn es gehe nicht um Eingriffe in Grundrechte, sondern um Gestaltung von parlamentarischem Binnenrecht als Teil des Staatsorganisationsrechts. Dies könne sowohl durch Gesetz als auch durch Geschäftsordnung geschehen. Die Kombination von Gesetz und Geschäftsordnungsrecht sei unbedenklich. Das parlamentarische Binnenrecht sei der geborene Raum für Geschäftsordnungsrecht. Wenn die Gesetzgeber statt dessen zunehmend zum Mittel des Gesetzes griffen, liege dies in ihrer Gestaltungsfreiheit. Sie dürften dann auch eine Arbeitsteilung zwischen Gesetz und Geschäftsordnungsrecht vorsehen. Die vom Antragsgegner beschlossene Richtlinie sei Geschäftsordnungsrecht, das an der normativen Wirkung des Gesetzes – des § 48 AbgG – teilhabe.

Überdies sei in Mecklenburg-Vorpommern die Überprüfung der Abgeordneten nicht als Eingriff in das freie Mandat zu bewerten. Ein belasteter Abgeordneter sei lediglich dem „sanften Druck" der Bewertungskommission ausgesetzt. Es hätten auch schärfere Sanktionen bis hin zum Mandatsverlust vorgesehen werden dürfen. Die mandatsrelevante Entscheidung sei jedoch ganz dem Angeordneten selbst überlassen worden. Die getroffene Regelung sei mehr Appell als Befehl, eher moralische Forderung als rechtlich titulierbare Pflicht.

Der Antragsgegner dürfe sich ansehenswahrend mit dem Verhalten seiner Mitglieder beschäftigen. Das Verhalten der Abgeordneten, auch das außerparlamentarische, sei keine Tabuzone für das Parlament. Die Kollegialenquête gegen einen einzelnen Abgeordneten, insbesondere durch einen Untersuchungsausschuß, sei zweifellos zulässig. Die Ansehenswahrung durch Untersuchung könne auch anderen Gremien, z. B. dem Ältestenrat oder dem Präsidium, anvertraut werden. Der Neutralisierungsgrad könne dadurch gesteigert werden, daß die Entscheidung an eine Art weisungsfreie Schiedsinstanz, die fachkundig besetzt werde und dem Vorwurf der Befangenheit im weitesten Sinne nicht ausgesetzt sei, abgegeben werde; solch eine Regelung sei für Mecklenburg-Vorpommern getroffen worden.

Das Abgeordnetengesetz lasse als Grundaussage erkennen, daß jemand, der wissentlich und willentlich für den Staatssicherheitsdienst gearbeitet habe, als Volksvertreter ungeeignet sei. Dieselbe Überzeugung komme in für Mitglieder anderer Parlamente getroffenen Regelungen zum Ausdruck. Die Landtage von Brandenburg, Sachsen, Sachsen-Anhalt, Thüringen, Niedersachsen, das Abgeordnetenhaus von Berlin sowie der Bundestag hätten – in unterschiedlicher Art – Vorschriften betreffend für den Staatssicherheitsdienst tätig gewesene Abgeordnete – teilweise auch Wahlbewerber – erlassen. Der Bundestag und die Parlamente der neuen Länder stimmten darin überein, daß derzeit bewußte Mitarbeit beim Staatssicherheitsdienst und Parlamentsmandat unvereinbar seien. Gerade in staatsrechtlichen Umbruchsituationen seien historisch vielfach Verhaltensweisen aus der Zeit vor der Zugehörigkeit zum Parlament als ausschlußbegründend gewertet worden, so in den USA nach dem Bürgerkrieg und in den westdeutschen Ländern nach dem Zweiten Weltkrieg. Auch sei eine Parallelwertung zum Mandatsverlust nach dem Verbot einer verfassungswidrigen Partei durch das Bundesverfassungsgericht angezeigt.

Es sei unter dem Blickwinkel des Abgeordnetenstatus nicht allgemein untersagt, dessen Ausübung oder Bestand auch in Verfolgung von Zwecken zu regeln, die außerhalb der Unabhängigkeit der Abgeordneten lägen. Das Verfahren auf der Grundlage des § 48 AbgG diene der Selbstreinigung. Es finde seine Rechtfertigung im demokratischen Prinzip. Es könne nicht sein, daß ein Zuarbeiter des Staatssicherheitsdienstes einerseits nicht im öffentlichen Dienst tätig sein könne, andererseits aber in der Lage sein solle, diesen zu kontrollieren.

Die Befugnis zur parlamentarischen Reaktion auf eine Verstrickung in Mitarbeit für den Staatssicherheitsdienst folge auch aus den einschlägigen Wertungen des Einigungsvertrages über den Zugang zum öffentlichen Dienst, zur Rechtsanwaltschaft und zum Notariat. Diese Wertungen seien auf die zum Staatsleitungspersonal gehörenden Abgeordneten übertragbar.

Das Verfahren der Überprüfung von Landtagsabgeordneten in Mecklenburg-Vorpommern bleibe unterhalb der Schwelle eines Eingriffs. Das ergebe sich zum einen daraus, daß an Verantwortung und Gewissen der Abgeordneten appelliert werde, nicht aber Sanktionen gegen sie verhängt würden. Zum anderen seien keine einzelnen Rechte, die im freien Mandat enthalten seien, betroffen. Es sei bedenklich, bei Fehlen eines Eingriffs in Einzelrechte auf eine Sammelkonstruktion des freien Mandats zurückzugreifen und so dieses als betroffen anzusehen.

Die Ausgestaltung des Überprüfungsverhaltens sei nicht zu beanstanden. Daß jeder Abgeordnete untersucht werde, trage dem Umstand Rechnung, daß fast alle Abgeordneten während ihres Lebens in der DDR in Machenschaften des Staatssicherheitsdienstes hätten verwickelt werden können. Die Untersuchung aller minimiere im übrigen den Eingriff; vorverurteilende Diskriminierung werde vermieden. Die Betrauung der Bewertungskommission bewirke maximale Entpolitisierung und Neutralisierung. Das Verfahren mit seinem iterativen Prozeß zwischen Bundesbeauftragtem, Bewertungskommission und Abgeordnetem entspreche rechtsstaatlichen Grundsätzen. Rechtliches Gehör werde effektiv gewährt. Im Dreieck der Beteiligten sei die Wahrheit annähernd zu ermitteln. Erst danach könne die Bewertungskommission eventuell die Niederlegung des Mandats empfehlen.

Das Gesetz und die Richtlinie böten eine Handhabe für die Durchführung des Überprüfungsverfahrens in der Weise, daß zum einen nicht aus äußeren Umständen auf eine Belastung geschlossen werden könne und zum anderen Abgeordnete sich effektiv verteidigen könnten, wenn sie im Parlament oder in der Öffentlichkeit einer Mitarbeit beim ehemaligen Staatssicherheitsdienst verdächtigt würden.

IV.

Die Landesregierung hat sich geäußert. Sie hält die Überprüfung der Abgeordneten für mit der Landesverfassung vereinbar:

Der Grundsatz des freien Mandats nach Art. 22 Abs. 1 LV gelte nicht unbeschränkt. So könne bei Verstoß eines Abgeordneten gegen die nach § 47 AbgG erlassenen Verhaltensregeln auf ihn ein erheblicher Druck bis hin zum Mandatsverzicht ausgeübt werden. Ebenso sähen das geltende Wahlrecht und das Strafrecht unter bestimmten Voraussetzungen den Verlust des Mandats vor.

Durch eine generelle Überprüfung auf Mitarbeit beim Staatssicherheitsdienst werde der Abgeordnete nicht unzulässig in der Wahrnehmung seiner Rechte und Aufgaben beeinträchtigt. Da die Überprüfung keinen Verdacht voraussetze, sondern nur an die Eigenschaft als Mitglied des Landtages anknüpfe, gerate der Abgeordnete durch sie allein nicht unter Rechtfertigungsdruck.

Auch sei fraglich, ob nach Abschluß des Überprüfungsverfahrens ein Erklärungs- und Rechtfertigungsdruck erzeugt werden könne. Denn es sei nicht vorgesehen, daß die Überprüfungsergebnisse an die Öffentlichkeit gelangten.

Aber selbst wenn dies geschähe, würden Abgeordnete in ihrer Mandatsfreiheit nur politisch und nicht rechtlich betroffen. Der Antragsgegner könne wegen Mitarbeit bei der Staatssicherheit keine Sanktionen verhängen. Gerade wegen seiner Rechte aus Art. 22 LV könne dem Abgeordneten das Mandat nicht entzogen werden. Rechtlich liege die Entscheidung über Konsequenzen für das Mandat ausschließlich in seiner Hand.

Das in Art. 23 Abs. 2 LV enthaltene Verbot, Abgeordnete bei der Übernahme oder Ausübung ihres Amtes zu behindern, werde ebenfalls nicht verletzt. Nach der Rechtsprechung des Bundesverfassungsgerichts liege eine Behinderung nur vor, wenn die Übernahme oder Ausübung des Mandats erschwert oder unmöglich gemacht werden sollten. Befürchte der einzelne Abgeordnete ein Bekanntwerden des Überprüfungsergebnisses oder bereite ihm das Überprüfungsverfahren als solches Sorge und sehe er sich dadurch veranlaßt, sein Mandat niederzulegen, so komme dem verfassungsrechtliche Relevanz nicht zu. Moralischer Druck auf Abgeordnete dürfe ausgeübt werden Auch mit dem informationellen Selbstbestimmungsrecht aus Art. 6 Abs. 1 LV i. V. m. Art. 2 Abs. 1, 1 Abs. 1 GG sei die generelle Überprüfung der Abgeordneten vereinbar. Denn sie liege im überwiegenden Allgemeininteresse, habe eine verfassungsmäßige gesetzliche Grundlage und wahre den Grundsatz der Verhältnismäßigkeit. Die Allgemeinheit habe ein besonderes Interesse daran, daß der Volksvertretung keine Mitarbeiter der Staatssicherheit angehörten. Mitarbeit beim Staatssicherheitsdienst sei grundsätzlich nicht mit einer Mitgliedschaft im Landtag vereinbar. Das Überprüfungsverfahren sei Teil der rechtsstaatlichen Aufarbeitung der Vergangenheit mit dem Ziel der Selbstreinigung.

Eine freiwillige Überprüfung oder eine Überprüfung nur aus konkretem Anlaß würden hingegen die parlamentarische Arbeit auf unabsehbare Zeit belasten. In einem neuen Bundesland stehe die generelle Überprüfung aller Abgeordneten nicht außer Verhältnis zum angestrebten Zweck. Das Ziel, alsbald Klarheit zu erhalten, sei legitim und überragend im Hinblick auf die Abwehr von Beeinträchtigungen der Funktionsfähigkeit und der Glaubwürdigkeit des Landtages. Die Sensibilität hierfür sei anders als in einem westlichen Bundesland. Zu berücksichtigen sei in diesem Zusammenhang auch, daß alle im öffentlichen Dienst Beschäftigten des Landes sich einem Überprüfungsverfahren auf eventuelle Kontakte zum Ministerium für Staatssicherheit zu unterziehen hätten. Es sei nicht zu rechtfertigen, daß die Landtagsabgeordneten sich von einer Überprüfung ausnähmen und sich so besser stellten als andere Gruppen im Lande.

V.

In der mündlichen Verhandlung hat ein Vertreter des Bundesbeauftragten für die Unterlagen des Staatssicherheitsdienstes der ehemaligen Deutschen Demokratischen Republik – im folgenden: Bundesbeauftragter – auf Fragen des Landesverfassungsgerichts herausgestellt: Die ehemaligen Wohnanschriften der Personen, über die beim Bundesbeauftragten Auskunft erbeten werde, seien wichtige Identifizierungsmerkmale. Ihre Angabe sei für erschöpfende und zügige Bearbeitung unverzichtbar. Anfragen über Abgeordnete würden mit Priorität behandelt und könnten in der Regel binnen drei bis neun Monaten beantwortet werden. In den Jahren 1994/95 sei ein weit fortgeschrittener Stand der Erschließung des Materials erreicht worden, so daß auf Anfragen jetzt vielfach mehr Erkenntnisse als früher mitgeteilt werden könnten. Abgeordneten dürfe, gleichermaßen wie sonstigen überprüften Personen, das vom Bundesbeauftragten übermittelte schriftliche Rechercheergebnis mit der Fotokopie einer eventuellen Verpflichtungserklärung ausgehändigt werden; die bei Zusammenarbeit mit dem Staatssicherheitsdienst erstellten Berichte dürften ihnen vorgelegt werden. Eine Ergänzung von erteilten Auskünften über die Abgeordneten des ersten Landtages Mecklenburg-Vorpommern von Amts wegen, ohne erneute Anfrage, sei nach Beendigung der ersten Wahlperiode nicht mehr möglich.

B.

Der Antrag ist nur teilweise zulässig.

I.

Der Rechtsweg zum Landesverfassungsgericht ist gemäß Art. 53 Nr. 1 LV, § 11 Abs. 1 Nr. 1 LVerfGG gegeben. Danach entscheidet das Landesverfassungsgericht über die Auslegung der Verfassung aus Anlaß einer Streitigkeit über den Umfang der Rechte und Pflichten eines obersten Landesorgans oder anderer Beteiligter, die durch die Verfassung oder in der Geschäftsordnung des Landtages mit eigenen Rechten ausgestattet sind.

Die Antragsteller als Abgeordnete des Landtages sind durch Art. 22 bis 24 LV mit eigenen Rechten ausgestattet. Der Antragsgegner ist ein oberstes Landesorgan.

Zwischen den Antragstellern und dem Antragsgegner wird um ein verfassungsrechtliches Rechtsverhältnis gestritten, nämlich um Handeln des Antragsgegners, das aus der Sicht der Antragsteller in ihr freies Mandat eingreift.

II.

Der Antrag ist unzulässig, soweit die Feststellung begehrt wird, der Antragsgegner habe durch die Verabschiedung des § 48 AbgG gegen Art. 22 Abs. 1 LV verstoßen.

1. Nach § 36 Abs. 1 LVerfGG ist ein Antrag im Organstreit nur zulässig, wenn der jeweilige Antragsteller geltend macht, daß er oder das Organ, dem er angehört, durch eine Maßnahme oder Unterlassung des Antragsgegners in seinen ihm durch die Landesverfassung übertragenen Rechten und Pflichten verletzt oder unmittelbar gefährdet ist. Um dem zu genügen, reicht der Vortrag der Antragsteller, die Verabschiedung des Fünften Änderungsgesetzes zum Abgeordnetengesetz sei eine Maßnahme und dadurch würden sie in ihren Rechten aus Art. 22 Abs. 1 LV verletzt oder jedenfalls unmittelbar gefährdet,

nicht aus. Vielmehr ist für die Zulässigkeit eines Organstreitantrags zu verlangen, daß die angegriffene Handlung sich als eine Maßnahme darstellt und daß eine Verletzung oder unmittelbare Gefährdung durch die Maßnahme möglich erscheint. Daran fehlt es hier.

Allerdings kann der Erlaß eines Gesetzes nach ständiger Rechtsprechung des Bundesverfassungsgerichts (BVerfGE 4, 144, 148; 24, 300/329; 80, 188, 209 – Wüppesahl –), der das Landesverfassungsgericht sich für den Bereich des Landesrechts anschließt, eine Maßnahme sein. Hier wie auch sonst ist aber als Maßnahme nur eine Handlung anzusehen, die eine aktuelle rechtliche Betroffenheit auslöst (BVerfGE 80, 188, 209). Eine derartige Wirkung hatte der Erlaß des Gesetzes noch nicht. Mit dem Erlaß konnte noch nicht in den Status des Abgeordneten eingegriffen werden. Anders als die Geschäftsordnungsvorschrift, mit der das Bundesverfassungsgericht sich in der Wüppesahl-Entscheidung zu befassen hatte, war das Fünfte Änderungsgesetz zum Abgeordnetengesetz kein Recht, das bereits ab seinem Inkrafttreten gegenüber den Abgeordneten unmittelbare Wirkungen zeitigte. Die Pflicht der Abgeordneten, sich der Überprüfung zu stellen, war damit noch nicht entstanden. Dafür war vielmehr Voraussetzung, daß der Antragsgegner später einen Beschluß gemäß § 48 Abs. 1 AbgG fassen würde. Dieser Beschluß ist nicht bloße „Anwendung" des Gesetzes, sondern der rechtlich selbständige, konstitutive Akt, der erst geeignet ist, Rechtswirkungen auszulösen. Bis zur Beschlußfassung war hingegen ungewiß, ob die Überprüfung stattfinden würde.

Durch diese Ungewißheit wird zugleich belegt, daß mit dem Erlaß des Gesetzes Rechte der Abgeordneten noch nicht unmittelbar gefährdet waren. Mag durch die Verabschiedung des § 48 AbgG auch vorgezeichnet gewesen sein, daß wahrscheinlich die Überprüfung beschlossen würde, so war dies doch keineswegs sicher. Veränderungen der politischen Machtverhältnisse im Lande oder ein Wandel in den Auffassungen der Mehrheit der Abgeordneten über die Zweckmäßigkeit, die Notwendigkeit oder die rechtliche Zulässigkeit der Überprüfung hätten durchaus dazu führen können, daß eine Beschlußfassung nach § 48 Abs. 1 AbgG unterblieben wäre. Sollten sich Abgeordnete vor Beschlußfassung subjektiv beschwert gesehen haben, weil bereits die Aussicht auf die Möglichkeit der Überprüfung sich negativ auf die Wahrnehmung ihres Mandats auswirke, so reicht das für die Annahme einer bereits rechtlich erheblichen unmittelbaren Gefährdung nicht aus.

2. Der gegen den Erlaß des Gesetzes gerichtete Antrag ist auch aus einem weiteren Grund unzulässig. Die Antragsteller haben nämlich nicht fristgerecht die Formerfordernisse eines Organstreitantrags erfüllt.

Hinsichtlich des Gesetzes endete die in § 36 Abs. 3 LVerfGG bestimmte Frist von sechs Monaten für die Antragstellung ein halbes Jahr nach der Verkündung, also mit dem 28. 1. 1996. Die Frist wurde nicht durch die Verkündung des Sechsten Änderungsgesetzes erneut in Lauf gesetzt; denn die in diesem Gesetz enthaltenen Änderungen des nunmehrigen § 48 AbgG waren nicht inhaltlicher Art.

Gemäß § 36 Abs. 2 LVerfGG ist im Antrag die Bestimmung des Landesverfassung zu bezeichnen, gegen die durch die beanstandete Maßnahme verstoßen worden sein soll. Es ist also eine Bestimmung der Verfassung zu benennen, die im Organstreitverfahren Maßstab für die rechtliche Prüfung sein kann. Die Antragsteller haben bei Einleitung des Verfahrens vor Ablauf der genannten Frist lediglich eine Verletzung des Grundrechts auf informationelle Selbstbestimmung, sinngemäß also des Art. 6 LV, geltend gemacht; nur im Rahmen der Argumentation zu diesem Grundrecht wurde das freie Mandat der Abgeordneten erwähnt. Grundrechte als solche gehören aber nicht zu der durch die Landesverfassung geschützten Rechtsstellung der Abgeordneten, die im Organstreit verteidigt werden kann (s. u. B. III 3.).

Es kommt hinzu, daß der Antrag auf Feststellung der Verfassungswidrigkeit des § 48 AbgG abzielte. Ein Ausspruch über die Verfassungswidrigkeit eines Gesetzes kann aber im Organstreit nicht getroffen werden (vgl. BVerfGE 20, 119, 129). Nicht ein Ausspruch über das Gesetz selbst, sondern nur über die Maßnahme seines Erlasses wäre im Organstreit möglich.

Endlich war in dem das Verfahren einleitenden Schriftsatz kein Antragsgegner benannt. Die Benennung ist aber eine zwingende Voraussetzung für die Begründung eines Prozeßrechtsverhältnisses mit dem Antragsgegner.

Diese Unzulänglichkeiten wurden nicht dadurch ausgeräumt, daß die Antragsteller auf eine Nachfrage des Gerichts am 24. 1. 1996 erklärten, der von ihnen gestellte Antrag beziehe sich auf ein Verfahren gemäß Art. 53 Nr. 1 LV. Vielmehr ist den Formerfordernissen frühestens mit dem Eingang des Schriftsatzes vom 25. 4. 1996, mithin nach Fristablauf, genügt worden.

III.

Der Antrag ist zulässig, soweit die Antragsteller zu 1. bis 5. und 7. bis 18. die Feststellung begehren, der Beschluß des Antragsgegners vom 14. 12. 1995 verstoße gegen Art. 22 Abs. 1 LV.

1. Der Beschluß ist eine Maßnahme im Sinne des § 36 Abs. 1 LVerfGG insofern, als er unmittelbare Wirkung gegenüber den Mitgliedern des Landtages hat. Ab Beschlußfassung sind diese verpflichtet, sich nach Maßgabe der dafür geltenden Vorschriften zur Feststellung, ob sie hauptamtlich oder inoffiziell für den Staatssicherheitsdienst tätig waren, überprüfen zu lassen. Augenfällig wird die auch zeitlich unmittelbare Wirkung dadurch, daß gemäß

§ 48 Abs. 2 Satz 1 AbgG die Abgeordneten binnen zwei Wochen nach Beschlußfassung ihre Wohnanschriften der letzten zehn Jahre vor dem 3. 10. 1990 mitzuteilen hatten.

2. Der Beschluß ist auch rechtserheblich in bezug auf eine im Organstreit zu verteidigende Rechtsposition, nämlich das freie Mandat des Abgeordneten nach Art. 22 Abs. 1 LV.

Im vorliegenden Verfahren ist der Beschluß und damit mittelbar die Vorschrift des § 48 AbgG angegriffen. Daher ist gerade auch zu überprüfen, ob der Erlaß des Gesetzes, auf dessen Grundlage der Beschluß ergangen ist, mit der genannten Vorschrift der Landesverfassung vereinbar ist. Wird im Organstreit der Erlaß eines Gesetzes beanstandet, so kann dies nicht nur wegen der Art seines Zustandekommens geschehen, sondern es kann auch geltend gemacht werden, das Gesetz verstoße seinem Inhalt nach gegen die Verfassung. Eine Prüfung in dieser Richtung findet in vollem Umfang statt. Allerdings könnte der Verfassungswidrigkeit nicht im Wege einer Nichtigerklärung Rechnung getragen werden; das Gericht hätte sich vielmehr auf die Feststellung zu beschränken, daß der Landtag durch den Erlaß des Gesetzes gegen eine bestimmte Vorschrift der Landesverfassung verstoßen hat, und dieser hätte dann den verfassungswidrigen Zustand zu beseitigen (vgl. BVerfGE 24, 300, 351 f.).

Die Rechtserheblichkeit der Maßnahme und damit die Möglichkeit einer Verletzung der Abgeordneten in ihren Rechten kann nicht mit der Erwägung verneint werden, vorliegend gehe es nicht um die Regelung von Einzelrechten aus dem freien Mandat. Zwar bezogen sich von Abgeordneten eingeleitete Organstreitigkeiten zumeist auf Einzelbefugnisse wie das Rederecht oder die Vertretung in Ausschüssen; ist ein Organstreit über solche Fragen unzweifelhaft zulässig, so ist er dies aber erst recht, wenn das freie Mandat als solches betroffen ist.

Der Maßnahme fehlte entgegen der Auffassung des Antragsgegners die Rechtserheblichkeit auch nicht deshalb, weil keine rechtlichen Sanktionen – etwa die Aberkennung des Mandats – vorgesehen sind, sondern lediglich die Niederlegung des Mandats empfohlen werden kann, wenn dessen fortdauernde Innehabung unzumutbar erscheint (§ 48 Abs. 4 Satz 4 AbgG), wobei diese Empfehlung geheimzuhalten ist. Würde eine Argumentation mit diesem Ansatz für maßgeblich erachtet, so würde für die Rechtsverletzung im Organstreit in etwa dasselbe verlangt wie für die Verletzung des allgemeinen Bürgerstatus durch Eingriffe in Freiheitsrechte.

Im Organstreit wird jedoch nicht um Freiheitsrechte gestritten, in die hoheitlich eingegriffen worden ist. Der Organstreit ist eine „Verfassungsstreitigkeit" (Überschrift vor § 35 LVerfGG). Gegenstand ist nach Art. 53 Nr. 1 LV, § 11 Abs. 1 Nr. 1 LVerfGG „die Auslegung der Verfassung aus Anlaß von

Streitigkeiten über den Umfang der Rechte und Pflichten eines obersten Landesorgans oder anderer Beteiligter, die durch die Verfassung oder in der Geschäftsordnung des Landtages mit eigenen Rechten ausgestattet sind". Es geht mithin im Organstreit nicht um die Wahrung von Individualrechten, sondern um die Abgrenzung der Befugnisse von Staatsorganen, somit um deren Kompetenzen. Demgemäß ist mit Verletzung von „Rechten" zuvörderst gemeint, daß gegenüber einem Antragsberechtigten ein anderer seine Kompetenzen zu Lasten von dessen Kompetenzen überschritten hat. Daraus ergibt sich vorliegend:

Das freie Mandat ist das Recht der Abgeordneten auch gegenüber dem Landtag. Die Antragsteller verstehen nach ihrem schriftsätzlichen, in der mündlichen Verhandlung noch vertieften Vortrag das von ihnen angenommene Recht auf politische Selbstdarstellung so, daß es dem jeweiligen Abgeordneten selbst überlassen bleiben muß, ob und welche Folgerungen er gegebenenfalls aus eigener früherer Tätigkeit für den Staatssicherheitsdienst zieht. Daher stellen sie die Kompetenz des Antragsgegners, eine Bewertung und Überprüfung auch ohne oder gegen den Willen der Abgeordneten durchführen zu lassen, in Abrede. Der Antragsgegner hingegen nimmt diese Kompetenz für sich in Anspruch. Hinter diesem Konflik stehen unterschiedliche „Bilder", d. h. unterschiedliche Grundvorstellungen über die Bedeutung und die Wirkungen des freien Mandats. Dabei läge der Eingriff bereits darin, daß der Antragsgegner gegenüber den Antragstellern eine ihm nicht zustehende Kompetenz wahrgenommen hätte. Gerade für Fälle solcher Art ist vorgesehen, daß das Landesverfassungsgericht gleichsam als Schiedsrichter die Rechte und Pflichten von Verfassungsorganen und sonstigen beteiligungsfähigen Personen und Gruppen feststellt.

3. Die Prüfung durch das Landesverfassungsgericht im vorliegenden Organstreit beschränkt sich darauf, ob die Abgeordneten in ihrem Status als Träger des freien Mandats verletzt sind. Die Maßnahme des Antragsgegners ist hingegen nicht an Grundrechten, insbesondere Art. 6 LV, zu messen.

Nach der Rechtsprechung des Bundesverfassungsgerichts zum Problem der Verletzung von Abgeordnetenrechten werden der Organstreit und die Verfassungsbeschwerde voneinander in der Weise abgegrenzt, daß ein Antragsteller, der nicht um Rechte aus einem tatsächlich innegehabten Mandat streitet, auf den Weg der Verfassungsbeschwerde verwiesen wird (BVerfGE 63, 230, 241). Geht es, wie hier, um Rechte aus einem Mandat, so sei der Organstreit gegenüber der Verfassungsbeschwerde als vorrangig anzusehen (BVerfGE 43, 142, 148; 64, 301, 312). Im übrigen hat das Bundesverfassungsgericht die Redefreiheit des Abgeordneten erörtert und ausdrücklich ausgesprochen, sie unterfalle nicht dem Schutzbereich der Grundrechte aus Art. 5 oder Art. 2

GG, sondern dem des Art. 38 Abs. 1 Satz 2 GG (BVerfGE 60, 374, 379 f.). Soweit ersichtlich, hat das Bundesverfassungsgericht in Organstreitigkeiten noch nie unmittelbar eine Verletzung von Grundrechten geprüft. Wenn im Zusammenhang mit dem allgemeinen Gleichheitssatz von der Verletzung eines Grundrechts die Rede gewesen ist, dürfte es sich in Wahrheit nicht um das Grundrecht aus Art. 3 Abs. 1 GG gehandelt haben, sondern um das Gleichbehandlungsgebot als objektiv-rechtliches Erfordernis und Strukturprinzip der Verfassung.

In seiner Entscheidung vom 10. 7. 1991 (BVerfGE 84, 290, 299) hat das Bundesverfassungsgericht dahin erkannt, daß die von der Antragstellerin jenes Verfahrens als verletzt genannten Einzelfreiheitsrechte für einen Organstreit „allenfalls mittelbar erheblich sein" könnten, nämlich unter dem Gesichtspunkt der „Sonderbehandlung". Bereits nach dieser Entscheidung ist für eine eigenständige Einbeziehung von Freiheitsrechten in den Organstreit kein Raum; sie können allenfalls unter dem Aspekt eine Rolle spielen, daß Abgeordnete, wenn der Blick auf die Grundrechtsposition von jedermann genommen wird, sachwidrig ungleich behandelt werden.

In seinem nach der mündlichen Verhandlung des Landesverfassungsgerichts bekanntgegebenen Beschluß vom 21. 5. 1996 – 2 BvE 1/95 – hat das Bundesverfassungsgericht (S. 19) ausgesprochen, ein Abgeordneter könne im Organstreit ausschließlich Rechte aus seiner organschaftlichen Stellung im Sinne des Art. 38 Abs. 1 Satz 2 GG geltend machen, nicht aber die Verletzung von Grundrechten rügen.

Dieser Auffassung schließt sich das Landesverfassungsgericht für den Bereich des Landesrechts an. Denn im Organstreit werden Konflikte um die Kompetenzen und den besonderen Status von Staatsorganen und von Organteilen ausgetragen, nicht aber Auseinandersetzungen um jedermann zustehende Grundrechte.

Nach alledem ist das informationelle Selbstbestimmungsrecht als Grundrecht vorliegend kein Prüfungsmaßstab.

IV.

Der Antrag ist unzulässig, soweit auch die Antragstellerin zu 6. den Beschluß des Antragsgegners vom 14. 12. 1995 angreift. Denn sie ist durch ihn nicht beschwert, da sie zur Zeit der Auflösung des Amtes für nationale Sicherheit noch nicht das 18. Lebensjahr vollendet hatte.

Allerdings hat der Landtag durch den Beschluß den Weg zur Überprüfung „seiner" Mitglieder freigegeben. Dieser Wortlaut könnte auf den ersten Blick die Deutung zulassen, daß ausnahmslos jeder Abgeordnete sich der Überprüfung zu unterziehen habe. Das ist jedoch unzutreffend. Denn der Antragsgegner hat beschlossen, daß nach § 48 Abs. 1 AbgG eine Überprüfung durch den Bundesbeauftragten „gemäß § 20 Abs. 1 Nr. 6 lit.b und § 21 Abs. 1 Nr. 6 lit.b" StUG vorgenommen wird. Die genannten Vorschriften aber gestatten nicht eine Prüfung auf Tätigkeiten für den Staatssicherheitsdienst, die vor Vollendung des 18. Lebensjahres stattgefunden haben. Mithin beziehen sich der Beschluß des Antragsgegners, die Vorschrift des § 48 AbgG und die dazu erlassene Richtlinie von vornherein nicht auf Abgeordnete, die bei Auflösung des Amtes für nationale Sicherheit jünger als 18 Jahre waren. Von den jetzigen Mitgliedern des Landtages trifft dies allein auf die Antragstellerin zu 6. zu.

Die Antragstellerin zu 6. hatte indessen Anlaß, wie die anderen Mitglieder ihrer Fraktion den Antrag im Organstreitverfahren zu stellen. Denn offenbar hatte der Antragsgegner ihr nicht eröffnet, daß sie von dem Beschluß nicht betroffen ist. In der mündlichen Verhandlung des Landesverfassungsgerichts wurde jedoch allseits Einigkeit darüber erzielt, daß die Antragstellerin zu 6. nicht auf eine Tätigkeit für den Staatssicherheitsdienst überprüft werden darf.

Wenn im folgenden von „allen" Abgeordneten die Rede ist, bleibt die dargelegte Einschränkung des Kreises der Überprüften unberührt.

C.

Der Antrag ist, soweit er zulässig ist, unbegründet. Der Beschluß des Antragsgegners vom 14. 12. 1995 verstößt nicht gegen Art. 22 Abs. 1 LV.

I.

1. Der Beschluß besagt, daß die Mitglieder des Landtages nach Maßgabe des § 48 AbgG und der dazu vom Landtag erlassenen Richtlinie zu überprüfen sind. Damit sind mittelbar diese Vorschriften dem Landesverfassungsgericht zur verfassungsrechtlichen Würdigung unterbreitet.

2. Durch das Gesetz in Verbindung mit der Richtlinie ist die notwendige Rechtsgrundlage dafür geschaffen worden, daß auf Veranlassung des Landtages eine Überprüfung der Abgeordneten durch den Bundesbeauftragten durchgeführt werden kann.

Das Gesetz über die Unterlagen des Staatssicherheitsdienstes der ehemaligen Deutschen Demokratischen Republik (Stasi-Unterlagen-Gesetz – StUG) vom 20. 12. 1991 (BGBl. I S. 2272), zuletzt geändert am 14. 9. 1994 (BGBl. I S. 2325), enthält eine solche Ermächtigungsgrundlage nicht. Vielmehr darf der Bundesbeauftragte gemäß §§ 20 Abs. 1 Nr. 6 Buchst. b und 21 Abs. 1 Nr. 6 Buchst. b StUG Unterlagen nur herausgeben, wenn Parlamentsabgeordnete "nach Maßgabe der dafür geltenden Vorschriften" überprüft werden. Derartige Vorschriften wurden hier geschaffen.

3. Maßstab für die verfassungsrechtliche Überprüfung ist Art. 22 Abs. 1 LV.

Danach sind die Abgeordneten Vertreter des ganzen Volkes, an Aufträge und Weisungen nicht gebunden und nur ihrem Gewissen unterworfen. Dieses freie Mandat ist hier in zweifacher Hinsicht von Belang. Zum einen geht es darum, ob das vorgesehene Überprüfungs- und Bewertungsverfahren inhaltlich mit der Verfassung vereinbar ist. Das ist zu bejahen (s. u. II.–IV.), allerdings mit der Maßgabe, daß die im folgenden gegebenen verbindlichen Hinweise (s. u. IV.) beachtet werden. Zum anderen ist in den Blick zu nehmen, daß unter gewissen Voraussetzungen sich nicht durch das Verfahren selbst, sondern durch dessen Folgen nicht hinnehmbare Auswirkungen auf das freie Mandat ergeben könnten; dem ist durch eine bestimmte Ausgestaltung des Verfahrens der Bewertungskommission zu begegnen (s. u. V.).

Das Landesverfassungsgericht braucht seine verfassungsrechtliche Prüfung nicht über den formulierten Antrag hinaus auf die Vereinbarkeit der Maßnahme mit Art. 23 Abs. 2 LV zu erweitern. Bereits dessen Schutzbereich dürfte nicht berührt sein, wenn der Landtag Anforderungen an die Parlamentswürdigkeit seiner Mitglieder aufstellt. Jedenfalls müßten Abgeordnete es hinnehmen, wenn sie wegen des Ergebnisses eines Verfahrens, das nicht gegen Art. 22 Abs. 1 LV – die grundlegende, umfassende Norm über ihren Status – verstößt, politischem Druck, ihr Mandat niederzulegen, ausgesetzt würden.

4. Die das freie Mandat berührende Regelung durfte der Antragsgegner durch Gesetz und dieses ergänzende Richtlinie treffen.

Allerdings überläßt die Landesverfassung ihrem Wortlaut nach in diesem Zusammenhang dem Gesetz allein die nähere Regelung des Wahlrechts (Art. 20 Abs. 2 Satz 4) und der Entschädigung der Abgeordneten (Art. 22 Abs. 3 Satz 3). Die zuletzt erwähnte Norm bezieht sich nach ihrer systematischen Stellung in der Landesverfassung nicht auch auf das freie Mandat des Abgeordneten nach Art. 22 Abs. 1 LV.

Hingegen umfaßt die Regelungsbefugnis durch Gesetz nach Art. 38 Abs. 3 GG auch dessen Abs. 1 Satz 2, also das freie Mandat. Indessen ist anerkannt, daß es bei jener Ermächtigung in erster Linie um die Ausgestaltung des Wahlrechts (Art. 38 Abs. 1 Satz 1 GG) geht (*Maunz/Dürig*, GG, Art. 38 Rdn. 71; *Jarass/Pieroth*, GG, 3. Auflage 1995, Art. 38 Rdn. 25).

Sowohl beim Wahlrecht als auch bei der Abgeordnetenentschädigung, deren nähere Regelung das Grundgesetz ebenfalls dem Gesetzgeber überläßt (Art. 48 Abs. 3 Satz 3), ist offensichtlich, daß eine Regelung zahlreicher Einzelfragen geboten ist. Beim freien Mandat verhält es sich nicht so. Das mag den

Verfassungsgeber des Landes, der das Wahlrecht nicht in demselben Artikel wie das freie Mandat thematisiert hat, veranlaßt haben, für letzteres keinen ausdrücklichen Regelungsvorbehalt aufzustellen. Auch ohne einen solchen Regelungsvorbehalt können aber Gesetze, die sich auf das freie Mandat auswirken, erlassen werden. Daß aus dem freien Mandat fließende Rechte durch den Landtag – im Wege der Geschäftsordnung – geregelt werden können, ergibt sich aus Art. 22 Abs. 2 LV. Darüber hinausgehend hat der Landtag aber auch die Befugnis, das freie Mandat als solches zwar nicht zu beschränken, wohl aber auszuformen. Das ist durch seine Geschäftsordnung geschehen, insbesondere auch durch die in ihrer Anlage aufgestellten Verhaltensregeln für die Abgeordneten. Nichts anderes als eine Ausformung hat der Landtag auch hier vorgenommen.

Für sie hat der Landtag eine Kombination von Gesetzesrecht und Geschäftsordnungsrecht gewählt. § 48 AbgG umschreibt die Zielsetzung, legt die einzelnen Verfahrensschritte fest, verpflichtet die Bewertungskommission, dem jeweiligen Abgeordneten Gehör zu gewähren, und gibt die Grundlage dafür, daß sie Empfehlungen ausspricht. Dabei ist bereits aus dem Gesetz, insbesondere aus § 48 Abs. 3 Satz 4 AbgG, die umfassende Pflicht der Mitglieder der Bewertungskommission zur Geheimhaltung gegenüber allen anderen als dem Abgeordneten zu entnehmen. Die Richtlinie führt das Gesetz durch Bestimmungen zur Sicherung der Geheimhaltung und zur Wahrung der Abgeordnetenrechte im Verfahren der Bewertungskommission aus.

Es kann dahinstehen, ob ein Verfahren der Überprüfung auf Mitarbeit beim Staatssicherheitsdienst, in dem keine Sanktionen gegen den Abgeordneten vorgesehen sind, insgesamt auf der Ebene des Geschäftsordnungsrechts hätte getroffen werden können. Dafür kann sprechen, daß es sich um parlamentarisches Binnenrecht handelt. Jedenfalls ist es sachgerecht, daß der Landtag die wesentlichen Fragen durch Gesetz geregelt hat, zumal das Überprüfungs- und Bewertungsverfahren aus einem bestimmten grundlegenden Verständnis von der Parlamentswürdigkeit der Abgeordneten heraus geschaffen worden ist und überdies Persönlichkeitsrechte der Mitglieder des Landtages betroffen sind. Eine Aufteilung der Gesamtregelung zwischen dem Gesetz und der zahlreiche Einzelheiten behandelnden Richtlinie war hier angezeigt.

II.

1. Der Antragsgegner hat nicht dadurch Art. 22 Abs. 1 LV verletzt, daß er, statt seinen Mitgliedern eine freiwillige Überprüfung zu überlassen, die Überprüfung der Abgeordneten auch ohne oder gegen deren Willen vorgeschrieben hat.

Die Freiheit des Mandats bedeutet, daß der Abgeordnete von Fremdbestimmung befreit ist und so zu der ihm aufgegebenen Selbstbestimmung befähigt wird (*Stern*, Das Staatsrecht der Bundesrepublik Deutschland, Band I, 1984, S. 1070). Der erste Aspekt kommt in der Freiheit von Weisungen und Aufträgen, der zweite in der Bindung nur an das Gewissen zum Ausdruck.

Der Auffassung der Antragsteller, der nur seinem Gewissen unterworfene Abgeordnete vertrete bis zur jeweiligen Entscheidung des Parlaments ausschließlich sich selbst, kann nicht gefolgt werden, wenn damit auch gesagt sein soll, daß es einzig in das Belieben des Abgeordneten gestellt wäre, darüber zu entscheiden, was er in seiner Eigenschaft als Mitglied des Parlaments zu tun und zu lassen hat. Denn diese Mitgliedschaft ist überhaupt die Grundlage für seinen Status; erst sie begründet das freie Mandat.

Daraus folgt zugleich, daß das Parlament die Abgeordneten betreffende Regelungen erlassen kann, um seine Arbeitsfähigkeit zu sichern.

Der Abgeordnete ist kraft seines Mandats Vertreter des ganzen Volkes. Damit ist für ihn die Repräsentation angesprochen, die auch das grundlegende Kennzeichen des Parlaments, der Volksvertretung (Art. 20, Abs. 1 Satz 1 LV), insgesamt ist. Demgemäß hat das Parlament eine besondere Würde. Sie zu fördern und zu erhalten, ist eine Aufgabe, die vor allem ihm selbst gestellt ist.

Die Würde des Parlaments ist abhängig von der Parlamentswürdigkeit der Abgeordneten. Das kann rechtfertigen, gegenüber den Abgeordneten Regelungen zu treffen, die deren Parlamentswürdigkeit gewährleisten und damit die Würde und das Ansehen des Parlaments wahren sollen.

Ein Tatbestand der Parlamentsunwürdigkeit ist beispielsweise der Verlust der Wählbarkeit wegen einer strafrechtlichen Verurteilung (§ 45 StGB). Auf die Institute der – in Mecklenburg-Vorpommern nicht gegebenen – Abgeordnetenanklage und der Mandatsaberkennung durch das Parlament sei ebenfalls hingewiesen.

Angesichts des freien Mandats sind für Regelungen über die Parlamentswürdigkeit der Abgeordneten enge Grenzen gesetzt. Die in Rede stehenden Verhaltensweisen müssen zweifellos für die Würdigkeit von Bedeutung sein. Ferner hat das Parlament bei der Regelung im einzelnen, etwa über das Verfahren oder über Sanktionen, das freie Mandat im Blick zu haben; es darf nur im sachlich gebotenen Umfang in die Selbstbestimmung der Abgeordneten eingreifen.

Diesen Anforderungen genügt die in § 48 AbgG und der ergänzenden Richtlinie getroffene Regelung. Sie zielt darauf ab, das Ansehen des Landtages zu wahren, ist hinreichend geeignet, ihr Ziel zu erreichen und respektiert – dies in durchaus schonender Weise – die Selbstbestimmung der Abgeordneten kraft ihres freien Mandats.

2. Überprüft und bewertet wird Verhalten der Abgeordneten vor ihrer Wahl. Derartige zurückliegende Vorgänge darf der Landtag nur ausnahmsweise gegen oder ohne den Willen der Abgeordneten überprüfen (lassen), wenn sie – auch ohne daß davon nach gesetzlicher Vorschrift die Wählbarkeit abhängt – zu einer nachhaltigen Störung des Vertrauens in den Landtag führen können (vgl. BVerfG, Beschluß vom 21. 5. 1996, S. 23 f.). Einen solchen Rang hat die Aufklärung, ob dem Landtag Personen angehören, die nachhaltig und zum Schaden anderer Bürger für den Staatssicherheitsdienst tätig gewesen sind.

Der Staatssicherheitsdienst der ehemaligen DDR war ein Instrument der Staatsmacht, dessen Zweck darin bestand, die Herrschaft der SED dauerhaft zu sichern. Zur Durchsetzung dieses Zwecks war seine Tätigkeit zunehmend auch darauf angelegt, in die Rechte und die Privatsphäre der Bürger einzugreifen. Dabei war vieles, was der Staatssicherheitsdienst tat, undurchschaubar und ungreifbar. Erst mit der Aufdeckung seiner Strukturen und der Offenlegung seiner Akten nach der Wende ist für die Öffentlichkeit deutlich geworden, in welchem Umfang und in welcher Intensität er in das Leben der Bürger eingedrungen war, Freundschaften sowie Familienbande ausgenutzt oder gar vernichtet hatte.

Der Landtag durfte davon ausgehen, in der Bevölkerung des wiedervereinigten Deutschland bestehe weitestgehend ein Grundkonsens darüber, daß diejenigen, die sich durch Mitarbeit beim Staatssicherheitsdienst einer schwerwiegenden Verletzung der Freiheitsrechte anderer schuldig gemacht haben, nicht würdig sind, politisch als Landtagsabgeordnete über das Schicksal der Bürger (mit-)zubestimmen.

Dabei wird allerdings im Rahmen der jeweils erforderlichen Einzelfallbetrachtung differenziert. Dafür ist von Bedeutung, ob jemand etwa schicksalhaft in das Geflecht des Staatssicherheitsdienstes gelangt war, ob und gegebenenfalls in welchem Umfang er Schaden für andere angerichtet hat und ob und inwieweit ihm ein Verschulden anzulasten ist. In jedem Fall wird aber Mitarbeit beim Staatssicherheitsdienst als wichtiges Kriterium gesehen, das bei der Würdigkeit als Abgeordneter zu werten ist.

Hinzuweisen ist auch auf Bestimmungen des Einigungsvertrages. So ist in Anlage I Kap. XIX Sachgebiet A Abschnitt III Abs. 5 Nr. 2 als wichtiger Grund für die außerordentliche Kündigung eines Arbeitnehmers des öffentlichen Dienstes vorgesehen, daß er für das frühere Ministerium für Staatssicherheit/Amt für nationale Sicherheit tätig war und deshalb ein Festhalten am Arbeitsverhältnis unzumutbar erscheint. Entsprechende Bestimmungen finden sich dort in zahlreichen weiteren Vorschriften. Festzuhalten ist, daß nicht jede Tätigkeit für den Staatssicherheitsdienst die Sanktion rechtfertigt, sondern daß die „Unzumutbarkeit" hinzukommen muß. Arbeit im Staatssicherheitsdienst sollte und durfte aber jeweils Anlaß für die Prüfung sein, ob eine Sanktion angezeigt sei.

Ferner hat der Antragsgegner zu Recht darauf hingewiesen, daß im Bundestag und in einer Reihe anderer Bundesländer die Parlamente Regelungen zur Überprüfung von Abgeordneten getroffen hätten. Daß dies anders ausgestaltet sind, ist in diesem Zusammenhang ohne Belang. Entscheidend ist, daß ein weitgehender Konsens in deutschen Parlamenten, insbesondere in den neuen Bundesländern, festzustellen ist des Inhalts, daß vorwerfbare intensive Tätigkeit für den Staatssicherheitsdienst einen Abgeordneten disqualifiziert.

Vor dem Hintergrund der allgemeinen Überzeugung, daß ehemalige Mitarbeiter des Staatssicherheitsdienstes, die in der beschriebenen Weise die Diktatur unterstützt haben, nicht würdig sind, Mitglieder eines demokratischen Parlaments zu sein, durfte der Landtag eine Regelung dahingehend treffen, daß festgestellt wird, ob Abgeordnete durch Tätigkeit für den Staatssicherheitsdienst belastet sind. Dabei hat er insbesondere auch dem Gedanken der Unzumutbarkeit Rechnung getragen (§ 48 Abs. 4 Satz 4 AbgG).

Auch wenn die Antragsteller die der Regelung zugrunde liegende Vorstellung des Landtages von seiner Würde und seinem Ansehen in diesem Punkt nicht teilen, haben sie die Entscheidung der Mehrheit zu akzeptieren. Sie haben hinzunehmen, daß die Legitimität des Mandats von Abgeordneten, die für den Staatssicherheitsdienst tätig gewesen sind, in Frage gestellt wird.

3. Danach kommt es nicht mehr entscheidend darauf an, ob die Überprüfung auch unter dem Gesichtspunkt der Funktionsfähigkeit des Landtages gerechtfertigt werden kann.

Hierzu hat insbesondere die Landesregierung darauf hingewiesen, daß für die Arbeit des Landtages möglichst schnell Klarheit darüber bestehen müsse, ob sich unter seinen Mitgliedern belastete Personen befinden. Dies mag auch ein Aspekt sein, der bei einer Überprüfungsregelung nicht unbeachtet bleiben sollte.

Die Antragsteller können die Regelung nicht mit Erfolg aus der Erwägung in Frage stellen, es gebe keine fortdauernden Strukturen des Staatssicherheitsdienstes, aus denen heraus belastete Abgeordnete erpreßt werden könnten. Einer Rechtfertigung durch solche Belange bedarf die Überprüfung nicht.

4. Es ist von Verfassungs wegen insbesondere nicht zu beanstanden, daß die Überprüfung allein an die Mitgliedschaft im Landtag anknüpft, daß also gegen den überprüften Abgeordneten kein irgendwie gearteter Verdacht zu bestehen braucht. Insofern unterscheidet sich die Regelung in Mecklenburg-Vorpommern von derjenigen im Bund. Nach § 44 b Abs. 2 des Abgeordnetengesetzes des Bundes findet eine Überprüfung von Mitgliedern des Bundestages

ohne deren Zustimmung nur statt, wenn der Ausschuß für Wahlprüfung, Immunität und Geschäftsordnung das Vorliegen von konkreten Anhaltspunkten für den Verdacht einer Tätigkeit für den Staatssicherheitsdienst festgestellt hat. Das für den Bundestag festgelegte Verfahren erachtet das Bundesverfassungsgericht als verfassungsmäßig (Beschl. vom 21. 5. 1996). Das vom Landtag Mecklenburg-Vorpommern gewählte Konzept ist gleichermaßen und jedenfalls auch im Hinblick darauf, daß hier ein Bundesland des Beitrittsgebiets betroffen ist, verfassungsrechtlich nicht zu beanstanden. Mit ihm wird angestrebt, insgesamt Sicherheit darüber zu erlangen, ob sich unter den Mitgliedern des Landtages Personen befinden, deren weitere Innehabung des Mandats wegen früherer Tätigkeit für den Staatssicherheitsdienst unzumutbar ist. Das ist nur über eine allgemeine, an die Mitgliedschaft im Landtag anknüpfende Überprüfung erreichbar. Denn zu den Eigenheiten des Staatssicherheitsdienstes gehörte es, daß er flächendeckend die DDR mit seinem Netz überzogen hatte und daß viele – teilweise zugleich als Opfer und als Täter – in dieses hineingeraten sind. Aus dem Umfang seiner Tätigkeit und der Art seines Vorgehens ergibt sich – jedenfalls ist dies gegenwärtig nicht auszuschließen –, daß Mitarbeiter des Staatssicherheitsdienstes noch nicht entdeckt sind und daß auch gegen solche Mitarbeiter ein entsprechender Verdacht nicht besteht.

Ein Verstoß gegen die Unschuldsvermutung liegt entgegen der Auffassung der Antragsteller nicht vor. Die Einbeziehung aller hat vielmehr sogar entlastende Wirkung. Denn dann ist kein Raum für Spekulationen dahin, die Einbeziehung in die Überprüfung spreche dafür, daß der jeweilige Abgeordnete Vorwerfbares getan habe. Das Verfahren ist also nicht geeignet, während der Überprüfung das freie Mandat des Abgeordneten zu beeinträchtigen.

5. Das Verfahren ist nicht darauf gerichtet, dem Landtag Kenntnis von der Verwicklung konkret benannter Abgeordneter in Machenschaften des Staatssicherheitsdienstes zu verschaffen. Vielmehr vermittelt die zur Geheimhaltung verpflichtete Bewertungskommission solche Angaben nur dem betroffenen Abgeordneten selbst. Das Ziel besteht, genau gesehen, nicht darin, daß der Landtag als Institution sich reinigt, sondern darin, daß auf eventuell belastete Abgeordnete durch die Bewertungskommission in Richtung auf die Niederlegung des Mandats eingewirkt werden soll. Daß diese Einwirkung Erfolg nicht haben muß, aber kann, erscheint offensichtlich.

Der Landtag durfte davon absehen, Weitergehendes vorzusehen. Das ist schon deshalb gerechtfertigt, weil durch dieses Vorgehen in besonderem Maße der von den Antragstellern zu Recht hervorgehobenen Selbstverantwortung des im freien Mandat stehenden Abgeordneten Rechnung getragen wird.

6. Das Verfahren bei der Bewertungskommission ist insgesamt von Achtung der Eigenverantwortung des Abgeordneten geprägt. Ihm wird angeson-

nen, sich einem Prozeß der Selbsterkenntnis zu stellen. Damit wird in besonderem Maße seine persönliche Würde geachtet. Sein Gewissen, das er nach Art. 22 Abs. 1 LV zur Richtschnur seines Handelns zu machen hat, wird aktiviert. Er wird in seine Freiheit zur Verantwortung gestellt.

Die Bewertungskommission trifft die Entscheidung, ob sie eine Empfehlung zur Mandatsniederlegung ausspricht oder nicht, nicht über den Kopf des Abgeordneten hinweg. Sie ist nach Nr. 4 Satz 2 der Richtlinie verpflichtet, mit jedem Abgeordneten ein Gespräch zu führen. Die Kommission hat dem Abgeordneten nach § 48 Abs. 4 Satz 3 AbgG Gehör zu gewähren. Die Kommission, in die unter Berücksichtigung von Nr. 1 der Richtlinie ein Arbeitsrichter, der Landesbeauftragte für die Unterlagen des Staatssicherheitsdienstes der ehemaligen DDR sowie ein Pfarrer gewählt worden sind, ist nach ihrer Zusammensetzung darauf ausgerichtet, daß die Gespräche zugleich sachverständig und mit menschlichem Verständnis geführt werden können. Zutreffend hat der Antragsgegner von einem „iterativen Prozeß" gesprochen, also einem Vorgehen, bei dem Gelegenheit besteht, schrittweise im Austausch zwischen der Bewertungskommission und dem Abgeordneten, gegebenenfalls mit ergänzender Stellungnahme des Bundesbeauftragten, die wertende Meinung zu den konkreten Sachverhalten auf seiten der Kommission und des Abgeordneten zu bilden. Der Abgeordnete hat Anspruch darauf, daß die Bewertungskommission die maßgeblichen Gesichtspunkte mit ihm erörtert und daß er seine Sicht der Dinge nachhaltig vertreten und belegen kann, also aktiv an der Vorbereitung der Entscheidung beteiligt ist (vgl. BVerfG, Beschl. vom 21. 5. 1996, S. 25).

7. Die Belange der Abgeordneten und ihre Selbstbestimmung werden auch insofern besonders respektiert, als die Bewertung einer Kommission übertragen ist, deren Mitglieder nicht auch persönlich an dem politischen Schicksal des jeweiligen Abgeordneten interessiert sind. Damit werden spezifische Gefahren vermieden, die sich ergeben könnten, wenn ein Gremium des Landtages die Bewertung vornähme. Dann wäre nicht auszuschließen, daß aus der Sicht des betroffenen Abgeordneten zu besorgen wäre, ein Mitglied des Gremiums sehe die Überprüfung und Bewertung als ein Mittel der politischen Auseinandersetzung an.

8. Schließlich wird die Selbstbestimmung des Abgeordneten dadurch geachtet, daß die Bewertungskommission zur Geheimhaltung verpflichtet ist. Daher liegt es allein in der Entscheidung des Abgeordneten, ob er Dritte über Ablauf und Ergebnis des ihn betreffenden Überprüfungs- und Bewertungsverfahrens in Kenntnis setzt.

Rechtlich nicht erheblich ist demgegenüber, ob in bestimmten Situationen aus dem Parlament oder von anderer Seite Druck dahin ausgeübt werden mag, das Ergebnis des Verfahrens zu offenbaren. Dabei würde es sich um einen politischen Vorgang handeln, durch den die Befugnis des Abgeordneten, allein für sich unter Berücksichtigung aller Umstände darüber zu entscheiden, wie er auf ein solches Ansinnen reagiert, nicht berührt wird.

9. Danach ist festzustellen, daß die Regelung, die der Antragsgegner zur Überprüfung der Abgeordneten auf Mitarbeit beim Staatssicherheitsdienst und zur Bewertung der erteilten Auskünfte getroffen hat, ihrem System nach nicht gegen Art. 22 Abs. 1 LV verstößt. Im Ergebnis Gleiches gilt für die Regelungen, die die einzelnen Verfahrensschritte des Überprüfungs- und Bewertungsverfahrens betreffen.

III.

1. Zum ersten Verfahrensabschnitt ist unbedenklich, daß die Abgeordneten verpflichtet sind, dem Landtagspräsidenten zur Weiterleitung an den Bundesbeauftragten ihre Wohnanschriften der zehn Jahre vor dem 3. 10. 1990 mitzuteilen (§ 48 Abs. 2 AbgG). Die Wohnanschriften sind, wie in der mündlichen Verhandlung dargelegt wurde, für die Recherchen des Bundesbeauftragten sehr bedeutsame Identifizierungsmerkmale. Ohne sie zu kennen, ist die sachgerechte Bearbeitung von Auskunftsersuchen äußerst erschwert, teilweise unmöglich. Ist also die Kenntnis der Wohnanschriften für die Überprüfung, die ihrerseits verfassungsmäßig ist, erforderlich, so durften die Abgeordneten verpflichtet werden, sie anzugeben.

2. Nicht zu beanstanden ist ferner, daß auch die – nochmalige – Überprüfung derjenigen Abgeordneten angeordnet worden ist, die bereits früher einmal vom Bundesbeauftragten überprüft worden sind.

34 Abgeordnete des zweiten Landtages haben bereits dem ersten Landtag angehört. Sie haben sich damals sämtlich freiwillig einer Überprüfung unterzogen. Von den restlichen Abgeordneten sind viele ebenfalls überprüft worden, sei es als Angehörige kommunaler Vertretungskörperschaften, als Beschäftigte im öffentlichen Dienst oder aus sonstigen Gründen. Die Antragsteller haben dazu in der mündlichen Verhandlung angegeben, lediglich zwei Mitglieder der Fraktion der PDS – unter ihnen die ohnehin nicht zu überprüfende Antragstellerin zu 6. – seien noch nicht überprüft worden.

Daraus läßt sich aber nicht herleiten, daß eine Überprüfung aller Abgeordneten sachwidrig wäre. Im Gegenteil: Innerhalb des Konzepts, daß die Bewertungskommission sich bei jedem Abgeordneten vergewissert, ob er wegen Verstrickung in Machenschaften des Staatssicherheitsdienstes als Inhaber des Mandats unzumutbar erscheint (§ 48 Abs. 4 Satz 4 AbgG), ist es in hohem Maße sachgerecht, allen Abgeordneten die Überprüfung abzuverlangen. Denn nur damit ist über alle Abgeordneten gleichmäßig Kenntnis auf aktuellem Stand zu erlangen.

In diesem Zusammenhang ist von besonderer Bedeutung, daß zur Zeit früherer Überprüfungen das Material des Staatssicherheitsdienstes bei weitem nicht so intensiv und umfassend erschlossen war, wie es nunmehr seit 1994/95 der Fall ist. Da generell durch den Bundesbeauftragten eine lückenlose Nachmeldung neuer Erkenntnisse zu stattgefundenen Überprüfungen nicht gewährleistet werden kann und vor allem Nachmeldungen nicht in Betracht kommen, wenn eine bestimmte, die frühere Nachfrage begründende Funktion (z. B. Mitgliedschaft im ersten Landtag) nicht mehr wahrgenommen wird, läßt sich über die Mitglieder des zweiten Landtages ein verläßliches Bild nur durch Überprüfung aller seiner Mitglieder gewinnen. Daß dieses Frage für künftige Landtage wegen der dann verstrichenen Zeit anders zu beantworten sein kann, bedarf keiner weiteren Ausführungen.

3. Schließlich gibt es keine zwingenden Gründe, Abgeordnete nach sonstigen Kriterien von der Überprüfung auszunehmen. So ist nicht zu beanstanden, daß sich ihr auch Abgeordnete unterziehen müssen, die nicht in der ehemaligen DDR gelebt haben. Denn die Tätigkeit des Staatssicherheitsdienstes beschränkte sich nicht auf das Gebiet der DDR.

IV.

Nach § 48 Abs. 3 Satz 4 AbgG sind die Mitglieder der Bewertungskommission verpflichtet, alle bei ihrer Tätigkeit erlangten Informationen geheimzuhalten. Die Bewertungskommission hat darüber hinaus bei ihrer Tätigkeit alles ihr Mögliche zu tun, um zu gewährleisten, daß aus nach außen erkennbaren Umständen ihrer Tätigkeit nicht Rückschlüsse darauf gezogen werden können, welchen Inhalt ihr über den jeweiligen Abgeordneten gefaßter Beschluß hat (1). Ferner hat die Kommission dafür Sorge zu tragen, daß die Abgeordneten im Verfahren ihre Belange effektiv vertreten können (2).

Zur Durchführung des Verfahrens gibt das Landesverfassungsgericht die folgenden verbindlichen Hinweise:

1. a) Der Sicherung der Vertraulichkeit dient es, daß nach Nr. 5 der Richtlinie – RiL – die Gespräche mit allen Abgeordneten in alphabetischer Reihenfolge durchgeführt werden. Damit soll vermieden werden, daß Dritte aus einer Reihenfolge Schlüsse auf die Belastung eines Abgeordneten ziehen können. Um solchen Schlüssen zu begegnen, hat die Bewertungskommission weitere Vorkehrungen zu treffen. Sie muß vermeiden, daß aus der Dauer, die für das jeweilige Gespräch angesetzt ist, auf eine Belastung geschlossen bzw. Verdacht geweckt werden kann. Daher ist für alle Gespräche ein in etwa glei-

cher Zeitraum vorzusehen. Dabei ist nicht zu verkennen, daß dem Grenzen gesetzt sein können. So kann in bestimmten Fällen ein besonders langes Gespräch erforderlich sein. Dabei trifft die Abgeordneten keine Pflicht, sich überhaupt einem Gespräch zu stellen oder über die ganze für das Gespräch vorgesehene Zeit im Sitzungsraum der Bewertungskommission zu bleiben. Es würde jedoch in besonderem Maße der Konzeption der Regelung entsprechen, wenn die Abgeordneten dies täten.

b) Die Gespräche dürfen erst geführt werden, wenn über jeden Abgeordneten (Nr. 4 RiL), der rechtzeitig seiner Mitteilungspflicht aus § 48 Abs. 2 Satz 1 AbgG genügt hat, das Überprüfungsergebnis des Bundesbeauftragten eingegangen ist.

c) Nach Nr. 4 Satz 4 RiL finden die Gespräche in den Räumen des Landtages statt. Auch damit soll die Gleichförmigkeit des Verfahrens gegenüber allen Abgeordneten gesichert werden. Allerdings können dann andere Abgeordnete und auch die Medien möglicherweise leichter als an einem anderen Ort Beobachtungen machen, die sie zu Schlüssen auf ein bestimmtes Ergebnis der Überprüfung veranlassen. Daher ist es der Bewertungskommission unbenommen, im Einvernehmen mit den Abgeordneten Gespräche auch an anderer Stelle zu führen.

d) Das kann insbesondere angezeigt sein, wenn nach einem ersten Gespräche weitere Gespräche geführt werden. Wenn der Bundesbeauftragte mitteilt, aus seinem Material ergebe sich nichts für eine Verbindung des Abgeordneten zum Staatssicherheitsdienst, kann es bei einem einzigen Gespräch bewenden. Dasselbe wird in der Regel zu gelten haben in dem gegenteiligen Fall einer offensichtlichen massiven Verstrickung eines Abgeordneten. In der Zwischenzone aber wird ein einziges Gespräch möglicherweise nicht ausreichen. Für Folgegespräche genügen die für den „ersten Durchgang" vorgesehenen Sicherungen nicht; sie wirken sogar teilweise dem Ziel, Rückschlüsse Dritter zu verhindern, entgegen. So ist die alphabetische Reihenfolge dann nicht einzuhalten. Eine Lokalisierung der Gespräche in den Räumen des Landtages würde geradezu äußere Anhaltspunkte für einen Verdacht servieren. Demgemäß hat die Bewertungskommission für Folgegespräche besondere Lösungen zu finden und dabei Absprachen mit dem jeweils betroffenen Abgeordneten zu suchen.

e) Nach Nr. 12 Satz 2 RiL darf die Bewertungskommission in ihrem Bericht an den Landtag die Namen der „überprüften Abgeordneten" nicht nennen. Das ist ersichtlich zu verstehen als ein Verbot, den Bericht so abzufassen, daß aus ihm entnommen werden könnte, gegenüber welchen Abgeordneten eine Empfehlung zur Mandatsniederlegung abgegeben worden ist oder nicht.

Daher dürfen auch andere eine Identifizierung ermöglichende oder den Kreis der Belasteten eingrenzende Merkmale, wie etwa die Fraktionszugehörigkeit, nicht angegeben werden. Dagegen darf die Bewertungskommission offenlegen, ob und gegebenenfalls wieviele Empfehlungen sie ausgesprochen hat. Sie darf sich aber nicht dazu äußern, ob gegebenenfalls Mandatsniederlegungen im Zusammenhang mit dem Vorwurf einer Tätigkeit für den Staatssicherheitsdienst gestanden haben. Das bezieht sich sowohl auf den Fall, daß ein Abgeordneter nach entsprechender Empfehlung sein Mandat niedergelegt hat, als auch auf denjenigen, daß er vor dem Gespräch mit der Kommission sein Mandat zurückgegeben hat (vgl. Nr. 8 RiL). Dies gilt für sämtliche nach Nr. 12 RiL zu erstellenden Berichte, also für den Gesamtbericht sowie für die Zwischenberichte.

2. a) Ein effektiver Schutz der Belange des Abgeordneten in dem Verfahren zur Entscheidung der Bewertungskommission darüber, ob die Niederlegung des Mandats empfohlen wird, erfordert, daß ihm die vom Bundesbeauftragten übermittelten Erkenntnisse umfassend zugänglich gemacht werden. Der Bundesbeauftragte pflegt ein sogenanntes Rechercheergebnis mitzuteilen, ferner – wenn derartiges Material gefunden worden ist – Ablichtungen von Verpflichtungserklärungen sowie von Berichten des Staatssicherheitsdienstes und seines Mitarbeiters sowie Ablichtungen von Belegen über erhaltene Zahlungen und sonstige Belohnungen beizufügen. All dies ist dem Abgeordneten im Gespräch in der Weise zu eröffnen, daß er jedenfalls Einsicht in die Dokumente nehmen kann.

b) Nach Nr. 4 Satz 3 RiL hat die Bewertungskommission dem Abgeordneten das Überprüfungsergebnis im persönlichen Gespräch mitzuteilen. Das bedeutet, daß es ihm auf seine Vorsprache eröffnet wird. Diese Regelung darf aber nicht dahin verstanden werden, daß die Mitteilung im Rahmen einer Erörterung zwischen der Bewertungskommission und dem Abgeordneten erfolgen müßte. Vielmehr kann der Abgeordnete sich auch dahin entscheiden, zunächst nur das Rechercheergebnis des Bundesbeauftragten und gegebenenfalls dessen Anlagen zur Kenntnis zu nehmen, ohne sich sogleich auf eine Diskussion einzulassen. In einem solchen Fall hat die Bewertungskommission – wenn belastendes Material vorliegt – einen weiteren Gesprächstermin einzuräumen. Der Abgeordnete darf nicht gezwungen sein, unvorbereitet in Erörterungen einzutreten. Ferner ist es ihm auch unbenommen, sich zum Überprüfungsergebnis lediglich schriftlich zu äußern; der Abgeordnete ist nicht verpflichtet, sich mündlich vor der Kommission einzulassen.

c) Entzieht der Abgeordnete sich einem Gespräch mit der Kommission, so ist diese dadurch nicht gehindert, Konsequenzen aus dem vom Bundesbeauftragten übersandten Material zu ziehen und gegebenenfalls die Niederlegung des Mandats zu empfehlen. Denn Gehör gemäß § 48 Abs. 4 Satz 3 AbgG wird bereits gewährt durch Einräumung der Gelegenheit, Kenntnis und Stellung zu nehmen.

d) Nach Nr. 7 Satz 2 RiL kann die Kommission vor ihrem Beschluß, ob sie einem Abgeordneten die Mandatsniederlegung empfiehlt, den Bundesbeauftragten um weitere Aufklärung bitten. Über die Bitte ist der Abgeordnete schriftlich oder mündlich zu informieren; das Ergebnis ist ihm auf Vorsprache zu eröffnen.

e) Ebenfalls ist dem Abgeordneten die Antwort des Bundesbeauftragten auf eine Gegendarstellung (Nr. 9 RiL) auf Vorsprache zu eröffnen.

f) Nach Nr. 10 Satz 1 RiL soll der Abgeordnete gegenüber der Kommission Vorwürfe gegen ihn binnen eines Monats ausräumen. Dies ist keine Ausschlußfrist; der Abgeordnete ist aber gehalten, Gegenargumente zügig vorzubringen.

g) Nr. 9 und Nr. 10 RiL stehen in folgendem Verhältnis zueinander: Der Abgeordnete kann eine Gegendarstellung geben oder sich um Ausräumung der Vorwürfe bemühen oder beides tun. Gibt er nur die Gegendarstellung, braucht er nicht sich zusätzlich nach Nr. 10 zu äußern. Umgekehrt kann er sich auf eine Stellungnahme gegenüber der Kommission beschränken; diese kann dann gegebenenfalls gemäß Nr. 7 Satz 2 RiL den Bundesbeauftragten einschalten.

h) In Nr. 11 RiL ist nur unvollkommen geregelt, wie nach der Antwort des Bundesbeauftragten auf eine Gegendarstellung zu verfahren ist. Dort wird davon ausgegangen, daß bereits vor der Gegendarstellung ein Beschluß gefaßt war; denn in Satz 2 wird von einem „neuen Beschluß" der Bewertungskommission gesprochen. Der Regelfall dürfte demgegenüber sein, daß vor jeglicher Beschlußfassung der Kommission der Bundesbeauftragte nochmals angerufen wird. Ferner ist vor der Beschlußfassung nach zweiter Einschaltung des Bundesbeauftragten der Abgeordnete (nochmals) zu beteiligen. Hierfür ist ein erneutes Gespräch gleichermaßen geboten wie für die in der Richtlinie (Nr. 11 Satz 3) erwähnte Mitteilung des Beschlusses.

i) Die Entkräftung von Vorwürfen gegenüber der Kommission (Nr. 10 RiL) kann auch in schriftlicher Form geschehen, zumal so Gegenargumente verläßlich festgehalten werden.

j) In der Richtlinie ist nicht ausdrücklich geregelt, ob der Abgeordnete bei den Gesprächen und Stellungnahmen eine Person seines Vertrauens, z. B.

einen Rechtsanwalt, hinzuziehen darf, die entweder mit ihm oder an seiner Stelle tätig wird. Es ist geboten, dem Abgeordneten diese Möglichkeit einzuräumen. Denn er muß aus Gründen der „Waffengleichheit" im Verfahren Experten gegenüber dem Bundesbeauftragten und der Bewertungskommission aufbieten können.

k) Das Verfahren der Bewertungskommission ist nicht justizförmlich ausgestaltet, insbesondere sind die Beweismöglichkeiten beschränkt. Bei ihrer Entscheidung, eine Empfehlung zur Mandatsniederlegung zu geben, ist die Bewertungskommission aber streng an rechtliche Maßstäbe gebunden. Sie muß die sichere Überzeugung gewinnen, daß aufgrund bestimmter festgestellter Tatsachen die fortdauernde Innehabung des Mandats im Sinne des § 48 Abs. 4 Satz 4 AbgG unzumutbar erscheint (vgl. BVerfG, Beschl. vom 21. 5. 1996, S. 26 f.).

V.

Ein verfassungswidriger Eingriff in das freie Mandat der Abgeordneten wäre zu besorgen, wenn die Abgeordneten nicht die Möglichkeit hätten, nach der Überprüfung durch den Bundesbeauftragten und der Bewertung ihres Verhaltens durch die Bewertungskommission Verdächtigungen nachhaltig zu begegnen.

1. Als Folge der Überprüfung aller Abgeordneten könnte im Landtag ein Klima von Mißtrauen und Verdächtigungen entstehen. Denn das Prinzip, daß Erkenntnisse und Beschlüsse im Rahmen des Überprüfungs- und Bewertungsverfahrens geheimgehalten werden, hat eine Kehrseite. Würde offenbart, wem gegenüber eine Empfehlung zur Mandatsniederlegung abgegeben worden ist, wäre für alle Klarheit geschaffen. Werden jedoch die Namen der eventuell belasteten Abgeordneten verschwiegen, so werden – außer wenn alle belasteten Abgeordneten von sich aus eine Mitarbeit beim Staatssicherheitsdienst einräumen – der Öffentlichkeit und den anderen Mitgliedern des Landtages Informationen vorenthalten, an denen sie ein hohes Interesse haben. Es wird dann danach gesucht werden, wer belastet ist, ohne dies zu erkennen zu geben.

Nachforschungen würden nicht einsetzen, wenn die Kommission in ihrem Gesamtbericht erklärt, sie habe keine Empfehlungen, das Mandat niederzulegen, abgegeben. Sie sind ferner eher unwahrscheinlich, wenn die Zahl der Empfehlungen mit derjenigen der Mandatsniederlegungen korrespondiert.

Bleibt jedoch die Zahl der eventuellen Mandatsniederlegungen hinter derjenigen entsprechender Empfehlungen zurück, könnte es zu gravierenden Beeinträchtigungen für Abgeordnete und für die Arbeit des Landtages insgesamt kommen. Es könnte eine Suche nach den belasteten Abgeordneten einsetzen. Dabei würden möglicherweise falsche Fährten verfolgt und falsche Schlüsse gezogen. In Verdacht geraten könnten Abgeordnete, die niemals eine Berührung mit dem Staatssicherheitsdienst gehabt haben. Einem Verdacht besonders ausgesetzt könnten Abgeordnete sein, die eine gewisse Nähe zum Regime der früheren DDR gehabt haben und möglicherweise auch mit dem Staatssicherheitsdienst zusammengearbeitet haben, ohne daß dies der Bewertungskommission hinreichend für eine Empfehlung zur Mandatsniederlegung war. Die Abgeordneten könnten sich mit Mißtrauen untereinander begegnen.

Hinzu kommt, daß die Fraktionen einander verdächtigen könnten. Sie würden eigenen Mitgliedern gegebenenfalls abfordern, daß sie versichern, nicht für den Staatssicherheitsdienst gearbeitet zu haben bzw. nicht Empfänger einer Empfehlung für eine Mandatsniederlegung zu sein. Es wäre nicht gewährleistet, daß solchen Versicherungen Glauben geschenkt würde. Abgeordnete, die zu Unrecht, aber nachhaltig verdächtigt würden, hätten möglicherweise Beeinträchtigungen zu erwarten, durch die ihre effektive Arbeit im Landtag in Frage gestellt würde. So könnte ein Ausschluß aus der Fraktion drohen, oder die Fraktion könnte beispielsweise den Abgeordneten aus Ausschüssen zurückziehen. Mißtrauen der Fraktion könnte dazu führen, daß ihm innerhalb der auf die Fraktionen verteilten Redezeit keine Möglichkeit zur Rede im Plenum gegeben wird. Dies alles ist nur ein Ausschnitt aus den vielfältigen denkbaren Behinderungen.

Darüber hinaus würden voraussehbar auch die Medien sich bemühen, gemäß § 34 i. V. m. § 32 Abs. 3 Nr. 2, 2. Spiegelstrich StUG Auskunft darüber zu erhalten, ob Abgeordnete Mitarbeiter des Staatssicherheitsdienstes gewesen sind. Ganz allgemein könnten verdächtigte Abgeordnete Anfeindungen in der Öffentlichkeit ausgesetzt sein.

In letzter Konsequenz könnte ein solcher Abgeordneter sich veranlaßt sehen, sein Mandat niederzulegen.

2. Soweit durch solche Nachforschungen und Verdächtigungen Abgeordnete betroffen wären, denen die Bewertungskommission die Niederlegung des Mandats empfohlen hat, hätten sie das hinzunehmen. Dabei würde es sich um politischen Druck ohne rechtliche Relevanz handeln. Der jeweils betroffene Abgeordnete hätte es in der Hand, Spekulationen um seine Person zu begegnen, indem er die Wahrheit einräumt.

Für die unbelasteten Abgeordneten würde es jedoch einen Eingriff in das freie Mandat nach Art. 22 Abs. 1 LV darstellen, wenn sie es hinnehmen müßten, Mißtrauen und Verdächtigungen ausgesetzt zu sein, ohne sich nachhaltig dagegen wehren zu könnten. Denn sie wären dann nicht mehr imstande, ihr Amt in Selbstbestimmung auszuüben. Vielmehr unterlägen sie einer Fremdbestimmung, und das noch in der Weise, daß ihnen fälschlich ein im Hinblick auf die Innehabung des Mandats unwürdiges Verhalten unterstellt wird.

Abhilfe könnte nicht die Bewertungskommission gewähren. Ihre Mitglieder sind und bleiben in allen Situationen an die Pflicht zur strikten Geheimhaltung gebunden. Abhilfe könnten allein die Abgeordneten gewähren, die ihre Belastung verschweigen; solche Abhängigkeit ist nicht hinnehmbar.

Diese Gefahr der Beeinträchtigung des freien Mandats liegt in der Verantwortung des Antragsgegners, der die Überprüfung der Abgeordneten bestimmt hat. Daher hält die von ihm beschlossene Regelung der verfassungsrechtlichen Überprüfung nur Stand unter der Maßgabe, daß die Bewertungskommission den Abgeordneten die Schriftstücke zur Verfügung stellt, anhand derer sie zügig und nachhaltig belegen können, ob sie durch Mitarbeit beim Staatssicherheitsdienst belastet sind oder nicht.

3. Der Möglichkeit, daß ein solches Klima von Verdächtigungen und Mißtrauen im Landtag entsteht, ist von vornherein dadurch zu begegnen, daß die Abgeordneten die Aushändigung des Überprüfungsergebnisses des Bundesbeauftragten und eventueller Verpflichtungserklärungen sowie des Beschlusses der Bewertungskommission darüber, ob eine Empfehlung zur Mandatsniederlegung gegeben wird oder nicht, beanspruchen können. In diesem Sinne ist die Richtlinie auszulegen.

Nach Nr. 4 Satz 3 RiL wird das Ergebnis, das die Überprüfung durch den Bundesbeauftragten gehabt hat, dem Abgeordneten von der Bewertungskommission in einem Gespräch „mitgeteilt". Eine Mitteilung ist nicht nur die mündliche Eröffnung, sondern auch die Überlassung von Schriftstücken. Das entspricht den Maßgaben, mit denen der Bundesbeauftragte seine Auskünfte zu erteilen pflegt. Auf eine an ihn gerichtete Anfrage übersendet er ein als „Mitteilung" oder „Rechercheergebnis" bezeichnetes Schriftstück, das entweder besagt, über die jeweilige Person lägen keine Erkenntnisse vor, oder in dem die vorhandenen Erkenntnisse systematisch unter 17 Gliederungspunkten zusammengestellt sind. Dem sind – wenn Erkenntnisse vorliegen – in Fotokopie die Verpflichtungserklärung(en), Berichte mit geschwärzten Namen Dritter, Zahlungsbelege usw. beigelegt. Der Bundesbeauftragte gestattet die Herausgabe der Mitteilung und einer Kopie der Verpflichtungserklärung an die überprüfte Person. So ist auch hier auf Wunsch des Abgeordneten zu verfahren. Soweit der Abgeordnete aus besonderen Gründen auch die Herausgabe von sonstigen Unterlagen begehren sollte, wäre eine Abklärung mit dem Bundesbeauftragten herbeizuführen.

Ferner ist geboten, daß die Bewertungskommission dem Abgeordneten auf Wunsch schriftlich bescheinigt, ob an ihn eine Empfehlung zur Niederlegung des Mandats ergangen ist oder nicht. Die Richtlinie läßt diese Praxis zu. Nach ihrer Nr. 7 Satz 1 beschließt die Kommission, ob eine Mandatsniederlegung empfohlen werden soll. Es bedarf also in jedem Falle eines Beschlusses, sowohl für eine Empfehlung als auch für ein Absehen davon. Nach allgemeinen Grundsätzen ist ein Beschluß zu dokumentieren. Die Aushändigung eines schriftlichen Beschlusses an den Betroffenen entspricht allgemeiner Praxis. Sie ist durch keine Bestimmung der Richtlinie ausgeschlossen. Insbesondere steht Nr. 11 Satz 3 RiL, wonach ein nach weiterer Überprüfung gefaßter neuer Beschluß „in einem erneuten Gespräch mitgeteilt" wird, nicht entgegen. Auch dies ist zwanglos dahin zu verstehen, daß diese Mitteilung auf Wunsch des Abgeordneten auch die Aushändigung des schriftlichen Beschlusses umfaßt.

4. Eine solche Praxis entspricht auch sonst dem Konzept der vom Antragsgegner beschlossenen Überprüfungsregelung. Nach ihr ist anderen als dem Abgeordneten verboten, über das Ergebnis der Überprüfung durch den Bundesbeauftragten und über den Beschluß der Kommission etwas zu verlautbaren. Der Abgeordnete selbst aber kann über die Daten verfügen. Das schließt seinen Anspruch ein, sie in einer Weise zu erfahren, daß er sie gegenüber Dritten überzeugungskräftig verwenden kann.

VI.

Mit diesem Urteil steht fest, daß alle Mitglieder des Landtages – ausgenommen die Antragstellerin zu 6. – sich der Prüfung auf Mitarbeit beim Staatssicherheitsdienst der ehemaligen DDR unterziehen müssen. Die Abgeordneten haben, soweit dies nicht schon vorher geschehen ist, entsprechend § 48 Abs. 2 Satz 1 AbgG innerhalb von zwei Wochen nach Verkündung des Urteils ihre Wohnanschriften der letzten zehn Jahre vor dem 3. 10. 1990 dem Präsidenten des Antragsgegners schriftlich mitzuteilen.

Das Landesverfassungsgericht geht davon aus, daß sämtliche Abgeordnete dem Gesetz, nachdem im vorliegenden Verfahren seine Vereinbarkeit mit der Landesverfassung geklärt ist, Folge leisten werden. Indessen wird vorsorglich auf folgendes hingewiesen:

Der Landtagspräsident kann nach § 48 Abs. 2 Satz 4 AbgG den Bundesbeauftragten auch um Überprüfung solcher Abgeordneten bitten, die ihre Pflicht, die Anschriften mitzuteilen, nicht oder nur unvollständig erfüllt haben. Durch den Beschluß gemäß § 48 Abs. 1 AbgG ist festgelegt, daß die Abgeordneten sich überprüfen lassen müssen. Die Pflicht zur Angabe der Wohnanschriften dient dazu, daß umfassend und zügig überprüft werden kann. Sie ist mithin ein Hilfsmittel der Überprüfung. Sie folgt aus der Pflicht, die Überprüfung hinzunehmen, ist aber nicht umgekehrt eine rechtlich notwendige Voraussetzung für deren Durchführung.

Die der Bewertungskommission auferlegte Pflicht, alles zu unterlassen, was eine Individualisierung von Abgeordneten ermöglichen könnte, besteht nur gegenüber den Abgeordneten, die ihrerseits der Pflicht zur Angabe der Wohnanschriften vollständig und rechtzeitig nachkommen. Daher wäre es unbedenklich, wenn durch den Landtagspräsidenten oder durch die Bewertungskommission die Zahl und auch die Namen von Abgeordneten genannt würden, die sich der Überprüfung entziehen.

Die Bewertungskommission kann ihre Gespräche mit den Abgeordneten beginnen, sobald bei ihr die Überprüfungsergebnisse hinsichtlich derjenigen Abgeordneten eingegangen sind, die ihrer Pflicht zur Angabe der Wohnanschriften vollständig und rechtzeitig genügt haben.

Soweit der Bundesbeauftragte mitteilen sollte, daß wegen fehlender oder unvollständiger Mitteilung der früheren Wohnanschriften seitens eines Abgeordneten eine Überprüfung nicht oder nur unvollständig oder nur mit zeitlicher Verzögerung durchgeführt werden konnte oder kann, darf die Bewertungskommission das dem Präsidenten des Landtages, nachdem sie dem Abgeordneten Gehör gewährt hat, eröffnen. Dieser darf das Parlament und die Öffentlichkeit darüber unterrichten. Solche Mitteilungen des Bundesbeauftragten gehören nicht zu den Informationen, welche die Mitglieder der Bewertungskommission nach § 48 Abs. 3 Satz 4 AbgG geheimzuhalten verpflichtet sind. Unter „alle" Informationen, die nicht an andere als den Abgeordneten weitergegeben werden dürfen, fallen hinsichtlich aller Abgeordneten sämtliche Erkenntnisse inhaltlicher Art, also insbesondere darüber, ob und wie der Abgeordnete Berührung mit dem Staatssicherheitsdienst gehabt hat. Ferner gehören dazu sämtliche den Ablauf des Überprüfungsverfahrens betreffenden Umstände bei denjenigen Abgeordneten, die ihre Pflicht zur Angabe der Wohnanschriften erfüllt haben. Nach Sinn und Zweck des Gesetzes brauchen jedoch Verfahrensumstände, die auf pflichtwidrigem Verhalten des Abgeordneten beruhen, weder durch die Bewertungskommission noch durch den Präsidenten des Landtages verschwiegen zu werden.

D.

Die Kostenfreiheit des Verfahrens folgt aus § 32 Abs. 1 LVerfGG.

Es besteht kein Grund, gemäß § 33 Abs. 2 LVerfGG Erstattung von Auslagen anzuordnen.

Entscheidungen
des Verfassungsgerichtshofs
des Saarlandes

Die amtierenden Richter des Verfassungsgerichtshofs des Saarlandes*

Dr. Roland Rixecker,   Präsident
(Prof. Dr. Heike Jung)

Prof. Dr. Elmar Wadle,   Vizepräsident
(Winfried Adam)

Otto Dietz
(Günther Hahn)

Prof. Dr. Günter Ellscheid
(Dieter Knicker)

Karl-Heinz Friese
(Ulrich Sperber)

Dr. Jakob Seiwerth
(Jürgen Grünert)

Hans-Georg Warken
(Wolfgang Schild)

Prof. Dr. Rudolf Wendt
(Jakob Lang)

---

* In Klammern die Stellvertreter.

Nr. 1

1. a. Die Verfassung des Saarlandes gewährleistet kein Recht von Gewerkschaften und Berufsverbänden der Beamtinnen und Beamten, an der Vorbereitung allgemeiner Regelungen der beamtenrechtlichen Verhältnisse beteiligt zu werden.

b. Artikel 58 Abs. 1 SVerf verpflichtet die Landesregierung lediglich, die in der Staatspraxis nicht gebildeten Wirtschaftsgemeinschaften aus Vereinigungen von Arbeitgebern und Arbeitnehmern zu allen wirtschaftlichen und sozialen Maßnahmen von grundsätzlicher Bedeutung zu hören. Er begründet kein Recht der Vereinigungen von Arbeitgebern und Arbeitnehmern selbst.

c. Artikel 56 Abs. 1 SVerf gewährleistet die Koalitionsfreiheit von Beamtinnen und Beamten. Von diesem Schutz ist von vornherein nicht umfaßt ein Recht der Koalitionen von Beamtinnen und Beamten, die Arbeits- und Wirtschaftsbedingungen ihrer Mitglieder frei und gegebenenfalls unter Einsatz von Druckmitteln auszuhandeln; daher kann aus Artikel 56 Abs. 1 SVerf auch nicht ein – verfassungsrechtlicher – Anspruch auf Beteiligung an der Regelung von Arbeits- und Wirtschaftsbedingungen von Beamtinnen und Beamten in Rechtssetzungsverfahren sein.

2. Artikel 115 Abs. 2 S. 2 SVerf, der die wohlerworbenen Rechte von Beamten für unverletzlich erklärt, enthält keine Gewährleistung eines einmal erreichten Standards beamtenrechtlicher Leistungsansprüche.

3. Artikel 115 Abs. 2 S. 2 SVerf verbürgt Beamtinnen und Beamten auch dem Grunde nach kein Recht auf Beihilfe als wohlerworbenes Recht, verpflichtet den Dienstherrn jedoch in Verbindung mit Artikel 114 Abs. 1 SVerf zur Fürsorge Beamtinnen und Beamten gegenüber. Dazu zählt bei dem gegenwärtigen Stand des Bundesrechts auch die Verpflichtung des Landes, Vorkehrungen gegen die Gefährdung des amtsangemessenen Unterhalts von Beamtinnen und Beamten bei Krankheits-, Pflege-, Geburts- und Todesfällen zu treffen. In Fällen der Krankenhausbehandlung wird dem durch die geltende Regelung der Beihilfefähigkeit der allgemeinen Krankenhausleistungen nach dem Bundespflegesatzrecht entsprochen.

4. Art. 114 Abs. 1 SVerf und Art. 115 Abs. 2 S. 2 SVerf schützen grundsätzlich nicht ein Vertrauen von Beamtinnen und Beamten in den Fortbestand beihilferechtlicher Regelungen. Vielmehr müssen Beamte mit Veränderungen der Absicherung des Krankheitskostenrisikos durch Beihilfe rechnen. Geschützt durch die genannten Verfassungsbestimmungen ist das Vertrauen von Beamtinnen und Beamten in den Fortbestand geltenden Rechts aber insoweit, als sie auf ihm aufbauend ihre Lebensgestaltung betreffende und nicht rückgängig zu machende oder folgenlos zu beseitigende gewichtige Vermögensdispositionen getroffen oder für sie wichtige, bei Eintritt der Rechtsänderung nicht mehr nachholbare Vermögensdispositionen unterlassen haben und dem Schutz ihres Vertrauens nicht höher zu bewertende, mit der Rechtsänderung verfolgte Allgemeininteressen entgegenstehen. Dieser Fall ist gegeben, wenn Beamtinnen und Beamte entgegen ihrer erkennbar gewordenen Absicht den Wegfall der Beihilfefähigkeit von stationären Wahlleistungen infolge zwischenzeitlicher Ereignisse nicht durch Abschluß oder Änderung eines Versicherungsvertrages ausgleichen konnten oder wenn sie sich nicht ohne die Gefahr der vollständigen oder teilweisen Unversicherbarkeit von Krankheitsrisiken aus einem Versicherungsvertrag lösen konnten, der die nur teilweise Versicherung ehemals beihilfefähiger stationärer Wahlleistungen umfaßt und wenn die Haushaltsersparnis gering ist, die durch Einbeziehung der genannten Personengruppen in die Regelung über den Wegfall der Beihilfefähigkeit stationärer Wahlleistungen erzielt werden kann.

Verfassung des Saarlandes Artikel 12 Abs. 1, 56, 58 Abs. 1, 60 Abs. 1, 65 Abs. 2, 104 Abs. 1, 114 Abs. 1, 115 Abs. 2 Satz 2

Grundgesetz Artikel 9 Abs. 3, 33 Abs. 4, 5, 70 Abs. 1, 74 a Abs. 1

Saarländisches Beamtengesetz § 111

Gesetz über die Haushaltsfinanzierung 1995 Artikel 5, 6, 7

Versicherungsvertragsgesetz § 178 e, f

Verordnung über die Gewährung von Beihilfen in Krankheits-, Pflege-, Geburts- und Todesfällen § 5

Urteil vom 17. 12. 1996 – Lv 3/96 –

in dem Normenkontrollverfahren betreffend Artikel 5 Ziffer 2 des Gesetzes Nr. 1349 über die Haushaltsfinanzierung 1995 vom 6. April 1995 (Amtsbl. 1995 S. 418).

Entscheidungsformel:

Artikel 5 Nr. 2, Artikel 6 und Artikel 7 Nr. 2 des Gesetzes Nr. 1349 über die Haushaltsfinanzierung 1995 vom 6. April 1995 (Amtsbl. S. 418) und die Verordnung vom 23. 5. 1995 (Amtsbl. S. 578) zur Änderung der Verordnung über die Gewährung von Beihilfen in Krankheits-, Pflege-, Geburts- und Todesfällen sind nach Maßgabe der Verfassung des Saarlandes gültig mit folgenden Einschränkungen:

1. Für den Zeitraum vom 1. 7. bis 31. 12. 1995 sind die genannten Bestimmungen nichtig, soweit Beihilfeberechtigte wegen Inanspruchnahme von stationären Wahlleistungen eine um 5 % verminderte Rechnung über die allgemeinen Krankenhausleistungen zu bezahlen hatten und von ihrer privaten Krankenversicherung keinen vollen Ausgleich für die entstandenen Wahlleistungskosten verlangen konnten.

2. Artikel 5 Nr. 2 des Gesetzes Nr. 1349 und Artikel 1 der Änderungsverordnung vom 23. 5. 1995 sind nichtig, soweit sie beihilfeberechtigte und bei der Beihilfe zu berücksichtigende Personen betreffen, die entweder ergänzend zur Regelung des § 5 Nr. 2 S. 1 lit. b BhVO in der bis zum 1. 7. 1995 geltenden Fassung bezüglich stationärer Wahlleistungen versichert waren oder die mit Rücksicht auf das bis zum 1. 7. 1995 geltende Beihilferecht keinen Anlaß zur Versicherung stationärer Wahlleistungen hatten, und

soweit diese Personen ohne ihr Verschulden und entgegen ihrer erkennbar gewordenen Absicht aus anderen als finanziellen Gründen

a) keinen oder keinen vollständigen Versicherungsschutz für stationäre Wahlleistungen oder

b) keinen oder keinen vollständigen, dem neuen Beihilferecht angepaßten Krankenversicherungsschutz unter Ausschluß stationärer Wahlleistungen

erhalten konnten.

Gründe:

A.

Gegenstand des Verfahrens ist die Frage, ob Vorschriften des Gesetzes Nr. 1349 über die Haushaltsfinanzierung 1995 vom 6. April 1995 (Amtsbl. S. 418) und der Verordnung zur Änderung der Verordnung über die Gewährung von Beihilfen in Krankheits-, Pflege-, Geburts- und Todesfällen vom 23. 5. 1995 (Amtsbl. S. 578), die die Beihilfefähigkeit von Aufwendungen von Beamtinnen und Beamten für Wahlleistungen bei stationärer Behandlung beseitigt haben, mit der Verfassung des Saarlandes vereinbar sind.

Nach saarländischem Beamtenrecht waren – ebenso wie nach dem Beamtenrecht des Bundes und der anderen Bundesländer mit Ausnahme der Freien Hansestadt Bremen und der Freien Hansestadt Hamburg, deren Regelungen von der Verwaltungsrechtsprechung allerdings für rechtsungültig gehalten werden – bis zum 30. 6. 1995 Aufwendungen von Beamtinnen und Beamten für Wahlleistungen bei stationärer Behandlung beihilfefähig. Das ergab sich aus der auf der Grundlage von § 98 S. 1 SBG a. F. ergangenen Verordnung über die Gewährung von Beihilfen in Krankheits-, Pflege-, Geburts- und Todesfällen (Beihilfeverordnung-BhVO) in der Fassung der Bekanntmachung vom 10. 3. 1987 (Amtsbl. S. 329). Danach umfaßten die beihilfefähigen Aufwendungen die Kosten für stationäre, teilstationäre und vor- und nachstationäre Krankenhausleistungen nach der Bundespflegesatzverordnung (BPflVO), und zwar Wahlleistungen als gesondert berechnete wahlärztliche Leistungen und als gesondert berechnete Unterkunft bis zur Höhe der Kosten eines Zweibettzimmers abzüglich eines Betrages von 14,00 DM täglich (§ 5 Nr. 2 S. 1 b BhVO).

Der – den Spitzenorganisationen der zuständigen Gewerkschaften und Berufsverbände in der Vorbereitung nicht zugeleitete – Gesetzentwurf der Regierung des Saarlandes betreffend das Haushaltsfinanzierungsgesetz 1995 (LT-Drs. 11/60 vom 16. Januar 1995) sah in Artikel 5 verschiedene Änderungen des Saarländischen Beamtengesetzes vor, darunter die Beseitigung der Beihilfefähigkeit von Aufwendungen für Wahlleistungen bei stationärer Behandlung. Der Landtag des Saarlandes beriet den Gesetzentwurf zunächst in erster Lesung in seiner 4. Sitzung vom 24. 1. 1995 und verabschiedete ihn sodann nach Beratungen in dem Ausschuß für Haushalts- und Finanzfragen am 14. 3. 1995 und 3. 4. 1995 mit – die hier streitige Regelung nicht berührenden – Änderungen in zweiter und letzter Lesung am 5. April 1995.

Später, in einer Sitzung am 22. 6. 1995, hörte der Ausschuß für Innere Verwaltung des Landtags des Saarlandes verschiedene Verbände, darunter den Deutschen Beamtenbund, den Deutschen Richterbund, den Deutschen Gewerkschaftsbund und die Gewerkschaft Öffentliche Dienste, Transport und Verkehr Saar zur Neuordnung der Beihilfe im Saarland an.

Artikel 5 Nr. 2 des Gesetzes Nr. 1349 über die Haushaltsfinanzierung 1995 vom 6. April 1995 (Amtsbl. S. 418) fügte § 98 des Saarländischen Beamtengesetzes in der Fassung der Bekanntmachung vom 25. Juni 1979 (Amtsbl. S. 570, 706), zuletzt geändert durch Gesetz vom 11. Mai 1994 (Amtsbl. S. 818) folgenden Satz 4 an:

> „Aufwendungen für Wahlleistungen bei stationärer Behandlung sind nicht beihilfefähig."

Das Gesetz sieht in Artikel 6 folgende Übergangsregelung vor:

„(1) Aufwendungen für eine vor dem 1. Juli 1995 begonnene stationäre Behandlung in einem Krankenhaus sowie Aufwendungen, die bis zum 1. Juli 1995 entstanden sind, werden nach bisherigem Recht behandelt.

(2) Mehraufwendungen für gesondert berechenbare Wahlleistungen aus Anlaß einer stationären Behandlung in einem Krankenhaus und für entsprechende Leistungen werden in den Fällen, in denen Personen vor dem 1. Juli 1995

a) wegen angeborener Leiden oder für bestimmte Krankheiten gesonderte berechenbare ärztliche Leistungen eines bestimmten Arztes in Anspruch genommen haben und in denen es sich als notwendig erweist, daß derselbe Arzt die Behandlung fortsetzt,

b) wegen angeborener Leiden oder für bestimmte Krankheiten gesonderte berechenbare Leistungen in Anspruch genommen haben und in denen die Behandlung aufgrund eines bei Beendigung des früheren Behandlungsabschnitts bestehenden Behandlungsplans fortgesetzt wird,

c) trotz ausreichender Versicherung wegen angeborener Leiden oder für bestimmte Krankheiten von den Versicherungsleistungen ausgeschlossen oder in denen diese Leistungen eingestellt worden sind und in denen die Mehraufwendungen aufgrund dieser Leiden oder Krankheiten entstanden sind,

d) das siebzigste Lebensjahr vollendet haben, nach bisherigem Recht behandelt; dies gilt in den Fällen der Buchstaben a) und b) nur, wenn die Festsetzungsstelle die Beihilfefähigkeit vorher anerkannt hat, es sei denn, daß eine sofortige stationäre Behandlung geboten war."

Artikel 7 Nr. 2 bestimmt, daß abweichend von dem Inkrafttreten des Gesetzes mit Wirkung vom 1. Januar 1995 Artikel 5 Nr. 2 des Gesetzes am 1. Juli 1995 in Kraft tritt.

Mit ihrem am 3. 8. 1995 eingegangenen Normenkontrollantrag vom 31. 7. 1995 begehren die Antragsteller, 21 Abgeordnete der CDU-Fraktion des Landtags des Saarlandes, die Feststellung, daß Artikel 5 Nr. 2 des Gesetzes Nr. 1349 über die Haushaltsfinanzierung 1995 vom 6. April 1995 (Amtsbl. S. 418) mit der Verfassung des Saarlandes unvereinbar und daher nichtig sei. In der mündlichen Verhandlung vor dem Verfassungsgerichtshof des Saarlandes haben sie ihren Normenkontrollantrag auf die Verordnung zur Änderung der Verordnung über die Gewährung von Beihilfen in Krankheits-, Pflege-, Geburts- und Todesfällen vom 23. 5. 1995 (Amtsbl. S. 578) erstreckt.

Zur Begründung tragen die Antragsteller im wesentlichen vor, die Gesetzgebungsabsicht komme im Wortlaut des Gesetzes nicht klar zum Ausdruck. Der Gesetzesbefehl sei widersprüchlich, der Sachverstand der Betroffenen sei nicht in der von § 111 des Saarländischen Beamtengesetzes vorgesehenen Weise in die Beratungen eingeflossen. Die Änderung des sich bislang im wesentlichen aus einer Verordnung ergebenden Beihilferechts durch ein Gesetz sei systemwidrig, vor allem aber verletze die Versagung der Beihilfefähigkeit von Aufwendungen für Wahlleistungen bei stationärer Behandlung Artikel 115 Abs. 2 S. 2 der Verfassung des Saarlandes, der die wohlerworbenen Rechte der Beamten für unverletzlich erklärt. Zu diesen wohlerworbenen Rechten zähle nach der Rechtsprechung des Reichsgerichts zu Artikel 129 Abs. 1 S. 3 der Verfassung des Deutschen Reichs vom 11. August 1919, dessen Wortlaut Artikel 115 Abs. 2 S. 2 der Verfassung des Saarlandes übernommen habe, jedes einmal begründete Recht von Beamten, soweit es – wie der Anspruch auf Beihilfen für Wahlleistungen bei stationärer Behandlung – vorbehaltlos begründet sei. Zumindest aber sichere Artikel 115 Abs. 2 S. 2 der Verfassung des Saarlandes den sogenannten „Beihilfestandard", zu dem nach der Rechtsprechung des Bundesverwaltungsgerichts gerade die durch das Haushaltsfinanzierungsgesetz 1995 versagte Leistung gehöre. Schließlich verletze die Regelung Artikel 12 Abs. 1 der Verfassung des Saarlandes, da sie sich auf Beihilfeberechtigte je nach Familienstand und Alter sehr unterschiedlich auswirke, Beamte aber auch gegenüber Angestellten ungerechtfertigt benachteilige.

Der Verfassungsgerichtshof des Saarlandes hat dem Landtag des Saarlandes und der Landesregierung Gelegenheit zur Stellungnahme gegeben.

Der Landtag hat in der mündlichen Verhandlung vor dem Verfassungsgerichtshof des Saarlandes erläutert, in seiner bis zu der 6. Legislaturperiode zurückverfolgten Praxis seien Spitzenorganisationen der zuständigen Gewerkschaften und Berufsverbände in mehreren Fällen durch den Landtag nicht angehört worden. Zu der Abstimmung der Neuregelung des Beihilferechts auf die Möglichkeiten privater Versicherung hätten der Mehrheitsfraktion Auskünfte vorgelegen. Dazu und zu der Übergangsregelung habe es im Landtag des Saarlandes keine Diskussionsbeiträge gegeben. Allerdings habe die Mehrheitsfraktion die Problematik erkannt.

Die Landesregierung hegt Bedenken gegen die Zulässigkeit des Normenkontrollantrages, weil er den Verfassungsgerichtshof veranlassen müsse, Landesrecht am Maßstab des Bundesrechts zu messen. Den Normenkontrollantrag hält sie im übrigen auch für unbegründet, Artikel 5 Nr. 2 des Haushaltsfinanzierungsgesetzes 1995 für aus Gründen der Haushaltsnotlage des Saarlandes geradezu geboten. Sie vertritt im wesentlichen die Auffassung, die Gewährung von Ansprüchen auf Beihilfe stehe von vornherein unter dem Vorbehalt späterer Änderungen, so daß sie in ihrer konkreten Gestalt nicht zu wohlerworbenen Rechten im Sinne von Artikel 115 Abs. 2 S. 2 der Verfassung des Saarlandes hätten werden können. Im übrigen schütze auch Artikel 115 Abs. 2 S. 2 der Verfassung des Saarlandes lediglich einen „grundsätzlichen Anspruch auf Beihilfe", nicht aber einen Anspruch auf Beihilfe in einer bestimmten Höhe. Die von der Rechtsprechung des Bundesverwaltungsgerichts entwickelte Verpflichtung von Dienstherren, Beamten Beihilfen nach einem – vor allem die Wahlleistungen bei stationärer Behandlung umfassenden – „Beihilfestandard" zu gewähren, vermöge nicht zu überzeugen. Sie widerspreche der Rechtsprechung des Bundesverfassungsgerichts, nach der das gegenwärtige System der Gewährung von Beihilfen in seiner konkreten Form gerade nicht verfassungsrechtlich geschützt sei und Dienstherren nach der sie treffenden Fürsorgepflicht auch nur gehalten sein könnten, Beihilfen zu dem zu leisten, was zur Abwendung der mit Krankheitsfällen verbundenen Belastungen durch eine an den gesundheitlichen Belangen des Patienten orientierten und dem Standard der modernen Medizin entsprechenden Versorgung notwendig sei; dazu zählten Wahlleistungen nicht. Die Neuregelung des saarländischen Beihilferechts verletze auch den Gleichheitssatz der Verfassung des Saarlandes nicht. Soweit sie zu unterschiedlichen Belastungen von Beihilfeberechtigten führe, beruhe dies allein auf der Berücksichtigung individueller Risiken und sei systemimmanenter Bestandteil des Rechts der privaten – ergänzenden – Krankenversicherung.

Der Verfassungsgerichtshof hat Auskünfte des Bundesaufsichtsamt für das Versicherungswesen, des Verbandes der Privaten Krankenversicherung und mehrerer privater Krankenversicherer über die Auswirkungen der Neuregelung des saarländischen Beihilferechts auf ergänzende private Krankenversicherungsverträge von saarländischen Beamten eingeholt. Er hat dem Deutschen Beamtenbund, Landesbund Saar, dem Deutschen Richterbund, Landesverband Saar, und der Gewerkschaft Öffentliche Dienste, Transport und Verkehr, Bezirk Saar, Gelegenheit zur Stellungnahme gegeben.

B.

Der Normenkontrollantrag ist nach Artikel 97 Nr. 2 SVerf, § 9 Nr. 6, § 43 Abs. 1 und 2 Nr. 2 VerfGHG zulässig. Die Antragsteller, mehr als ein Drittel der Abgeordneten des Saarländischen Landtags, machen geltend, daß Artikel 5 Nr. 2 des Gesetzes Nr. 1349 über die Haushaltsfinanzierung 1995 vom 6. 4. 1995 (Amtsbl. S. 418) – Haushaltsfinanzierungsgesetz 1995 – und die Verordnung vom 23. 5. 1995 (Amtsbl. S. 578) zur Änderung der Verordnung über die Gewährung von Beihilfen in Krankheits-, Pflege-, Geburts- und Todesfällen – Beihilfe-Änderungsverordnung –, also Vorschriften des Landesrechts, mit der Verfassung des Saarlandes unvereinbar und daher nichtig sind.

C.

I.

Der Normenkontrollantrag führt in der Sache zu einer umfassenden Prüfung der beanstandeten Rechtsvorschriften am Maßstab der Verfassung des

Saarlandes ohne Beschränkung auf die insoweit konkret erhobenen Rügen (vgl. zu der entsprechenden bundesrechtlichen Vorschrift BVerfGE 1, 14, 41; 37, 363, 397). Die Prüfung muß sich nicht auf den von den Antragstellern in erster Linie angegriffenen Artikel 5 Nr. 2 des Haushaltsfinanzierungsgesetzes 1995 beschränken; sie kann weitere Bestimmungen der gleichen Rechtsvorschrift – Artikel 6 und 7 des Haushaltsfinanzierungsgesetzes 1995 – in die verfassungsgerichtliche Kontrolle einbeziehen (§ 45 Abs. 1 S. 2 VerfGHG). Maßstab der Prüfung ist insgesamt jedoch allein die Verfassung des Saarlandes (Art. 97 Nr. 2 SVerf). Ob die angegriffenen Rechtsvorschriften in anderer Hinsicht rechtlichen Bedenken begegnen, insbesondere, ob sie mit Rechtsvorschriften des Bundesrechts vereinbar sind, ist dem Verfassungsgerichtshof zur Prüfung nicht aufgegeben.

II.

Die Prüfung ergibt zunächst, daß Artikel 5 Nr. 2 des Gesetzes Nr. 1349 über die Haushaltsfinanzierung 1995 sowie die mit ihm in Zusammenhang stehenden Artikel 6 und 7 und die Beihilfe-Änderungsverordnung in förmlicher Hinsicht mit der Verfassung des Saarlandes vereinbar sind.

1. Gegen die Gesetzgebungskompetenz des Landes – und damit auch gegen die Kompetenz zu der entsprechenden Rechtsetzung durch Verordnung – bestehen keine Bedenken.

Im Rahmen seiner Kontrolle der Vereinbarkeit von Vorschriften des Landesrechts mit der Verfassung des Saarlandes prüft der Verfassungsgerichtshof auch, ob eine Rechtsetzungsbefugnis des Landes besteht. Zwar enthält die Verfassung des Saarlandes keine ausdrücklichen Regelungen über die Zuständigkeit zur Rechtsetzung. Jedoch folgt sowohl aus Artikel 60 Abs. 1 SVerf, nach dem das Saarland eine freiheitliche Demokratie und ein sozialer Rechtsstaat in der Bundesrepublik Deutschland ist, als auch aus Artikel 99 Abs. 1 S. 2 SVerf, wonach die Volksgesetzgebung nur auf Gebieten zulässig ist, die der Gesetzgebung des Landes unterliegen, daß die Verfassung des Saarlandes selbst die Regelung der Zuständigkeit zur Rechtsetzung in Artikel 70 ff. GG als auch im Landesverfassungsrecht verfassungsrechtlich bindende Bestimmungen über die Ausübung der gesetzgebenden Gewalt nach Artikel 65 Abs. 2 SVerf und über die Zuständigkeit zum Erlaß von Rechtsverordnungen nach Artikel 104 Abs. 1 SVerf betrachtet.

Welche Folgen sich ergeben würden, wenn der Verfassungsgerichtshof im Rahmen seiner Prüfung der Rechtsetzungskompetenz des Landes zu dem Ergebnis käme, eine seiner Kontrolle unterliegenden Norm sei von der Rechtsetzungsbefugnis des Landes nicht umfaßt, kann dahinstehen (vgl. insoweit

BayVerfGHE 45, 33, 40, 41; 43, 107, 120; NRW VerfGH NVwZ 93, 57, offengelassen auch in VerfGH Berlin, Urteil v. 22. 10. 1996 – VerfGH 44/96)*.
Denn nach Artikel 70 Abs. 1 GG steht dem Saarland die Gesetzgebung auf dem Gebiet des Beihilferechts für Beamte des Saarlandes gegenwärtig zu. Eine ausschließliche Gesetzgebungszuständigkeit des Bundes nach Artikel 73 GG ist nicht gegeben. Das Beihilferecht stellt vielmehr kompetenzrechtlich einen Teil der Besoldung der Angehörigen des öffentlichen Dienstes dar und gehört deshalb, soweit es sich nicht um Beamte des Bundes handelt, nach Artikel 74 a Abs. 1 GG in den Bereich der konkurrierenden Gesetzgebung (BVerfGE 62, 354, 368 f). Danach haben die Länder die Befugnis zur Gesetzgebung, solange und soweit der Bund von seiner Gesetzgebungszuständigkeit nicht durch Gesetz Gebrauch gemacht hat (Art. 72 Abs. 1 GG). Das ist nicht der Fall. Eine ausdrückliche Regelung der Beihilfe für Beamte der Länder und der Gemeinden ist nicht erfolgt. Eine Inanspruchnahme der Gesetzgebungszuständigkeit nach Artikel 74 a Abs. 1 GG ergibt sich auch nicht daraus, daß die vom Bund festgesetzte Besoldung nach allgemeiner Auffassung (BVerwGE 77, 345, 351) einen Anteil zur Deckung von Aufwendungen von Beamten im Krankheitsfall enthalten soll. Denn der Besoldungsgesetzgeber geht davon aus, daß damit keine erschöpfende Absicherung des Krankheitsrisikos von Beamten erfolgt ist. Durch die Wahrnehmung der Gesetzgebungskompetenz des Bundes für die Besoldung von Angehörigen des öffentlichen Dienstes mag der Rechtssetzung der Länder verwehrt sein, Zuschüsse zu Versicherungsbeiträgen von Beamten als Besoldungsbestandteil zu gewähren. Nicht verwehrt ist ihnen – und dies entspricht der Staatspraxis in allen Ländern – eine auf konkrete Krankheitsfälle bezogene Gewährung von Beihilfen. Daran würde sich nichts ändern, wenn der Bund von einem sogenannten „Beihilfestandard" in Bund und Ländern ausgegangen sein sollte. Verdrängt wird die Gesetzgebungszuständigkeit der Länder nur dann, wenn der Bund von seiner Möglichkeit der konkurrierenden Gesetzgebung tatsächlich Gebrauch macht. Davon kann keine Rede sein, wenn er lediglich eine Regelung trifft, die davon ausgeht, daß das Landesrecht andere, ergänzende Bestimmungen beinhaltet. Das muß dann auch gelten, wenn es darum geht, eine zusätzlich zu Bestandteilen der Besoldung auch aus Sicht des Besoldungsgesetzgebers für erforderlich gehaltene Absicherung des Krankheitsrisikos von Angehörigen des öffentlichen Dienstes, die in einem öffentlich-rechtlichen Dienst- und Treueverhältnis stehen, zu schaffen.

2. Artikel 5 Nr. 2 des Haushaltsfinanzierungsgesetzes 1995 verletzt die Verfassung des Saarlandes nicht deshalb, weil sich Art und Ausmaß der Absicherung des Krankheitsrisikos von Beamten nunmehr teils aus einer Verord-

* In diesem Band S. 37.

nung und teils aus einem Gesetz ergeben. Die in Art. 104 Abs. 1 SVerf erlaubte Ermächtigung der Exekutive zur eigenen Rechtssetzung durch Verordnung und ihre konkrete grundsätzliche Nutzung durch die Verordnung über die Gewährung von Beihilfen in Krankheits-, Pflege-, Geburts- und Todesfällen verbieten der Legislative nicht, ihre rechtssetzende Gewalt in diesem Bereich so wie geschehen auszuüben. Dem Gesetzgeber ist es nicht verwehrt, eine zunächst dem Verordnungsgeber überlassene Regelungsbefugnis wieder – auch teilweise – in Anspruch zu nehmen (BVerfGE 22, 330; *von Mangoldt/Klein/ Wilke*, GG, 2. Aufl., Art. 80 II 3 b; *Jekewitz*, NVwZ 94, 956, 957). Ob sich aus dem Rechtsstaatsprinzip (Art. 60 Abs. 1 SVerf) und der Rechtsschutzgarantie (Art. 20 SVerf) Grenzen für die Legislative ergeben, aufgrund einer von ihr erteilten Ermächtigung durch Verordnung erfolgte Regelungen teilweise zu korrigieren und durch Normen zu ersetzen, die zum Teil den Rang eines formellen und materiellen Gesetzes, zum Teil den bloßen Rang einer Verordnung haben, mag dahinstehen (vgl. insoweit Sachs/Lücke, GG, Art. 80 Rdn. 7). Solche Grenzen wären nämlich in jedem Fall nur dann überschritten, wenn eine derartige Aufspaltung zu Rechtsunsicherheit und zu einer unvertretbaren Verkürzung oder Beeinträchtigung des Rechtsschutzes führt. Davon kann hier nicht ausgegangen werden. Die durch das Haushaltsfinanzierungsgesetz 1995 erfolgte Teilregelung des Beihilferechts schließt bestimmte, klar abgrenzbare Aufwendungen in Krankheitsfällen von der Beihilfefähigkeit aus. Sie antwortet auf eine für die Absicherung des Krankheitsrisikos von Beamten wesentliche Frage umfassend, ohne daß sich die konkrete Belastung des Beamten erst aus ergänzenden verordnungsrechtlichen Vorschriften ergäbe. Der dagegen mögliche Rechtsschutz des Beamten ist nicht von geringerer Qualität als jener, der bei einer Regelung durch Verordnung bestünde. Ob der Gesetzgeber im Hinblick auf die Bedeutung des Ausschlusses der Beihilfefähigkeit von Wahlleistungen bei stationärer Krankenbehandlung nicht sogar gehalten war, diese Regelung selbst zu treffen, kann dahinstehen.

3. Artikel 5 Nr. 2 des Haushaltsfinanzierungsgesetzes 1995 hat – entgegen der Ansicht der Antragsteller – auch die nötige den rechtsstaatlichen Anforderungen genügende Bestimmtheit. Die Antragsteller meinen, nach dem Wortlaut der Vorschrift seien bei Inanspruchnahme von stationären Wahlleistungen sämtliche Krankenhausleistungen nicht beihilfefähig. Dem liegt die Vorstellung zugrunde, die Inanspruchnahme von Wahlleistungen führe dazu, daß alle Krankenhausleistungen als Wahlleistungen aufzufassen seien. Dies trifft nicht zu. Wahlleistungskosten werden gemäß § 22 BPflVO neben den Pflegesätzen berechnet. Auch „Wahlleistungspatienten" erhalten deshalb eine Abrechnung über die für alle Krankenhausbenutzer einheitlich zu berechnenden Pflegesätze (§ 14 BPflVO), in die die Kosten für die ärztliche Behandlung

einbezogen sind (§§ 10 Abs. 1, 11 Abs. 2 i. V. mit Anlage 1, § 11 Abs. 1 i. V. mit Bl. K 1 Nr. 1; § 13 Abs. 2 BPflVO). Die daneben zusätzlich erhobenen Kosten für die ärztlichen Wahlleistungen werden dabei nach § 6 a GOÄ mit einem Abschlag von 25 % berechnet. Nur auf die zusätzlichen Kosten bezieht sich daher der Ausschluß der Beihilfefähigkeit. Sie werden in Art. 6 Abs. 2 des Haushaltsfinanzierungsgesetzes 1995, wo von der Gesamtheit der Krankheitskosten die Rede ist, zutreffend als „Mehraufwendungen" bezeichnet, und zwar in dem Sinne, daß sie zu den nach § 14 BPflVO einheitlich für alle Patienten zu berechnenden Pflegesätzen hinzukommen.

4. Artikel 5 Nr. 2 des Haushaltsfinanzierungsgesetzes Nr. 1995 verletzt die Verfassung des Saarlandes nicht dadurch, daß Gewerkschaften und Berufsverbände oder ihre Spitzenorganisationen nicht an der Vorbereitung des Gesetzes (und der Verordnung) beteiligt worden sind.

Allerdings ist eine solche, Einfluß auf die der Rechtssetzung vorausgehenden Beratungen erlaubende Beteiligung unterblieben. Die nach dem Inkrafttreten des Gesetzes durch den Ausschuß für Innere Verwaltung des Landtags des Saarlandes am 22. 6. 1995 erfolgte Anhörung würde einen Anspruch auf Beteiligung seinem Zweck entsprechend nicht erfüllen können.

Indessen fehlt es an einem von der Verfassung des Saarlandes – dem einzigen Maßstab der Prüfung für den Verfassungsgerichtshof – gewährleisteten Recht von Gewerkschaften und Berufsverbänden oder ihrer Spitzenorganisationen, bei der Vorbereitung allgemeiner Regelungen der beamtenrechtlichen Verhältnisse beteiligt zu werden.

Ein solcher Anspruch ergibt sich zwar aus § 111 SBG, der die bundesrahmenrechtliche Vorgabe des § 58 BRRG ausfüllt. Diese das Rechtssetzungsverfahren im Beamtenrecht gestaltende Vorschrift hat aber den Rang eines einfachen Gesetzes, dessen Beachtung durch den Gesetzgeber vom Verfassungsgerichtshof des Saarlandes nicht zu prüfen ist. Sie ist nicht zugleich Teil oder Ausdruck einer verfassungsgesetzlichen Gewährleistung.

Eine solche verfassungsgesetzliche Gewährleistung folgt nicht aus Art. 58 Abs. 1 SVerf, der lautet:

„Die Vereinigungen der Arbeitgeber und Arbeitnehmer wirken auf der Grundlage der Gleichberechtigung in Wirtschaftsgemeinschaften zusammen. Sie haben die gemeinsamen Angelegenheiten ihres Bereiches zu behandeln, sind mit der Wahrnehmung der Interessen ihres Wirtschaftszweiges in der Gesamtwirtschaft betraut und von der Regierung zu allen wirtschaftlichen und sozialen Maßnahmen von grundsätzlicher Bedeutung zu hören."

Ob die Regelung der Beihilfefähigkeit von stationären Wahlleistungen im Fall einer Krankenbehandlung eines Beamten wirtschaftliche und soziale Maßnahmen von grundsätzlicher Bedeutung betrifft, kann dahinstehen. Artikel 58 Abs. 1 S. 2 SVerf verpflichtet nämlich schon seinem Wortlaut nach die Regierung, nicht den Gesetzgeber. Seinem historisch-systematischen Sinn nach berechtigt er nicht – wie dem Wortlaut allerdings auch entnommen werden könnte – Vereinigungen von Arbeitgebern und Arbeitnehmern, also auch Koalitionen, sondern die von beiden zu bildenden, in der Staatspraxis aber nicht errichteten Wirtschaftsgemeinschaften. Artikel 58 Abs. 1 S. 2 SVerf ist schließlich nicht Teil einer Gesamtregelung des Gesetzgebungsverfahrens, sondern Teil eines wirtschaftsverfassungsrechtlichen Programms (*Schranil*, Verfassung des Saarlandes, Art. 58, Bem. 3).

Artikel 58 Abs. 1 S. 2 SVerf, der in anderen Verfassungen deutscher Bundesländer keine Entsprechung hat, ist eine in das saarländische Verfassungsrecht übernommene Fortentwicklung des auf räteverfassungsrechtliche Ideen zurückgehenden Art. 165 Abs. 4 S. 1 der Verfassung des Deutschen Reiches vom 11. 8. 1919 (RGBl. S. 1383). Diese Verfassungsnorm sah – im Rahmen des nur in Ansätzen verwirklichten Systems einer Wirtschaftsverfassung der Weimarer Republik – neben dem Reichstag als dem Hauptorgan der Legislative Wirtschaftsräte als Vertretung von Arbeitern, Unternehmern und sonstigen Volkskreisen „zur Erfüllung der gesamten wirtschaftlichen Aufgaben und zur Mitwirkung bei der Ausführung der Sozialisierungsgesetze" vor. Dem Reichswirtschaftsrat sollten sozialpolitische und wirtschaftspolitische Gesetzentwürfe von grundlegender Bedeutung von der Reichsregierung vor ihrer Einbringung zur Begutachtung vorgelegt werden. Die gleiche Regelung war auch Gegenstand von Vorentwürfen zu Art. 58 SVerf, nach denen die „Wirtschaftsgemeinschaften", also die Zusammenschlüsse von Vereinigungen von Arbeitgebern und Arbeitnehmern, folglich nicht die Koalitionen selbst, Gesetzentwürfe wirtschaftlichen und sozialpolitischen Inhalts begutachten „können" und von der Regierung zu allen wirtschaftlichen und sozialen Maßnahmen von grundsätzlicher Bedeutung zu hören sein sollten (*Schranil*, aaO, Art. 58 Bem. 1). Die jetzige, weiter abgeschwächte Fassung des Art. 58 Abs. 1 SVerf wurde demgemäß als Normierung einer „Beiratstätigkeit", die Aufgabe der Vorschrift als „im wesentlichen programmatisch" (*Schranil*, aaO Bem. 2) betrachtet. Steht damit historisch-systematisch das in Art. 58 Abs. 1 S. 2 SVerf geregelte Anhörungsrecht den sich aus Vertretern der Vereinigungen von Arbeitgebern und Arbeitnehmern bildenden Wirtschaftsgemeinschaften zu, richtet es sich an die Regierung und hängt es, wie Art. 58 Abs. 2 SVerf ergibt, zusammen mit einer nach heutigem Verfassungsverständnis ohnehin schwerlich zulässigen staatlichen Wirtschaftslenkung, so kann Art. 58 Abs. 1 S. 2 SVerf ein das Gesetzgebungsverfahren in Angelegenheiten der allgemeinen beamtenrechtlichen Verhältnisse bestimmendes Anhörungsrecht von Beamtenkoalitionen, von dessen Erfüllung die Gültigkeit von Gesetzen abhinge, nicht entnommen werden.

Ein von Verfassungs wegen bestehendes Beteiligungsrecht folgt für Koalitionen von Beamten auch nicht aus Art. 56 SVerf, der – wie Art. 9 Abs. 3 GG – die Vereinigungsfreiheit zur Wahrung von Förderung der Arbeits- und Wirtschaftsbedingungen für jedermann und für alle Berufe gewährleistet.

In der verfassungsrechtlichen Literatur wird zwar die Auffassung vertreten, das – im saarländischen Recht in § 111 SBG einfachgesetzlich verankerte – Recht von Gewerkschaften und Berufsverbänden der Beamten und ihren Spitzenorganisationen, bei der Vorbereitung allgemeiner Regelungen der beamtenrechtlichen Verhältnisse beteiligt zu werden, sei Ausdruck der verfassungsrechtlich verbürgten Koalitionsfreiheit und nehme an ihrer Gewährleistung teil. Diese umfasse nämlich grundsätzlich auch das Recht zur koalitionsgemäßen Betätigung, zu der wiederum die Freiheit der tarifautonomen Regelung der Arbeitsbedingungen – notfalls unter Einsatz des Druckmittels Streik – zähle. Die Gewährleistung begegne jedoch dem Auftrag, das Recht des öffentlichen Dienstes unter Berücksichtigung der hergebrachten Grundsätze des Berufsbeamtentums zu regeln (Art. 33 Abs. 5 GG). Zwischen beiden verfassungsrechtlichen Verbürgungen – der Koalitionsfreiheit der Beamten auf der einen und der Pflicht zur Berücksichtigung der hergebrachten Grundsätze des Berufsbeamtentums auf der anderen Seite – müsse folglich ein Ausgleich im Sinne praktischer Konkordanz gefunden werden, der keinem der kollidierenden Rechtsgüter von vornherein Vorrang einräume und jedes so weit wie möglich zur Geltung bringe. Das führe dazu, an die Stelle der von der Koalitionsfreiheit umfaßten Freiheit, die Arbeits- und Wirtschaftsbedingungen frei auszuhandeln und dazu verfassungsrechtlich geschützte Druckmittel einzusetzen, gewissermaßen als geringstmögliche Kompensation das Recht zu setzen, Vorstellungen von Beamtenkoalitionen zu den gesetzlich zu regelnden Arbeits- und Wirtschaftsbedingungen in das Gesetzgebungsverfahren einzubringen. Damit gewinne das Beteiligungsrecht Verfassungsrang. Werde es mißachtet, seien entsprechende Rechtsakte nichtig (vgl. u. a. *Benda/Umbach*, Der beamtenrechtliche Beteiligungsanspruch, Bonn 1995, S. 39 f; *Ule*, Beamtenrecht, § 58 BRRG, Rdn. 4; GKöD-*Fürst*, § 94 BBG, Rdn. 16; *Fürst*, Die beamtenrechtliche Beteiligungsberechtigung des § 94 BBG aus verfassungsrechtlicher Sicht, ZBR 89, 257; *Battis*, BBG, § 94 Anm. 4; *Wohlgemuth*, § 94 BBG als koalitionsrechtliche Mindestbeteiligung, AuR 88, 308).

Die Rechtsprechung folgt dem nicht. Vielmehr erkennt sie einen weiten Ermessensspielraum des Gesetzgebers bei der Entscheidung der Frage an, ob und inwieweit er eine Beteiligung von Beamtenkoalitionen an der Vorbereitung allgemeiner beamtenrechtlicher Regelungen statuiert, ja stellt ihm sogar frei, von einer solchen Beteiligung abzusehen. Denn die Annahme der Nichtigkeit von Normen infolge der unterbliebenen Beteiligung von Beamtenkoalitionen im Verfahren der Rechtssetzung gefährde aufgrund der Unklarheiten über den Umfang und die Grenzen der Beteiligung die Rechtssicherheit. Zudem verbleibe den Koalitionen von Beamten auch ohne eine Beteiligung am Gesetzungsgebungsverfahren die genügende Möglichkeit einer effektiven Betätigung zur Wahrung und Förderung der Belange ihrer Mitglieder (BVerwGE 56, 308, 315; so auch *Schütz*, Beamtenrecht des Bundes und der Länder, 5. Aufl., 106. Lieferung, § 106 LBG NRW Rdn. 7; *Fischbach*, BBG, 3. Aufl., § 94 Anm. 5; *Wenzel*, DÖD, 63, 141; *Jekewitz*, Der Staat 1996, S. 101/ 102).

Der Verfassungsgerichtshof vermag der von Art. 56 Abs. 1 SVerf gewährleisteten Vereinigungsfreiheit zur Wahrung und Förderung der Arbeits- und Wirtschaftsbedingungen für jedermann und alle Berufe kein – kompensatorisches – Recht von Beamtenkoalitionen auf Beteiligung in Gesetzgebungsverfahren zu entnehmen, die die Arbeits- und Wirtschaftsbedingungen von Beamten, insbesondere ihre Alimentation betreffen.

Freilich gewährleistet Art. 56 Abs. 1 SVerf nicht anders als Art. 9 Abs. 3 GG nicht nur die – schon von Art. 7 Abs. 1 SVerf (Art. 9 Abs. 1 GG) geschützte – Freiheit, Vereinigungen und Gesellschaften zu bilden. Um der in Art. 56 Abs. 1 SVerf genannten Vereinigungszwecke willen verbürgt der Verfassungsartikel zunächst die Freiheit des einzelnen, eine Vereinigung zur Förderung der Arbeits- und Wirtschaftsbedingungen zu gründen, ihr beizutreten, ihr fernzubleiben oder sie zu verlassen; darüber hinaus schützt er aber auch die Vereinigung in ihrem Bestand, ihrer organisatorischen Ausgestaltung und ihrer auf die Erreichung der genannten Vereinigungszwecke abzielenden Betätigung (BVerfGE 84, 212, 224). Zu den von dem Schutz der Verfassung umfaßten Zwecken von Koalitionen gehören der freie Abschluß von Tarifverträgen und die grundsätzlich freie Wahl der Mittel, ihn zu erreichen (BVerfGE 44, 322, 341; 50, 290, 367; 18, 18, 29). Soweit die Verfolgung des Vereinigungszwecks der Förderung der Arbeits- und Wirtschaftsbedingungen von dem Einsatz bestimmter Mittel abhängt, werden daher auch diese von dem Schutz des Grundrechts der Koalitionsfreiheit umfaßt. Arbeitskampfmaßnahmen, vor allem der Streik, die auf den Abschluß von Tarifverträgen gerichtet sind, unterfallen jedenfalls insoweit der Koalitionsfreiheit, als sie erforderlich sind, um eine funktionierende Tarifautonomie sicherzustellen (BVerfGE 84, 212, 225).

Die Koalitionsfreiheit ist für jedermann und für alle Berufe gewährleistet. Das heißt indessen nicht, daß sie – in ihrem gesamten Umfang – für jedermann und alle Berufe von vornherein den gleichen Schutzumfang bereithält und allenfalls nach Maßgabe von der Verfassung vorgesehener Schranken oder anderer verfassungsrechtlich geschützter, mit ihr kollidierender Rechtsgüter Modifikationen unterliegt. Vielmehr ist schon dem Grundrecht selbst zu entnehmen, daß Voraussetzungen und Grenzen des Schutzbereichs von verfahrens-

und organisationsrechtlichen Bedingungen – beispielsweise dem Vorhandensein eines Tarifvertragssystems oder einer Arbeitskampfordnung (BVerfGE 88, 103, 115) – abhängen, die ihrerseits dem Gewicht und der Bedeutung des Grundrechts gerecht werden müssen. Das zeigt sich allein daran, daß Vereinigungen zur Förderung der Arbeits- und Wirtschaftsbedingungen sowohl Koalitionen von Arbeitnehmern auf der einen und Arbeitgebern auf der anderen Seite sein können und sich dann gleiche Grundrechtspositionen gegenüberstehen, als auch Vereinigungen von Angehörigen freier Berufe, deren Arbeits- und Wirtschaftsbedingungen in ganz anderem Maße als im Bereich abhängiger Arbeit vom Markt und gegebenenfalls von dem den Markt regulierenden Gesetzgeber bestimmt werden, als auch Koalitionen von Beamten auf der einen Seite, die dem Staat als „Arbeitgeber" auf der anderen gegenüberstehen, damit also keinem Träger des Grundrechts der Koalitionsfreiheit. Daher ist die Frage des Schutzbereichsumfangs von vornherein abhängig von der konkreten Grundrechtsträgerschaft.

Zu der Vereinigungsfreiheit zur Förderung der Arbeits- und Wirtschaftsbedingungen von Beamten zählt von Verfassungs wegen aber von vornherein nicht die Freiheit, die Arbeits- und Wirtschaftsbedingungen für die Angehörigen von Beamtenkoalitionen frei und gegebenenfalls unter Einsatz von Druckmitteln auszuhandeln. Die Koalitionen der Beamten genießen nicht „an sich" Tarifautonomie, die nur aufgrund – gar nicht in allen Verfassungen der deutschen Länder enthaltenen – Verfassungsbestimmungen über die Grundsätze des öffentlichen Dienstrechts eingeschränkt werden könnten. Vielmehr entziehen sich die wesentlichen Arbeits- und Wirtschaftsbedingungen von Beamten, denen die Ausübung hoheitsrechtlicher Befugnisse, also die Ausübung von Staatsgewalt, anvertraut ist, aus grundsätzlichen Erwägungen von vornherein einer bestimmenden Einflußnahme des Beamten selbst. Sie sind aus vor allem demokratiestaatlichen Gründen ausschließlich der Regelungsbefugnis des Gesetzgebers unterstellt. Das drückt Art. 115 Abs. 5 SVerf aus, wenn er das Streikrecht der Beamten ausschließt. Daß Beamtenkoalitionen von vornherein keine verfassungsrechtlich an sich geschützte Tarifautonomie zusteht, deren Beschränkung nur insoweit verfassungsrechtlich haltbar wäre, als ihnen kompensatorisch Beteiligungsrechte im Gesetzgebungsverfahren zugesprochen werden, ergibt sich schließlich auch aus dem Sinn des den Schutz der Tarifautonomie umfassenden Grundrechts der Koalitionsfreiheit. Die Tarifautonomie soll die aus dem typischen Machtgefälle zwischen Arbeitgeber und Arbeitnehmer bedrohte materielle Richtigkeitsgewähr des Vertrages kollektiv sichern (BVerfGE 92, 365, 393). Die materielle Richtigkeitsgewähr für die Arbeits- und Wirtschaftsbedingungen von Beamten erfolgt aber – nach dem Konzept der parlamentarischen Demokratie – durch die Legislative selbst. Die die Alimentation des Beamten regelnde Legislative in Bund und Ländern tritt den Beamten nämlich nicht in erster Linie als Arbeitgeber gegenüber, sondern als dem Gemeinwohl verpflichteter, die Interessen aller von der Regelung der Alimentation Betroffener, der Beamten wie der Steuerbürger, ausgleichender Gesetzgeber. Für einen Ausgleich des Entzuges von Privatautonomie bei der Gestaltung der Arbeits- und Wirtschaftsbedingungen von Beamten durch partizipatorische Gehalte der Koalitionsfreiheit (abl. dazu Scholz, Handbuch des Staatsrechts, § 151 Rdn. 38) von Beamten ist folglich kein Raum.

Ein solcher Ausgleich würde auch zu einer Überkompensation führen. Denn anders als jeder andere Arbeitnehmer verfügt der Beamte von Verfassungs wegen über einen Anspruch auf amtsangemessene Alimentation, kann also individualrechtlich einem seine rechtlich geschützten Interessen verletzenden Gesetzgeber gegenüber den Schutz der Judikative in Anspruch nehmen. Gewährte man ihm zusätzlich Schutz durch Beteiligung am Gesetzgebungsverfahren, so käme ihm zu, was keinem anderen Beruf bei der legislativen Regelung von Arbeits- und Wirtschaftsbedingungen zugesprochen wird.

Die Koalitionsfreiheit von Beamten wird dadurch nicht in ihrem Kern bedroht. Als Gehalt der Koalitionsfreiheit der Beamten verbleibt neben dem den originären freiheitsrechtlichen Schutz ausmachenden Recht die unbestreitbare Befugnis, durch Initiativen auf vielerlei denkbaren Wegen die Entscheidungen des Gesetzgebers und der Regierung über die Arbeits- und Wirtschaftsbedingungen zu beeinflussen. Es bedarf keiner Darlegung, daß die Beamtenschaft von diesem Einfluß in der Praxis reichlich Gebrauch macht und so die zusätzliche Verbürgung eines Anhörungsrechts im Gesetzgebungsverfahren durch die Verfassung das tatsächliche Gewicht der Beamtenkoalitionen nicht wesentlich würde erweitern können.

Gegen die Gewährung eines solchen Anhörungsrechts spricht schließlich auch, daß das Verfahren der Gesetzgebung aus rechtsstaatlichen Gründen auf Klarheit und Bestimmtheit angewiesen ist. Inhalt und Umfang eines Anhörungsrechts bei der Regelung der allgemeinen beamtenrechtlichen Verhältnisse sind der Verfassung selbst aber – anders als andere Förmlichkeiten des Gesetzgebungsverfahrens – nicht zu entnehmen. Von ihrer Bestimmung hinge jedoch die Wirksamkeit beamtenrechtlicher Gesetze ab. Das würde zu erheblichen Unsicherheiten im Gesetzgebungsverfahren und könnte in der Praxis dazu führen, zur Wirksamkeitssicherung den Beamtenkoalitionen einen möglichst weitgehenden Einfluß auf die Legislation zu geben.

Ein solches Anhörungsrecht von Beamtenkoalitionen im Gesetzgebungsverfahren läßt sich auch nicht mit den gleichen Erwägungen begründen, mit denen die Verfassungsrechtsprechung (BVerfGE 50, 55; 195, 202) in Fällen von Bestands- und Gebietsänderungen eine vorherige Anhörung der betroffenen Gemeinde verlangt. Zum Inhalt der Selbstverwaltungsgarantie wird die Anhörung der Gebietskörperschaft, bevor der Staat über ihr Gebiet verfügt, im wesentlichen aus historischen Gründen (VerfGHRP AS 11, 73, 101; SVerfGH AS 19, 113; NJW 74, 1995) und aus Gründen der Rechtsstaatlichkeit für geboten erachtet. Weil die Veränderung des Bestandes oder des Gebietes von Gemeinden eine gemeinwohlbezogene Abwägung von Interessen der Betroffenen voraussetze, müßten diese beteiligt werden, sollten sie nicht zu reinen Objekten staatlichen Handelns gemacht werden (VerfGHRP AS 11, 73, 103). Nun ist zwar schwerlich eine Gesetzgebung denkbar, die keine Abwägung von Interessen Betroffener voraussetzt. Die Besonderheit legislativer Bestands- und Gebietsänderung von Gemeinden liegt aber darin, daß es sich jeweils um Maßnahmegesetze handelt, also um die – von sachlichen Gründen getragene – Regelung eines singulären – dieser Gemeinde – Falls, folglich der Sache nach um einen einzelnen – existenziellen – Eingriff in die Rechte eines Betroffenen, dem von Verfassungs wegen die Regelung seiner Angelegenheiten in eigener Verantwortung zugewiesen ist (Art. 117 Abs. 3 SVerf). Das verlangt einen besonderen auch verfahrensrechtlichen Schutz. Die Stellung von Beamtenkoalitionen im Rahmen der Dienstrechtsgesetzgebung ist damit nicht vergleichbar.

Ein Anhörungsrecht von Beamtenkoalitionen im Gesetzgebungsverfahren folgt auch nicht aus den Überlegungen, die den Verfassungsgerichtshof des Landes Berlin bewogen haben, Hochschulen ein aus dem Recht der Hochschulen auf Selbstverwaltung und ihrer Freiheit von Wissenschaft, Forschung und Lehre abgeleitetes – weitgehendes – Recht auf Beteiligung im Gesetzgebungsverfahren zu gewähren, wenn es um die legislative Aufhebung von Studiengängen geht (Urt. v. 22. 10. 1996 – VerfGH 44/96)*. Grund dafür ist für den Verfassungsgerichtshof des Landes Berlin gewesen, daß die Ausübung von Wissenschafts- und Forschungsfreiheit in bestimmten Bereichen notwendig von einer Teilhabe an staatlichen Leistungen abhängt; aus der wertentscheidenden Grundsatznorm der Freiheit von Wissenschaft, Forschung und Lehre müsse daher folgen, daß der Staat durch geeignete organisatorische Maßnahmen die reale Freiheit von Wissenschaft, Forschung und Lehre sichere. Das dafür erforderlich Zusammenwirken von Staat und Hochschule verkörpere das grundrechtlich geschützte Recht der Hochschule auf Beteiligung bei wissenschaftsrelevanten Organisationsentscheidungen des Gesetzgebers.

Die Stellung der Koalitionen von Beamten gegenüber einer Gesetzgebung, die die allgemeinen beamtenrechtlichen Verhältnisse betrifft, ist mit der Stellung von Hochschulen gegenüber legislativen Eingriffen in bislang wahrgenommene, durch organisatorische und finanzielle Maßnahmen des Staates vorgehaltene Einrichtungen von Wissenschaft, Forschung und Lehre nicht vergleichbar. Weder können Koalitionen von Beamten „an sich" Autonomie

---

* In diesem Band S. 37.

bei der Regelung allgemeiner beamtenrechtlicher Verhältnisse beanspruchen, noch handelt es sich bei der Ordnung des Status von Beamten um die Regelung der staatlich monopolisierten tatsächlichen Voraussetzungen der Ausübung von Koalitionsfreiheit. Daher kann dahingestellt bleiben, ob der Entscheidung des Verfassungsgerichtshofs des Landes Berlin gefolgt werden kann.

Tragfähige Gründe, eine Beteiligung von Gewerkschaften und Berufsverbänden von Beamten oder deren Spitzenorganisationen an der gesetzlichen Regelung der allgemeinen beamtenrechtlichen Verhältnisse als verfassungsrechtliche Gewährleistung anzusehen, sind folglich nicht erkennbar.

D.

In sachlicher Hinsicht begegnen die Artikel 5 Nr. 2, 6 und 7 Abs. 2 des Haushaltsfinanzierungsgesetzes 1995 und Artikel 1 der Beihilfe-Änderungsverordnung grundsätzlich keine ihre Nichtigkeit bewirkenden landesverfassungsrechtlichen Bedenken (I). Festzustellen ist allerdings die Nichtigkeit des Art. 5 Nr. 2 des Haushaltsfinanzierungsgesetzes 1995 und des Art. 1 der Beihilfe-Änderungsverordnung für zwei bestimmte Fallgruppen, bei denen die Anwendung der Vorschriften zu einem Verstoß gegen das aus Art. 114 Abs. 1 und 115 Abs. 2 S. 2 SVerf in Verbindung mit Art. 60 Abs. 1 SVerf folgende Prinzip des beamtenrechtlichen Vertrauensschutzes führen würde (II). Festzustellen ist des weiteren die teilweise Nichtigkeit der zur Prüfung stehenden Vorschriften für einen begrenzten Zeitraum wegen Verstoßes gegen den Gleichheitsgrundsatz des Art. 12 SVerf (III).

I.

Die im Normenkontrollverfahren zu prüfenden Vorschriften sind mit Art. 115 Abs. 2 S. 2 SVerf grundsätzlich vereinbar.

Die Verfassungsbestimmung lautet:

„Die wohlerworbenen Rechte der Beamten sind unverletzlich."

Sie ist wörtlich aus der Verfassung des Deutschen Reichs vom 11. 8. 1919 übernommen (vgl. Art. 129 Abs. 1 S. 3 der Weimarer Reichsverfassung (WRV)). Weder im Grundgesetz noch in den Verfassungen der übrigen Bundesländer findet sich eine entsprechende Bestimmung.

1. Gegen Artikel 115 Abs. 2 S. 2 SVerf würde die durch das Haushaltsfinanzierungsgesetz 1995 herbeigeführte Verschlechterung der Beihilfe ersichtlich dann verstoßen, wenn durch das bis zum 1. 7. 1995 geltende Beihilferecht ein „wohlerworbenes Recht" im Sinne des Verfassungsartikels geschaffen worden wäre, das ein Recht auf Beihilfe genau in dem Umfang, in dem es

zuletzt (vor seiner Änderung durch Art. 5 Nr. 2 des Haushaltsfinanzierungsgesetzes 1995) begründet worden war, umfaßt hätte, so daß also auch ein Recht auf Beihilfe für die stationären Wahlarzt- und Wahlunterbringungskosten nach Maßgabe des § 5 Nr. 2 S. 1 lit. b BhVO (alt) zu seinem Inhalt zählte. Dies trifft jedoch nicht zu. Artikel 115 Abs. 2 S. 2 SVerf enthält keine Gewährleistung eines einmal erreichten Standards beamtenrechtlicher Leistungsansprüche.

a) Unter der Geltung der Weimarer Reichsverfassung wurde allerdings zu Art. 129 Abs. 1 S. 3 WRV, mit dem Art. 115 Abs. 2 S. 2 SVerf wörtlich übereinstimmt, überwiegend die Auffassung vertreten, die Verfassungsbestimmung enthalte eine Garantie des jeweils günstigsten status quo der Bezüge jedes einzelnen Beamten, so daß die Bezüge zwar jederzeit heraufgesetzt, in ungünstigen und schwierigen Zeiten aber nicht wieder herabgesetzt werden dürften. Nach der Gegenmeinung waren die Bezüge der Beamten der Höhe nach verfassungsrechtlich nicht oder nur insoweit garantiert, als sie zum standesgemäßen Unterhalt unbedingt erforderlich waren, was damit begründet wurde, daß Art. 129 Abs. 1 S. 3 WRV nur eine institutionelle Garantie des Berufsbeamtentums enthalte (vgl. zum Meinungsstand *Anschütz*, Die Verfassung des Deutschen Reiches vom 11. 8. 1919, 14. Aufl., 1933, Art. 129 Anm. 3, und *Bachmann*, ZBR 54, 363). Das Reichsgericht schloß sich in seiner Entscheidung vom 10. 7. 1931 (RGZ 134, 1 ff.) grundsätzlich der in der Literatur überwiegenden Meinung an, erklärte es aber bis zur Grenze der Erhaltung des standesgemäßen Unterhalts für zulässig, daß der Gesetzgeber, wie er es unter der Geltung der Weimarer Reichsverfassung zu tun pflegte, in die Besoldungsgesetze Vorbehaltsklauseln aufnahm, wonach die Bezüge durch Gesetz geändert, also auch herabgesetzt werden konnten. Diese einfachgesetzlichen Vorbehalte erachtete das Reichsgericht deshalb für wirksam, weil Art. 129 WRV die wohlerworbenen Rechte nur in dem Umfang aufrechterhalten wolle, in welchem das einfache Recht sie begründet habe beziehungsweise in der Zukunft noch begründen werde. Vorbehaltlos eingeräumte Gehaltsansprüche waren dagegen nach seiner Auffassung auch der Höhe nach garantiert.

Zwar bezog sich der dargestellte Auslegungsstreit zu Art. 129 Abs. 1 S. 3 WRV direkt nur auf Besoldungsansprüche. Subjektive Rechte auf Beihilfe gab es zur Zeit der dargestellten Diskussion noch nicht, während der Anspruchscharakter seit den Entscheidungen des Bundesgerichtshofs aus dem Jahre 1954 (BGHZ 10, 295; BGHZ 13, 77) nicht mehr zweifelhaft ist (vgl. auch § 1 Abs. 3 BhVO). Vom Standpunkt des Reichsgerichts aus hätte man indessen bei konsequenter Fortführung seiner Auffassung subjektive Rechte auf Beihilfe, die von der Rechtsordnung vorbehaltlos eingeräumt gewesen wären, nicht nur dem Grunde, sondern auch der jederzeit berechenbaren Höhe nach dem verfassungsrechtlichen Schutz des Art. 129 Abs. 1 S. 3 WRV unterstellen müssen. Kam es nämlich nach der Auffassung des Reichsgerichts darauf an, einmal erworbene Gehaltsansprüche der Höhe nach als wohlerworbene Rechte zu sichern, so ist nicht einzusehen, warum nicht auch in Rechtsvorschriften festgelegte, fallbezogen exakt errechenbare Beihilfeansprüche der Höhe nach in der gleichen Weise hätten geschützt werden müssen.

b) Der Auslegungsstreit zu Art. 129 Abs. 1 S. 3 WRV ist für die Interpretation von Art. 115 Abs. 2 S. 2 SVerf nicht ohne Bedeutung, da es sich bei dieser Bestimmung um eine bewußte Übernahme aus der Weimarer Reichsverfassung handelt. Es kommt hinzu, daß sich die Schöpfer der Saarländischen Verfassung in einer ähnlichen Motivationslage befanden, wie sie bei der Schaffung der Weimarer Reichsverfassung bestand. In beiden Fällen wurde diskutiert, ob am Berufsbeamtentum festgehalten werden solle, und in beiden Fällen standen die Beratungen unter dem Eindruck der in der Beamtenschaft eingetretenen Unruhe über ihr künftiges Schicksal (vgl. einerseits RG aaO S. 11; andererseits *Stöber*, Die Saarländische Verfassung vom 15. 12. 1957 und ihre Entstehung, Köln 1952, S. 155; S. 254; S. 487).

Mit dieser Feststellung ist allerdings für das Verständnis von Art. 115 Abs. 2 S. 2 SVerf noch nichts Endgültiges gewonnen. Die Regelung ist zwar vor dem angedeuteten historischen Hintergrund zu sehen; entscheidend für ihre Auslegung ist jedoch ihre objektive Bedeutung und Funktion im Kontext des gesamten die Institution des Berufsbeamtentums betreffenden Regelungsgeflechts, wobei im Ausgangspunkt die Sicht des historischen Verfassungsgebers in den Blick zu nehmen ist, aber auch inzwischen eingetretene verfassungsspezifische Veränderungen von Bedeutung sind. Auf dieser Grundlage ergibt sich, daß ungeachtet des Fehlens diesbezüglicher ausdrücklicher Anhaltspunkte in den Materialien zur Verfassung des Saarlandes mit Art. 115 Abs. 2 S. 2 SVerf an die Verfassungswirklichkeit der Weimarer Republik, also an die tatsächliche Funktion und praktische Wirkungsweise des Art. 129 Abs. 1 S. 3 WRV angeknüpft werden sollte.

c) Insoweit ist zunächst von Bedeutung, daß auch das Reichsgericht zur Erklärung des Sinns der wohlerworbenen Rechte auf das „Wesen des Beamtentums, wie es sich bis zum Erlaß der Reichsverfassung entwickelt hatte", zurückgriff (so schon RGZ 104, 58, 61) und dazu ausführte, das Wesen des Beamtentums bestehe „darin, daß der Beamte kraft eines einseitigen Staatshoheitsakts in ein dauerndes, nicht kündbares Lebens- und Rechtsverhältnis zum Staate tritt, kraft dessen er seine ganzen Kräfte in dessen Dienst zu stellen hat, solange er dazu fähig ist, wogegen der Staat die Verpflichtung übernimmt, ihm den standesgemäßen Unterhalt für sich und seine Familie zu gewähren, und zwar zunächst in Gestalt des vollen Stellendiensteinkommens, später aber, wenn er keine Dienste mehr leistet, des Ruhegehalts. Insofern ist die Verpflichtung des Staates eine lebenslängliche; sie erstreckt sich sogar durch die Versorgung der Hinterbliebenen des Beamten über dessen Tod hinaus" (vgl. auch *Anschütz*, aaO, Art. 129, Anm. 3). Ersichtlich betrachtete das Reichsgericht die wohlerworbenen Rechte des Beamten als Strukturelemente der überlieferten Institution des Berufsbeamtentums.

An dieser Konzeption, die die institutionelle Bedeutung der wohlerworbenen Rechte für das Berufsbeamtentum betont, hat das Reichsgericht auch in seiner Entscheidung vom 10. 7. 1931 (RGZ 134, S. 1, 11) festgehalten, indem es ausgeführt hat: „Nach den Äußerungen, wie sie sich aus den Vorberatungen des Art. 129 RVerf ergeben, sollte ... in der Verfassung eine Zusicherung gewährt werden, daß es beim Berufsbeamtentum und bei dessen wohlerworbenen Rechten sein Bewenden haben solle ... Man wollte also nicht nur einen Schutz gegen die Verletzung subjektiver Rechte der einzelnen Beamten geben, sondern auch eine Gewährleistung schaffen für das Bestehen der Beamtenschaft als solcher, als einer bestimmten Einrichtung des Staates. Es sollten deshalb zum Zwecke der Aufrechterhaltung und Sicherung des Berufsbeamtentums diejenigen Rechte, welche als wohlerworbene zu betrachten waren, verfassungsrechtlich gegen eine Schmälerung durch Landesgesetz oder durch einfaches Reichsgesetz geschützt werden." Zu einem subjektiven Recht des Beamten auf standesgemäße Besoldung gelangt das Reichsgericht in der genannten Entscheidung (S. 14) sodann aufgrund der Überlegung, es liege im Wesen des Beamtentums, wie es sich vor der Geltung der Weimarer Reichsverfassung entwickelt habe, daß der Beamte das Recht „auf die einmal erworbene Eigenschaft als Beamter" habe und daß zu diesem Status die Gewährleistung einer gesicherten Lebensstellung und einer seiner Stellung entsprechenden Lebensführung gehöre. „Eine Entziehung des standesgemäßen Unterhalts würde somit der dem Staate regelmäßig verwehrten Aufhebung des Beamtenverhältnisses gleichkommen."

d) Folgt man dieser funktionalen Auffassung vom Sinn der wohlerworbenen Beamtenrechte konsequent, so leuchtet es von vorneherein nicht ein, daß man das wohlerworbene Recht auf angemessene Alimentation ergänzen muß durch ein wohlerworbenes Recht auf Nichtunterschreitung eines ziffernmäßig oder sonst quantitativ einmal erreichten Alimentationsniveaus. Das Berufsbeamtentum und die aus ihm abgeleiteten subjektiven Rechte müssen gerade im Interesse der Erhaltung der Institution stets im Gesamtrahmen der jeweiligen wirtschaftlichen und finanziellen Verhältnisse gesehen werden (so auch § 14 BBesG). Von einem staatsnahen Beamtentum muß erwartet werden, daß es sich mit seinem Anspruchsniveau in die gesamtwirtschaftliche Lage einfügt (vgl. insoweit BVerfGE 8, 1, 13; vgl. auch schon RFHE 27, 321, 323), dies auch, damit es nicht zu Spannungen kommt, die die Basis für die Akzeptabilität des Berufsbeamtentums dauerhaft in Frage stellen. Das bedeutet nicht, daß die finanziell bedeutsamen Rechte der Beamten eine dem Umfang nach beliebig variable Größe sein sollen, die sich einfach nach den wirtschaftlichen Möglichkeiten der öffentlichen Hand oder nach politischen Dringlichkeitsbewertungen richtet (BVerfGE 44, 249, 264). Dementsprechend hat bemerkenswerterweise noch kurz vor dem am 10. 7. 1931 ergangenen Urteil des Reichsgerichts der Reichsfinanzhof (RFHE 28, 208) die Auffassung vertreten, es seien nur solche subjektiven Rechte der Beamten geschützt, die dem Beamtenverhältnis wesentlich seien, weshalb eine unwesentliche Schmälerung dem Gesetzgeber ohne weiteres gestattet und nur die Gewährung eines standesgemäßen Unterhalts verfassungsrechtlich geschützt sei.

Leuchtet hiernach schon rechtlich nicht ein, daß durch Gesetz vorbehaltlos begründete Gehaltsansprüche von Beamten auch ziffernmäßig als wohlerworben und damit verfassungsrechtlich garantiert anzusehen sind, so wird diesem Postulat tatsächlich jegliche Breitenwirkung genommen, wenn dem einfachen Gesetzgeber die Befugnis zuerkannt wird, das Entstehen neuer wohlerworbener Rechte auf dem Gebiet der Besoldung durch Vorbehaltsklauseln zu verhindern. Die dahingehende Praxis des Gesetzgebers war mitursächlich dafür, daß, wie das Bundesverfassungsgericht (BVerfGE 8, 1, 13) ausführt, unter der Weimarer Reichsverfassung der Gesetzgeber sich nicht an einen Grundsatz gebunden hat, wonach das Recht auf eine einmal summenmäßig bestimmte Gehaltshöhe verfassungsrechtlich garantiert sei. Vielmehr hat der Gesetzgeber der Weimarer Republik nach Lage der Währungs- und Wirtschaftsverhältnisse die Gehälter erhöht und gesenkt. Die Verfassungswirklichkeit stimmte mit der – in der Literatur überwiegend und vom Reichsgericht – vertretenen Auffassung, ziffernmäßig einmal festgelegte Besoldungsansprüche seien durch Artikel 129 WRV garantiert, nicht überein.

Daß der saarländische Verfassungsgeber vor dieser Verfassungswirklichkeit der Weimarer Republik die Augen hat verschließen und auf eine Interpretation der Vorbildregelung hat zurückgehen wollen, die im Hinblick auf die – auch heutiger verfassungsrechtlicher Sicht entsprechende – Funktion des Artikel 129 Abs. 1 S. 3 WRV angreifbar erscheint, kann nicht angenommen werden. Die von *Stöber* (aaO) zusammengestellten Materialien zur saarländischen Verfassung lassen denn auch nicht den Schluß zu, man habe zu den wohlerworbenen Rechten auch die Garantie des jeweils günstigsten status quo der Bezüge gezählt.

e) Im Ergebnis gilt nichts anderes für die Gesetzgebungsmaterialien zu dem verfassungsändernden Gesetz Nr. 1102 vom 4. 7. 1979 (Amtsbl. S. 650), durch das Artikel 119 (jetzt 115) SVerf seine bis heute geltende Fassung erhalten hat. Vor der Änderung enthielt Artikel 119 Abs. 2 SVerf folgenden Satz 2: „Ruhegehalt und Hinterbliebenenversorgung werden gesetzlich geregelt". Die Vorschrift entsprach wörtlich Art. 119 Abs. 1 S. 2 WRV. Die Bestimmung über die wohlerworbenen Rechte folgte dann in Satz 3. Der Vorschlag, Artikel 119 Abs. 2 S. 2 (alt) zu streichen, wurde sowohl im Ersten Teilbericht der Enquete-Kommission für Verfassungsfragen, ausgegeben am 14. 9. 1978 (LT-Drucksache 7/260, 7/288), als auch im Gesetzesentwurf der drei Landtagsfraktionen (LT-Drucksache 7/773) vom 6. 6. 1979 wie folgt begründet:

„Artikel 119 Abs. 2 S. 2 ist entbehrlich. Der Hinweis auf die gesetzliche Regelung wird bereits durch den allgemeinen Gesetzesvorbehalt für die Grundlagen des Beamtenverhältnisses, zu denen Ruhegehalt und Hinterbliebenenversorgung gehören, durch Artikel 118 Abs. 2 n. F. abgedeckt. Überdies werden Ruhegehalts- und Hinterbliebenenversorgung nach Grund und Höhe als „wohlerworbene Rechte" über Artikel 119, Abs. 2, S. 3 a. F. verfassungsrechtlich geschützt. Die vorgeschlagene Klarstellung wehrt ein mögliches Mißverständnis ab, Ruhegehalt und Hinterbliebenenversorgung zählten nicht zu den wohlerworbenen Rechten der Beamten."

Wie der letzte Satz ergibt, ging es bei dieser Verfassungsänderung darum, Ruhegehalt und Hinterbliebenenversorgung eindeutig in den Kreis der wohlerworbenen Rechte einzubeziehen und den Anschein zu zerstreuen, sie seien nur durch die einfache Gesetzgebung gewährt. In diesem Zusammenhang hat die Wendung „nach Grund und Höhe" eher beiläufigen Charakter. Es kam auf die Streichung des Satzes 2 a. F. an, während der die wohlerworbenen Rechte betreffende Satz 3 – als neuer Satz 2 – unverändert erhalten bleiben sollte. Das spricht von vornherein gegen die Annahme, mit diesem Hinweis sei eine authentische Interpretation der wohlerworbenen Rechte beabsichtigt gewesen und zum Ausdruck gekommen. Ein Argument dahingehend, daß Ruhegehalt und Hinterbliebenenversorgung auch der Höhe nach geschützt seien, wäre für die Motivierung der Streichung des Satzes 2 (alt) überdies unergiebig gewesen; denn der Hinweis, daß Ruhegehalt und Hinterbliebenenversorgung durch Artikel 119 Abs. 2 S. 3 (alt) garantiert seien, genügte für den Streichvorschlag. Schließlich läßt sich dem beiläufigen Hinweis auf die Höhe nicht entnehmen, es sei neben einer angemessenen Höhe auch – entsprechend der Annahme des Reichsgerichts – noch die Garantie des jeweils erreichten höchsten Standards der Bezüge gemeint.

f) Ist demnach schon die Auffassung abzulehnen, Artikel 115 Abs. 2 S. 2 SVerf garantiere den Beamten in den Bereichen der Besoldung und der Beihilfe den jeweils erreichten günstigsten status quo, so reicht der Umstand, daß der Beihilfestandard des § 5 BhVO a. F. durch Artikel 5 Nr. 2 des Haushaltsfinanzierungsgesetzes 1995 verschlechtert worden ist, für sich betrachtet nicht aus, um dessen Verfassungswidrigkeit festzustellen.

Es kommt aber noch hinzu, daß auch nicht davon ausgegangen werden kann, Ansprüche auf Beihilfe seien im Sinne der Auffassung des Reichsgerichts vorbehaltlos begründet worden.

In der Beihilfeverordnung selbst und in der bis zum 1. 7. 1995 geltenden Ermächtigungsnorm (§ 98 SBG alt) findet sich zwar kein ausdrücklicher Vorbehalt. Ein solcher kann auch nicht darin gesehen werden, daß der Gesetzgeber es dem Verordnungsgeber überlassen hat, die Voraussetzungen sowie Art und Umfang der Beihilfe festzulegen. Mit dem Bundesverfassungsgericht und dem Bundesverwaltungsgericht ist die Beihilfe jedoch als eine aus der Fürsorgepflicht des Dienstherrn fließende Ergänzung zur Alimentation des Beamten anzusehen (BVerfGE 83, 89, 101; BVerwGE 89, 207 ff.). Daraus folgt, daß der notwendige Umfang der Beihilfe davon abhängig ist, inwieweit der Beamte aufgrund seiner Besoldung selbst in der Lage ist, Vorsorge für Krankheits- und ähnliche Risiken zu treffen. Der Umfang der Notwendigkeit der Beihilfe hängt demnach von der Höhe der Besoldung ab. Denkbar ist, daß die Notwendigkeit einer Beihilfe überhaupt entfiele oder auf wenige Ausnahmefälle beschränkt werden könnte, wenn die Besoldung als ausreichend anzusehen wäre, um Vorsorge für Krankheits- und ähnliche Fälle selbst zu treffen. Dann versteht es sich aber von selbst, daß die beihilferechtlichen Regelungen auch ohne ausdrücklichen Vorbehalt den Sinn haben, Lücken in der Alimentation, die bei Verwirklichung gewisser Risiken eintreten können, abzudecken. Aus diesem Zweck der Beihilfe ergibt sich der sinngemäße Vorbehalt, daß das Maß der Beihilfe in Abhängigkeit von der Höhe der Besoldung geändert werden darf. Würde man das jeweilige Beihilfeniveau als vorbehaltlos gewährt und alsdann im Sinne der Auffassung des Reichsgerichts als der Höhe nach festgeschrieben ansehen, so wäre die sinnvolle Einheit von Alimentation und Beihilfe aufgegeben, da die Besoldung der Landesbeamten durch den Bundesgesetzgeber, der Umfang der Beihilfe jedoch auf Länderebene festgelegt wird.

2. Darüber hinaus ist das Recht auf Beihilfe auch dem Grunde nach kein wohlerworbenes Recht im Sinne des Art. 115 Abs. 2 Satz 2 SVerf.

Betrachtet man die wohlerworbenen Rechte als Strukturelemente der überlieferten Institution des Berufsbeamtentums, so können allerdings Rechte dieser Art neu dann entstehen, wenn und soweit sie sich in die Gesamtstruktur der Institution einfügen und darüber hinaus als deren notwendige Ergänzung erkennbar sind. Es muß nicht angenommen werden, daß die Institution des Berufsbeamtentums in ihrer Struktur absolut statisch und keiner Anpassung an den sozialen Wandel fähig wäre. Art. 115 Abs. 2 Satz 2 SVerf schränkt die Möglichkeit der Entstehung neuer verfassungsmäßiger Rechte der Beamten von vornherein nicht auf den Bereich der hergebrachten Grundsätze des Berufsbeamtentums ein. Selbst das Bundesverfassungsgericht hält, obwohl es davon ausgeht, daß hergebrachte Grundsätze des Berufsbeamtentums im Sinne des Art. 33 Abs. 5 GG nur solche Grundsätze sind, die sich spätestens unter der Geltung der Weimarer Verfassung herausgebildet hatten, eine Modifikation jener Grundsätze im Sinne neuer Rechtsprinzipien, wie zum Beispiel des Sozialstaatsprinzips, für möglich (BVerfGE 44, 249, 267). Im Schrifttum zu Art. 33 Abs. 5 GG wird darüber hinaus die Meinung vertreten, auch die Entwicklung des Beamtenrechts unter der Geltung des Grundgesetzes sei bei der Frage zu berücksichtigen, was zu den hergebrachten Grundsätzen des Berufsbeamtentums gehöre (vgl. AK-GG-*Schuppert*, 2. Aufl., Art. 33 Abs. 4, 5 Rdn. 70 und 71). Dies gelte insbesondere auch für die Beamtenbeihilfe, die sich erst nach 1945 entwickelt habe und der man gleichwohl ihren neu erworbenen Grundsatzcharakter nicht absprechen könne (*Schuppert* aaO).

Gleichwohl läßt sich das Recht auf Beihilfe nicht als wohlerworbenes Recht im Sinne des Art. 115 Abs. 2 Satz 2 SVerf ansehen. Dies folgt aus dem bereits erörterten systematischen Zusammenhang zwischen allgemeiner Fürsorgepflicht des Dienstherrn einerseits und dem Recht auf Alimentation sowie der Funktion des Beihilfesystems andererseits. Der Dienstherr hat kraft seiner Fürsorgepflicht „Vorkehrungen zu treffen, daß der amtsangemessene Lebensunterhalt des Beamten bei Eintritt besonderer finanzieller Belastungen durch Krankheits-, Geburts- und Todesfälle nicht gefährdet wird" (BVerfGE 83, 89, 100). Dies führt indessen nicht zu der Annahme eines im Sinne des Art. 115 Abs. 2 Satz 2 SVerf wohlerworbenen Rechts auf Beihilfe. Der Dienstherr kann nämlich seiner Fürsorgepflicht grundsätzlich auch auf andere Weise genügen als durch die Gewährung von Beihilfen.

3. Dagegen ist die Fürsorgepflicht und das dementsprechende Recht des Beamten auf Fürsorge Bestandteil der saarländischen Verfassung. Das Recht des Beamten auf Schutz und Fürsorge ist nach herkömmlicher Auffassung „das grundlegende (Auffang-)Recht des Beamten" (*Wolff/Bachof/Stober*, Verwaltungsrecht II, 5. Aufl., § 116, Rdn. 2). Es gehört zu den Wesensbestimmungen des Berufsbeamtentums und ist deshalb sowohl durch die institutionelle Garantie des Art. 114 Abs. 1 SVerf als auch – in der Gestalt eines wohlerworbenen Rechtes – durch Art. 115 Abs. 2 Satz 2 SVerf abgesichert.

Gemäß Art. 114 Abs. 1 und Art. 115 Abs. 2 Satz 2 SVerf hat der Landesgesetzgeber bei dem gegenwärtigen Stand des Bundesrechts aus seiner Fürsorgepflicht heraus Vorkehrungen gegen die Gefährdung des amtsangemessenen Unterhalts des Beamten bei Krankheits- und ähnlichen Fällen zu treffen und, soweit er die besoldungsrechtlich festgelegte Alimentation als bei Krankheits- und ähnlichen Fällen nicht ausreichend erachten muß, entsprechende Ansprüche auf Beihilfe vorzusehen. Unter Berücksichtigung der dem Beamten zuzumutenden Eigenvorsorge muß dann die Beihilfe „sicherstellen, daß der Beamte in den genannten Fällen nicht mit erheblichen Aufwendungen belastet bleibt, die er über eine zumutbare Eigenvorsorge nicht abdecken kann" (BVerfGE 83, 89, 101). Dabei ist zumutbar diejenige Eigenvorsorge, die den angemessenen Lebensunterhalt nicht gefährdet.

Damit ergibt sich als landesverfassungsrechtlicher Prüfungsmaßstab die Frage, ob der amtsangemessene Lebensunterhalt der saarländischen Beamten bei dem Eintreten von Beihilfefällen durch den Wegfall der Beihilfefähigkeit stationärer Wahlleistungen gefährdet wird. Das ist zu verneinen.

a) In diesem Zusammenhang ist der Umstand entscheidend, daß Beamten auch dann die Möglichkeit einer stationären medizinischen Vollversorgung verbleibt, wenn sie sich damit begnügen, die – unverändert beihilfefähigen – allgemeinen Krankenhausleistungen nach der Bundespflegesatzverordnung in Anspruch zu nehmen, und somit auf stationäre Wahlleistungen verzichten. Nach § 2 Abs. 2 BPflVO sind allgemeine Krankenhausleistungen diejenigen, die unter Berücksichtigung der Leistungsfähigkeit des Krankenhauses im Einzelfall nach Art und Schwere der Krankheit für die medizinisch zweckmäßige und ausreichende Versorgung des Patienten notwendig sind. Unter diesen Voraussetzungen gehören dazu auch Maßnahmen zur Früherkennung von Krankheiten, die vom Krankenhaus veranlaßten Leistungen Dritter, die aus medizinischen Gründen notwendige Mitaufnahme einer Begleitperson des Patienten oder die besonderen Leistungen von Tumorzentren sowie onkologischen Schwerpunkten für die stationäre Versorgung von krebskranken Patienten.

Die Vorschrift zeigt, daß es sich bei den allgemeinen Krankenhausleistungen nicht um eine Versorgung unterhalb des Maßes des medizinisch Zweckmäßigen handelt. Daß die Behandlung durch den gewählten (Chef-)Arzt stets besser als die durch die sonst zuständigen Ärzte des Krankenhauses und deshalb medizinisch unverzichtbar wäre, läßt sich nicht begründen. Überdies besagt die Formulierung, die medizinisch zweckmäßige Versorgung sei „unter Berücksichtigung der Leistungsfähigkeit des Krankenhauses" zu erbringen, daß das in einem Krankenhaus versammelte medizinische Können und Wissen, auch soweit es bei Chefärzten besteht, in die Behandlung des Patienten einzubringen ist. Je nach dem Zustand des Patienten kann das Eingreifen des Chefarztes auch im Rahmen der allgemeinen Krankenhausleistungen erforderlich und dem Patienten geschuldet sein. Erfordert z. B. „eine schwierige Operation die besonderen Erfahrungen und Fähigkeiten des chirurgischen Chefarztes, so kann dessen Tätigwerden nicht davon abhängig gemacht werden, daß der Patient dafür ein gesondertes Honorar zahlt" (vgl. *Grünenwald/ Wettstein-Grünenwald*, Krankenhausfinanzierungsrecht, Ergänzbares lexikalisches Handbuch, Leitnummer A 27, Stichwort: „Allgemeine Krankenhausleistungen"; vgl. auch *Laufs,* Arztrecht, 5. Aufl., Rdn. 96). Entsprechendes gilt für die Unterbringung des Patienten in einem Zweibett- oder Einbettzimmer (*Grünenwald* u. a., aaO). Die Bundespflegesatzverordnung sieht überdies – offenkundig auch im Hinblick auf die Leistungsgrenzen eines Krankenhauses (so *Grünenwald* u. a., aaO, Leitnummer V 16, Stichwort „Verlegung") – die Verlegung von Patienten in andere Krankenanstalten vor (§ 14 Abs. 5 BPflVO).

Dem sich aus der Bundespflegesatzverordnung ergebenden Bild einer medizinisch zweckmäßigen und ausreichenden Versorgung des Patienten im Rahmen der allgemeinen Krankenhausleistungen läßt sich nicht entgegenhalten, es handele sich um eine mit der Wirklichkeit nicht übereinstimmende Idealisierung. Zumindest kann der Gesetzgeber davon ausgehen, daß die Krankenhäuser in der Bundesrepublik ihren Versorgungsauftrag erfüllen.

b) Bei dieser Sachlage erscheint es nicht möglich, die Nichtbeihilfefähigkeit von stationären Wahlleistungen als Verletzung der Fürsorgepflicht zu qualifizieren. Der Dienstherr schuldet nicht mehr als angemessene Beihilfen zu einer als vollwertig zu erachtenden stationären Behandlung. Das geschieht, wenn die allgemeinen Krankenhausleistungen für beihilfefähig erklärt werden. Denn die Fürsorgepflicht beschränkt sich auf das nach der objektiven Sachlage Notwendige. Das Maß der notwendigen Krankenhausleistungen kann somit nicht vom subjektiven oder traditionellen Anspruchsniveau der Beamtenschaft her bestimmt werden. Ebensowenig kann der Umstand, daß die bisherigen Beihilferegelungen die genannten stationären Wahlleistungen umfaßten, den Maßstab für das abgeben, was aufgrund der Fürsorgepflicht an Beihilfe geschuldet wird; andernfalls fiele man im Ansatz in die reichsgerichtliche Deutung der wohlerworbenen Rechte zurück, wonach diese den jeweilig erreichten höchsten Stand von Beamtenrechten garantieren. Deshalb ist für die Artikel 114 Abs. 1 und 115 Abs. 2 Satz 2 SVerf nicht entscheidend, daß „(die) Erstattungsfähigkeit von Wahlleistungen im stationären Bereich wie die Inanspruchnahme eines Zweibettzimmers ... seit jeher das Verständnis des Beamten von der ihm zugewandten Fürsorge des Dienstherrn (prägt) und ... den Beamten aus der Sicht Dritter zum Privatpatienten schlechthin (macht)" (so BVerwGE 89, 207, 214; abl. *Jarass/Pieroth,* GG, 3. Aufl., Art. 33 Rdn. 21). Der Gesetzgeber kann grundsätzlich Beihilfen auch dort reduzieren, wo dies einem überlieferten Bild vom Beihilfesystem nicht entspricht. Das gilt auch für Modifikationen wichtiger Beihilfeleistungen, solange dem Beamten die Möglichkeit bleibt, ohne Gefährdung seines amtsangemessenen Unterhalts die objektiv notwendige Behandlung, insbesondere in einem Krankenhaus, zu erlangen.

Nicht zu verkennen ist freilich, daß der Begriff der objektiven Notwendigkeit von Aufwendungen im Krankheitsfall der Konkretisierung bedarf.

Diese muß von Verfassungs wegen aber nicht dahin ausfallen, Beamten sei als Krankenhausversorgung nicht zumutbar, was den Mitgliedern der gesetzlichen Krankenversicherung als volle Leistung angeboten wird. Diese Leistungen sind nicht als Unterstützung von Hilfsbedürftigen im Krankheitsfall zu verstehen, sondern als Inhalt versicherungsrechtlicher Ansprüche. Die Mitgliedschaft in der gesetzlichen Krankenversicherung schmälert das soziale Ansehen nicht. Die Begrenzung der Beihilfe auf die allgemeinen Krankenhausleistungen führt nicht zu einem Ansehensverlust. Dies trifft selbst dann nicht zu, wenn der Beamte im Einzelfall die stationären Wahlleistungen aus finanziellen oder sonstigen Gründen nicht über eine Privatversicherung abdecken kann. Ebensowenig liegt darin die Herabstufung der Krankenversorgung des Beamten auf einen dem Sozialstaatsprinzip eben noch genügenden Standard.

4. An diesem Ergebnis würde sich auch dann nichts ändern, wenn das Saarland sich dem Bund oder den übrigen Bundesländern gegenüber verpflichtet hätte, bei seiner Beihilferegelung davon auszugehen, daß in die durch Bundesgesetz festgelegten Beamtengehälter ein Betrag für anteilige Eigenvorsorge in Krankheits- und ähnlichen Fällen einkalkuliert ist. Gegen diese Annahme spricht allerdings schon, daß der angeblich einkalkulierte Betrag bei den Berechnungen zur Gehaltshöhe nicht beziffert worden ist (vgl. *Hoffmann*, Anm. zu BVerwG Beschl. v. 28. 11. 1991, ZBR 92, 205 und die vom Ministerium des Innern in seinem Schriftsatz vom 25. 6. 1996 wörtlich wiedergegebene Rückäußerung des Bundesministeriums des Innern). Möglich erscheint bei dieser Sachlage nur, daß bei der Bemessung der Gehälter an die Notwendigkeit einer nur teilweisen Eigenvorsorge für Krankheitsfälle gedacht und somit die Existenz von Beihilferegelungen vorausgesetzt wurde. Ein Schluß darauf, daß die so ermöglichte teilweise Eigenvorsorge in allen Gehaltsgruppen die stationären Wahlleistungen umfassen soll, läßt sich daraus nicht ziehen. Dann spricht aber auch nichts für die Annahme, die Länder hätten sich dahin binden wollen, die Beihilfefähigkeit der stationären Wahlleistungen zu erhalten. Abgesehen davon konnte der Landesgesetzgeber nicht durch Absprachen der Regierungen gebunden werden. Eine landesverfassungsrechtliche Relevanz einer solchen Absprache wäre ohnehin nicht ersichtlich.

II.

Die Herausnahme der stationären Wahlleistungen aus den beihilfefähigen Aufwendungen verstößt ferner nicht grundsätzlich, wohl aber hinsichtlich zweier Fallgruppen deshalb gegen Landesverfassungsrecht, weil dadurch das Vertrauen der Beamten in den Fortbestand einer Rechtslage in unzulässiger Weise enttäuscht worden ist, wobei sich von selbst versteht, daß dieser Gesichtspunkt auf nach dem Inkrafttreten des Haushaltsfinanzierungsgesetzes 1995 neu eingestellte Beamte von vornherein nicht zutreffen kann.

1. Hinsichtlich der übrigen Beamten kommt im gegebenen Zusammenhang als Prüfungsmaßstab das Rechtsstaatsprinzip in seiner Ausprägung als Grundsatz der Rechtssicherheit und des Vertrauensschutzes in seiner besonderen beamtenrechtlichen Ausformung durch Art. 60 Abs. 1, 114 Abs. 1, 115 Abs. 2 Satz 2 SVerf in Betracht.

Der Verfassung des Saarlandes ist das Rechtsstaatsprinzip immanent (Art. 60 Abs. 1 SVerf). Zu ihm gehört das Prinzip des Schutzes des Vertrauens auf den Bestand von Gesetzen (im materiellen Sinne). Dieses Prinzip ist nicht auf Fälle der echten Rückwirkung von Gesetzen beschränkt. Es kann vielmehr aufgrund einer Abwägung gegen die mit dem Gesetz verfolgten Allgemeininteressen auch in Fällen sogenannter unechter Rückwirkung zur Geltung kommen, insbesondere dann, wenn in eine gesetzliche Dauerregelung für die Zukunft eingegriffen wird (BVerfGE 31, 94, 98 ff.; *Leibholz/Rink/Hesselberger*, GG, Art. 20 Rdn. 1767; *Jarass/Pieroth*, GG, 3. Aufl., Art. 20 Rdn. 49; vgl. auch BVerwGE 62, 230, 237). Voraussetzung dafür ist, daß das Gesetz einen Eingriff vornimmt, mit dem der Betroffene nicht zu rechnen brauchte, den er also auch bei seinen Dispositionen nicht berücksichtigen konnte (BVerfGE 68, 287, 307), und daß sein Vertrauen schutzwürdiger als das mit dem Gesetz verfolgte Anliegen ist (BVerfGE aaO, 69, 272, 310; 72, 141, 154 f).

Diese im Verhältnis Bürger/Staat geltenden Grundsätze sind zwar auf das Rechtsverhältnis zwischen dem Beamten und dem Dienstherrn nicht direkt anzuwenden. Für das Grundgesetz ist die Auffassung herrschend, Art. 33 Abs. 5 GG sei lex specialis sowohl zu Artikel 14 GG als auch zu dem aus dem Rechtsstaatsprinzip abgeleiteten Grundsatz des Vertrauensschutzes (BVerfGE 52, 303, 345; 67, 1, 14; 71, 255, 272). Entsprechendes muß für Art. 114 Abs. 1 und Art. 115 Abs. 2 Satz 2 SVerf gelten, zumal die institutionelle und funktionale Interpretation dieser Artikel hinsichtlich der verfassungsmäßigen Rechte der Beamten eine weitgehende Annäherung der Vorschriften an Art. 33 Abs. 5 GG ergeben hat. Art. 114 Abs. 1 und Art. 115 Abs. 2 Satz 2 SVerf sind somit leges speciales zum landesverfassungsrechtlichen Grundsatz des Vertrauensschutzes.

Dies bedeutet indessen nicht, daß das Vertrauen der Beamten in den Fortbestand einfachrechtlicher beamtenrechtlicher Vorschriften überhaupt nicht geschützt wird. Vielmehr erfährt der rechtsstaatliche Grundsatz des Vertrauensschutzes im Beamtenverfassungsrecht eine eigene Ausprägung (vgl. BVerfGE 52, 303, 345; 67, 1, 14; 71, 255, 272 ff.).

Dabei ist grundsätzlich die Rechtsstellung des Beamten gegen ändernde Eingriffe des Gesetzgebers nur im Rahmen der den Beamten verfassungsmäßig garantierten Rechte geschützt. In der Regel kann der Beamte somit nicht darauf vertrauen, daß seine Rechtspositionen im Rahmen des verfassungsrechtlich Zulässigen nicht nachteilig verändert werden; er muß dies vielmehr in Rechnung stellen. Dies gilt insbesondere auch für Beihilfeleistungen, zumal der Beihilfeberechtigte schon immer infolge der nicht seltenen Änderung der Vorschriften „Flexibilität in seinen ergänzenden Krankenversicherungsdispositionen" zeigen mußte (BVerfGE 83, 89, 110).

a) Eine differenzierende Betrachtung muß indessen dann eingreifen, wenn eine bestehende Rechtslage Beamte dazu veranlaßt, auf ihr aufbauend Vermögensdispositionen zu treffen, denen durch die Rechtsänderung in nachteiliger Weise die Grundlage entzogen wird. In dem aus Art. 115 Abs. 2 Satz 2 SVerf folgenden Recht auf Fürsorge ist der Anspruch des Beamten enthalten, in seinem Vertrauen auf den Fortbestand beamtenrechtlicher Regelungen nicht oder nicht ohne schwerwiegende und überwiegende Gründe des Allgemeininteresses in der Weise enttäuscht zu werden, daß er durch geltendes Beamtenrecht zu wichtigen, seine Lebensgestaltung betreffenden und nicht rückgängig zu machenden oder folgenlos zu beseitigenden Dispositionen – auch Unterlassungen – veranlaßt wird, die sich in Anbetracht der dann erfolgenden Rechtsänderung als sinnlos oder nachteilig erweisen. Dabei kommt es nicht entscheidend auf die Frage an, ob sich die Gesetzesänderung als echte oder auch bloß unechte Rückwirkung darstellt (in diesem Sinne wohl auch BVerfGE 13, 39, 45; 30, 367, 389), das heißt nicht darauf, ob die Verschlechterung von Beihilfevorschriften die Korrektur einer (beamtenrechtlichen) Dauerregelung für die Zukunft bedeutet, die als unechte Rückwirkung zu qualifizieren ist (vgl. dazu BVerwGE 62, 230, 237). Entscheidend ist vielmehr, ob eine Regelung geeignet ist, ein Vertrauen auf ihr Fortbestehen gerade deshalb zu begründen, weil sie bei vernünftiger Betrachtungsweise zu Entscheidungen motiviert, die sich bei der Änderung der Rechtslage als nachteilig erweisen (ähnlich zum allgemeinen rechtsstaatlichen Vertrauensgrundsatz *Fiedler*, NJW 88, 1624, 1627 Spalte 2 unter Hinweis auf BVerfGE 13, 39, 45; 30, 367, 389). Vor Enttäuschungen dieser Art ist der Beamte durch sein verfassungsrechtlich verankertes Recht auf Fürsorge grundsätzlich geschützt. Dieses Recht enthält nämlich nicht nur als seine positive Seite Leistungsansprüche, beispielsweise auf Schutz gegen ungerechtfertigte Angriffe Dritter, sondern bezieht sich in negativer Hinsicht auch auf die Abwehr nachteilig wirkenden und vertrauenswidrigen Verhaltens des Staates selbst. Darin besteht eine der spezifisch beamtenrechtlichen Ausprägungen des allgemeinen rechtsstaatlichen Vertrauensgrundsatzes, die das Bundesverfassungsgericht aus dem Zusammenwirken von Art. 33 Abs. 5 GG mit dem allgemeinen Rechtsstaatsprinzip ableitet (vgl. z. B. BVerfGE 71, 255, 272, 275), und die sich landesverfassungsrechtlich in gleicher

Weise aus dem Zusammenspiel von Art. 60 Abs. 1 und Art. 114 Abs. 1, 115 Abs. 2 Satz 2 SVerf ergibt.

b) Art. 5 Nr. 2 des Haushaltsfinanzierungsgesetzes 1995 und Art. 1 der Beihilfe-Änderungsverordnung sind in diesem Sinne insoweit verfassungswidrig, als Beihilfeberechtigte, die im Zeitpunkt der Rechtsänderung über eine die Beihilfebemessungssätze übersteigende oder ergänzende Absicherung von stationären Wahlleistungen verfügten und zum Ausgleich für den Wegfall der Beihilfefähigkeit stationärer Wahlleistungen diese (weitergehend) versichern wollten, daran durch andere als finanzielle Gründe gehindert worden sind. Dies konnte aus folgenden Gründen eintreten:

Unter den Voraussetzungen des § 15 Abs. 4 der BhVO sind den Beamten und Richtern, die freiwillige Mitglieder der gesetzlichen Krankenversicherung sind und die der Höhe nach gleiche Leistungsansprüche wie Pflichtversicherte haben, 100 % der beihilfefähigen Aufwendungen zu ersetzen, die nach Anrechnung der in der Form der Kostenerstattung erfolgten Kassenleistung verbleiben. Bis zum 1. 7. 1995 bedeutete dies: Erstatteten die Kassen Wahlleistungen nicht, so bekam der Beamte die Wahlleistungen zu 100 % von der Beihilfe erstattet. In der mündlichen Verhandlung hat die Landesregierung mitgeteilt, daß eine relativ kleine Gruppe von Beamten in dieser Weise nach § 15 Abs. 4 BhVO zu behandeln war. Das wird bestätigt durch den Vortrag des Deutschen Richterbundes – Landesverband Saar –: Einige Richter seien in einer gesetzlichen Krankenkasse versichert und hätten von der Beihilfe den Ersatz der Wahlleistungen erhalten. Im Hinblick auf die Gesetzesänderung hätten sie versucht, die Wahlleistungen zu versichern. Von den gesetzlichen Krankenkassen sei dies abgelehnt worden. Private Versicherer seien nur bereit, mit teilweise erheblichen Einschränkungen die Versicherung der Wahlleistungen zu übernehmen. Der Deutsche Beamtenbund – Landesbund Saar – hat über den Fall eines 69jährigen Beamten berichtet, dessen Antrag auf Versicherung von Wahlleistungen von der Versicherung abgelehnt worden ist mit der Begründung, sie sei nicht verpflichtet, „eine Zusatzversicherung zur gesetzlichen Krankenversicherung neu abzuschließen"; aufgrund der bestehenden Gesundheitsverhältnisse könne die gewünschte Versicherung nicht abgeschlossen werden, auch nicht zu besonderen Bedingungen.

Die unter § 15 Abs. 4 BhVO fallenden Beamten und Richter hatten bis zum 1. 7. 1995 keinerlei Anlaß, Wahlleistungen teilweise zu versichern. Sie wurden durch die 100 %-Klausel (§ 13 a BhVO) geradezu davon abgehalten, überhaupt eine private Versicherung über Wahlleistungen abzuschließen, da dies sich als ökonomisch unsinnig dargestellt hätte. Erst mit Wegfall der Beihilfefähigkeit der Wahlleistungen wurde für sie eine private Versicherung sinnvoll. Möglicherweise konnten sie eine solche indessen wegen inzwischen eingetretener Erkrankungen nicht oder nicht ohne Risikoausschlüsse oder Wartezeiten abschließen und waren somit aus anderen als finanziellen Gründen nicht imstande, sich für stationäre Wahlleistungen (umfassend) zu versichern. Bei ihnen war nämlich der Weg über § 178 e VVG versperrt, da die Vorschrift voraussetzt, daß bereits eine die Beihilfe ergänzende Privatkrankenversicherung besteht, eine Voraussetzung, die bei den unter § 15 Abs. 4 BhVO fallenden Personen regelmäßig nicht gegeben war.

Eine im Ergebnis gleiche Situation kann auch bei Beihilfeberechtigten eingetreten sein, die stationäre Wahlleistungen nach bisherigem Recht beihilfekonform versichert hatten, dann nämlich, wenn sie bei ihrem Versicherer und auch bei einer anderen Versicherung keinen weitergehenden Versicherungsschutz für stationäre Wahlleistungen erhalten konnten oder wenn dies nur mit Risikoausschlüssen oder Wartezeiten möglich war. Daß Fälle dieser Art aufgetreten sind, ist nicht auszuschließen. Zwar hat die Befragung von im Saarland repräsentierten Versicherungen ergeben, daß die Unternehmen ihren Versicherungsnehmern im Hinblick auf die am 1. 7. 1995 eingetretene Rechtsänderung von sich aus oder auf Anfrage eine Aufstockung der Versicherung für stationäre Wahlleistungskosten auf 100 % angeboten haben. Auch kann davon ausgegangen werden, daß aufgrund der Allgemeinen Versicherungsbedingungen oder im Hinblick auf die vom Versicherer weit ausgelegte Vorschrift des § 178 e VVG die Höherversicherung ohne erneute Risikoprüfung oder Wartezeiten erfolgte (vgl. z. B. die Auskünfte der UKV, der SAVAG, der Hallesche-Nationale sowie Nr. 4.3 der Vertragsgrundlage 210 der DBV, wo nicht von der Verminderung des Beihilfebemessungssatzes, sondern – allgemeiner – des Beihilfeanspruchs die Rede ist). Das schließt indessen nicht aus, daß andere nicht konkret befragte Versicherer ein solches Angebot nicht gemacht haben und dazu auch nicht bereit waren. In diesen Fällen können die Beamten nicht auf § 178 e VVG verwiesen werden. Nach dieser Vorschrift hat allerdings ein beihilfeberechtigter Versicherungsnehmer bei Änderung des Beihilfebemessungssatzes oder bei Wegfall der Beihilfe „im Rahmen der bestehenden Krankheitskostentarife" Anspruch auf Anpassung dahingehend, daß dadurch der veränderte Beihilfebemessungssatz oder der weggefallene Beihilfeanspruch ausgeglichen wird, wobei Wartezeiten und erneute Risikoprüfungen entfallen. Bezogen auf die Herausnahme von stationären Wahlleistungen aus der Beihilfefähigkeit ergeben sich aber erhebliche Auslegungsschwierigkeiten, die gegebenenfalls von den ordentlichen Gerichten zu klären sein werden. Versteht man unter Beihilfebemessungssatz, wie üblich, den prozentualen Anteil, mit dem beihilfefähige Kosten ersetzt werden, so trifft das Merkmal der Veränderung des Beihilfebemessungssatzes nicht auf die Herausnahme der stationären Wahlleistungen aus der Beihilfefähigkeit zu. Sollte mit dem Entfallen des Beihilfeanspruchs nur der Verlust der Beihilfeberechtigung insgesamt gemeint sein, was möglich erscheint, so träfe auch dieses Merkmal nicht zu, womit die Vorschrift insgesamt unanwendbar würde. Desweiteren würde die Anwendbarkeit des § 178 e VVG möglicherweise auch dann scheitern, wenn, was in Anbetracht der grundsätzlichen Freiheit der Versicherer bei ihrer Angebotsgestaltung nicht abwegig erscheint, das Merkmal der „bestehenden Krankheitstarife" besagt, daß die Versicherer nur dann die Versicherung auf Wunsch auf 100 % erhöhen müssen, wenn sie die 100 %-Stufe für stationäre Wahlleistungen bei Beihilfeberechtigten tatsächlich bereithalten. Diese Voraussetzung ist beispielsweise bei der Postbeamtenkrankenkasse, bei der aus verschiedenen Gründen auch Landesbeamte versichert sind, nicht gegeben, da sie ihr Tarifwerk auf die Beihilfevorschriften des Bundes abgestimmt hat und es ablehnt, hinsichtlich der Wahlleistungen mit Rücksicht auf Art. 5 Nr. 2 des Haushaltsfinanzierungsgesetzes 1995 den Tarif auf 100 % aufzustocken.

Muß man deshalb insoweit von einer unsicheren Rechtslage ausgehen, so ist damit zu rechnen, daß manche Beamte sich nicht zu 100 % für stationäre Wahlleistungen bei ihrem bisherigen Versicherer und nicht oder nicht ohne Risikoausschlüsse oder Wartezeiten bei einem anderen Unternehmen versichern konnten, wobei die Möglichkeit einer Prozeßführung gegen den Versicherer wegen der Offenheit der Erfolgsaussichten außer Betracht zu bleiben hat.

Führt das Zusammenspiel der früher geltenden Beihilfevorschriften mit den geänderten Vorschriften dazu, daß einem ökonomisch vernünftig handelnden Beamten die Möglichkeit versperrt worden ist, sich gegen Wahlleistungen überhaupt oder ohne Risikoausschlüsse und Wartezeiten zu versichern beziehungsweise ausreichend zu versichern, und ist anzunehmen, daß er von dieser Möglichkeit andernfalls Gebrauch gemacht hätte, so liegt ein tiefer Eingriff in seine Lebensplanung vor, mit dem er nicht zu rechnen brauchte. Wenn er auch mit Änderungen des Beihilferechts rechnen muß, so kann er doch darauf vertrauen, daß die Gesetzgebung die Änderung so vornimmt, daß ihm die Möglichkeit verbleibt, Krankheitskosten entsprechend seiner eigenen Vorstellung abzusichern. Wenn nämlich das Beihilferecht auf dem Prinzip der teilweisen Eigenvorsorge des Beamten aufbaut, so muß die Entscheidungsmöglichkeit des Beamten im Bereich der Eigenvorsorge respektiert und dementsprechend offen gehalten werden. Der Beamte darf grundsätzlich darauf vertrauen, daß das Zusammenspiel von früherem und späterem Beihilferecht ihn nicht zu einer Planung verführt, die aus seiner vernünftigen, wenn auch subjektiven Sicht als Fehlplanung zu beurteilen ist. Hielt er für sich und seine Familie – übrigens in Übereinstimmung mit dem bisherigen Beihilferecht – stationäre Wahlleistungen für wesentlich und notwendig, so kann der Gesetzgeber diese Entscheidung nicht als unbeachtlich betrachten; vielmehr muß er den wie auch immer manifest gewordenen Willen des Beamten, Wahlleistungskosten abzudecken, respektieren und dort, wo dies dem Beamten infolge der Aufeinanderfolge verschiedener beihilferechtlicher Vorschriften nicht mehr im Wege der Eigenvorsorge möglich ist, kompensierend eingreifen, sofern dem nicht überwiegende, mit der Rechtsänderung verfolgte Allgemeininteressen entgegenstehen.

c) Das muß um so mehr gelten, als eine vergleichbare Wertung Art. 6 Abs. 2 lit. c des Haushaltsfinanzierungsgesetzes 1995 zugrundeliegt. Dort ist geregelt, daß Aufwendungen für gesondert berechenbare Wahlleistungen in den Fällen, in denen Personen vor dem 1. 7. 1995 trotz ausreichender Versicherung wegen angeborener Leiden oder für bestimmte Krankheiten von den Versicherungsleistungen ausgeschlossen oder in denen diese Leistungen eingestellt worden und in denen die Mehraufwendungen aufgrund dieser Leiden oder Krankheiten entstanden sind, nach bisherigem Recht behandelt werden. Der Stichtag 1. 7. 1995 bezieht sich ersichtlich darauf, daß der Versicherungsausschluß für bestimmte Krankheiten und Leiden bereits am 1. 7. 1995 vorgelegen haben muß. Vorausgesetzt ist demnach, daß der Beihilfeberechtigte sich auch bereits unter der Geltung des alten Rechts gegen bestimmte Krankheitsrisiken nicht versichern konnte, obwohl sein Wille, sich bezüglich Wahlleistungen abzusichern, daraus erkennbar war, daß er sich im Rahmen des Möglichen ausreichend – dies kann im Regelungszusammenhang nur heißen: auch für stationäre Wahlleistungen ausreichend – versichert hatte. Im Rahmen eines solchen Risikoausschlusses soll dem Beihilfeberechtigten der Anspruch auf Erstattung der Wahlleistungen erhalten bleiben. Damit respektiert der Gesetzgeber die Entscheidung des Beamten, die er noch unter Geltung des alten Beihilferechts getroffen hat, sich hinsichtlich stationärer Wahlleistungskosten so weit wie möglich abzusichern, wobei das Beihilferecht die privatversicherungsmäßig nicht schließbare Lücke seinerseits überwiegend, nämlich nach Maßgabe des § 15 Abs. 3 BhVO dahin schloß, daß auch für stationäre Wahlleistungen der Beihilfebemessungssatz um 20 %, jedoch höchstens auf 90 %, erhöht wurde. Wäre der Gesetzgeber in der Wertung konsequent geblieben, so hätte er eine ähnliche Regelung auch für diejenigen Beamten treffen müssen, die er bis zur erfolgten Änderung des Beihilferechts faktisch davon abgehalten hat, hinsichtlich Wahlleistungskosten überhaupt oder in höherem Maße Eigenvorsorge zu treffen, und die nun nicht mehr in der Lage sind, eine solche Eigenvorsorge im Wege der Privatversicherung vorzunehmen.

d) Allgemeininteressen, die das vorstehend als schutzwürdig dargelegte Vertrauen überwiegen könnten, sind nicht ersichtlich. Das mit Art. 5 Nr. 2 des Haushaltsfinanzierungsgesetzes 1995 verfolgte Allgemeininteresse besteht ausschließlich in der von der Rechtsänderung erwarteten Haushaltsersparnis.

Grundsätzlich kann nun zwar der Gesetzgeber die Verbesserung der Haushaltslage in die Abwägung gegenüber schutzwürdigen Vertrauensinteressen einbeziehen (BVerfGE 48, 403, 418; 50, 386, 396). Ist die Haushaltslage, wie im Saarland, angespannt, so ist ihre Verbesserung sogar ein besonders dringliches Anliegen. In einer solche Lage ist der Umstand allein, daß die durch das Gesetz erzielte Ersparnis relativ zum Gesamtvolumen der Verschuldung gering ist, nicht stets von entscheidender Bedeutung, vielmehr ist dann grundsätzlich jede Ersparnis, zumindest wenn es sich um den Wegfall einer Dauerausgabe handelt, wichtig. Gleichwohl nimmt die Wichtigkeit der Ersparnis in dem Maße ab, in dem sie geringer wird.

Nun handelt es sich bei dem betroffenen Personenkreis mit Sicherheit um eine kleine Gruppe. Zunächst ist bereits die Zahl der Beamten, die im Hinblick auf § 15 Abs. 4 BhVO in Verbindung mit der bisherigen Beihilfefähigkeit von stationären Wahlleistungen keine Veranlassung zur Versicherung von Wahlleistungen hatten, gering. Die Zahl der Betroffenen vermindert sich weiter dadurch erheblich, daß normalerweise – dann nämlich, wenn keine versicherungsvertragsrelevanten Vorerkrankungen vorliegen – eine private Zusatzversicherung für stationäre Wahlleistungen ohne weiteres und ohne Risikoausschlüsse möglich ist. Es gibt am Versicherungsmarkt genügend Angebote für Mitglieder der gesetzlichen Krankenversicherung, wie die Durchsicht der Tarife der Krankenversicherer zeigt. Entsprechendes gilt für Beamte, die beihilfekonform privat versichert gewesen sind. Die Einbeziehung der in ihrem berechtigten Vertrauen getroffenen Beamten in den Geltungsbereich des Art. 5 Nr. 2 des Haushaltsfinanzierungsgesetzes 1995 würde nach alledem nur zu recht geringfügigen Ersparnissen führen. Zu berücksichtigen ist weiter, daß die betroffene Gruppe fortlaufend kleiner und somit keine Dauerausgabe festgeschrieben wird, wenn die Einbeziehung des genannten Personenkreises in den Anwendungsbereich des Art. 5 Nr. 2 des Haushaltsfinanzierungsgesetzes 1995 für verfassungswidrig erklärt wird. Es kommt hinzu, daß der Gesetzgeber nicht gehindert ist, im Rahmen seines durch die Verfassung eingeräumten Ermessens eine Regelung zu treffen, die sich von der durch den Ausspruch der teilweisen Nichtigkeit eingetretenen Rechtslage unterscheidet. Die Teilnichtigkeit des Art. 5 Nr. 2 des Haushaltsfinanzierungsgesetzes 1995 und der darauf aufbauenden Beihilfe-Änderungsverordnung führt allerdings dazu, daß für die freiwilligen Mitglieder gesetzlicher Krankenkassen, soweit sie unter den Nichtigkeitsausspruch fallen, § 15 Abs. 4 BhVO wieder mit der Maßgabe anzuwenden ist, daß diese Mitglieder 100 % der Wahlleistungen erstattet erhalten. Der Gesetzgeber kann jedoch, ohne gegen Artikel 115 SVerf zu verstoßen, diese Regelung dahin ändern, daß nur ein geringerer Prozentsatz erstattungsfähig ist. Auch kann er beispielsweise anordnen, daß die in der gesetzlichen Krankenkasse freiwillig weiterversicherten Beamten hinsichtlich der

Wahlleistungen mit einem Selbstbehalt belegt werden, und dieser könnte auch nach der Gehaltshöhe abgestuft sein. Eine entsprechende Regelung würde sich für die zweite erörterte Beamtengruppe, auf die Art. 5 Nr. 2 des Haushaltsfinanzierungsgesetzes 1995 nicht angewendet werden darf, anbieten.

Bei dieser Sachlage gebührt dem Vertrauen der betroffenen Beamten der Vorrang vor dem Interesse an der Verbesserung der Haushaltslage.

e) Diesem Ergebnis steht nicht entgegen, daß der Gesetzgeber von Verfassungs wegen nicht gehalten ist, die Beihilfebestimmungen den Krankenversicherungsmöglichkeiten lückenlos anzupassen, daß vielmehr der Beamte gewisse Friktionen und Ungereimtheiten im Zusammenspiel zwischen Beihilfe und Krankenversicherungsleistungen hinzunehmen hat, sofern sie für ihn nicht mit unzumutbaren Kosten oder Risiken verbunden sind (BVerfGE 83, 89, 102). Um zu vernachlässigende Unstimmigkeiten dieser Art geht es hier nicht, sondern darum, daß das zeitliche Aufeinanderfolgen inhaltlich verschiedener Beihilfevorschriften Beamte nicht gleichsam durch Irreführung in die Lage versetzen darf, die von ihnen für essentiell gehaltenen Wahlleistungen nicht mehr ausreichend absichern zu können. Mit kleineren Ungereimtheiten ist dies nicht vergleichbar; denn die Versicherung von Wahlleistungen wird von sehr vielen Menschen und, wie die Umfrage des Verfassungsgerichtshofs bei der Versicherungswirtschaft ergeben hat, auch bei den meisten Beamten als so wichtig betrachtet, daß sie dafür zu teils (besonders in höherem Alter) erheblichen finanziellen Opfern bereit sind.

f) Die vorstehend dargelegten Gründe für die teilweise Nichtigkeit der zu prüfenden Normen können nicht auf die Fälle erstreckt werden, in denen Beihilfeberechtigte sich aus finanziellen Gründen dafür entschieden haben, eine Versicherung der stationären Wahlleistungskosten nicht vorzunehmen. Der Grundsatz des Vertrauensschutzes bezieht sich nicht auf die Erhaltung des gleichen wirtschaftlichen Wertes der Beihilferegelung, sondern darauf, nicht durch enttäuschtes Vertrauen in eine Lage gebracht zu werden, in der sinnvolle und subjektiv wichtige Dispositionen, zu denen der Betroffene sich entschlossen hätte, wegen zwischenzeitlicher Ereignisse nicht mehr getroffen werden können. Führt dagegen die Reduzierung des Beihilfeumfangs lediglich zu einer Verteuerung der gewünschten komplementären Versicherung und löst dies den durchführbaren Entschluß aus, auf medizinische Leistungen oberhalb des Niveaus der zweckmäßigen und ausreichenden Behandlung im Sinne des § 2 Abs. 2 BPflVO zu verzichten, so ist die Dispositionsfreiheit nicht eingeengt und die Fürsorgepflicht auch nicht anderweitig verletzt.

2. Ein erheblicher, berechtigtes Vertrauen verletzender Nachteil ergibt sich jedoch aus der Abschaffung der Beihilfefähigkeit stationärer Wahlleistun-

gen bei denjenigen Beihilfeberechtigten, die bezüglich dieser Leistungen bisher beihilfekonform versichert waren, diesen Teil ihrer Versicherung infolge des Wegfalls der Beihilfefähigkeit nicht mehr als sinnvoll betrachten, denen des weiteren die Aufstockung der Wahlleistungsversicherung zu teuer ist und die gleichwohl zur Fortführung dieses Teils ihrer Versicherung gegen entsprechenden Prämienanteil genötigt sind. Weder anhand der Gesetzesmaterialien, die insoweit unergiebig sind, noch aufgrund der eigenen Erhebung des Verfassungsgerichtshofs lassen sich Fälle dieser Art sicher ausschließen:

Es ist nicht gesichert, daß alle Beamte von ihrem Versicherer eine Reduzierung oder Umstellung ihres Vertrages auf einen Tarif verlangen konnten, der nur noch die allgemeinen Krankenhausleistungen im Sinne des § 2 Abs. 2 BPflVO umfaßt. § 178 f VVG gibt zwar einen Anspruch auf Wechsel in andere Tarife mit gleichartigem Versicherungsschutz, wobei aus dem Vertrag bisher erworbene Rechte und Altersrückstellungen anzurechnen sind. Diese Vorschrift hilft dem Versicherungsnehmer, der einen Tarif ohne stationäre Wahlleistungen benötigt, aber nur dann, wenn seine Versicherung einen solchen Tarif anbietet. Auf Anfrage hat das Bundesaufsichtsamt für das Versicherungswesen indessen mitgeteilt, daß nicht alle Versicherer mit besonderen Tarifen für Beihilfeberechtigte vor dem 1. 7. 1995 einen solchen Tarif angeboten haben. Dies trifft, wie in der mündlichen Verhandlung angesprochen, auch auf die Postbeamtenkrankenkasse zu, bei der aus verschiedenen Gründen auch Landesbeamte versichert sind.

In derartigen Fällen kann der Beamte zwar die Versicherung kündigen, jedoch ist ihm dies nicht zuzumuten, wenn er bei einem anderen Versicherer keinen Versicherungsschutz ohne Risikoausschlüsse oder Wartezeiten erhalten kann. Er muß dann vielmehr eine teilweise nutzlos gewordene Versicherung weiter bezahlen, wobei sich die Nutzlosigkeit daraus ergibt, daß die nur teilweise Abdeckung von stationären wahlärztlichen Leistungen durch die ursprünglich beihilfeergänzende Versicherung für die betroffenen Beamten in Anbetracht der verbleibenden, unter Umständen ganz erheblichen nicht abgedeckten Kosten keine Veranlassung sein kann, Wahlleistungen im gegebenen Falle tatsächlich in Anspruch zu nehmen.

Es widerspricht der verfassungsrechtlichen Fürsorgepflicht des Staates, Beamte, die infolge ihres Vertrauens auf den Bestand oder die fürsorgliche Umgestaltung des Beihilferechts in die dargestellte Situation geraten sind, ohne – in ihrer Ausgestaltung dem Gesetz- oder Verordnungsgeber überlassene – Kompensation der Regelung des Art. 5 Nr. 2 des Haushaltsfinanzierungsgesetzes 1995 zu unterwerfen und sie so zu nutzlosen Dauerausgaben zu zwingen. Da die dadurch zu erzielende Haushaltsersparnis auf jeden Fall sehr gering ist, überwiegt auch bei dieser Fallgruppe das enttäuschte Vertrauen des betroffenen Beamten das Allgemeininteresse an der Verbesserung der Haushaltslage.

3. Demgegenüber ist eine weitere (teilweise) Verfassungswidrigkeit des Art. 5 Nr. 2 des Haushaltsfinanzierungsgesetzes 1995 nicht daraus herzuleiten, daß Beamte, die ihren Versicherungsschutz als Reaktion auf das Entfallen der Beihilfefähigkeit stationärer Wahlleistungen erhöht haben, dies infolge ihres relativ späten Eintritts in den erhöhten Tarif aber nur gegen relativ erhöhte Versicherungsprämienanteile tun konnten. Zum einen wird dieser für die Zukunft sich ergebende Nachteil dadurch ausgeglichen, daß der relativ spät in den höheren Tarif eintretende Versicherungsnehmer sich in der Vergangenheit nicht an der Aufbringung von Altersrückstellungen beteiligt hat (vgl. BVerfGE 83, 89, 103/104). Die relative Erhöhung der Versicherungsprämie dient lediglich dem Ausgleich für bisher nicht gezahlte Altersrückstellungen. Darüber hinaus ist aber auch der Vorteil zu berücksichtigen, der darin besteht, daß die Beihilfeberechtigten bis zum Inkrafttreten des Art. 5 Nr. 2 des Haushaltsfinanzierungsgesetzes 1995 von einer Beihilferegelung profitiert haben, die günstiger war, als sie von Verfassungs wegen hätte sein müssen. Ins Gewicht fallen damit auch die erheblichen Prämienersparnisse, die die genannten Beihilfeberechtigten bis zur Rechtsänderung hatten. Ist, wie hier, die Enttäuschung von Vertrauen durch das Zusammenwirken alter und neuer Beihilfevorschriften entstanden, so können von Verfassungs wegen nicht geschuldete Vorteile aufgrund der älteren Rechtsvorschriften bei der Beurteilung des Ausmaßes der Nachteile, die die neue Regelung zur Folge hat, nicht außer Betracht bleiben. Dann ergibt sich aber, daß es insgesamt betrachtet vorteilhaft war, wenn Beamte ihren Versicherungsschutz beihilfekonform zum früheren Rechtszustand gewählt und erst ab der Rechtsänderung aufgestockt haben. Ihr Vertrauen auf den Fortbestand der günstigeren älteren Regelung hat sie demnach nicht zu im Gesamtergebnis nachteiligen Dispositionen verleitet.

III.

Art. 5 Nr. 2 des Haushaltsfinanzierungsgesetzes 1995 und Art. 1 der Beihilfe-Änderungsverordnung verstoßen für die Zeit vom 1. 7. bis 31. 12. 1995 teilweise gegen den Gleichheitsgrundsatz des Art. 12 SVerf und sind insoweit für diesen Zeitraum nichtig.

Art. 12 SVerf besagt in Übereinstimmung mit Art. 3 Abs. 1 GG, daß das Gleichheitsgrundrecht dann verletzt (ist), „wenn eine Gruppe von Normadressaten im Vergleich zu anderen Normadressaten anders behandelt wird, obwohl zwischen beiden Gruppen keine Unterschiede von solcher Art und solchem Gewicht bestehen, daß sie die ungleiche Behandlung rechtfertigen könnten" (BVerfGE 55, 72, 88; zur Inhaltsgleichheit Verfassungsgerichtshof des Saarlandes, B. v. 18. 2. 1964, Lv 1/63, S. 18).

1. Die am 26. 9. 1994 verkündete neue Bundespflegesatzverordnung ist im wesentlichen am 1. 1. 1995 in Kraft getreten (Art. 10 der Verordnung zur Neuordnung des Pflegesatzrechts vom 26. 9. 1994, BGBl. S. 2750, 2765). Bis zum 31. 12. 1995 ist indessen gemäß § 28 Abs. 1 BPflVO 1994 noch § 8 Satz 1 Nr. 2 der Bundespflegesatzverordnung in der am 31. 12. 1994 geltenden Fassung anzuwenden. § 8 Satz 1 Nr. 2 in der bis zu diesem Zeitpunkt geltenden Fassung lautet auszugsweise wie folgt:

„Der Rechnungsbetrag für allgemeine Krankenhausleistungen ist um 5 vom Hundert zu ermäßigen ... für Patienten mit wahlärztlichen Leistungen nach § 7 Abs. 3 (Wahlarztabschlag)."

Dieser Wahlarztabschlag ist somit erst ab 1. 1. 1996 entfallen (vgl. *Quaas*, Das Krankenhaus, 1995, S. 528).

Es ist deshalb davon auszugehen, daß Beamte, die bis zum 31. 12. 1995 Wahlarztleistungen in Anspruch genommen haben, von den Krankenhäusern eine um 5 % reduzierte Rechnung über die allgemeinen Krankenhauskosten erhalten haben, während solche Beamte, die Wahlleistungen nicht in Anspruch genommen haben, keine reduzierte Rechnung erhielten. Dies führt zu dem Ergebnis, daß Beamte, die in der Zeit vom 1. 7. bis 31. 12. 1995 stationäre Wahlleistungen in Anspruch genommen haben, im Wege der Beihilfe weniger erstattet bekommen als diejenigen Beamten, die auf Wahlleistungen verzichtet haben. Darin ist, soweit die verfassungsrechtlich nicht zu beanstandenden 100 %-Klausel des § 16 BhVO (vgl. BVerfGE 83, 89) nicht eingreift, ein Verstoß gegen den Gleichheitsgrundsatz zu sehen. Der Beamte, der Wahlleistungen in Anspruch nimmt, muß, soweit § 16 BhVO nicht eingreift, was im Einzelfall zu prüfen ist, ebensoviel Beihilfe erhalten wie ein anderer Beamter, der dies nicht tut. Gesichtspunkte, die eine unterschiedliche Behandlung rechtfertigen könnten, sind nicht ersichtlich.

2. Soweit die Antragsteller geltend machen, die Abschaffung der Beihilfefähigkeit stationärer Wahlleistungen verstoße deshalb gegen Art. 12 Abs. 1 SVerf, weil sie sich auf die Beihilfeberechtigten je nach Familienstand und Alter sehr unterschiedlich auswirke, kann dem nicht gefolgt werden. Gemeint ist offensichtlich, daß die von den Beamten zumeist gewählte Höherversicherung von stationären Wahlleistungen die Beihilfeberechtigten je nach Alter und Familienstand finanziell unterschiedlich trifft. Daraus läßt sich ein Verstoß gegen den Gleichheitsgrundsatz nicht herleiten. Es ist nicht Aufgabe des Gesetzgebers, über Beihilfevorschriften die Unterschiede bezüglich der sich am Risiko orientierenden Versicherungsprämien auszugleichen. Inwieweit der

Beamte sich und seine Familie versichert, bleibt ihm selbst überlassen. Dies fällt in den Bereich der Eigenvorsorge, für die das Beihilferecht keine faktische Gleichheit gewährleisten kann. Im übrigen nimmt die Besoldungsgesetzgebung durch unterschiedliche Ortszuschläge auf den Familienstand und die Kinderzahl Rücksicht. Das Argument der Antragsteller ist aber bereits im Ansatz deshalb nicht durchschlagend, weil, wie früher ausgeführt, der Gesetzgeber von Verfassungs wegen ohnehin nicht verpflichtet ist, zu einer Krankenversorgung der Beamten beizutragen, die die stationären Wahlleistungen einschließt. Zur Gleichbehandlung ist der Gesetzgeber somit nur verpflichtet, soweit es um die auch nach neuem Recht noch beihilfefähigen Aufwendungen geht. Art. 5 Nr. 2 des Haushaltsfinanzierungsgesetzes 1995 wird deshalb durch die Argumentation der Antragsteller nicht in Frage gestellt.

3. Ebensowenig ergibt sich ein Verstoß gegen den Gleichheitsgrundsatz, wenn, wie die Antragsteller behaupten, das Land bisher schon deutlich weniger finanzielle Mittel für die Krankheitsfürsorge der Beamten aufgewendet hat als es dem Betrag entsprechen würde, den er bei der gegebenen Summe der Bezüge als Arbeitgeberanteil zur gesetzlichen Krankenversicherung abzuführen hätte, wenn diese für die Beamten geöffnet wäre. Dieses Argument ist deshalb nicht durchschlagend, weil Einzelmaßnahmen im Angestelltenbereich einerseits und im Bereich des Beamtenrechts andererseits nicht sinnvoll in punktueller Weise verglichen werden können. Es wäre ein Gesamtvergleich der beiden Anstellungssysteme mit ihren Rechten und Pflichten erforderlich, um überhaupt von einer Besserstellung oder Schlechterstellung der Beamten gegenüber den Angestellten sprechen zu können. Eine dabei feststellbare Ungleichheit würde überdies für sich genommen nicht genügen, um einen Verstoß gegen den Gleichheitssatz zu begründen.

4. Verfassungsrechtliche Bedenken bestehen unter dem Gesichtspunkt des Gleichheitsgrundsatzes auch nicht gegen die Übergangsvorschriften des Art. 6 des Haushaltsfinanzierungsgesetzes 1995.

Art. 6 Abs. 2 lit. c berücksichtigt, wie bereits erörtert, die schon vor dem Stichtag feststehende Unmöglichkeit der privatversicherungsrechtlichen Abdeckung bestimmter stationärer Wahlleistungskosten. Es kann jedenfalls nicht als willkürliche Besserstellung gewertet werden und verstößt folglich nicht gegen den Gleichheitsgrundsatz, wenn Beamte, die bestimmte Risiken trotz entsprechender Bemühungen nicht versichern konnten, beihilferechtlich besser gestellt werden. Denn die Fürsorgepflicht des Dienstherrn hat sich grundsätzlich an der besonderen Art der Hilfsbedürftigkeit des Beamten zu orientieren. Darauf beruhte schon und beruht immer noch § 15 Abs. 3 BhVO. Die Besserstellung darf sich auf den Umfang der Beihilfefähigkeit beziehen, um auszugleichen, daß bestimmte Beamte im Gegensatz zu den meisten anderen gewisse nicht mehr beihilfefähige medizinische Leistungen trotz ihres Bemühens darum nicht versichern können.

Ebensowenig bestehen aus dem Gesichtspunkt des Gleichheitsgrundsatzes durchgreifende Bedenken gegen Art. 6 Abs. 2 lit. d, wonach das frühere Recht für am Stichtag 70 Jahre alte Personen weiter gilt. Die Vorschrift knüpft an das Alter der zu behandelnden Personen an und will das Vertrauen relativ alter Menschen in den Fortbestand der bisherigen Regelung schützen. Das ist nicht willkürlich, da die Fähigkeit des Menschen, sich auf neue und zudem ungünstigere Umstände einzustellen sowie Enttäuschungen zu verarbeiten, mit steigendem Alter sinkt. Da es nicht möglich ist, die schutzwürdig erscheinende Befindlichkeit der Betroffenen ohne Schematisierung in praktikabler Weise festzulegen, mußte der Gesetzgeber auf eine Altersgrenze als Indikator für die besondere Schutzwürdigkeit zurückgreifen. Hierbei stand ihm ein erheblicher Ermessensspielraum zur Verfügung. Die von ihm gewählte Grenze von 70 Jahren ist nicht willkürlich.

E.

Die teilweise Verfassungswidrigkeit des Art. 5 Nr. 2 des Haushaltsfinanzierungsgesetzes 1995 und des Artikel 1 der Änderungsverordnung nötigt nicht dazu, die Bestimmungen insgesamt für nichtig zu erklären. Etwas anderes kann gelten, wenn durch die Teilnichtigkeit eine Norm entsteht, von der angenommen werden muß, daß der Gesetzgeber sie so nicht erlassen hätte. Dieser Fall liegt hier nicht vor, weil es dem Gesetzgeber auf jeden Fall darauf ankam, im Rahmen des Möglichen die Beihilfefähigkeit von Wahlleistungen aufzuheben. Sofern er dabei bezüglich einer relativ kleinen Fallgruppe erfolglos bleibt, muß nicht daran gezweifelt werden, daß er die Regelung im übrigen, mit der er sein Ziel weitestgehend erreicht, gewollt hätte.

Die Teilnichtigkeit läßt sich vorliegend allerdings nicht in der Weise zur Geltung bringen, daß ein bestimmter Textteil der Bestimmung als nichtig bezeichnet wird. Lassen sich im Rahmen eines einheitlichen Textes verfassungsmäßige und verfassungswidrige Anwendungsfälle unterscheiden, so kann das Verfassungsgericht sich darauf beschränken, die verfassungswidrigen Fälle typisierend zu beschreiben und die Norm insoweit für nichtig zu erklären (BVerfGE 43, 291, 294; *Benda/Klein*, Lehrbuch des Verfassungsprozeßrechts, Rdn. 1178). An die Exaktheit der Ausgrenzung der verfassungswidrigen Anwendungsfälle sind dabei keine übertriebenen Anforderungen zu stellen. Etwa entstehende Auslegungsprobleme sind nach Maßgabe des Gesamtzusammenhangs der Entscheidungsgründe zu lösen.

F.

Das Verfahren vor dem Verfassungsgerichtshof ist gemäß § 26 Abs. 1 VGHG kostenfrei. Zu einem Anspruch gemäß § 26 Abs. 3 VGHG besteht ungeachtet der Tatsache, daß sich die von den Antragstellern beanstandeten Bestimmungen nicht in vollem Umfange als mit der Verfassung des Saarlandes vereinbar erwiesen haben, keine Veranlassung.

Entscheidungen
des Verfassungsgerichtshofes
des Freistaates Sachsen

Die amtierenden Richter des Verfassungsgerichtshofes des Freistaates Sachsen*

Dr. Thomas Pfeiffer, Präsident
Klaus Budewig, Vizepräsident
Ulrich Hagenloch
Alfred Graf von Keyserlingk
Hans Dietrich Knoth
Prof. Dr. Hans v. Mangoldt
Siegfried Reich
Prof. Dr. Hans-Peter Schneider
Prof. Dr. Hans-Heinrich Trute

Stellvertretende Richter**

Heinrich Rehak
Martin Burkert
Jürgen Niemeyer
Dr. Andreas Spilger
Hannelore Leuthold
Dr. Günter Kröber
Susanne Schlichting
Heide Boysen-Tilly
Prof. Dr. Christoph Degenhart

* Stand 20. 6. 1996
** Stand 12. 9. 1996

Nr. 1

1. Der Verfassungsgerichtshof ist zur Sachentscheidung über eine Verfassungsbeschwerde gegen eine sich nicht von selbst vollziehende Rechtsnorm erst dann berufen, wenn Rechtsschutz vor den Fachgerichten nicht gewährt werden kann oder diese bereits erfolglos angerufen worden sind.

2. Zur Begründungspflicht des § 28 SächsVerfGHG[*]

Sächsisches Verfassungsgerichtshofsgesetz §§ 27 Abs. 2, 28
Sächsisches Dolmetschergesetz §§ 3, 14

Beschluß vom 29. August 1996 – Vf. 6-IV-95 –

in dem Verfahren über die Verfassungsbeschwerde des Herrn Dr. G.

Entscheidungsformel:

Die Verfassungsbeschwerde wird verworfen.

Gründe:

I.

Der Beschwerdeführer wendet sich gegen das Sächsische Dolmetschergesetz, durch das er sich in verfassungswidriger Weise beeinträchtigt sieht.

Seit Abschluß seines Slawistik-Studiums im Jahre 1966 ist der Beschwerdeführer als Übersetzer tätig. Gemäß der Anordnung über die Bestellung von Dolmetschern und Übersetzern für die Gerichte und Staatlichen Notariate vom 5. Februar 1976 (GBl. DDR I Nr. 6 S. 101) konnte der Beschwerdeführer auch von den Gerichten und Notariaten der DDR als Übersetzer und Dolmetscher herangezogen werden. Diese nach Anlage II Kap. III Sachgebiet A Abschnitt I Nr. 10 i. V. m. Art. 9 Abs. 4 des Einigungsvertrages als Landesrecht fortgeltende Anordnung sah allerdings keine allgemeine Beeidigung vor, so daß der Beschwerdeführer und die anderen ab dem 3. Oktober 1990 bei den sächsischen Gerichten und Verwaltungsbehörden als Übersetzer oder Dol-

---

[*] Nichtamtliche Leitsätze.

metscher eingesetzten Personen in jedem Einzelfall zu vereidigen waren. Um eine allgemeine Beeidigung und eine öffentliche Bestellung von Dolmetschern und Übersetzern zu ermöglichen, hat der Sächsische Landtag das am 4. Juli 1994 verkündete Sächsische Dolmetschergesetz (GVBl. S. 1105) beschlossen. In diesem ist u. a. bestimmt:

§ 1
Dolmetscher und Übersetzer

(1) Zur Sprachenübertragung für gerichtliche und behördliche Zwecke werden Dolmetscher und Übersetzer für das Gebiet des Freistaates Sachsen öffentlich bestellt und allgemein beeidigt. (...)

§ 3
Voraussetzungen der Bestellung

(1) Als Dolmetscher (Übersetzer) wird auf Antrag öffentlich bestellt, wer (...)
4. seine fachliche Eignung nachgewiesen hat. (...)

§ 4
Ermächtigung

(1) Das Staatsministerium der Justiz wird ermächtigt, im Einvernehmen mit dem Staatsministerium für Kultus durch Rechtsverordnung zu bestimmen, aufgrund welcher Bildungsabschlüsse die fachliche Eignung des Dolmetschers (Übersetzers) gemäß § 3 Abs. 1 Nr. 4 besteht. (...)

§ 5
Beeidigung

(1) Vor Aushändigung der Bestallungsurkunde wird der Dolmetscher (Übersetzer) durch den Präsidenten des Landgerichts oder einen von diesem beauftragten Richter dahin beeidigt, daß er treu und gewissenhaft übertragen und alle sonstigen Pflichten als öffentlich bestellter Dolmetscher (Übersetzer) gewissenhaft erfüllen werde. (...)

§ 8
Dolmetscher- und Übersetzerlisten

(1) Bei dem Präsidenten des Landgerichts wird eine Liste der in seinem Zuständigkeitsbereich öffentlich bestellten und allgemein beeidigten Dolmetscher und Übersetzer geführt, die zur öffentlichen Einsichtnahme aufzulegen ist. (...)

§ 14
Übergangsregelungen

(1) Eine vor Inkrafttreten dieses Gesetzes nach der Anordnung über die Bestellung von Dolmetschern und Übersetzern für die Gerichte und Staatlichen Notariate vom 5. Februar 1976 (GBl. DDR I Nr. 6 S. 101) erfolgte Bestellung als Dolmetscher

(Übersetzer) erlischt, wenn der Betroffene zum öffentlich bestellten und allgemein beeidigten Dolmetscher und Übersetzer nach diesem Gesetz bestellt wird, im übrigen mit Ablauf von fünf Jahren nach Inkrafttreten dieses Gesetzes. (...)

Auf Grund von § 4 Abs. 1 des Sächsischen Dolmetschergesetzes hat das Sächsische Staatsministerium der Justiz in der Sächsischen Dolmetscherverordnung vom 13. September 1994 (GVBl S. 1569) folgendes verordnet:

§ 1

(1) Der Nachweis der fachlichen Eignung für die öffentliche Bestellung als Dolmetscher oder Übersetzer nach § 3 Abs. 1 Nr. 4 SächsDolmG ist geführt durch
1. ein in dem in Artikel 3 des Einigungsvertrages genannten Gebiet oder in anderen Ländern der Bundesrepublik Deutschland einschließlich Berlin (West) erworbenes Zeugnis über den erfolgreichen Abschluß des Studiums als Diplom-Dolmetscher oder Diplom-Sprachmittler an einer Universität oder einer gleichgestellten Hochschule,
2. ein in dem in Nummer 1 genannten Gebiet erworbenes Zeugnis über den erfolgreichen Abschluß der Erweiterungsprüfung als Sprachmittler für Deutsch auf der Grundlage einer ausländischen Basissprache in Verbindung mit dem erfolgreichen Abschluß als Diplomgermanist,
3. ein an der Fachschulabteilung der Universität Leipzig erlangtes Zeugnis über den erfolgreichen Abschluß als Sprachmittler,
4. ein außerhalb des Geltungsbereiches des Grundgesetzes oder ein in dem in Artikel 3 des Einigungsvertrages genannten Gebiet erworbenes Zeugnis über einen Ausbildungsabschluß, sofern das Staatsministerium für Wissenschaft und Kunst diesen Abschluß als gleichwertig mit den Abschlüssen nach den Nummern 1 bis 3 anerkennt.

(2) Der Nachweis der fachlichen Eignung für die öffentliche Bestellung als Übersetzer nach § 3 Abs. 1 Nr. 4 SächsDolmG ist auch geführt durch
1. ein in dem in Absatz 1 Nr. 1 genannten Gebiet erworbenes Zeugnis über den erfolgreichen Abschluß des Studiums als Diplom-Übersetzer, Diplom-Fachübersetzer, Diplom-Technikübersetzer oder Akademisch geprüfter Übersetzer an einer Universität oder einer gleichgestellten Hochschule oder als Diplom-Technikübersetzer (FH) oder Diplomübersetzer (FH) an einer Fachhochschule,
2. ein an der Fachschulabteilung der Universität Leipzig erlangtes Zeugnis über den erfolgreichen Abschluß als Staatlich geprüfter Übersetzer,
3. ein außerhalb des Geltungsbereiches des Grundgesetzes oder ein in dem in Artikel 3 des Einigungsvertrages genannten Gebiet erworbenes Zeugnis über einen Ausbildungsabschluß, sofern das Staatsministerium für Wissenschaft und Kunst diesen Abschluß als gleichwertig mit den Abschlüssen nach den Nummern 1 und 2 anerkennt. (...)

Nach Meinung des Beschwerdeführers verstoßen das Sächsische Dolmetschergesetz und die zu diesem erlassene Rechtsverordnung gegen den Gleichheitsgrundsatz, da es Personen, die für eine Tätigkeit als Dolmetscher und Übersetzer geeignet seien, aus fadenscheinigen Gründen ausgrenze. Insbesondere habe der Sächsische Landtag nicht hinreichend berücksichtigt, daß die Philologenausbildung in der DDR in den 60er bis 70er Jahren keinen Sprachmittlerabschluß gekannt habe und daß der Zugang zu den Sprachmittlerinstituten politisch mißliebigen Personen oder Bewerbern mit Verwandten in der Bundesrepublik Deutschland faktisch versagt worden sei.

Das Sächsische Staatsministerium der Justiz hält die Verfassungsbeschwerde für unzulässig, zumindest aber für unbegründet.

II.

Die Verfassungsbeschwerde ist unzulässig, da der Beschwerdeführer nicht die ihm zur Verfügung stehenden Möglichkeiten ausgeschöpft hat, um den von ihm angenommenen Verfassungsverstoß durch fachgerichtlichen Rechtsschutz beseitigen zu lassen.

1. Zumindest bei einem verfassungsrechtlichen Angriff gegen eine sich nicht selbst vollziehende Rechtsnorm gebietet es die aus allgemeinen Rechtsprinzipien und dem Aufbau der Gerichtsbarkeit folgende Vorrangigkeit fachgerichtlichen Rechtsschutzes, daß der Verfassungsgerichtshof zu einer Sachentscheidung erst berufen ist, wenn Rechtsschutz von den Fachgerichten nicht gewährt werden kann oder diese bereits erfolglos angerufen worden sind (vgl. BVerfGE 74, 69, 74 f.; BVerfGE 79, 1, 20 ff.; BVerfGE 90, 128, 137).

Solcher fachgerichtlicher Rechtsschutz ist dem Beschwerdeführer aber ohne weiteres möglich und zumutbar. Er kann beim zuständigen Verwaltungsgericht auf Feststellung klagen, daß er auch ohne Antrag gemäß § 3 Abs. 1 des Sächsischen Dolmetschergesetzes über die in § 14 gesetzte Frist hinaus seine aufgrund der Anordnung über die Bestellung von Dolmetschern und Übersetzern für die Geriche und Staatlichen Notariate vom 5. Februar 1976 (GBl. DDR I Nr. 6 S. 101) erworbene Rechtsstellung behält. Außerdem kann er beim Sächsischen Staatsministerium für Wissenschaft und Kunst beantragen, seinen Ausbildungsabschluß den in § 1 Abs. 1 Nr. 1–3 der Sächsischen Dolmetscherverordnung genannten Abschlüssen als gleichwertig anzuerkennen (§ 1 Abs. 1 Nr. 4 der Sächsischen Dolmetscherverordnung), und hierdurch den in § 3 Abs. 1 Nr. 4 des Sächsischen Dolmetschergesetzes geforderten Nachweis seiner fachlichen Eignung für die öffentliche Bestellung als Dolmetscher oder Übersetzer führen. Sollte ein solches Gesuch erfolglos bleiben, stünde dem Beschwerdeführer eine verwaltungsgerichtliche Verpflichtungsklage offen, in deren Rahmen dann inzident auch die Verfassungsmäßigkeit der vom Beschwerdeführer beanstandeten Regelungen des Sächsischen Dolmetschergesetzes zu überprüfen wäre.

Dem Beschwerdeführer ist auch nicht durch § 27 Abs. 2 Satz 2 SächsVerfGHG der unmittelbare Zugang zum Verfassungsgerichtshof eröffnet.

Es ist nicht erkennbar, daß dem Beschwerdeführer ein schwerer und unabwendbarer Nachteil entsteht, wenn er zunächst auf den Weg zu den Verwaltungsbehörden und gegebenenfalls zu den Verwaltungsgerichten verwiesen wird. Dies gilt um so mehr, als die vom Beschwerdeführer durch die Anordnung über die Bestellung von Dolmetschern und Übersetzern für die Gerichte und Staatlichen Notariate erlangte Rechtsstellung durch § 14 Abs. 1 des Sächsischen Dolmetschergesetzes für fünf Jahre Bestandsschutz genießt.

2. Im übrigen genügt die Verfassungsbeschwerde nicht den Begründungsanforderungen des § 28 SächsVerfGHG.

Der Begründungspflicht wird der Beschwerdeführer nur dann gerecht, wenn er einen aus sich heraus verständlichen Lebenssachverhalt schildert, der für eine Verletzung seiner verfassungsmäßigen Rechte sprechen könnte. Die pauschale Behauptung von Grundrechtsverletzungen reicht als Begründung ebensowenig aus, wie der Verweis auf Verfahrensakten oder die Übersendung von Unterlagen, aus denen der Verfassungsgerichtshof den entscheidungserheblichen Sachverhalt erst selbst zu ermitteln hätte. Der Beschwerdeführer muß vielmehr substantiiert vortragen, welche konkrete Maßnahme öffentlicher Gewalt er angreift und mit welchen verfassungsrechtlichen Anforderungen der beanstandete Vorgang kollidiert (SächsVerfGH, Beschluß v. 27. 7. 1995, Vf. 45-IV-94).

Dem wird die Verfassungsbeschwerde, mit der allgemein geschilderte Vorgänge geprüft werden sollen, nicht gerecht.

III.

Der Verfassungsgerichtshof ist zu dieser Entscheidung einstimmig gelangt und trifft sie daher durch Beschluß nach § 10 SächsVerfGHG i. V. m. § 24 BVerfGG.

IV.

Die Entscheidung ist kostenfrei (§ 16 SächsVerfGHG).

Nr. 2

1. Art. 102 Abs. 4 S. 2 SächsVerf ist sofort anwendbares Recht.

2. Die Pflicht zur finanziellen Förderung privater Ersatzschulen regelt die Sächsische Verfassung einheitlich in Art. 102 Abs. 4 S. 2.

3. Art. 102 SächsVerf enthält keine Verpflichtung zum Ersatz des von einer privaten Ersatzschule nicht erhobenen sozial verträglichen Schulgeldes.

4. Art. 102 Abs. 4 S. 2 SächsVerf verpflichtet zu finanziellem Ausgleich, wenn und soweit Unterricht und Lernmittel unentgeltlich angeboten werden.

5. Art. 102 Abs. 4 S. 2 SächsVerf regelt die Förderung privater Ersatzschulen lediglich dem Grunde, nicht der Höhe nach. Dem einfachen Gesetzgeber steht bei der Regelung der Höhe des finanziellen Ausgleichs ein weiter Gestaltungsspielraum zu, der nur durch Pflicht zur Gewährung desjenigen Grundförderungsbetrags begrenzt ist, ohne den die Existenz privater Ersatzschulen gefährdet wäre.

6. § 15 Abs. 2 S. 1 und S. 3 Nr. 3 und 5 SächsFrTrSchulG ist verfassungskonform dahin auszulegen, daß die dort geregelten Abzüge die der Bestandsgarantie entsprechende verfassungsrechtliche Mindestförderung nicht unterschreiten dürfen.

Verfassung des Freistaates Sachsen Art. 81 Abs. 1 Nr. 3, 102, 120 Abs. 2

Gesetz über Schulen in freier Trägerschaft § 15 Abs. 2 S. 1 und S. 3 Nr. 3 und 5

Urteil vom 25. Oktober 1996 – Vf. 18-III-95 –

In dem Verfahren über den Vorlagebeschluß des Sächsischen Oberverwaltungsgerichts vom 21. Juni 1995, Az.: 2 S 183/94, zur verfassungsrechtlichen Prüfung des § 15 Absatz 2 Satz 1 und Satz 3 Nummer 3 und 5 des Gesetzes über Schulen in freier Trägerschaft vom 4. Februar 1992.

Entscheidungsformel:

§ 15 Absatz 2 Satz 1 und Satz 3 Nummern 3 und 5 des Gesetzes über Schulen in freier Trägerschaft vom 4. Februar 1992 – SächsFrTrSchulG – (Sächsisches Gesetz- und Verordnungsblatt S. 37 f.) ist mit Art. 102 Absatz 4 Satz 2 der Verfassung des Freistaates Sachsen vereinbar.

Gründe:

A.

Die Vorlage betrifft die Vereinbarkeit des § 15 Abs. 2 S. 1 und S. 3 Nr. 3 und 5 des Gesetzes über Schulen in freier Trägerschaft vom 4. Februar 1992 – SächsFrTrSchulG – (Sächsisches Gesetz- und Verordnungsblatt S. 37 f.) mit der Sächsischen Verfassung. Die zur Überprüfung stehende Vorschrift sieht vor, daß bei der Förderung von Schulen in freier Trägerschaft ein sozial verträgliches Schulgeld als Abzugsposten unabhängig davon in Ansatz gebracht wird, ob ein solches erhoben wird oder nicht.

I.

§ 15 Abs. 2 S. 1 und S. 3 Nr. 3 und 5 SächsFrTrSchulG lautet:

Die Zuschüsse umfassen 90 vom Hundert der für den laufenden Betrieb erforderlichen Personal- und Sachkosten entsprechender öffentlicher Schulen unter Anrechnung eines sozial zumutbaren Schulgeldes. Sie werden in Form von festen Beträgen je Schüler und Schulart durch Rechtsverordnung der Staatsregierung im Einvernehmen mit den Ausschüssen für Haushalt und Finanzen sowie Schule, Jugend und Sport des Sächsischen Landtags festgelegt.

Die Rechtsverordnung bestimmt insbesondere, daß

1. (...)

2. (...)

3. bei der Berechnung dieser Beträge pauschal ein sozial verträglicher Schulgeldbetrag je Schüler und Jahr berechnet wird;

4. (...),

5. die Beträge unverändert bleiben, wenn der Schulträger auf die Erhebung eines Schulgeldes verzichtet und

6. (...).

II.

Gegenstand des Ausgangsverfahrens ist die Klage des Vereins F. W. e. V., der seit dem Schuljahr 1990/91 in freier Trägerschaft eine Schule in Dresden betreibt, für deren Besuch er seit Inkrafttreten der Sächsischen Verfassung kein Schulgeld erhebt. Mit seiner Klage möchte er erreichen, daß ihm über die gewährten Finanzmittel hinaus weitere finanzielle Hilfe in Höhe von 1 086 132,90 DM pro Schuljahr zugeteilt wird. Für den Zeitraum ab Inkrafttreten der Sächsischen Verfassung stützt er sich dabei auch darauf, daß § 15 Abs. 2 SächsFrTrSchulG insofern verfassungswidrig ist, als die Norm bestimme, daß ein sozial verträgliches Schulgeld auch dann als Abzugsposten vom Zuschußbetrag abzuziehen sei, wenn ein solches nicht erhoben werde.

Das Verwaltungsgericht Dresden hat mit Urteil vom 2. März 1994 für Recht erkannt, daß dem Kläger eine zusätzliche Finanzhilfe von 415 757,71 DM für den Zeitraum vom 13. Februar 1992 bis 31. Juli 1993 zu bewilligen ist, und hat die Klage im übrigen abgewiesen. Nach Auffassung des Gerichts gewährt Art. 102 Abs. 4 S. 2 SächsVerf für den Zeitraum ab Inkrafttreten der Sächsischen Verfassung keinen unmittelbaren, durch die Exekutive und die Rechtsprechung zu verwirklichenden Anspruch auf finanzielle Förderung, sondern erteilt dem Gesetzgeber einen Gesetzgebungsauftrag. Für die Erfüllung dieses Auftrages sei dem Gesetzgeber eine angemessene Frist einzuräumen, die zumindest zwei Jahre nach Inkrafttreten der Sächsischen Verfassung noch nicht abgelaufen sei. Sowohl Kläger wie Beklagter habe gegen dieses Urteil Berufung eingelegt.

In der mündlichen Verhandlung vor dem Sächsischen Oberverwaltungsgericht hat der Kläger der 1. Instanz beantragt, das Urteil des Verwaltungsgerichts Dresden dahingehend abzuändern, daß der Beklagte zur Bewilligung einer zusätzlichen Finanzhilfe von insgesamt 1 014 128,89 DM verurteilt wird. Der erstinstanzliche Beklagte hat beantragt, unter teilweiser Abänderung des angefochtenen Urteils die Klage in vollem Umfang abzuweisen.

III.

Das Sächsische Oberverwaltungsgericht hat mit Teilbeschluß vom 21. Juni 1995 das Verfahren gemäß Art. 81 Abs. 1 Nr. 3 SächsVerf i. V. m. Art. 100 Abs. 1 GG ausgesetzt und dem Sächsischen Verfassungsgerichtshof die Frage vorgelegt,

> ob § 15 Abs. 2 S. 1 (unter Anrechnung eines sozial zumutbaren Schulgeldes) und S. 3 Nr. 3 und 5 SächsFrTrSchulG, soweit die Gewährung der Zuschüsse an Schulen in freier Trägerschaft nur unter Anrechnung eines sozial zumutbaren Schulgeldes erfolgt und die zu erlassende Rechtsverordnung zu bestimmen hat, daß bei der Berechnung der Zuschußbeträge pauschal ein sozial verträglicher Schulgeldbetrag je Schüler und Jahr berücksichtigt wird und die Zuschußbeträge unverändert bleiben, wenn der Schulträger auf die Erhebung eines Schulgeldes verzichtet, Art. 102 Abs. 4 SächsVerf nicht widerspricht und somit gemäß Art. 120 Abs. 1 SächsVerf in Kraft bleibt.

Dazu wird im wesentlichen ausgeführt:

Die Begründetheit der Berufung des Klägers sei zum Teil von der Rechtsgültigkeit der zur Prüfung vorgelegten Vorschriften abhängig. Seien die Vorschriften wirksam, müsse diese für die Zeit nach Inkrafttreten der Sächsischen Verfassung abgewiesen werden, weil ein sozial zumutbares Schulgeld auf den

Finanzhilfeanspruch des Klägers anzurechnen sei, obwohl dieser kein Schulgeld erhoben habe. Anderenfalls sei der Berufung des Klägers stattzugeben, denn im Falle der Unwirksamkeit des § 15 Abs. 2 S. 1 und S. 3 Nr. 3 und 5 SächsFrTrSchulG sei gemäß Art. 102 Abs. 4 S. 2 SächsVerf ein Anspruch des Klägers auf finanziellen Ausgleich für nicht erhobenes Schulgeld anzuerkennen.

Die vorgelegte Bestimmung sei mit Art. 102 Abs. 4 S. 2 SächsVerf unvereinbar. Die Verfassungsvorschrift lege in Satz 1 fest, daß Unterricht und Lernmittel an öffentlichen Schulen unentgeltlich seien; daran anknüpfend stelle Satz 2 den Schulen in freier Trägerschaft frei, Entgelt für Unterricht und/oder Lernmittel zu erheben. Soweit sie allerdings – wie die Schulen in öffentlicher Trägerschaft – kein Entgelt erheben sollten, bestehe ein finanzieller Ausgleichsanspruch, der auf vollen Ausgleich des nicht erhobenen Entgelts gerichtet sei.

§ 15 Abs. 2 S. 1 und S. 3 Nr. 3 und 5 SächsFrTrSchulG sehe dagegen vor, daß bei der Berechnung des staatlichen Zuschußbetrages pauschal ein sozial verträglicher Schulgeldbetrag je Schüler und Jahr berücksichtigt werde, so daß die Beträge unverändert blieben, wenn der Schulträger auf die Erhebung eines Schulgeldes verzichte. Das bedeute, daß trotz teilweiser oder vollständiger Unentgeltlichkeit von Unterricht und Lernmitteln ein entsprechender Anspruch auf finanziellen Ausgleich nicht gewährt werde, obwohl Art. 102 Abs. 4 S. 2 SächsVerf eine dem nicht erhobenen sozial verträglichen Schulgeld gleichwertige Förderung gebiete.

IV.

Zu dem Vorlagebeschluß haben der Kläger des Ausgangsverfahrens sowie für die Staatsregierung der Sächsische Staatsminister der Justiz Stellung genommen.

Der Kläger des Ausgangsverfahrens hält den Antrag für begründet. § 15 Abs. 2 S. 1 und S. 3 Nr. 3 und 5 SächsFrTrSchulG verstoße gegen Art. 102 Abs. 4 SächsVerf. Diese Verfassungsbestimmung sei dahingehend auszulegen, daß die Träger freier Schulen, die Unterrichts- und Lernmittelfreiheit gewährten, Anspruch auf staatliche Förderung in der Höhe hätten, in der die Gesamtkosten des Schulbetriebes nach Ausnützung aller anderen Finanzierungsmöglichkeiten ungedeckt blieben. Dies aber sehe § 15 Abs. 2 SächsFrTrSchulG nicht vor.

Der Sächsische Staatsminister der Justiz hält den Antrag für unbegründet. Ein Verfassungsverstoß der fraglichen Normen sei schon deshalb ausgeschlossen, weil diese zur Zeit noch nicht an Art. 102 Abs. 4 SächsVerf zu messen seien. Art. 102 Abs. 4 S. 2 SächsVerf gewähre keinen unmittelbaren Anspruch;

vielmehr erteile Art. 102 Abs. 5 SächsVerf dem Gesetzgeber lediglich den Auftrag zur Schaffung eines einfachgesetzlichen Anspruchs. Für die konkrete Ausgestaltung des in Art. 102 Abs. 4 S. 2 SächsVerf bezeichneten Rechtes müsse dem Gesetzgeber eine angemessene Frist eingeräumt werden. Erst nach Ablauf dieser Frist könne der Verfassungsnorm derogierende Kraft gegenüber dem vorkonstitutionellen Gesetz zukommen. Aus Art. 120 Abs. 1 SächsVerf ergebe sich nichts anderes, da auch nach dieser Vorschrift gegen die Verfassung verstoßende Bestimmungen nicht mit Inkrafttreten der Verfassung ihre Gültigkeit verlören. Die angemessene Frist für die Erfüllung des Gesetzgebungsauftrages sei zwei Jahre nach Inkrafttreten der Verfassung noch nicht verstrichen.

B.

Die Vorlage ist zulässig.

Sie hat eine vorlagefähige Rechtsnorm zum Gegenstand. Das Gesetz über Schulen in freier Trägerschaft und damit auch § 15 Abs. 2 S. 1 und S. 3 Nr. 3 und 5 SächsFrTrSchulG ist zwar bereits am 13. Februar 1992, also vor der Sächsischen Verfassung, in Kraft getreten. Art. 120 Abs. 4 SächsVerf erklärt aber auch solche Gesetze ausdrücklich zu Landesgesetzen im Sinne des Art. 81 Abs. 1 Nr. 3 SächsVerf. Deshalb erstreckt sich die konkrete Normenkontrolle durch den Sächsischen Verfassungsgerichtshof auch auf vorkonstitutionelle Gesetze. Deutlich zum Ausdruck gebracht wurde diese Absicht bereits bei der Verfassungsentstehung im Verfassungs- und Rechtsausschuß des Sächsischen Landtages (vgl. Protokoll der 4. Klausurtagung v. 16./17. März 1991, S. 11).

Die Gültigkeit der vorgelegten Vorschrift ist nach der den Verfassungsgerichtshof hier bindenden Auffassung des vorlegenden Gerichts für das Ausgangsverfahren entscheidungserheblich. Das Oberverwaltungsgericht hat ferner seine Überzeugung von der Verfassungswidrigkeit der vorgelegten Norm hinreichend begründet.

C.

Die in § 15 Abs. 2 S. 1 und S. 3 Nr. 3 und 5 SächsFrTrSchulG vorgesehene Anrechnung fiktiven Schulgeldes ist mit Art. 102 Abs. 4 S. 2 SächsVerf vereinbar.

I.

Art. 102 Abs. 4 S. 2 SächsVerf ist vom Zeitpunkt seines Inkrafttretens an Prüfungsmaßstab für § 15 Abs. 2 S. 1 und S. 3 Nr. 3 und 5 SächsFrTrSchulG. Diese Verfassungsnorm gewährt Schulen in freier Trägerschaft „Anspruch auf finanziellen Ausgleich". Sie enthält damit sofort anwendbares Recht; denn sie begründet jedenfalls eine Pflicht zur Förderung derjenigen Schulen in freier Trägerschaft, welche die Voraussetzungen der Vorschrift erfüllen. Der in Art. 102 Abs. 5 SächsVerf enthaltene Auftrag in den Gesetzgeber, das Nähere durch Gesetz zu regeln, steht dem nicht entgegen. Diese Vorschrift bezieht sich auf Art. 102 SächsVerf insgesamt; ihr Gegenstand ist lediglich die Ausgestaltung der durch Art. 102 SächsVerf geregelten Ansprüche, Garantien und Grundsatzentscheidungen im einzelnen.

Auch Art. 120 Abs. 2 SächsVerf hindert die Anwendbarkeit des Art. 102 Abs. 4 S. 2 SächsVerf als Prüfungsmaßstab bereits zum jetzigen Zeitpunkt nicht. Er grenzt allein den Zugang zum Sächsischen Verfassungsgerichtshof ab und befaßt sich nicht mit der Fortgeltung oder Anpassung vorkonstitutionellen Rechts an die Sächsische Verfassung.

II.

1. Art. 102 Abs. 4 S. 2 SächsVerf begründet eine finanzielle Förderungsverpflichtung gegenüber den Schulen in freier Trägerschaft, welche die Aufgaben von Schulen in öffentlicher Trägerschaft wahrnehmen (private Ersatzschulen). Die Regelung ist systematisch mit der institutionellen Garantie der Schule in öffentlicher Trägerschaft und der Privatschulfreiheit verknüpft und ergänzt beide (Art. 102 Abs. 2 und 3 SächsVerf). Die Existenz von privaten Ersatzschulen ist – zumal unter den von der Sächsischen Verfassung vorgefundenen Voraussetzungen – nur bei finanzieller Förderung durch das Land denkbar. Wie sich bereits bei einem Vergleich des Wortlauts der Absätze 3 und 4 des Art. 102 SächsVerf ergibt, ist Abs. 4 S. 2 die für einen finanzielle Förderung von privaten Ersatzschulen ausschließlich maßgebende Vorschrift. Sie statuiert die zunächst durch die Rechtsprechung des Bundesverwaltungsgerichts entwickelte (vgl. BVerwGE 23, 347 ff.), vom Bundesverfassungsgericht in sehr engen Grenzen aus Art. 7 Abs. 4 GG abgeleitete (vgl. BVerfGE 75, 40 ff.; 90, 107, 114 ff.; 90, 128, 139 ff.) finanzielle Förderung der privaten Ersatzschulen. Obwohl Art. 102 Abs. 3 SächsVerf nahezu wortgleich mit Art. 7 Abs. 4 GG ist, ergibt sich daraus unmittelbar nichts für die Frage der finanziellen Förderung; sedes materiae ist vielmehr insoweit allein Art. 102 Abs. 4 S. 2 SächsVerf. Es entfällt auch die Notwendigkeit, für Schulen in freier Trägerschaft trotz einheitlichen Lebenssachverhalts zwei Förderungen verschiedenen Inhalts und aus unterschiedlicher Rechtsquelle anzuerkennen, nämlich eine Grundförderung (nach Maßgabe der Rechtsprechung des Bundesverfassungsgerichts) sowie eine Verpflichtung zum Ersatz des von einer Schule in freier Trägerschaft nicht erhobenen Schulgeldbetrages (anders *Feuchte*, Verfassung des Landes Baden-Württemberg, 1987, Art. 14 Rdn. 18 ff. und 25).

2. Art. 102 Abs. 4 S. 2 SächsVerf knüpft mit dem Begriff „gleichartige Befreiung" an die in Satz 1 dieser Norm für die staatlichen Schulen getroffene Regelung an und meint damit das unentgeltliche Angebot von Unterricht bzw. Lernmitteln, bezieht sich also auf die Gesamtheit der Kosten für den Schulbetrieb, insbesondere Personal- und Sach-, Anschaffungs- und Unterhaltungskosten. Durch die Verknüpfung dieses Halbsatzes, der die gleichartige Befreiung zum Inhalt hat, mit dem Begriff „soweit" stellt die Sächsische Verfassung klar, daß finanzieller Ausgleich nur gewährt wird, wenn und soweit gleichartige Befreiung erfolgt. So führt eine von Schulen in freier Trägerschaft gewährte partielle Befreiung, die einer partiellen Unentgeltlichkeit entspricht, bereits zu einer partiellen Förderung. Denn auch im Rahmen der durch die partielle Unentgeltlichkeit entstehenden Deckungslücke erspart das Land entsprechende eigene Aufwendungen.

3. Art. 102 Abs. 4 S. 2 SächsVerf regelt die Förderung nur dem Grunde, nicht der Höhe nach und nicht hinsichtlich des Verpflichteten. Die Norm gibt dem Gesetzgeber aber vor, in welchem Rahmen sich seine Entscheidung über die Höhe zu bewegen hat. Der abstrakte Begriff „Ausgleich" gibt keinen eindeutigen Hinweis darauf, in welcher Höhe eine Kompensation erfolgen muß. Je nach Regelungszusammenhang kann volle Kompensation (z. B. Zugewinnausgleich) oder sehr eingeschränkte Entschädigung (z. B. Lastenausgleich) gemeint sein. Die Bedeutung des Art. 102 Abs. 4 S. 2 SächsVerf erschließt sich jedoch durch systematische Interpretation sowie durch die Heranziehung der Entstehungsgeschichte. Die Sächsische Verfassung verwendet Begriffe wie „Ausgleich" oder „Erstattung" in verschiedenen Regelungszusammenhängen. Nach Art. 85 Abs. 2 SächsVerf ist für Mehrbelastungen der kommunalen Träger der Selbstverwaltung „ein entsprechender finanzieller Ausgleich" zu schaffen. Durch das Wort „entsprechend" wird die Höhe des Ausgleichs insofern näher bestimmt, als zwischen ihr und dem Umfang der Mehrbelastung Proportionalität bestehen muß. In Art. 110 Abs. 1 und 2 SächsVerf ist von einem „Anspruch auf angemessene Kostenerstattung" die Rede, was nur bedeuten kann, daß kein voller Ersatz vorgeschrieben wird. Art. 73 Abs. 3 SächsVerf gewährt den Initiatoren eines Volksbegehrens oder Volksentscheids einen „Anspruch auf Erstattung der notwendigen Kosten" für die Organisation des Volksbegehrens oder eines angemessenen Abstimmungskampfes. Auch hier wird also die Höhe des Ersatzes näher konkretisiert. All dies fehlt in Art. 102 Abs. 4 S. 2 SächsVerf, so daß hier dem Begriff „finanzieller Ausgleich" eine der Höhe nach sehr viel offenere und unbestimmtere Bedeutung beizumessen ist. „Anspruch auf finanziellen Ausgleich" meint in diesem Zusammenhang nur die Verpflichtung des Landes, privaten Ersatzschulen bei der Bewältigung der finanziellen Lasten Unterstützung zu leisten. Die Genese des

Art. 102 Abs. 4 S. 2 SächsVerf bestätigt diese Auslegung. Während in Art. 103 Abs. 4 „Gohrischer Entwurf I" in der Veröffentlichung vom 5. August 1990 noch ein „Anspruch auf Ausgleich der hierdurch entstehenden finanziellen Belastung" vorgesehen war, wurde dieser Passus, der auf einen vollständigen Kostenersatzanspruch hätte schließen lassen können, bereits in der Fassung „Gohrischer Entwurf II" auf die Formulierung „finanzieller Ausgleich" reduziert.

4. Die Verpflichtung zu finanziellem Ausgleich steht nicht in einem streng proportionalen Verhältnis zu den bei einer freien Schule entstandenen Kosten. Wie bereits oben unter 3. ausgeführt unterscheidet sich Art. 102 Abs. 4 S. 2 SächsVerf von Art. 85 Abs. 2 SächsVerf dadurch, daß letzterer das Wort „entsprechend" klarstellend hinzufügt. Diese Differenzierung rechtfertigt sich dadurch, daß in Art. 85 Abs. 2 SächsVerf die Kommunen Weisungsaufgaben erledigen, ihnen also wesensmäßig staatliche Aufgaben zugewiesen werden, die sie in finanzieller Hinsicht nicht belasten sollen, während Art. 102 Abs. 4 S. 2 SächsVerf finanzielle Fragen in einem Bereich regelt, in dem die Verfassung die private Initiative gewährleistet.

Im übrigen enthält die Sächsische Verfassung in Art. 102 Abs. 2 eine institutionelle Garantie für die staatliche Schule. Sie sichert mithin ein plurales Schulsystem unter ausdrücklicher Einbeziehung der staatlichen Schule. Bei einer verfassungsrechtlichen Verpflichtung zu hundertprozentiger Förderung der Träger freier Schulen, verbunden mit dem verfassungsrechtlichen Genehmigungsanspruch nach Art. 102 Abs. 3 SächsVerf, wäre aber eine Verdrängung der staatlichen Schule denkbar, ohne daß dem mit verfassungsrechtlich zulässigen Mitteln begegnet werden könnte.

III.

§ 15 SächsFrTrSchulG konkretisiert den finanziellen Ausgleich, welchen Art. 102 Abs. 4 S. 2 SächsVerf den Schulen in freier Trägerschaft garantiert, in verfassungsrechtlich nicht zu beanstandender Weise. Da eine hundertprozentige Kostenerstattung von der Verfassung nicht verlangt wird, stand es dem Gesetzgeber frei, in dem ihm eigenen Gestaltungsspielraum Abzüge vorzunehmen. Seine Gestaltungsfreiheit ist lediglich durch die Pflicht zur Gewährung eines Grundförderungsbetrages begrenzt, ohne den die Existenz privater Ersatzschulen gefährdet wäre. Insofern ist § 15 Abs. 2 SächsFrTrSchulG verfassungskonform dahingehend auszulegen, daß durch die vorgesehenen Abzüge kein Eingriff in die der Bestandsgarantie entsprechende Mindestförderung gemäß Art. 102 Abs. 4 S. 2 SächsVerf erfolgen darf.

Dem Sächsischen Verfassungsgerichtshof liegen keine Erkenntnisse dafür vor, daß die Grundförderung der Schulen in freier Trägerschaft im ganzen gesehen unter der derzeitigen rechtlichen Regelung nicht gesichert ist. Unter dem in § 15 Abs. 2 SächsFrTrSchulG genannten Abzugsposten eines „sozial zumutbaren Schulgeldes" kann sich wegen des durch Art. 102 Abs. 3 S. 3 SächsVerf normierten Verbots der Sonderung nach Besitzverhältnissen kein hoher Kostenanteil verbergen.

Ein Widerspruch zu Art. 102 Abs. 4 S. 2 SächsVerf ist auch nicht darin zu sehen, daß § 15 Abs. 2 SächsFrTrSchulG in jedem Fall ein sozial verträgliches Schulgeld zum Abzug bringt, also selbst dann, wenn der Träger einer freien Schule ein solches nicht erhebt. Denn die von Art. 102 Abs. 4 S. 2 SächsVerf gewählte Formulierung der Unentgeltlichkeit von Unterricht und Lernmitteln ist kein Synonym für eine Befreiung von einem üblicherweise zu entrichtenden sozial verträglichen und damit in jedem Falle weit unter den Kosten bleibenden Schulgeld, sondern zielt darüber hinaus auf eine Berücksichtigung aller Kosten für Unterricht und Lernmittel. Auf der Grundlage dieser Kosten ist der finanzielle Ausgleich vorgesehen. Daß der Gesetzgeber mit der Regelung in § 15 Abs. 2 SächsFrTrSchulG bewußt Einfluß auf die Entscheidung des jeweiligen Schulträgers genommen hat, ein sozial zumutbares Schulgeld zu erheben, das eine Sonderung der Schüler nach den Besitzverhältnissen der Eltern nicht fördert, ist ihm bei dieser Interpretation des Art. 102 Abs. 4 S. 2 SächsVerf so lange nicht verwehrt, als der für die Existenz des privaten Ersatzschulwesens unverzichtbare Grundförderungsbetrag unangetastet bleibt.

Nr. 3

Zur Verletzung der Grundrechte aus Art. 30 Abs. 1 und 31 Abs. 1 S. 1 SächsVerf durch eine zivilgerichtliche Entscheidung.*

Verfassung des Freistaates Sachsen Art. 30 Abs. 1, 31 Abs. 1 S. 1

Beschluß vom 25. Oktober 1996 – Vf. 29-IV-96 und Vf. 30-IV-96 –

in dem Verfahren über die Verfassungsbeschwerde und den Antrag auf Erlaß einer einstweiligen Anordnung der Frau M.

---

* Nichtamtlicher Leitsatz.

Entscheidungsformel:

Das Urteil des Landgerichts Chemnitz vom 10. September 1996 (6 S 3950/96) verletzt die Beschwerdeführer in ihren Grundrechten aus Artikel 30 Absatz 1 und Artikel 31 Absatz 1 Satz 1 der Verfassung des Freistaates Sachsen und wird aufgehoben. Die Sache wird an das Landgericht Chemnitz zurückverwiesen.

Damit erledigt sich der Antrag auf Erlaß einer einstweiligen Anordnung.

Diese Entscheidung ergeht kostenfrei. Der Freistaat Sachsen hat den Beschwerdeführern die notwendigen Auslagen zu erstatten.

Gründe:

I.

Die Beschwerdeführer wenden sich gegen ein Urteil des Landgerichts Chemnitz vom 10. September 1996 (6 S 3950/96), mit dem sie im Wege einer einstweiligen Verfügung verurteilt wurden, die Aufstellung eines Baugerüsts auf ihrem Grundstück und das Betreten ihres Grundstücks und ihres Hauses durch Bauhandwerker zu dulden.

1. Die Beschwerdeführer sind Eigentümer eines von ihnen bewohnten Einfamilienreihenhauses. Auf dem Nachbargrundstück haben die Verfügungskläger des Ausgangsverfahrens einen Neubau errichtet, der unmittelbar an ihr Haus angrenzt und dieses um über 2 Meter in der Höhe und 5 Meter in der Tiefe überragt. Die Baugenehmigung ist Gegenstand eines von den Beschwerdeführern angestrengten verwaltungsgerichtlichen Verfahrens.

Die Verfügungskläger beabsichtigen, die auf der Grundstücksgrenze befindliche Außenwand des Seitengiebels ihres Hauses zu verputzen. Ihren Antrag auf Erlaß einer einstweiligen Verfügung, mit der die Beschwerdeführer verpflichtet werden sollten, es zu dulden, daß auf ihrem Grundstück ein Baugerüst angebracht wird und die für dessen Aufstellung und die erforderlichen Bauarbeiten benötigten Bauhandwerker das Dach ihres Hauses zu betreten und zu den genannten Zwecken „durch ihr Anwesen" gelangen, wies das Amtsgericht Hainichen mit Urteil vom 6. Juni 1996 zurück. Es führte zur Begründung aus, daß die begehrte einstweilige Verfügung die Hauptsacheentscheidung vorwegnehmen würde und für sie keine Eilbedürftigkeit erkennbar sei.

Auf die Berufung der Verfügungskläger hob das Landgericht Chemnitz mit Urteil vom 10. September 1996, das den Beschwerdeführern am 26. September 1996 zugestellt wurde, das Urteil des Amtsgerichts auf und verurteilte die Beschwerdeführer – begrenzt bis zum 31. Oktober 1996 – antragsgemäß.

Zur Begründung der Duldungspflicht verwies es auf § 350 des Bürgerlichen Gesetzbuchs für das Königreich Sachsen vom 2. Januar 1863 – SächsBGB – (GVBl. S. 1), der wie folgt lautet: „Kann die Errichtung, Ausbesserung oder Wiederherstellung eines Bauwerks nicht bewirkt werden, ohne daß ein Baugerüste auf oder über des Nachbars Boden errichtet wird, oder Baumaterialien auf demselben herbeigeführt oder niedergelegt werden, so ist der Nachbar solches zu dulden schuldig, kann jedoch für den ihm hieraus entstehenden Schaden vom Eigenthümer des Bauwerks Ersatz verlangen." Die Eilbedürftigkeit leitete das Landgericht daraus ab, daß nach einer ihm vorliegenden eidesstattlichen Versicherung ohne die Verputzung aufgrund ständiger Durchfeuchtung in kürzester Zeit mit einer stark verminderten Wärmedämmung und schwerwiegenden Schäden an der Wand zu rechnen sei. Da die Verfügungskläger auf die sofortige Erfüllung dringend angewiesen seien, könne die einstweilige Verfügung die Hauptsache ausnahmsweise vorwegnehmen.

2. Mit ihrer am 27. September 1996 erhobenen Verfassungsbeschwerde rügen die Beschwerdeführer eine Verletzung ihrer Grundrechte auf Unverletzlichkeit der Wohnung sowie auf Eigentum aus Art. 30 Abs. 1 und 31 Abs. 1 S. 1 SächsVerf. Sie bringen vor, daß die Bestimmung des § 350 SächsBGB den Grundrechtseingriff nicht rechtfertigen könne, weil Zweifel an ihrer Fortgeltung bestünden und sie lediglich auf rechtmäßig errichtete Bauwerke Anwendung finde, das Haus der Verfügungskläger aber im Widerspruch zum Baurecht errichtet worden sei. Des weiteren habe das Landgericht weder geprüft noch beachtet, daß seine Entscheidung ihre Grundrechte beeinträchtige. Es sei bereits kein Grund dafür ersichtlich, daß die Handwerker ihr Haus durchqueren müßten, um auf das Dach zu gelangen. Außerdem sei das aus einem Garderobenraum, einer Waschküche und einer Werkstatt bestehende Erdgeschoß nicht vom Obergeschoß mit den Wohn-, Schlaf- und Kinderzimmern durch eine verschließbare Tür getrennt, so daß letzteres offen zugänglich sei.

Mit ihrem Antrag auf Erlaß einer einstweiligen Anordnung begehren die Beschwerdeführer die Aussetzung der Vollziehung des Urteils des Landgerichts bis zur Entscheidung über ihre Verfassungsbeschwerde.

Die Beschwerdeführer haben Ablichtungen von Fotografien der Außenansichten der benachbarten Häuser eingereicht.

II.

Die Verfassungsbeschwerde ist zulässig.
Der Rechtsweg im Verfahren der einstweiligen Verfügung ist erschöpft (§ 27 Abs. 2 SächsVerfGHG). Den Beschwerdeführern kann auch nicht ange-

sonnen werden, eine Entscheidung in der Hauptsache abzuwarten, da die Grundrechtsbetroffenheit durch das Hauptsacheverfahren nicht mehr beseitigt werden könnte.

III.

Die Verfassungsbeschwerde ist auch begründet.

1. Das Urteil des Landgerichts, das die Beschwerdeführer zur Duldung der vorbezeichneten Maßnahmen auf dem in ihrem Eigentum stehenden Hausgrundstück und in ihrer Wohnung verpflichtet, berührt den Schutzbereich ihrer Grundrechte aus Art. 30 Abs. 1 und 31 Abs. 1 S. 1 SächsVerf. Es führt zu einer Beeinträchtigung ihrer Befugnis der Bestimmung über die Art und Weise der Nutzung ihres Grundstücks sowie des ungestörten und ungehinderten Aufenthalts in ihren Privaträumen.

2. Soweit die Beschwerdeführer im angegriffenen Urteil verpflichtet werden, das Betreten ihres Hauses durch Bauhandwerker zu dulden, ist dies verfassungswidrig, weil die vom Landgericht herangezogene Rechtsgrundlage nicht mehr besteht. § 350 SächsBGB wurde durch § 184 Abs. 2 Buchst. a Allgemeines Baugesetz für das Königreich Sachsen vom 1. Juli 1900 (GVBl. S. 381) zum 1. Januar 1901 aufgehoben.

Im übrigen verkennt die angegriffene Entscheidung die Bedeutung und Tragweite der Grundrechte aus Art. 30 Abs. 1 und 31 Abs. 1 S. 1 SächsVerf und verletzt damit diese Verfassungsnormen.

Hinsichtlich der vom Landgericht angenommenen Pflicht der Beschwerdeführer zur Duldung des Betretens ihres Hauses durch die Bauhandwerker fehlt in seinem Urteil jegliche Auseinandersetzung mit ihren Grundrechten auf Unverletzlichkeit der Wohnung und auf Eigentum. Eine solche Einbeziehung der Gehalte der Grundrechte aus Art. 30 Abs. 1 und 31 Abs. 1 S. 1 SächsVerf in die rechtliche Würdigung war jedoch zwingend geboten, weil mit der von diesen Normen geschützten räumlichen Sphäre des Hauses der Beschwerdeführer als zentraler Stätte ihrer privaten Lebensgestaltung ein besonders sensibler Bereich berührt wird. Am Gewicht dieser Beeinträchtigung ändert nichts, daß die eigentlichen Wohnräume der Beschwerdeführer im Obergeschoß liegen, da auch Nebenräume einer Wohnung den Schutz des Art. 30 Abs. 1 SächsVerf genießen (vgl. zu Art. 13 Abs. 1 GG BVerfGE 32, 54, 68 ff.) und das Landgericht zudem die Duldungspflicht nicht ausdrücklich auf das Erdgeschoß beschränkt hat.

3. Die Sache ist an das Landgericht zurückzuverweisen. Dieses erhält hierdurch Gelegenheit, bei seiner erneut zu treffenden Entscheidung auf die

gesetzlichen Duldungspflichten verfassungsrechtlich gezogenen Grenzen besonderes Augenmerk zu richten.

IV.

Da die Verfassungsbeschwerde in der Hauptsache Erfolg hat, erledigt sich zugleich der Antrag auf Erlaß einer einstweiligen Anordnung nach § 10 Abs. 1 SächsVerfGHG in Verbindung mit § 32 BVerfGG.

V.

Die Kostenentscheidung beruht auf § 16 Abs. 1 und 3 SächsVerfGHG.

Nr. 4

1. Der Gegendarstellungsanspruch aus § 10 SächsPresseG ist ein allgemeines Gesetz im Sinne des Art. 20 Abs. 3 SächsVerf.

2. Das Grundrecht der Pressefreiheit bietet keinen Schutz gegen ein unrichtiges Zitat.*

Verfassung des Freistaates Sachsen Art. 20, 48 Abs. 4, 78 Abs. 2

Sächsisches Pressegesetz § 10

Beschluß vom 25. Oktober 1996 – Vf. 34-IV-96 und Vf. 35-IV-96 –

in den Verfahren über die Verfassungsbeschwerde und den Antrag auf Erlaß einer einstweiligen Anordnung der C. V. GmbH.

Entscheidungsformel:

1. Die Verfassungsbeschwerde wird zurückgewiesen.

2. Damit erledigt sich der Antrag auf Erlaß einer einstweiligen Anordnung.

---

* Nichtamtliche Leitsätze.

Gründe:

I.

Die Beschwerdeführerin wendet sich gegen ein Urteil des Oberlandesgerichts Dresden vom 12. September 1996 (4 U 1698/96), mit dem sie unter Aufhebung des Urteils des Landgerichts Chemnitz vom 11. Juli 1996 (4 O 3332/96) verurteilt worden war, zum Artikel „Umweltminister Vaatz spricht mit gespaltener Zunge" in der Chemnitzer „Freien Presse" vom 24. Mai 1996 eine Gegendarstellung des Umweltministers abzudrucken.

1. In der von der Beschwerdeführerin verlegten Tageszeitung „Freie Presse" erschien am 24. Mai 1996 ein Artikel mit der Überschrift „Umweltminister Vaatz spricht mit gespaltener Zunge". In diesem Artikel, der sich mit der geplanten Errichtung einer Tank- und Rastanlage an der Bundesautobahn 4 bei Chemnitz/Auerswalde befaßt, heißt es unter anderem:

> „Die Bürgervertretung Chemnitz/Glösa, deren Mitglieder und Sympathisanten von den Umweltbelastungen, die von der Tankstelle ausgingen, unmittelbar betroffen wären, hatte bereits vor vier Monaten beim Bundesverwaltungsgericht in Berlin gegen das Projekt geklagt. In der Klageerwiderung des Regierungspräsidiums ist jetzt zu lesen, daß Vaatz mit gespaltener Zunge spricht. Keineswegs ist der Umweltminister, wie er öffentlich versicherte, ein Gegner des Standortes Auerswalde. Sein Ministerium verweigerte in Wahrheit während des Planfeststellungsverfahrens die vom RP geforderte Stellungnahme.
>
> Und auf eine parlamentarische Anfrage antwortete der CDU-Mann später, daß ‚der Standort Auerswalde (von ihm) befürwortet wird' und keine ‚raumordnerischen Bedenken' vorlägen".

Den Klammernzusatz „(von ihm)", mit dem die Befürwortung des Standorts Auerswalde dem Staatsminister Vaatz als dessen eigene Meinung zugeschrieben wurde, hatte die Beschwerdeführerin von sich aus – wie sie meinte „klarstellend" – in das wörtliche Zitat aus der Antwort auf die parlamentarische Anfrage eingefügt. Auch die einschlägige Passage in der Klageerwiderung des Regierungspräsidenten lautete, anders als in dem Artikel mit dem Vorwurf der Doppelzüngigkeit angedeutet, nämlich wie folgt:

> „Ferner hat Herr Staatsminister Vaatz auf eine parlamentarische Anfrage geantwortet, daß sich aus naturschutzfachlicher und wasserwirtschaftlicher Sicht keine eindeutigen Vorteile für den Standort Auerswalde oder den Standort Dittersbach ergeben. In seiner Antwort verwies Herr Staatsminister Vaatz auch auf die vertiefende Alternativstandortuntersuchung und erklärte, daß im Ergebnis dieser Studie der Standort Auerswalde befürwortet wird (Blatt 31, 35 d. Akten). Noch im Dezember 1994 sah Herr Staatsminister Vaatz somit keine Veranlassung, raumordnerische Bedenken gegen den Standort auszusprechen".

Auf die ebenfalls in Bezug genommene parlamentarische Anfrage eines Abgeordneten nach den Ergebnissen der anläßlich eines Vorortbesuches des Staatsministers für Umwelt und Landesentwicklung am 3. August 1994 versprochenen Prüfung von Alternativen zum bisher geplanten Standort in Auerswalde hatte der Staatsminister zur Fragestunde der 5. Plenarsitzung des zweiten Sächsischen Landtages ausweislich der Drucksache 2/0220 schriftlich wie folgt geantwortet:

„Aus Anlaß meines Vorortbesuches vom 03. 08. 1994 am Standort der geplanten Tank- und Rastanlage Auerswalde fand am 24. 08. 1994 ein Gespräch zwischen den Staatssekretären Angst und Dr. Zeller statt. Dabei wurde festgestellt, daß sich aus naturschutzfachlicher und wasserwirtschaftlicher Sicht keine eindeutigen Vorteile für den Standort Auerswalde oder den Standort Gersdorf (...) ergeben.

(...)

Außerdem ist vom Planungsträger unter besonderer Berücksichtigung von Umweltaspekten und aufbauend auf der Standortuntersuchung vom Juli 1993 noch eine vertiefende Alternativstandortuntersuchung durchgeführt worden. Im Ergebnis dieser Studie wird der Standort Auerswalde befürwortet".

Nachdem es die Beschwerdeführerin abgelehnt hatte, zu dem genannten Artikel vom 24. Mai 1996 eine Gegendarstellung des Staatsministers Vaatz zu veröffentlichen, beantragte dieser beim Landgericht Chemnitz eine einstweilige Verfügung folgenden Inhalts:

„Der Verfügungsbeklagten wird aufgegeben, in der nächsten für den Druck nicht abgeschlossenen Nummer der Tageszeitung „Freie Presse" im gleichen Teil der Zeitung, in der in der Ausgabe der „Freien Presse" vom 24. 05. 1996 der Artikel „Umweltminister Vaatz spricht mit gespaltener Zunge" erschienen ist, und gleicher Schrift unter drucktechnischer Hervorhebung des Wortes „Gegendarstellung" als Überschrift durch drucktechnische Anordnung und Schriftgröße ohne Einschaltung und Weglassung folgende Gegendarstellung zu veröffentlichen:

Gegendarstellung
zum Artikel „Umweltminister Vaatz spricht mit gespaltener Zunge"
in der „Freien Presse" vom 24. 05. 1996

In dem Artikel wird sinngemäß behauptet, ich hätte auf eine parlamentarische Anfrage geantwortet, daß der Standort Auerswalde für die geplante Tank- und Rastanlage von mir befürwortet werde und keine raumordnerischen Bedenken vorlägen. Diese Behauptung ist falsch.

In der Fragestunde der 5. Plenarsitzung am 16. 12. 1994 habe ich zu dem Tagesordnungspunkt Tank- und Rastanlage schriftlich ausgeführt, daß sich im Ergebnis eines Gesprächs zwischen den Staatssekretären Zeller und Angst aus naturschutzrechtlicher und wasserwirtschaftlicher Sicht keine eindeutigen Vor-

teile für den Standort Auerswalde oder den Alternativstandort Gersdorf (Dittersbach) ergeben. Ich habe weiter das Ergebnis einer Standortuntersuchung durch den Planungsträger wiedergegeben, in welcher der Standort Auerswalde befürwortet wird.
Ich selbst habe den Standort Auerswalde nicht befürwortet.

Dresden, den 11. Juni 1996   Arnold Vaatz
                                              Sächs. Staatsminister f. Umwelt
                                              und Landesentwicklung

2. Das Landgericht Chemnitz hat diesen Antrag auf Erlaß einer einstweiligen Verfügung in seinem Urteil vom 4. Juli 1996 zurückgewiesen. Das Gegendarstellungsverlangen sei unbegründet, weil es sich hier um wahrheitsgetreue Berichterstattung über öffentliche Sitzungen gesetzgeberischer Organe gehandelt habe, die nach § 10 Abs. 6 SächsPresseG von der Pflicht zum Abdruck einer Gegendarstellung ausgenommen sei. Darüber hinaus fehle es dem Verfügungskläger an einem berechtigten Interesse an der Veröffentlichung seiner Gegendarstellung gemäß § 10 Abs. 2 Nr. 4 SächsPresseG, weil sie offensichtlich Unwahrheiten enthalte. Der letzte Satz seiner abgedruckten Antwort: „Im Ergebnis der Studie wird der Standort befürwortet", könne sprachgetreu „nur so verstanden werden, daß der Verfügungskläger damit den Standort Auerswalde selbst bewürwortet habe" (im Urteil S. 9).

Die dagegen gerichtete Berufung des Verfügungsklägers hatte Erfolg. Mit Urteil vom 12. September 1996 hob das Oberlandesgericht Dresden das Urteil des Landgerichts Chemnitz auf und gab dem Antrag auf Erlaß einer einstweiligen Verfügung in vollem Umfang statt. Die allgemeinen Voraussetzungen des Gegendarstellungsanspruchs gemäß § 10 SächsPresseG seien unstreitig gegeben. Das Abdruckverlangen scheitere weder daran, daß es sich bei der Erstmitteilung um einen wahrheitsgetreuen Bericht über die Plenarsitzung des Landtages vom 16. Dezember 1994 gehandelt habe, noch daran, daß die begehrte Gegendarstellung irreführend sei. Denn nicht dieser, sondern der Erstmitteilung ermangele der Wahrheitsgehalt. Der Verfügungskläger habe in seiner schriftlichen Antwort lediglich auf das Ergebnis einer Studie des Planungsträgers zu Alternativstandorten verwiesen („im Ergebnis") und sich dieses Ergebnis nicht etwa mit den Worten „nach dem Ergebnis" oder „aufgrund des Ergebnisses" zu eigen gemacht. Im übrigen habe der Verfügungsbeklagte die Äußerung des Verfügungsklägers selbst nicht für eindeutig gehalten, wie der das wörtliche Zitat im Artikel verfälschende Klammerzusatz „(von ihm)" beweise.

3. Mit der gegen das Berufungsurteil gerichteten Verfassungsbeschwerde rügt die Beschwerdeführerin eine Verletzung der Art. 15, 18, 20 i. V. m. 48 Abs. 4, 28 Abs. 1 S. 2, 37, 38 und 78 der Sächsischen Verfassung. Die Verurtei-

lung zum Abdruck der Gegendarstellung verstoße gegen das Grundrecht der Pressefreiheit im Zusammenhang mit dem Verantwortungsausschluß von wahrheitsgetreuen Berichten über öffentliche Sitzungen des Landtages nach Art. 48 Abs. 4 SächsVerf. Mit der Deutung, die das Oberlandesgericht der Äußerung des Staatsministers Vaatz beigemessen habe, sei ihr ein Sinn gegeben worden, den sie jedenfalls zu dem Zeitpunkt, als sie gemacht wurde, nicht hatte. Gerade durch den Klammerzusatz „(von ihm)" habe die Beschwerdeführerin ein besonders hohes Maß an journalistischer Sorgfalt bewiesen, weil sie der Äußerung, wie sie jeder durchschnittliche Leser verstehen mußte, in besonders prägnanter Weise auch das Zurechnungssubjekt unmißverständlich beigefügt habe. Darüber hinaus sei auch ihr Anspruch auf rechtliches Gehör verletzt, weil das Berufungsgericht überraschend eine vom erstinstanzlichen Urteil abweichende Wahrheitsermittlung und -bewertung vorgenommen habe, ohne die Beschwerdeführerin vorher darauf hinzuweisen und ihr Gelegenheit zur Stellungnahme und zur Führung des Gegenbeweises mit Hilfe präsenter Beweismittel zu geben. Schließlich sei das angegriffene Urteil auch ein Akt der Willkür und verstoße damit gegen Art. 18 SächsVerf.

4. Um zu verhindern, daß mit dem Abdruck der begehrten Gegendarstellung noch vor der Entscheidung des Sächsischen Verfassungsgerichtshofes in der Hauptsache vollendete Tatsachen geschaffen werden, hat die Beschwerdeführerin weiter beantragt, im Wege einer einstweiligen Anordnung die Vollstreckung aus dem angegriffenen Berufungsurteil vorläufig auszusetzen.

II.

Die Verfassungsbeschwerde ist unbegründet. Das angegriffene Berufungsurteil, das zum Abdruck der begehrten Gegendarstellung verpflichtet, verletzt die Beschwerdeführerin nicht in ihren Grundrechten aus Art. 20 i. V. m. Art. 48 Abs. 4 sowie aus Art. 78 Abs. 2 und aus Art. 18 SächsVerf. Die Verletzung weiterer Grundrechte (Art. 15, 37, 38, 78 und 28 Abs. 1 S. 2 SächsVerf) ist lediglich pauschal behauptet, aber nicht hinreichend substantiiert begründet worden.

1. Das angegriffene Urteil des Berufungsgerichts, das die Beschwerdeführerin zum Abdruck einer Gegendarstellung verpflichtet, greift damit in deren Pressefreiheit (Art. 20 Abs. 1 S. 2 SächsVerf) ein. Dieses Grundrecht ist jedoch nicht unbegrenzt gewährleistet; es findet seine Schranken in den Vorschriften der allgemeinen Gesetze (Art. 20 Abs. 3 SächsVerf). Der Gegendarstellungsanspruch in § 10 SächsPresseG, auf den das Berufungsgericht seine Entscheidung stützt, ist in diesem Sinne als „allgemeines Gesetz" zu verstehen. Er ist auf die Richtigstellung falscher Tatsachenbehauptungen in periodischen

Druckwerken beschränkt und dient damit seinerseits dem Schutzgut einer auf Tatsachen beruhenden unverfälschten Meinungsbildung (vgl. *Löffler/Ricker* Handbuch des Presserechts, 3. Aufl., 1994, S. 136 f.; *Starck* in: v. Mangoldt/Klein/Starck, Das Bonner Grundgesetz, 3. Aufl., 1985, Rdn. 137 zu Art. 5). Die Verfassungsmäßigkeit dieser Schranke kann nicht in Zweifel gezogen werden.

Hat das Berufungsgericht somit seine Entscheidung auf ein allgemeines Gesetz im Sinne von Art. 20 Abs. 3 SächsVerf gestützt, das der Pressefreiheit generell Grenzen zu ziehen geeignet ist, muß sich die verfassungsgerichtliche Nachprüfung darauf beschränken, ob das angegriffene Urteil Verfassungsrecht verletzt, d. h. ob die Bedeutung auf Tragweise von Grundrechten verkannt oder in Grundrechte unverhältnismäßig eingegriffen wird. Hingegen ist es nicht Aufgabe des Verfassungsgerichtshofes festzustellen, ob das Berufungsgericht die Voraussetzungen des Gegendarstellungsanspruchs nach § 10 SächsPresseG zu Recht oder zu Unrecht bejaht, mithin einfaches Recht richtig angewandt hat.

Das angegriffene Urteil wird Inhalt und Tragweite der Pressefreiheit gerecht. Denn dieses Grundrecht bietet keinen Schutz gegen ein unrichtiges Zitat. Falsche Informationen sind unter dem Blickwinkel der Meinungs- und Pressefreiheit kein schützenswertes Gut, weil sie der verfassungsrechtlich vorausgesetzten Aufgabe zutreffender Meinungsbildung nicht dienen können (so BVerfGE 54, 208, 219 f. unter Hinweis auf BVerfGE 12, 113, 130). Nach der Würdigung des angegriffenen Urteils rechtfertigte es weder der Inhalt noch der Kontext der parlamentarischen Äußerung des Staatsministers Vaatz zum Ergebnis der Alternativuntersuchung des Planungsträgers, die den Standort Auerswalde befürwortete, diese Auffassung ihm selbst zuzuschreiben. Nach dem klaren Wortlaut der schriftlichen Antwort habe der Staatsminister lediglich dieses Ergebnis („im Ergebnis") referiert, ohne sich auch nur andeutungsweise damit zu identifizieren. Mit dem Klammerzusatz „(von ihm)" sei das Zitat aus der schriftlichen Antwort des Staatsministers insofern verfälscht worden, als der unbefangene Leser damit habe den Eindruck gewinnen müssen, nicht die Studie des Planungsträgers befürworte „im Ergebnis" den Standort Auerswalde, sondern der Minister selbst. Dafür aber habe weder der Wortlaut noch der Sinn der parlamentarischen Antwort irgendeinen Anhalt geboten. Diese Würdigung ist verfassungsrechtlich nicht zu beanstanden, zumal sich das Berufungsgericht auch mit alternativen Deutungsmöglichkeiten, wie sie sich im erstinstanzlichen Urteil finden, hinreichend intensiv und detailliert auseinandergesetzt hat.

Die angegriffene Entscheidung, mit der die Beschwerdeführerin zum Abdruck einer Gegendarstellung verpflichtet worden ist, schränkt deren Grundrecht auf Pressefreiheit auch nicht unverhältnismäßig ein. Der Tenor dieser

Entscheidung begnügt sich mit denjenigen Maßgaben, die nach Ansicht des Berufungsgerichts vom Gegendarstellungsanspruch des Staatsministers Vaatz umfaßt sind. Der Abdruck dieser Gegendarstellung in dem beantragten Umfang ist nicht nur zur Richtigstellung einer falschen Tatsachenbehauptung geeignet und erforderlich, sondern der Beschwerdeführerin auch zumutbar.

2. Da das Berufungsgericht in einer vom Verfassungsgerichtshof nicht zu beanstandenden Weise von der Wahrheitswidrigkeit des Zeitungsartikels ausgegangen ist, kann im Hinblick auf Art. 48 Abs. 4 SächsVerf dahingestellt bleiben, ob es sich bei der in Rede stehenden Zeitungsmeldung um bloße „Berichterstattung" über öffentliche Sitzungen des Landtages gehandelt hat, die von jeder Verantwortung frei ist, oder um eine vermeintlich tatsachengestützte Einschätzung der Haltung des Staatsministers. Nicht entschieden zu werden braucht auch die Frage, ob die schriftliche Antwort eines Ministers auf eine parlamentarische Anfrage überhaupt Gegenstand einer öffentlichen Sitzung des Landtages sein kann. Denn auch wenn in dem irreführenden Klammerzusatz „(von ihm)" wertende Elemente enthalten sein sollten, kann weder das hohe Gut der öffentlichen Meinungsbildung noch die der Presse obliegende Aufgabe demokratischer Kontrolle ein falsches Zitat rechtfertigen oder unter dem Erfordernis leiden, richtig zitieren zu müssen (so BVerfGE 54, 208, 220).

3. Das Grundrecht der Beschwerdeführerin auf rechtliches Gehör (Art. 78 Abs. 2 SächsVerf) ist ebenfalls nicht verletzt. Zwar verpflichtet dieser Anspruch den Richter, die Parteien auf eine Veränderung rechtlicher Gesichtspunkte hinzuweisen, ihnen auch insoweit Gelegenheit zur Stellungnahme zu geben und sie vor Überraschungsurteilen zu bewahren. Er ist aber nicht gehalten, ihnen seine vom erstinstanzlichen Urteil abweichende Würdigung unstreitiger Tatsachen mitzuteilen. Die Ungewißheit darüber gehört zum allgemeinen Prozeßrisiko der Parteien und kann nicht als Folge einer Verweigerung rechtlichen Gehörs zum Grundrechtsproblem erhoben werden.

4. Schließlich ist auch kein Verstoß gegen das Willkürverbot (Art. 18 SächsVerf) ersichtlich. Die unpersönliche, lediglich auf das objektive Ergebnis der Standortstudie bezogene Deutung der Antwort des Staatsministers im angegriffenen Berufungsurteil ist nicht nur nicht willkürlich, sondern gut vertretbar.

III.

Mit der Zurückweisung der Verfassungsbeschwerde in der Hauptsache erledigt sich auch der Antrag auf Erlaß einer einstweiligen Anordnung nach § 10 Abs. 1 SächsVerfGHG in Verbindung mit § 32 BVerfGG.

IV.

Die Entscheidung ist kostenfrei (§ 16 Abs. 1 S.1 SächsVerfGHG).

Nr. 5

1. Der Antragsbefugnis eines Landkreises steht seine Auflösung nicht entgegen.

2. Art. 82 Abs. 2 SächsVerf garantiert die Existenz der Kreise als Institution. Zum Inhalt des kommunalen Selbstverwaltungsrechts gehört auch, daß Neugliederungen nur nach Anhörung der betreffenden Gebietskörperschaft und nur aus Gründen des Wohls der Allgemeinheit zulässig sind (wie Vf. 22-VIII-93).

3. Bestands- und Gebietsänderungen sind zulässig, wenn das mit der Neuregelung verfolgte Ziel durch Gründe des Gemeinwohls gerechtfertigt ist, wenn das Leitbild der Gebietsreform mit der Verfassung vereinbar ist und wenn der Gesetzgeber bei der Umsetzung des Leitbilds die für und gegen die Neugliederungsmaßnahme sprechenden Belange verfassungsrechtlich fehlerfrei abgewogen hat. Diese Maßstäbe gelten auch für den Fall, daß der Gesetzgeber eine unvollständig gebliebene Neugliederung zu Ende führt.

4. Die Entscheidung des Gesetzgebers über die Leitlinien seiner Reformmaßnahmen unterliegt einer nur eingeschränkten verfassungsgerichtlichen Kontrolle.

5. Bei der Umsetzung des Leitbilds prüft der Verfassungsgerichtshof, ob der Gesetzgeber den für seine Regelung erheblichen Sachverhalt ermittelt und dem Gesetz zugrunde gelegt hat und ob er die im konkreten Fall angesprochenen Gemeinwohlgründe sowie die Vor- und Nachteile der beabsichtigten Regelung im Lichte der in Betracht zu ziehenden Alternativen in die Abwägung eingestellt hat.

Grundgesetz Art. 28 Abs. 1 S. 2 und Abs. 2 S. 2

Verfassung des Freistaates Sachsen Art. 82 Abs. 2, 84 Abs. 1 S. 2, 86, 88 Abs. 1

1. Kreisgebietsreformänderungsgesetz Art. 1 Nr. 1, Nr. 2 lit. b), d), e), Nr. 4 und Art. 2

312 Verfassungsgerichtshof des Freistaates Sachsen

Urteil vom 13. Dezember 1996 – Vf. 21-VIII-95 –

in dem Verfahren der Normenkontrolle auf kommunalen Antrag des ehemaligen Landkreises Dresden.

Entscheidungsformel:

Art. 1 Nr. 1, Nr. 2 lit b), d), e) und Nr. 4 sowie Art. 2 des 1. Gesetzes zur Änderung des Kreisgebietsreformgesetzes und anderer kommunalrechtlicher Vorschriften vom 6. September 1995 – 1. KGRÄndG – (Sächsisches Gesetz- und Verordnungsblatt S. 281) sind mit der Sächsischen Verfassung vereinbar.

Gründe:

A.

Antragsteller des vorliegenden Verfahrens auf kommunale Normenkontrolle ist der ehemalige Landkreis Dresden, der sich mit seinem Antrag vom 6. Oktober 1995 gegen verschiedene Vorschriften des 1. Gesetzes zur Änderung des Kreisgebietsreformgesetzes und anderer kommunalrechtlicher Vorschriften vom 6. September 1995 (SächsGVBl. S. 281) wendet, durch welche er zum 1. Januar 1996 aufgelöst worden ist.

I.

Die Sächsische Staatsregierung beschloß im April 1991 in Sachsen eine umfassende Kreisgebietsreform durchzuführen, deren landespolitisches Ziel es war, die bestehenden 48 Landkreise und sechs kreisfreien Städte nach Gesichtspunkten einer modernen und leistungsfähigen Verwaltung zu reformieren und die kommunale Selbstverwaltung zu stärken.

1. Ein beim Sächsischen Staatsministerium des Innern gebildetes Projektteam hat hierauf im Juli 1991 den „Entwurf eines Denkmodells zur Kreisreform im Freistaat Sachsen" vorgelegt. In einer modifizierten Fassung wurde dieses Denkmodell im November 1991 dem Kabinett vorgelegt. Die sich daran anschließenden Beratungen mündeten im Sommer 1992 in einen Gesetzentwurf der Sächsischen Staatsregierung, der vom Sächsischen Landtag im Juli 1992 an den Innenausschuß überwiesen wurde. Nach diesem Entwurf war die Auflösung des bisherigen Landkreises Dresden, die Bildung eines Landkreises Meißen mit Sitz des Landratsamtes in Meißen, die Zuordnung von zehn Gemeinden des bisherigen Landkreises Dresden zum neugebildeten Landkreis Sächsische Schweiz mit Sitz des Landratsamtes in Pirna und die Zuordnung

von weiteren zwölf Gemeinden des bisherigen Landkreises Dresden zum neugebildeten Westlausitzkreis mit Sitz des Landratsamtes in Kamenz vorgesehen. In der Folge kam es allerdings zu mehreren Gegenvorschlägen und Änderungen des Gesetzentwurfs.

Durch das Sächsische Gesetz zur Kreisgebietsreform vom 24. Juni 1993 (SächsGVBl. S. 549) wurden dann unter anderem der bisherige Landkreis Dresden aufgelöst und ein neuer Landkreis Meißen/Dresden mit Sitz des Landratsamtes in Meißen gebildet. Dem neuen Landkreis sollten alle Gemeinden des bisherigen Landkreises Meißen, die Gemeinden Helbigsdorf und Wilsdruff des ehemaligen Landkreises Freital und alle Gemeinden des bisherigen Landkreises Dresden mit Ausnahme der Gemeinde Schönfeld-Weißig angehören. Diese Gemeinde wurde dem Landkreis Sächsische Schweiz mit Sitz des Landratsamtes in Pirna zugeordnet.

Auf einen Antrag auf kommunale Normenkontrolle des Landkreises Dresden hat der Verfassungsgerichtshof des Freistaates Sachsen das Sächsische Kreisgebietsreformgesetz vom 24. Juni 1993 durch Urteil vom 23. Juni 1994 (Vf. 4-VII-94) wegen Verstoßes gegen Art. 82 S. 2 SächsVerf insoweit für nichtig erklärt, als die bisherigen Landkreise Dresden und Meißen aufgelöst, ein neuer Landkreis Meißen-Dresden als Rechtsnachfolger dieser Kreise gebildet und die Gemeinde Schönfeld-Weißig dem neu zu bildenden Landkreis Sächsische Schweiz zugeordnet wurden.

Mit weiterem Urteil vom 23. Juni 1994 (Vf. 22-VIII-93) hat der Verfassungsgerichtshof auf Antrag des Landkreises Hoyerswerda das Sächsische Kreisgebietsreformgesetz vom 24. Juni 1993 auch insoweit für nichtig erklärt, als die Landkreise Hoyerswerda und Kamenz aufgelöst, das Gebiet des Freistaates Sachsen unter anderem in die kreisfreie Stadt Hoyerswerda und den Westlausitzkreis eingeteilt sowie diese als Rechtsnachfolger für die Landkreise Hoyerswerda und Kamenz vorgesehen wurde.

2. Die Sächsische Staatsregierung hat in der Kabinettssitzung vom 8. November 1994 daraufhin einen Entwurf des Gesetzes zur Änderung des Kreisgebietsreformgesetzes verabschiedet. Dieser sah unter anderem vor, den Landkreis Dresden aufzulösen, und die bisherigen dem Landkreis Dresden zugehörigen Gemeinden Altfranken, Cossebaude, Gompitz, Großdittmannsdorf, Mobschatz, Moritzburg, Radebeul, Radeburg, Reichenberg, Steinbach und Promnitztal dem Landkreis Meißen-Radebeul, die Gemeinde Schönfeld-Weißig dem Landkreis Sächsische Schweiz und die übrigen Gemeinden des Landkreises Dresden, die Gemeinden Arnsdorf, Fischbach, Großerkmannsdorf, Hermsdorf, Langebrück, Lomnitz, Medingen, Ottendorf-Okrilla, Radeberg, Schöneborn bei Radeberg, Ullersdorf, Wachau, Wallroda und Weixdorf dem ebenfalls neu zu bildenden Landkreis Westlausitz-Dresdner Land zuzuordnen.

In der Begründung zum Gesetzentwurf war in der Einleitung zum Allgemeinen Teil unter anderem ausgeführt, die Staatsregierung gehe davon aus, daß die bereits zum 1. August 1994 neu gebildeten Landkreise aus Vertrauensschutzgründen Bestandskraft besäßen und eine Mehrfachneugliederung oder Ausgliederung einzelner Gemeinden nicht stattfinde (Gesetzentwurf der Staatsregierung, Drs. 2/0536 S. 2). Im Zusammenhang mit der Berücksichtigung der sozio-ökonomischen Verflechtungen bei der Bestimmung der optimalen Einzugsbereiche von Einrichtungen war ausgeführt, daß die zur Zeit vorhandenen Daten über die räumlichen Verflechtungen nicht gesichert seien, weil manche der räumlichen Beziehungen noch auf der umfassend geprägten Zentralität des bisherigen Kreissitzes beruhten (Drs. 2/0536 S. 8). Zu diesem Entwurf führte das Sächsische Staatsministerium des Innern ein erstes Anhörungsverfahren durch, in dessen Verlauf sich der Antragsteller gegen seine Auflösung aussprach. Er rügte unter anderem, daß die für die Neugliederung mitgeteilte Begründung nicht nachvollzogen werden könne und erbat deshalb die Beantwortung von insgesamt 140 Fragen.

Der unveränderte Gesetzentwurf wurde im Februar 1995 beim Sächsischen Landtag eingebracht und am 28. Februar 1995 an den Innenausschuß überwiesen. Dieser beriet am 9. März 1995 die Vorlage. Die Begründung des Gesetzentwurfs wurde teilweise überarbeitet. So wurde bezüglich der noch ungesicherten Daten zu sozio-ökonomischen Verflechtungen darauf hingewiesen, daß infolge der umfangreichen und tiefgreifenden Veränderungen in der Wirtschaftsstruktur gesicherte Daten nicht erhebbar seien und der Gesetzgeber sich insofern in einem Zielkonflikt befinde. Einerseits müsse eine umfassende Kreisgebietsreform durchgeführt werden, um die Landkreise gemäß Art. 87 Abs. 1 SächsVerf in den Stand zu versetzen, ihre Aufgaben nach Art. 84 Abs. 1 und Art. 85 Abs. 1 SächsVerf zu erfüllen. Zum anderen aber ständen verläßliche Daten für die sozio-ökonomischen Verflechtungen nicht zur Verfügung, und jede Datenerhebung sei eine Momentaufnahme, die derzeit noch keine gesicherte Prognose der künftigen Entwicklung zulasse. Insoweit müsse der Gesetzgeber aber auf die dem Landesentwicklungsplan zugrunde liegenden aggregierten Daten zurückgreifen können.

Mit dieser Begründung wurde eine weitere Beteiligung der betroffenen Landkreise und Gemeinden veranlaßt. Das Sächsische Staatsministerium des Innern hat darauf am 28. März 1995 eine erneute Anhörung eingeleitet, in deren Rahmen bis zum 2. Juni 1995 Stellung genommen werden konnte. Der Landkreis Dresden lehnte die vorgeschlagene Neugliederung wiederum ab und wandte ein, es ließen Art und Weise des bisherigen Vorgehens erkennen, daß ein gerechtes, chancengleiches und vor allem ergebnisoffenes Verfahren nicht gegeben sei, da es an der rechtsstaatlichen Ergebnisoffenheit fehle. Auch der Regionale Planungsverband Oberes Elbtal/Osterzgebirge lehnte in einer Stellungnahme das Gesetzgebungsvorhaben ab.

Das Ergebnis dieser Anhörung wurde im Innenausschuß des Sächsischen Landtages am 23. und 24. August 1995 erörtert. Der am 31. August 1995 verfaßte Bericht des Innenausschusses ist sodann mit der Landtagsdrucksache 2/0536 dem Sächsischen Landtag zugeleitet worden. In der Begründung des Innenausschusses war die einleitende Stellungnahme zum Bestandsschutz der Kreise und zu der Mehrfachgliederung nicht mehr enthalten. Der Sächsische Landtag hat in seiner Sitzung vom 6. September 1995 das Erste Gesetz zur Änderung des Kreisgebietsreformgesetzes und anderer kommunalrechtlicher Vorschriften verabschiedet (SächsGVBl. S. 281), das – soweit vorliegend von Belang – gegenüber dem Gesetzentwurf der Staatsregierung nicht verändert worden war.

Die Auflösung der Landkreise Dresden, Kamenz und Meißen sowie die Neubildung der Landkreise Meißen-Radebeul und Westlausitz-Dresdner Land ist zum 1. Januar 1996 in Kraft getreten. Den Antrag des Landkreises Dresden auf Erlaß einer einstweiligen Anordnung vom 6. Oktober 1995, mit der der Antragsteller begehrte, seine am 1. Januar 1996 wirksam werdende Auflösung sowie die auf seinem Gebiet für den 3. Dezember 1996 vorgesehenen Kreistags- und Landratswahlen bis zur Entscheidung über die Hauptsache auszusetzen und die Amtszeit der Mitglieder seines Kreistages sowie des Landrats und der Beigeordneten zu verlängern, hat der Verfassungsgerichtshof des Freistaates Sachsen in seinem Beschluß vom 9. November 1995 (Vf. 20-VIII-95) abgelehnt.

II.

1. Der Antragsteller wendet sich mit seinem Antrag auf kommunale Normenkontrolle gegen seine zum 1. Januar 1996 wirksam gewordene Auflösung. Er beantragt, verschiedene Vorschriften des 1. Gesetzes zur Änderung des Kreisgebietsreformgesetzes und anderer kommunalrechtlicher Vorschriften vom 6. September 1995 (SächsGVBl. S. 281) [1. KGRÄndG] für mit der Verfassung unvereinbar und nichtig zu erklären: Art. 1 Nr. 1, Nr. 2 lit. b), d), e) und Nr. 4 sowie Art. 2, wonach die bisherigen Gemeinden des Landkreises Dresden, nämlich Altfranken, Cossebaude, Gompitz, Großdittmannsdorf, Mobschatz, Moritzburg, Radebeul, Radeburg, Reichenberg, Steinbach und Promnitztal einem neu zu bildenden Landkreis mit dem Namen Meißen-Radebeul, die dem Landkreis Dresden angehörende Gemeinde Schönfeld-Weißig dem Landkreis Sächsische Schweiz sowie die bisherigen Gemeinden des Landkreises Dresden, nämlich Arnsdorf bei Dresden, Fischbach, Großerk-

mannsdorf, Hermsdorf, Langebrück, Lomnitz, Medingen, Ottendorf-Okrilla, Radeberg, Schönborn bei Radeberg, Ullersdorf bei Radeberg, Wachau bei Radeberg, Wallroda und Weixdorf dem neu zu bildenden Landkreis mit dem Namen Westlausitz-Dresdner Land zugeordnet werden und der bisherige Landkreis Dresden aufgelöst wird.

a) Der Antragsteller macht geltend, daß der Sächsische Landtag im Gesetzgebungsverfahren von einer Erhebung gesicherter Daten über die sozioökonomischen Verflechtungen im Großraum Dresden Abstand genommen habe, um die Kreisgebietsreform zügig abschließen zu können. Ohne verläßliche Tatsachenfeststellungen sei es aber nicht möglich, die für eine Gebietsabgrenzung relevanten raumordnerischen, landespolitischen und wirtschaftsstrukturellen Aspekte nachvollziehbar abzuwägen. Entgegen der Auffassung des Innenausschusses des Sächsischen Landtages könne auf gefestigte Entscheidungsgrundlagen nicht wegen der noch in Entwicklung befindlichen wirtschaftlichen Neuorientierung verzichtet werden. Die Bezugnahme auf die im Landesentwicklungsplan vorhandenen Ausweisungen zur räumlichen Ordnung und die ihnen zugrunde liegenden Daten kompensiere diesen Mangel der Erhebung nicht. Die Bezugnahme auf diese Daten zeige vielmehr deutlich, daß der Gesetzgeber bei seinem Nachbesserungsversuch zur gemeindlichen Neuordnung gerade keine eigenen Ermittlungen angestellt habe. Die mit der politischen Wende in der ehemaligen DDR eingeleiteten tiefgreifenden Veränderungen ökonomischer Strukturen seien zwar noch nicht abgeschlossen; dies hindere den Gesetzgeber aber nicht, die zugänglichen Erkenntnisquellen auszuschöpfen und hierdurch die Prognosesicherheit zu erhöhen. Insoweit sei die Abwägung des Gesetzgebers fehlerhaft, weil sie nicht das Ergebnis einer Abwägung aller für und gegen die gesetzgeberischen Maßnahmen sprechenden Belange gewesen sei und deshalb auch nicht dem öffentlichen Wohl im Sinne des Art. 88 Abs. 1 SächsVerf entsprechen könne.

b) Weiterhin sei der Abwägungsvorgang auch dadurch rechtswidrig verkürzt, daß der Sächsische Landtag im Anschluß an den Gesetzentwurf der Sächsischen Staatsregierung den zum 1. August 1994 neu gebildeten Landkreisen Bestandsschutz zugebilligt und sich hierdurch Neugliederungsalternativen unter Einschluß dieser Landkreise von vornherein verschlossen habe. Der Antragsteller bezweifele nicht, daß das Vertrauen auf den Bestand der bereits neu gegliederten Landkreise im Rahmen der Abwägung ein maßgeblicher Belang sein könne. Der Gesetzgeber habe allerdings den Bestandsschutz dieser Kreise dadurch absolut gesetzt, daß er vorab jeder Abwägung festgestellt habe, daß eine Neugliederung der Kreise, eine Mehrfachneugliederung oder Ausgliederung einzelner Gemeinden nicht stattfinde. Dadurch sei das Spektrum der abwägungsrelevanten Alternativen von vornherein unzulässig verengt worden.

c) Der Antragsteller verweist schließlich darauf, daß seine Auflösung und die Eingliederung der kreisangehörigen Gemeinden in andere Landkreise dem Verhältnismäßigkeitsgrundsatz widerspreche. Der Gesetzgeber unterliege bei der Auflösung eines leistungs- und lebensfähigen Landkreises gesteigerten Anforderungen, die er im vorliegenden Fall nicht beachtet habe. Es sei nicht ersichtlich, daß der durch den Eingriff in den Bestand des Landkreises Dresden herbeigeführte Zustand dem Wohl der Allgemeinheit deutlich besser entspreche als die Erhaltung des Landkreises Dresden. Der Sächsische Landtag habe vielmehr aus pauschalen Erwägungen heraus den an die Landeshauptstadt angrenzenden Kreisen eine „Raumtiefe" verleihen wollen. Zudem sollten künftige Eingemeindungen der an die Landeshauptstadt Dresden angrenzenden Kommunen erleichtert werden. Dabei verkenne der Gesetzgeber, daß eine administrativ verordnete Großstadterweiterung die Stadt-Umland-Problematik lediglich verlagere und eine raumzehrende Ausuferung des Verdichtungsbereiches bewirke. Außerdem dürften die Eingemeindungswünsche der Landeshauptstadt Dresden bei der Güterabwägung nicht berücksichtigt werden, da sie weder auf ihre Berechtigung noch auf ihren denkbaren Umfang hin überprüft worden seien.

2. Die Sächsische Staatsregierung teilt die verfassungsrechtlichen Bedenken des Antragstellers nicht. Das bisherige Vorbringen des Antragstellers sei nicht geeignet, die Verfassungsmäßigkeit der angegriffenen Vorschriften des 1. Gesetzes zur Änderung des Kreisgebietsreformgesetzes und anderer kommunalrechtlicher Vorschriften in Zweifel zu ziehen. Insoweit verweist die Staatsregierung auf die in dem Verfahren über den Erlaß einer einstweiligen Anordnung (Vf. 20-VIII-95) abgegebene ausführliche Stellungnahme und die Gründe der dazu ergangenen Entscheidung des Verfassungsgerichtshofes vom 9. November 1995. Neue entscheidungserhebliche Tatsachen gegenüber dem Verfahren zum Erlaß einer einstweiligen Anordnung seien nicht erkennbar.

3. Der Sächsische Landtag hat von einer Stellungnahme abgesehen.

4. Der Landkreis Meißen und der Landkreis Westlausitz-Dresdner Land sind dem Antrag auf Normenkontrolle auf kommunalen Antrag des ehemaligen Landkreises Dresden entgegengetreten.

B.

Der Antrag nach Art. 90 SächsVerf, § 7 Nr. 8, § 36 SächsVerfGHG ist zulässig.

318   Verfassungsgerichtshof des Freistaates Sachsen

I.

Der Antragsteller ist antragsbefugt. Er kann geltend machen, daß die angegriffenen Vorschriften des 1. KGRÄndG ihn in seinem Selbstverwaltungsrecht verletzen, da er aufgelöst worden ist. Damit erfüllt er die in Art. 90 SächsVerf enthaltene Zulässigkeitsvoraussetzung konkreter Betroffenheit in seinen Selbstverwaltungsrechten (SächsVerfGH, Urteil vom 23. Juni 1994, Vf. 8-VIII-93).

II.

Die Antragsbefugnis scheitert nicht daran, daß das Kreisgebietsreformänderungsgesetz bereits zum 1. Januar 1996 in Kraft getreten ist und der Landkreis Dresden damit bereits aufgelöst ist. Seine Beteiligtenfähigkeit wird für den Rechtsstreit um die Verfassungsmäßigkeit von Neugliederungsgesetzen als fortbestehend fingiert (vgl. dazu bereits BVerfGE 3, 267, 279).

C.

Art. 1 Nr. 1, Nr. 2 lit. b), d), e) und Nr. 4 sowie Art. 2 1. KGRÄndG sind mit der Sächsischen Verfassung vereinbar.

I.

1. Den Landkreisen wird durch Art. 82 Abs. 2 SächsVerf das Recht gewährleistet, ihre Angelegenheiten im Rahmen der Gesetze unter eigener Verantwortung zu regeln. Damit knüpft die Sächsische Verfassung an die von Art. 28 Abs. 2 GG verbürgte Selbstverwaltungsgarantie an und formt diese in den Art. 84 bis 90 der Sächsischen Verfassung näher aus. Die Gewährleistung der kommunalen Selbstverwaltung sichert den Landkreisen als Träger kommunaler Selbstverwaltung innerhalb ihrer Selbständigkeit nicht nur einen alle ihre Angelegenheiten umfassenden Aufgabenbereich sowie die Befugnis zur eigenverantwortlichen Führung der Geschäfte, sie garantiert auch die Existenz der Kreise als Institution kommunaler Selbstverwaltung. Diese in Art. 28 Abs. 1 S. 2, Abs. 2 S. 2 GG vorgezeichnete und von Art. 82 Abs. 2, Art. 84 Abs. 1 S. 2, Art. 88 SächsVerf aufgenommene Garantie ist zunächst eine objektive Garantie der Einrichtung der Kreisebene in ihren typusbestimmenden Merkmalen, ohne daß damit der einzelne Landkreis als solcher oder in seinem konkreten gebietlichen Bestand garantiert wäre. Auflösung von Landkreisen und Änderungen ihres Gebiets beeinträchtigen daher den verfassungsrechtlich geschützten Kernbereich der Selbstverwaltungsgarantie grundsätzlich nicht.

Gleichwohl ist die einzelne Gebietskörperschaft gegenüber Auflösungen und Änderungen ihres Gebietsbestandes nicht ohne Schutz. Zum Inhalt des verfassungsrechtlich gewährleisteten Kernbereiches des kreiskommunalen Selbstverwaltungsrechts, so wie es sich historisch entwickelt hat, gehört auch, daß Veränderungen des Gebietszuschnitts wie des Bestandes nur aus Gründen des Wohls der Allgemeinheit und nach Anhörung der betreffenden Gebietskörperschaft zulässig sind (SächsVerfGH, Urteil vom 23. Juni 1994, Vf. 22-VIII-93). In diesem Sinne ist auch Art. 88 Abs. 1 SächsVerf zu verstehen. Zwar spricht Art. 88 Abs. 1 SächsVerf nur von Gebietsänderungen, die aus Gründen des Wohls der Allgemeinheit möglich sind. Diese Regelung bezieht sich jedoch auch auf die Auflösung der Träger kommunaler Selbstverwaltung (SächsVerfGH, Urteil vom 23. Juni 1994, Vf. 22-VIII-93, S. 13).

2. Bestands- und Gebietsänderungen der Landkreise sind nur nach vorheriger Anhörung der betroffenen Gebietskörperschaft zulässig. Dieses Anhörungsrecht gehört nicht nur zum historischen Kernbereich der Selbstverwaltungsgarantie der kommunalen Träger, sondern ist auch Ausdruck ihrer Eigenschaft als Rechtssubjekt. Es ist daher nicht etwa eine bloße Formalie, sondern trägt dem Gedanken bürgerschaftlich-demokratischer Selbstbestimmung Rechnung, der es den kommunalen Trägern der Selbstverwaltung ermöglichen soll, ihre Sicht der Belange des Wohls der Allgemeinheit in einer für den Bestand der Gebietskörperschaft entscheidenden Frage zur Geltung zu bringen (SächsVerfGH, Urteil vom 23. Juni 1994, Vf. 22-VIII-93).

3. Bestand- und Gebietsänderungen der Landkreise sind nur aus Gründen des Wohls der Allgemeinheit zulässig (vgl. BVerfGE 50, 50 f.; 50, 195, 202; 86, 90, 107). Der unbestimmte Verfassungsbegriff des Wohls der Allgemeinheit bedarf der Konkretisierung, die vom Gesetzgeber im Rahmen der verfassungsrechtlichen Vorgaben vorzunehmen ist. Dabei ist die Bedeutung der verfassungsrechtlichen Garantie der kommunalen Selbstverwaltung mit den vom Gesetzgeber präzisierten Gemeinwohlgründen abzuwägen und zu prüfen, ob die Gründe für die Neuregelung die Neugliederung zu rechtfertigen vermögen oder ob die konkrete einzelne Neugliederungsmaßnahme durch hinreichende Gemeinwohlgründe gerechtfertigt wird (vgl. Saatsgerichtshof Baden-Württemberg, ESVGH 25, 1 ff.).

a) Bei der inhaltlichen Prüfung bedarf zunächst das allgemeine Ziel, das der Gesetzgeber mit der Neuregelung verfolgt, der verfassungsrechtlichen Rechtfertigung. Die Neugliederung führt zu einer grundlegenden Umgestaltung der bisherigen kommunalen Ebene. Diese grundlegende Umgestaltung bedarf als solche bereits der Rechtfertigung durch Gründe des Gemeinwohls, die ihre Basis letztlich in der institutionellen Garantie der Selbstverwaltung (Art. 82 Abs. 2, Art. 84 Abs. 1 S. 2, Art. 86 SächsVerf) haben.

b) Im übrigen hat der Gesetzgeber über die Leitlinien seiner Reformmaßnahmen im Rahmen der Verfassung grundsätzlich frei zu entscheiden. Der Verfassungsgerichtshof überprüft insoweit nur, ob das Leitbild und die Leitlinien der Reform mit der Verfassung vereinbar sind, ob der Gesetzgeber bei der Bestimmung des Leitbildes und der Leitlinien sich aufdrängende Gemeinwohlaspekte übersehen hat, ob die dem Leitbild und den Leitlinien zugrunde liegenden Erkenntnisse nicht offensichtlich unzutreffend und die Leitlinien nicht offensichtlich ungeeignet sind und ob sie der Verwirklichung des gesetzgeberischen Reformziels dienen.

c) Intensiverer verfassungsgerichtlicher Kontrolle unterliegt der Gesetzgeber im Hinblick auf die einzelne Neugliederungsmaßnahme, die sich als Umsetzung seiner selbst gewählten Maßstäbe darstellen muß. Der Verfassungsgerichtshof hat hier zu überprüfen, ob der Gesetzgeber den für seine Regelung erheblichen Sachverhalt ermittelt und dem Gesetz zugrunde gelegt hat und ob er die im konkreten Fall angesprochenen Gemeinwohlgründe sowie die Vor- und Nachteile der beabsichtigten Regelung im Lichte der in Betracht zu ziehenden Alternativen in die Abwägung eingestellt hat. Es ist dabei grundsätzlich allein Sache des demokratisch legitimierten Gesetzgebers, sich für die Gewichtung der Belange im einzelnen und ihre Bewertung im Hinblick auf die von ihm gewünschte Lösung zu entscheiden. Insoweit hat sich die Überprüfung darauf zu beschränken, ob die Gewichtung und die Bewertung der Gemeinwohlaspekte deutlich außer Verhältnis zu dem ihnen zukommenden Gewicht steht. Soweit Ziele, Wertung und Prognosen des Gesetzgebers in Rede stehen, hat der Verfassungsgerichtshof diese nur daraufhin zu überprüfen, ob sie offensichtlich und eindeutig widerlegbar sind oder ob sie den Prinzipien der verfassungsrechtlichen Ordnung widersprechen (vgl. auch BVerfGE 86, 90, 109).

d) Diese Maßstäbe gelten auch für den Fall, daß der Gesetzgeber eine unvollständig gebliebene Neugliederung zu Ende führt.

II.

Gemessen an diesen Maßstäben sind die mit der kommunalen Normenkontrolle angegriffenen Regelungen des 1. Kreisgebietsreformänderungsgesetzes mit Art. 82 Abs. 2, Art. 84 Abs. 1 S. 2, Art. 86, Art. 88 Abs. 1 SächsVerf vereinbar.

1. Der Antragsteller wurde im Gesetzgebungsverfahren in der verfassungsrechtlich gebotenen Weise angehört. Zu dem im Regelungsgehalt unverändert gebliebenen Gesetzentwurf der Sächsischen Staatsregierung vom 8. November 1994 hat das Sächsische Staatsministerium des Innern ein erstes Anhörungsverfahren durchgeführt, in dessen Verlauf der Antragsteller bis zum 27. Januar 1995 Stellung nehmen konnte.

Von dieser Befugnis haben der Antragsteller und dessen kreisangehörige Gemeinden umfassend Gebrauch gemacht. Bereits am 11. November 1995 haben sich die Bürgermeister der kreisangehörigen Gemeinden des Antragstellers gegen den Gesetzentwurf ausgesprochen. In der Folgezeit haben sich die meisten Gemeinden dem Votum ihrer Bürgermeister angeschlossen und den Gesetzentwurf durchweg kritisiert. Der Antragsteller selbst hat eine als „Schadensbilanz bei Dreiteilung des Landkreises Dresden" bezeichnete Synopse erstellt, in der detailliert die nach seiner Meinung mit dem Gesetzentwurf einhergehenden Nachteile aufgelistet worden sind. Zudem hat der Antragsteller eine in einen Katalog von 140 Fragen gekleidete Stellungnahme vom 23. Januar 1995 erstellt, die sich im einzelnen mit der Begründung des Gesetzentwurfs und der Umsetzung des Landesentwicklungsplanes vom 16. August 1994 (SächsGVBl. S. 1489) befaßt.

Ohne Belang ist es, daß die vom Antragsteller im Anhörungsverfahren gestellten 140 Fragen im Kern unbeantwortet geblieben sind. Die Beteiligung der von der Bestands- oder Gebietsänderung betroffenen Landkreise dient, wie der Verfassungsgerichtshof in ständiger Rechtsprechung ausgeführt hat (SächsVerfGH, Urteil vom 23. Juni 1994, Vf. 22-VIII-93; Urteil vom 10. November 1994, Vf. 34-VIII-94), dazu, den relevanten Sachverhalt zu ermitteln und die kommunale Gebietskörperschaft in die Lage zu versetzen, ihre Sicht des Wohls der Allgemeinheit in einer für den Bestand der Gebietskörperschaft entscheidenden Frage zur Geltung zu bringen. Dies ist ein Recht auf Darstellung der eigenen Position zu dem Gesetzgebungsvorhaben, nicht aber ein Recht auf Beantwortung von Fragen oder gar Fragenkatalogen durch das Gesetzgebungsorgan.

Der Antragsteller erhielt darüber hinaus nach Einbringung des Gesetzentwurfs auf Veranlassung des Innenausschusses des Sächsischen Landtages Ende März 1995 erneut Gelegenheit zur Äußerung, wobei ihm eine Stellungnahmefrist von mehr als zwei Monaten gewährt wurde. Der Antragsteller hat von dieser ihm nochmals eröffneten Möglichkeit Gebrauch gemacht und erneut gerügt, daß entscheidungserhebliche Tatsachen nicht ermittelt, nicht alle Gemeinwohlgründe gegeneinander abgewogen seien und daß der geplante Eingriff gegen das Gebot der Systemgerechtigkeit und den Verhältnismäßigkeitsgrundsatz verstoße. Auch war der Antragsteller hinreichend unterrichtet, um seinerseits sachgerechte Stellungnahmen abgeben zu können. Neben dem

Landesentwicklungsplan lagen dem Antragsteller die umfangreichen Gesetzesbegründungen vor, die sich im einzelnen mit dem vom Landtag als relevant erachteten Sachverhalt und den normativen Maßstäben der Reform, dem Leitbild und den Leitlinien befassen.

Der Antragsteller war also in der Lage, umfassend seine Sicht der Dinge darzustellen. Das Ergebnis dieser Anhörung wurde im Innenausschuß des Sächsischen Landtages am 24. August 1995 auch erörtert. Die kreisangehörigen Gemeinden und der regionale Planungsverband Oberes Elbtal/Osterzgebirge konnten ihre Sicht der Dinge ebenfalls dem Sächsischen Landtag umfassend zur Kenntnis bringen.

2. Die Auflösung des Landkreises Dresden durch das 1. KGRÄndG dient dem Wohl der Allgemeinheit.

a) Das 1. KGRÄndG ist Teil der umfassenden Gebietsreform der kreiskommunalen Ebene. Dieses Ziel der grundlegenden Umgestaltung der kreiskommunalen Ebene ist durch hinreichende Gemeinwohlgründe gerechtfertigt. Es besteht kein Zweifel, daß Gebietszuschnitt, Größe und Leistungsfähigkeit der 1952 geschaffenen Landkreise zum weitaus größeren Teil nicht den an eine moderne Verwaltung zu stellenden Anforderungen entsprachen und daher eine Gebietsreform unabweisbar machten. Mit der Stärkung ihrer Leistungs- und Verwaltungskraft sollen die Landkreise befähigt werden, die Verwaltungsaufgaben hinreichend effizient zu erfüllen. Die Bildung von Landkreisen, die nach Gebiet, Wirtschaft und Bevölkerungszahl eine ausreichende Verwaltungs-, Planungs- und Finanzkraft haben, ist ein wichtiges landespolitisches Ziel und dient auch dem Interesse der kommunalen Selbstverwaltung, die wirksam nur dann sein kann, wenn die Landkreise in der Lage sind, ihre Verwaltungsaufgaben gegenüber dem Bürger auch hinreichend effizient zu erfüllen.

b) Leitbild und Leitlinien der Neugliederung sind verfassungsrechtlich nicht zu beanstanden. Der Gesetzgeber hat die Kriterien für den Zuschnitt des Kreisgebietes, insbesondere die anzustrebende Mindestgröße von 125 000 Einwohnern, plausibel begründet. Die Kriterien zur Abgrenzung des Kreisgebietes sind unter Rückgriff auf raumordnerische, landesentwicklungspolitische und wirtschaftsstrukturelle Gesichtspunkte getroffen worden. Darüber hinaus sind Verkehrsanbindungen und Erreichbarkeitsverhältnisse, die Überschaubarkeit des Kreisgebietes, historische und landsmannschaftliche Bindungen sowie die Akzeptanz der Neugliederungsmaßnahmen in der Bevölkerung als Aspekte der Kreisgebietsabgrenzung herangezogen worden. Schon bei der Verabschiedung der Verfassung war man sich darüber einig, daß bei der zukünftigen Neugliederung des Gebietes des Freistaates Sachsen als Gründe des

Allgemeinwohls insbesondere die geschichtlichen und kulturellen Zusammenhänge, ethnische, landsmannschaftliche und kirchliche Bindungen, die wirtschaftliche Zweckmäßigkeit sowie die Erfordernisse der Raumordnung und Landesplanung zu berücksichtigen seien (vgl. Protokoll der 8. Klausurtagung des Verfassungs- und Rechtsausschusses des Sächsischen Landtages zur Sächsischen Verfassung vom 17. Februar 1990, S. 5 ff.). Es besteht insoweit kein Zweifel, daß es sich bei den vom Gesetzgeber herangezogenen Kriterien um legitime Gemeinwohlgründe im Sinne des Art. 88 Abs. 1 SächsVerf handelt.

Eine wesentliche Leitlinie für die Neugliederung und den Kreiszuschnitt ist für den Gesetzgeber darüber hinaus die Sicherung der Funktionsfähigkeit der kreisfreien Städte und ihres Umlandes gewesen. Angesichts der überragenden Bedeutung gerade der kreisfreien Städte als überregional bedeutende Zentren der wirtschaftlichen, sozialen und kulturellen Entwicklung des Landes ist es verfassungsrechtlich nicht zu beanstanden, daß der Gesetzgeber als Teil der raumordnerischen Entwicklung die notwendige Stärkung und Entfaltung der Leistungskraft der kreisfreien Städte als einen Gesichtspunkt bei der Neugliederung des Kreiszuschnitts berücksichtigt hat. Insbesondere hat der Gesetzgeber plausibel dargelegt, daß „Kragenkreise" im Stadt-Umland-Bereich geeignet sind, die weitere Entwicklung der kreisfreien Städte zu verhindern und mögliche zukünftige gesetzgeberische Lösungen des Stadt-Umland-Problems im Zuge der Gemeindegebietsreform zu präjudizieren. Es unterliegt keinen verfassungsrechtlichen Bedenken, wenn der Gesetzgeber die „Kragenkreise" aus raumordnerischen und landesplanerischen Gründen im Umfeld der kreisfreien Städte als nicht leitbildgerecht erachtet.

c) Entgegen der Auffassung des Antragstellers hat der Gesetzgeber bei der Umsetzung seines Leitbildes sich an diesen Leitlinien orientiert und das Selbstverwaltungsrecht der Antragsteller auch nicht durch eine fehlerhafte Abwägung der für und gegen die von ihm gewählte Lösung sprechenden Gründe verletzt.

aa) Der ehemalige Landkreis Dresden entsprach dem Leitbild eines leistungsfähigen Kreises nicht. Mit einer Einwohnerzahl von 105 301 zum 30. Juni 1995 lag der Antragsteller spürbar unter dem das 1. KGRÄndG und die sonstige Kreisneugliederung prägenden Leitbild von mindestens 125 000 Einwohnern.

bb) Es ist nicht zu beanstanden, daß der Sächsische Landtag keinen Anlaß sah, bei der Kreisneugliederung im Umfeld der Landeshauptstadt von diesem Kriterium der Kreisgröße abzuweichen. Der Sächsische Landtag hat vielmehr in nachvollziehbarer Weise das Für und Wider der zukünftigen Entwicklung des Landkreises im Hinblick auf das Kriterium erörtert und dargelegt, daß selbst bei sehr positiven Grundannahmen die Mindestgröße aller Voraussicht nach nicht erreicht werden wird (vgl. Beschlußempfehlung und Bericht des Innenausschusses des Sächsischen Landtages Drs. 2/1587, S. 30 ff.). Die vom Gesetzgeber insoweit zugrunde gelegten Kriterien für die Prognose der zukünftigen Bevölkerungsentwicklung sind verfassungsrechtlich nicht zu beanstanden. Sie überschreiten ersichtlich nicht die gesetzgeberische Einschätzungsprärogative.

cc) Ebensowenig ist zu beanstanden, daß der Gesetzgeber die Stadt-Umland-Problematik im Bereich der Landeshauptstadt Dresden durch die Bildung raumtiefer Sektoralkreise lösen und auch deshalb den „Kragenkreis" Dresden auflösen will. Dieses Konzept fügt sich in die mit dem Kreisgebietsreformgesetz begonnene Neugliederung im Umkreis der Landeshauptstadt ein. Mit dem im Süden an die Landeshauptstadt grenzenden Weißeritzkreis und dem süd-östlichen Landkreis Sächsische Schweiz sind in diesem Bereich bereits Sektoralkreise geschaffen. Es wäre eine inhomogene Bewältigung der Stadt-Umland-Beziehungen, wenn die begonnene Neugliederung abgebrochen und die Landeshauptstadt im nordwestlichen Bereich von einem „Kragenkreis" umgeben worden wäre.

Auch vermag der Verfassungsgerichtshof keine greifbaren Anhaltspunkte dafür zu gewinnen, daß die durch das 1. KGRÄndG bewirkte Bildung von Sektoralkreisen den Leitlinien nicht entspricht. Dies folgt allerdings nicht allein daraus, daß in der Begründung zum Gesetzentwurf eine sektorale Kreisgliederung im Umfeld der leistungsstarken Landeshauptstadt mit nachvollziehbaren Erwägungen als sehr vorteilhaft für die zukünftige Entwicklung geschildert wird. Denn die Leitliniengerechtigkeit einer Gebietsneuordnung ist nicht nur an den Worten, sondern auch an den Taten des Gesetzgebers zu messen. Sollte sich erweisen, daß der Landtag nicht die Kraft oder den politischen Willen besitzt, eine leitliniengemäße Kreisneugliederung gegen lokal aufkommende Widerstände durchzusetzen, so wäre dieses Ergebnis am Grundsatz der kommunalen Gleichbehandlung zu messen.

Der Verfassungsgerichtshof kann nicht erkennen, daß sich der Sächsische Landtag bei dem 1. KGRÄndG von unsachlichen Erwägungen hat leiten lassen. Der Gesetzgeber hat im Gegenteil zu erkennen gegeben, daß die Sektoralkreislösung die auch im Umland der anderen großen kreisfreien Städten gebotene und leitbildgerechte Lösung ist und daß sie, wo sie noch nicht vollständig durchgeführt ist, im Zuge der Gemeindegebietsreform verstärkt zur Geltung zu bringen ist (Beschlußempfehlung und Bericht des Innenausschusses Drs. 2/ 1587, S. 39 f.). Es kann dahingestellt bleiben, ob dieses Leitbild im Umland anderer kreisfreier Städte schon verwirklicht worden ist. Jedenfalls hat der Gesetzgeber zu erkennen gegeben, dies auch weiterhin verfolgen zu wollen. Es ist nichts dafür ersichtlich, daß er etwaige Unstimmigkeiten bei der Umsetzung des Leitbildes nicht in der von ihm angestrebten Weise auflösen will. Insoweit kann der Gesetzgeber auch nicht unter Hinweis auf den Grundsatz der Systemgerechtigkeit daran gehindert werden, sein als richtig erkanntes Leitbild weiter zu fördern.

dd) Das Selbstverwaltungsrecht des Antragstellers ist auch nicht durch eine unzureichende Ermittlung des abwägungserheblichen Sachverhaltes verletzt worden.

Die Abwägung der für und gegen eine gesetzgeberische Neugliederungsmaßnahme sprechenden Gründe setzt eine vollständige und sorgfältige Ermittlung der dem Regelungsvorhaben zugrunde liegenden Sachverhaltselemente voraus (vgl. etwa BVerfGE 50, 50, 51). Eine Neugliederungsentscheidung hat daher stets eine zureichende Kenntnis des Gesetzgebers von allen erheblichen Umständen, insbesondere ein zutreffendes und vollständiges Bild von den Interessen der betreffenden Körperschaft zur Voraussetzung. Allerdings ist der Gesetzgeber nicht etwa verpflichtet, alle irgendwie mit dem Neugliederungsvorhaben zusammenhängenden Aspekte umfassend aufzuklären, sondern nur solche, die abwägungserheblich sind.

Dem Sächsischen Landtag lagen im Gesetzgebungsverfahren neben dem Landesentwicklungsplan sowie den umfassenden Stellungnahmen des Antragstellers, der kreisangehörigen Gemeinden und des Planungsverbandes Oberes Elbtal/Osterzgebirge die erschöpfenden Begründungen zum Gesetzesentwurf vor. Zudem haben im Innenausschuß des Sächsischen Landtages umfassende Anhörungen und ungewöhnlich intensive Erörterungen stattgefunden, in deren Verlauf ein äußerst umfangreiches Tatsachen- und Argumentationsmaterial verarbeitet worden ist. Dabei sind zur Überzeugung des Verfassungsgerichtshofes die für die Entscheidung des Gesetzgebers erheblichen Umstände zureichend ermittelt worden.

Insbesondere ist es verfassungsrechtlich unbedenklich, daß der Sächsische Landtag davon Abstand genommen hat, weitere Daten zur sozio-ökonomischen Verflechtung im Großraum Dresden zu erheben. Es mag dabei dahinstehen, ob der Sächsische Landtag bei seiner Entscheidung über die Auflösung des Antragstellers von der Ermittlung weiterer Daten über die sozio-ökonomischen Verflechtungen schon wegen des vom Verfassungsgericht des Landes Sachsen-Anhalt im Urteil vom 31. Mai 1994 (LKV 1995, 75, 81) im einzelnen dargelegten Zielkonflikts zwischen der – verfassungsrechtlich gebotenen – baldigen Schaffung leistungsfähiger Landkreise und der Pflicht zur weiteren Aufhellung des maßgebenden Sachverhalts absehen durfte. Jedenfalls ist nicht ersichtlich, welche weiteren Daten hätten erhoben werden sollen und in welcher Weise diese für die vom Gesetzgeber zugrunde gelegten Kriterien wichtig und für das Ergebnis relevant gewesen wären (SächsVerfGH, Beschluß vom 9. November 1995, Vf. 20-VIII-95, S. 27 f.). Es ist insbesondere nicht erkennbar, daß weitere Daten zur sozio-ökonomischen Verflechtung Anlaß hätten geben können, von einer Auflösung des nicht leitbildgerechten Landkreises abzusehen. Allenfalls für den konkreten Gebietszuschnitt hätten weitere Daten abwägungsrelevant sein können. Insoweit ist es aber nicht zu beanstanden, daß sich der Gesetzgeber bei der Abwägung an den den raumplanerischen Ausweisungen für die zukünftige Entwicklung des Landesgebietes zugrunde liegenden aggregierten Datenbeständen für seine Entscheidung orientiert. Dies ist sogar naheliegend, weil die daraus abgeleiteten normativen Ausweisungen im Landesentwicklungsplan die zukünftige Entwicklung der Verflechtungsbeziehungen prägen. Der Gesetzgeber ist im übrigen nur verpflichtet, bei seinen Prognosen und Entscheidungen die ihm erreichbaren und zugänglichen Erkenntnisquellen auszuschöpfen (vgl. BVerfGE 50, 290, 334; 57, 139, 160; 65, 1, 55). Bei den den raumordnerischen und landesplanerischen Ausweisungen zugrunde gelegten aggregierten Datenbeständen handelt es sich um solche erreichbaren Erkenntnisse. Der Gesetzgeber ist nur dann zu weiteren umfangreichen Ermittlungen verpflichtet, wenn diese Daten ersichtlich veraltet sind. Es ist auch nicht fehlsam, wenn der Gesetzgeber aufgrund nachvollziehbarer Erwägungen davon ausgeht, daß in einer Situation schneller wirtschaftlicher und struktureller Veränderungen neue Daten schon deshalb wenig aussagekräftig sind, weil sie – wie im vorliegenden Fall – keine stabilen und eingespielten Verflechtungsbeziehungen wiedergeben können.

ee) Entgegen der Auffassung des Antragstellers hat der Gesetzgeber auch nicht bereits dadurch gegen das Abwägungsgebot verstoßen, daß er den zum 1. August 1994 neu gebildeten Landkreisen aus Vertrauensgründen Bestandsschutz eingeräumt und eine Mehrfachneugliederung oder -ausgliederung einzelner Gemeinden ausgeschlossen hätte. Bei den diesbezüglichen Aussagen im Gesetzentwurf der Staatsregierung handelt es sich nicht um einen Bestandteil des Leitbildes oder eine eigenständige Leitlinie, sondern eine politische Zielvorstellung, was schon darin zum Ausdruck kommt, daß sie im Rahmen der Einleitung dem Leitbild und den Leitlinien vorangestellt ist (vgl. den Gesetzentwurf der Staatsregierung zum 1. Kreisgebietsreformänderungsgesetz Drs. 2/0536 S. 17 f.). Im übrigen enthält die vom Innenausschuß des Sächsischen Landtages verabschiedete Beschlußempfehlung an den Landtag nach Durchführung der Anhörung diese politischen Zielvorstellungen nicht mehr. Vielmehr ist – wie übrigens auch schon im Gesetzentwurf der Staatsregierung (vgl. Drs. 2/0536, S. 44 f.) – der Vertrauensschutz des leitbildgerechten Weißeritzkreises als Belang in der Abwägung behandelt worden (vgl. Beschlußempfehlung und Bericht des Innenausschusses Drs. 2/1587, S. 38).

ff) Der Gesetzgeber hat im übrigen bei der erforderlichen Abwägung die für und gegen die Auflösung sprechenden Belange weder eindeutig fehlerhaft gewichtet noch in einer Weise zum Ausgleich gebracht, daß der Zuschnitt der neuen Kreise offenkundig fehlerhaft ist. Der Gesetzgeber konnte aufgrund der fehlenden Leitbildgerechtigkeit des Landkreises Dresden davon ausgehen, daß dieser aufzulösen war. Es ist insbesondere nicht fehlerhaft, wenn der Gesetzgeber angesichts der Leitbildgerechtigkeit dem Zuschnitt der Kreise im Stadt-Umland-Bereich des Oberzentrums Dresden erhebliche Bedeutung für die zukünftige Entwicklung beigemessen hat. Es ist auch nicht ersichtlich, daß die neu geschaffenen Landkreise Meißen-Radebeul und Westlausitz-Dresdner Land fehlerhaft gebildet wären. Sie sind leitbildgerecht. Auch die Zuordnung der dem Antragsteller bisher zugehörenden Gemeinden genügt den Anforderungen von Art. 88 Abs. 1 SächsVerf. Der Gesetzgeber hat sich mit nachvollziehbaren Gründen für die Zuordnung der Gemeinden des ehemaligen Landkreises Dresden zu den beiden neu gebildeten Kreisen entschieden.

gg) Es kann auch keine Rede davon sein, daß der Gesetzgeber mögliche Alternativen, wie etwa die Bildung eines einheitlichen Umlandkreises unter Einbeziehung der Landkreise Sächsische Schweiz, Weißeritzkreis und Meißen oder die Bildung eines Landkreises Meißen-Dresden nicht erwogen hätte (vgl. Gesetzentwurf der Staatsregierung Drs. 2/0536, S. 44 f., 64 f.; Beschlußempfehlung und Bericht des Innenausschusses Drs. 2/1587, S. 38 ff., S. 61 f., 62 ff., 73 f.). Der Gesetzgeber hat nicht alle theoretisch denkbaren Entscheidungsalternativen ausführlich zu behandeln. Die nachhaltige Erörterung von anderen Lösungsmodellen ist verfassungsrechtlich nur dann zu fordern, wenn sie ernstlich als mögliche Konzeption in Betracht gezogen werden müssen. Es bliebe reiner Formalismus, wenn sich das Gesetzgebungsorgan mit allen Gestaltungsvarianten intensiv zu beschäftigen, diesbezüglich alle relevanten Daten zu ermitteln und diese im Hinblick auf das Leitbild und die Leitlinien durchzuspielen hätten. Da der zum 1. August 1994 neu gebildete Landkreis Sächsische Schweiz sowie der gleichzeitig geschaffene Weißeritzkreis den Leitgedanken der Kreisgebietsreform gerecht wurden und damit Eingriffe in die Rechte dieser Landkreise nicht ohne weiteres möglich gewesen wären, lag es innerhalb des gesetzgeberischen Abwägungsspielraumes, diese Möglichkeiten als Neugliederungsvarianten im Laufe seiner Erörterungen als nicht ernsthaft in Betracht zu ziehende Alternativen auszuschließen.

D.

Die Entscheidung ergeht kostenfrei (§ 16 Abs. 1 S. 1 SächsVerfGHG).

Entscheidungen
des Thüringer Verfassungsgerichtshofs

Die amtierenden Richter des Thüringer Verfassungsgerichtshofs

Gunter Becker, Präsident

Hans-Joachim Bauer

Christian Ebeling

Dr. Hans-Joachim Jentsch (bis 5. Juni 1996)

Reinhard Lothholz

Thomas Morneweg

Gertrud Neuwirth

Prof. Dr. Ulrich Rommelfanger

Manfred Scherer (ab 21. Juni 1996)

Prof. Dr. Rudolf Steinberg

Stellvertretende Richter

Dr. Hans-Joachim Strauch

Dr. Hartmut Schwan

Prof. Dr. Erhard Denninger

Dipl.-Ing. Christiane Kretschmer

Renate Hemsteg von Fintel

Rudolf Metz

Manfred Scherer (bis 21. Juni 1996)

Dr. Dieter Lingenberg (ab 6. September 1996)

Prof. Dr. Heribert Hirte

Prof. Dr. Karl-Ulrich Meyn

Nr. 1

Zum verfassungsrechtlich garantierten Recht einer Gemeinde auf kommunale Selbstverwaltung gehört nicht ein Anspruch auf Zugehörigkeit zu einem bestimmten Landkreis oder auf einen bestimmten Zuschnitt des Landkreises, dem die Gemeinde angehört.

Verfassung des Freistaats Thüringen Art. 92 Abs. 3 Satz 3

Grundgesetz für die Bundesrepublik Deutschland Art. 28 Abs. 2

Thüringer Neugliederungsgesetz § 4 Abs. 2 Nr. 3

Urteil vom 6. September 1996 – VerfGH 4/95 –

in dem Verfahren über die Verfassungsbeschwerde der Gemeinde Tüngeda, vertreten durch den Bürgermeister, betreffend § 4 Abs. 2 Nr. 3 des Gesetzes zur Neugliederung der Landkreise und kreisfreien Städte in Thüringen (Thüringer Neugliederungsgesetz – ThürNGG –) vom 16. August 1993 (GVBl. S. 545).

Entscheidungsformel:

Die Verfassungsbeschwerde wird zurückgewiesen.

Gründe:

A.

Die Beschwerdeführerin wendet sich mit ihrer Verfassungsbeschwerde gegen § 4 Abs. 2 Nr. 3 des Gesetzes zur Neugliederung der Landkreise und kreisfreien Städte in Thüringen (Thüringer Neugliederungsgesetz – ThürNGG –) vom 16. August 1993 (GVBl. S. 545), soweit diese Bestimmung ihre Zuordnung zum Wartburgkreis vorsieht.

I.

1. Der gemäß § 4 Abs. 2 ThürNGG neu gebildete Wartburgkreis besteht aus den Gemeinden der aufgelösten bisherigen Landkreise Eisenach und Bad

Salzungen (vgl. § 4 Abs. 1 und Abs. 2 Nr. 1 und 2 ThürNGG) sowie aus fünf Gemeinden des aufgelösten, überwiegend im Unstrut-Hainich-Kreis aufgehenden bisherigen Landkreises Bad Langensalza, unter ihnen die Beschwerdeführerin (vgl. § 5 Abs. 1 und § 4 Abs. 2 Nr. 3 ThürNGG).

Die Beschwerdeführerin mit ihren 587 Einwohnern (Stand 30. Juni 1992) gehörte von 1920 bis 1952 zum Landkreis Gotha, danach zum Landkreis Bad Langensalza. Sie ist die nordöstlichste Gemeinde des neuen Wartburgkreises; an ihre Gemarkung grenzen im Norden der Unstrut-Hainich-Kreis und im Süden der Landkreis Gotha an. Die Entfernung in Straßenkilometern beträgt nach Gotha 13 km, nach Eisenach 23 km, nach Mühlhausen (Sitz des neu gebildeten Unstrut-Hainich-Kreises) 32 km und nach Bad Salzungen 44 km.

Durch das Thüringer Neugliederungsgesetz wird die Anzahl der Landkreise von 35 auf 16 reduziert. Die durchschnittliche Einwohnerzahl eines neuen Landkreises liegt bei 123 631. Der neu gebildete Wartburgkreis umfaßt (Stand 30. Juni 1992) 198 850 Einwohner in 132 kreisangehörigen Gemeinden, der Landkreis Gotha 150 415 Einwohner in 77 kreisangehörigen Gemeinden und der Unstrut-Hainich-Kreis 123 438 Einwohner in 87 kreisangehörigen Gemeinden.

Das Landratsamt des neu gebildeten Wartburgkreises hat seinen Sitz zunächst in Bad Salzungen und Eisenach. Mit dem 1. Januar 1998 nimmt es seinen ausschließlichen Sitz in Bad Salzungen. Von diesem Zeitpunkt an ist die Stadt Eisenach kreisfrei (§ 4 Abs. 3 ThürNGG).

2. a) Im Rahmen des von der Landesregierung betriebenen Verfahrens zum Erlaß eines Neugliederungsgesetzes kam es etwa ab Frühjahr 1992 zu zahlreichen Eingaben und Äußerungen von eventuell in der einen oder anderen Form betroffenen Landkreisen, kreisfreien Städten und kreisangehörigen Gemeinden gegenüber dem federführenden Innenministerium. Nachdem die Einwohner Tüngedas eindeutig einen Anschluß an den Landkreis Gotha favorisierten, erging am 7. Mai 1992 ein entsprechender Ratsbeschluß. Der im November 1992 in Form einer Landkarte vorgelegte Neugliederungsvorschlag der Sachverständigenkommission Gebietsreform sah eine Zuordnung der Beschwerdeführerin zu einem fortbestehenden Kreis Bad Langensalza vor, bezeichnete aber auch eine Zuordnung zum Kreis Gotha als möglich. Dagegen votierten die westlichen Nachbargemeinden der Beschwerdeführerin, die bislang ebenfalls dem Landkreis Bad Langensalza angehört hatten, für den Landkreis Eisenach. Im Interesse einer Fortführung der bisherigen guten Zusammenarbeit mit diesen Gemeinden in der Verwaltung sprach sich die Gemeindevertretung der Beschwerdeführerin dann am 26. Januar 1993 gleichfalls für eine Zuordnung zum Landkreis Eisenach aus. Anfang März

1993 brachte der Landtag erstmals die Bildung eines Wartburgkreises mit Kreissitz in Bad Salzungen bei späterer Kreisfreiheit Eisenachs ins Gespräch. Daraufhin beschloß die Gemeindevertretung der Beschwerdeführerin am 9. März 1993 die Aufhebung des Beschlusses vom 26. Januar 1993. Dem Innenministerium teilte sie unter dem 17. März 1993 mit, sie sei bereit gewesen, sich einem Landkreis Eisenach mit der Kreisstadt Eisenach anzuschließen, nicht aber gelte dies für einen Wartburgkreis mit Kreissitz Bad Salzungen, von dem bislang nie die Rede gewesen sei.

b) In der Begründung zum Gesetzentwurf der Landesregierung – ThürNGG – (LT-Drs. 1/2233 vom 11. Mai 1993) wird zu § 4 bezüglich des Zuschnitts des neuen Wartburgkreises folgendes ausgeführt:

> Der zukünftige Landkreis entspricht dem öffentlichen Wohl und ist historisch begründbar, denn mit der Zusammenlegung der bisherigen Landkreise Eisenach und Bad Salzungen entsteht eine Einheit, welche dem vor 1952 existierenden Kreis mit dem sog. Eisenacher Oberland sehr nahe kommt.
>
> Bliebe der bisherige Kreis im wesentlichen unverändert, so erhielte die Stadt Eisenach ein Übergewicht gegenüber der restlichen Kreisbevölkerung, insbesondere wenn sie durch Eingemeindungen noch vergrößert wird. Damit wäre ein kreisinterner Ausgleich zwischen Stadt und Land sehr erschwert, wenn nicht unmöglich. Durch die Fusion beider Landkreise kann eine solche Entwicklung von vornherein ausgeschlossen werden; außerdem werden durch diese Zusammenlegung die Voraussetzungen dafür geschaffen, daß sich die strukturschwache Region um Bad Salzungen im Gesamtgefüge der neuen größeren Einheit rascher konsolidiert. Der vereinte Großkreis soll einen Gegenpol zur leistungsstarken Nachbarregion Hessens bilden.
>
> Die Zuordnung der Gemeinden Craula, Reichenbach, Tüngeda, Behringen und Wolfsbehringen des bisherigen Landkreises Bad Langensalza zum Wartburgkreis entspricht dem Wunsch dieser Gemeinden. Die genannten Gemeinden haben traditionell eine enge Beziehung zum Raum Eisenach; sie grenzen zudem unmittelbar an das Gelände des ehemaligen Truppenübungsplatzes „Kindel" an. Im Jahre 1992 wurde der „Planungsverband Kindel" mit Sitz in Wenigenlupnitz gegründet, dem auch die Gemeinde Wolfsbehringen angehört und der vom Landratsamt Eisenach beraten und unterstützt wird. Auch die Gemeinde Haina grenzt unmittelbar an den ehemaligen Truppenübungsplatz und will ebenfalls dem Planungsverband beitreten. Eine koordinierte wirtschaftliche Entwicklung dieses Gebietes ist nur möglich, wenn es im Verantwortungsbereich nur eines Landratsamts liegt.
>
> Kreissitze sind bis Ende des Jahres 1998 die Städte Eisenach mit derzeit 43 940 Einwohnern und Bad Salzungen mit 20 637 Einwohnern.
>
> Entsprechend ihrer Bedeutung für die regionale Siedlungs- und Wirtschaftsstruktur werden der Stadt Eisenach im Landesentwicklungsplan bereits Teilfunktionen eines Oberzentrums zuerkannt. Es ist schon jetzt absehbar, daß Eisenach bereits in wenigen Jahren die Aufgaben eines echten Oberzentrums übernehmen wird. Dann soll dieser Stadt auch der Status der Kreisfreiheit verliehen werden. Diese Entwick-

lung wird spätestens bis zum Ende des Jahres 1998 erwartet. Deshalb legt der Gesetzgeber als Termin für den Übergang des alleinigen Kreissitzes nach Bad Salzungen den 1. Januar 1999 fest. Eine frühere Erlangung der Kreisfreiheit von Eisenach ist auch deshalb nicht erwünscht, weil diese Stadt als Entwicklungsmotor für den gesamten Kreis vorerst unverzichtbar ist. Soweit die Stadt zur Übernahme der Funktion eines Oberzentrums noch weitere Flächen benötigt, sollen durch Eingemeindungen verschiedener Nachbargemeinden die Voraussetzungen hierfür geschaffen werden; ein entsprechendes Gesetz wird derzeit vorbereitet.

c) Der Landtag beriet am 14. Mai 1993 in erster Lesung über den Gesetzentwurf. Dieser wurde nach Begründung und Aussprache an den Innenausschuß überwiesen. Der Innenausschuß beschloß am 21. Mai 1993, eine schriftliche Anhörung aller Gebietskörperschaften hierzu vorzunehmen. Diesen wurde mit Schreiben der Verwaltung des Thüringer Landtags vom 24. Mai 1993 Gelegenheit gegeben, sich bis Ende Juni 1993 zu äußern. Mit dem Anhörschreiben wurde ihnen der Gesetzentwurf mit der amtlichen Gesetzesbegründung zugeleitet. Bei der technischen Durchführung der Anhörung bediente sich der Landtag der Hilfe des Innenministeriums.

Auf das Anhörschreiben hin beschlossen die Gemeindevertretungen der Beschwerdeführerin und der westlichen Nachbargemeinden Behringen, Craula, Reichenbach und Wolfsbehringen am 17. Juni 1993, eine Zuordnung zum Landkreis Eisenach nur dann zu akzeptieren, wenn der Kreissitz auch nach 1999 in Eisenach verbleibe; anderenfalls beantrage man eine Zuordnung zum Landkreis Gotha. Dieser Beschluß wurde dem Landtag unter dem 29. Juni 1993 zugeleitet.

Am 5. Juli 1993 hielt der Innenausschuß in einer auswärtigen öffentlichen Sitzung (erste Wahlperiode, 59. Sitzung) u. a. eine Aussprache zu den Gemeinden Craula, Reichenbach, Tüngeda, Behringen und Wolfsbehringen ab. Dabei wurde die Frage angesprochen, welchem Landkreis bzw. welchen Landkreisen diese Gemeinden künftig angehören sollten. Es äußerten sich die Landräte der Kreise Gotha, Eisenach und Bad Langensalza sowie die Bürgermeister und Gemeindevertretervorsteher oder stellvertretenden Gemeindevertretervorsteher der eben genannten fünf Gemeinden. Hierbei wurde auch die große Entfernung dieser Gemeinden zu einem Kreissitz in Bad Salzungen angesprochen; ferner wurden die Fragen der künftigen Entwicklung des ehemaligen Truppenübungsgeländes „Kindel" und der Einbindung der Gemeinden in eine Verwaltungsgemeinschaft erörtert.

Die im Rahmen der Anhörung eingegangenen schriftlichen Stellungnahmen wurde in der 61. Sitzung des Innenausschusses vom 9. Juli 1993 vorgetragen. Die Stellungnahme der Beschwerdeführerin sowie der Gemeinden Behringen, Craula, Reichenbach und Wolfsbehringen vom 29. Juni 1993 aufgrund Beschlusses vom 17. Juni 1993 ist in der zur 61. Sitzung vorgelegten Aufstellung als bedingte Zustimmung gekennzeichnet. Die Problematik wurde jedoch in der Sitzung nicht mehr angesprochen. Unter dem 12. Juli 1993 wurde allen Landtagsabgeordneten eine Übersicht über die eingegangenen Stellungnahmen zugeleitet; zugleich wurden sie darauf hingewiesen, daß sämtliche Zuschriften und Stellungnahmen zu dem Gesetzentwurf des Thüringer Neugliederungsgesetzes zur Einsichtnahme bereitstünden.

Der Innenausschuß beriet am 10. Juli 1993 in seiner 62. Sitzung abschließend über den Gesetzentwurf und die dazu vorliegenden Änderungsanträge. Anträge zu § 4 Abs. 2 wurden nicht zur Abstimmung gestellt. Änderungsanträge zu § 4 Abs. 3 wurden mehrheitlich abgelehnt, eine der Regierungsvorlage entsprechende Fassung mehrheitlich beschlossen.

d) Am 15. Juli 1993 behandelte der Landtag das Thüringer Neugliederungsgesetz in zweiter Lesung. Hinsichtlich § 4 des Gesetzes wurden Änderungsanträge abgelehnt, die die Zuordnung der Beschwerdeführerin sowie der Gemeinden Behringen, Craula, Reichenbach und Wolfsbehringen zum Unstrut-Hainich-Kreis (LT-Drs. 1/2474) bzw. die Schaffung eines Kreises Eisenach mit Kreissitz Eisenach unter Zuordnung der eben genannten Gemeinden (LT-Drs. 1/2521) zum Gegenstand hatten. Eine Mehrheit fand hingegen der Antrag, die Kreisfreiheit der Stadt Eisenach schon zum 1. Januar 1998 eintreten zu lassen und bereits zu diesem Zeitpunkt den alleinigen Kreissitz des Wartburgkreises in Bad Salzungen einzurichten (LT-Drs. 1/2542). Damit erhielt § 4 ThürNGG die sodann mehrheitlich als Gesetz beschlossene Fassung. Redebeiträge erfolgten zur Thematik des Wartburgkreises nicht.

II.

1. Die Beschwerdeführerin hat am 28. Juni 1995 Verfassungsbeschwerde zum Thüringer Verfassungsgerichtshof erhoben. Zur Begründung macht sie im wesentlichen geltend:

Die angegriffene Bestimmung, die sie dem Wartburgkreis mit Kreissitz in Bad Salzungen zuordne, verletze ihr Recht auf kommunale Selbstverwaltung gemäß Art. 91 Abs. 1 der Thüringer Verfassung. Das Gesetzgebungsverfahren, das zu ihrem Erlaß geführt habe, leide an einem Anhörungsmangel. Außerdem sei die Bestimmung abwägungsfehlerhaft und entspreche nicht dem öffentlichen Wohl.

Die Einwohner Tüngedas hätten seit Beginn der Diskussion über eine Gebietsreform ganz eindeutig einen Anschluß an den Landkreis Gotha befürwortet. Dies habe in einem entsprechenden Ratsbeschluß seinen Niederschlag gefunden. Für eine Zuordnung zum Landkreis Eisenach habe sich ihre Gemeindevertretung nur im Interesse einer weiteren Zusammenarbeit mit den

Nachbargemeinden Behringen, Craula, Reichenbach und Wolfsbehringen und unter der Voraussetzung des Kreissitzes in Eisenach ausgesprochen. Als im März 1993 seitens des Landtags erstmals die Bildung eines Wartburgkreises mit der Kreisstadt Bad Salzungen ins Gespräch gebracht worden sei, habe ihre Gemeindevertretung die Zustimmung zu einem Anschluß an den Landkreis Eisenach unverzüglich zurückgezogen. Dies habe sie dem Innenministerium umgehend mitgeteilt. Gleichwohl enthalte die amtliche Begründung zum Gesetzentwurf der Landesregierung die Wendung, die Zuordnung zum Wartburgkreis entspreche ihrem – der Beschwerdeführerin – Wunsch. Dies sei unzutreffend. Eine solche Zuordnung akzeptiere man nur dann, wenn der Kreissitz auch nach 1999 in Eisenach verbleibe.

Nachdem die gesetzgeberischen Absichten sich im März 1993 unvorhersehbar geändert hätte, sei sie an dem weiteren Gesetzgebungsverfahren unzureichend beteiligt worden. Infolge der falschen Darstellung in der Begründung des Gesetzentwurfs sei der Landtag bei der zweiten Lesung des Gesetzes von falschen Voraussetzungen ausgegangen. Dies gelte auch für die Rubrik „Entfernung von Grenzgemeinden zum Kreissitz (Straßenlinie)"; wegen der großen Entfernung nach Bad Salzungen hätte sie hier aufgeführt werden müssen.

Der Gesetzgeber habe sich nicht damit befaßt, ob man die nordöstlich von Eisenach gelegenen Gemeinden auch dann noch an den Wartburgkreis angliedern könne, wenn nicht Eisenach, sondern Bad Salzungen Kreissitz wird. Dieser Frage habe er unbedingt näher nachgehen müssen. Da dies unterblieben sei, sei das Interesse des (zukünftigen) Wartburgkreises mit Kreissitz in Bad Salzungen, sich auch auf Tüngeda zu erstrecken, nicht zutreffend mit ihren Interessen an einer Zuordnung zum Landkreis Gotha abgewogen worden. Für den Wartburgkreis sei ihre Zuordnung nur von untergeordneter Bedeutung. Unterbleibe sie, werden dessen Leistungskraft nicht negativ berührt, da er der bei weitem einwohnerstärkste und flächengrößte Landkreis Thüringens sei und auch nach der Ausgliederung Eisenachs hinsichtlich Einwohnerzahl und Fläche immer noch über dem Durchschnitt aller Thüringer Landkreise liege. Hingegen sei die Zuordnungsfrage für sie ganz wesentlich. Zu einem Kreissitz in Bad Salzungen hätten ihre Einwohner keinerlei Beziehung. Ein solcher Kreissitz sei bereits wegen der großen Entfernung und der schwierigen Erreichbarkeit unzumutbar. Tüngeda sei vielmehr schon seit Jahrzehnten nach Gotha orientiert, wo man einkaufe, Berufsschulen und weiterführende Schulen besuche und viele Bürger ihren Arbeitsplatz hätten. Für eine Angliederung Tüngedas an den Wartburgkreis fehle jeder stichhaltige Grund.

2. Zu der Verfassungsbeschwerde haben sich der Präsident des Thüringer Landtags und die Thüringer Landesregierung geäußert.

a) Der Präsident des Thüringer Landtags schildert den Gang des Gesetzgebungsverfahrens. Er vertritt die Auffassung, dieses weise keine Mängel auf. Es sei auf eine Art und Weise durchgeführt worden, die eine ausreichende Kenntnis und ausgewogene Berücksichtigung der Belange der Beschwerdeführerin bei der Abwägung mit den Interessen der beteiligten Landkreise gewährleistet habe. Die Beschwerdeführerin habe ihren Standpunkt in einer Anhörung vor dem Innenausschuß vertreten. Ferner habe sie von der Möglichkeit Gebrauch gemacht, sich schriftlich zu dem Gesetzentwurf zu äußern.

b) Die Thüringer Landesregierung hält die Verfassungsbeschwerde für unzulässig, weil die Beschwerdeführerin nicht beschwerdebefugt sei. Die Zuordnung zu einem bestimmten Landkreis greife nicht in ihr Selbstverwaltungsrecht ein. Das Selbstverwaltungsrecht könne durch eine kommunale Neugliederungsmaßnahme nur berührt sein, wenn Bestand oder Gebiet einer Gemeinde für sie nachteilig verändert würden. Die Zuordnung zu einem Landkreis sei jedoch auf Gebiet und Bestand einer Gemeinde ohne jeden Einfluß. Sie berühre die wesentlichen Inhalte des kommunalen Selbstverwaltungsrechts nicht und beruhe auf reinen Zweckmäßigkeitserwägungen. Auch der Umstand, daß der Gesetzgeber die Gemeinde bei der Entscheidung über die Zuordnung zu einem Landkreis vorher anzuhören habe, führe nicht zur Zulässigkeit der Verfassungsbeschwerde. Überdies sei die Beschwerdeführerin ausreichend gehört worden und habe der Landtag ihre Wünsche durchaus gekannt. Er habe sich aber für die Zuordnung der Beschwerdeführerin und ihrer westlichen Nachbargemeinden zum Wartburgkreis entschieden, um so eine einheitliche Beplanung und koordinierte Entwicklung des Bereichs des ehemaligen Truppenübungsplatzes „Kindel" zu ermöglichen. Für die Zeit nach dem 1. Januar 1998 habe der Kreissitz des Wartburgkreises nicht in Eisenach belassen werden sollen, weil diese Stadt dann kreisfrei werde.

B.

Die Verfassungsbeschwerde ist unzulässig, da weder hinsichtlich des geltend gemachten Verstoßes gegen das Anhörungsgebot noch hinsichtlich des behaupteten Abwägungsmangels die Verletzung eigener Rechte der Beschwerdeführerin in Betracht kommt.

I.

Soweit die Beschwerdeführerin einen Verstoß gegen das Anhörungsgebot geltend macht, scheidet eine Verletzung eigener Rechte der Beschwerdeführerin deshalb aus, weil die Thüringer Verfassung einer Gemeinde auch dann kein

Anhörungsrecht bei Gebietsänderungen von Landkreisen einräumt, wenn hiervon ihre Kreiszuordnung berührt wird.

1. Ein derartiges Anhörungsrecht ergibt sich insbesondere nicht aus Art. 92 Abs. 3 S. 3 ThürVerf. Zwar gebietet diese Norm die Anhörung der betroffenen Gebietskörperschaften in den von den vorstehenden beiden Sätzen des Abs. 3 erfaßten Fällen der Änderung des Gebiets eines Landkreises (Satz 1) und der Auflösung eines Landkreises (Satz 2). Unter dem Begriff der „betroffenen Gebietskörperschaften" sind allerdings nur die in Abs. 3 ausdrücklich genannten Landkreise, nicht aber auch die von der Änderung der Gebietsgrenzen oder des Bestandes eines Kreises „betroffenen" Gemeinden zu verstehen.

Der Begriff der Gebietskörperschaft wird in der Thüringer Verfassung nicht in einem einheitlichen Sinne verwandt. Während er in Art. 95 ThürVerf eindeutig als Oberbegriff zu den Begriffen „Gemeinden" und „Landkreisen" verstanden wird, bezieht er sich in Art. 92 Abs. 2 S. 3 ThürVerf ausschließlich auf die Gebietsänderungen der in diesem Absatz geregelten Gemeinden. Eine systematische Auslegung spricht deshalb auch in Abs. 3 derselben Vorschrift dafür, unter den „Gebietskörperschaften" ausschließlich die Landkreise zu verstehen, für deren Gebietsänderungen hier Regelungen getroffen werden (so auch *Linck/Jutzi/Hopfe*, Die Verfassung des Freistaats Thüringen, 1994, Art. 92 Rdn. 14).

Zwar hat der Thüringer Gesetzgeber in § 92 Abs. 4 ThürKO vom 16. August 1993 (GVBl. S. 501) im Falle einer Gebiets- und Bestandsänderung eines Kreises auch den Gemeinden ein Anhörungsrecht eingeräumt, deren Zugehörigkeit zum Landkreis ganz oder teilweise betroffen ist. Doch führt diese Bestimmung jedenfalls im vorliegenden Fall nicht zu einem mit der Kommunalverfassungsbeschwerde verfolgbaren Recht der Gemeinden. Denn diese Verfahrensregelung, mit der der einfache Gesetzgeber über das von der Verfassung Gebotene hinaus den Gemeinden Rechte einräumt, ist zum einen erst am 1. Juli 1994 und damit nach dem Erlaß des angegriffenen Neugliederungsgesetzes in Kraft getreten (vgl. Art. 131 Abs. 1 ThürKO). Zum anderen ist eine Norm des einfachen Gesetzgebers nicht als Maßstab für die verfassungsrechtliche Überprüfung einer anderen Norm des Gesetzgebers geeignet. Ob freilich diese Regelung über den Gleichheitssatz oder das im Rechtsstaatsprinzip wurzelnde Willkürverbot mittelbar verfassungsrechtliche Relevanz zu erhalten vermag, kann hier jedenfalls wegen der zeitlichen Abfolge dahinstehen.

2. Ein Verstoß gegen Art. 92 Abs. 3 S. 3 ThürVerf scheidet im vorliegenden Fall aber schon aus einem anderen Grunde aus, da Art. 92 Abs. 3 S. 3 ThürVerf zum Zeitpunkt der Verabschiedung des ThürNGG vom 16. August 1993 noch nicht in Kraft war und deshalb als unmittelbarer Maßstab für dessen

Überprüfung ausscheidet. Damit kommt – wie der Verfassungsgerichtshof entschieden hat (Urteil vom 23. Mai 1996, VerfGH 12/95* – eine verfassungsgerichtliche Kontrolle am Maßstab der gemeindeutschen, auch in Thüringen geltenden Garantie der kommunalen Selbstverwaltung jedenfalls in dem Ausmaß in Betracht, in dem Art. 28 Abs. 2 GG eine Mindestgarantie darstellt. Doch auch insoweit wird kein Anhörungsrecht der Gemeinden bei der Neugliederung eines Landkreises begründet.

Die Anhörung von Gemeinden bei Gebiets- und Bestandsänderungen der Landkreise gehört nicht zu der Mindestgarantie der kommunalen Selbstverwaltung. Dies ergibt sich vor allem aus einem Vergleich mit den Verfassungen der Bundesländer, in denen – anders als im Grundgesetz – die Gebietsreform ausdrücklich geregelt wird. In diesen Vorschriften wird regelmäßig lediglich eine Anhörung bei der Gebietsreform von Gemeinden vorgeschrieben (vgl. etwa Art. 74 Abs. 2 VerfBW; Art. 59 Abs. 3 NdsVerf; Art. 88 Abs. 2 SächsVerf). Soweit sich überhaupt Bestimmungen über die Anhörung bei den hier interessierenden Entscheidungen finden lassen, wird das Anhörungsrecht den Landkreisen, nicht aber den „betroffenen" Gemeinden eingeräumt (vgl. Art. 98 Abs. 3 BbgVerf).

Auch in der Rechtsprechung der Landesverfassungsgerichte ist anerkannt, daß ein Anhörungsrecht von Gemeinden bei der Gebiets- und Bestandsänderung eines Landkreises deshalb nicht in Betracht komme, weil durch derartige Neugliederungsbestimmungen nicht das Selbstverwaltungsrecht der Gemeinden (dazu s. u. II.) betroffen werden könne (NdsStGH OVGE 33, 497, 499, dazu *Scheer,* SächsVBl. 1993, S. 126, 127). Eine andere Auffassung vertritt in einem obiter dictum nur der Verfassungsgerichtshof Sachsen-Anhalt, der Art. 90 S. 2 LVerf-LSA weiter auslegt (Urt. v. 31. Mai 1994, SächsVBl. 1994, S. 238, 239).

3. Im übrigen könnte die Verfassungsbeschwerde auch dann keinen Erfolg haben, wenn von Verfassungs wegen die Anhörung der Beschwerdeführerin bei der angegriffenen Regelung ihrer Zuordnung zum Wartburgkreis erforderlich gewesen wäre. Denn die tatsächlich durchgeführte Anhörung der Beschwerdeführerin wäre auch bei Annahme eines verfassungsrechtlich gewährleisteten Anhörungsgebots nicht zu beanstanden.

Das Gebot der Anhörung fordert, daß die Gebietskörperschaft von der beabsichtigten Regelung Kenntnis erlangt. Diese Information muß rechtzeitig erfolgen und den wesentlichen Inhalt des Neugliederungsvorhabens und der dafür gegebenen Begründung umfassen. Die Stellungnahme der Gebietskörperschaft ist vor der abschließenden Entscheidung zur Kenntnis zu nehmen

---

* LVerfGE 4, 425.

und bei der Abwägung der für und gegen die Neugliederungsmaßnahme sprechenden Gründe zu berücksichtigen (BVerfGE 86, 90, 107 f.; 50, 195, 202 f.; vgl. auch SächsVerfGH, Beschl. v. 9. November 1995, 20 VIII-95, S. 16 ff.). Diesen Erfordernissen wurde im vorliegenden Fall Rechnung getragen.

Die Beschwerdeführerin trägt selber vor, daß sie bereits Anfang März 1993 von den Plänen zur Bildung des Wartburgkreises mit der Kreisstadt Bad Salzungen Kenntnis erhalten und die Landesregierung und den Landtag von ihrer abweichenden Auffassung unterrichtet habe. So ist auf den Beschluß der Gemeindevertretung vom 9. März 1993 hinzuweisen, der dem Innenministerium am 17. März 1993 übermittelt wurde. Eine förmliche Anhörung hat der Thüringer Landtag auf Beschluß des Innenausschusses vom 24. Mai 1993 zum Regierungsentwurf des ThürNGG vom 11. Mai 1993 (LT-Drs. 1/2233) durchgeführt. In diesem Gesetzentwurf findet sich eine Begründung für die Bildung des neuen Wartburgkreises und den ursprünglich ab 1. Januar 1999 vorgesehenen Kreissitz Bad Salzungen. In einem Beschluß der Gemeindevertretungen der sog. Behringsdörfer vom 22. Juni 1993 wird der Gesetzentwurf der Landesregierung erneut abgelehnt und wie früher die Zuordnung zu einem Landkreis Eisenach mit dem Kreissitz Eisenach verlangt. Dieser Beschluß wurde dem Landtag unter dem 29. Juni 1993 zugeleitet. Ihren ablehnenden Standpunkt konnte die Beschwerdeführerin auch in einer auswärtigen öffentlichen Sitzung des Innenausschusses am 5. Juli 1993 zur Geltung bringen. Die Stellungnahme der Beschwerdeführerin wurde darüber hinaus auch in Zusammenstellungen dem Innenausschuß und dem Landtag zur Kenntnis gebracht, so daß dieser auch die Stellungnahme der Beschwerdeführerin zur Kenntnis nehmen konnte. Die fehlerhafte Angabe in der Begründung des Regierungsentwurfs, wonach die Beschwerdeführerin dem Vorschlag der Landesregierung zustimme (aaO, S. 21), ist im weiteren Verfahren mehrfach korrigiert worden.

Das Konzept der Landesregierung zur Bildung des Wartburgkreises, wie es in dem Gesetzentwurf des ThürNGG vom 11. Mai 1993 niedergelegt wurde, ist damit hinsichtlich des Zuschnitts und der dem neuen Kreis zuzuordnenden Gemeinden unverändert verwirklicht worden, so daß es auf die Klärung der Anforderungen an Bekanntmachung und Begründung einer Konzeptänderung während des Gesetzgebungsverfahrens nicht ankommt. Geändert wurde lediglich der Zeitpunkt, an dem nicht mehr die Stadt Eisenach, sondern die Stadt Bad Salzungen Kreissitz werden sollte. War im Gesetzentwurf hierfür noch der 1. Januar 1999 vorgesehen, so änderte dies der Landtag bereits auf den 1. Januar 1998. Hinsichtlich der Bestimmung des Kreissitzes kommt einer Gemeinde jedoch ohnehin – wie der Verfassungsgerichtshof in seinem Urteil vom 23. Mai 1996, aaO, entschieden hat – kein Anhörungsrecht zu.

Eine Würdigung des Vorbringens der Beschwerdeführerin macht deutlich, daß diese im Kern auch nicht behauptet, von den den Wartburgkreis betreffenden Plänen nicht rechtzeitig Kenntnis erhalten und keine Gelegenheit zur Stellungnahme gehabt zu haben. Sie beklagt vielmehr, daß der Gesetzgeber ihrer Stellungnahme nicht gefolgt sei. Das jedoch ist kein Problem der formellen Anhörung, sondern der inhaltlichen Richtigkeit der Entscheidung.

II.

Auch soweit die Beschwerdeführerin eine Verletzung des Rechts auf kommunale Selbstverwaltung insoweit geltend macht, als das Abwägungsgebot als eines seiner zentralen Elemente verletzt sei (dazu BVerfGE 86, 90, 108 ff.), ist die Verfassungsbeschwerde unzulässig. Einen Anspruch auf gerechte Abwägung, d. h. auf umfassende Ermittlung, Bewertung und Berücksichtigung der für die Bildung eines Landkreises erheblichen Belange, kann nämlich nur diejenige Gebietskörperschaft haben, die hierdurch in ihrem Recht der kommunalen Selbstverwaltung verletzt werden kann. Zu diesem Recht gehört jedoch nicht ein Anspruch auf Zugehörigkeit einer Gemeinde zu einem bestimmten Landkreis oder auf einen bestimmten Zuschnitt desselben (ebenso VerfGH NRW, Beschl. v. 9. April 1976, DVBl. 1977, 45 und 46; ähnlich VerfGH Rhld.-Pf., Urt. v. 14. Dezember 1970, DVBl. 1971, 497 zur Zuordnung einer Gemeinde zu einer Verbandsgemeinde).

Das Selbstverwaltungsrecht gewährleistet den Gemeinden das Recht, in eigener Verantwortung alle Angelegenheiten der örtlichen Gemeinschaft im Rahmen der Gesetze zu regeln. Dazu gehört neben dem Satzungsrecht, der Personal-, Finanz- und Planungshoheit auch die Organisationshoheit als Recht der Gemeinde zur Organisation ihrer Verwaltung, zur Einrichtung von Behörden und zur Schaffung öffentlicher Einrichtungen für ihre Einwohner (ThürVerfGH, Urt. v. 23. Mai 1996*).

Zur Organisationshoheit der Gemeinden gehört jedoch nicht die Frage, welchem Landkreis eine kreisangehörige Gemeinde zugeordnet wird, wie der Landkreis geschnitten wird und welche Gemeinde zum Sitz der Kreisverwaltung bestimmt wird. Denn die gemeindliche Organisationshoheit wird durch derartige Entscheidungen des Gesetzgebers nicht berührt. Diese Entscheidungen betreffen allenfalls die Organisation und Verwaltung des Landkreises, nicht aber einer diesem zugeordneten Gemeinde. Dieses hat der Verfassungsgerichtshof für die Bestimmung des Kreissitzes bereits entschieden (Urt. v.

---

* LVerfGE 4, 425.

23. Mai 1996, aaO), für die Zuordnung einer Gemeinde zu einem Kreis und den Zuschnitt dieses Kreises kann nichts anderes gelten.

Es erscheint bezeichnend, daß auch die Beschwerdeführerin in ihrer Beschwerdeschrift noch nicht einmal den Versuch macht, eine eigenständige, durch die Verfassung geschützte Rechtsposition zu begründen, sondern statt dessen von den „Interessen" der Gemeinde spricht, die von der Zuordnung zu einem Landkreis betroffen seien. Daß nicht alle Interessen einer Rechtsperson wehrfähigen Rechten gleichzusetzen sind, sondern hierfür der ausdrücklichen Anerkennung durch die Rechtsordnung, d. h. insbesondere der Entscheidung des Gesetzgebers bedürfen, bedarf keiner besonderen Betonung (vgl. etwa *Bachof*, Reflexwirkungen und subjektive Rechte im öffentlichen Recht [1955], in: ders., Wege zum Rechtsstaat, 1979, S. 127 ff., 139 ff.; *Engisch*, Einführung in das juristische Denken, 8. Aufl. 1983, S. 185 f.).

Die durch die angefochtene Entscheidung des Gesetzgebers sich ergebenden faktischen Auswirkungen auf bestehende Rechte der Gemeinde stellen sich hingegen als Veränderung der Situation dar, welche der gemeindlichen Rechtsposition vorgegeben ist. Durch sie ergeben sich allenfalls Rechtsreflexe, „die zwar ihre Interessensphäre berühren, nicht aber ihre Rechtstellung beeinflussen können" (BVerfG, Beschluß gem. § 93 a BVerfGG v. 12. Mai 1980, DVBl. 1981, 374). Ob faktische Auswirkungen einer derartigen Entscheidung dann zu der Verletzung des Rechts auf kommunale Selbstverwaltung führen können, wenn eine Gemeinde durch die Maßnahme tatsächlich so stark getroffen wird, daß dieser Eingriff einer rechtlichen Beeinträchtigung ihres Selbstverwaltungsrechts gleichgestellt werden muß (so NdsStGH, aaO), kann dahinstehen, da hierfür nichts vorgetragen wurde noch sonstwie erkennbar ist. Auch die von der Beschwerdeführerin beklagte große Entfernung zum Sitz der Kreisverwaltung in Bad Salzungen, die durchaus zu Erschwernissen nicht nur für die kommunale Verwaltung, sondern insbesondere für die Bürgerinnen und Bürger führen kann, stellt keinen Eingriff in den Kernbestand der kommunalen Selbstverwaltungsgarantie dar.

Dem Verfassungsgerichtshof ist es deshalb verwehrt, in eine Prüfung der von der Beschwerdeführerin aufgeworfenen Frage einzutreten, ob die Neugliederung des Wartburgkreises abwägungsfehlerfrei erfolgt ist und insbesondere dem Gemeinwohlprinzip entspricht (BVerfGE 50, 50). Denn nur soweit das Recht auf Selbstverwaltung einer Gemeinde verletzt sein kann, kommt eine Kontrolle durch den Verfassungsgerichtshof in Betracht (Art. 80 Abs. 1 Nr. 2 ThürVerf), nicht aber bereits, wenn der Gesetzgeber eine Regelung getroffen hat, die als solche von einer Gemeinde und ihren Bürgerinnen und Bürgern als wenig sinnvoll und – im konkreten Fall vor allem wegen der großen Entfernung zum Kreissitz – als erhebliche Belastung empfunden wird. Die Kontrollkompetenz des Verfassungsgerichtshofs ist von Verfassungs wegen beschränkt, durch die Behauptung sachlich-fehlerhafter Entscheidungen des Gesetzgebers allein wird sie nicht eröffnet. Solche Entscheidungen sind vielmehr auf Korrekturen im politischen Prozeß angewiesen.

Nr. 2

Zur Frage eines verfassungsrechtlich verankerten Rechts einer Spitzenorganisation der zuständigen Beamtenkoalitionen auf Mitwirkung im Landesgesetzgebungsverfahren.

Verfassung des Freistaats Thüringen Art. 37 Abs. 1, 9 Satz 2

Grundgesetz für die Bundesrepublik Deutschland Art. 33 Abs. 4 und Abs. 5
Thüringer Beamtengesetz § 108

Beschluß vom 8. Oktober 1996 – VerfGH 18/96 –

in dem Verfahren über den Antrag auf Erlaß einer einstweiligen Anordnung des Thüringer Beamtenbundes betreffend die Aussetzung des Gesetzesbeschlusses des Thüringer Landtags über Art. III bis IV Haushaltssicherungsgesetz 1997

Entscheidungsformel:

Der Antrag auf Erlaß einer einstweiligen Anordnung wird abgelehnt.

Gründe:

A.

I.

Der Antragsteller, ein nichtrechtsfähiger Verein, dessen Mitglieder ausschließlich Gewerkschaften und Verbände sind und der als selbständige Landesgliederung des Deutschen Beamtenbundes zu den sogenannten „Spitzenorganisationen" i. S. v. § 108 Thüringer Beamtengesetz (ThürBG) vom 10. Juni 1994 (GVBl. S. 589) gehört, begehrt im Wege einer einstweiligen Anordnung gemäß § 26 Abs. 1 ThürVerfGHG die Aussetzung des Gesetzesbeschlusses über Art. III bis V Haushaltssicherungsgesetz 1997 durch den Thüringer Landtag, bis die Beteiligung des Antragstellers durch die Landesregierung im Verfahren gemäß § 108 ThürBG vollständig und verfassungsgemäß durchgeführt sei.

Dem Antragsteller wurde mit Schreiben des Thüringer Finanzministeriums vom 12. September 1996 der Referentenentwurf für ein „Thüringer Haushaltssicherungsgesetz 1997" zur „Anhörung" übersandt, nachdem die Landesregierung den Entwurf am 11. September 1996 im ersten Durchgang beraten und beschlossen hatte, den zweiten Kabinettsdurchgang des Gesetzentwurfs für den 24. September 1996 vorzusehen. Eine schriftliche Rückäußerung wurde bis zum 17. September 1996 erbeten. Für den Fall, daß eine mündliche Anhörung gewünscht werde, wurde zum 18. September 1996 in das Dienstgebäude des Finanzministeriums geladen.

Zur Begründung der engen Terminplanung führte das Thüringer Finanzministerium aus, daß der Entwurf des Haushaltssicherungsgesetzes 1997 eng mit dem Entwurf des Haushaltsplans 1997 korrespondiere, welcher am 10. Oktober 1996 im Thüringer Landtag eingebracht werde.

Die Unterlagen und das Schreiben vom 12. September 1996 gingen dem Antragsteller am 16. September 1996 um 12.00 Uhr per Eilbrief zu.

Eine vom Antragsteller mit Schreiben vom 17. September 1996 beantragte Fristverlängerung wurde mit Schreiben vom gleichen Tag unter Verweis auf die mündliche Anhörung am 18. September 1996 abgelehnt.

An dieser mündlichen Anhörung nahm der Antragsteller nicht teil.

Der Prozeßvertreter des Antragstellers beantragte mit Schriftsatz vom 20. September 1996, dem Verwaltungsgericht Weimar am gleichen Tage zugegangen, im Verfahren auf Gewährung einstweiligen Rechtsschutzes gemäß § 123 VwGO, die Behandlung der Art. III bis V Haushaltssicherungsgesetz 1997 im zweiten Kabinettsdurchgang am 24. September 1996 einstweilen für die Dauer von mindestens einer Woche auszusetzen.

Mit Beschluß vom 20. September 1996 lehnte das Verwaltungsgericht Weimar den Antrag ab, da der Rechtsweg zu den Verwaltungsgerichten gemäß § 40 Abs. 1 Satz 1 VwGO nicht gegeben sei. Der Beschluß wurde dem Prozeßvertreter des Antragstellers am 21. September 1996 per Fax zur Kenntnisnahme übersandt.

Gegen diesen Beschluß erhob der Antragsteller mit Schreiben vom 21. September 1996, dem Verwaltungsgericht Weimar am selben Tag zugegangen, Beschwerde zum Thüringer Oberverwaltungsgericht.

Das Thüringer Oberverwaltungsgericht wies die Beschwerde mit Beschluß vom 23. September 1996 aus den Gründen der angegriffenen Entscheidung des Verwaltungsgerichts Weimar zurück. Der Tenor der Entscheidung wurde dem Prozeßvertreter des Antragstellers mit Fax vom 23. September 1996 zur Kenntnis gebracht.

Mit Schriftsatz vom 20. September 1996, dem Gericht am Samstag den 21. September um 17.47 Uhr zugegangen, beantragte der Antragsteller beim Thüringer Verfassungsgerichtshof im Wege des Verfahrens auf Erlaß einer einstweiligen Anordnung die Behandlung der Art. III bis V Haushaltssicherungsgesetz 1997 im zweiten Kabinettsdurchgang am 24. September 1996, wegen Verletzung seiner Beteiligungsrechte im Gesetzgebungsverfahren, einstweilen für die Dauer von mindestens einer Woche auszusetzen.

Aus organisatorischen Gründen konnte der Thüringer Verfassungsgerichtshof über den Antrag nicht vor der 77. Kabinettssitzung entscheiden.

Die Sitzung des Kabinetts fand am 24. September 1996 um 10.00 Uhr statt. Die Landesregierung beschloß dabei abschließend über den Entwurf eines Thüringer Haushaltssicherungsgesetzes 1997. Der Gesetzentwurf wurde mit Schreiben des Ministerpräsidenten vom 30. September 1996 dem Präsidenten des Thüringer Landtags zugeleitet und erschien am 1. Oktober 1996 als Vorabdruck der Landtagsdrucksache 2/1398.

Mit Schriftsatz vom 25. September 1996, dem Thüringer Verfassungsgerichtshof am selben Tag zugegangen, hat der Antragsteller durch seinen Prozeßvertreter weitere Anträge im Verfahren auf Erlaß einer einstweiligen Anordnung gestellt.

Er führt aus, daß die von der Landesregierung im vorliegenden Fall bezüglich der Art. III bis V Haushaltssicherungsgesetz 1997 gewährte Stellungnahmefrist von faktisch lediglich vierundzwanzig Stunden bzw. der Durchführung einer mündlichen Anhörung binnen achtundvierzig Stunden, den grundrechtlichen Anspruch des Antragstellers auf Beteiligung bei der Vorbereitung allgemeiner Regelungen der beamtenrechtlichen Verhältnisse gemäß § 108 ThürBG verletze.

Ein entsprechender Anspruch ergebe sich im Wege der Herstellung „praktischer Konkordanz" zwischen den Verfassungspositionen aus Art. 37 Abs. 1 ThürVerf und Art. 33 Abs. 4 und 5 GG. Mit der Beteiligung werde für Beamtenkoalitionen die Verwirklichung des Kernbereichs des Grundrechts der kollektiven Koalitionsfreiheit gemäß Art. 37 Abs. 1 ThürVerf, reduziert auf ein Verfahren, das argumentative Einflußnahme gestatte, gesichert. Aus der grundrechtsverwirklichenden Qualität dieses Verfahrens ergebe sich, daß es möglichst große Effektivität gewährleisten müsse. Daher seien bei einer Gesetzesinitiative der Landesregierung die Spitzenorganisationen frühzeitig, noch ehe sich ein Entwurf durch Fortschreiten des Normsetzungsverfahrens und der damit verbundenen, durch Kompromisse zwischen verschiedenen Auffassungen, finanzielle Vorgaben, bereits gefundene Formulierungen etc. bestimmten Konkretisierungen, konzeptionell verfestigt hat, zu beteiligen. Eine möglichst frühzeitige und daher effektive Beteiligung der Spitzenorganisationen habe zu dem Zeitpunkt zu erfolgen, zu dem der Gesetzentwurf im federführenden Ministerium fertiggestellt ist. Im übrigen sei für eine Mitwirkung der Spitzenorganisationen eine angemessene Zeitspanne vorzusehen.

Aus rein organisatorisch-technischen Gründen sei daher auch in dringenden Fällen eine Stellungnahmefrist von 14 bis 18 Tagen einzuhalten.

Der Antragsteller beantragt sinngemäß,

den Gesetzesbeschluß des Thüringer Landtags über Art. III bis V Haushaltssicherungsgesetz 1997 bis zur vollständigen, verfassungsgemäßen Beteiligung des Antragstellers gemäß § 108 ThürBG i. V. m. Art. 37 Abs. 1 ThürVerf einstweilen auszusetzen;

hilfsweise,

vorläufig festzustellen, daß das im Hinblick auf die Vorbereitung des Entwurfs der Art. III bis V Haushaltssicherungsgesetz 1997 durch die Landesregierung praktizierte Verfahren den verfassungsrechtlichen Beteiligungsanspruch des Antragstellers gemäß § 108 ThürBG i. V. m. Art. 37 Abs. 1 ThürVerf verletzt hat.

II.

Der Thüringer Landtag und die Thüringer Landesregierung haben Gelegenheit zur Äußerung erhalten.

1. Die Thüringer Landesregierung trägt vor, der ursprüngliche Antrag des Antragstellers auf Aussetzung der Kabinettssitzung vom 24. September 1997 habe sich durch Zeitablauf erledigt und sei zu verwerfen. Der weitere nunmehr vorliegende Hauptantrag, mit dem der Antragsteller das Ziel verfolge, eine einstweilige Unterlassung des Gesetzesbeschlusses des Thüringer Landtags über das Haushaltssicherungsgesetz im Sinne einer Vorfeld-Regelung im Rechtssatz-Verfassungsbeschwerdeverfahren zu bewirken, sei unzulässig. Der Rechtsweg zum Thüringer Verfassungsgerichtshof i. S. v. Art. 80 Abs. 1 Nr. 1 ThürVerf i. V. m. § 11 ThürVerfGHG sei nicht gegeben.

Hinsichtlich der nunmehr mit Hilfsantrag begehrten Feststellung der Rechtswidrigkeit der praktizierten Verfahrensweise der Landesregierung fehle es an einem besonderen Feststellungsinteresse. Das Vorliegen einer Wiederholungsgefahr werde vom Antragsteller einfach unterstellt, ohne auf die Besonderheiten des vorliegenden Einzelfalls und die gegebene Terminlage, insbesondere durch die nachfolgende Landtagsterminierung, einzugehen. Die Beurteilung der Stellungnahmefrist müsse sich nach der Lage des Einzelfalles richten. Daß eine 24-Stundenfrist für alle denkbaren Fälle der Beteiligung generell ausreiche, werde von der Landesregierung nicht behauptet.

2. Der Thüringer Landtag sah im Hinblick auf das Hilfsbegehren des Antragstellers von einer Stellungnahme ab.

Im übrigen ist er der Auffassung, daß die Zulässigkeit des nunmehr vorliegenden Hauptantrages dahinstehen kann, da die im Verfahren der einstweiligen Anordnung zu treffende Abwägung jedenfalls zum Nachteil des Antragstellers ausfalle.

Der Entwurf des Thüringer Haushaltssicherungsgesetzes 1997 sei zwischenzeitlich dem Präsidenten des Thüringer Landtags zugeleitet worden. Damit sei das Gesetzgebungsverfahren bereits eingeleitet. Innerhalb eines laufenden Gesetzgebungsverfahrens sei, in Anlehnung an die Rechtsprechung des Bundesverfassungsgerichts, ein Eingriff durch die Verfassungsgerichtsbarkeit grundsätzlich abzulehnen. Bei dem insoweit gebotenen, besonders strengen Abwägungsprozeß sei zu berücksichtigen, daß es dem Antragsteller unbenommen ist, auf den laufenden politischen Entscheidungsprozeß in vielfältiger Weise einzuwirken. Soweit der Antragsteller dem Präsidenten des Thüringer Landtags eine schriftliche Stellungnahme einreiche, werde dieser – falls gewünscht – sie allen Abgeordneten zuleiten, und darüber hinaus werde diese Stellungnahme nach ständiger Praxis des Thüringer Landtags als Zuschrift in die Beratungen des Haushalts- und Finanzausschusses – als dem voraussichtlich federführenden Ausschuß – offiziell und förmlich eingeführt. In den Ausschußberatungen werde die Zuschrift zu dem Gesetz ausdrücklich aufgerufen und damit auch zum Gegenstand der Beratungen gemacht.

Für die Einzelheiten wird auf die Schriftsätze des Antragstellers und auf die Zuschriften der Thüringer Landesregierung und des Thüringer Landtags verwiesen, die Gegenstand der Beratungen waren.

B.

Die Verfassungsbeschwerde ist unzulässig.

Der Verfassungsgerichtshof ist einstimmig zu dieser Entscheidung gelangt; er trifft sie daher durch Beschluß nach § 34 Abs. 1 i. V. m. § 26 Abs. 1 ThürVerfGHG.

I.

1. Der ursprüngliche Antrag auf einstweilige Aussetzung der Behandlung der Art. III bis V des Entwurfs des Thüringer Haushaltssicherungsgesetzes 1997 im Rahmen der 77. Kabinettssitzung am 24. September 1996 hat sich durch Zeitablauf nachträglich erledigt.

Über den am Samstag, den 21. September 1996 um 17.47 Uhr per Fax beim Thüringer Verfassungsgerichtshof eingegangenen, bezüglich der Art. III bis V Haushaltssicherungsgesetz 1997 auf Aussetzung der Kabinettssitzung am 24. September 1996 gerichteten Antrag auf einstweilige Anordnung, konnte der Thüringer Verfassungsgerichtshof aus zeitlichen Gründen nicht mehr rechtzeitig entscheiden. Die Landesregierung hat in der Kabinettssitzung am

24. September 1996 im zweiten Kabinettsdurchgang abschließend den Entwurf eines Thüringer Haushaltssicherungsgesetzes 1997 beschlossen. Der Gesetzentwurf wurde mit Schreiben des Ministerpräsidenten vom 30. September 1996 dem Präsidenten des Thüringer Landtags zugeleitet und ist am 1. Oktober 1996 als Vorabdruck der Landtagsdrucksache 2/1398 erschienen.

2. Der weitere Antrag im Verfahren auf Erlaß einer einstweilige Anordnung mit dem Inhalt, einen Gesetzesbeschluß des Thüringer Landtags über Art. III bis V des Entwurfs des Thüringer Haushaltssicherungsgesetzes 1997 einstweilen auszusetzen, genügt nicht den Begründungsanforderungen des § 18 Abs. 1 Satz 2 ThürVerfGHG. Der Antragsteller hat nicht hinreichend substantiiert vorgetragen, daß im vorliegenden Streitfall die vorläufige Regelung eines Zustandes durch einstweilige Anordnung zur Abwehr schwerer Nachteile, zur Verhinderung drohender Gewalt oder aus einem anderen wichtigen Grund zum gemeinen Wohl dringend geboten ist.

So wurde dafür, daß zur Abwehr schwerer, irreparabler Nachteile (im Bereich des Individualrechtsschutzes) eine einstweilige Anordnung dringend geboten ist, insbesondere im Hinblick auf die Möglichkeiten des nachträglichen verwaltungsgerichtlichen Rechtsschutzes (Feststellungsklage bezüglich einer zureichenden Beachtung des Beteiligungsrechts gemäß § 108 ThürBG) bzw. des ggf. bestehenden verfassungsgerichtlichen Rechtsschutzes (Urteils- oder Rechtssatz-Verfassungsbeschwerde), nichts dargetan. Erst recht werden in den Ausführungen des Antragstellers keine zwingenden Gründe des Gemeinwohls benannt, die dafür sprechen, daß die beantragte einstweilige Anordnung dringend geboten wäre. Der Antragsteller ist diesbezüglich den gemäß § 18 Abs. 1 Satz 2 ThürVerfGHG bestehenden Mitwirkungspflichten und der ihn treffenden Behauptungslast nicht ausreichend nachgekommen bzw. gerecht geworden.

3. Darüber hinaus ist der Hauptantrag auf einstweilige Anordnung aber auch dann unzulässig, wenn zusätzlich zu den Ausführungen des Prozeßvertreters des Antragstellers im verfassungsgerichtlichen Verfahren auch auf dessen im verwaltungsgerichtlichen Verfahren vorgelegte Schriftsätze und Anlagen abgestellt wird.

a) Soweit das Begehren des Antragstellers im vorliegenden Verfahren des vorläufigen Rechtsschutzes i. S. einer echten Vorfeld-Regelung zu einer Rechtssatz-Verfassungsbeschwerde in der Hauptsache zu verstehen wäre, ist der entsprechende Antrag unzulässig.

Die Zulässigkeit eines Eilantrags erfordert nicht, daß bereits ein Verfahren der Hauptsache anhängig ist, das den Streitfall selbst zum Gegenstand hat (vgl. *Berkemann* in: Umbach/Clemens, BVerfGG, § 32, Rdn. 56, mwN). Ein derartiger isolierter Eilantrag ist jedoch nur zulässig, wenn der „Streitfall" als Hauptsache vor den Thüringer Verfassungsgerichtshof gebracht werden könnte. Kann die Zulässigkeit des (gedachten) Verfahrens der Hauptsache ohne weiteres verneint werden, so erfaßt dies auch das Verfahren der einstweiligen Anordnung. Die beantragte Anordnung darf alsdann nicht ergehen (vgl. *Berkemann* in: Umbach/Clemens, BVerfGG, § 32, Rdn. 58 f., mwN).

Für eine in der Hauptsache ggf. in Rede stehende Rechtssatz-Verfassungsbeschwerde des Antragstellers gegen Art. III bis V Haushaltssicherungsgesetz 1997 fehlt es offenkundig an einer gegenwärtigen „aktuellen" Beeinträchtigung.

Bei Rechtssatz-Verfassungsbeschwerden setzt die aktuelle Beschwer voraus, daß das Gesetz überhaupt geeignet ist, Rechtswirkungen zu äußern (vgl. *Kley/Rühmann* in: Umbach/Clemens, BVerfGG, § 90, Rdn. 69 f., mwN). Dies ist vorliegend nicht der Fall. Das Haushaltssicherungsgesetz 1997 ist vom Thüringer Landtag noch nicht einmal in erster Lesung beraten, ganz zu schweigen von einer Verabschiedung, einer Ausfertigung oder gar einem Inkrafttreten dieses Gesetzes. Bisher werden vom Bundesverfassungsgericht vor Verkündung eines Gesetzes nur Rechtssatz-Verfassungsbeschwerden zugelassen, die sich gegen verabschiedete aber noch nicht ausgefertigte Gesetze wenden und das auch nur für den besonders gelagerten Fall sogenannter Vertragsgesetze i. S. v. Art. 59 Abs. 2 GG (vgl. *Kley/Rühmann* in: Umbach/Clemens, BVerfGG, § 90, Rdn. 71, mwN). Ansonsten kann ein Gesetz mit der Rechtssatz-Verfassungsbeschwerde allenfalls nach Verkündigung angegriffen werden. Dem schließt sich der Thüringer Verfassungsgerichtshof an.

b) Sollte das Begehren des Antragstellers im vorliegenden Eilverfahren im Sinne einer vorläufigen Regelung zu einem in der Hauptsache gegenüber dem Thüringer Landtag zu erhebenden vorbeugenden Rechtsschutzverlangen auszulegen sein, ist der entsprechende Antrag ebenfalls unzulässig. Auch insoweit fehlt es bereits an der Zulässigkeit des Hauptsachebegehrens.

Jedes Verfahren auf Gewährung vorbeugenden Rechtsschutzes setzt ein spezielles, gerade hierauf gerichtetes Bedürfnis voraus. Vorbeugender Rechtsschutz kommt allerdings dann nicht in Betracht, wenn und solange der Betroffene im konkreten Fall zumutbarerweise auf den von der Rechtsordnung grundsätzlich als angemessen und ausreichend angesehenen nachträglichen Rechtsschutz verwiesen werden kann.

Soweit der Antragsteller, wie von ihm behauptet, überhaupt subjektive Verfahrensrechte aus Art. 37 Abs. 1 ThürVerf geltend machen kann, welche der Grundrechtsverwirklichung durch Verfahren dienen und deren Verletzung die Nichtigkeit betroffener Normen zur Folge haben, kann er zumutbarerweise auf den nachträglichen Rechtsschutz verwiesen werden.

Es ist hier nicht ersichtlich und vom Antragsteller auch nicht vorgetragen, daß dieser durch Abwarten des Gesetzesbeschlusses des Thüringer Landtags und Inanspruchnahme des nachträglichen Rechtsschutzes nicht wieder rückgängig zu machende Einbußen in seiner Rechtsstellung erleiden würde. Dies gilt vor allem, wie im folgenden noch ausgeführt wird, im Hinblick auf den Umstand, daß im vorliegenden Gesetzgebungsverfahren eine Beteiligung gemäß § 108 ThürBG durch die Landesregierung aus tatsächlichen Gründen nicht mehr durchgeführt werden kann und eine Beteiligung im weiteren Gesetzgebungsverfahren durch den Thüringer Landtag ohne weiteres gewährleistet erscheint. Daß unmittelbar eine Wiederholung der hier in Rede stehenden Verfahrenspraxis der Landesregierung bei der Vorbereitung von Gesetzentwürfen mit Regelungen zu beamtenrechtlichen Verhältnissen im Raume steht und daher ein nachträglicher Rechtsschutz nicht zumutbar sei, wurde vor dem Hintergrund der Ausführungen der Thüringer Staatskanzlei in der Stellungnahmezuschrift an den Thüringer Verfassungsgerichtshof vom 2. Oktober 1996 nicht ausreichend dargetan.

c) Wird danach von einem (gedachten) Hauptsacheverfahren ausgegangen, welches auf Gewährung bzw. Feststellung eines verfassungsrechtlichen Beteiligungsanspruchs bei der Vorbereitung allgemeiner Regelungen der beamtenrechtlichen Verhältnisse durch die obersten Landesbehörden bzw. sogar dem Thüringer Landtag gerichtet ist, zielt der vorliegende Antrag im Verfahren auf Erlaß einer einstweiligen Anordnung in zwei Richtungen:

Zum einen möchte der Antragsteller erreichen, daß die Landesregierung ihn gemäß § 108 ThürBG an der Vorbereitung des Gesetzesentwurfs zu Art. III bis V des Thüringer Haushaltssicherungsgesetzes 1997 beteiligt. Gegebenenfalls soll jedenfalls eine Beteiligung durch den Thüringer Landtag erreicht werden.

Zum anderen soll dem Thüringer Landtag aufgegeben werden, den weiteren Gang des Gesetzgebungsverfahrens gemäß Art. 81 ThürVerf bis zum Abschluß dieses Beteiligungsverfahrens zu unterbrechen, d. h. einen Gesetzesbeschluß über Art. III bis V Haushaltssicherungsgesetz 1997 vorläufig auszusetzen.

Zwar erfordert die Zulässigkeit eines solchen Eilantrages ebenfalls nicht, daß bereits ein Verfahren der Hauptsache anhängig ist, das den Streitfall selbst zum Gegenstand hat – auch ist ein solches Begehren für die hier in der Hauptsache in Rede stehende Verfahrensart der Individualverfassungsbeschwerde gemäß Art. 80 Abs. 1 Nr. 1 ThürVerf grundsätzlich zulässig (vgl. *Berkemann* in: Umbach/Clemens, BVerfGG, § 32 Rdn. 40) – jedoch ist ein Antrag auf Erlaß einer einstweiligen Anordnung gerade des Thüringer Verfassungsgerichtshofes nur zulässig, wenn für den erstrebten Anordnungsinhalt ein

Rechtsschutzbedürfnis besteht, dem nur eine Entscheidung des Thüringer Verfassungsgerichtshofes genügen kann (vgl. BVerfGE 23, 42, 48 f.). Dies ist hier ersichtlich nicht der Fall, so daß sowohl die Zulässigkeit des Rechtswegs zum Thüringer Verfassungsgerichtshof, die Partei- und Prozeßfähigkeit des Antragstellers als auch dessen Beschwerdebefugnis unterstellt werden können.

Ein Rechtsschutzinteresse fehlt, wenn mit der beantragten einstweiligen Anordnung der Erfolg, wie er im Hauptsacheverfahren erstrebt wird, unter keinen Umständen gefördert werden könnte (vgl. *Berkemann* in: Umbach/Clemens, BVerfGG, § 32, Rdn. 103 mwN). Die im (gedachten) Hauptsacheverfahren mittels einer Individualverfassungsbeschwerde erstrebte Beteiligung an der Vorbereitung des Entwurfs der Art. III bis V Haushaltssicherungsgesetz 1997 im Gesetzgebungsverfahren ist mit der beantragten vorläufigen Aussetzung eines Gesetzesbeschlusses über Art. III bis V des Haushaltssicherungsgesetzes 1997 unter keinen Umständen zu erreichen bzw. zu fördern.

aa) Es kann offen bleiben, ob der Antragsteller sich gegenüber den obersten Landesbehörden oder möglicherweise sogar gegenüber dem Landtag auf einen verfassungsrechtlich in Art. 37 Abs. 1 ThürVerf verankerten Beteiligungsanspruch bei der Vorbereitung allgemeiner Regelungen der beamtenrechtlichen Verhältnisse berufen kann und durch das Verhalten der Landesregierung im vorliegenden Fall in seinen Grundrechten oder grundrechtsgleichen Rechten verletzt ist. Auch wenn sich ein solcher Anspruch im Wege der Herstellung „praktischer Konkordanz" zwischen den Verfassungspositionen aus Art. 37 Abs. 1 ThürVerf einerseits und dem unmittelbar in die Landesverfassung hineinwirkenden (vgl. *Jutzi* in: Linck/Jutzi/Hopfe, Die Verfassung des Freistaats Thüringen, Art. 37, Rdn. 24) Art. 33 Abs. 4 und 5 GG ergeben (so: *Benda/Umbach* Der beamtenrechtliche Beteiligungsanspruch, C. I. 1. und 2., S. 39 ff.) und es dabei um Grundrechtsverwirklichung durch Verfahren (*Benda/Umbach* aaO, C. II. 3. lit. a), S. 62 f.) gehen sollte, vermag die hier im Verfahren des vorläufigen Rechtsschutzes beantragte einstweilige Anordnung die, in der Hauptsache zu verfolgende, Durchsetzung dieses Anspruchs im vorliegenden Fall in keiner Weise zu fördern.

Wie gezeigt hat sich das Begehren des Antragstellers auf verfassungsgemäße Beteiligung bei der Vorbereitung der Regelungen der Art. III bis V Haushaltssicherungsgesetz 1997 durch die Landesregierung durch Zeitablauf erledigt. Ein hierauf gerichteter Anspruch läßt sich tatsächlich nicht mehr durchsetzen, die im vorliegenden Verfahren beantragte vorläufige Anordnung mit dem Ziel einen Gesetzesbeschluß des Thüringer Landtags über Art. III bis V Haushaltssicherungsgesetz 1997 auszusetzen, liefe daher ins Leere. Der Gesetzentwurf hat die Sphäre der Landesregierung verlassen.

Die im nunmehr vorliegenden Hauptantrag auf einstweilige Anordnung begehrte Aussetzung des Gesetzesbeschlusses über die Art. III bis V Haushaltssicherungsgesetz 1997 kann – auch wenn ein Beteiligungsanspruch des Antragstellers zur Verwirklichung der Rechte aus Art. 37 Abs. 1 ThürVerf gegenüber der Landesregierung bestehen sollte – eine, den dann zu beachtenden verfassungsrechtlichen Vorgaben entsprechende, Beteiligung nicht sicherstellen.

Für den Fall, daß eine Landesregierung, ohne der unterstellten Beteiligungspflicht vollständig nachgekommen zu sein, einen beamtenrechtlichen Gesetzesentwurf in den Landtag eingebracht hat, könnte das Beteiligungsverfahren nur bei Rückruf des Gesetzesentwurfs durchgeführt werden. Dem Initiativrecht der Landesregierung gemäß Art. 81 Abs. 1 ThürVerf könnte zwar möglicherweise die Berechtigung entnommen werden, einen eingebrachten Gesetzentwurf wieder zurückzunehmen (vgl. *Benda/Umbach* aaO, C. IV. 1., S. 81 ff., mwN zum Bundesrecht). Um dem vom Antragsteller geltend gemachten Beteiligungsanspruch, dessen Bestehen, wie schon ausgeführt, vorliegend ausdrücklich offen bleibt, in vollem Umfang zu entsprechen, müßte eine Gesetzesinitiative allerdings einen völlig neuen Ursprung nehmen. Diesbezüglich zeigt sich aber, daß tatsächlich unmöglich ist, das Beteiligungsverfahren nach dem Rückruf eines Gesetzentwurfs ordnungsgemäß durchzuführen (vgl. *Benda/Umbach* aaO, C. IV. 1., S. 81 ff.).

Sofern davon ausgegangen wird, daß der hier in Rede stehende Beteiligungsanspruch, wie vom Prozeßvertreter des Antragstellers impliziert, der Grundrechtsverwirklichung der Beamtenkoalitionen hinsichtlich des Kernbereichs der kollektiven Koalitionsfreiheit gemäß Art. 37 Abs. 1 ThürVerf dient, im Hinblick auf die Wirkungen des Art. 33 Abs. 5 GG jedoch auf ein Verfahren reduziert ist, das argumentative Einflußnahme gestattet, ergibt sich aus der grundrechtsverwirklichenden Qualität dieses Verfahrens, daß es eine möglichst große Effektivität gewährleisten muß. Es muß den Beamtenkoalitionen nicht nur möglich sein, gegenüber dem normsetzenden Staat ihre Vorstellungen hinsichtlich bestimmter Regelungsmaterien darlegen zu können, vielmehr setzt eine „Einflußnahme durch Überzeugungskraft" auch voraus, daß die normsetzende Stelle sich mit der Argumentation der Beamtenkoalition befassen muß (vgl. *Benda/Umbach* aaO, C. I. 2., S. 44 ff.).

Aus dem Gesichtspunkt der größtmöglichen Effizienz der argumentativen Einflußnahme ergibt sich insbesondere für den Zeitpunkt der Einflußnahme, daß die Einflußnahmemöglichkeit bereits in der Frühphase der Konzeption einer Regelung bestehen muß (vgl. *Benda/Umbach* aaO, C. II. 3. lit. c) lit. aa), S. 68 ff.). Für den Fall eines Regelungsvorhabens der Landesregierung hat eine möglichst frühzeitige und daher effektive Beteiligung der Spitzenorganisationen zu dem Zeitpunkt zu erfolgen, zu dem der Gesetzentwurf im federführenden Ministerium fertiggestellt ist. Zu diesem Zeitpunkt stellt sich die interne Willensbildung, für die die Notwendigkeit eines ungestörten Verlaufs besteht, regelmäßig als abgeschlossen dar. Bevor dann aber die von anderen Ressorts geltend gemachten Aspekte berücksichtigt werden, ist zunächst die Beteiligung der Spitzenorganisationen durchzuführen. Zu einem noch späteren Zeitpunkt im Verfahren hätten deren Einwände gegen ein sich inzwischen immer weiter verfestigendes Regelungsprojekt immer geringere Chancen (vgl. *Benda/Umbach* aaO, C. II. 3. lit. c) lit. bb), S. 71 ff., mwN). Mit Fortschreiten des Normsetzungsverfahrens nimmt ein Regelungsvorhaben nämlich immer konkretere Gestalt an. Diese wird bestimmt durch Kompromisse zwischen widerstreitenden Auffassungen, finanzielle Vorgaben, bestimmte bereits gefundene Formulierungen etc. Dieser Vorgang ist unumkehrbar. Ein einmal entworfener Regelungsvorschlag läßt sich nicht auf eine frühere konzeptionelle Phase zurückführen. Selbst wenn das ursprünglich mitbestimmungspflichtige Organ einen neuen Entwurf unter Durchführung des Beteiligungsverfahrens erstellen wollte, erscheint es ausgeschlossen, daß sich die mit dem Neuentwurf befaßten Personen nicht von dem ersten Regelungsentwurf beeinflussen ließen. Jede Veränderung des Entwurfs würde dann jedoch einen Eingriff in eine sorgfältig austarierte Kompromißlösung darstellen, mit der Folge nicht absehbarer weiterer Komplikationen. Eine echte Möglichkeit der argumentativen Einflußnahme ist in einem solchen Fall von vornherein ausgeschlossen. Die Durchführung des Beteiligungsverfahrens führte hier zu einem sinnentleerten Formalismus (vgl. *Benda/Umbach* aaO, C. IV. 1., S. 85 f., mwN).

Hinzu kommt ein Gesichtspunkt, der mit der politischen Dimension des Gesetzgebungsverfahrens zu tun hat. Selbst wenn man die Landesregierung zur Rücknahme eines Gesetzentwurfes verpflichten wollte, so wäre doch nicht zu erwarten, daß sie den Entwurf im Sinne der Spitzenorganisationen ändern würde. Dies käme dem Eingeständnis gleich, einen mangelhaften Gesetzentwurf vorgelegt zu haben; im Hinblick auf das politische Ansehen der Landesregierung wäre ein solches Verhalten mehr als unwahrscheinlich (vgl. *Benda/ Umbach* aaO, C. IV. 1., S. 86, mwN).

Ein Rücknahme- und Beteiligungsanspruch scheitert – nach Weiterleitung eines Regelungsentwurfs der Landesregierung an den Landtag – daher an der tatsächlichen Unmöglichkeit der Durchführung des Beteiligungsverfahrens im Hinblick auf einen Neuentwurf (vgl. *Benda/Umbach* aaO, S. IV. 1., S. 86., S. 86., mwN).

bb) Die Möglichkeit einer Heilung der unterbliebenen Beteiligung im Verfahren der Landesregierung zur Vorbereitung eines Gesetzentwurfs im Wege der Beteiligung der Spitzenorganisationen im weiteren Verlauf des Gesetzgebungsverfahrens wird im Hinblick auf den Sinn und Zweck des Beteiligungsverfahrens, nämlich die möglichst effektive und daher frühzeitige Einflußnahme durch Überzeugungskraft, zu verneinen sein (vgl. *Benda/Umbach* aaO, C. III. 2., S. 80).

cc) Ein Rechtsschutzinteresse des Antragstellers ist vorliegend jedoch auch für den Fall nicht ersichtlich, für den man einen Beteiligungsanspruch im hier in Rede stehenden Sinne aus Art. 37 Abs. 1 ThürVerf auch im Hinblick auf den Landtag selbst ableitet und daher für die angeführte Konstellation eine Heilungsmöglichkeit bzw. die Möglichkeit einer verfassungsgemäßen Beteiligung bestehen könnte, daß der Landtag eine unterbliebene oder ungenügende Beteiligung der Spitzenorganisationen durch die Landesregierung im weiteren Gesetzgebungsverfahren, spätestens in den Ausschußberatungen (vgl. *Benda/ Umbach* aaO, C. II 3. lit. c) lit. cc), S. 73) durchführt.

Die Phase der möglichen Beteiligung im Gesetzgebungsverfahren durch den Thüringer Landtag selbst ist im vorliegenden Fall noch nicht erreicht. Gemäß § 67 Abs. 1 GO-LT wird über Haushaltsvorlagen erst abgestimmt, wenn sie das Beratungsverfahren zumindest im Finanz- und Haushaltsausschuß durchlaufen haben. Dies ist bislang nicht der Fall. Daher besteht ohne weiteres die Möglichkeit, daß eine verfassungsgemäße Beteiligung des Antragstellers im Rahmen der Ausschußberatungen erfolgt.

Der Antragsteller hat nicht dargelegt, daß der Thüringer Landtag eine Beteiligung des Antragstellers im weiteren Gesetzgebungsverfahren definitiv ablehnen oder jedenfalls faktisch nicht durchführen wird.

Im Gegensatz hierzu teilt der Präsident des Thüringer Landtags mit, daß er eine schriftliche Stellungnahme des Antragstellers sowohl allen Landtagsabgeordneten zuleiten, als auch, offiziell und förmlich, als Zuschrift in die Beratungen des Haushalts- und Finanzausschusses – als dem voraussichtlich federführenden Ausschuß – einführen würde. In den Ausschüssen würde die Zuschrift zu dem Gesetz ausdrücklich aufgerufen und damit auch zum Gegenstand der Beratungen gemacht (vgl. Schriftsatz des Präsidenten des Thüringer Landtags vom 2. Oktober 1996, S. 2 f.).

Insbesondere angesichts der Zurückhaltung, welche zu wahren der von Regierung und Parlament unabhängige Thüringer Verfassungsgerichtshof bei Eingriffen in die Legislativfunktion gehalten ist, kann auf der Grundlage des Vorbringens des Prozeßvertreters des Antragstellers auch insoweit ein Rechtsschutzinteresse des Antragstellers nicht festgestellt werden.

II.

1. Das Begehren des Antragstellers im Verfahren des einstweiligen Rechtsschutzes ist auch im Hinblick auf den hilfsweise gestellten Antrag unzulässig.

Soweit im Hauptsacheverfahren die Feststellung begehrt wird, das Verfahren der Landesregierung sei verfassungswidrig gewesen und habe den verfassungsrechtlichen Beteiligungsanspruch des Antragstellers verletzt, ist der gleichlautende Hilfsantrag im Verfahren auf Erlaß einer einstweiligen Anordnung wegen Vorwegnahme der Hauptsache unzulässig. Eine Vorwegnahme der Hauptsache ist nur zulässig, wenn die Entscheidung in der Hauptsache zu spät käme und dem Antragsteller ausreichender Rechtsschutz in anderer Weise nicht gewährt werden kann. Dies ist hier offenkundig nicht der Fall.

Für das vorliegend in Rede stehende Gesetzgebungsverfahren wäre eine entsprechende Feststellung – wie bereits gezeigt – ohne Bedeutung, da eine Beteiligung durch die Landesregierung tatsächlich nicht mehr ordnungsgemäß durchgeführt werden könnte.

Im Hinblick auf ein im Hauptsacheverfahren darzulegendes besonderes Feststellungsinteresse wegen Wiederholungsgefahr bzw. wegen der Klärung einer verfassungsrechtlichen Frage von grundsätzlicher Bedeutung (hierzu kritisch: *Kley/Rühmann* in: Umbach/Clemens, BVerfGG, § 90, Rdn. 67 mwN), ist für das vorliegende Eilverfahren Entsprechendes nicht ersichtlich. Insbesondere ist nicht dargetan, daß hinsichtlich eines weiterer Gesetzentwurfs der Landesregierung mit Regelungen zu beamtenrechtlichen Verhältnissen unmittelbar ein Beteiligungsverfahren ansteht und die Landesregierung sich weigert eine ordnungsgemäße Beteiligung sicherzustellen, so daß diesbezüglich eine Entscheidung im hier fraglichen (gedachten) Hauptsacheverfahren zu spät käme.

Insoweit ist der Antragsteller auf das (zunächst verwaltungsgerichtliche) Verfahren zu verweisen.

2. Soweit für die Hauptsache an die Feststellung einer im Gesetzgebungsverfahren schlechthin zu gewährenden Beteiligung gedacht werden könnte, fehlt es ebenfalls an einem Rechtsschutzinteresse. Insoweit wird auf die obigen Ausführungen unter B. I. lit. c) lit. cc) a. E. verwiesen.

C.

Das Verfahren ist gemäß § 28 Abs. 1 ThürVerfGHG kostenfrei.

Nr. 3

1. Zur Frage der Erheblichkeit von denkbaren Verletzungen des objektiven Wahlrechts bei der Vorbereitung der Thüringer Landtagswahl vom 16. Oktober 1994 für die Sitzverteilung im 2. Thüringer Landtag.

2. Der Landeswahlausschuß ist bei einer Entscheidung über die Zulassung von Landeslisten gemäß § 30 Abs. 1 des Thüringer Wahlgesetzes für den Landtag (ThürLWG) vom 9. November 1993 (GVBl. S. 657) grundsätzlich an seine Entscheidung gemäß § 20 Abs. 4 ThürLWG gebunden.

Thüringer Verfassung Art. 80 Abs. 1 Nr. 8, 49 Abs. 3 Satz 1

Thüringer Verfassungsgerichtshofsgesetz §§ 11 Nr. 8, 48

Thüringer Landeswahlgesetz §§ 20 Abs. 4 Nr. 1, 30 Abs. 1 Satz 1 und Satz 2 Nr. 2

Beschluß vom 28. November 1996 – VerfGH 1/95 –

in dem Verfahren über die Wahlprüfungsbeschwerde 1. der STATT-Partei „DIE UNABHÄNGIGEN Thüringens e.V." vertreten durch die Landesvorsitzende, 2. Edith Pradel, 3. Rainer Winkler, 4. Susanne Borrmann, 5. Peter von Bogendorff, betreffend die Prüfung der Gültigkeit der Thüringer Landtagswahl vom 16. Oktober 1994.

Entscheidungsformel:

Die Wahlprüfungsbeschwerde der Beschwerdeführerin zu 1.) wird verworfen.

Die Wahlprüfungsbeschwerden der Beschwerdeführer zu 2.) bis 5.) werden zurückgewiesen.

Gründe:

A.

Die Beschwerdeführer wenden sich mit ihren Beschwerden gemäß Art. 80 Abs. 1 Nr. 8 der Verfassung des Freistaats Thüringen (ThürVerf) vom 25. Oktober 1993 (GVBl. S. 625) i. V. m. §§ 11 Nr. 8, 48 des Gesetzes über den Thüringer Verfassungsgerichtshof (ThürVerfGHG) vom 28. Juni 1994 (GVBl. S. 781) gegen den ihren Einspruch vom 28. November 1994 zurückweisenden Beschluß des Landtages über die Gültigkeit der Landtagswahl im Freistaat

Thüringen vom 16. Oktober 1994 gemäß Art. 49 Abs. 3 ThürVerf i. V. m. §§ 62, 63 Thüringer Landeswahlgesetz (ThürLWG).

Die Wahlprüfungsbeschwerde betrifft im wesentlichen die Fragen, ob die anläßlich der Wahl des 2. Thüringer Landtags getroffenen Entscheidungen des Landeswahlausschusses

- vom 5. August 1994, die Beschwerdeführerin zu 1.) sei keine Partei, die im Deutschen Bundestag oder in einem der Landtage seit deren letzter Wahl auf Grund eigener Wahlvorschläge ununterbrochen vertreten war;
und
- vom 19. August 1994 über die Zulassung der Landesliste der Beschwerdeführerin zu 1.),

fehlerhaft waren und dadurch die Sitzverteilung im Landtag beeinflußt wurde.

I.

1. Rechtsgrundlagen für die Entscheidungen des Landeswahlausschusses waren insbesondere § 20 Abs. 4 Nr. 1 des Thüringer Wahlgesetzes für den Landtag (ThürLWG) vom 9. November 1993 (GVBl. S. 657) i. V. m. § 7 Abs. 1 Nr. 1 und Nr. 2 ThürLWG und § 30 Abs. 1 Satz 1 und Satz 2 Nr. 2 ThürLWG i. V. m. § 29 Abs. 1 Satz 1 und Satz 2 ThürLWG i. V. m. § 20 Abs. 2 Satz 1 ThürLWG. Die Vorschriften lauten, soweit hier von Interesse:

§ 20 Abs. 4 Nr. 1 ThürLWG:

(4) Der Landeswahlausschuß stellt spätestens am 72. Tag vor der Wahl für alle Wahlorgane verbindlich fest,
1. welche Parteien im Deutschen Bundestag oder in einem Landtag seit deren letzter Wahl auf Grund eigener Wahlvorschläge ununterbrochen vertreten waren.

§ 7 Abs. 1 Nr. 1 und Nr. 2 ThürLWG:

(1) Wahlorgane sind
1. der Landeswahlleiter und der Landewahlausschuß für das Wahlgebiet,
2. ein Kreiswahlleiter und ein Wahlkreisausschuß für jeden Wahlkreis.

§ 30 Abs. 1 Satz 1 und Satz 2 Nr. 2 ThürLWG:

(1) Der Landeswahlausschuß entscheidet am 58. Tag vor der Wahl über die Zulassung der Landeslisten. Er hat Landeslisten zurückzuweisen, wenn sie
1. ...
2. den Anforderungen nicht entsprechen, die durch dieses Gesetz und die Landeswahlordnung aufgestellt sind.

§ 29 Abs. 1 Satz 1 und Satz 2 ThürLWG:

(1) Landeslisten können nur von Parteien eingereicht werden. Sie müssen von dem Vorstand des Landesverbands oder, wenn Landesverbände nicht bestehen, von den Vorständen der nächstniedrigeren Gebietsverbände, die im Wahlgebiet liegen, bei den in § 20 Abs. 2 genannten Parteien außerdem von 1.000 Wahlberechtigten eigenhändig unterzeichnet sein.

§ 20 Abs. 2 Satz 1 ThürLWG:

(2) Parteien, die im Deutschen Bundestag oder in einem Landtag seit deren letzter Wahl nicht auf Grund eigener Wahlvorschläge ununterbrochen vertreten waren, können als solche einen Wahlvorschlag nur einreichen, wenn sie spätestens am 90. Tag vor der Wahl bis 18 Uhr dem Landeswahlleiter ihre Beteiligung an der Wahl schriftlich angezeigt haben und der Landeswahlausschuß die Parteieigenschaft festgestellt hat.

2. Die Beschwerdeführerin zu 1.) (STATT-Partei) zeigte mit Schreiben vom 17. Februar 1994, 14. März 1994 und 5. April 1994 dem Landeswahlleiter für Thüringen gemäß § 20 Abs. 2 ThürLWG ihre Beteiligung an der Landtagswahl 1994 an.

Mit Schreiben vom 27. April 1994 teilte der Landeswahlleiter der Beschwerdeführerin zu 1.) unter anderem mit, er gehe davon aus, daß die STATT-Partei DIE UNABHÄNGIGEN Thüringens e.V. ein offizieller Landesverband der STATT-Partei DIE UNABHÄNGIGEN e.V. (Hamburg) sei und führte aus, er vertrete unter diesen Voraussetzungen die Auffassung, daß eine Anzeige über die Teilnahme an der Landtagswahl 1994 und das Beibringen von Unterstützungsunterschriften gemäß § 20 ThürLWG nicht erforderlich sei. Der Landeswahlleiter wies ferner darauf hin, daß gemäß § 20 Abs. 4 ThürLWG die Entscheidung darüber, welche Parteien in dem genannten Sinne im Deutschen Bundestag und einem Landtag vertreten seien, der Landeswahlausschuß treffe und dieser nicht an die von ihm vertretene Rechtsauffassung gebunden sei.

Der Landeswahlausschuß des Freistaats Thüringen stellte am 5. August 1994 gemäß § 20 Abs. 4 Nr. 2 ThürLWG fest, daß die STATT-Partei DIE UNABHÄNGIGEN Thüringens e.V. für die Landtagswahl 1994 als Partei anzuerkennen sei.

Er stellte zugleich gemäß § 20 Abs. 4 Nr. 1 ThürLWG fest, daß die STATT-Partei DIE UNABHÄNGIGEN Thüringens e.V. keine Partei sei, die im Deutschen Bundestag oder in einem Landtag seit deren letzter Wahl auf grund eigener Wahlvorschläge ununterbrochen vertreten war.

Gegen letztere Feststellung bzw. gegen eine etwaige Forderung von Unterstützungsunterschriften (§ 22 Abs. 2 Satz 2 und § 29 Abs. 1 Satz 1 ThürLWG) legte die Beschwerdeführerin zu 1.) mit Schreiben vom 5. August

1994 „vorsorglich" Widerspruch beim Landeswahlleiter des Freistaats Thüringen ein.

Mit Schreiben vom 10. August 1994 teilte der Landeswahlleiter der Beschwerdeführerin zu 1.) mit, daß ihr Widerspruch unzulässig und unbegründet sei.

Am 10. August 1994 reichte die Beschwerdeführerin zu 1.) einen Wahlvorschlag in Form einer Landesliste gemäß § 29 ThürLWG beim Landeswahlleiter des Freistaats Thüringen ein. Auf die Aufstellung von Parteibewerbern gemäß § 23 ThürLWG und auf die Einreichung von Wahlkreisvorschlägen gemäß § 22 ThürLWG verzichtete sie. Unterstützungsunterschriften im Sinne von § 29 Abs. 1 Satz 2 ThürLWG brachte sie – auch in der Folgezeit – nicht bei.

In seiner Sitzung vom 19. August 1994 entschied der Landeswahlausschuß gemäß § 30 ThürLWG über die Zulassung von Landeslisten. Die Landesliste der Beschwerdeführerin zu 1.) wurde ohne Unterstützungsunterschriften zugelassen.

Die Landtagswahl für den Freistaat Thüringen fand am 16. Oktober 1994 statt.

Das amtliche Wahlergebnis wurde am 21. November 1994 vom Landeswahlleiter bekanntgegeben (Thüringer Staatsanzeiger vom 21. 11. 1994, Nr. 46, S. 2846 ff.) und – hinsichtlich der Landesstimmenwahl und der Sitzverteilung im 2. Thüringer Landtag – wie folgt festgestellt:

Gesamtergebnis der Landesstimmenwahl im Wahlgebiet	Anzahl	Umrechnung in Prozent
Wahlberechtigte	1 954 248	
Wähler	1 452 065	
Wahlbeteiligung		74,82
Gültige Stimmen	1 422 671	97,31
davon entfielen auf		
CDU	606 016	42,60
SPD	420 487	29,56
PDS	235 742	16,57
GRÜNE	64 006	4,50
F.D.P.	45 737	3,22

Gesamtergebnis der Landesstimmenwahl im Wahlgebiet	Anzahl	Umrechnung in Prozent
REP	18 304	1,29
FORUM	15 066	1,06
GRAUE	6 287	0,44
STATT-Partei	4 681	0,33
DSU	3 224	0,23
ÖDP	3 121	0,22

Sitzverteilung im 2. Thüringer Landtag	Sitze	davon Direktmandate
CDU	42	42
SPD	29	2
PDS	17	–

Mit Schreiben ihres Verfahrensbevollmächtigten vom 17. November 1994, eingegangen am 28. November 1994, fochten die Beschwerdeführer die Gültigkeit der Landtagswahl durch Einspruch beim Landtag des Freistaats Thüringen an.

Der Wahlprüfungsausschuß des 2. Thüringer Landtags holte zum Wahleinspruch Stellungnahmen des Landeswahlleiters, des Innenministeriums, des Justizministeriums sowie der Landtagsverwaltung ein. Nach § 57 Abs. 1 Satz 2 Nr. 3 ThürLWG sah er von einer mündlichen Verhandlung ab, da er den Einspruch für offensichtlich unbegründet hielt.

Auf Antrag des Wahlprüfungsausschusses wies der 2. Thüringer Landtag in seiner 13. Plenarsitzung am 19. Mai 1995 den Einspruch der Beschwerdeführer zurück.

II.

Die Beschwerdeführerin zu 1.) stellt sich als Landesverband Thüringen der STATT-Partei DIE UNABHÄNGIGEN dar.

Die Beschwerdeführer zu 2.) bis 5.) sind Wahlberechtigte, deren Einspruch gegen die Gültigkeit der Landtagswahl vom 16. Oktober 1994 vom Landtag verworfen worden ist.

Mit Schriftsatz ihres Verfahrensbevollmächtigten vom 1. Juni 1995, beim Thüringer Verfassungsgerichtshof eingegangen am 8. Juni 1995, haben die Beschwerdeführer die Prüfung der Gültigkeit der Landtagswahl durch den Landtag des Freistaats Thüringen gemäß Art. 49 Abs. 3 ThürVerf angefochten. Die gemeinschaftlich erhobenen Beschwerden werden von mehr als 100 Wahlberechtigten unterstützt.

1. Die Beschwerdeführer vertreten die Auffassung, sie seien sämtlich beteiligtenfähig und beschwerdebefugt.

Für die Beschwerdeführer zu 2.) bis 5.) ergebe sich dies aus § 48 Abs. 1 ThürVerfGHG. Die erforderliche Zahl an Wahlberechtigten sei ihnen jeweils in der Form des § 48 Abs. 2 ThürVerfGHG beigetreten.

Für die Beschwerdeführerin zu 1.) ergebe sich die Beteiligtenfähigkeit auf Grund ihres Rechts auf den gesetzlichen Richter. Soweit § 48 Abs. 1 ThürVerfGHG eine Beteiligung der Beschwerdeführerin zu 1.) am verfassungsgerichtlichen Wahlprüfungsverfahren ausschließe, sei diese Vorschrift verfassungswidrig. Dies gelte im übrigen auch insoweit, als diese Bestimmung für die Befugnis einzelner Wahlberechtigter den – ihren Einspruch gegen die Gültigkeit der Wahl ablehnenden – Beschluß des Landtags anzufechten, den Beitritt von mindestens 100 weiteren Wahlberechtigten fordere.

2. Die Beschwerdeführer rügen keine Mängel im Einspruchsverfahren vor dem Thüringer Landtag. In der Sache wiederholen sie die bereits im Wahleinspruch vorgetragenen Beanstandungen.

Sie stützen die Anfechtung des Beschlusses des Thüringer Landtags über die Prüfung der Gültigkeit der Wahl und die Anfechtung der Landtagswahl gemäß § 54 Nr. 3 ThürLWG insbesondere darauf, daß § 20 Abs. 4 Nr. 1 ThürLWG und § 30 Abs. 1 Satz 2 Nr. 2 ThürLWG bei der Vorbereitung bzw. Durchführung der Thüringer Landtagswahl vom 16. Oktober 1994 in einer Weise verletzt worden seien, die die Verteilung der Sitze im 2. Thüringer Landtag beeinflußt habe.

a) Der Landeswahlausschuß habe bei seiner Entscheidung gemäß § 20 Abs. 4 Nr. 1 ThürLWG am 5. August 1994 nicht feststellen dürfen, die Beschwerdeführerin zu 1.) sei keine Partei, die im Deutschen Bundestag oder einem Landtag seit deren letzter Wahl auf Grund eigener Wahlvorschläge ununterbrochen vertreten war.

Entgegen der Auffassung des Landeswahlausschusses, nach der die Beschwerdeführerin zu 1.) zum Zeitpunkt des Erringens von Mandaten in Hamburg keine Partei, sondern eine Wählervereinigung gewesen sei, die in Hamburg errungenen Mandate mithin nicht für eine Feststellung im Sinne von § 20 Abs. 4 Nr. 1 ThürLWG gewertet werden könnten, sei im Zeitpunkt der Entscheidung des Landeswahlausschusses die Beschwerdeführerin zu 1.) als Partei im Sinne von § 20 Abs. 4 Nr. 1 ThürLWG anzuerkennen gewesen. § 20 Abs. 4 ThürLWG könne, auch bei großzügiger Auslegung, nicht entnommen werden, daß der Parteistatus zum Zeitpunkt des Erringens der Mandate vorgelegen haben müsse. Dieser müsse vielmehr erst zum Zeitpunkt der Feststellung des Landeswahlausschusses gegeben sein. Demgemäß habe auch der Bundeswahlausschuß, trotz gleichen Wortlauts der einschlägigen gesetzlichen Bestimmungen, zeitgleich mit der Entscheidung des Landeswahlausschusses für die Landtagswahl 1994 im Freistaat Thüringen, bezüglich der Bundestagswahl 1994 festgestellt, daß die STATT-Partei DIE UNABHÄNGIGEN e.V. (Hamburg) im Deutschen Bundestag oder einem Landtag seit deren letzter Wahl auf Grund eigener Wahlvorschläge im Wahlgebiet ununterbrochen vertreten war.

Auch der Landeswahlleiter habe in seinem Schreiben vom 27. April 1994 an die Beschwerdeführerin zu 1.) mitgeteilt, er gehe davon aus, daß die STATT-Partei DIE UNABHÄNGIGEN Thüringens e.V. ein offizieller Landesverband der STATT-Partei DIE UNABHÄNGIGEN e.V. (Hamburg) sei und sich daher eine Anzeige über die Teilnahme an den Landtagswahlen gemäß § 20 ThürLWG und das Beibringen von Unterstützungsunterschriften erübrige.

Die Verletzung des § 20 Abs. 1 Nr. 4 ThürLWG bei der Vorbereitung der Wahl habe die Verteilung der Sitze beeinflußt.

Auf Grund des Beschlusses des Landeswahlausschusses vom 5. August 1994 und der Mitteilung des Landeswahlleiters, für die Beschwerdeführerin zu 1.) bestehe bei Vorlage von Wahlvorschlägen die Verpflichtung, Unterstützungsunterschriften zu sammeln, habe diese auf die Aufstellung von Wahlkreisbewerbern und auf die Einreichung von Wahlkreisvorschlägen verzichtet. Die Wahlvorbereitungen seien insoweit praktisch abgebrochen worden. Mit einer Zulassung ihrer Wahlvorschläge habe die Beschwerdeführerin zu 1.) auf Grund der eindeutigen Rechtslage nicht gerechnet und nicht rechnen können. Die Aufstellung von Parteibewerbern und die Einreichung von Wahlkreisvorschlägen sei geplant und teilweise auch eingeleitet gewesen. Die Aktivitäten seien nach Bekanntwerden des Beschlusses des Landeswahlausschusses vom 5. August 1994 auf Grund des hohen Aufwandes für die Initiierung von Unterstützungsunterschriftensammlungen in den Wahlkreisen abgebrochen worden. Es sei den verantwortlichen Vorstandsmitgliedern der Beschwerdeführerin zu 1.) nicht möglich erschienen, für aufzustellende Wahlkreisbewerber ausreichend Unterstützungsunterschriften zu erlangen.

Der Beschwerdeführerin zu 1.) könne nicht entgegen gehalten werden, daß sie - entsprechend ihrem Vorgehen bei der Einreichung einer Landesliste - auch Wahlkreisvorschläge ohne Unterstützungsunterschriften hätte einreichen können. Sie habe davon ausgehen müssen, daß die Wahlkreisausschüsse auf Grund der Verbindlichkeit der Entscheidung des Landeswahlausschusses gemäß § 20 Abs. 4 ThürLWG entsprechende Wahlkreisvorschläge zurückweisen. Im Gegensatz zu der Entscheidung über die Zulassung von Landeslisten gemäß § 30 Abs. 1 ThürLWG, welche ebenso wie die Entscheidung gemäß § 20 Abs. 4 ThürLWG durch den Landeswahlausschuß getroffen werden, träfen die Entscheidungen gemäß § 28 Abs. 1 ThürLWG die Wahlkreisausschüsse, die in keinem Fall ihre Bindung an die Entscheidung des Landeswahlausschusses gemäß § 20 Abs. 4 ThürLWG ignorieren könnten.

Dadurch, daß die Entscheidung des Landeswahlausschusses vom 5. August 1994 die Beschwerdeführerin zu 1.) gehindert bzw. davon abgehalten habe, Wahlkreisbewerber aufzustellen, sei ihre lokale Präsenz stark beeinträchtigt worden. Ohne Wahlkreisbewerber vor Ort habe ein effektives Werben um die Vertretung regionaler Belange Thüringens nicht gelingen können. Dies habe sich in erheblichem Umfang negativ auf das Landesstimmenergebnis der Beschwerdeführerin zu 1.) ausgewirkt. Die Ergebnisse anderer Landtagswahlen zeigten, daß der Einsatz von ortsansässigen bzw. örtlich bekannten Wahlkreisbewerbern das Landesstimmenergebnis anhebe. Die aus dem demoskopischen Befund der in unmittelbarem zeitlichen Zusammenhang stattfindenden hessischen Landtagswahl ableitbaren Zusammenhänge seien auch auf die Thüringer Landtagswahl vom 16. Oktober 1994 übertragbar. In Hessen habe das Landesstimmenergebnis in allen Wahlkreisen, in denen Wahlkreisbewerber der STATT-Partei zur Wahl gestanden hätten, über dem im Landesdurchschnitt erreichten Landesstimmenergebnis gelegen. Gegenüber dem durchschnittlichen Landesstimmenergebnis der Partei in Wahlkreisen ohne Wahlkreisbewerber habe das Landesstimmenergebnis in den Wahlkreisen mit Wahlkreisbewerbern sogar um den Faktor 2,3 höher gelegen. Wenn die Beschwerdeführerin zu 1.) Wahlkreisbewerber aufgestellt hätte, wäre demnach das Landesstimmenergebnis der zur Zeit im Thüringer Landtag vertretenen Parteien um einen entsprechenden Anteil vermindert worden. Dabei müsse davon ausgegangen werden, daß faktisch ausschließlich CDU und SPD von einer solchen Minderung des Landesstimmenergebnisses betroffen gewesen wären, da es sich bei der Beschwerdeführerin zu 1.) um eine Partei der Mitte handele, die keinerlei Wählerschaft im extremen Bereich der PDS oder im Bereich von Bündnis 90/Grüne aufweise.

b) Eine weitere Verletzung von Wahlrechtsvorschriften ergebe sich aus der Entscheidung des Landeswahlausschusses vom 19. August 1994 (58. Tag vor der Wahl), mit der die von der Beschwerdeführerin zu 1.) ohne Unterstützungsunterschriften eingereichte Landesliste entgegen der Regelung des § 30 Abs. 1 Satz 2 Nr. 2 ThürLWG zugelassen worden sei.

Die Entscheidung des Landeswahlausschusses vom 5. August 1994 (72. Tag vor der Wahl) sei gemäß § 20 Abs. 4 Nr. 1 ThürLWG für alle Wahlorgane verbindlich gewesen. Die Bindungswirkung der Entscheidung des Landeswahlausschusses vom 72. Tag vor der Wahl habe sich gemäß § 30 Abs. 1 Satz 2 Nr. 2 ThürLWG insbesondere auch auf dessen Entscheidung über die Zulassung von Landeslisten am 58. Tag vor der Wahl erstreckt.

Die Zulassung der ohne Unterstützungsunterschriften eingereichten Landesliste der Beschwerdeführerin zu 1.) durch den Landeswahlausschuß entgegen der verbindlichen Entscheidung dieses Gremiums vom 5. August 1994 habe sich in der Weise erheblich auf die Sitzverteilung im Thüringer Landtag ausgewirkt, als die auf die Landesliste der Beschwerdeführerin zu 1.) entfallenen Stimmen anderen Parteien zugute gekommen wären, wenn diese Landesliste nicht zugelassen worden wäre. Da es sich bei der Beteiligten zu 1.) um eine Partei der Mitte handele, habe die Möglichkeit bestanden, daß die auf sie entfallenen Stimmen insgesamt entweder der SPD oder der CDU zugefallen wären, was eine andere Sitzverteilung im Parlament zur Folge gehabt hätte. Dabei reiche es als Anfechtungsgrund gemäß § 54 Abs. 1 Nr. 3 ThürLWG aus, wenn die bloße Möglichkeit einer Beeinflussung der Sitzverteilung durch den Wahlfehler gegeben sei.

Die konkrete Möglichkeit einer anderen Sitzverteilung im Landtag ergebe sich jedenfalls daraus, daß die auf die Beschwerdeführerin zu 1.) entfallenen Stimmen zu einem überwiegenden, für die Beeinflussung der Sitzverteilung hinreichenden Teil der SPD zugefallen wären. Insoweit sei zu berücksichtigen, daß die STATT-Partei in Hamburg – dem einzigen Landesparlament in dem sie vertreten sei – sich in einer Koalition mit der SPD befinde. Daraus sei zu schließen, der weit überwiegende Teil des Wählerreservoirs der Beschwerdeführerin zu 1.) komme aus dem Lager der SPD und hätte daher im Falle der Nichtzulassung der Beschwerdeführerin zu 1.) das Stimmergebnis der SPD in mandatserheblicher Weise verbessert. Bei Nichtantritt der Beschwerdeführerin zu 1.) hätten mindestens zwei Drittel ihrer Wähler die SPD gewählt und dadurch eine andere Sitzverteilung bewirkt.

III.

Der Thüringer Verfassungsgerichtshof hat dem Landtag des Freistaats Thüringen, dem Präsidenten des Thüringer Landtags, dem Innenminister und dem Landeswahlleiter als weiteren Beteiligten im Wahlprüfungsverfahren des Thüringer Landtags (§ 57 Abs. 3 ThürLWG) Gelegenheit zur Stellungnahme gegeben, außerdem der Landesregierung, da sie von den Beschwerdeführern in der Beschwerdeschrift benannt worden war, sowie den Fraktionen der CDU, SPD und PDS.

Thüringer Verfassungsgerichtshof 365

1. Der Präsident des Thüringer Landtags hält die Beschwerde für offensichtlich unbegründet.

a) Es könne im Ergebnis dahinstehen, ob die Feststellung des Landeswahlausschusses vom 5. August 1994 zutreffe, wonach die STATT-Partei nicht zu den Parteien gehörte, die gemäß § 20 Abs. 4 Nr. 1 ThürLWG im Deutschen Bundestag oder einem Landtag seit deren letzten Wahl auf Grund eigener Wahlvorschläge ununterbrochen vertreten waren. Die konkrete Möglichkeit einer anderen Sitzverteilung im Parlament könne aus dieser Feststellung nicht abgeleitet werden. Die STATT-Partei sei durch diesen Beschluß nicht gehindert gewesen, Wahlkreisvorschläge mit oder ohne Unterstützungsunterschriften einzureichen.

Aus dem Schreiben des Landeswahlleiters vom 27. April 1994 sei kein Vertrauensschutz für die Beschwerdeführerin zu 1.) erwachsen. Der Landeswahlleiter habe in diesem Schreiben ausdrücklich darauf hingewiesen, daß die Entscheidung gemäß § 20 Abs. 4 ThürLWG der Landeswahlausschuß treffe und dieser bei seiner Entscheidung nicht an die vom Landeswahlleiter vertretene Rechtsauffassung gebunden sei.

b) Die Entscheidung des Landeswahlausschusses vom 19. August 1994, die Landesliste Thüringen der STATT-Partei ohne die Einreichung von Unterstützungsunterschriften zur Landtagswahl am 16. Oktober 1994 zuzulassen, stelle keinen Wahlfehler dar. Der Landeswahlausschuß habe bei seiner Entscheidung hinsichtlich der Beschwerdeführerin zu 1.) auf die Voraussetzung des § 29 Abs. 1 Satz 2 ThürLWG verzichten können, wonach Landeslisten der in § 20 Abs. 2 ThürLWG genannten Parteien zusätzlich von 1000 Wahlberechtigten eigenhändig unterzeichnet sein müssen. Hinsichtlich des Beschlusses des Landeswahlausschusses vom 5. August 1994 habe keine Selbstbindung bestanden. In Zweifelsfällen könne der Landeswahlausschuß bei der Entscheidung gemäß § 30 ThürLWG auch eine Entscheidung zu Gunsten eines Wahlvorschlagträgers treffen. Im vorliegenden Fall sei von den Beschwerdeführern die Fehlerhaftigkeit der Entscheidung des Landeswahlausschusses am 5. August 1994 vorgetragen worden. Auch habe die Beschwerdeführerin zu 1.) durch Einreichung der Landesliste ohne Beifügung von Unterstützungsunterschriften deutlich gemacht, daß sie die Zulassung zur Landeswahl anstrebe und sich durch die Entscheidung des Landeswahlausschusses vom 5. August 1994 nicht an der Einreichung eines Wahlvorschlags hindern lasse.

Die Gültigkeit der Wahl stehe indessen auch dann nicht in Frage, wenn in der Divergenz der Entscheidungen des Landeswahlausschusses vom 5. August 1994 bzw. 19. August 1994 ein Wahlfehler läge. Die Zulassung der Beschwerdeführerin zu 1.) gemäß § 30 ThürLWG habe keinen Einfluß auf die konkrete Mandatsverteilung im Thüringer Landtag gehabt.

Wahlfehler seien nur erheblich, wenn sie Einfluß auf die Ermittlung des Wahlergebnisses haben oder haben können. Sie seien unerheblich, wenn sie angesichts des Stimmenverhältnisses keinen Einfluß auf die Mandatsverteilung gehabt haben können. Die Möglichkeit, daß selbst eine erwiesene Unregelmäßigkeit im Rahmen der Wahlvorbereitung oder -durchführung das Wahlergebnis beeinflußt habe, dürfe keine theoretische, sondern müsse eine nach der allgemeinen Lebenserfahrung konkrete und nicht ganz fernliegende sein. Unabhängig von der Betrachtungsweise treffe dies im vorliegenden Fall nicht zu.

Die für die Beschwerdeführerin zu 1.) abgegebenen 4681 Stimmen hätten sich nicht nur – eine gleichbleibende Wahlbeteiligung der am 16. Oktober 1994 für die Beschwerdeführerin zu 1.) stimmenden Wähler unterstellt – im Verhältnis der erzielten Wahlergebnisse der anderen, an der Landtagswahl teilnehmenden Parteien auf diese, sondern in besonderer Weise schwerpunktmäßig auf die Landeslisten der CDU oder SPD verteilen müssen, um eine Mandatsverschiebung zu bewirken. Lediglich dann, wenn von den insgesamt für die Beschwerdeführerin zu 1.) am 16. Oktober 1994 abgegebenen Landesstimmen mindestens 3800 Stimmen auf die CDU oder mindestens 2050 Stimmen auf die SPD entfallen wären, hätte sich daraus eine Mandatsverschiebung ergeben. Eine derartige Wählerwanderung sei jedoch nach der allgemeinen Lebenserfahrung nicht wahrscheinlich. Soweit die Anhänger der Beschwerdeführerin zu 1.) – bei Nichtzulassung derselben – überhaupt an der Landtagswahl vom 16. Oktober 1994 teilgenommen und gültige Stimmen abgegeben hätten, wären Wählerbewegungen, auch im Hinblick auf die politischen Zielvorstellungen der Beschwerdeführerin zu 1.), nicht nur – zumindest aber nicht in dem für eine Beeinflussung der Sitzverteilung erforderlichen Ausmaß – zu Gunsten oder zu Lasten einer Partei gegangen.

2. Der Thüringer Innenminister vertritt die Auffassung, ein wahlprüfungsrechtlich erheblicher Verstoß gegen Vorschriften des Landeswahlgesetzes liege nicht vor.

Der Landeswahlausschuß habe zwar am 72. Tag vor der Thüringer Landtagswahl festgestellt, daß die Beschwerdeführerin zu 1.) keine Parteieigenschaft i. S. v. § 20 Abs. 4 Satz 1 Nr. 1 ThürLWG besitze und habe sich damit in Widerspruch zu einer zeitgleichen Entscheidung des Bundeswahlausschusses gemäß dem gleichlautenden § 18 Abs. 4 Bundeswahlgesetz gesetzt. Dies habe sich jedoch im weiteren Gang des Wahlverfahrens nicht ausgewirkt, da die Landesliste der Beschwerdeführerin zu 1.) schließlich auf Grund einer – materiell-rechtlich – richtigen Entscheidung gemäß § 30 Abs. 1 ThürLWG ohne Unterstützungsunterschriften zugelassen worden sei. Der Landeswahlausschuß sei bei seiner Entscheidung am 58. Tag vor der Wahl nicht an seine Entscheidung vom 72. Tag vor der Wahl gebunden, er habe vielmehr gemäß § 30

Abs. 1 Satz 2 Nr. 2 ThürLWG eine Entscheidung zu treffen, die den Anforderungen des Landeswahlgesetzes und der Landeswahlordnung entspreche. § 30 Abs. 1 Satz 2 Nr. 2 ThürLWG beziehe § 20 Abs. 4 Nr. 1 ThürLWG nicht in seinen Regelungsgehalt ein.

Selbst wenn ein Wahlfehler in einem Verstoß gegen § 30 Abs. 1 Satz 2 Nr. 2 ThürLWG gesehen werden müsse, habe dieser die Sitzverteilung im Thüringer Landtag nicht beeinflußt.

Angesichts der Struktur der Beschwerdeführerin zu 1.) und ihres geringen Landesstimmenanteils bei der Thüringer Landtagswahl vom 16. Oktober 1994 liege nach der allgemeinen Lebenserfahrung keine konkrete Wahrscheinlichkeit dafür vor, daß die Nichtteilnahme der Beschwerdeführerin zu 1.) an der Landtagswahl auf die Sitzverteilung im Parlament Einfluß gehabt hätte. Insbesondere ergebe sich aus den Untersuchungen des Instituts für angewandte Sozialwissenschaften „infas" über Wählerwanderungen bei den Landtagswahlen vom 16. Oktober 1994, daß weder CDU noch SPD in besonderer Weise von einer Nichtteilnahme der Beschwerdeführerin zu 1.) profitiert hätten.

Die Behauptung der Beschwerdeführer, die Aufstellung von Wahlkreisbewerbern sei durch die Entscheidung des Landeswahlausschusses am 5. August 1994 (72. Tag vor der Wahl) behindert bzw. verhindert worden, sei nur pauschal, ohne ausreichende Konkretisierung vorgetragen worden. Eine ernsthafte Absicht, für die Thüringer Landtagswahl 1994 Wahlkreisbewerber aufzustellen, habe bei der Beschwerdeführerin zu 1.) nicht bestanden. Dies zeige auch die Tatsache, daß für die gleichzeitig stattfindenden Bundestagswahlen keine Direktkandidaten aufgestellt worden seien, obwohl insoweit die Vorlage von Unterstützungsunterschriften entbehrlich gewesen sei.

Letztlich fehle es auch im Hinblick auf die Nichtaufstellung von Wahlkreisbewerbern an einer Mandatserheblichkeit. Die zusätzlichen Landesstimmen, die nach Auffassung der Beschwerdeführerin zu 1.) von ihr bei der Aufstellung von Direktkandidaten erzielt worden wären, seien den im Landtag vertretenen Parteien tatsächlich zugefallen und könnten zur Beurteilung der hypothetischen Frage, ob nach der allgemeinen Lebenserfahrung eine konkrete Wahrscheinlichkeit für eine Veränderung der Sitzverteilung bestehe, nicht herangezogen werden.

3. Der Landeswahlleiter bezweifelt, daß ein Verstoß gegen § 30 Abs. 1 ThürLWG i. V .m. § 20 Abs. 4 ThürLWG, wie ihn die Beschwerdeführer geltend machen, vorliegt.

Nach herrschender Meinung in Literatur und Rechtsprechung seien unberechtigte Zurückweisungen und daraus resultierende Wahlanfechtungen zu vermeiden. In Zweifelsfällen sei eine Entscheidung zugunsten eines Wahlvorschlagträgers zu treffen. Vor diesem Hintergrund habe der Landeswahlausschuß die Entscheidung, die Landesliste der Beschwerdeführerin zu 1.) ohne Unterstützungsunterschriften zuzulassen, getroffen.

Es könne offen bleiben, ob darin ein Wahlfehler liege. Eine konkrete, nach der allgemeinen Lebenserfahrung naheliegende Beeinflussung der Sitzverteilung sei auch nicht denkbar wenn der hypothetische Fall in Erwägung gezogen werde, die Landesliste der Beschwerdeführerin zu 1.) wäre in Ermangelung der nötigen Unterstützungsunterschriften nicht zugelassen worden.

a) Eindeutig keine Auswirkungen auf die Sitzverteilung im Thüringer Landtag würde es gehabt haben, wenn sich dann die auf die Beschwerdeführerin zu 1.) entfallenen Stimmen entsprechend dem Anteil der anderen Parteien an der Gesamtstimmenzahl auf die anderen, an der Wahl beteiligten Listen verteilt hätten.

b) Selbst wenn unterstellt würde, alle Wähler der Beschwerdeführerin zu 1.) wären, sofern diese nicht zur Wahl zugelassen worden wäre, auch tatsächlich zur Wahl gegangen und hätten ihre Stimme alle nur einer Partei gegeben, würde sich eine Änderung der Sitzverteilung im Landesparlament nur in Bezug auf CDU und SPD, jeweils zu Lasten der PDS, ergeben. Dabei handele es sich aber um völlig fernliegende, nach der allgemeinen Lebenserfahrung unwahrscheinliche, theoretische Möglichkeiten.

c) Auf Grund des allgemeinen Erscheinungsbildes der Beschwerdeführerin zu 1.) und ihres Auftretens vor der Wahl sei auch die Überlegung rein theoretisch, daß bei Nichtzulassung der Landesliste der Beschwerdeführerin zu 1.) angenähert mehr als ca. 2050 der auf diese entfallenen Stimmen der SPD oder aber mehr als ca. 3800 der CDU zugekommen wären. Erst bei dieser Größenordnung sei aber überhaupt eine Beeinflussung der Sitzverteilung im Landtag denkbar.

d) Nicht nachvollziehbar seien die Ausführungen der Beschwerdeführer bezüglich der Aufstellung von Wahlkreisbewerbern. Die Beschwerdeführerin zu 1.) sei zu keiner Zeit gehindert gewesen, Wahlkreisbewerber aufzustellen und sich an das gesetzlich vorgeschriebene Procedere zu halten, das zur Zulassung der Wahlvorschläge führt. Soweit die Beschwerdeführerin zu 1.) von vornherein damit gerechnet habe, nicht auf Unterstützungsunterschriften angewiesen zu sein, habe es nahegelegen, zumindest rein vorsorglich die notwendigen Unterstützungsunterschriften zu sammeln, um für den Fall einer Nichtzulassung durch den Landeswahlausschuß gemäß § 20 Abs. 4 Satz 1 Nr. 1 ThürLWG vorbereitet zu sein. Es liege in der eigenen Verantwortungssphäre der Beschwerdeführerin zu 1.) wenn sie – wie geschehen – erst am 7. August 1994 ihre Kandidaten für die Landtagswahl aufstelle und infolgedessen nach der Entscheidung des Landeswahlausschusses vom 5. August 1994 faktisch nicht mehr in der Lage war, die erforderliche Anzahl von Unterstützungsunterschriften für etwaige Wahlkreisbewerber zu sammeln.

Im übrigen habe die Beschwerdeführerin zu 1.) nach der Entscheidung des Landeswahlausschusses am 72. Tag vor der Landtagswahl (5. August 1994) eine Landesliste ohne Unterstützungsunterschriften eingereicht und die konkrete Hoffnung geäußert, diese werde am 58. Tag vor der Wahl gleichwohl durch den Landeswahlausschuß zugelassen. In gleicher Weise habe die Beschwerdeführerin zu 1.) auch Wahlkreisvorschläge ohne Unterstützungsunterschriften einreichen können. Es liege daher die Vermutung nahe, die Beschwerdeführerin zu 1.) habe keine Wahlkreisbewerber aufstellen wollen, zumal sie solche auch für die zeitgleich stattfindenden Bundestagswahlen in keinem der Thüringer Bundestagswahlkreise aufgestellt habe, obwohl sie insoweit keine Unterstützungsunterschriften benötigte.

Es bestehe auch kein kausaler Zusammenhang zwischen dem Landesstimmenergebnis und dem Wahlkreisstimmenergebnis. Beide Stimmen könnten völlig unabhängig voneinander abgegeben werden. Anhand von Wahlergebnissen bei der Bundestagswahl bzw. bei anderen Landtagswahlen sei kein Zusammenhang zwischen Wahlkreis- und Landesstimmenergebnis bzw. zwischen Erst- und Zweitstimmenergebnis festzustellen.

B.

Der Thüringer Verfassungsgerichtshof hat gemäß § 48 Abs. 3 ThürVerfGHG von einer mündlichen Verhandlung abgesehen, da von ihr keine weitere Förderung des Verfahrens zu erwarten war.

I.

Die Beschwerde der Beschwerdeführerin zu 1.) ist unzulässig.

Gemäß § 48 Abs. 1 ThürVerfGHG kann gegen einen Beschluß des Landtages über die Gültigkeit einer Wahl Beschwerde zum Thüringer Verfassungsgerichtshof – nur – ein Wahlberechtigter erheben, dessen Einspruch vom Landtag verworfen worden ist, wenn ihm mindestens 100 Wahlberechtigte beitreten, eine Fraktion oder eine Minderheit des Landtages, die wenigstens ein Zehntel der gesetzlichen Mitgliederzahl umfaßt. Danach sind Gruppen von Wahlberechtigten einschließlich der politischen Parteien und Gruppen von Kandidaten nicht berechtigt, eine Wahlprüfungsbeschwerde zu erheben.

Nach Maßgabe des § 53 ThürLWG kann im Wahlprüfungsverfahren des Landtages gemäß § 51 Nr. 1 ThürLWG unter anderem jeder Wahlberechtigte und jede Gruppe von Wahlberechtigten sowie jede an der Wahl beteiligte Partei Einspruch einlegen.

Aus der unterschiedlichen Regelung in § 53 ThürLWG und § 48 ThürVerfGHG geht klar hervor, daß das Beschwerderecht gegenüber dem Einspruchsrecht eingeschränkt sein soll. Das Gesetz räumt die Beschwerdemöglichkeit an den Thüringer Verfassungsgerichtshof nämlich nur dann ein, wenn eine nicht ganz unerhebliche Zahl von Wählern der Wahlprüfungsentscheidung des Thüringer Landtags widerspricht und so zeigt, daß der Angelegenheit eine gewisse Bedeutung zukommt. Deshalb sollen Gruppen nach § 48 ThürVerfGHG nicht beschwerdeberechtigt sein und insoweit auch nicht für ihre Mitglieder handeln können (zur entsprechenden Regelung im Bundesverfassungsgerichtsgesetz und dem Wahlprüfungsgesetz des Bundes vgl. BVerfGE 2, 300, 303 f; 14, 196, 197; 21, 359, 360; 48, 271, 276).

Dies ist – entgegen der Auffassung der Beschwerdeführerin zu 1.) – auch unter dem Gesichtspunkt des ausreichenden Rechtsschutzes gegen Entscheidungen im Feststellungsverfahren gemäß § 20 Abs. 4 ThürLWG verfassungsrechtlich unbedenklich. Dadurch, daß nach § 48 ThürVerfGHG jedem einzelnen Wahlberechtigten, der Einspruch gegen die Gültigkeit der Wahl erhoben hat, gegen die Entscheidung des Thüringer Landtags gemäß Art. 80 Abs. 1 Nr. 8 ThürVerf, § 48 ThürVerfGHG die Beschwerde zum Thüringer Verfassungsgerichtshof offensteht, ist gewährleistet, daß auch jede Wählergruppe ihr mit dem Einspruch verfolgtes sachliches Begehren beschwerdefähig erhalten kann, wenn nur eines ihrer Mitglieder den Einspruch auch im eigenen Namen erhebt und wenn weitere 100 Wahlberechtigte es dabei unterstützen. Die Geltendmachung einer Verletzung in eigenen subjektiven Rechten, etwa dem persönlichen, aktiven oder passiven Wahlrecht wird für die Zulässigkeit des Einspruchs des einzelnen Wahlberechtigten nicht vorausgesetzt (vgl. BVerfGE 66, 311 ff. zu den entsprechenden bundesrechtlichen Regelungen).

II.

Die Beschwerden der Beschwerdeführer zu 2.) bis 5.) sind zulässig.

1. In dem gemäß Art. 80 Abs. 1 Nr. 8 ThürVerf, § 64 ThürLWG i. V. m. § 11 Nr. 8 ThürVerfGHG statthaften Wahlprüfungsverfahren vor dem Thüringer Verfassungsgerichtshof sind die Beschwerdeführer zu 2.) bis 5.) gemäß § 48 Abs. 1 ThürVerfGHG beschwerdeberechtigt. Sie haben als Wahlberechtigte die Gültigkeit der Thüringer Landtagswahl vom 16. Oktober 1994 bereits mit dem am 28. November 1994 beim Thüringer Landtag eingegangen Einspruch angefochten. Ihr Einspruch ist vom Thüringer Landtag am 19. Mai 1995 zurückgewiesen worden. 109 weitere Wahlberechtigte haben ihren Beitritt zu den von den Beschwerdeführern zu 2.) bis 5.) gemeinsam erhobenen Wahlprüfungsbeschwerden erklärt. Der Beschwerdeschrift sind persönlich

und handschriftlich unterzeichnete, mit Familienname, Vorname, Tag der Geburt und Anschrift der Unterzeichner versehene Beitrittserklärungen beigefügt (zur Zulässigkeit des Beitritts zu gemeinsam erhobenen Beschwerden vgl. BVerfGE 66, 311, 313).

2. Die Wahlprüfungsbeschwerde der Beschwerdeführer zu 2.) bis 5.) ist nicht deswegen unzulässig, weil die Beschwerdeführer sie auf Gründe stützen, die im Gegensatz zu einem früheren Verhalten der Beschwerdeführer stehen und damit als dem Gebot von Treu und Glauben widersprechend unbeachtlich sein könnten. Soweit widersprüchliches Verhalten darin liegen kann, daß die STATT-Partei eine Landesliste eingereicht und sich an der Wahl zum Thüringer Landtag beteiligt hat, träfe der Vorwurf indessen die Beschwerdeführerin zu 1.) und nicht die Beschwerdeführer zu 2.) bis 5.). Ein Verstoß gegen Treu und Glauben kommt im übrigen allenfalls in Ausnahmefällen (vgl. *Schreiber*, HdB. des Wahlrechts zum Deutschen Bundestag, 5. Aufl., § 49 Rdn. 18) und keinesfalls dann in Betracht, wenn die Verletzung zwingender Vorschriften des öffentlichen Rechts in Frage steht (vgl. OVG Nordrhein-Westfalen, OVGE 14, 257, 258 f.). Gerade eine Verletzung solcher – wie noch dargelegt wird – zwingenden Vorschriften des Landeswahlrechts mit Auswirkungen auf das Wahlergebnis wird jedoch durch die Beschwerdeführer geltend gemacht.

Dahinstehen kann hier auch die von den Beschwerdeführern aufgeworfene Frage der Verfassungsmäßigkeit der Forderung nach einem Beitritt von mindestens weiteren 100 Wahlberechtigten in § 48 Abs. 1 ThürVerfGHG. Da diese Forderung hier erfüllt und die Beschwerde zulässig ist, fehlt es an einem Rechtsschutzinteresse der Beschwerdeführer zu 2.) bis 5.), das die Notwendigkeit einer verfassungsrechtlichen Würdigung dieser Vorschrift begründen könnte.

C.

Die Beschwerden der Beschwerdeführer zu 2.) bis 5.) sind unbegründet.

I.

Mängel des Wahlprüfungsverfahrens des Thüringer Landtags werden von den Beschwerdeführern nicht geltend gemacht und sind auch nicht erkennbar. Insbesondere ist nicht zu beanstanden, daß der Wahlprüfungsausschuß des Thüringer Landtags von der gemäß § 57 Abs. 1 ThürLWG grundsätzlich vorgesehenen mündlichen Verhandlung über den Wahleinspruch der Beschwerdeführer abgesehen hat. Gemäß § 57 Abs. 1 Satz 2 Nr. 3 ThürLWG kann von einer mündlichen Verhandlung abgesehen werden, wenn der Einspruch offensichtlich unbegründet ist. Dies ist der Fall, wenn im Zeitpunkt seiner Entscheidung der Wahlprüfungsausschuß des Thüringer Landtags aufgrund seiner rechtlichen Beurteilung davon ausgehen konnte, die Wahl sei aus keinem der vorgebrachten oder sonst gemäß § 54 ThürLWG in Betracht kommenden Gründe fehlerhaft verlaufen. Es kommt für die Notwendigkeit der mündlichen Verhandlung nicht darauf an, ob diese Beurteilung für den Wahlprüfungsausschuß auf der Hand liegt oder ob sie das Ergebnis weitergreifender rechtlicher Untersuchungen ist (BVerfGE 89, 291, 300 mwN.).

II.

1. Ausgangspunkt der Wahlanfechtung der Beschwerdeführer zu 2.) bis 5.) ist die Feststellung des Landeswahlausschusses vom 5. 8. 1994, die Beschwerdeführerin zu 1.) sei weder im Deutschen Bundestag noch in einem Landtag seit deren letzter Wahl aufgrund eigener Wahlvorschläge als Partei vertreten gewesen. Traf diese Feststellung nicht zu, liegt bereits darin ein Wahlrechtsverstoß. Traf die Feststellung zu, kann das Wahlrecht dadurch verletzt sein, daß die von der Beschwerdeführerin zu 1.) am 10. 8. 1994 eingereichte Landesliste zugelassen wurde, obwohl diese die Zulassungsvoraussetzungen des § 29 Abs. 1 ThürLWG nicht erfüllte. Insoweit kann die Zulassungsentscheidung des Landeswahlausschusses vom 19. 8. 1994 rechtswidrig getroffen sein, je nachdem, ob der Landeswahlausschuß an die Feststellung vom 5. 8. 1994 gebunden war. Wäre die Feststellung bindend gewesen, hätte der Landeswahlausschuß die Landesliste der Beschwerdeführerin zu 1.) zur Landtagswahl vom 16. 10. 1994 nicht zulassen dürfen, da er dies dennoch getan hat, könnte eine Verletzung des § 29 Thüringer Landeswahlgesetz die Wahlanfechtung begründen. Wäre die Feststellung vom 5. 8. 1994 für den Landeswahlausschuß nicht bindend gewesen, hätte die Wahlzulassung den – unterstellten –Wahlrechtsverstoß korrigiert. Die Landtagswahl könnte jedoch gleichwohl dadurch in ihrem Ergebnis rechtswidrig beeinflußt sein, daß zum Nachteil der Beschwerdeführerin zu 1.) der Grundsatz der Chancengleichheit bei der Wahlvorbereitung verletzt sein kann. Denn die Beschwerdeführerin zu 1.) mußte in der Zeit zwischen dem 6. und 19. August zunehmend davon ausgehen, daß sie an der Landtagswahl nicht mit einer Landesliste, sondern allenfalls mit Wahlkreisbewerbern werde teilnehmen können. Demgemäß könnte die Beschwerdeführerin zu 1.) ihren Wahlkampf (nicht) geplant haben und sich durch dieses Unterlassen in einen nicht mehr aufholbaren Rückstand gebracht sehen; die Beschwerdeführerin zu 1.) macht dies geltend, indem sie meint, sie habe nicht mehr die als Wahlkreisbewerber geeigneten Persönlichkeiten ansprechen und zu einer Bewerbung bewegen können.

2. Ob diese Wahlrechtsverletzungen tatsächlich eingetreten sind und ob die Fehler die als möglich geschilderten Folgen zeitigten, kann indessen auf sich beruhen bleiben, denn Wahlrechtsverstöße können nur dann Grundlage einer erfolgreichen Wahlanfechtung sein, wenn es möglich ist, daß ohne die Rechtsverletzungen der Thüringer Landtag anders zusammengesetzt wäre, als er tatsächlich zum Beginn seiner 2. Wahlperiode zusammengesetzt war. Dies ist jedoch nicht der Fall.

a) Ein Wahlfehler kann nur dann zur (Teil-)Ungültigkeit der Wahl führen, wenn nach den gegebenen Umständen des einzelnen Falles eine nicht nur theoretische, sondern zumindest nach der allgemeinen Lebenserfahrung konkrete und nicht ganz fern liegende („in greifbare Nähe gerückte", „reale") Möglichkeit oder Wahrscheinlichkeit besteht, daß sie auf die Sitzverteilung von Einfluß ist oder sein kann (vgl. *Schreiber*, Handbuch des Wahlrechts zum Deutschen Bundestag, 5. Aufl., § 49 Rdn. 11 mwN, zu den entsprechenden bundesrechtlichen Vorschriften). Der danach im Wahlprüfungsverfahren geltende Erheblichkeitsgrundsatz ist Ausdruck des zu den fundamentalen Prinzipien der Demokratie gehörenden Mehrheitsprinzips. Ein Wahlfehler kann den in einer Wahl zum Ausdruck gebrachten Volkswillen nur dann verletzen, wenn sich ohne ihn eine andere, über die Mandatsverteilung entscheidende Mehrheit ergeben würde (vgl. BVerfGE 29, 154, 165). Eine etwaige Unregelmäßigkeit muß von solchem Gewicht sein, daß sie das ordnungsgemäße Zustandekommen der Mehrheit ernstlich als zweifelhaft bzw. unwahrscheinlich erscheinen läßt (vgl. BVerfGE 48, 271, 281). Je eindeutiger die Mehrheitsverhältnisse sind um so gravierender muß der Wahlfehler sein, damit ihm Auswirkungen auf das Wahlergebnis beigemessen werden können (vgl. BVerfGE 37, 84, 89). Das entspricht dem Zweck des Wahlprüfungsverfahrens, das nicht den Schutz subjektiver Rechte im Auge hat, sondern der objektiv rechtmäßigen Zusammensetzung der Volksvertretung dienen soll, und ist im übrigen durch den Wortlaut von Art. 80 Abs. 1 Nr. 8 ThürVerf i. V. m. Art. 49 Abs. 3 und 4 ThürVerf i. V. m. § 54 Nr. 3 ThürLWG vorgegeben. Danach ist nicht die abstrakt vorstellbare Auswirkung, sondern nur der unter den konkreten Verhältnissen mögliche Einfluß des Wahlfehlers von Bedeutung. Das objektive Wahlrecht kann noch nicht als „in einer Weise verletzt, die die Sitzverteilung beeinflußt" bezeichnet werden, wenn eine andere Sitzverteilung bei ausschließlich theoretischer bzw. mathematischer Betrachtung denkbar ist, praktisch jedoch so gut wie ausgeschlossen erscheint.

b) Auch die tatsächlichen Folgen einer erfolgreichen Wahlanfechtung sprechen für dieses Ergebnis. Die Rechtsfolge einer (Teil-) Ungültigkeitserklärung einer Wahl nach Art. 80 Abs. 1 Nr. 8 ThürVerf besteht u.a. in der Durchführung einer Wiederholungswahl. Diese soll unter denselben oder zumindest ähnlichen Ausgangsbedingungen stattfinden, wie sie vorgelegen hätten, wenn die Wahl schon ursprünglich ordnungsgemäß durchgeführt worden wäre (vgl. OVG Nordrhein-Westfalen, OVGE 42, 152, 159 zum Kommunalwahlrecht). Das ist wegen des zeitlichen Abstands zwischen Haupt- und Wiederholungswahl oft nur in eingeschränktem Umfang erreichbar; eine vollständige Kompensation der vorgekommenen Wahlfehler ist sogar in aller Regel unmöglich. Die Wiederholung einer Wahl kann zudem von den Wahlbürgern politisch als erheblicher Eingriff empfunden werden mit der Folge, daß sie der Wahl teilweise fernbleiben. Schließlich tritt der organisatorisch und finanziell erhebliche Aufwand hinzu den eine Wiederholungswahl verursachen kann. Aus alledem leitet sich die Forderung ab, daß eine Wahl nur dann für ungültig erklärt werden darf, wenn es ernstzunehmende Gründe für die Annahme gibt, daß sie bei ordnungsgemäßem Ablauf möglicherweise zu einem anderen Ergebnis geführt hätte. Notwendig ist deshalb die reale Möglichkeit einer anderen Sitzverteilung; daran fehlt es, wenn nach der Lebenserfahrung und den konkreten Fallumständen Auswirkungen der Unregelmäßigkeit auf das Wahlergebnis praktisch so gut wie auszuschließen sind, ganz fernliegen, höchst unwahrscheinlich erscheinen oder sich gar als lebensfremd darstellen (vgl. OVG Nordrhein-Westfalen, aaO S. 159 f.).

c) Im vorliegenden Fall besteht – auch bei unterstellter Verletzung des objektiven Wahlrechts in der von den Beschwerdeführern zu 2.) bis 5.) behaupteten Weise – nach allgemeiner Lebenserfahrung keine reale, nicht ganz fernliegende Möglichkeit bzw. Wahrscheinlichkeit, daß diese die Verteilung der Sitze im 2. Thüringer Landtag beeinflußt hätte.

3. Wird davon ausgegangen, daß die Feststellung des Landeswahlausschusses vom 5. August 1994 „welche Partei im Deutschen Bundestag oder in einem Landtag seit deren letzter Wahl aufgrund eigener Wahlvorschläge ununterbrochen vertreten war" (§ 20 Abs. 4 Nr. 1 ThürLWG) rechtmäßig war, ist ein mandatserheblicher Wahlfehler im Sinne von § 54 Nr. 3 ThürLWG nicht gegeben.

a) Aufgrund der unterstellten Prämisse liegt zwar hinsichtlich der Entscheidung des Landeswahlausschusses am 72. Tag vor der Thüringer Landtagswahl 1994 keine Verletzung des objektiven Wahlrechts vor. Das objektive Wahlrecht wurde in diesem Fall aber durch die Entscheidung vom 19. August 1994 am 58. Tag vor der Thüringer Landtagswahl verletzt, denn diese Entscheidung war dann materiell rechtswidrig.

Wird nämlich die Feststellung des Landeswahlausschusses vom 5. August 1994, die Beschwerdeführerin zu 1.) sei keine Partei im Sinne von § 20 Abs. 4 Nr. 1 ThürLWG, als rechtmäßig unterstellt, ergibt sich folgerichtig, daß die

Entscheidung des Landeswahlausschusses vom 19. August 1994, die Landesliste der Beschwerdeführerin zu 1.) zuzulassen, materiell rechtswidrig war. Auf Grund des § 30 Abs. 1 Satz 2 Nr. 2 ThürLWG ist der Landeswahlausschuß verpflichtet, eine Landesliste zurückzuweisen, die nicht den Anforderungen entspricht, welche durch das ThürLWG bzw. die Landeswahlordnung aufgestellt sind. In § 29 Abs. 1 Satz 2 ThürLWG ist unter Verweis auf § 20 Abs. 2 ThürLWG zwingend vorgeschrieben, daß Landeslisten von Parteien, welche im Deutschen Bundestag oder einem Landtag seit deren letzter Wahl nicht auf Grund eigener Wahlvorschläge ununterbrochen vertreten waren, von 1000 Wahlberechtigten unterzeichnet sein müssen. Die von der Beschwerdeführerin zu 1.) zur Landtagswahl in Thüringen am 10. August 1994 eingereichte Landesliste war nicht von 1000 Wahlberechtigten eigenhändig unterschrieben. Demnach hätte der Landeswahlausschuß bei seiner Entscheidung gemäß § 30 Abs. 1 Satz 2 Nr. 2 ThürLWG am 19. August 1994 die Landesliste der Beschwerdeführerin zu 1.) zurückweisen müssen, da diese aus Rechtsgründen auch zu diesem Zeitpunkt als Partei im Sinne des § 20 Abs. 2 ThürLWG einzuordnen war und deren Landesliste mithin den Anforderungen des § 29 Abs. 1 Satz 2 ThürLWG nicht genügte.

b) Indessen ergibt sich für den unterstellten Sachverhalt nach allgemeiner Lebenserfahrung weder im Hinblick auf die Wahlkreisstimmenergebnisse noch bezüglich der Landesstimmenergebnisse der Thüringer Landtagswahl 1994 die konkrete, nicht ganz fernliegende Möglichkeit oder Wahrscheinlichkeit einer anderen Sitzverteilung im Thüringer Landtag. Die hier in Erwägung zu ziehenden Möglichkeiten haben als gemeinsame Grundlage die Zuweisung der für die Beschwerdeführerin zu 1.) tatsächlich abgegebenen Stimmen an diejenigen Parteien, die aufgrund ihres Stimmenergebnisses dem Thüringer Landtag angehören oder die ihm bei entsprechender Stimmenvermehrung angehören könnten (aa). Zusätzlich (bb) ist zu prüfen, ob sich die Rechtslage im Hinblick darauf verändert hat, daß die Beschwerdeführerin zu 1.) behauptet, die Feststellung vom 5. 8. 1994 habe sie außer Stand gesetzt, Wahlkreisbewerber zu benennen; dadurch habe die Beschwerdeführerin zu 1.) einen Stimmenausfall erlitten. Dessen Umfang ergebe einen Vergleich zu den hessischen Landtagswahlen und den dort für die Beschwerdeführerin zu 1.) abgegebenen Listenstimmen in den Wahlkreisen mit und ohne Wahlbewerber der Beschwerdeführerin zu 1.).

aa) Bleiben zunächst die Folgerungen unberücksichtigt, die im Hinblick auf die von den Beschwerdeführern behauptete, vorgesehene Einreichung von Wahlkreisvorschlägen gezogen werden können, ergibt sich nach keiner Betrachtungsweise eine ausreichende Wahrscheinlichkeit dafür, daß die unrechtmäßige Teilnahme der Beschwerdeführerin zu 1.) an der Thüringer Landtagswahl die Sitzverteilung im 2. Thüringer Landtag beeinflußt hat. Die theoretisch denkbaren Möglichkeiten für eine Beeinflussung der Sitzverteilung werden bei Betrachtung des hypothetischen, auf dem Hintergrund der vorliegend unterstellten Umstände, korrekten Verlaufs der Thüringer Landtagswahl 1994 ersichtlich. Die Landesliste der Beschwerdeführerin zu 1.) wäre in diesem Fall nicht zugelassen worden und hätte an der Landtagswahl folglich nicht teilgenommen.

Wenn unterstellt wird, daß die Wähler, die mit ihrer Landesstimme bei den Thüringer Landtagswahlen 1994 für die Beschwerdeführerin zu 1.) votiert haben, sich für den gedachten Fall ebenfalls mit einer gültigen Stimme an der Wahl beteiligt hätten, fehlt es bereits an der theoretischen Möglichkeit einer anderen Sitzverteilung im Parlament, sofern davon ausgegangen wird, daß das Wählerpotential der Beschwerdeführerin zu 1.) sich dann entsprechend dem tatsächlichen Wahlergebnis auf die anderen an der Thüringer Landtagswahl 1994 beteiligten Parteien verteilt hätte.

Selbst, wenn angenommen wird, daß alle auf die Beschwerdeführerin zu 1.) entfallenen Landesstimmen insgesamt einer der anderen an der Landtagswahl beteiligten Parteien zuteil geworden wären, wären Auswirkungen auf die gemäß § 5 ThürLWG errechnete Sitzverteilung im Parlament nur möglich, wenn alle Landesstimmen der Beschwerdeführerin zu 1.) insgesamt entweder auf die CDU oder die SPD entfielen. Bei allen anderen, unter dieser Annahme sonst denkbaren, Konstellationen sind Auswirkungen auf die Verteilung der Mandate ausgeschlossen (vgl. Anlagen: Tabelle 1, Seite 1, Spalten 3–8).

Soweit somit die Möglichkeit einer Änderung der Sitzverteilung im Parlament für den hypothetischen Fall der Nichtteilnahme der Beschwerdeführerin zu 1.) an den Landtagswahlen 1994 theoretisch überhaupt vorstellbar ist, fehlt es – sowohl in Bezug auf die CDU als auch die SPD – ersichtlich an einer ausreichenden Wahrscheinlichkeit dafür, daß sich die hierfür erforderlichen Konstellationen in der Realität ergeben hätten; denn offenkundig realitätsfern und damit völlig unwahrscheinlich ist in diesem Zusammenhang die Annahme, alle auf die Beschwerdeführerin zu 1.) entfallenen Landesstimmen wären im Falle von deren Nichtteilnahme an der Thüringer Landtagswahl 1994 insgesamt der CDU oder der SPD zugefallen; das räumen auch die Beschwerdeführer ein.

Auch die weiteren denkbaren Konstellationen, welche eine Beeinflussung der Sitzverteilung zur Folge gehabt hätten, sind nach allgemeiner Lebenserfahrung fernliegend. Es müßten insoweit eine Reihe von Umständen zusammenwirken, welche zwar einzeln im Bereich des Möglichen liegen, in der hier notwendigerweise vorauszusetzenden Kumulation jedoch nicht hinreichend wahrscheinlich sind.

Die theoretisch möglichen und auf der Grundlage von § 5 ThürLWG rechnerisch darstellbaren Veränderungen der Sitzverteilung im Landesparlament setzen voraus, daß von den 4681 auf die Beschwerdeführerin zu 1.) entfallenen Landesstimmen entweder wenigstens 3779 der CDU oder wenigstens 2022 der SPD zugute gekommen wären (vgl. Anlage: Tabelle 1, Seite 2, Spalten 9–16). Nur dann wäre es zu einer zugunsten der CDU bzw. der SPD geänderten Sitzverteilung im Thüringer Landtag gekommen – jeweils zu Lasten der PDS. Dabei muß für die Bestimmung der für eine Mandatsrelevanz geringstenfalls erforderliche Anzahl an Wählern der Beschwerdeführerin zu 1.) mit entsprechendem Wahlverhalten unterstellt werden, daß die Landesstimmen, die sich rechnerisch aus der Differenz zwischen der Zahl der entweder der CDU oder der SPD zukommenden und der tatsächlichen Zahl an Landesstimmen der Beschwerdeführerin zu 1.) ergeben, für die Berechnung der Sitzverteilung dadurch in Wegfall geraten, daß sie kumulativ oder alternativ den anderen, an der Wahl beteiligten aber nicht im Parlament vertretenen Parteien, den ungültigen Stimmen bzw. den Nichtwählern zugeordnet werden. Jede andere mandatsrelevante Konstellation impliziert eine größere Zahl an Landesstimmen aus dem Potential der Beschwerdeführerin zu 1.), welche für die jeweils bei der Sitzverteilung begünstigte Partei berücksichtigt werden müßte.

Indessen spricht die allgemeine Lebenserfahrung gerade angesichts der Entwicklung und des Profils der Beschwerdeführerin zu 1.) nicht dafür, daß bezüglich der Thüringer Landtagswahl 1994 eine ausreichende Wahrscheinlichkeit für derartige Wahlergebnisse bestand.

Die Beschwerdeführerin zu 1.) hatte nach ihrer Gründung am 13. Februar 1994 zum ersten Mal in Thüringen an einer Landtagswahl teilgenommen, gehörte mithin nicht zu den etablierten Parteien. Sie proklamierte ausweislich der Präambel in ihrer Landessatzung – obwohl sie sich nach eigenem Selbstverständnis wohl der politischen Mitte zurechnet – eine Politik, welche „quer zu den etablierten Parteien liegt". Nach allgemeiner Lebenserfahrung ist daher davon auszugehen, daß die Beschwerdeführerin zu 1.) zur Landtagswahl 1994 ein nicht unbeachtliches Protestwählerpotential aufwies und infolgedessen eine signifikante Zahl ihrer Wähler sich bei Nichtantritt der Partei zur Landtagswahl zur Nichtwahl entschlossen oder andere nicht etablierte (Protest-) Parteien gewählt hätte. Schon deshalb sind die oben aufgezeigten hypothetischen Szenarien, welche voraussetzen, daß im Falle des Nichtantritts der Beschwerdeführerin zu 1.) ein hoher Prozentsatz ihrer Wähler zu einer der beiden etablierten Volksparteien gewechselt hätte wirklichkeitsfremd.

Dies gilt um so mehr, als auch der prozentuale Anteil, welchen die theoretisch jeweils benötigten Wechselwähler bezogen auf das tatsächliche Landesstimmenergebnis der Beschwerdeführerin zu 1.) hätten, deutlich über dem

Vomhundertsatz des von der entsprechenden, etablierten (Volks-) Partei tatsächlich erreichten Landesstimmenergebnisses liegen würde.

Soweit die Beschwerdeführer darauf abstellen, daß infolge des Zuschnitts ihrer Partei und der Tatsache, daß deren Pendant im Landesparlament von Hamburg mit der dortigen SPD koaliere, der überwiegende Teil der Wählerschaft der Beschwerdeführerin zu 1.) für den Fall, daß diese bei der Landtagswahl nicht angetreten wäre, ihre Landesstimme der SPD gegeben hätte, kann dem nicht gefolgt werden. Die Entstehung und Entwicklung der Beschwerdeführerin zu 1.) weicht signifikant von derjenigen der STATT-Partei DIE UNABHÄNGIGEN (Hamburg) e.V. ab. Die Gründung des Landesverbandes in Thüringen geht nicht auf vergleichbare politische Auseinandersetzungen zurück, wie sie bei Gründung und Entwicklung der STATT-Partei in Hamburg eine Rolle gespielt haben. Insoweit gibt es keine Anhaltspunkte, welche auch nur mit einer gewissen Wahrscheinlichkeit dafür sprechen, daß für den Fall des Nichtantritts der Beschwerdeführerin zu 1.) über 40% ihrer Wählerschaft die Landesstimme der SPD gegeben hätte.

Erst recht gilt dies, wenn die Forschungsergebnisse des Instituts für angewandte Sozialwissenschaften, infas, zu den Landtagswahlen am 16. Oktober 1994 in Thüringen über die Wählerwanderungen zugrunde gelegt werden.

Danach hat es anläßlich der Thüringer Landtagswahl vom 16. Oktober 1994 einen Wählerstrom aus dem Potential der SPD hin zu dem Bereich aller anderen, an der Wahl beteiligten Parteien jenseits von CDU, FDP, Bündnis '90/DIE GRÜNEN und PDS (Andere), lediglich in einer Größenordnung von 2000 Wählern gegeben. Die Argumentation der Beschwerdeführer impliziert mithin, daß der den Bereich „Andere" betreffende Wählerstrom aus dem Bereich „SPD" praktisch ausschließlich die Beschwerdeführerin zu 1.) begünstigt habe. Dies ist angesichts der weiteren Parteien, welche unter „Andere" zusammengefaßt sind und bei denen ein nicht völlig unbedeutender Wählerzustrom aus dem Bereich der SPD zumindest auch wahrscheinlich ist, wiederum völlig fernliegend.

Entsprechendes gilt auch im Hinblick auf potentielle Wählerwanderungen zwischen der CDU und der Beschwerdeführerin zu 1.).

Daß nahezu 80 % der Wähler der Beschwerdeführerin zu 1.) ihre Landesstimme der CDU gegeben hätten, ist praktisch unwahrscheinlich. Folgt man der Argumentation der Beschwerdeführer selbst, bei der Wählerschaft der Beschwerdeführerin zu 1.) sei eine Nähe zur SPD gegeben, kann sogar mit an Sicherheit grenzender Wahrscheinlichkeit ausgeschlossen werden, daß für den Fall, daß die Beschwerdeführerin zu 1.) im Rahmen der Landtagswahl nicht zur Wahl gestanden hätte, deren Wählerklientel überwiegend seine Landesstimme zugunsten der CDU abgegeben hätte. Auch die Wählerwanderungsbilanz von infas zeigt, daß nach allgemeiner Lebenserfahrung ein entsprechendes

Wählerverhalten praktisch ausgeschlossen ist. Danach ist zwar ein Wählerstrom aus dem Bereich „CDU" zum Bereich „Andere" in einer Größenordnung von 6000 nachweisbar. Angesichts der Zusammensetzung des Bereichs „Andere", welcher einen überwiegenden Teil an konservativen zum Teil auch rechtsextremen bzw. rechtsradikalen Parteien umfaßt, ist es jedoch praktisch ausgeschlossen, daß die Beschwerdeführerin zu 1.) weit über die Hälfte des Wählerstroms vom Bereich der CDU zum Bereich „Andere" aufnahm. Im Ergebnis ist daher für den in Rede stehenden hypothetischen Fall, daß die Beschwerdeführerin zu 1.) nicht zur Landtagswahl angetreten wäre, nicht ausreichend wahrscheinlich, daß eine entsprechend hohe Zahl ihrer Wähler die SPD oder gar die CDU gewählt hätten.

bb) Soweit infolge einer etwaigen Aufstellung von Wahlkreisbewerbern die Erreichung eines verbesserten Landesstimmenergebnisses durch die Beschwerdeführerin zu 1.) in Frage steht, liegt angesichts der unterstellten Voraussetzungen bereits kein Wahlfehler vor, welcher sich bei der Landtagswahl mandatserheblich hätte auswirken können.

Die auf Grund der gemachten Annahmen rechtswidrig ergangene Entscheidung des Landeswahlausschusses gemäß § 30 Abs. 1 Satz 2 Nr. 2 ThürLWG am 19. August 1994 stand mit den Voraussetzungen und der Durchführung der Aufstellung von Wahlkreisbewerbern bzw. der Einreichung von Wahlkreisvorschlägen durch die Beschwerdeführerin zu 1.) in keinerlei Zusammenhang.

Aus der Tatsache, daß diese infolge der – als rechtmäßig unterstellten – Feststellung des Landeswahlausschusses vom 5. August 1994 keine Wahlkreisvorschläge eingereicht hat, ergeben sich ebenfalls keine Konsequenzen hinsichtlich der Gültigkeit der Thüringer Landtagswahl 1994.

Die Beschwerdeführerin zu 1.) konnte unter den angenommenen Voraussetzungen Wahlkreisvorschläge ohne eine ausreichende Zahl an Unterstützungsunterschriften gar nicht einreichen. Daß sie möglicherweise unter Zugrundelegung ihrer Rechtsansicht zu § 20 Abs. 4 Nr. 1 ThürLWG der Auffassung war, daß sie die dort festgelegten Tatbestandsmerkmale erfülle und deshalb auf die Aufstellung von Wahlkreisbewerbern und das Sammeln von Unterstützungsunterschriften bereits im Vorfeld der Entscheidung des Landeswahlausschusses am 72. Tag vor der Wahl verzichtete, ist auf dem Hintergrund der angenommenen Bedingungen ebenso der Sphäre der Beschwerdeführerin zu 1.) zuzurechnen wie eine etwaige Entscheidung, keine Wahlkreisbewerber aufzustellen, weil in den einzelnen Wahlkreisen die Möglichkeiten für Wahlkreisbewerber, eine ausreichende Anzahl an Unterstützungsunterschriften zu erlangen, als praktisch aussichtslos eingeschätzt wurde.

cc) Entsprechendes gilt für die Frage, ob die etwaige Aufstellung von Wahlkreisbewerbern durch die Beschwerdeführerin zu 1.) zu für die Sitzverteilung im Thüringer Landtag erheblichen Auswirkungen im Hinblick auf die Verteilung der Wahlkreisstimmen geführt haben könnte.

4. Wird unterstellt, daß die Feststellung des Landeswahlausschusses vom 5. August 1994 darüber, „welche Partei im Deutschen Bundestag oder in einem Landtag seit deren letzter Wahl auf Grund eigener Wahlvorschläge ununterbrochen vertreten war" (§ 20 Abs. 4 Nr. 1 ThürLWG), rechtswidrig war ist zwar von vom Vorliegen einer Verletzung des objektiven Wahlrechts auszugehen, eine konkrete, nach allgemeiner Lebenserfahrung nicht ganz fern liegende Möglichkeit oder Wahrscheinlichkeit, daß die Sitzverteilung im Parlament auf Grund der unterstellten Wahlrechtsverletzung beeinflußt worden wäre, jedoch ebenfalls nicht ableitbar.

a) Im Hinblick auf das Landesstimmenergebnis der Beschwerdeführerin zu 1.), ohne Berücksichtigung möglicher Folgerungen aus der von den Beschwerdeführern behaupteten Tatsache, daß diese an der Aufstellung von Wahlkreisbewerbern gehindert war, ergibt sich dies aus folgenden Erwägungen:

aa) Wird vorausgesetzt, daß die Feststellung des Landeswahlausschusses vom 5. August 1994, die Beschwerdeführerin zu 1.) sei weder im Deutschen Bundestag noch in einem der Landtage seit deren letzter Wahl auf Grund eigener Wahlvorschläge ununterbrochen vertreten gewesen, rechtswidrig war, weil die Beschwerdeführerin zu 1.) die gesetzlichen Voraussetzungen gemäß § 20 Abs. 4 Nr. 1 ThürLWG erfüllte, war die Zulassung ihrer ohne Unterstützungsunterschriften eingereichten Landesliste durch den Landeswahlausschuß am 19. August 1994 materiell rechtmäßig. Die von der Beschwerdeführerin zu 1.) eingereichte Landesliste erfüllte insoweit alle materiellen Anforderungen des ThürLWG. Insbesondere bedurfte es nicht der Unterschrift von 1000 Wahlberechtigten i. S. v. § 29 Abs. 1 Satz 2 ThürLWG.

Im angenommenen Fall ist demnach die rechtswidrige Entscheidung des Landeswahlausschusses vom 5. August 1994 durch die materiell rechtmäßige Entscheidung vom 19. August 1994 korrigiert worden. Nach den Maßstäben des materiellen Rechts wurde die Landesliste der Beschwerdeführerin zu 1.) am 19. August 1994 zu Recht zur Landtagswahl zugelassen. Die Beschwerdeführerin zu 1.) hat damit entsprechend der materiellen Rechtslage mit ihrer Landesliste an den Thüringer Landtagswahlen 1994 teilgenommen. Sowohl das Landesstimmenergebnis der Thüringer Landtagswahl vom 16. Oktober 1994 insgesamt, als auch das Landesstimmenergebnis der Beschwerdeführerin zu 1.) ist insoweit unbeeinflußt von einer etwaigen Verletzung des objektiven

Wahlrechts durch die Entscheidung des Landeswahlausschusses vom 5. August 1994 zustande gekommen.

Auf diesem Hintergrund kann eine Mandatserheblichkeit der – unterstellten – Verletzung des objektiven Wahlrechts jedenfalls bezüglich des Landesstimmenergebnisses der Thüringer Landtagswahl 1994 nicht festgestellt werden.

bb) Allerdings ergibt sich bei Rechtswidrigkeit der Entscheidung des Landeswahlausschusses vom 5. August 1994 und daraus folgender materieller Rechtmäßigkeit der Entscheidung vom 19. August 1994, eine Verletzung des objektiven Wahlrechts daraus, daß letztere unter Verstoß gegen zwingende verfahrensrechtliche Vorschriften und damit formell rechtswidrig ergangen ist.

Der Landeswahlausschuß ist nämlich bei einer Entscheidung über die Zulassung von Landeslisten gemäß § 30 Abs. 1 ThürLWG am 58. Tag vor der Wahl an seine Entscheidung gemäß § 20 Abs. 4 ThürLWG am 72. Tag vor der Wahl gebunden.

Eine Selbstbindung ergibt sich schon aus dem Wortlaut der einschlägigen Vorschriften.

Gemäß § 30 Abs. 1 Satz 2 Nr. 2 ThürLWG hat der Landeswahlausschuß am 58. Tag vor der Wahl Landeslisten zurückzuweisen, wenn sie den Anforderungen nicht entsprechen, die durch das ThürLWG bzw. die Landeswahlordnung aufgestellt werden. Damit wird auch auf die Vorschrift in § 29 Abs. 1 Satz 2 i. V. m. § 20 Abs. 2 ThürLWG und damit auch auf § 20 Abs. 4 Nr. 1 ThürLWG verwiesen. Nach § 20 Abs. 4 ThürLWG ist die nach dieser Vorschrift ergehende Entscheidung des Landeswahlausschusses „*für alle Wahlorgane verbindlich*". Zu den Wahlorganen gehört nach § 7 Abs. 1 ThürLWG auch der Landeswahlausschuß selbst.

Sinn und Zweck der genannten Vorschriften sprechen ebenfalls dafür, daß § 20 Abs. 4 ThürLWG nicht lediglich eine Ordnungsvorschrift beinhaltet, sondern eine grundsätzlich zwingende verfahrensrechtliche Regelung darstellt.

Sinn und Zweck der in Rede stehenden, das Wahlvorschlagsrecht „kanalisierenden" Wahlrechtsvorschriften ist es, das legitime staats- und verfassungspolitisch erwünschte Ziel, stabile Mehrheits- und Regierungsverhältnisse zu erreichen, bereits vor der Wahl, soweit wie möglich, zu sichern. Zum Wahlkampf und zur Entscheidung des Wählers sollen deshalb als Parteiwahlvorschläge nur solche Wahlvorschläge zugelassen werden, von denen vermutet werden kann, daß hinter ihnen eine politisch ernstzunehmende Gruppe mit ernsthafter politischer Zielsetzung steht. Zufallsbildungen von nur kurzer Dauer („Pseudoparteien"), die zur Stimmenzersplitterung beitragen, sollen sich nicht mit den besonderen Rechten einer bereits „bewährten" politischen Partei um die Wähler bewerben dürfen. Eine Vermutung im Sinne einer ernsthaften Wahlbeteiligung besteht bei „alten" Parteien auf Grund ihrer früheren Wahlerfolge und ihrer nachgewiesenen zahlenmäßig hinreichenden parlamentarischen Repräsentation. „Neue" Parteien müssen im Rahmen des Verfahrens nach §§ 20 Abs. 2 bis 4 und 22 Abs. 2 Satz 2 bzw. 29 Abs. 1 Satz 2 ThürLWG durch Beteiligungsanzeige und Vorlage von Unterstützungsunterschriften die Ernsthaftigkeit ihrer Bemühungen dartun (vgl. *Schreiber*, aaO § 18 Rdn. 9 zu den entsprechenden bundesrechtlichen Vorschriften).

Deshalb schreibt die gesetzliche Regelung des § 20 Abs. 4 ThürLWG als Ergebnis einer – nach Maßgabe praktischer Konkordanz bzw. des Verhältnismäßigkeitsprinzips – gefundenen Kollisionslösung zwischen dem Wahlvorschlagsrecht einerseits und dem öffentlichen Interesse an der organisatorischen Bewältigung einer Wahl, insbesondere im Hinblick auf die Sicherstellung der Durchführung zu einem bestimmten Stichtag andererseits, die Verbindlichkeit der Entscheidungen des Landeswahlausschusses auch für diesen selbst zwingend vor.

Gerade die verfassungsrechtlichen Grundsätze der freien Wahl und der Chancengleichheit erfordern nicht nur, daß der Akt der Stimmabgabe frei von Zwang und unzulässigem Druck bleibt, wie es Art. 46 Abs. 1 ThürVerf gebietet, sondern ebenso, daß die Wähler ihr Urteil in einem freien, offenen Prozeß der Meinungsbildung gewinnen und fällen können (vgl. BVerfGE 20, 56, 97). Der hervorragenden Bedeutung, die in diesem Prozeß den politischen Parteien zukommt, hat das Grundgesetz dadurch Ausdruck verliehen, daß es ihnen einen verfassungsrechtlichen Status zuerkannt hat (Art. 21 GG). Für die landesverfassungsrechtliche Situation kann Art. 9 Satz 2 ThürVerf ein Hinweis auf die in das Landesverfassungsrecht hineinwirkende und als Teil der Landesverfassung anzusehende Bestimmung des Art. 21 GG entnommen werden (vgl. *Jutzi*, in: Linck/Jutzi/Hoppe Die Verfassung des Freistaats Thüringen, Art. 9 Rdn. 1). Er gewährleistet nicht nur die freie Gründung von Parteien und ihre Mitwirkung an der politischen Willensbildung des Volkes, sondern sichert diese Mitwirkung auch durch Regeln, die ihnen gleiche Rechte und Chancen gewähren (BVerfGE 44, 125, 139).

Damit die Wahlentscheidung in voller Freiheit gefällt werden kann, ist es unerläßlich, daß die Parteien, soweit irgend möglich, mit gleichen Chancen in den Wahlkampf eintreten. Das Recht der politischen Parteien auf Chancengleichheit gilt auch im Bereich der Wahlvorbereitung und insbesondere für die zur Wahlvorbereitung in der Massendemokratie erfolgende Wahlwerbung. Hieraus ergibt sich die zwingende Forderung an die Wahlrechtsvorschriften, daß zu einem angemessenen Zeitpunkt vor dem eigentlichen Wahlakt rechtssicher und formal eindeutig feststehen muß, welcher potentielle Wahlvorschlagträger überhaupt als Partei bzw. als Partei i. S. v. § 20 Abs. 4 Nr. 1 ThürLWG an einer Wahl und deren Vorbereitung beteiligt sein kann. Nur dann ist es den Parteien möglich, ihre Wahlvorbereitung insbesondere im Hinblick auf den Einsatz sächlicher, personeller und finanzieller Mittel sachgerecht zu planen. Vor allem für „neue" Parteien muß bezüglich des „Ob" und „Wie" eines mitunter nicht unbeträchtlichen organisatorischen und finanziellen Wahlkampfaufwands rechtzeitig klar sein, auf welcher Grundlage entsprechende Bemühungen erfolgen. Dies sicherzustellen, ist zumindest auch Sinn und Zweck des § 20 Abs. 4 ThürLWG.

Entsprechendes gilt auch im Hinblick auf die organisatorische Bewältigung einer Wahl, denn die Entscheidungen des Landeswahlausschuß am 72. Tag vor einer Wahl stellen auch die entscheidende Maßgabe für die Gewährung öffentlicher Leistungen durch die Träger öffentlicher Gewalt (z. B. für die Verteilung der Sendezeiten durch die Rundfunkanstalten etc.) an die Wahlvorschlagträger dar (vgl. *Schreiber*, aaO, § 18 Rdn. 20).

Die unanfechtbaren, nur als unmittelbar auf das Wahlverfahren bezogen im Wahlprüfungsverfahren überprüfbaren (vgl. *Schreiber*, aaO, § 18 Rdn. 20 a) Entscheidungen des Landeswahlausschusses nach § 20 Abs. 4 ThürLWG sollen mithin die Einheitlichkeit der Behandlung von potentiellen Wahlvorschlagträgern gewährleisten und im Vorfeld der Wahlen für alle Beteiligten rechtlich und tatsächlich eindeutige, klare und überschaubare Verhältnisse schaffen. Sie dienen dem öffentlichen Interesse an der Funktionsfähigkeit der zu wählenden Repräsentativkörperschaft sowie an der organisatorischen Bewältigung der Wahl und stellen die Chancengleichheit aller Mitbewerber sicher.

Demzufolge muß der Landeswahlauschusses gemäß § 20 Abs. 4 ThürLWG am 72. Tag vor der Wahl für alle Wahlorgane – einschließlich des Landeswahlausschusses selbst – bindend über das Recht zur Einreichung von Landeslisten und darüber entscheiden, ob die Einreichung einer Landesliste gemäß § 29 Abs. 1 Satz 2 ThürLWG nur bei Vorlage von 1000 Unterstützungsunterschriften gültig ist.

Schließlich spricht auch der systematische Zusammenhang der Vorschrift dafür, daß die zeitlich nachgeordneten Entscheidungen aller Wahlorgane, also auch solche des Landeswahlausschusses selbst, grundsätzlich zwingend an die Vorgaben des Landeswahlausschusses auf Grund der Entscheidungen gemäß § 20 Abs. 4 ThürLWG am 72. Tag vor der Wahl gebunden sind.

Aus der systematischen Einordnung der Entscheidungen gemäß § 30 Abs. 1 ThürLWG einerseits und gemäß § 28 Abs. 2 ThürLWG andererseits ergibt sich eindeutig, daß diese nicht dem Zweck dienen, die gemäß § 20 Abs. 4 ThürLWG getroffenen Feststellungen einer erneuten Prüfung zu unterziehen.

Gemäß § 30 Abs. 1 ThürLWG entscheidet der Landeswahlausschuß, zeitlich und sachlich eindeutig von der Entscheidung über die Frage der Zulassung bzw. der Einordnung einer Partei gemäß § 20 Abs. 4 ThürLWG abgesetzt, über die Zulassung der eingereichten Landeslisten. Die Vorschrift begründet mithin weder hinsichtlich des Entscheidungsgegenstands noch hinsichtlich der entscheidenden Instanz eine Rechtskontrolle im Hinblick auf Entscheidungen gemäß § 20 Abs. 4 ThürLWG. Insoweit kommt ein etwa bestehender, in Literatur und Rechtsprechung zum Teil postulierter Grundsatz, in Zweifelsfällen zugunsten eines Wahlvorschlagträgers zu entscheiden, im Rahmen dieser Entscheidungen nicht zum Tragen.

Noch deutlicher ist der zwingende Charakter der Entscheidungen nach Maßgabe des § 20 Abs. 4 ThürLWG im systematischen Zusammenhang der Beschwerde gemäß § 28 Abs. 2 ThürLWG zu erkennen. Selbst bei einer korrigierenden Entscheidung des Landeswahlauschusses im Rahmen der Entscheidung nach § 30 Abs. 1 ThürLWG wäre nicht sichergestellt, daß auch auf Wahlkreisebene eine dementsprechende Entscheidung getroffen wird. Die Wahlkreisausschüsse selbst sind an die Entscheidungen des Landeswahlausschusses gemäß § 20 Abs. 4 ThürLWG gebunden. Eine im Rahmen von § 30 Abs. 1 ThürLWG ergehende korrigierende Entscheidung des Landeswahlausschusses wirkt sich auf Grund der bestehenden gesetzlichen Systematik – von Rechts wegen – auf die zeitgleich ergehenden Entscheidungen der Wahlkreisausschüsse gemäß § 28 Abs. 1 ThürLWG nicht aus. Auch im Wege der Beschwerde gemäß § 28 Abs. 2 ThürLWG käme es nicht zwingend zu einer Entscheidung des Landeswahlausschusses und damit zu einer auf Landes- und Wahlkreisebene gleichen Behandlung von entsprechend betroffenen Wahlvorschlagträgern. Die Vertrauensperson eines Wahlvorschlags ist wegen der Wahlprüfungsmöglichkeit nach der Wahl nicht gezwungen, eine Beschwerde zu erheben. Auch der an die Entscheidung des Landeswahlausschusses vom 72. Tag vor der Wahl gebundene Landeswahlleiter bzw. die gebundenen Kreiswahlleiter sehen möglicherweise keine Veranlassung zu einer Beschwerde. Nur eine pragmatische Handhabung des Beschwerderechts würde u. U. eine vereinheitlichende Entscheidung des Landeswahlausschusses auch bezüglich eingereichter Wahlkreisvorschläge sicherstellen. Die Möglichkeiten einer solchen Handhabung können indessen eine konsistente wahlverfahrensrechtliche Lösung nicht ersetzen.

Ob die formale Verbindlichkeit des § 20 Abs. 4 ThürLWG hier unbeachtlich sein kann, weil möglicherweise ein Verstoß gegen den Grundsatz der Verbindlichkeit der Entscheidung des Landeswahlausschusses am 72. Tag vor der Wahl ausnahmsweise dann eine Durchbrechung erfährt, wenn eine solche Entscheidung willkürlich oder sonst offenkundig rechtswidrig ist (vgl. *Schreiber* aaO, § 18 Rdn. 20), kann dahinstehen. Im vorliegenden Fall ist die Entscheidung des Landeswahlausschusses vom 5. August 1994 jedenfalls nicht offenkundig rechtswidrig.

Diese Wahlrechtsverletzung beeinflußt jedoch nicht die Sitzverteilung im 2. Thüringer Landtag. Der dem – unterstellten – Wahlfehler vom 5. August 1994 nachfolgende Wahlfehler vom 19. August 1994 hat die Kausalität des ersten Wahlfehlers bezüglich einer Beeinflussung der Sitzverteilung im Thüringer Landtag unterbrochen und durch den eigenen, nunmehr kumulativ hinzutretenden Kausalverlauf zu einem Wahlergebnis geführt, welches dem hypothetischen einer gedachten, wahlrechtsfehlerfrei verlaufenden Landtagswahl entspricht.

Da zur Beurteilung der Mandatserheblichkeit eines Wahlfehlers das tatsächliche Wahlergebnis mit dem hypothetischen Ergebnis einer wahlrechtsfehlerfrei verlaufenden Landtagswahl zu vergleichen ist, bedeutet dies hier, daß sowohl die Entscheidung vom 5. August 1994 als auch die Entscheidung vom 19. August 1994 als formell und materiell rechtmäßig gedacht werden müssen.

Die Beschwerdeführerin zu 1.) wäre dann am 5. August 1994 als Partei im Sinne von § 20 Abs. 4 Nr. 1 ThürLWG festgestellt und ihre Landesliste am 19. August 1994 formell zu Recht zugelassen worden.

Der hypothetische Verlauf der Landtagswahl entspricht damit, jedenfalls hinsichtlich des Landesstimmenergebnisses, dem tatsächlichen Verlauf der Thüringer Landtagswahl 1994, an der die Beschwerdeführerin zu 1.) mit einer zugelassenen Landesliste teilgenommen hat.

Selbst bei einer, isoliert auf den formellen Wahlfehler bei der Entscheidung über die Zulassung der Landesliste der Beschwerdeführerin zu 1.), beschränkten Betrachtung des hypothetischen Wahlverlaufs, d.h. bei Hinnahme des unterstellten Wahlfehlers bei der Entscheidung des Landeswahlausschusses vom 5. August 1994, ist nach der allgemeinen Lebenserfahrung eine konkrete, nicht ganz fernliegende Möglichkeit der Beeinflussung der Sitzverteilung im Thüringer Landtag ausgeschlossen. Die Sachlage entspricht dann nämlich dem oben abgehandelten Fall einer fehlerfreien Entscheidung nach § 20 Abs. 4 Nr. 1 ThürLWG bei nachfolgender rechtswidriger Entscheidung gemäß § 30 Abs. 1 Satz 2 Nr. 2 ThürLWG. Auf die dortigen Ausführungen wird verwiesen.

b) Im Hinblick auf das Landesstimmenergebnis der Beschwerdeführerin zu 1.) wie auch auf ein potentielles Wahlkreisstimmenergebnis ist eine konkrete, nach allgemeiner Lebenserfahrung nicht ganz fern liegende Möglichkeit oder Wahrscheinlichkeit, daß die Sitzverteilung im Parlament auf Grund der unterstellten Wahlrechtsverletzung durch die Entscheidung am 72. Tag vor der Wahl beeinflußt wurde, auch dann nicht ableitbar, wenn die Folgerungen aus der Tatsache, daß die Beschwerdeführerin zu 1.) auf Grund der unterstellten Wahlrechtsverletzung möglicherweise an der Aufstellung von Wahlkreisbewerbern gehindert war, berücksichtigt werden.

aa) Zweifelhaft ist schon, ob die Beschwerdeführerin zu 1.), selbst wenn sie keiner Unterstützungsunterschriften bedurfte, überhaupt eigene Wahlvorschläge in den Wahlkreisen eingebracht hätte. So wurden von der Beschwerdeführerin zu 1.) für die zeitgleich stattfindende Bundestagswahl keine Wahlkreisbewerber aufgestellt. Entsprechendes galt auch für einige vorausgegangene Landtagswahlen in anderen Bundesländern. Bei etlichen Landtagswahlen hat die Beschwerdeführerin zu 1.) wiederum nur in einigen der Wahlkreise Wahlkreisvorschläge eingebracht.

Auch die fehlenden, jedenfalls aber zeitlich sehr spät angesetzten Vorbereitungen zur Aufstellung von Parteibewerbern sprechen nicht dafür, daß Wahlkreisvorschläge in allen Wahlkreisen rechtzeitig eingebracht worden wären.

Insbesondere spricht aber die aus den hier vorgetragenen Umständen ableitbare Selbsteinschätzung der Beschwerdeführerin zu 1.) dagegen, daß jedenfalls dann Wahlkreisvorschläge eingebracht werden sollten, wenn dazu keine Unterstützungsunterschriften erforderlich gewesen wären. Die Beschwerdeführerin zu 1.) schätzte nämlich – ausweislich der Ausführungen ihres Verfahrensbevollmächtigten – vorliegend die Erfolgsaussichten potentieller Wahlkreisbewerber offensichtlich so schlecht ein, daß sie selbst die Erlangung der gesetzlich gemäß § 22 Abs. 2 Satz 2 ThürLWG für einen Wahlkreisvorschlag geforderten 250 Unterstützungsunterschriften für ausgeschlossen hielt und daher diese Möglichkeit für die Einreichung von Wahlkreisvorschlägen nicht nutzte, was die Vermutung nahe legt, daß die Einreichung von Wahlkreisvorschlägen unter keinen Umständen beabsichtigt war.

bb) Darüber hinaus wäre jedenfalls ein die Sitzverteilung im Thüringer Landtag beeinflussender Zuwachs an auf die Landesliste der Beschwerdeführerin zu 1.) entfallenden Stimmen mit an Sicherheit grenzender Wahrscheinlichkeit auch nicht für den Fall zu erwarten gewesen, daß die Beschwerdeführerin zu 1.) mit eigenen Wahlkreisvorschlägen an der Thüringer Landtagswahl am 16. Oktober 1994 hätte teilnehmen können.

Es bestehen bereits Zweifel, ob ein Zusammenhang zwischen dem Aufstellen von Wahlkreisbewerbern, dem Wahlkreisstimmenergebnis und dem Landesstimmenergebnis einer sich an einer Wahl beteiligenden Partei in der von den Beschwerdeführern behaupteten Art und Weise überhaupt belegt werden kann. Eine Kausalitätsbeziehung zwischen Landesstimmenergebnis/ Zweitstimmenergebnis und der Frage, ob Wahlkreisbewerber zumindest in einem Teil der Wahlkreise aufgestellt sind, ist jedenfalls nicht ohne weiteres nachweisbar. Dies gilt erst Recht für zahlenmäßig spezifizierte Relationen zwischen Landesstimmenergebnissen in Wahlkreisen mit bzw. ohne gleichzeitig aufgestellten Wahlkreisbewerbern.

Die Schlußfolgerungen der Beschwerdeführer aus den Ergebnissen der hessischen Landtagswahlen, welche in – relativer – zeitlicher Nähe zu den Thüringer Landtagswahlen stattgefunden haben, auf die thüringischen Verhältnisse zu übertragen, ist angesichts der großen Unterschiede zwischen den Bundesländern äußerst fraglich. Sowohl die historisch völlig unterschiedliche Entwicklung besonders während der Nachkriegszeit, die dementsprechend voneinander abweichende politische Kultur, als auch die verschiedenen Lebensverhältnisse und nicht zuletzt die eigenständige und damit unterschiedliche Situation der Landesverbände der Parteien, dürften das jeweilige Wahlverhalten in diesen Bundesländern in einem Maße beeinflussen, das eine Übertragbarkeit, zumal zahlenmäßiger Bezugsgrößen ausschließt.

Dies kann im weiteren jedoch dahinstehen, denn auch für den Fall, daß die von den Beschwerdeführern geltend gemachten, aus der hessischen Landtagswahl abgeleiteten Bezugsgrößen auf die in Frage stehenden thüringischen Verhältnisse übertragen werden, ist eine hieraus folgende, konkrete, nicht ganz fernliegende Möglichkeit einer Beeinflussung der Sitzverteilung im Thüringer Landtag nicht ersichtlich.

Wird im Rahmen der angeführten Annahmen unterstellt, die Beschwerdeführerin zu 1.) hätte für den Fall, daß sie mit eigenen Wahlkreisvorschlägen an den Thüringer Landtagswahlen 1994 teilgenommen hätte, ein um den Faktor 2,3 höheres Landesstimmenergebnis erreicht, würde sich rechnerisch, auf der Grundlage von § 5 ThürLWG, eine Änderung der Sitzverteilung im 2. Thüringer Landtag ausschließlich für die Fälle ergeben, daß die dementsprechende zusätzliche Zahl an Landesstimmen der Beschwerdeführerin zu 1.) vollständig (vgl. Anlage: Tabelle 2, Seite 1, Spalten 1–8) oder aber zumindest in einer Größenordnung von 1502 Stimmen (vgl. Anlage: Tabelle 2, Seite 2, Spalten 9–12) aus dem Wählerpotential der PDS gekommen wäre. Für den zuletzt genannten Fall muß dabei zusätzlich davon ausgegangen werden, daß die erforderlichen Stimmen im übrigen nicht aus dem Bereich der im Landtag vertretenen Parteien, sondern aus dem Bereich der anderen Parteien bzw. der Nichtwähler respektive der ungültigen Stimmen gekommen wären, da ansonsten für mandatsrelevante Landesstimmenergebnisse noch mehr Stimmen aus dem Bereich der PDS erforderlich gewesen wären.

Sind schon die aufgezeigten Konstellationen auf Grund der allgemeinen Lebenserfahrung offenkundig völlig ohne Realitätsbezug, wird dies erst Recht deutlich, wenn die Ausführungen der Beschwerdeführer im vorliegenden Verfahren herangezogen werden, wonach bei der Überprüfung der Frage der Mandatsrelevanz bei einer Verminderung der Stimmen der im Landtag vertretenen Parteien Parteien wie die PDS oder Bündnis '90/DIE GRÜNEN grundsätzlich vernachlässigt werden können, da es sich bei der Beschwerdeführerin zu 1.) „um eine Partei der Mitte handele, die keinerlei Wählerschaft im extremen oder ökologischen Bereich" habe.

Mithin wäre es auch bei einem, in Folge der Aufstellung von Wahlkreisbewerbern, um den Faktor 2,3 verbesserten Landesstimmenergebnis der Beschwerdeführerin zu 1.) absolut unwahrscheinlich und nach aller Lebenserfahrung völlig fernliegend, daß hierdurch eine Veränderung der Sitzverteilung im Landtag bewirkt worden wäre.

cc) Auch die Wahrscheinlichkeit dafür, daß die Beschwerdeführerin zu 1.) bei Einreichung eines Wahlkreisvorschlages ein Direktmandat erworben hätte, ist nach aller Lebenserfahrung zu vernachlässigen.

Dies läßt sich bereits aus der Anzahl der Landeslistenstimmen ableiten, welche bei der Landtagswahl vom 16. Oktober 1994 für die Beschwerdeführerin zu 1.) landesweit abgegeben worden sind. Selbst für den Fall, daß alle jene Wahlberechtigten, die ihre Landeslistenstimme zugunsten der Beschwerdeführerin zu 1.) abgegeben haben, ein und demselben Wahlkreis angehört hätten – was ausweislich der tatsächlich erzielten Wahlkreisstimmenergebnisse gemäß der Bekanntmachung des Landeswahlleiters über das endgültige Wahlergebnis der Landtagswahl am 16. Oktober 1994 für das Land Thüringen (vgl. Thüringer Staatsanzeiger, aaO) nicht der Fall war – und ihre Wahlkreisstimmen sämtlich einem Wahlkreisvorschlag der Beschwerdeführerin zu 1.) hätten zugute kommen lassen, wäre die Stimmenzahl im betreffenden Wahlkreis – ausweislich des amtlichen endgültigen Wahlergebnisses – für den Erwerb eines Direktmandates nicht ausreichend gewesen.

Es ist im übrigen auf dem Hintergrund des tatsächlichen Wahlergebnisses auch völlig unwahrscheinlich, daß die Beschwerdeführerin zu 1.) für einen ihrer Wahlkreisvorschläge ein vom in den Wahlkreisen erzielten Listenstimmenergebnis signifikant abweichendes Ergebnis erzielt haben würde, sofern sie einen oder mehrere Wahlkreisvorschläge eingereicht hätte und diese zugelassen worden wären. Schon auf Grund der allgemeinen Lebenserfahrung ist insoweit die Möglichkeit des Erwerbs eines Direktmandates durch einen Wahlkreisbewerber der Beschwerdeführerin zu 1.) völlig fernliegend.

Dies gilt selbst dann, wenn der Argumentation der Beschwerdeführer gefolgt würde, wonach die Aufstellung von Wahlkreisbewerbern zu einem um den Faktor 2,3 höheren Listenstimmenergebnis in den Wahlkreisen führen soll. Auch wenn die Beschwerdeführerin zu 1.) in den Wahlkreisen entsprechende Landesstimmenergebnisse und zugleich vergleichbar hohe Wahlkreisstimmenergebnisse erzielt hätte, wäre der Gewinn eines Direktmandats auf dem Hintergrund des tatsächlichen Wahlergebnisses außerhalb des nach aller Lebenserfahrung Wahrscheinlichen. Auch die – bereits angeführte – Selbsteinschätzung der Beschwerdeführerin zu 1.) bestätigt dieses Ergebnis. Es kann nämlich davon ausgegangen werden, daß diese – unter Inkaufnahme des Aufwands für das Aufstellen von Wahlkreisbewerbern und das Sammeln von Unterstützungsunterschriften – die Möglichkeit des § 22 Abs. 2 Satz 2 ThürLWG genutzt und einen oder mehrere mit Unterstützungsunterschriften versehene Wahlkreisvorschläge eingereicht hätte, wenn sie eine Persönlichkeit in ihren Reihen vermutet hätte, auf Grund deren Popularität bzw. politischer Attraktivität sie von dem Gewinn eines Wahlkreismandats in einem Wahlkreis ausgegangen wäre.

dd) Schließlich ist eine nach allgemeiner Lebenserfahrung bestehende reale Möglichkeit dafür, daß eine die personelle Sitzverteilung im Thüringer Landtag beeinflussende Veränderung der Zahl der auf die Wahlvorschläge in den einzelnen Wahlkreisen entfallenden Wahlkreisstimmen auch unter der Voraussetzung zu verneinen, daß die Beschwerdeführerin zu 1.) mit eigenen Wahlkreisvorschlägen an der Thüringer Landtagswahl 1994 teilgenommen hätte.

Selbst im denkbaren Extremfall wäre dies für den Erwerb der Direktmandate in den einzelnen Wahlkreisen ohne Folgen. Zunächst müßte insoweit davon ausgegangen werden, daß alle Wähler, die bei der Landtagswahl vom 16. Oktober 1994 der Beschwerdeführerin zu 1.) eine Landesstimme zukommen ließen, auch ihre Wahlkreisstimme abgegeben haben. Des weiteren müßte unterstellt werden, daß diese Wähler ihre Wahlkreisstimme gerade dem Wahlbewerber von CDU bzw. SPD, welcher nach dem vorliegenden Wahlergebnis das jeweilige Direktmandat erworben hat, gegeben haben. Schließlich müßte diesbezüglich angenommen werden, daß diese nunmehr ihre Wahlkreisstimme dem Wahlbewerber der Beschwerdeführerin zu 1.) hätten zukommen lassen. Auch unter diesen – kumulativ gedachten – Bedingungen ist es, jedenfalls in 43 von 44 Wahlkreisen, schon rein rechnerisch unmöglich, daß andere als die tatsächlich gewählten Personen ein Direktmandat erworben hätten.

Dies gilt selbst dann, wenn auch in den Wahlkreisen von einem um den Faktor 2,3 höheren Wahlergebnis der Beschwerdeführerin zu 1.) ausgegangen wird (vgl. Anlagen: Tabelle 3, Seiten 1 u. 2, Spalten 1–14 u. 16–44).

Auch für den einzigen Wahlkreis (Wahlkreis 15), in dem rein rechnerisch eine Auswirkung denkbar wäre, ist die erforderliche konkrete Möglichkeit hierfür nach allgemeiner Lebenserfahrung nicht gegeben.

Der Erwerb des Direktmandats im Wahlkreis 15 durch den Wahlbewerber der SPD statt – wie tatsächlich geschehen – durch die Wahlbewerberin der CDU, und damit eine Änderung der personellen Sitzverteilung im 2. Thüringer Landtag, würde eine Reihe von Annahmen voraussetzen, welche zwar einzeln im Bereich des Möglichen liegen, in der hier notwendigerweise vorauszusetzenden Kumulation jedoch nicht hinreichend wahrscheinlich sind.

Die Wahrscheinlichkeitsbetrachtung hat von der Frage auszugehen, wie sich die Einreichung eines Wahlkreisvorschlags durch die Beschwerdeführerin zu 1.) auf die Wahlkreisstimmenergebnisse der anderen Parteien ausgewirkt hätte. Dabei müßte zunächst davon ausgegangen werden, daß die für die Beschwerdeführerin zu 1.) abgegebenen 133 Landeslistenstimmen ganz oder zum Teil auch als Wahlkreisstimmen der anderen Parteien wirksam geworden sind. Des weiteren müßte für den Fall der Einreichung eines eigenen Wahlvorschlags durch die Beschwerdeführerin zu 1.) unterstellt werden, daß diese Wahlkreisstimmen dann zumindest teilweise diesem zugute gekommen wären. Eine Mandatsrelevanz wäre erreicht, wenn von den für die CDU abgegebenen Wahlkreisstimmen mindestens 21 von Wählern der Landesliste der Beschwerdeführerin zu 1.) abgegeben worden wären, die – für den Fall, daß die Beschwerdeführerin zu 1.) einen eigenen Wahlkreisvorschlag eingereicht hätte – ihr Stimmverhalten zugunsten dieses Wahlkreisvorschlags geändert hätten. Dabei müßte jedoch zugleich unterstellt werden, daß entweder der Wahlbewerber der SPD keine Wahlkreisstimme von Wählern der Landesliste der Beschwerdeführerin zu 1.) erhalten hat oder – soweit dies der Fall gewesen ist – diese Stimmen auch erhalten hätte, wenn ein Wahlvorschlag der Beschwerdeführerin zu 1.) eingereicht worden wäre. Jede andere mandatsrelevante Konstellation würde eine noch größere Zahl an Wählern implizieren, die ihre Landesstimme der Beschwerdeführerin zu 1.) und ihre Wahlkreisstimme der Wahlbewerberin der CDU gegeben haben und – im unterstellten Fall – für den Wahlkreisvorschlag der Beschwerdeführerin zu 1.) stimmen müßten.

Daß diese Prämissen dem wirklichen Wählerverhalten entsprechen, ist ausgesprochen unwahrscheinlich. Bereits die Annahme, daß die Wähler der Landesliste der Beschwerdeführerin zu 1.) zu einem nicht unbedeutenden Teil ihre Wahlkreisstimme einer anderen (etablierten) Partei gegeben haben, ist angesichts der bereits angeführten Struktur dieser Partei unwahrscheinlich. Auch das Verhältnis der im Wahlkreis 15 abgegebenen Landeslisten- und Wahlkreisstimmen spricht nach allgemeiner Lebenserfahrung gegen eine entsprechende Annahme. Die Zahl der insgesamt abgegebenen gültigen Wahlkreisstimmen ist signifikant niedriger als die Zahl der gültigen Landesstimmen.

In diesem Zusammenhang ist insbesondere auch darauf abzuheben, daß das Wahlkreisstimmenergebnis der CDU mit 216 Stimmen hinter dem Landesstimmenergebnis zurückbleibt, während die SPD umgekehrt ein im Vergleich zum Landesstimmenergebnis um 223 Stimmen höheres Wahlkreisstimmenergebnis aufweist. Diese Zahlen stehen der Annahme entgegen, die CDU habe, wenn überhaupt, dann eine – im vorliegenden Zusammenhang –

nicht nur unbedeutende Zahl an Wahlkreisstimmen von Wählern der Landesliste der Beschwerdeführerin zu 1.) erhalten. Denn ein solches Verhalten hätte tendenziell zu einem, gegenüber dem Landesstimmenergebnis, höheren Wahlkreisstimmenergebnis der CDU führen müssen. Auch im Hinblick auf die Stimmenergebnisse bei der SPD ist, wenn überhaupt, dann davon auszugehen, daß ein nicht vernachlässigbarer Teil von Wählern der Landesliste der Beschwerdeführerin zu 1.) ihre Wahlkreisstimme dem Wahlbewerber der SPD gegeben haben. Dies gilt um so mehr, wenn die im vorliegenden Verfahren vorgetragene Selbsteinschätzung der Beschwerdeführerin zu 1.) bezüglich der sekundären Parteipräferenzen ihres Klientels zugrundegelegt wird. Insoweit muß aber die Annahme, daß entweder der Wahlbewerber der SPD keine Wahlkreisstimme von Wählern der Landesliste der Beschwerdeführerin zu 1.) erhalten hat oder – soweit dies der Fall gewesen ist – diese Stimmen auch erhalten hätte, wenn ein Wahlvorschlag der Beschwerdeführerin zu 1.) eingereicht worden wäre, als lebensfremd und unwahrscheinlich gewertet werden.

Jedenfalls ist die unabdingbare Kumulation aller für die Verwirklichung des unterstellten Falls notwendigen Voraussetzungen wirklichkeitsfremd, fernliegend und unwahrscheinlich, auch wenn – vor allem im Hinblick auf die zahlenmäßig geringen Unterschiede der Wahlkreisstimmenergebnisse von CDU und SPD – eine Verwirklichung der einzelnen Bedingungen jeweils für sich betrachtet nicht als ausgeschlossen erscheinen mag.

Dies gilt auch dann, wenn ein um den Faktor 2,3 höheres Wahlergebnis der Beschwerdeführerin zu 1.) zugrunde gelegt wird (vgl. Anlagen: Tabelle 3, Seite 1, Spalte 15).

D.

Das Verfahren ist gemäß § 28 Abs. 1 ThürVerfGHG kostenfrei.

Die Anordnung einer vollen oder teilweisen Erstattung von Auslagen gemäß § 28 Abs. 2 ThürVerfGHG erscheint nicht geboten.

Nr. 4

1. Aus der Verfassungsgarantie der kommunalen Selbstverwaltung folgt, daß Bestands- und Gebietsänderungen von Gemeinden nur aus Gründen des öffentlichen Wohls und nur nach Anhörung der betroffenen Gebietskörperschaften zulässig sind. Art. 28 Abs. 2 Satz 1 GG enthält für die Gemeinden eine (relativierte) beschränkt-individuelle Rechtssubjektsgarantie.

2. Die verfassungsgerichtliche Überprüfung kommunaler Neugliederungsmaßnahmen des Gesetzgebers muß einerseits dessen Befugnisse wahren, andererseits deren Begrenzung gegenüber den betroffenen Selbstverwaltungskörperschaften durch die Verfassung wirksam zur Geltung bringen. Soweit die kommunale Selbstverwaltungsgarantie der einzelnen Selbstverwaltungskörperschaft (Bestands-)Schutz bietet, reicht grundsätzlich auch die verfassungsgerichtliche Kontrollbefugnis, die jedoch nicht in den Bereich gesetzgeberischer Gestaltungsfreiheit eingreifen darf.

3. Bei umfassenderen Gemeindegebietsreformen lassen sich drei Stufen der gesetzgeberischen Entscheidung unterscheiden. Auf jeder dieser Stufen erfolgt eine Gemeinwohlkonkretisierung durch den Gesetzgeber, der jeweils eine adäquate verfassungsgerichtliche Überprüfung zuzuordnen ist. Die erste Stufe umfaßt den Entschluß, überhaupt eine grundlegende Umgestaltung der kommunalen Ebene vorzunehmen. Auf der zweiten Stufe werden die Leitbilder und Leitlinien der Neuordnung festgelegt, die die künftige Struktur der Selbstverwaltungskörperschaften bestimmen und die Umgestaltung in jedem Einzelfall dirigieren sollen. Auf der dritten Stufe erfolgt die Umsetzung der allgemeinen Leitbilder und Leitlinien im konkreten einzelnen Neugliederungsfall.

4. Unter den in den neuen Bundesländern seit 1990 bestehenden veränderten Lebens- und Wirtschaftsbedingungen wandelt sich die Siedlungstätigkeit im Umland der städtischen Zentren. Auch in Thüringen haben Entwicklungen im Sinne einer Stadt-Umland-Problematik eingesetzt. Diesen Entwicklungen im Hinblick auf den Gebietszuschnitt der kreisfreien Städte gerecht zu werden, ist eine legitime Zielsetzung des Thüringer Neugliederungsgesetzes.

5. Bei der Bestimmung der abstrakt-generellen Leitlinien einer gesetzlichen Gebietsreform kommt dem Gesetzgeber ein weiter Spielraum zu. Er hat die politische Gestaltungsaufgabe, die Maßstäbe für eine kommunale Neugliederung festzulegen. Die verfassungsgerichtliche Überprüfbarkeit ist in diesem Bereich deutlich eingeschränkt.

6. Die Eingemeindung von Umlandgemeinden ist grundsätzlich ein mit der Verfassungsgewährleistung kommunaler Selbstverwaltung zu vereinbarendes Mittel, um die Leistungskraft einer Stadt zu stärken und einen Stadt-Umland-Bereich sinnvoll neu zu ordnen. Aus der Perspektive der allgemeinen Ziele einer kommunalen Gebietsreform ist das Mittel der Eingemeindung gegenüber denkbaren anderen institutionellen Lösungsansätzen einer Stadt-Umland-Problematik regelmäßig nicht subsidiär.

7. Auf der dritten Stufe seiner Entscheidung, in Bestand oder Gebiet einer Gemeinde einzugreifen, unterliegt der Gesetzgeber einer intensiveren verfassungsgerichtlichen Kontrolle als auf den beiden vorangegangenen Stufen. Dies ergibt sich aus dem planerischen Einschlag der gesetzgeberischen Entscheidung, bei der die Abwägung der für oder gegen eine Neugliederungsmaßnahme streitenden Belange im wesentlichen durch die vom Gesetzgeber entwickelten Leitlinien und Leitbilder gesteuert wird. Deren Konkretisierung erfordert, die spezifischen örtlichen Gegebenheiten in den Blick zu nehmen.

8. Der Verfassungsgerichtshof hat insbesondere umfassend nachzuprüfen, ob der Gesetzgeber den entscheidungserheblichen Sachverhalt zutreffend und vollständig ermittelt und dem Neugliederungsgesetz zugrunde gelegt hat.

9. Der Gesetzgeber hat in jedem einzelnen Neugliederungsfall die verschiedenen Belange einander gegenüberzustellen und zu gewichten. Grundsätzlich ist es allein seine Sache, die Gewichtung der Belange im einzelnen und ihre Bewertung im Hinblick auf das Leitbild der Reform vorzunehmen. Auf dieser Grundlage ist er befugt, sich letztlich für die Bevorzugung eines Belangs oder mehrerer Belange und damit notwendig zugleich für die Zurückstellung anderer betroffener Gesichtspunkte zu entscheiden. Die verfassungsgerichtliche Kontrolle hat sich in diesem Bereich auf die Prüfung zu beschränken, ob die Gewichtungen mit den Leitbildern und Leitlinien des Gesetzgebers in Einklang stehen. Abwägungsfehlerhaft und vom Verfassungsgerichtshof für nichtig zu erklären ist eine einzelne Neugliederungsmaßnahme insbesondere, wenn der Eingriff in den Bestand einer einzelnen Gemeinde offenbar ungeeignet oder unnötig ist, um die damit verfolgten Ziele zu erreichen, oder wenn er zu ihnen deutlich außer Verhältnis steht. Die Gewichtung und Bewertung der Gemeinwohlaspekte durch den Gesetzgeber darf ihrerseits nicht deutlich außer Verhältnis zu dem ihnen von Verfassungs wegen zukommenden Gewicht stehen.

10. Das Gleichbehandlungsgebot ist im Rahmen der erforderlichen Ausrichtung von kommunalen Neugliederungsentscheidungen an Gründen des öffentlichen Wohls als verfassungsrechtliche Direktive bedeutsam und auch vom Gesetzgeber gegenüber den betroffenen Selbstverwaltungskörperschaften zu beachten. Nur sachliche, grundsätzlich an Leitbild und Leitlinien der Reform ausgerichtete Erwägungen dürfen den Gesetzgeber dazu bewegen, eine Gemeinde in die Kernstadt einzugliedern. Solche Gründe müssen aus den zuvor angestellten Sachverhaltsermittlungen ab-

leitbar sein. Aus den Sachverhaltsermittlungen muß sich auch die sachliche Rechtfertigung dafür ergeben, weshalb aus einem Kreis vergleichbarer Umlandgemeinden nur einzelne Gemeinden in die Kernstadt eingegliedert werden.

Verfassung des Freistaats Thüringen Art. 80 Abs. 1 Nr. 2, 91 Abs. 1

Grundgesetz für die Bundesrepublik Deutschland Art. 28 Abs. 2 Satz 1

Thüringer Verfassungsgerichtshofsgesetz § 31 Abs. 2

Thüringer Neugliederungsgesetz § 23

Urteil vom 18. Dezember 1996 – VerfGH 2/95 und 6/95 –

in dem Verfahren über die Verfassungsbeschwerden der Gemeinden

1. Isserstedt, vertreten durch den Bürgermeister,

2. Jenaprießnitz, vertreten durch den Bürgermeister

3. Krippendorf, vertreten durch den Bürgermeister,

4. Kunitz, vertreten durch die Bürgermeisterin

betreffend § 23 des Gesetzes zur Neugliederung der Landkreise und kreisfreien Städte in Thüringen (Thüringer Neugliederungsgesetz – ThürNGG –) vom 16. August 1993 (GVBl. S. 545)

Entscheidungsformel:

1. Die Verfahren werden zur gemeinsamen Entscheidung verbunden.

2. Die gemäß § 23 des Gesetzes zur Neugliederung der Landkreise und kreisfreien Städte in Thüringen (Thüringer Neugliederungsgesetz – Thür-NGG –) vom 16. August 1993 (GVBl. S. 545) angeordnete Eingliederung der Gemeinde Krippendorf in die Stadt Jena verstößt gegen das Recht der Gemeinde Krippendorf auf kommunale Selbstverwaltung (jetzt Art. 91 Abs. 1 der Verfassung des Freistaats Thüringen – ThürVerf – vom 25. Oktober 1993, GVBl. S. 625). § 23 ThürNGG wird insoweit für nichtig erklärt.

3. Die Verfassungsbeschwerden der Beschwerdeführerinnen zu 1), 2) und 4) werden zurückgewiesen.

4. Der Freistaat Thüringen hat der Beschwerdeführerin zu 3) die auf sie entfallenden notwendigen Auslagen in vollem Umfange zu erstatten.

5. Der Thüringer Gesetzgeber hat bis spätestens 31. 12.1997 über die Zuordnung der Beschwerdeführerin zu 3) zu einem Landkreis oder zu der kreisfreien Stadt Jena erneut zu entscheiden.

Bis zu dieser Entscheidung gilt die Beschwerdeführerin zu 3) als Ortsteil der kreisfreien Stadt Jena mit Ortschaftsverfassung (§ 45 ThürKO). Ziff. 3 der Entscheidungsformel des Beschlusses des Bundesverfassungsgerichts vom 3. Mai 1994 – 2 BvR 2760/93, 2 BvQ 3/94 und 2 BvR 707, 741/94 – (BVerfGE 91, 70) gilt für sie fort.

Gründe:

A.

Die Beschwerdeführerinnen wenden sich mit ihren Verfassungsbeschwerden gegen § 23 des Gesetzes zur Neugliederung der Landkreise und kreisfreien Städte in Thüringen (Thüringer Neugliederungsgesetz – ThürNGG –) vom 16. August 1993 (GVBl. S. 545). Dort ist bestimmt, daß die Gemeinden Isserstedt (Beschwerdeführerin zu 1), Krippendorf (Beschwerdeführerin zu 3), Cospeda, Kunitz (Beschwerdeführerin zu 4), Drackendorf, Maua, Münchenroda und Jenaprießnitz (Beschwerdeführerin zu 2) in die Stadt Jena eingegliedert werden. Die Gemeinde Cospeda hatte ursprünglich ebenfalls Verfassungsbeschwerde erhoben, diese aber am 7. Oktober 1996 zurückgenommen. Die Gemeinden Drackendorf, Maua und Münchenroda sind nicht gegen ihre Eingemeindung vorgegangen. Das Thüringer Neugliederungsgesetz ist am 1. Juli 1994 in Kraft getreten (vgl. § 34 ThürNGG i. V. m. der Anordnung der Landesregierung über die Durchführung der Kommunalwahlen vom 8. Februar 1994, StAnz. S. 399).

I.

1. Alle Beschwerdeführerinnen liegen im Nahbereich der Stadt Jena, wie ihn die Sachverständigenkommission „Gebietsreform" im November 1992 festgelegt hat. Die Gemarkungen der Beschwerdeführerinnen zu 2) und 4) grenzen unmittelbar an das Gebiet der Stadt Jena an. Hingegen sind die Beschwerdeführerinnen zu 1) und 3) durch die Gemarkung der ehemaligen Gemeinde Cospeda vom Stadtgebiet getrennt. Nach dem Stand vom 30. Juni 1992 hatten Isserstedt 500, Jenaprießnitz 445, Krippendorf 254 und Kunitz 448 Einwohner. Isserstedt, Cospeda und Krippendorf bildeten zusammen mit der Gemeinde Lehesten die Verwaltungsgemeinschaft Cospeda/Krippendorf, Kunitz und Jenaprießnitz zusammen mit fünf weiteren Gemeinden die Verwaltungsgemeinschaft Gleistal/Gembdental.

Die Stadt Jena hatte am 30. Juni 1992 100216 Einwohner auf einer Fläche von 59 km² (1699 Einwohner/km²). Nach den vom Thüringer Neugliederungsgesetz angeordneten Eingemeindungen hatte sie 103774 Einwohner auf einer Fläche von 121 km² (858 Einwohner/km²).

2. a) Mit Beschluß vom 29. April 1992 verlautbarte die Thüringer Landesregierung Grundsätze zur Notwendigkeit, den Zielen und der Durchführung einer Verwaltungs- und Gebietsreform in Thüringen. Im Hinblick auf mögliche Eingemeindungen in die kreisfreien Städte heißt es dort, daß es im Einzelfall auch geboten sein könne, durch Gesetz Eingemeindungen vorzunehmen; im Hinblick auf die Entfaltung der Städte würden Eingemeindungen erforderlich, wobei die Lebensfähigkeit der Stadt und die Interessen der jeweiligen Gemeinde gegeneinander abzuwägen seien. Beim Innenministerium werde eine Sachverständigenkommission zur Gebietsreform eingerichtet, die (u. a.) Vorschläge für die Lösung der Stadt-Umland-Problematik erarbeiten sollte.

b) Diese Sachverständigenkommission verabschiedete am 3. November 1992 „Empfehlungen zur Förderung der kommunalen Zusammenarbeit im Stadt-Umland-Bereich der kreisfreien Städte". In einer beigefügten Karte legte sie Nahbereiche um die bestehenden kreisfreien Städte fest. Die kreisfreien Städte und die Umlandgemeinden sollten Arbeitskreise bilden, in denen über Bedingungen und Formen der künftigen Zusammenarbeit verhandelt werden sollte. Im Interesse ihrer Entwicklungsfähigkeit, aber auch aus funktionalen und finanziellen Gründen des öffentlichen Wohls seien die kreisfreien Städte voraussichtlich auf eine gewisse Ausdehnung ihrer Gebietshoheit angewiesen.

c) Mit Anhörschreiben des Staatssekretärs im Innenministerium vom 23. Dezember 1992 zur Kreisgebietsreform wurde u. a. den Beschwerdeführerinnen die Empfehlung der Sachverständigenkommission „Gebietsreform" samt zugehöriger Karte der Nahbereiche um die kreisfreien Städte übermittelt.

Die Oberbürgermeister der kreisfreien Städte erhielten im Dezember 1992 Gelegenheit, ihre Auffassung zu möglichen Eingemeindungen zu äußern. Daraufhin benannte der Oberbürgermeister der Stadt Jena eine Reihe von Gemeinden, darunter alle Beschwerdeführerinnen. Hiervon unterrichtete das Innenministerium die Gemeinden mit Schreiben vom 29. Januar 1993. Sie wurden aufgefordert, binnen kurzer Frist auf der Grundlage eines Beschlusses der Gemeindevertretung eine Erklärung darüber abzugeben, ob und unter welchen Bedingungen sie ihre Eingliederung in die Stadt Jena für möglich hielten.

d) Am 2. März 1993 lag dem Kabinett ein erster Entwurf eines Neugliederungsgesetzes zur Beratung vor. Dort war eine Eingemeindung der Beschwerdeführerinnen zu 1), 2) und 3) nach Jena noch nicht vorgesehen.

Gegenüber der Landesregierung hatten alle Beschwerdeführerinnen vor Verabschiedung des Gesetzentwurfs im Kabinett schriftliche Stellungnahmen abgegeben. Sie sprachen sich unter Mitteilung entsprechender Ergebnisse von Bürgerbefragungen gegen ihre Eingemeindung aus.

3. Am 11. Mai 1993 leitete der Ministerpräsident dem Präsidenten des Landtages den von der Landesregierung beschlossenen Entwurf eines Thüringer Gesetzes zur Neugliederung der Landkreise und kreisfreien Städte zu (LT-Drs. 1/2233). Dieser sieht in einem § 22 die Eingliederung aller Beschwerdeführerinnen und einiger weiterer Gemeinden bzw. Gemeindeteile in die kreisfreie Stadt Jena vor.

In der Begründung zum Gesetzentwurf wird zu den kreisfreien Städten im allgemeinen ausgeführt:

Im Grundsatz nicht anders (als bei den Landkreisen) stellt sich die Situation bei den kreisfreien Städten dar. In Thüringen ist – wie im übrigen Bundesgebiet – im Umkreis der größeren Städte ein dichtes Netz von Verflechtungsbeziehungen entstanden. Der Verflechtungsraum ist von vielen kommunalen Verwaltungsgrenzen durchschnitten. Fehlplanungen., Reibungsverluste und Beeinträchtigungen des Gemeinwohls sind unvermeidbar. Derartige administrative Hemmnisse können die Gesamtentwicklung der Verflechtungsräume bremsen oder gar gefährden ...

Die zentralen Orte Thüringens weisen eine relativ hohe Bevölkerungsdichte auf. Das behindert die weitere Entfaltung dieser Städte. Diese Lage erfordert eine auf eine Gebietserweiterung zielende Neuordnung ...

Ziel des Gesetzes ist es, eine die Entwicklung des Landes fördernde Verteilung kreisfreier Städte in Thüringen festzulegen und ihnen den für die nächsten Jahrzehnte erforderlichen Entwicklungsraum zu sichern.

Dadurch sollen die kreisfreien Städte in die Lage versetzt werden, ihre Aufgaben wirkungsvoll wahrzunehmen. Die Leistungsfähigkeit der kreisfreien Städte muß mit den ständig steigenden Anforderungen an die öffentliche Daseinsvorsorge Schritt halten. Die kreisfreien Städte haben auch eine überörtliche Verantwortung. Auch hierdurch ergibt sich für sie als zentrale Orte ein erhöhter Flächenbedarf, um die künftigen Anforderungen an überörtliche Infrastruktur erfüllen zu können.

Ein weiteres Ziel dieses Gesetzes liegt in der Ordnung der bestehenden Verflechtungsräume zwischen den kreisfreien Städten und ihrem Umland.

Die wirtschaftliche Entwicklung im Umland der Kernstädte verläuft nicht selten unkoordiniert und überdimensioniert. Großflächige Einrichtungen zur privaten Daseinsvorsorge und entsprechende Infrastrukturanlagen für die Bürger der Städte befinden sich zunehmend im Umland. Die Städte werden also zunehmend vom Umland her versorgt. Andererseits werden Teilräume des Umlands zunehmend für die Ver- und Entsorgung der Kernstädte in Anspruch genommen, etwa bei der Trinkwassergewinnung, Abwasserbeseitigung und Abfallentsorgung, dem Bau von Verkehrswegen und der Errichtung von Anlagen der Energieerzeugung. Insoweit besteht ein vorrangiges Ordnungsproblem darin, die Entwicklung in geordnete Bahnen zu lenken. Hierfür ist die Konzentration in einer Hand, in der Verantwortung des größten Verwaltungsträgers, meist besser geeignet als der Zustand zersplitterter Zuständigkeiten. Auf diese Weise können die wirtschaftlichen Rahmenbedingungen, das Siedlungswesen, der Schutz von Natur und Landschaft sowie die Wohn- und Lebensqualität der Bevölkerung wirkungsvoll aufeinander abgestimmt werden.

Schließlich spielen die kreisfreien Städte beim Aufbau einer leistungsfähigen Wirtschaft für das Land Thüringen eine bedeutende Rolle. Ein wesentlicher Aspekt für die Attraktivität eines Wirtschaftsraumes ist nämlich das Vorhandensein leistungsfähiger kreisfreier Städte, die über ausreichende Gewerbe- und Wohnbauflächen zur Ansiedlung von Wirtschaftsbetrieben verfügen. Dafür ist es erforderlich, den Städten mehrere Entwicklungsalternativen offen zu lassen.

Die Entscheidung für den Erhalt der bisherigen kreisfreien Städte orientiert sich an den historischen Gegebenheiten und den Zielen der Raumordnung und Landesplanung. Es wurde außerdem geprüft, ob weiteren Städten der Status einer kreisfreien Stadt verliehen werden soll. Den Städten Erfurt, Gera, Jena, Suhl und Weimar wurde die Kreisfreiheit erhalten, weil diese eine weitere wirtschaftliche Entwicklung erwarten lassen, die es ihnen ermöglicht, die Aufgaben einer kreisfreien Stadt zu erfüllen.

Hinsichtlich der erforderlichen flächenmäßigen Vergrößerung der Städte wurde zunächst die Überlegung zugrunde gelegt, daß die Reform für einen längeren Zeitraum den räumlichen Zuschnitt der kreisfreien Städte festlegen soll. Die Interessen der kreisfreien Städte an der Vergrößerung ihres Gemeindegebietes einerseits und die Belange der umliegenden Gemeinden und ihrer Bürger am Fortbestand ihrer Eigenständigkeit andererseits waren gegeneinander abzuwägen. Dies hatte zur Folge, daß einer Vielzahl von Eingemeindungswünschen der kreisfreien Städte nicht entsprochen werden konnte.

Ein Kriterium für die Eingliederung einer Gemeinde ist die Freiwilligkeit.

Ein weiterer Aspekt ist eine bereits bestehende intensive Verflechtung zwischen kreisfreier Stadt und Nachbargemeinde. Dies findet ihren Ausdruck insbesondere im bereits erfolgten oder bevorstehenden Zusammenwachsen vorhandener Strukturen.

Ein weiterer Gesichtspunkt für Eingemeindungen ist eine schwerpunktmäßig auf die Kernstadt ausgerichtete Entwicklung einer Gemeinde. Von einer echten Landgemeinde im herkömmlichen Sinne kann in solchen Fällen meist nicht mehr gesprochen werden. Indizien hierfür sind die Auslagerung bestehender und die Anziehung neuer Gewerbe und Industriebetriebe in Konkurrenz zur Kernstadt sowie die Anziehung der Stadtbevölkerung in überproportionalem Maß. Außerdem indiziert eine stark expandierende Planung hinsichtlich Wohnbebauung und Gewerbeansiedlung eine Entwicklung hin zur Stadt.

Schließlich war bei der Auswahl der einzugliedernden Gemeinden maßgeblich, inwieweit diese sich von ihrer naturräumlichen Gegebenheit her eignen, den Flächenbedarf der Stadt zu decken. Hierbei mußten vor allen Dingen für Gewerbe und Wohnbau nutzbare Flächen berücksichtigt und in ihrer Quantität beurteilt werden.

Bei dieser Betrachtung kann der Umstand bedeutsam sein, daß sich für gewisse Vorhaben mit örtlicher und überörtlicher Bedeutung ein bestimmter Standort als besonders geeignet erwiesen hat, für dessen Erschließung und Infrastruktur die Kapazitäten der Stadt benötigt werden ...

Die Zahl der kreisfreien Städte bleibt also unverändert. Durch die Eingemeindungen erhöht sich die Einwohnerzahl nur geringfügig (...). Deutlicher fällt der Flächenzuwachs der Städte aus. Die Vergrößerung der Städte bewirkt neben den oben beschriebenen planerischen und ordnungspolitischen Gewinnen auch eine Entspannung in der Bevölkerungsdichte ...

Zu den Eingemeindungen in die Stadt Jena enthält die amtliche Gesetzesbegründung folgende Ausführungen:

Jena ist durch die beengte Tallage baulich kaum erweiterungsfähig; ausreichende Bebauungslücken und Flächenreserven fehlen der Stadt. Sie wird umschlossen vom Landschaftsschutzgebiet „Mittleres Saaletal", wodurch ihr eine intensive Flächenbewirtschaftung versagt ist. Andererseits ist Jena bestrebt, sich zum Hochtechnologiezentrum zu entwickeln. Auch sonst ist ein überdurchschnittlicher Wirtschaftsaufschwung bereits jetzt unverkennbar. Diesem überdurchschnittlichen Entwicklungspotential muß ausreichend Entwicklungsraum gegeben werden. Derzeit fehlen die räumlichen Voraussetzungen hierfür, was auch folgende Überlegung bestätigt: Die Stadt Jena hat, obwohl ein Teil ihres Gebietes in dem vorgenannten Landschaftsschutzgebiet mit Trinkwasserschutzzonen liegt, 1699 Einwohner pro Quadratkilometer. Sie hat also eine Besiedlungsdichte erreicht, die eine sinnvolle und bedarfsgerechte Entwicklung in den bestehenden Grenzen erheblich erschwert.

Ihren Flächenbedarf kann die Stadt Jena nur durch Eingemeindungen decken. Nach derzeitiger Prognose, die der Stadt den notwendigen Spielraum für die Fortentwicklung ihrer Planung beläßt, zeichnen sich folgende Perspektiven ab:

Westlich von Jena, in Cospeda und Münchenroda, stehen der Stadt Erweiterungsflächen für Wohnbebauung zur Verfügung. Die Gemeinde Münchenroda hat sich freiwillig zur Eingliederung in die Stadt entschlossen ...

Auch Isserstedt wird eingemeindet, weil es schon jetzt eine starke städtische Entwicklung nimmt. Die Gemeinde hat überproportional viele Flächen für Wohnbau und Gewerbe ausgewiesen und siedelt großflächig Gewerbebetriebe an. Hierdurch besteht die Gefahr einer unkoordinierten Entwicklung in Konkurrenz zur Stadt mit der Folge eines unökonomischen Ressourcen-, insbesondere Landschaftsverbrauchs. Zudem fällt auch die ungewöhnlich hohe Einpendlerquote nach Jena auf, die eine starke Verflechtung mit der Stadt belegt. Neben Isserstedt ist eine sinnvolle Flächenbedarfsdeckung für Wohnbau nordwestlich von Jena, uneingeschränkt vom Landschaftsschutzgebiet, außerdem in Krippendorf möglich ...

Im Nordosten von Jena ist eine Erweiterung um die Gemeinde Kunitz naheliegend. Dieser Ort ist mit der Kernstadt bereits zusammengewachsen und bildet mit dieser eine Siedlungseinheit.

Im Osten wird eine Erweiterung des Stadtgebiets nach Jenaprießnitz erforderlich. Hier kann sich die Stadt im Bereich des Wohnbaus sinnvoll und erschließungsgünstig erweitern. Zudem bestehen bereits starke infrastrukturelle Verflechtungen zwischen dieser Umlandgemeinde und der Stadt; ferner pendelt ein Großteil der dortigen Bevölkerung nach Jena zur Arbeit ...

Durch diese Eingemeindungen können die für eine sinnvolle bauliche und gewerbliche Entwicklung Jenas erforderlichen Flächen zur Verfügung gestellt werden.

4. a) Am 14. Mai 1993 beriet der Landtag in erster Lesung über den Gesetzentwurf und überwies ihn nach Begründung und Aussprache an den Innenausschuß. Dieser beschloß am 21. Mai 1993, eine schriftliche Anhörung aller Gebietskörperschaften zu dem Gesetzentwurf vorzunehmen. Ihnen wurde mit Schreiben der Verwaltung des Thüringer Landtags vom 24. Mai 1993 Gelegenheit gegeben, sich bis Ende Juni 1993 zu äußern. Dem Schreiben war der Gesetzentwurf mit der amtlichen Gesetzesbegründung beigefügt. Zugleich wurden die Gebietskörperschaften aufgefordert, sofern noch nicht geschehen, die Bürger anzuhören und das Ergebnis der Anhörung mitzuteilen. Bei der technischen Durchführung der Anhörung bediente sich der Landtag der Hilfe des Innenministeriums.

Außerdem beschloß der Innenausschuß am 21. Mai 1993, in öffentlicher Sitzung eine Aussprache zu den kreisfreien Städten und den nach dem Gesetzentwurf zur Eingemeindung vorgesehenen Umlandgemeinden abzuhalten. In der 53. Sitzung des Innenausschusses am 24. Juni 1993, zu der mit Schreiben vom 7. Juni 1993 eingeladen worden ist, wurden mögliche Eingemeindungen in die Städte Jena und Gera behandelt. Zur Thematik der Eingemeindungen nach Jena äußerten sich der Oberbürgermeister der Stadt Jena, der Landrat des Kreises Jena, ein Vertreter der Beschwerdeführerin zu 1), die Bürgermeister der Beschwerdeführerinnen zu 2) bis 4) sowie der Gemeindevertretervorsteher der Beschwerdeführerin zu 1).

Verschiedene Abgeordnete stellten Fragen an den Oberbürgermeister, den Landrat oder die anwesenden Gemeindevertreter, die diese beantworteten.

b) Beim Innenausschuß gingen schriftliche Stellungnahmen aller Beschwerdeführerinnen sowie der Stadt Jena ein. Während die Beschwerdeführerinnen ihre Ablehnung des Gesetzentwurfs zum Ausdruck brachten, begrüßte die Stadt Jena die dort vorgesehenen Eingemeindungen und hielt darüber hinaus weitere Eingemeindungen im Osten und Süden der Stadt für erforderlich.

Die im Rahmen der Anhörung eingegangenen schriftlichen Stellungnahmen wurden in der 61. Sitzung des Innenausschusses vom 9. Juli 1993 vorgetragen, desgleichen das Ergebnis der zu den beabsichtigten Eingemeindungen erfolgten Bürgeranhörungen. Alle Landtagsabgeordneten erhielten eine Übersicht über die eingegangenen Stellungnahmen und wurden darauf hingewiesen, daß sämtliche Zuschriften und Stellungnahmen zu dem Gesetzentwurf des Thüringer Neugliederungsgesetzes zur Einsichtnahme bereitstünden.

Der Innenausschuß beriet in seiner 62. Sitzung am 10. Juli 1993 abschließend über den Gesetzentwurf und die dazu vorliegenden Änderungsanträge. Im Falle der Stadt Jena wurden (nur) der Ortsteil Porstendorf der Gemeinde Neuengönna und die Gemeinde Sulza aus den einzugliedernden Gemeinden herausgenommen, im übrigen blieb es bei der Fassung des Regierungsentwurfes.

In seiner 63. Sitzung am 13. Juli 1993 befaßte sich der Innenausschuß letztmals mit dem Thüringer Neugliederungsgesetz. Er beschloß, verschiedenen Änderungen der Gesetzesbegründung zuzustimmen, die sich teils aus der gegenüber dem Regierungsentwurf geänderten Beschlußempfehlung und teils aus der Korrektur von Fehlern oder Ungenauigkeiten in der amtlichen Begründung ergaben.

c) Am 15. Juli 1993 behandelte der Landtag das Thüringer Neugliederungsgesetz in zweiter Lesung. Hinsichtlich § 22 des Gesetzentwurfes wurden Änderungsanträge abgelehnt, die alle Beschwerdeführerinnen (LT-Drs. 1/2513) bzw. die Beschwerdeführerin zu 3) (LT-Drs. 1/2495) von der Eingemeindung ausnehmen wollten. Auch ein Antrag, die Gemeinde Sulza doch nach Jena einzugemeinden (LT-Drs. 1/2560), fand keine Mehrheit. Die die kreisfreie Stadt Jena betreffende Bestimmung des Thüringer Neugliederungsgesetzes wurde sodann in der Fassung der Beschlußempfehlung des Innenausschusses mehrheitlich angenommen.

II.

1. Die Beschwerdeführerinnen haben allesamt am 28. Juni 1995 Verfassungsbeschwerde zum Thüringer Verfassungsgerichtshof eingelegt.

a) Zur Begründung macht die Beschwerdeführerin zu 1) im wesentlichen geltend: Ihre Eingemeindung nach Jena verletze sie in ihrem kommunalen Selbstverwaltungsrecht gem. Art. 91 Abs. 1 ThürVerf. Weder sei die vorgeschriebene Anhörung der Gemeinde und der Bürger ordnungsgemäß erfolgt noch entspreche die Eingemeindung dem öffentlichen Wohl.

Von den Veränderungsabsichten hinsichtlich der Gliederung des Landes habe sie erstmals durch ein Rundschreiben des Innenministeriums vom 23. Dezember 1992 erfahren, das am 12. Januar 1993 bei ihr eingegangen sei. In den beigefügten Empfehlungen der Sachverständigenkommission „Gebietsreform" sei lediglich angedeutet worden, daß es zu Eingemeindungen in die kreisfreien Städte kommen könne. Ihr sei eine viel zu kurze Frist gesetzt worden, um sich zu einer möglichen Eingemeindung zu erklären. Nachdem ein erster Entwurf indessen ihre Eingemeindung nach Jena nicht vorgesehen habe, habe sie sich ungefährdet gefühlt und dies auch in einem Schreiben an das Innenministerium zum Ausdruck gebracht. Auf den Gesetzentwurf der Landesregierung, der dann erstmals ihre Eingemeindung vorgesehen habe, habe sie sich in der Kürze der Zeit nur unzureichend einstellen können. Ferner sei das Verfahren, das das Innenministerium für die Bürgeranhörung festgelegt habe, rechtsstaatswidrig gewesen.

Ihre Eingemeindung nach Jena entspreche nicht dem öffentlichen Wohl. Der Gesetzgeber sei von falschen Voraussetzungen ausgegangen. Sie habe ihre Angelegenheiten bislang selbst zu ordnen vermocht; so habe sie einen der ersten Flächennutzungspläne Thüringens aufgestellt und eine vorbildliche, keineswegs überdimensionierte Planung von Gewerbe- und Wohnflächen durchgeführt. Außerdem sei sie zur Mitarbeit in einer Verwaltungsgemeinschaft und auf dieser Grundlage zu einer sachgerechten Zusammenarbeit mit der Stadt Jena bereit. Die Stadt Jena verfüge auf ihrer eigenen Gemarkung über Flächen zur Ansiedlung von Gewerbebetrieben und zur Ausweisung von Wohngebieten. Es sei nicht hinreichend geprüft worden, ob diese Flächen für die Entwicklungspolitik der Stadt in den nächsten Jahren nicht bereits ausreichten. Hierbei seien Flächen in den freiwillig zur Eingemeindung bereiten Gemeinden einzubeziehen. Im übrigen könne ein Flächenbedarf Jenas in der Gemarkung Isserstedt ohnehin nicht gedeckt werden, weil dort kein nennenswertes Bauland mehr verfügbar sei, das nicht bereits verplant oder bebaut sei. Ca. 40 % der Gemarkungsfläche seien Wald in Form eines Landschaftsschutz- oder Naturschutzgebietes. Isserstedt nehme keine starke städtische Entwicklung, vielmehr handele es sich um eine ausgesprochen dörfliche, kleinteilig gebliebene Gemeinde. Die Entfernung nach Jena sei beträchtlich. Zwischen Isserstedt und Jena liege ein mehrere Kilometer breiter Streifen Landschaftsschutzgebiet, so daß sich beide Gemeinden nicht aufeinander zu entwickeln könnten. Der Eingemeindungswunsch der Stadt beruhe wohl hauptsächlich auf dem Verbrauchermarkt, der sich auf ihrer Gemarkung angesiedelt habe. Die Gesetzesbegründung enthalte keine Ausführungen zu einer Abwägung zwischen den Interessen der Stadt und denjenigen der Gemeinde. Der Gesetzgeber habe gegen das Gebot verstoßen, sich über die tatsächlichen Grundlagen seiner Abwägung aufgrund verläßlicher Quellen ein eigenes Bild zu verschaffen und sich nicht mit Berichten von interessierter Seite zu begnügen. Er habe in einseitiger Weise den Interessen der Stadt Jena den Vorzug gegeben.

b) Die Beschwerdeführerinnen zu 2) bis 4) tragen zur Begründung ihrer gemeinsam erhobenen Verfassungsbeschwerden unter Vorlage eines Gutachtens von Prof. Dr. B. im wesentlichen folgendes vor:

Ihre Eingliederung in die Stadt Jena verstoße gegen die verfassungsrechtliche Garantie der kommunalen Selbstverwaltung.

Das durchgeführte Anhörungsverfahren genüge nicht den Anforderungen. Angemessene Überlegungs- und Abwägungszeiträume hätten in dem von erheblichem Zeitdruck geprägten Gesetzgebungsvorhaben nicht zur Verfügung gestanden. Der Gesetzgeber habe den Interessen der Stadt Jena einseitig den Vorrang eingeräumt und sei offenbar gar nicht bereit gewesen, ihren – der Beschwerdeführerinnen – Argumenten Gehör zu schenken oder diese angemessen in seine Abwägung einzubeziehen. Die sie betreffenden Ausführungen in der Begründung zum Gesetzentwurf der Landesregierung seien zum großen Teil falsch. So bleibe unerfindlich, wie in Krippendorf, einer ausschließlich landwirtschaftlich und dörflich geprägten Gemeinde, sinnvoll und unter Berücksichtigung einer geordneten Raumentwicklung sowie der Grundsätze des Natur- und Landschaftsschutzes eine Wohnbebauung zum Nutzen der Stadt Jena möglich sein solle. Die Anhörung vor dem Innenausschuß am 24. Juni 1993 habe nicht zu einer objektiven Unterrichtung über ihre wirkliche Situation führen können.

Ihre Eingliederung in die Stadt Jena sei nicht durch Gründe des Gemeinwohls gerechtfertigt. Der in der bisherigen verfassungsgerichtlichen Rechtsprechung angelegte Maßstab zur Bewertung territorialer Neugliederungen sei nur begrenzt auf die besondere Situation in den neuen Bundesländern übertragbar. Hier hätten die Gemeinden nach der Wende überhaupt erst wieder zu Formen kommunaler Selbstverwaltung zurückgefunden. Die Verwaltungsgemeinschaften, denen sie bislang angehört hätten, seien in der Lage gewesen, alle Aufgaben des eigenen und des übertragenen Wirkungskreises zu erfüllen. Auf dieser Basis hätte auch eine Kooperation zwischen Stadt und Umland herbeigeführt werden können. Diese Möglichkeiten habe der Gesetzgeber nicht von vornherein ausschließen dürfen. Durch den Vollzug des § 23 ThürNGG werde der gewachsene ländliche Lebensraum nachhaltig gestört und die mittlerweile entstandene Identifikation der Bürger mit ihrer politischen Gemeinde aufgehoben. Den Lebensverhältnissen der Bürger werde eine städtische Verwaltungsstruktur aufgezwungen, die nicht geeignet sei, den tatsächlichen Erfordernissen Rechnung zu tragen. Es sei zu befürchten, daß die Stadtverwaltung bezüglich ihrer Einbindung auf lange Zeit untätig bleibe. Raumordnerisch durchaus verträgliche eigene Entwicklungsvorhaben würden zurückgedrängt, infrastrukturell würden sie in eine absolute Randlage gebracht. Bei Bewahrung der Selbständigkeit könnten Entwicklungsdefizite der letzten Jahrzehnte im Interesse der Bürger schneller aufgeholt werden als bei einer Eingemeindung.

Die im Gesetzentwurf der Landesregierung aufgestellten Grundsätze für die kommunale Neugliederung im Bereich der kreisfreien Städte kennzeichneten das öffentliche Wohl nicht erschöpfend. Gleichwohl habe der Landtag auch sie nicht eingehalten. Die Umlandgemeinden genössen grundsätzlich den gleichen Bestandsschutz zur Verwirklichung der kommunalen Selbstverwaltung wie die Stadt Jena. Der Erhaltung ihrer Selbständigkeit sei jedoch ein zu geringer Stellenwert eingeräumt worden. Die Eingemeindungen machten positive Aufbauansätze zunichte. In ihnen komme ein neuer „Zentralismus" zum Ausdruck, den die Bevölkerung ablehne. Würden sie durchgeführt, drohten ein Verlust des Vertrauens in die freiheitlich-demokratische Grundordnung und politische Abstinenz.

Jena verfüge, insbesondere durch den teilweisen Abriß der Zeiss-Werke, über genügend Flächen im Stadtbereich, um Gewerbe anzusiedeln. Diese Flächen und die Gemarkungen Drackendorf, Maua und Münchenroda müßten zunächst einmal ausgenutzt werden, bevor weitere Eingemeindungen erwogen werden könnten. Im übrigen sei nicht nur die Stadt Jena in ihrer Flächenbewirtschaftung eingeschränkt, sondern dies gelte auch für sie wegen des Flächendenkmals der Schlacht von Jena und Auerstedt von 1806 und wegen des Landschaftsschutzgebiets „Mittleres Saaletal". Nicht hinreichend berücksichtigt worden sei ferner ihre Mitgliedschaft in den Verwaltungsgemeinschaften Cospeda/Krippendorf und Gleistal/Gembdental. Diese Gemeinschaften hätten sich positiv entwickelt. Durch die Eingemeindungen würden sie zerschlagen und die selbständig bleibenden Mitglieder in eine schwierige Lage gebracht.

Die Beschwerdeführerin zu 2) biete sich in Ergänzung zu Jena als künftige Wohngemeinde an. Die Entfernung zum Marktplatz in Jena betrage acht Straßenkilometer. In den nächsten Jahren werde ein Anwachsen auf ca. 1300 Einwohner erwartet. Die in der amtlichen Gesetzesbegründung erwähnten starken infrastrukturellen Verflechtungen sowie Pendlerbeziehungen mit Jena bestünden nicht. Einzige infrastrukturelle Verbindung sei die Bundesstraße 7. Wie in den anderen Beschwerdeführerinnen auch sei die Zahl der Pendler nach Jena mit dem Abbau der dortigen Industriearbeitsplätze drastisch zurückgegangen.

Die Beschwerdeführerin zu 3) sei von Jena, an das sie nicht angrenze, elf, von Apolda hingegen nur sechs Straßenkilometer entfernt. Bei einem Rückgang der landwirtschaftlichen Nutzung habe sie gute Aussichten als Wohngemeinde. Ein maßvolles Bevölkerungswachstum sei möglich.

Die Beschwerdeführerin zu 4) sei nicht mit Jena zusammengewachsen und bilde mit der Stadt auch keine Siedlungseinheit. Die anderslautende Darstellung in der amtlichen Gesetzesbegründung sei unrichtig. Kunitz werde durch die Saale von der Stadt abgegrenzt, die Entfernung zur Stadtmitte betrage 5 km, zur Straßenbahnendstelle 1,5 km. Die Gemeinde sei 1922 schon einmal eingemeindet worden, was sich aber nicht bewährt habe und zwei Jahre später wieder rückgängig gemacht worden sei. Ein weiterer Eingemeindungsversuch zu Beginn der fünfziger Jahre habe abgewehrt werden können. Auch jetzt sei die Eingemeindung nicht gerechtfertigt. Man könne aufgrund der örtlichen Gegebenheiten nur ein maßvolles Wachstum, hauptsächlich durch Zuzug aus Jena, anstreben.

2. Zu den Verfassungsbeschwerden haben sich der Präsident des Thüringer Landtags, die Thüringer Landesregierung und der Oberbürgermeister der Stadt Jena geäußert.

a) Der Präsident des Thüringer Landtags vertritt die Auffassung, das Gesetzgebungsverfahren weise keine Mängel auf. Der Landtag habe das im Falle von Eingemeindungen erforderliche Anhörungsverfahren selbst durchgeführt und sich lediglich für dessen technische Durchführung zulässigerweise der Hilfe des Innenministeriums bedient. Aufgrund der Ergebnisse der Anhörung sei eine ausreichende Kenntnis und ausgewogene Berücksichtigung der Belange der Beschwerdeführerinnen bei der Abwägung mit den Interessen der Stadt Jena gewährleistet gewesen. Alle Beschwerdeführerinnen hätten sich sowohl schriftlich als auch mündlich in dem Anhörungstermin vor dem Innenausschuß geäußert. Zusätzlich hätten dem Landtag die Äußerungen aufgrund der zu Beginn des Jahres 1993 erfolgten Anhörung durch das Innenministerium vorgelegen. Den Beschwerdeführerinnen habe ein ausreichender Zeitraum von gut einem Monat für ihre schriftlichen Äußerungen gegenüber dem Landtag zur Verfügung gestanden. Bis zum mündlichen Anhörungstermin am 24. Juni 1993 sei genug Zeit gewesen, um eine dort abzugebende Stellungnahme anzufertigen. Daß die Mitglieder des Innenausschusses die durch die Anhörungen erbrachten Informationen zur Kenntnis nahmen, im einzelnen prüften und ihrer Entscheidung zugrunde legten, werde schon daraus ersichtlich, daß der Gesetzentwurf der Landesregierung in der Beschlußempfehlung des Innenausschusses mehrfach geändert worden sei.

b) Die Thüringer Landesregierung hält § 23 ThürNGG für verfassungsgemäß.

Die Erforderlichkeit einer durchgreifenden Kommunalreform, wie sie in dem Grundsatzbeschluß vom 29. April 1992 niedergelegt sei, stehe außer Zweifel. Bezüglich der Neugliederung auf Kreisebene habe von vornherein die Notwendigkeit einer gesetzlichen Regelung bestanden. Dabei habe man zur besseren Entfaltung der kreisfreien Städte Eingemeindungen von Umlandgemeinden für erforderlich gehalten. Auch die vom Innenministerium einberufene Sachverständigenkommission „Gebietsreform" habe ausgesprochen, daß die kreisfreien Städte Thüringens im Interesse ihrer Entwicklungsfähigkeit und aus funktionalen und finanziellen Gründen voraussichtlich auf eine gewisse Ausdehnung ihrer Gebietshoheit angewiesen seien. Nach umfangreichen Anhörungen und eigenen Ermittlungen vor Ort habe die Landesregierung für die Gebietsreform zwischen kreisfreien Städten und Umlandgemeinden die in dem Gesetzentwurf umrissene Grundkonzeption entwickelt.

Alle Beschwerdeführerinnen seien durch ein Schreiben des Innenministeriums vom 29. Januar 1993 davon unterrichtet worden, daß die Stadt Jena ihre Eingemeindung für notwendig halte. Ihnen sei Gelegenheit gegeben worden, sich dazu zu äußern. Gegenüber dem Innenausschuß des Landtags hätten die Beschwerdeführerinnen später zu dem Gesetzentwurf der Landesregierung schriftlich und mündlich Stellung nehmen können. Insgesamt hätten sie ausreichend Gelegenheit gehabt, ihre Vorstellungen und Einwendungen gegenüber einer Eingemeindung vorzutragen, sich zu den Gründen für die Eingemeindung zu äußern und etwaige Fehler in den Sachverhaltsannahmen zu korrigieren. Die Frist für die schriftliche Stellungnahme zu dem Gesetzentwurf sei zwar relativ knapp bemessen gewesen. Jedoch sei das Gesetz sehr dringlich gewesen und habe nach Möglichkeit noch vor der Sommerpause des Parlaments verabschiedet werden sollen. Auch sei der Sachverhalt den Gemeinden bereits bekannt gewesen, nicht zuletzt aus zahlreichen unmittelbaren Gesprächen mit den Landräten, den Oberbürgermeistern, dem Innenministerium und mit Landtagsabgeordneten. Andererseits sei der Gesetzgeber bis zuletzt für Änderungen offen gewesen. Insgesamt sei dem Anhörungsgebot genügt worden, auch wenn man strenge Anforderungen an die Anhörung stelle.

Die materiell-rechtlichen Einwendungen der Beschwerdeführerinnen gegen ihre Eingemeindung nach Jena seien nicht begründet. Ihre Kritik gehe erheblich über die Kontrollmaßstäbe hinaus, die in der Rechtsprechung des Bundes- und der Landesverfassungsgerichte für kommunale Neugliederungsmaßnahmen bislang anerkannt seien. Sie berücksichtigten nicht genügend, daß die gesetzgeberische Entscheidung in diesem Bereich zwar durch Gründe des Gemeinwohls getragen sein müsse, dem Gesetzgeber aber ein weiter Rahmen der Gestaltungsfreiheit zustehe. Die Bestimmung des § 23 ThürNGG könne auch nicht an den Maßstäben gemessen werden, die die verfassungsgerichtliche Rechtsprechung für die Fälle einer erneuten Neugliederung oder Rück-Neugliederung entwickelt habe; dies habe das Bundesverfassungsgericht in dem vorangegangenen einstweiligen Anordnungsverfahren bereits entschieden. Vielmehr seien die Verfassungsgerichte bezüglich der Zielvorstellungen des Gesetzgebers, seiner Sachabwägungen, Wertungen und Prognosen auf die Prüfung beschränkt, ob seine Einschätzungen und Entscheidungen offensichtlich fehlerhaft oder eindeutig widerlegbar seien oder der verfassungsrechtlichen Wertordnung widersprächen. Der Gesetzgeber sei befugt, sich für die Bevorzugung eines Belanges und damit gleichzeitig für die Zurückstellung anderer Gesichtspunkte zu entscheiden. Auch die Einhaltung des Verhältnismäßigkeitsgebotes könnten die Verfassungsgerichte in diesem Zusammenhang nur eingeschränkt überprüfen. Hier sei lediglich zu fragen, ob der gesetzgeberische Eingriff in den Bestand einer Gemeinde offenbar ungeeignet oder unnötig sei, um die damit verfolgten Ziele zu erreichen, oder ob er zu ihnen deutlich außer Verhältnis stehe.

Mit den angegriffenen Eingemeindungen werde Forderungen des Gemeinwohls entsprochen. Die verschiedenen Belange seien beachtet und abgewogen worden. Der Gesetzgeber habe die Notwendigkeit gesehen, die Verwaltungs- und Finanzkraft der kreisfreien Städte als für die Landesentwicklung wesentlicher Zentren zu stärken. Ferner sei es erforderlich gewesen, im Randbereich dieser Städte für eine einheitlich gesteuerte sinnvolle Ordnung zu sorgen, nachdem insoweit in den ersten Jahren nach der Wende deutliche Fehlentwicklungen eingetreten seien. Zur Erfüllung ihrer Aufgaben benötige die Stadt Jena zusätzliche Flächen für Gewerbe und Wohnen. Auf der anderen Seite stünden die kleinen, aber traditionsreichen Umlandgemeinden, für die der Grundsatz der Erhaltung der kommunalen Selbständigkeit, aber auch manches anzuerkennende aktive Engagement spreche. Der Gesetzgeber habe diese Belange für jede einzelne Gemeinde geprüft. Soweit es zu Eingemeindungen gekommen sei, habe er indessen den Belangen, die für die Stadt sprächen, den Vorzug gegeben. Die vorgenommenen Eingemeindungen seien nicht offenbar ungeeignet oder unnötig, um das angestrebte Ziel zu erreichen. Sie stünden zu diesem auch nicht deutlich außer Verhältnis. Da der Gesetzgeber eine einheitliche Ordnung der Randbereiche der kreisfreien Städte angestrebt habe, habe er sich nicht auf die Fälle einer freiwilligen Eingliederung beschränken müssen. Keine maßgebliche Bedeutung habe ferner den Verwaltungsgemeinschaften zukommen können, denen die Beschwerdeführerinnen angehörten. Bei ihnen handle es sich nicht um Gebietskörperschaften, etwa nach Art der früheren preußischen Amtsverwaltung oder der rheinland-pfälzischen Verbandsgemeinde. Das Vorhandensein von Verwaltungsgemeinschaften könne nicht Inhalt und Umfang kommunaler Neugliederungsmaßnahmen auf Kreisebene bestimmen, sondern habe diesen zu folgen und sie als vorgegeben hinzunehmen.

Die im Gebiet der Beschwerdeführerinnen ansässigen Arbeitnehmer, die nicht in der Landwirtschaft beschäftigt seien, pendelten in großem Umfang nach Jena, wo sich das Arbeitsplatzangebot auf 47100 Arbeitsplätze entwickelt habe. Dort würden im übrigen auch kulturelle Angebote sowie Leistungen der medizinischen Versorgung, der Bildung und Verwaltung in Anspruch genommen. Da die Gründung von Zweckverbänden unter Beteiligung der Stadt Jena die einheitliche Wahrnehmung aller Aufgaben im kommunalen Hoheitsgebiet nicht ersetzen könne, sei sie keine tragfähige Alternative zur Eingemeindung.

Wenn die Beschwerdeführerin zu 1) einerseits das Fortschreiten ihrer städtebaulichen Entwicklung mit der frühzeitigen Aufstellung eines Flächennutzungsplanes und von Bebauungsplänen sowie der Ansiedlung von Gewerbebetrieben betone und andererseits behaupte, sie sei eine ausgesprochen dörfliche Gemeinde ohne jede städtische Entwicklungstendenz, so bedeute dies einen gewissen Widerspruch. Tatsächlich orientieren sich die Planungsvorhaben der Beschwerdeführerin zu 1) im Grunde nicht am eigenen Bedarf, sondern an dem der Stadt Jena. Ein bezeichnendes Beispiel dafür sei die Ansiedlung des Verbraucher-Großmarktes, die nach dem Landesentwicklungsprogramm einem Ober- oder Mittelzentrum vorbehalten sei. Die topographischen Verhältnisse setzten einem Zusammenwachsen Isserstedts mit Jena zwar Grenzen. Die Stadt Jena dürfe aber nicht topographisch „eingemauert" bleiben, sondern müsse die insoweit bestehenden Grenzen überwinden; für eine Großstadt seien geländemäßige Gegebenheiten, die einzelne Stadtteile voneinander trennten, nichts Außergewöhnliches.

Die Beschwerdeführerin zu 2) habe durch ein neues Baugebiet für ca. 240 Wohneinheiten über ihren eigenen Bedarf hinaus Wohnbauflächen geschaffen. Ein geplantes Wohngebiet der Stadt Jena, dessen erster Bauabschnitt realisiert sei, reiche bis an die Gemarkungsgrenze heran. Seine Erweiterung in die Gemarkung Jenaprießnitz sei möglich.

Die Beschwerdeführerin zu 4) liege in unmittelbarer Nachbarschaft zu den Gewerbegebieten im Norden Jenas und zur zentralen Kläranlage. Die Verkehrsanbindung sei optimal. Die im Flächennutzungsplan der Beschwerdeführerin zu 4) ausgewiesenen Baulandflächen seien nur aus dem Gesamtpotential der Stadt heraus akzeptabel.

c) Der Oberbürgermeister der Stadt Jena bezieht sich in seiner schriftsätzlichen Äußerung auf eine Stellungnahme zu den Verfassungsbeschwerden, die er am 6. Dezember 1995 gegenüber dem Innenministerium abgegeben hat. Dort wird im wesentlichen ausgeführt, daß eine zukunftsorientierte Entwicklung der Stadt Jena ausreichende Flächen für die Ansiedlung von Gewerbe und den Bau von Wohnungen erfordere, über die diese vor den Eingemeindungen nicht in genügendem Umfang verfügt habe. Hinsichtlich der Gewerbeflächen bestehe sowohl kurz- als auch langfristig ein Defizit. Die in der Gemarkung Isserstedt zur Verfügung stehenden Gewerbeflächen würden zur Deckung dieses Fehlbedarfs unbedingt benötigt. Der prognostizierte Bedarf von 14 300 zusätzlichen Wohneinheiten für Jena könne im alten Stadtgebiet einschließlich der Ortschaften Münchenroda und Drackendorf ebenfalls nicht befriedigt werden Zu seiner Deckung kämen alle Beschwerdeführerinnen anteilig in Betracht. In Isserstedt, Jenaprießnitz und Kunitz seien schon vor der Eingemeindung Planungen eingeleitet bzw. durchgeführt worden, die weit über das im eigenen Interesse Benötigte hinausgingen und nur mit Blick auf die enge Nachbarschaft zur Stadt Jena überhaupt Sinn machten. Die dort zuziehenden Bürger kämen im übrigen zu einem hohen Anteil aus der Stadt und befürworteten eine Eingemeindung.

B.

Die Verfassungsbeschwerden sind zulässig.

I.

Gemäß Art. 80 Abs. 1 Nr. 2 der Verfassung des Freistaats Thüringen – ThürVerf – vom 25. Oktober 1993 (GVBl. S. 625) entscheidet der Verfassungsgerichtshof über Verfassungsbeschwerden von Gemeinden und Gemeindeverbänden wegen der Verletzung des Rechts auf Selbstverwaltung nach Art. 91 Abs. 1 und 2 ThürVerf. Art. 80 Abs. 1 Nr. 2 ThürVerf läßt in Verbindung mit § 31 Abs. 2 des Gesetzes über den Thüringer Verfassungsgerichtshof (Thüringer Verfassungsgerichtshofsgesetz – ThürVerfGHG –) vom 28. Juni 1994 (GVBl. S. 781) auch eine Entscheidung des Verfassungsgerichtshofs über die vorliegenden Verfassungsbeschwerden zu, obwohl Art. 91 Abs. 1 ThürVerf als Prüfungsmaßstab für eine landesverfassungsgerichtliche Kontrolle des bereits vor dem Inkrafttreten der Verfassung des Freistaats Thüringen erlassenen Thüringer Neugliederungsgesetzes ausscheidet (vgl. Urteile des ThürVerfGH vom 6. September 1996 – VerfGH 4/95* und vom 12. Januar 1996 – VerfGH 5/95**).

Als gemäß Art. 80 Abs. 1 Nr. 2 ThürVerf, § 31 Abs. 2 ThürVerfGHG umzusetzender verfassungsrechtlicher Prüfungsmaßstab steht statt dessen die gemeindeutsche Garantie der kommunalen Selbstverwaltung in dem Ausmaß zur Verfügung, in dem Art 28 Abs. 2 GG ein Mindestmaß an kommunaler Selbstverwaltung garantiert (vgl. Urteile des ThürVerfGH vom 23. Mai 1996 – VerfGH 12/95*** und vom 6. September 1996, aaO). Diese Ausformung der kommunalen Selbstverwaltungsgarantie hat in Thüringen gemäß Art. 3 des Einigungsvertrages vom Beitritt der ehemaligen DDR und vom Wiederentstehen Thüringens als (neues) Bundesland an gegolten und den Gesetzgeber des Thüringer Neugliederungsgesetzes gebunden (zur Natur von Art. 28 Abs. 2 GG als Bund und Länder unmittelbar bindendes Verfassungsrecht vgl. *Nierhaus*, in: Sachs, GG, 1996, Art. 28 Rdn. 33; *Schmidt-Aßmann*, in: ders., Besonderes Verwaltungsrecht, 10. Aufl. 1995, S. 14). Der Verfassungsgerichtshof ist

---

* In diesem Band S. 331.
** LVerfGE 4, 411.
*** LVerfGE 4, 425

befugt, sie seiner landesverfassungsgerichtlichen Überprüfung von Bestimmungen des Thüringer Neugliederungsgesetzes zugrunde zu legen.

2. Die Verfassungsbeschwerden sind form- und fristgerecht erhoben. Insbesondere ist die Begründungspflicht gemäß § 32 ThürVerfGHG eingehalten. Insoweit ist ausreichend, daß die Beschwerdeführerinnen geltend machen, ihre Eingemeindung in die Stadt Jena verletze sie in ihrem Recht auf kommunale Selbstverwaltung.

C.

Die Verfassungsbeschwerden der Beschwerdeführerinnen zu 1), 2) und 4) haben in der Sache keinen Erfolg. Dagegen ist die Verfassungsbeschwerde der Beschwerdeführerin zu 3) begründet. Ihr Recht auf kommunale Selbstverwaltung wird durch die in § 23 ThürNGG angeordnete Eingliederung in die Stadt Jena verletzt.

I.

1. Art. 28 Abs. 2 Satz 1 GG gewährleistet die Gemeinden nach allgemeiner Auffassung nur institutionell und nicht individuell. Daher steht die verfassungsrechtliche Garantie der kommunalen Selbstverwaltung Eingriffen in die gemeindliche Gebietshoheit, wie etwa Auflösungen von Gemeinden, Gemeindezusammenschlüssen, Eingemeindungen und sonstigen Gebietsänderungen, auch wenn sie gegen den Willen der betroffenen Gemeinde erfolgen, grundsätzlich nicht entgegen (vgl. z. B. BVerfGE 50, 50; 86, 90, 107; BayVerfGH BayVBl. 1978, 497, 498; NdsStGH NdsStGHE 2, 1, 144; StGH Bad.-Württ. NJW 1975, 1205, 1207 f.; *Maunz*, in: Maunz/Dürig/Herzog, GG, Art. 28 Rdn. 45; *Löwer*, in: von Münch/Kunig, GG, 3. Aufl. 1995, Art. 28 Rdn. 42; *Stern*, Staatsrecht I, 2. Aufl. 1984, S. 409 f.; *Schmidt-Aßmann*, aaO S. 15). Gleichwohl ist eine Gemeinde gegenüber Eingriffen des Landesgesetzgebers in ihren Gebietsbestand bis hin zu ihrer Auflösung rechtlich nicht schutzlos gestellt. Zwar besteht zwischen den Gemeinden und dem Staat eine „institutionelle Synthese" (so *Stern*, in: Bonner Kommentar zum GG, Art. 28 Rdn. 70), so daß Art. 28 Abs. 2 Satz 1 GG nicht als Grundrecht der Gemeinden gegenüber dem Staat aufgefaßt werden kann (vgl. *Stern*, aaO; *Maunz*, aaO, Rdn. 56; *Schmidt-Aßmann*, aaO, S. 23; *Clemens*, NVwZ 1990, 834, 835). Art. 28 Abs. 2 Satz 1 GG verleiht den Gemeinden aber zumindest dergestalt subjektive Rechte, daß eine Rechtsspähre der einzelnen Gemeinde verfassungsrechtlich geschützt ist (vgl. *Stern*, aaO Rdn. 177; *Löwer*, aaO, Rdn. 41; *Schmidt-Aßmann*, aaO; weitergehend *Maurer*, DVBl. 1995, 1037, 1041 f.).

Dies gilt auch gegenüber kommunalen Neugliederungsmaßnahmen des Gesetzgebers. Mit Rücksicht auf die Bindungen, denen der Gesetzgeber hierbei unterliegt, kann davon gesprochen werden, daß Art. 28 Abs. 2 Satz 1 GG für die Gemeinden eine (relativierte) beschränkt-individuelle Rechtssubjektsgarantie enthält (vgl. *Schmidt-Aßmann*, aaO, S. 15; *Löwer*, aaO, Rdn. 43; *Ipsen*, ZG 1994, 194, 201; *Maurer*, DVBl. 1995, 1037, 1042; *Trute*, in: Müller/Trute, Stadt-Umland-Probleme und Gebietsreform in Sachsen, 1996, S. 154; vgl. auch StGH Bad.-Württ. NJW 1975, 1205, 1208).

Die Bindungen des Gesetzgebers bei Regelungen, die die Rechtsspähre einzelner Selbstverwaltungskörperschaften berühren, also auch bei der Gestaltung des Gebiets von Gemeinden, folgen nach herkömmlicher Auffassung daraus, daß der den Kernbereich der kommunalen Selbstverwaltungsgarantie bildende Wesensgehalt dieses Instituts nicht ausgehöhlt werden darf (vgl. BVerfGE 79, 127, 146 mwN). Nach dieser Auffassung gehört entsprechend der historischen Entwicklung, die die kommunale Selbstverwaltung genommen hat, zum Inhalt des Kernbereichs der kommunalen Selbstverwaltungsgarantie, daß Bestands- und Gebietsänderungen von Gemeinden nur aus Gründen des öffentlichen Wohls und nur nach einer Anhörung der betroffenen Gebietskörperschaften zulässig sind (BVerfGE 86, 90, 107; vgl. auch BVerfGE 50, 50; 50, 195, 202; SächsVerfGH SächsVBl. 1994, 226, 229 und 1995, 131, 134; *Stern*, Staatsrecht I, S. 410 f.; *Löwer*, aaO, Rdn. 42; *Schmidt/Aßmann*, aaO, S. 15; kritisch zu dieser Ableitung, nicht aber zu den Bindungen als solchen *Ipsen*, ZG 1994, 194 ff.)

2. Hingegen setzt Art. 28 Abs. 2 Satz 1 GG für eine derartige Bestands- oder Gebietsänderung keine wie auch immer näher auszugestaltende Anhörung der Bürger der betroffenen Gemeinde voraus. Eine solche Bürgeranhörung ist zwar in einigen Länderverfassungen (auch gemäß Art. 92 Abs. 2 Satz 3 ThürVerf) vorgesehen. Sie zählt aber nicht zum hier allein maßgeblichen, als gemeindeutscher Verfassungsgrundsatz verbürgten Mindestinhalt der kommunalen Selbstverwaltungsgarantie (vgl. BayVerfGH BayVBl. 1978, 497, 500; *Linck/Jutzi/Hopfe*, Die Verfassung des Freistaats Thüringen, 1994, Art. 105 Rdn. 6; *Hoppe/Rengeling*, Rechtsschutz bei der kommunalen Gebietsreform, 1973, S. 154 f.). Aus der Sicht des Art. 28 Abs. 2 Satz 1 GG kann die Zustimmung oder Ablehnung einer Eingemeindung durch die Bürger der betroffenen Gemeinde daher lediglich einen Gesichtspunkt bei der gesetzgeberischen Abwägung bilden, ob die Eingemeindung auf Gründe des öffentlichen Wohls gestützt werden kann; nicht aber handelt es sich um eine selbständige, regelmäßig zu prüfende Rechtmäßigkeitsvoraussetzung einer Eingemeindung durch Gesetz. Demzufolge braucht dem Vorbringen der Beschwerdeführerinnen, die Bürgeranhö-

rungen aus Anlaß der umstrittenen Eingemeindungen seien auf eine fehlerhafte, rechtsstaatswidrige Weise erfolgt, nicht näher nachgegangen zu werden.

II.

Gegenüber den Beschwerdeführerinnen ist nicht gegen das sich aus der kommunalen Selbstverwaltungsgarantie ergebende Anhörungsgebot verstoßen worden. Dieses erfordert, daß die Gebietskörperschaften von der beabsichtigten Regelung Kenntnis erlangen. Diese Information muß rechtzeitig erfolgen und den wesentlichen Inhalt des Neugliederungsvorhabens und der dafür gegebenen Begründung umfassen. Die Stellungnahmen der Gebietskörperschaften sind vor der abschließenden Entscheidung zur Kenntnis zu nehmen und bei der Abwägung der für und gegen die Neugliederungsmaßnahme sprechenden Gründe zu berücksichtigen (Urteil des ThürVerfGH vom 6. September 1996 – VerfGH 4/95*; BVerfGE 86, 90, 107 f.; 50, 195, 202 f.; vgl. auch SächsVerfGH, Beschl. vom 9. November 1995 – 20-VIII-95, S. 16 ff.).

1. Die Anhörung der betroffenen Gemeinden zu § 23 ThürNGG hat der Gesetzgeber selbst vorgenommen. Der Innenausschuß des Landtags hat sich dabei lediglich in technischer Hinsicht – zur Sichtung und zum Vortrag der eingegangenen schriftlichen Stellungnahmen – der Hilfe des Innenministeriums bedient. Diese Vorgehensweise ist nicht zu beanstanden. Sie liegt sogar näher am Idealbild einer Anhörung durch die gesetzgebende Körperschaft als andere, ebenfalls zulässige Formen der Übermittlung einer Stellungnahme der anzuhörenden Selbstverwaltungskörperschaft (zu solchen vgl. z. B. VerfGH NRW OVGE 26, 286, 289; NdsStGH NdsStGHE 2, 1, 148 f.; VerfGH Saarland DVBl. 1975, 35, 36; SächsVerfGH SächsVBl. 1995, 131, 135).

Für die Verfassungsmäßigkeit von § 23 ThürNGG kommt es demnach auf die hier erfolgte Anhörung der betroffenen Gemeinden durch den Gesetzgeber selbst an. Soweit darüber hinaus vor der Erstellung des Gesetzentwurfs der Landesregierung eine Anhörung durch das Innenministerium vorgenommen worden ist, die die Beschwerdeführerinnen für mangelhaft halten, spielt dies für die Frage, ob § 23 ThürNGG verfassungsgemäß ist, keine direkte Rolle. In Anbetracht der Anhörung durch den Landtag selbst vermag das diesbezügliche Vorbringen der Beschwerdeführerinnen eine Verletzung ihres Rechts auf kommunale Selbstverwaltung nicht zu erweisen und braucht daher nicht näher erörtert zu werden. Der Umstand, daß sich die Beschwerdeführerinnen – unbeschadet ihrer Rüge – bereits im Zuge der Erarbeitung des Gesetzentwurfs der Landesregierung zur Frage ihrer Eingemeindung äußern konnten

---

* In diesem Band S. 331.

und geäußert haben, wirkt sich allenfalls indirekt auf die Beurteilung der Anhörung durch den Landtag aus.

2. a) Das Recht der von kommunalen Neugliederungsmaßnahmen betroffenen Selbstverwaltungskörperschaften auf Anhörung trägt dem Gedanken bürgerschaftlich-demokratischer Selbstbestimmung Rechnung, indem es den einzelnen Trägern kommunaler Selbstverwaltung ermöglicht, ihre Sicht der Belange des Gemeinwohls in einer für sie als Rechtssubjekt existentiellen Frage zur Geltung zu bringen. Außerdem dient es der Information des Gesetzgebers, der oftmals erst durch die Beteiligung der betroffenen Gebietskörperschaften die erforderliche Kenntnis von bestimmten, für seine abwägende Entscheidung erheblichen Belangen erhält. Mithin handelt es sich bei dem Anhörungsgebot nicht um eine bloße Formalie. Es geht nicht um ein „nobile officium" des Gesetzgebers, sondern um eine verfassungsrechtliche Bedingung für das ordnungsgemäße Zustandekommen eines Gebietsreformgesetzes (zum Ganzen vgl. z. B. SächsVerfGH SächsVBl. 1995, 131, 134; *Burmeister*, DÖV 1979, 385, 386 mwN). Aus den verfassungsrechtlichen Vorgaben leiten sich bestimmte Anforderungen an die Anhörung ab, die hier eingehalten sind.

b) Die Beschwerdeführerinnen haben rechtzeitig und in ausreichendem Umfang Kenntnis von der beabsichtigten Neugliederungsmaßnahme erlangt (zu diesen Voraussetzungen einer ordnungsgemäßen Anhörung vgl. BVerfGE 86, 90, 107 f.; SächsVerfGH aaO, S. 134 f.). Mit Schreiben der Landtagsverwaltung vom 24. Mai 1993 sind sie aufgefordert worden, binnen eines Monats nach dessen Zustellung zu dem Gesetzentwurf der Landesregierung auf der Grundlage eines Beschlusses der Gemeindevertretung Stellung zu nehmen. Dem Anschreiben waren der Gesetzestext, die Gesetzesbegründung und eine Karte beigefügt. Auf dieser Grundlage konnten sie sachgerecht schriftlich Stellung nehmen. Außerdem bestand die Möglichkeit, sich am 24. Juni 1993 vor dem Innenausschuß des Landtags mündlich zu äußern.

Die den Beschwerdeführerinnen gesetzte Äußerungsfrist von einem Monat war zwar knapp, aber noch ausreichend bemessen. Insoweit ist zunächst zu berücksichtigen, daß der Gesetzgeber gerade das Thüringer Neugliederungsgesetz wegen dessen grundlegender Bedeutung für die Verwaltungsgliederung des Landes als besonders dringlich erachten mußte. Es war deshalb legitim, seinen Erlaß noch vor der Sommerpause des Landtags und damit rechtzeitig vor den im Frühjahr 1994 abzuhaltenden Kommunalwahlen anzustreben.

Die Dauer der Äußerungsfrist bei kommunalen Neugliederungsvorhaben richtet sich nach den Gegebenheiten des jeweiligen Einzelfalles, ohne daß insoweit generell verbindliche, fest umrissene Zeiträume angegeben werden können (vgl. BVerfGE 86, 90, 108; NdsStGH NdsStGHE 2, 1, 149 f.). Für die

Bemessung der Äußerungsfrist kann es insbesondere eine Rolle spielen, ob der betroffenen Gemeinde das Neugliederungsvorhaben bereits seit längerem bekannt war und ihre Organe sich infolgedessen schon im Vorfeld des parlamentarischen Gesetzgebungsverfahrens damit auseinandersetzen und dazu eine Meinung bilden konnten. Ein derartiger Vorlauf versetzt die betroffenen Gemeinden zumindest in die Lage, in dem sich anschließenden parlamentarischen Gesetzgebungsverfahren rascher Stellung beziehen zu können, als wenn sie dort erstmalig mit einem Neugliederungsvorhaben konfrontiert werden. Die Äußerungsfrist kann dann entsprechend kürzer ausfallen (vgl. auch BVerfGE 86, 90, 112 f.; NdsStGH NdsStGHE aaO; VerfGH Rh-Pf AS 11, 73, 106 f.).

In dieser Hinsicht war in Thüringen – zumindest seit dem Grundsatzbeschluß der Landesregierung vom 29. April 1992 – allgemein bekannt, daß es in absehbarer Zeit zu einer Kommunalreform kommen würde, die auch eine Gebietsreform umfassen würde. Schon in diesem Grundsatzbeschluß wurden Eingemeindungen als erforderlich bezeichnet. Bereits dies war Anlaß, im Umland der kreisfreien Städte eine Diskussion des Für und Wider einer Eingemeindung auszulösen (vgl. z. B. die Bürgerbefragungen in Cospeda und Krippendorf vom 28. Juni 1992). Diese Diskussion verstärkte sich nach der Veröffentlichung der Empfehlungen der Sachverständigenkommission „Gebietsreform" im November/Dezember 1992, zumal auch dort eine Ausdehnung der Gebietshoheit der kreisfreien Städte angesprochen wurde. Spätestens nachdem die Oberbürgermeister der kreisfreien Städte im Dezember 1992 zur Benennung ihrer Eingemeindungswünsche aufgefordert worden waren und (u. a.) an alle Beschwerdeführerinnen das Anhörschreiben vom 29. Januar 1993 ergangen war, bestand für diese endgültig Veranlassung, sich näher mit der Möglichkeit ihrer Eingemeindung in die Stadt Jena auseinanderzusetzen (vgl. die Bürgerbefragungen in Jenaprießnitz am 23. November 1992, in Kunitz am 12. Januar 1993 und in Isserstedt am 28. Februar 1993). Als Anfang März 1993 die erste Fassung einer Kabinettsvorlage bekannt wurde, die die Beschwerdeführerinnen zu 1), 2) und 3) noch nicht für eine Eingemeindung vorsah, mag dort vorübergehend eine Entspannung in der Eingemeindungsdiskussion eingetreten sein. Dies hat jedoch nichts an der zuvor bereits erfolgten Wissens- und Meinungsbildung in diesen Gemeinden geändert, auf die nach Bekanntwerden des Gesetzentwurfs der Landesregierung vom 11. Mai 1993 ohne weiteres zurückgegriffen werden konnte.

Die Länge des erforderlichen Anhörungszeitraums hängt des weiteren auch vom Ausmaß des jeweiligen Neugliederungsvorhabens und des ihm zugrundeliegenden Sachverhalts sowie von Umfang und Schwierigkeit der auftretenden Sachfragen ab (vgl. BVerfGE 86, 90, 108; NdsStGH NdsStGHE 2, 1, 149; VerfGH Rh-Pf AS 11, 73, 106; *Hoppe/Rengeling*, aaO, S. 161 ff.). Diese Gesichtspunkte ließen im Falle der Eingemeindung der Beschwerdeführerinnen nach Jena eine relativ knappe Bemessung der Vorbereitungszeit für die abzugebenden Stellungnahmen zu. Ausgehend von der für eine Einräumung von Ausnahmen wenig Raum gebenden Ordnungskonzeption des Gesetzentwurfs der Landesregierung für die bisherigen Stadt-Umland-Bereiche waren die Argumente für und gegen eine Eingemeindung ohne allzu großen Aufwand aufzufinden.

Dies und die dargestellte Vorgeschichte berücksichtigend, erscheinen eine Abgabefrist für die schriftliche Stellungnahme von einem Monat und eine Vorbereitungszeit von zwei Wochen auf die zusätzlich dazu durchgeführte mündliche Anhörung vor dem Innenausschuß ausreichend, um den Zweck der Anhörung zu erreichen (vgl. auch die Sachverhalte bei BVerfGE 86, 90, 112 f., VerfGH Rh-Pf AS 11, 73, 106 und BayVGH BayVBl. 1978, 271, 273; den dortigen betroffenen Gemeinden stand ebenfalls eine Äußerungsfrist von einem Monat zur Verfügung; vgl. ferner *Stüer*, DÖV 1978, 78, 85 – bei Fn. 108). Diese Fristen ermöglichten den Beschwerdeführerinnen die Abgabe von Stellungnahmen, die dem Sinn und Zweck des Anhörungsrechts gerecht werden. Solche Stellungnahmen haben alle Beschwerdeführerinnen tatsächlich auch abgegeben, wobei sie teilweise auf früher bereits erfolgte Äußerungen Bezug genommen haben. Auch dem Erfordernis, die Stellungnahme unter Einschaltung der gewählten Bürgervertretung abgeben zu können, ist genügt; alle Beschwerdeführerinnen konnten insoweit auf bereits ergangene Beschlüsse ihrer Gemeindevertretungen zurückgreifen.

c) Die Anhörung der Beschwerdeführerinnen zu § 23 ThürNGG ist auch nicht an einem zu späten Zeitpunkt erfolgt. Ihre Äußerungen konnten den Entscheidungsprozeß im Landtag noch beeinflussen. Das wird schon daraus deutlich, daß der Innenausschuß an dem Gesetzentwurf verschiedene auch die Eingemeindungen in die Stadt Jena betreffende Abänderungsvorschläge vorgenommen hat, die vom Plenum gebilligt worden sind. Außerdem ist das Gesetz in zweiter Lesung in einer von der Beschlußempfehlung des Innenausschusses an verschiedenen Stellen nochmals abweichenden Fassung beschlossen worden.

d) Unerheblich ist im vorliegenden Fall die Frage, ob und wann den betroffenen Selbstverwaltungskörperschaften nach der Änderung eines Neugliederungsvorhabens Gelegenheit zu einer erneuten Stellungnahme gegeben werden muß. Das im Gesetzentwurf der Landesregierung enthaltene Vorhaben, die Beschwerdeführerinnen in die Stadt Jena einzugemeinden, auf das sich die vom Landtag durchgeführte Anhörung bezogen hat, ist nicht nachträglich geändert worden. Der Umstand, daß vor der Einbringung des Gesetzentwurfs der Landesregierung in den Landtag regierungsintern kurzfristig die Version einer Gesetzesvorlage existierte, die eine Eingemeindung der Beschwerdeführerinnen zu 1), 2) und 3) nicht vorgesehen hat, ist bei dem hier gegebenen Ablauf ohne Bedeutung.

e) Es bestehen ferner keine begründeten Zweifel daran, daß der Landtag die Stellungnahmen der anzuhörenden Beschwerdeführerinnen zur Kenntnis genommen und bei seiner gesetzgeberischen Abwägung berücksichtigt hat. Die schriftlichen Stellungnahmen wurden den Ausschußmitgliedern in der 61. Sitzung des Innenausschusses vorgetragen. Die dazu allen Landtagsabgeordneten zugeleitete Übersicht enthält – jeweils als Ablehnung gekennzeichnet – die Äußerungen aller Beschwerdeführerinnen in Kurzfassung. Die mündlichen Äußerungen der Beschwerdeführerinnen in der 53. Sitzung des Innenausschusses erfolgten in Anwesenheit der Ausschußmitglieder. Die Tatsache, daß die Stellungnahmen und Äußerungen der Beschwerdeführerinnen die Landtagsmehrheit letztlich nicht dazu bewegen konnten, von einer Eingemeindung abzusehen, bedeutet für sich genommen noch nicht, daß diese Stellungnahmen und Äußerungen keinen Eingang in den gesetzgeberischen Abwägungsprozeß gefunden haben; vielmehr sind sie zur Kenntnis genommen und berücksichtigt worden, haben aber nicht den Ausschlag für eine inhaltlich andere Entscheidung gegeben. Für eine andere Annahme bietet der Sachverhalt keinen Anhalt.

III.

Während die in § 23 ThürNGG angeordnete Eingemeindung der Beschwerdeführerinnen zu 1), 2) und 4) in die Stadt Jena dem öffentlichen Wohl entspricht, kann dies für die Eingemeindung der Beschwerdeführerin zu 3) nicht festgestellt werden.

1. a) Aus der kommunalen Selbstverwaltungsgarantie folgt, daß Bestands- und Gebietsänderungen von Gemeinden nur aus Gründen des öffentlichen Wohls zulässig sind (siehe bereits oben unter I., 1.). Der Begriff des öffentlichen Wohls ist ein generalklauselartiger unbestimmter Verfassungsbegriff. Die Festlegung von Gründen des öffentlichen Wohls ist vorrangig Sache des demokratisch legitimierten Parlaments. Dem Gesetzgeber obliegt es, die für ihn maßgeblichen Gemeinwohlgründe im Rahmen der verfassungsrechtlichen Vorgaben zu bestimmen und an ihnen die konkrete Neugliederung auszurichten (vgl. StGH Bad.-Württ., ESVGH 23, 1, 4 f. und NJW 1975, 1205, 1207; VerfGH NRW OVGE 28, 291, 292; NdsStGH NdsStGHE 2, 1, 150; *Trute*, aaO S. 155).

b) Aus sich heraus ist der Begriff des öffentlichen Wohls wenig aussagekräftig (vgl. StGH Bad.-Württ. NJW 1975, 1205, 1206; VerfGH Rh.-Pf. AS 11, 73, 82). Der Gesetzgeber kann ihn jedoch anhand verfassungsrechtlicher Direktiven mit konkreterem Inhalt versehen, Allerdings muß beachtet werden, daß die Grundwerte der Verfassung, Verfassungsprinzipien und Verfassungsgebote nicht isoliert in bestimmter Rangfolge nebeneinander stehen, sondern sich teils ergänzen, teils aber auch miteinander konkurrieren (vgl. NdsStGH NdsStGHE 2, 1, 151). Außerdem ist der Gesetzgeber befugt, auch Interessen und Zwecke, die sich nicht unmittelbar aus einem Verfassungsgrundsatz ableiten lassen, in den Rang von Gründen des öffentlichen Wohls zu erheben, wobei aber übergeordneten Verfassungsprinzipien bzw. der verfassungsmäßigen Wertordnung Rechnung getragen werden muß (vgl. StGH Bad.-Württ. aaO; NdsStGH aaO).

c) Die Verfassungsgarantie der kommunalen Selbstverwaltung, an die in der Frage des Gebietszuschnitts von Gemeinden zunächst anzuknüpfen ist, ist selbst durch eine deutliche Antinomie gekennzeichnet. Auf der einen Seite steht das Streben nach einer wirksamen Teilnahme der Bürger an den Angelegenheiten des Gemeinwesens (vgl. BVerfGE 79, 127, 150), auf der anderen Seite das Bemühen um die Stärkung der Leistungsfähigkeit der Gemeinden im Interesse einer bestmöglichen Daseinsvorsorge für die Einwohner sowie die Stärkung der Verwaltungskraft der Gemeinde im Interesse einer wirksamen Bewältigung ihrer Verwaltungsaufgaben und der sparsamen und wirtschaftlichen Verwendung der der Gemeinde zufließenden finanziellen Mittel. In diesem Zusammenhang wird von einem Spannungsverhältnis zwischen Verwaltungseffizienz und Bürgernähe gesprochen (BVerfGE 79, 127, 148). Beide Seiten dieses Verhältnisses weisen jedoch wiederum nicht einheitlich in jeweils nur eine Richtung: Die kommunale Verwaltung, insbesondere die Daseinsvorsorge, soll möglichst bürgernah sein, wirksame Teilnahme der Bürger an den kommunalen Angelegenheiten erfordert eine hinreichend lebens- und verantwortungsfähige Selbstverwaltungssubstanz, wie sie bei Klein- und Kleinstgemeinden nicht gegeben ist.

aa) Für die Verfassungsgarantie der kommunalen Selbstverwaltung spielt die örtliche Verbundenheit der Bürger einer Gemeinde eine wichtige Rolle. Sie dient den im Rahmen von Art. 28 Abs. 2 Satz 1 GG bedeutsamen Zielen möglichster Bürgernähe und Bürgerbeteiligung (vgl. BVerfGE 79, 127, 148). In der bürgerschaftlichen Integration wurzelt letztlich die staatsbürgerliche Bereitschaft zur Mitarbeit an den Dingen des Gemeinwesens, die auf den gesamten Staatsverband ausstrahlt. Leitbild der kommunalen Selbstverwaltungsgarantie ist eine bürgerschaftliche Mitwirkung, die sich auch in einem politischen Gestaltungswillen niederschlägt (vgl. *Soell*, BayVBl. 1977, 1, 4). Diese Grundsätze können durch Eingemeindungen und Zusammenlegungen von Gemeinden anläßlich kommunaler Gebietsreformen negativ berührt werden, weil damit auch ein Verlust an partizipatorischen Möglichkeiten einhergeht. In den neuen

Bundesländern gewinnen Bürgernähe und Bürgerbeteiligung eine besondere Bedeutung, weil die kommunale Selbstverwaltung im Sinne einer freiheitlich-demokratischen Verfassungsordnung hier erst mit der „Wende" wieder eingeführt worden ist. Mit Blick auf diese jüngst wiedergewonnene kommunale Autonomie bestehen ein starkes Interesse an der Erhaltung der vorhandenen Gemeinden ungeachtet ihrer Größe und Leistungsfähigkeit und erhebliche Vorbehalte gegenüber einer Änderung der derzeitigen territorialen Gliederung. Die Vorbehalte betreffen insbesondere Eingemeindungen in größere Städte, weil befürchtet wird, dort wieder in einen Zentralismus zu geraten und gleichzeitig an den Rand gedrängt zu werden.

bb) Andererseits gibt es schon aus der Sicht des Art. 28 Abs. 2 Satz 1 GG selbst gute Gründe für eine kommunale Gebietsreform mit dem Ziel der Stärkung der kommunalen Selbstverwaltung über eine Anhebung der Leistungsfähigkeit der Gemeinden (vgl. BVerfGE 86, 90, 108; BayVerfGH n. F. 31, 99, 135; *Trute,* aaO, S. 159 f.; *Knemeyer,* LKV 1992, 177, 178 und 313, 314). Ein Mindestmaß an Leistungsfähigkeit, zu der Verwaltungskraft, Veranstaltungskraft, Planungs- und Entscheidungsfähigkeit gehören, wird von Art. 28 Abs. 2 Satz 1 GG vorausgesetzt. Mangels ausreichender Leistungsfähigkeit weitgehend funktionsentleerte Gemeinden entsprechen nicht dem verfassungsrechtlichen Leitbild der kommunalen Selbstverwaltung, weil die Gemeinden dann kein ernstzunehmendes Gegengewicht gegen die staatliche Verwaltung mehr bilden können und in hohem Maße die Gefahr einer Verlagerung von Aufgaben auf überörtliche Verwaltungsträger besteht.

Schon mit Rücksicht hierauf, aber auch, weil es speziell unter den Verhältnissen der neuen Bundesländer ein legitimes Gemeinwohlziel bilden kann, den kreisfreien Städten durch eine Vergrößerung ihres Gebiets bessere Entwicklungsperspektiven zu eröffnen, aber auch, um die Stadt-Umland-Problematik (dazu siehe unten unter 3. c)) sachgerecht zu bewältigen, kann die gebotene Rücksichtnahme auf die in einer Gemeinde bestehende bürgerschaftliche Integration kein absolutes rechtliches Eingemeindungshindernis bilden.

d) Es ist nicht geboten, die hier umstrittenen Eingemeindungen im Hinblick auf die besonderen Bedingungen, die in den neuen Bundesländern seit der Wiedervereinigung herrschen, nach den besonderen Grundsätzen zu behandeln, die in der verfassungsgerichtlichen Rechtsprechung für sog. Rück-Neugliederungen entwickelt worden sind (vgl. BVerfGE 91, 70, 78). Vielmehr ist zu bedenken, daß die Wiederherstellung der kommunalen Selbstverwaltung in der DDR durch das Gesetz über die Selbstverwaltung der Gemeinden und Landkreise in der DDR vom 17. Mai 1990 (GBl. I S. 255) ein erster Schritt der Angleichung der Rechtsverhältnisse auf kommunaler Ebene gewesen ist. Mit dem Inkrafttreten zunächst der Kommunalverfassung am 17. Mai 1990 und des Art. 28 GG bzw. des als gemeindeutsche Garantie der kommunalen Selbstverwaltung verstandenen Kerns dieser Verfassungsgewährleistung am 3. Oktober 1990 war verfassungsrechtlich-formal die Rechtseinheit erreicht. Es war jedoch bereits im Mai 1990 absehbar und stand am 3. Oktober 1990 fest, daß der grundlegende Wandel der gesellschaftlichen Funktion des Rechts und der zu seinem Vollzug berufenen Stellen, die Neuartigkeit und der Umfang des künftig anzuwendenden Rechts sowie die Vielzahl der neuen Aufgaben einschließlich der sachgerechten, wirksamen und sparsamen Verwendung umfangreich zufließender Förderungs- und Aufbauhilfemittel eine umfassende Kommunalreform auch im Sinne des Zusammenfassens vorhandener Verwaltungsstellen zu leistungsfähigen Verwaltungseinheiten verlangten. Denn die innere Leistungskraft der autonom gewordenen Gemeinden war der Leistungskraft einer Gemeinde anzugleichen, welche herkömmlich ihre eigenen Angelegenheiten selbst verwaltet. Das Selbstverwaltungsrecht ist den Gemeinden nicht als formales Prinzip, sondern deswegen gegeben, weil es – in der Geschichte gewachsen – innerhalb des als Staat verstandenen Gemeinwesens die Belange der örtlichen politischen Gemeinschaften mit den politischen Entscheidungen des Staates in ausgezeichneter Weise zu verbinden geeignet ist. Seit der Schaffung der kommunalen Selbstverwaltung im Deutschland des 19. Jahrhunderts ist der Ausgleich in der Weise vorgenommen werden, daß den Gemeinden der Wirkungskreis der eigenen Angelegenheiten zur eigenverantwortlichen Gestaltung freigegeben wurde, zugleich aber die Gemeinde insoweit staatliche Verwaltungsbehörde blieb, als ihr Gegenstände der allgemeinen staatlichen Verwaltung übertragen sind. Autonomie im eigenen Wirkungskreis und Verwaltungskraft zur wirksamen Erledigung der übertragenen Aufgaben waren stets Bezugspunkte im Gesamtsystem der kommunalen Verwaltung. Diesen Bezug hat eine Kommunalreform gerade auch in den neuen Bundesländern im Auge zu behalten. Sie darf weder einseitig die kommunale Autonomie fördern noch die Gestaltung des eigenen Wirkungskreises vollständig der Staatsaufsicht unterstellen.

2. Die verfassungsgerichtliche Überprüfung kommunaler Neugliederungsmaßnahmen des Gesetzgebers muß einerseits dessen Befugnisse wahren, andererseits deren Begrenzung gegenüber den betroffenen Selbstverwaltungskörperschaften durch die Verfassung wirksam zur Geltung bringen. Soweit die kommunale Selbstverwaltungsgarantie der einzelnen Selbstverwaltungskörperschaft (Bestands-)Schutz bietet, reicht grundsätzlich auch die Kontrollbefugnis des Verfassungsgerichtshofs, der jedoch nicht in den Bereich gesetzgeberischer Gestaltungsfreiheit eingreifen darf.

Bei umfassenderen Gemeindegebietsreformen lassen sich drei Stufen der gesetzgeberischen Entscheidung unterscheiden. Auf jeder dieser Stufen erfolgt eine Gemeinwohlkonkretisierung durch den Gesetzgeber, der jeweils eine adäquate verfassungsgerichtliche Überprüfung zuzuordnen ist. Die erste Stufe (unter 3.) umfaßt den Entschluß, überhaupt eine grundlegende Umgestaltung der kommunalen Ebene vorzunehmen. Auf der zweiten Stufe (unter 4.) geht es um die Leitbilder und Leitlinien der Neuordnung, die die künftige Struktur der Selbstverwaltungskörperschaften festlegen und die Umgestaltung in jedem Einzelfall dirigieren sollen. Auf der dritten Stufe (unter 5. und 6.) erfolgt die Umsetzung der allgemeinen Leitbilder und Leitlinien im konkreten einzelnen Neugliederungsfall (zum Ganzen vgl. *Trute*, aaO, S. 156 bis 159 und 189 bis 191; SächsVerfGH, Beschluß vom 9. November 1995 – 20-VIII-95 – Umdr. S. 19 f.). Dieses Stufenmodell dient der besseren Strukturierung der verfassungsgerichtlichen Überprüfung auch in den vorliegenden Verfahren.

3. a) Die Überlegungen, die der Durchführung der Reformmaßnahme als solcher und damit letztlich auch § 23 ThürNGG zugrunde liegen, halten der verfassungsgerichtlichen Überprüfung stand. Insoweit hat der Gesetzgeber weitestgehend die Zielvorstellungen der Landesregierung zu ihrem Gesetzentwurf übernommen (vgl. dazu die Rede des Vorsitzenden des Innenausschusses, Plen. Prot. 1/88, S. 6535, re. Sp.). Wie dies bei umfassenden kommunalen Neugliederungsmaßnahmen regelmäßig der Fall ist (dazu vgl. BVerfGE 86, 90, 108; VerfGH Rh.-Pf. AS 11, 73, 86; BayVerfGH n. F. 31, 99, 134 f.; *Trute*, aaO, S. 159 f.; *Knemeyer*, aaO), ist mit den die kreisfreien Städte betreffenden Regelungen des Thüringer Neugliederungsgesetzes letztendlich beabsichtigt, über eine Anhebung der Leistungsfähigkeit der Selbstverwaltungskörperschaften die kommunale Selbstverwaltung zu stärken und gleichzeitig die Effizienz der staatlichen Aufgabenerledigung zu erhöhen. Mit dieser Motivation ist die Neuordnungsmaßnahme als solche insgesamt am öffentlichen Wohl orientiert (dazu vgl. StGH Bad.-Württ. ESVGH 23, 1, 7 f.; VerfGH NRW OVGE 26, 270, 278; *Trute*, aaO, S. 189 f.). Sowohl der Grundgedanke, im Interesse der Entwicklung des gesamten Landes den Bestand eines Netzes von leistungsfähigen, kreisfreien Städten mit Entwicklungsmöglichkeiten für die nächsten Jahrzehnte zu sichern, als auch das Ziel der Ordnung bestehender Verflechtungsräume zwischen den kreisfreien Städten und ihrem Umland sind am Gemeinwohl orientiert.

b) Die Einschätzung des Gesetzgebers, daß eine Kommunalreform in Thüringen notwendig ist, begegnet keinen Bedenken. In den alten Bundesländern ist im Zuge der allgemeinen Gebietsreformen der 60er und 70er Jahre die Anzahl der kreisangehörigen Gemeinden und der Landkreise ganz erheblich verringert worden (vgl. die Zahlenangaben bei *Thieme/Prillwitz*, Durchführung und Ergebnisse der kommunalen Gebietsreform, 1981, S. 38 f., 41, 75 f. und 78). Hingegen bestand auf dem Gebiet der ehemaligen DDR die von alters her überkommene Gebietsgliederung mit all ihren Nachteilen für Verwaltungseffizienz und kommunale Selbstverwaltung im wesentlichen fort (vgl. *Püttner*, in: Isensee/Kirchhof, Handbuch des Staatsrechts, Bd. 4, S. 1184; *Knemeyer*, LKV 1992, 177 ff.).

c) Gegen die Notwendigkeit der hier in Rede stehenden Reform läßt sich auch nicht einwenden, daß in Thüringen keine Stadt-Umland-Problematik bestehe, die gesetzgeberische Maßnahmen zu ihrer Lösung erforderlich machen könne.

Mit derartigen Maßnahmen geht es darum, zur Bewältigung der Aufgaben und Probleme des Stadt-Umland-Bereichs eine möglichst effiziente Verwaltungsstruktur zu schaffen. Die Probleme solcher Bereiche sind dadurch geprägt, daß der Gebietszuschnitt der Verwaltungsträger (Verwaltungsraum) nicht mit dem Aufgabenraum übereinstimmt und es dadurch zu disfunktionalen Entwicklungen kommt (zur allgemeinen Kennzeichnung der Stadt-Umland-Problematik vgl. *Hoppe*, DVBl. 1992, 117, 118). Wie allgemein bekannt, weist diese Problematik in den neuen Bundesländern sogar eine ganz spezielle Dynamik auf (dazu vgl. *Müller*, in: Müller/Trute, aaO, S. 9 ff.; *Schmidt-Eichstaedt*, Die Verwaltung 1993, 367, 379).

Der Gesetzgeber geht zu Recht davon aus, daß in Thüringen – und auch im Bereich Jena – eine Stadt-Umland-Problematik besteht. Dies ist der Fall, obwohl die kreisfreien Städte in Thüringen ganz überwiegend von ländlich geprägten Klein- und Kleinstgemeinden umgeben sind und sich die Verhältnisse insoweit von denjenigen unterscheiden, die bei den kommunalen Gebietsreformen in den alten Bundesländern vielfach anzutreffen waren; dort hatten sich in unmittelbarem Umkreis der größeren Städte gerade wegen der Stadtnähe bereits über längere Zeit hin einwohnerstärkere, kaum noch ländlich bzw. landwirtschaftlich, sondern durch ihre Wohnfunktion, teilweise auch durch Gewerbe geprägte Gemeinden entwickelt, was unter den Lebens- und Wirtschaftsbedingungen der früheren DDR bei weitem nicht in vergleichbarem Ausmaß der Fall gewesen ist. Daß sich seit der „Wende" gleichwohl auch im Raum Jena Probleme zwischen Stadt und Umland entwickelt haben, läßt sich gerade dem Vortrag der Beschwerdeführerinnen selbst, insbesondere dem durch diese vorgelegten Gutachten von Prof. Dr. B., entnehmen, soweit darin die Entwicklungsperspektiven der Beschwerdeführerinnen zu 2) bis 4) aus deren Sicht dargestellt werden. Aus diesen Ausführungen geht hervor, daß in den Umlandgemeinden Entwicklungsvorstellungen herrschten (und zum Teil bereits verwirklicht sind), deren Grundlage die Nachbarschaft zur Stadt Jena ist und deren (vollständige) Verwirklichung einen nicht unerheblichen Koordinierungsbedarf auslösen würde. Unter den in den neuen Bundesländern seit 1990 bestehenden veränderten Lebens- und Wirtschaftsbedingungen wandelt sich auch die Siedlungstätigkeit im Umland der städtischen Zentren, so daß jetzt auch in Thüringen Entwicklungen eingesetzt haben, wie sie in den alten Bundesländern schon lange bekannt sind und von denen zu erwarten ist, daß sie in wesentlich kürzerer Zeit ablaufen, als dies in der Nachkriegszeit in den Alt-Bundesländern der Fall war. Diesen Entwicklungen im Hinblick auf den Gebietszuschnitt der kreisfreien Städte gerecht zu werden, ist eine legitime Zielsetzung des Thüringer Neugliederungsgesetzes.

4. Auch das Leitbild und die Leitlinien, die der Gesetzgeber der in Rede stehenden Reformmaßnahme zugrunde gelegt hat, begegnen keinen verfassungsrechtlichen Bedenken.

a) Das Leitbild umfaßt die grundlegenden Aussagen zur Struktur der Selbstverwaltungskörperschaft, hier der kreisfreien Stadt (Leistungsfähigkeit, Größe, Gebietszuschnitt u.ä.). Leitlinien sind diejenigen Gesichtspunkte, die dazu dienen, die leitbildgerechte Selbstverwaltungskörperschaft zu bilden und damit die Entscheidung des Gesetzgebers für jeden Einzelfall zu lenken. Mit dem Leitbild setzt der Gesetzgeber eine Zielvorstellung und mit den Leitlinien ein System zu ihrer Umsetzung (zum Ganzen vgl. *Trute*, aaO, S. 157). Beides erlangt rechtliche Bedeutung über die aus dem Gleichheitssatz und/oder dem Rechtsstaatsprinzip abzuleitende Rechtsfigur der Selbstbindung. Aus dem Gesamtzusammenhang des Art. 28 Abs. 2 Satz 1 GG folgt für den Bereich kommunaler Neugliederungen die Möglichkeit oder gar Notwendigkeit einer Selbstbindung des Gesetzgebers (dazu vgl. *Salzwedel*, DÖV 1969, 546, 547; *Hoppe*, DVBl. 1971, 473, 476 f.; *Bieler*, DÖV 1976, 37, 40). Üblicherweise wird dies als Gebot der Systemgerechtigkeit oder Systemtreue der kommunalen Umgestaltung bezeichnet (vgl. StGH Bad.-Württ. ESVGH 23 1, 5 und NJW 1975, 1205, 1212 f.; NdsStGH NdsStGHE 2, 1, 154; VerfGH Rh-Pf AS 11, 73, 96; *Hoppe/Rengeling*, aaO, S. 114 ff.).

Dies bedeutet allerdings nicht, daß der Gesetzgeber an die einmal von ihm gewählten Grundsätze in jedem Einzelfall starr gebunden ist. Zum einen bilden die allgemeinen Leitbilder und Leitlinien einen für jede einzelne Maßnahme konkretisierungsbedürftigen Rahmen, wobei sie ein gewisses Maß an Flexibilität bzw. Elastizität aufweisen (vgl. StGH Bad.-Württ. ESVGH 23, 1, 5; NdsStGH NdsStGHE 2, 1, 155; *Trute*, aaO S. 158 f. und 190). Zum anderen darf oder muß der Gesetzgeber aus entsprechenden Sachgründen, insbesondere bei einer besonderen Sachverhaltsgestaltung, den Rahmen der leitenden Gesichtspunkte verlassen (vgl. StGH Bad.-Württ., aaO und NJW 1975, 1205, 1212; NdsStGH aaO; *Trute* aaO und S. 176; *Hoppe*, DVBl. 1971, 473, 477).

Bei der Bestimmung der abstrakt-generellen Leitlinien einer gesetzlichen Gebietsreform kommt dem Gesetzgeber ein weiter Spielraum zu. Es ist seine politische Gestaltungsaufgabe, die Maßstäbe für eine kommunale Neugliederung festzulegen. Die verfassungsgerichtliche Überprüfbarkeit ist in diesem Bereich deutlich eingeschränkt (vgl. StGH Bad.-Württ. ESVGH 23, 1, 5 ff. und NJW 1975, 1205, 1207; NdsStGH NdsStGHE 2, 1, 151 ff., insbesondere 154; VerfGH NRW OVGE 28, 291, 293 f.). Insoweit prüft der Verfassungsgerichtshof nur, ob das Leitbild und die Leitlinien mit der Verfassung vereinbar sind, ob der Gesetzgeber bei der Bestimmung des Leitbildes und der Leitlinien sich aufdrängende Gemeinwohlaspekte übersehen hat, ob die dem Leitbild und den Leitlinien zugrundeliegenden Erkenntnisse nicht unzutreffend und die Leitlinien nicht offensichtlich ungeeignet sind und ob sie der Verwirklichung des gesetzgeberischen Reformzieles dienen (so auch SächsVerfGH, Beschl. vom 9. November 1995, aaO, S. 20; vgl. ferner *Trute*, aaO, S. 190).

b) Leitbild und Leitlinien der vorliegend in Rede stehenden Reformmaßnahme beschränkten Umfangs lassen sich der durch den Landtag gebilligten amtlichen Gesetzesbegründung entnehmen. Das Leitbild ist eine leistungsfähige (gestärkte) kreisfreie Stadt, die auf die nächsten Jahrzehnte hin in der Lage ist, ihre Aufgaben – auch im Sinne einer überörtlichen Verantwortung – wirkungsvoll wahrzunehmen und an vorderer Stelle zum Aufbau einer leistungsfähigen Wirtschaft in Thüringen beizutragen. Als Leitlinien zur Verwirklichung dieses Ziels werden bezeichnet:

– eine durch Eingemeindung zu erzielende Flächenerweiterung der Städte, um Gewerbeansiedlung und Wohnungsbau zu ermöglichen und dabei auch Entwicklungsalternativen offen zu lassen,

– die Ordnung bestehender Stadt-Umland-Beziehungen durch Eingemeindungen,

– bei Eingemeindungen im Rahmen einer Abwägung zwischen dem Interesse der Stadt an der Vergrößerung ihres Gebiets und dem der Umlandgemeinde am Fortbestand ihrer Eigenständigkeit die Berücksichtigung:

  – einer etwaigen Freiwilligkeit der Eingliederung,

  – einer bereits bestehenden intensiven Verflechtung, die insbesondere im Zusammenwachsen vorhandener Strukturen Ausdruck findet,

  – einer schwerpunktmäßig auf die Kernstadt ausgerichteten Entwicklung einer Gemeinde,

  – der aus den naturräumlichen Gegebenheiten folgenden Eignung der Umlandgemeinde, den Flächenbedarf der Stadt zu decken.

c) Gegen dieses Leitbild der Reform und gegen die zu seiner Verwirklichung festgelegten Leitlinien ist unter Beachtung des eingeschränkten verfassungsgerichtlichen Überprüfungsrahmens von Verfassungs wegen nichts einzuwenden.

aa) Dies gilt namentlich für den Entschluß des Gesetzgebers, zur besseren Flächenausstattung der kreisfreien Städte und gleichzeitig zur Ordnung der Stadt-Umland-Bereiche in Thüringen auf das Mittel der Eingemeindung von Umlandgemeinden in die Kernstadt zurückzugreifen. Grundsätzlich sind Eingemeindungen ein mit der Verfassungsgewährleistung kommunaler Selbstverwaltung zu vereinbarendes Mittel, um die Leistungskraft einer Stadt zu stärken und einen Stadt-Umland-Bereich sinnvoll neu zu ordnen (aus der Vielzahl der von den Verfassungsgerichten der alten Bundesländer entschiedenen Fälle vgl. nur VerfGH Rh-Pf AS 11, 73; StGH Bad.-Württ. NJW 1975 1205; NdsStGH NdsStGHE 1, 174). Für die Erreichung dieser Ziele bietet sich in überschaubaren einpoligen Verflechtungsbereichen, wie sie in Thüringen gegeben sind, die Eingemeindung von Umlandgemeinden in die Kernstadt vorrangig an. Mit diesem Mittel kann dem Grundproblem des Stadt-Umland-Bereichs, welches darin liegt, daß der Verwaltungsraum der Stadt und der eigentliche auf die Stadt bezogene Aufgabenraum nicht deckungsgleich sind, effektiv begegnet werden (vgl. *Trute,* aaO S. 60 ff.; *Hoppe,* DVBl. 1992, 117).

Die Frage, ob eine Stärkung der Leistungskraft der Städte und/oder die Neuordnung eines Stadt-Umland-Bereichs geboten ist, unterliegt der Einschätzungsprärogative des Gesetzgebers. Insoweit könnte nur eine (landesweit) eindeutige Fehleinschätzung zur Verfassungwidrigkeit bereits des Leitbildes oder der Leitlinien der Reform führen. Derartiges läßt sich hier nicht feststellen.

Eine gesetzgeberische Fehleinschätzung läßt sich insbesondere nicht damit begründen, daß das angestrebte Leitbild schon deshalb ohne Eingemeindungen verwirklicht werden könne, weil auf seiten der kreisfreien Städte Thüringens grundsätzlich kein Flächenbedarf bestehe. Die Frage nach einem solchen Flächenbedarf beantwortet sich zwar zum einen anhand tatsächlicher Umstände. Gleichzeitig handelt es sich aber zum anderen auch um eine Wertungsfrage dahingehend, welche Folgerungen aus den vorgefundenen tatsächlichen Umständen gezogen werden. Diese Wertung ist überdies zumindest zum Teil, insbesondere hinsichtlich der erwarteten Flächennachfrage, von prognostischen Einschätzungen abhängig. Nur wenn die Wertungen und Einschätzungen des Gesetzgebers auf einer eindeutig falschen Tatsachengrundlage beruhten und ohne diese nicht zustande gekommen wären oder wenn sie offensichtlich fehlsam wären, könnte und müßte die verfassungsgerichtliche Kontrolle indessen eingreifen. Es läßt sich aber nicht sagen, die kreisfreien Städte in Thüringen verfügten im allgemeinen landesweit auch ohne Eingemeindungen über so viel Raum, daß von einem Flächenbedarf zur Sicherung ihrer zukünftigen Entwicklung unter den veränderten Wirtschaftsbedingungen nicht die Rede sein könne. Sollte es sich gleichwohl in dem einzelnen Fall einer kreisfreien Stadt so verhalten, würde dies nicht zur Verfassungswidrigkeit des Leitbildes der Reform insgesamt führen; ein solcher Umstand wäre vielmehr auf der nächsten Stufe der Prüfung zu berücksichtigen. Des weiteren ist es nicht offensichtlich fehlsam, für die kreisfreien Städte in Thüringen von einem erheblichen (Nachhol-)Bedarf bezüglich des Wohnungsbaus und der Gewerbeansiedlung auszugehen.

bb) Das vom Gesetzgeber gewählte Reformmodell ist verfassungsrechtlich auch nicht deshalb zu beanstanden, weil es andere Instrumente gibt, die die mit der Reform verfolgten Zwecke ebenfalls fördern könnten. Diese Instrumente sind weniger wirksam als Eingemeindungen. Ein Flächenbedarf der Kernstadt kann durch sie nicht befriedigt werden. Die Alternative besteht dann vielmehr grundsätzlich darin, auf dessen Deckung und damit auf die weitere Entwicklung der Kernstadt zugunsten der Umlandgemeinden zu verzichten. Für eine derartige Forderung an den Gesetzgeber bietet das Verfassungsrecht indessen keine Rechtsgrundlage. Was die Stadt-Umland-Problematik anbelangt, so lassen sich zwar einzelne Fragen oder Sachbereiche durch eine ggf. auch institutionalisierte Zusammenarbeit zwischen Stadt und Umlandgemeinden regeln oder zumindest entschärfen. Derartige vereinzelte Lösungsmodelle sind aber weniger effektiv als die aus der Eingemeindungslösung resultierende Zusammenfassung aller örtlichen Verwaltungsaufgaben bei einem Verwaltungsträger. Deshalb braucht sich der Gesetzgeber darauf nicht verweisen zu lassen; aus der Perspektive der allgemeinen Ziele einer kommunalen Gebietsreform besteht regelmäßig keine Subsidiarität der Eingemeindung gegenüber einer anderen institutionellen Lösung der Stadt-Umland-Problematik (vgl. StGH Bad.-Württ. NJW 1975, 1205, 1212; VerfGH Rh-Pf AS 11, 73, 94; *Stüer*, DÖV 1978, 78, 85 mit Nachweisen aus der Rechtsprechung des VerfGH NRW; *Trute*, aaO, S. 174).

cc) Durchgreifende Bedenken gegen das hier zugrundeliegende generelle Reformkonzept bestehen auch nicht, soweit bereits in den konzeptionellen Festlegungen des Gesetzgebers eine gewisse Großzügigkeit zum Ausdruck kommt, von dem Mittel der Eingemeindung Gebrauch zu machen.

Unbedenklich ist zunächst, daß in zeitlicher Hinsicht für die kreisfreien Städte nicht auf den gegenwärtigen Zustand, sondern auf die Sicherung eines erforderlichen Entwicklungsraums für die nächsten Jahrzehnte abgestellt wird. Denn es war dem Gesetzgeber nicht verwehrt, die notwendige landesweite Kreisgebietsreform zum Anlaß zu nehmen, um auf dieser Ebene zu einer längerfristig gültigen räumlichen Gliederung der Selbstverwaltungskörperschaften zu gelangen und nicht alsbald wieder vor der Notwendigkeit von Neugliederungsmaßnahmen zu stehen. Außerdem bildet die Neugliederung der Landkreise und kreisfreien Städte die Grundlage für die noch ausstehende und auf lange Sicht zu verwirklichende Neugliederung der kreisangehörigen Gemeinden.

In räumlicher Hinsicht mag die in den Leitlinien verwendete Formulierung, es sei erforderlich, den Städten mehrere Entwicklungsalternativen offen zu lassen, Anlaß zu gewissen Bedenken geben, weil dies im Sinne einer allgemeinen Entscheidung zu ausgreifenden, nicht eigentlich gebotenen Eingemeindungen verstanden werden könnte. Jedoch wird in der amtlichen Gesetzesbegründung die Notwendigkeit einer Abwägung zwischen den Interessen der kreisfreien Städte an der Vergrößerung ihres Gebiets und denen der umliegenden Gemeinden und ihrer Bürger am Fortbestand ihrer Eigenständigkeit zum Ausdruck gebracht. Dies bezieht sich auf die in der verfassungsgerichtlichen Rechtsprechung zu kommunalen Neugliederungsgesetzen gewonnene Erkenntnis, daß jeder einzelne Eingemeindungsfall einer gesonderten Abwägung des eben bezeichneten Inhalts bedarf. Damit steht fest, daß nicht die Leitbilder und Leitlinien des Thüringer Neugliederungsgesetzes zu weit angelegt sind, sondern daß allenfalls ihre Umsetzung und damit die Abwägung im Einzelfall fehlerhaft erfolgt ist. Ob dies zutrifft, ist Gegenstand der die Einzelfälle betreffenden Prüfung. Diese findet auf der dritten Stufe statt.

Es bestehen schließlich auch keine Zweifel daran, daß das Leitbild und die Leitlinien, die der Gesetzgeber für die Reformmaßnahme festgelegt hat, geeignet sind, um die mit der Neuregelung verfolgte allgemeine Zielsetzung zu erreichen. Leistungs- und entwicklungsfähige kreisfreie Städte lassen eine effektive und bürgernahe Erfüllung der öffentlichen Verwaltungs- und Dienstleistungsaufgaben sowie eine positive wirtschaftliche Entwicklung erwarten. Durch Eingemeindungen wiederum können ein Flächenbedarf der Städte gedeckt und die Stadt-Umland-Problematik einer Lösung zugeführt werden.

dd) Die in der amtlichen Gesetzesbegründung niedergelegten Kriterien für eine Eingemeindung begegnen ebenfalls keinen rechtlichen Bedenken. Insbesondere gilt dies für die dort genannte schwerpunktmäßig auf die Kernstadt ausgerichtete Entwicklung einer Gemeinde und die für die Annahme einer solchen Tendenz genannten Merkmale: die Auslagerung bestehender und die Anziehung neuer Gewerbe- und Industriebetriebe in Konkurrenz zur Kernstadt, die Anziehung der Stadtbevölkerung in überproportionalem Maß und eine stark expandierende Planung hinsichtlich Wohnbebauung und Gewerbeansiedlung. Diese Umschreibungen kennzeichnen gerade die bereits angesprochene Stadt-Umland-Problematik, zu deren Bewältigung das Gesetz beitragen soll.

5. a) Hinsichtlich der einzelnen Neugliederungsmaßnahme, also auf der dritten und letzten Ebene des oben dargestellten Stufenmodells, unterliegt der

Gesetzgeber einer intensiveren verfassungsgerichtlichen Kontrolle als auf den beiden vorangegangenen Stufen (vgl. SächsVerfGH, Beschluß vom 9. November 1995, aaO, S. 20). Dies ergibt sich aus dem planerischen Einschlag der Entscheidung (vgl. BVerfGE 86 90, 108), bei der die Abwägung der für oder gegen eine Neugliederungsmaßnahme streitenden Belange im wesentlichen durch die vom Gesetzgeber entwickelten Leitlinien und Leitbilder gesteuert wird. Deren Konkretisierung erfordert, die spezifischen örtlichen Gegebenheiten und ggf. auch in Betracht kommende gebietliche Alternativlösungen in den Blick zu nehmen (zur Abwägungsnatur der gesetzgeberischen Entscheidung über eine Neugliederung von Selbstverwaltungskörperschaften vgl. BVerfGE 50, 50, 51; 86, 90, 108 f.; VerfGH NRW OVGE 28, 291, 302; 30, 306, 311; SächsVerfGH SächsVBl. 1994, 226, 229 f.; 1995, 131, 134 f.; *Stüer*, DVBl. 1977, 1, 3 f.; *Hoppe*, DVBl. 1971, 473, 479; *Trute*, aaO, S. 159, 168, 176 f. und 191). Vorliegend geht es bei der vom Gesetzgeber vorzunehmenden Abwägung im Kern um die Frage, ob den Belangen, die unter Zugrundelegung seiner Neugliederungskonzeption für eine Eingemeindung sprechen, oder den Erwägungen, die für ein Fortbestehen der Selbständigkeit der betroffenen, möglicherweise in die Kernstadt einzugliedernden Gemeinde streiten, der Vorrang einzuräumen ist.

b) Das Verfassungsgericht hat insbesondere umfassend nachzuprüfen, ob der Gesetzgeber den entscheidungserheblichen Sachverhalt „zutreffend und vollständig ermittelt und dem (sc. Neugliederungs-)Gesetz zugrunde gelegt hat" (BVerfGE 50, 50, 51; vgl. auch BVerfGE 86, 90, 108 f.; *Trute*. aaO, S. 168 mwN.). Dabei hat der Gesetzgeber nach ständiger Rechtsprechung des Bundesverfassungsgerichts, der sich der Verfassungsgerichtshof anschließt, bei Prognosen die ihm erreichbaren und zugänglichen Erkenntnisquellen auszuschöpfen (BVerfGE 50, 290, 334). Allerdings dürfen hier keine Anforderungen formuliert werden, welche die Leistungsfähigkeit des politisch-parlamentarischen Systems überfordern (BVerfGE 82, 30, 37). Der Gesetzgeber darf bei den für die einzelnen Neugliederungsmaßnahmen bedeutsamen Abschätzungen auf die in der Verwaltungswissenschaft und -praxis gewonnenen allgemeinen Erfahrungen und ermittelten Gesetzmäßigkeiten zurückgreifen und muß seinen Prognosen nicht stets wissenschaftliche Untersuchungen des Einzelfalls zugrunde legen. Dabei ist auch zu berücksichtigen, daß gerade in den neuen Bundesländern jedenfalls zur Zeit nur begrenzte Kenntnisse über politisch-gesellschaftliche Daten, Entwicklungen und Gesetzmäßigkeiten vorhanden sind. In dieser Situation erlangt die Sach- und Ortskenntnis der Abgeordneten des Thüringer Landtags besondere Bedeutung. Gleichwohl verbleibende Unsicherheiten der Prognose, z. B. hinsichtlich der Eignung des gewählten Mittels zur Zielerreichung, führen aber nicht zu einem Handlungsverbot für den Gesetzgeber oder zur Verfassungswidrigkeit der gewählten Maßnahme (BVerfGE 83, 130, 140 ff.; 90, 145, 182 ff.), wenn dieser sich der vorhandenen Erkenntnisse bedient hat. Wegen des prognostischen Charakters der Maßnahmen kommt dem Gesetzgeber insoweit eine nur eingeschränkter gerichtlicher Kontrolle unterliegende Einschätzungsprärogative zu.

c) Im nächsten Schritt nach der Kontrolle der Sachverhaltsermittlung hat die verfassungsgerichtliche Überprüfung einer Neugliederungsentscheidung des Gesetzgebers sich damit zu befassen, ob dieser den für seine Regelung erheblichen Sachverhalt dem Gesetz auch zugrunde gelegt hat und ob er die im konkreten Fall angesprochenen Gemeinwohlgründe sowie die Vor- und Nachteile der beabsichtigten Regelung in die Abwägung eingestellt hat (vgl. BVerfGE und SächsVerfGH, aaO).

d) Die verschiedenen Belange hat der Gesetzgeber sodann einander gegenüberzustellen und zu gewichten. Es ist grundsätzlich allein seine Sache, die Gewichtung der Belange im einzelnen und ihre Bewertung im Hinblick auf das Leitbild der von ihm betriebenen Reform vorzunehmen (vgl. SächsVerfGH, aaO). Auf dieser Grundlage ist er befugt, sich letztlich für die Bevorzugung eines Belangs (oder mehrerer Belange) und damit notwendig zugleich für die Zurückstellung anderer betroffener Gesichtspunkte zu entscheiden (vgl. BVerfGE 86, 90, 109). Die verfassungsgerichtliche Überprüfbarkeit ist hier deutlich eingeschränkt. Insoweit hat sich die verfassungsgerichtliche Kontrolle eines Neugliederungsgesetzes auf die Prüfung zu beschränken, ob die Gewichtungen mit den Leitbildern und Leitlinien des Gesetzgebers in Einklang stehen. Abwägungsfehlerhaft und vom Verfassungsgericht für nichtig zu erklären ist eine einzelne Neugliederungsmaßnahme insbesondere, wenn der Eingriff in den Bestand einer einzelnen Gemeinde offenbar ungeeignet oder unnötig ist, um die damit verfolgten Ziele zu erreichen, oder wenn er zu ihnen deutlich außer Verhältnis steht (BVerfGE 86, 90, 109). Auch darf die Gewichtung und Bewertung der Gemeinwohlaspekte durch den Gesetzgeber nicht deutlich außer Verhältnis zu dem ihnen von Verfassungs wegen zukommenden Gewicht stehen (vgl. SächsVerfGH, aaO).

6. Die Entscheidung des Gesetzgebers, die Beschwerdeführerin zu 3) in die Stadt Jena einzugliedern, ist abwägungsfehlerhaft. Dagegen ist die gesetzgeberische Abwägung in den Eingemeindungsfällen der Beschwerdeführerinnen zu 1), 2) und 4) von Verfassungs wegen nicht zu beanstanden.

a) Bei der Beurteilung der Abwägungsentscheidung des Gesetzgebers, insbesondere bei den Anforderungen, die an die Ermittlung des für diese Entscheidung erheblichen Sachverhalts zu stellen sind, hat der Verfassungsgerichtshof die besonderen Rahmenbedingungen berücksichtigt, unter denen der

Erlaß des Thüringer Neugliederungsgesetzes stand. Die in Thüringen nach dem am 3. Oktober 1990 erfolgten Beitritt der neuen Bundesländer zur Bundesrepublik Deutschland notwendig gewordene Territorialreform kann hinsichtlich der verfassungsrechtlich gebotenen Anforderungen an die gesetzgeberische Abwägung nicht ohne weiteres mit den kommunalen Neugliederungsmaßnahmen gleichgesetzt werden, die in den alten Bundesländern vor geraumer Zeit erfolgt sind. Dort stand einer sehr eingehenden Vorbereitung der Reformmaßnahmen einschließlich einer entsprechenden Sachverhaltsermittlung im Prinzip nichts im Wege. Hingegen war in Thüringen, jedenfalls was die Territorialreform auf Kreisebene anbelangt, Eile geboten. In der damaligen Aufbausituation, die jedenfalls während der 1. Legislaturperiode des Thüringer Landtags bestand, galt es zu vermeiden, daß der gravierende Rückstand, der auch hier vor allem in wirtschaftlicher Hinsicht im Vergleich zu den alten Bundesländern bestand, durch ein allzu langes Festhalten an unter den neuen Bedingungen unzureichend gewordenen Verwaltungsstrukturen womöglich noch vertieft wurde. Auch war der Zuschnitt der Landkreise die Grundlage für andere wichtige Entscheidungen des Gesetzgebers, so für die Neugliederung der Gerichte und Staatsanwaltschaften. Gleichzeitig drängte es sich auf, die nach den Wahlen vom 6. Mai 1990 nächste Kommunalwahl, die für die erste Hälfte des Jahres 1994 zu erwarten war, jedenfalls auf Kreisebene bereits in den neu gegliederten Selbstverwaltungskörperschaften (Landkreisen und kreisfreien Städten) abzuhalten; die Neugliederung auf dieser Ebene mußte folglich bereits zu einem Zeitpunkt abgeschlossen sein, der dies unter Berücksichtigung einer für die Wahlen erforderlichen Vorbereitungszeit noch zuließ.

b) Wie der amtlichen Gesetzesbegründung zu § 23 ThürNGG zu entnehmen ist, soll die Ausweitung des Gebietsbestandes der Stadt Jena einen in Entwicklungschancen ummünzbaren Raumgewinn verschaffen und die seit der Wende schlagartig aufgebrochene Stadt-Umland-Problematik entschärfen. Der Gesetzgeber geht von einer entwicklungshemmenden, beengten Lage der Stadt und vom Fehlen ausreichender Bebauungslücken und Flächenreserven aus; der hieraus resultierende Flächenbedarf sei nur durch Eingemeindungen zu decken, mit denen den bestehenden wie auch den sich weiter abzeichnenden Übelständen rasch und auf längere Sicht abgeholfen werden soll. Prinzipiell ist gegen die Zielvorstellung des Gesetzgebers, die für erforderlich gehaltene Neugliederungsmaßnahme schnell vorzunehmen, gleichzeitig aber auch in einem Zuschnitt, der eine längerfristige Wirksamkeit erwarten läßt, nichts einzuwenden. Trotz der eben beschriebenen besonderen Rahmenbedingungen erfordert indessen auch diese Zielsetzung, zumal wegen der angestrebten längerfristig gültigen Lösung, ein Mindestmaß an Sachverhaltsermittlung, um eine sachgerechte Abwägung überhaupt vornehmen zu können.

c) Soweit es für die angegriffenen Eingemeindungen auf die tatsächlichen Verhältnisse in der Stadt Jena ankommt, liegt § 23 ThürNGG mit Rücksicht auf die besonderen Bedingungen, unter denen der Erlaß des Thüringer Neugliederungsgesetzes stand, eine aus verfassungsrechtlicher Sicht noch ausreichende Sachverhaltsermittlung zugrunde. In der amtlichen Gesetzesbegründung, die sich der Gesetzgeber zu eigen gemacht hat, sind die Faktoren kurz zusammengefaßt, aus denen herzuleiten ist, daß die gedeihliche weitere Entwicklung der Stadt einen nur durch Eingemeindungen erzielbaren Flächenzuwachs erfordert. Zugrunde liegen dem eine Stellungnahme und zwei weitere Schreiben des Oberbürgermeisters der Stadt Jena vom 19. Januar, 18. März und 19. April 1993. Dort werden u. a. umrißhaft der künftige Bedarf an Wohnbau- und Gewerbeflächen quantifiziert und die Gründe erläutert, die es aus der Sicht der Stadt unmöglich machen, diesen Bedarf im alten Stadtgebiet zu befriedigen. Die Annahmen, die dem zugrunde liegen, erscheinen weder hinsichtlich der Gewerbeflächen noch hinsichtlich der Wohnbauflächen unplausibel. Auch ist davon auszugehen, daß die Abgeordneten des Thüringer Landtags mit den topographischen und städtebaulichen Gegebenheiten der Stadt Jena als eines der wichtigsten Zentren des Landes jedenfalls in Grundzügen vertraut sind, so daß sie insoweit zu einer zutreffenden Einschätzung in der Lage waren.

d) Auch soweit für die angegriffenen Eingemeindungen tatsächliche Gegebenheiten in bezug auf die Beschwerdeführerinnen zu 1), 2) und 4) erheblich sind, genügt die im Rahmen des Erlasses von § 23 ThürNGG durchgeführte Sachverhaltsermittlung den von Verfassungs wegen zu stellenden Anforderungen. In der amtlichen Gesetzesbegründung werden, wenn auch äußerst knapp, die für die jeweilige Eingemeindung maßgeblichen Gesichtspunkte angeführt.

Bezüglich der Beschwerdeführerinnen zu 2) und 4) wurde ermittelt, daß diese Wohnbebauung in einem Umfang planten, der über den Bedarf einer echten Landgemeinde vergleichbarer Größe deutlich hinausgeht und nur aus der unmittelbaren Nachbarschaft zu einer größeren Stadt heraus zu erklären ist. Hinsichtlich dieser an die Gemarkung der Kernstadt unmittelbar angrenzenden beiden Beschwerdeführerinnen sind im Vergleich zu weiter von der Stadt entfernten Gemeinden geringere Anforderungen an die Intensität der Sachverhaltsermittlung zu stellen. Denn die Anerkennung eines nur im Eingemeindungswege ausgleichbaren Defizits der Stadt Jena an zukünftigen Wohnbauflächen impliziert grundsätzlich, daß dieser Ausgleich (zunächst) durch eine Eingemeindung der der Kernstadt nächstgelegenen Nachbargemeinden erfolgt, sofern dagegen nicht im Einzelfall ganz besondere Gründe sprechen. Derartige Gründe, denen ggf. durch weitere Ermittlungen hätte nachgegangen werden müssen, haben die Beschwerdeführerinnen zu 2) und 4) bei ihrer Anhörung indessen nicht vorgebracht. Im übrigen wurden diese Beschwerdeführerinnen betreffende Unrichtigkeiten bzw. Ungenauigkeiten, die in der Erstfassung der Begründung zum Regierungsentwurf eines Thüringer Neugliederungsgesetzes vom 11. Mai 1993 noch enthalten waren, in der 63. Sitzung des Innenausschusses vom 13. Juli 1993 richtiggestellt, so daß der Gesetzgeber insoweit nicht von falschen tatsächlichen Voraussetzungen ausgegangen ist. Dies betrifft die angeblichen starken infrastrukturellen Verflechtungen zwischen der Beschwerdeführerin zu 2) und der Stadt und die räumliche Lage der Beschwerdeführerin zu 4). Das Ergebnis der durchgeführten Sachverhaltsermittlung hat eine sachgerechte Abwägung zu der Frage erlaubt, ob die Beschwerdeführerinnen zu 2) und 4) in die Stadt Jena eingegliedert werden sollen.

Ebenso verhält es sich im Falle der Beschwerdeführerin zu 1). Bei deren Eingliederung in die Stadt Jena standen schon nach der amtlichen Gesetzesbegründung die Möglichkeit der Ansiedlung von Gewerbebetrieben auf der Gemarkung der Beschwerdeführerin zu 1) und die Vermeidung einer unkoordinierten Entwicklung in Konkurrenz zur Stadt im Vordergrund. Die Bauleitplanung der Beschwerdeführerin zu 1) mit Wohn-, Gewerbe- und Sondergebietsflächen war dem Gesetzgeber bekannt, ebenso der Umstand, daß sich auf letzteren bereits ein Verbraucher-Großmarkt angesiedelt hatte und daß Niederlassungsabsichten bislang in Jena ansässiger mittelständischer Gewerbebetriebe bestanden. Dieser Stand der Sachverhaltsermittlung trägt eine abwägende Entscheidung darüber, ob die Beschwerdeführerin zu 1) in die Stadt einzugemeinden ist.

e) Hingegen ist zu der Frage der Eingliederung der Beschwerdeführerin zu 3) in die Stadt Jena nur eine unzureichende Sachverhaltsermittlung erfolgt, die den Gesetzgeber nicht in den Stand versetzt hat, insoweit eine sachgerechte umfassende Abwägungsentscheidung zu treffen. Das Postulat aus der amtlichen Gesetzesbegründung, dort sei „eine sinnvolle Flächenbedarfsdeckung für Wohnbau uneingeschränkt vom Landschaftsschutzgebiet möglich", reicht hierfür nicht aus, auch wenn die Beschwerdeführerin zu 3) selbst anläßlich ihrer Anhörung durch das Innenministerium mitgeteilt hatte, „3,3 ha Wohnbauland für 150 Wohneinheiten" befänden sich „im Genehmigungsverfahren".

Die Problematik der Eingemeindung der Beschwerdeführerin zu 3) nach Jena ist dadurch geprägt, daß es sich neben der Beschwerdeführerin zu 1) um die einzige in die Stadt eingegliederte Gemeinde handelt, deren Gemarkung nicht unmittelbar an das alte Stadtgebiet angrenzt. Im Unterschied zur Beschwerdeführerin zu 1), die von Jena aus nach 7 km auf direktem Wege über die B 7 zu erreichen ist, ist die Verkehrsverbindung zur Beschwerdeführerin zu 3) umständlicher und länger (10 km). Vor allem aber treten unter Zugrundelegung des Ermittlungsstandes im Zeitpunkt der gesetzgeberischen Entscheidung anders als bei der Beschwerdeführerin zu 1) keine sachlichen Gesichtspunkte hervor, die eine Eingemeindung gerade der Beschwerdeführerin zu 3) nahelegten. Die bloße Möglichkeit einer Wohnbebauung besteht in vergleichbaren anderen Gemeinden, deren Eingemeindung nicht angeordnet wurde, ebenso wie in Krippendorf; für das Vorliegen von Stadt-Umland-Beziehungen, die in höherem Maße ordnungsbedürftig wären als gegenüber jenen Gemeinden, ist nichts erkennbar. Es wird mithin nicht deutlich, warum die Eingemeindung der Beschwerdeführerin zu 3) angeordnet, eine Eingliederung anderer Gemeinden des Nahbereichs in vergleichbarer oder sogar stadtnäherer Lage, wie etwa Sulza, Zöllnitz, Bucha, Lehesten oder Großlöbichau jedoch nicht erfolgt ist. Dies müßte indessen durch Sachgründe gerechtfertigt sein. Die Notwendigkeit einer derartigen Rechtfertigung folgt aus dem Gleichbehandlungsgebot als einer verfassungsrechtlichen Direktive, die bei kommunalen Neugliederungsentscheidungen im Rahmen der erforderlichen Ausrichtung an Gründen des öffentlichen Wohls bedeutsam ist und auch vom Gesetzgeber beachtet werden muß. Bei Eingemeindungen dürfen nur sachliche, an Leitbild und Leitlinien der Reform ausgerichtete Gründe den Gesetzgeber dazu bewegen, eine Gemeinde in die Kernstadt einzugliedern, eine andere vergleichbare Gemeinde aber nicht. Solche Gründe müssen aus den zuvor angestellten Sachverhaltsermittlungen ableitbar sein, was hier jedoch nicht der Fall ist.

Eine sachliche Rechtfertigung der Eingemeindung der Beschwerdeführerin zu 3) läßt sich namentlich nicht aus dem Gesichtspunkt herleiten, daß eine Umgehungsstrasse für die B 7, die im Bereich von Isserstedt von der bisherigen Straßenführung in nordöstlicher Richtung abzweigen und zur B 88 führen soll, wie im schriftlichen und mündlichen Anhörungsverfahren vor dem Innenausschuß des Landtags seitens der Stadt Jena vorgebracht worden ist, auch die Gemarkung der Beschwerdeführerin zu 3) berühren wird. Eine solche Straße wäre wegen ihrer überregionalen Bedeutung zumindest als Landesstraße einzustufen (vgl. § 3 Abs. 3 Nr. 1 des Thüringer Straßengesetzes vom 7. Mai 1993, GVBl. S. 273). Ihre Planung, für die in jedem Fall das Ministerium für Wirtschaft und Verkehr zuständig wäre, erfordert keineswegs die Eingemeindung aller hiervon berührten Gemeinden. Allenfalls könnte eine derartige künftige Straßenanbindung die Eingemeindung auch der Beschwerdeführerin zu 3) nach Jena in einem anderen Licht erscheinen lassen als dies ohne eine solche der Fall ist; für solche Erwägungen bieten die bisherigen Sachverhaltsermittlungen indessen nicht einmal ansatzweise eine Grundlage.

Soweit § 23 ThürNGG anordnet, daß die Beschwerdeführerin zu 3) in die Stadt Jena eingegliedert wird, ist diese Bestimmung mithin abwägungsfehlerhaft und die Verfassungsbeschwerde der Beschwerdeführerin zu 3) begründet.

Auf Art. 105 Satz 2 ThürVerf kommt es hier nicht an. In Rede steht nämlich die Bindung des Gesetzgebers des Thüringer Neugliederungsgesetzes an den gemeindeutschen Verfassungsgrundsatz der kommunalen Selbstverwaltungsgarantie, die bereits vor dem Inkrafttreten der Verfassung des Freistaats Thüringen vom 25. Oktober 1993 bestanden hat und auf die sich Art. 105 Satz 2 ThürVerf nicht erstreckt.

f) Was die Eingliederung der Beschwerdeführerinnen zu 1), 2) und 4) in die Stadt Jena anbelangt, hat der Gesetzgeber auf der Grundlage der noch ausreichenden Sachverhaltsermittlung die in den konkreten Eingemeindungsfällen angesprochenen Gemeinwohlgründe sowie die Vor- und Nachteile der beabsichtigten Regelung in seine Abwägung eingestellt.

Bereits in der amtlichen Gesetzesbegründung, die er sich zu eigen gemacht hat, wird die Notwendigkeit hervorgehoben, die Interessen der kreisfreien Städte an der Vergrößerung ihres Gemeindegebiets und die Belange der umliegenden Gemeinden und ihrer Bürger am Fortbestand ihrer Eigenständigkeit gegeneinander abzuwägen. Damit stehen auf der einen Seite der Abwägung die mit einer Stärkung der kommunalen Selbstverwaltung der kreisfreien Städte durch die Erhöhung ihrer Leistungsfähigkeit verbundenen Belange, auf der anderen Seite das Interesse der örtlichen bürgerschaftlichen Integration, die nicht ohne Not aufgeopfert werden soll. Hieran hat sich der Gesetzgeber ausgerichtet, ohne daß er wesentliche Teilaspekte der übergeordneten Gesichtspunkte bei seiner Abwägung außer acht gelassen hätte. Den Beschwerdeführerinnen zu 1), 2) und 4) kann nicht gefolgt werden, soweit sie geltend machen, der Gesetzgeber habe den Interessen der Stadt in einseitiger Weise den Vorzug gegeben und zwischen diesen und Interessen der Umlandgemeinden keine echte Abwägung vorgenommen. Der Umstand, daß die Beschwerdeführerinnen mit dem Ergebnis der gesetzgeberischen Abwägung nicht zufrieden sind, indiziert alleine noch nicht deren Rechtswidrigkeit.

Gegen die Gewichtung der sich gegenüberstehenden Belange, die der Gesetzgeber vorgenommen hat, und gegen das daraus abgeleitete Abwägungsergebnis ist von Verfassungs wegen nichts einzuwenden. Die angegriffenen Eingemeindungen sind nicht offenbar ungeeignet oder unnötig, um die mit ihnen verfolgten Ziele zu erreichen. Sie stehen zu diesen aber auch nicht deutlich außer Verhältnis.

Auf seiten der Beschwerdeführerinnen ist an dieser Stelle zwar einerseits nochmals auf den hohen Wert einer Erhaltung der örtlichen bürgerschaftlichen Integration, gerade unter den besonderen Bedingungen der neuen Bundesländer (vgl. oben unter 1. c) aa.), hinzuweisen. Andererseits bildet aber auch das Interesse an einer positiven Entwicklung der kreisfreien Städte als Zentren des Landes unter den veränderten Lebens- und Wirtschaftsbedingungen einen bedeutsamen, zumindest gleichrangigen Gemeinwohlbelang. Was speziell den Zeitraum zwischen dem (Wieder-)Entstehen Thüringens als (neues) Bundesland und der hier in Rede stehenden Reformmaßnahme anbelangt, so können sich die Beschwerdeführerinnen nicht darauf berufen, sie hätten in ihren Planungen darauf vertrauen dürfen, auch in Zukunft selbständig zu bleiben und insbesondere nicht nach Jena eingemeindet zu werden. Die verantwortlichen Repräsentanten des Landes haben vielmehr während dieses Zeitraums immer wieder die Notwendigkeit einer Kommunalreform auch in territorialer Hinsicht betont; die Selbständigkeit der Beschwerdeführerinnen als Selbstverwaltungskörperschaften war von Beginn an mit diesem Vorbehalt belastet.

Hinsichtlich der Frage einer Stadt-Umland-Problematik durfte der Gesetzgeber seiner Abwägung zugrunde legen, daß die Beschwerdeführerinnen zu 1), 2) und 4) allesamt in den letzten Jahren Planungen und Entwicklungen eingeleitet haben, die über einen etwaigen Eigenbedarf deutlich hinausgehen und nur im Hinblick auf die Nachbarschaft zur Stadt Jena sinnvoll oder zumindest vertretbar sind. Dies gilt allgemein für die Planung von Wohnbauflächen, im Falle der Beschwerdeführerin zu 1) darüber hinaus für die geplanten Gewerbe- und Sondergebietsflächen. Bezüglich der Stadt-Umland-Problematik wurde im übrigen weiter oben bereits dargelegt (unter 4. c) bb.), daß die Eingemeindung zu anderen institutionellen Lösungsversuchen regelmäßig nicht in einem Verhältnis der Subsidiarität steht. Hier bleibt zu ergänzen, daß auch in den vorliegenden Einzelfällen keine Umstände zutage getreten sind, die es dem Gesetzgeber hätten nahelegen müssen, zugunsten einer anderen institutionellen Gestaltung auf Eingemeindungen zu verzichten.

Ein Abwägungsfehler zu Lasten der Beschwerdeführerinnen zu 1), 2) und 4) läßt sich nicht aus der Forderung herleiten, vor einer Eingemeindung hätten zunächst die freiwillig oder zumindest widerstandslos zur Eingemeindung bereiten Gemeinden zur Deckung des Flächenbedarfs der Stadt herangezogen werden müssen; erst wenn dies noch nicht ausgereicht hätte, habe ihre, der Beschwerdeführerinnen, Eingliederung in die Stadt Jena überhaupt erwogen werden dürfen. Wenn einige durch eine einheitliche Neugliederungsmaßnahme betroffene Gemeinden (hier Drackendorf, Maua und Münchenroda, zuletzt auch Cospeda) die Maßnahme mehr oder weniger freiwillig hinnehmen, andere aber nicht, so kann dies grundsätzlich nicht unter Hinweis auf Möglichkeiten, die sich der eingemeindenden Stadt auf dem Gebiet dieser Gemeinden angeblich bieten, die Abwägungsfehlerhaftigkeit des Neugliederungsgesetzes zur Folge haben. Zum einen steht hinter den angegriffenen Eingemeindungen nicht nur die Notwendigkeit, einen Flächenbedarf der Stadt Jena zu decken, sondern auch das Bestreben, die Stadt-Umland-Problematik zu lösen, die indessen für die Beschwerdeführerinnen nicht dadurch aufgehoben wird, daß andere Gemeinden in die Kernstadt eingemeindet werden. Zum anderen muß die insoweit einheitliche Neugliederungsmaßnahme in diesem Punkt auch einheitlich beurteilt werden; hätte der Gesetzgeber nur die Eingemeindung einer geringeren Anzahl an Gemeinden für notwendig erachtet, um die Neugliederungsziele zu erreichen, dann hätte er die anderen Gemeinden mit seiner Maßnahme von vornherein nicht erfaßt.

Des weiteren läßt sich ein Abwägungsfehler im Hinblick auf die Beschwerdeführerinnen zu 1), 2) und 4) nicht mit dem Hinweis auf deren ländlichen Charakter begründen. Es ist davon auszugehen, daß dieser Charakter dem Gesetzgeber bekannt war. Die Beschwerdeführerinnen sind indessen nicht nur durch ihre Ländlichkeit, sondern auch durch ihre stadtnahe Lage geprägt. Außerdem sind sich abzeichnende künftige Entwicklungen in den Blick zu nehmen. Alles in allem bestehen in dieser Hinsicht keine Zweifel daran, daß die maßgeblichen Gesichtspunkte bei der gesetzgeberischen Abwägung betreffend die Beschwerdeführerinnen zu 1), 2) und 4) angemessen berücksichtigt worden sind. Außerdem kann nicht angenommen werden, die Verwaltung einer größeren kreisfreien Stadt komme nicht damit zurecht, daß zu ihrem Gebiet auch ländlich geprägte Ortsteile bzw. Gebiete gehören, in denen Landwirtschaft betrieben wird. Eine professionelle Verwaltung und Planung läßt sogar eher erwarten, daß hier im Randbereich einer größeren Stadt Konfliktlagen zwischen landwirtschaftlicher Nutzung und Wohnnutzung in Zukunft möglichst gar nicht erst entstehen.

Die Beschwerdeführerinnen zu 2) und 4) kamen als unmittelbare Nachbargemeinden Jenas ohnehin mit an vorderster Stelle für die vom Gesetzgeber berechtigterweise als erforderlich angesehene Gebietserweiterung der Stadt in Betracht. Die in Jenaprießnitz und Kunitz geplante Wohnbebauung ist letztlich Ausdruck des von der Stadt Jena auf das Umland ausgehenden Siedlungsdrucks. Dabei spielt es für die Frage der Eingemeindung keine entscheidende Rolle, daß eine Erweiterung der Bebauung der Ortschaften mit Rücksicht auf das Landschaftsschutzgebiet „Mittleres Saaletal" nicht unbegrenzt möglich ist. Insoweit unterscheidet sich die Lage nicht von derjenigen im alten Stadtgebiet. Wie die vorliegenden Planungen zeigen, verbleiben gleichwohl genügend Erweiterungsmöglichkeiten für eine Bebauung, um die Eingemeindung beider Beschwerdeführerinnen schon deshalb nicht als nutzlos für die Stadt Jena erscheinen zu lassen.

Im Falle der Beschwerdeführerin zu 1) steht unbeschadet der für eine Gemeinde von 500 Einwohnern gleichfalls überproportional ausgedehnten Planung von Wohnbauflächen bei der Eingliederung in die Stadt Jena die Überlegung im Vordergrund, daß hier relativ verkehrsgünstig gelegene Flächen für die Ansiedlung von Gewerbebetrieben zur Verfügung stehen. Dabei spielt es keine Rolle, ob derartige Flächen bereits in einem Bauleitplan ausgewiesen sind oder ob sie erst noch in Zukunft zu planen sind. Von beidem kann in bezug auf Isserstedt ausgegangen werden. Insbesondere ist die eingemeindende

Stadt nicht gehindert, Teile der derzeit noch landwirtschaftlich genutzten Außenbereichsflächen außerhalb des Landschaftsschutzgebiets „Mühltal" in Zukunft erforderlichenfalls planerisch als Gewerbe- oder Sondergebiet, aber auch als Wohn- oder Mischgebiet auszuweisen. Im übrigen konnte auch die bereits erfolgte Ansiedlung von Gewerbebetrieben, namentlich des Verbraucher-Großmarktes, als ein für eine Eingemeindung sprechender Gesichtspunkt berücksichtigt werden. Sie ist Ausdruck einer schwerpunktmäßig auf die Kernstadt ausgerichteten Entwicklung im Sinne der amtlichen Gesetzesbegründung und damit einer bestehenden oder entstehenden Stadt-Umland-Problematik, zu deren Bewältigung § 23 ThürNGG (auch) beitragen soll. In diesem Sinne kann das Vorhandensein eines Verbraucher-Großmarktes in einer benachbarten kleinen Umlandgemeinde durchaus ein sachliches Argument für deren Eingliederung in die Kernstadt sein, weil dadurch immerhin ein dem Landesplanungsrecht konformer Zustand wieder erreicht wird (vgl. Teil B, Ziff. 1.2.4 Abs. 4 des Landesentwicklungsprogramms Thüringen, Verordnung vom 10. November 1993, GVBl. S. 709).

Es ist des weiteren nicht zu beanstanden, daß der Gesetzgeber die Eingliederung der Beschwerdeführerin zu 1) nach Jena angeordnet hat, obwohl zwischen beiden Gemeinden ein mehrere Kilometer breites Landschaftsschutzgebiet liegt, so daß sie sich baulich nicht aufeinander zu entwickeln können. Dieser Umstand war dem Gesetzgeber bekannt. Er durfte indessen davon ausgehen, daß Isserstedt hierdurch als Wohnplatz und Standort von Gewerbebetrieben für die Stadt Jena nichts an Wert verliert, zumal in Form der B 7 eine gute Verkehrsanbindung zur Stadt besteht. In Deutschland gibt es zahlreiche (Groß-)Städte mit Ortsteilen, die von der Kernstadt bzw. von anderen Ortsteilen räumlich abgesetzt sind und mit denen nach den Gegebenheiten (z. B. Beschaffenheit des Geländes, Grünzonen) auch zukünftig kein baulicher Zusammenhang gebildet werden kann oder soll. Dementsprechend wurde in der verfassungsgerichtlichen Rechtsprechung bereits ausgesprochen, daß die Möglichkeit einer zukünftigen baulichen Verflechtung nicht Bedingung für eine Eingemeindung ist bzw. aus Art. 28 Abs. 2 Satz 1 GG nicht abgeleitet werden kann, die Neugliederung müsse die Entstehung einer baulich geschlossenen Siedlung ermöglichen (vgl. *Stüer*, DÖV 1978, 78, 86 mwN. aus der Rspr. des VerfGH NRW; *von Burski*, DÖV 1976, 29, 31 mwN. aus der Rspr. des StGH Bad.-Württ.).

D.

Die Anordnung der Auslagenerstattung zugunsten der Beschwerdeführerin zu 3) beruht auf § 29 Abs. 1 ThürVerfGHG. Im übrigen findet keine Auslagenerstattung statt.

E.

Nach der teilweisen Nichtigerklärung des § 23 ThürNGG ist eine Regelung hinsichtlich der übergangsweisen Zuordnung der Beschwerdeführerin zu 3) auf Kreisebene bis zur erneuten Entscheidung des Thüringer Gesetzgebers hierüber erforderlich. Der Verfassungsgerichtshof hält es für angemessen, die Beschwerdeführerin zu 3) zu diesem Zweck vorerst weiter als einen Ortsteil der kreisfreien Stadt Jena mit Ortschaftsverfassung (§ 45 ThürKO) zu belassen und die Fortgeltung der bereits vom Bundesverfassungsgericht unter Ziffer 3 der Entscheidungsformel des Beschlusses vom 3. Mai 1994 (BVerfGE 91, 70) angeordneten und später verlängerten vorläufigen Regelung anzuordnen.

Sachregister

Abgeordnetengesetze
  von Bund, Ländern 166
Abgeordnetengruppe
  Begriff, Status 164
  Ende parlamentarischer Funktion 165
  und Fraktionen, Abgrenzung 165
  als Gliederung der
    Staatsorganisation 168
  und Vereinsmodell 166
Abgeordnetenhaus von Berlin
  s. Berlin (Abgeordnetenhaus)
Abgeordneter
  und Arbeitsfähigkeit des
    Parlaments 225
  Grundrechtsverletzung und
    Organstreitverfahren 221
  und Landtag 220
  Mandat als Rechtsposition im
    Organstreitverfahren 204
  Mandat, freies 223
  Mandatsniederlegung, empfohlene 229
  Redefreiheit 220, 221
  Repräsentation 225
  und Stasi-Unterlagen-Gesetz 222
  Überprüfung auf Stasi-
    Vergangenheit 204
  und Wahlprüfung 148
Abstimmungsfehler
  und Wahlprüfungsverfahren 147
Abwehrrecht
  Handlungsfreiheit, allgemeine und
    subjektives – 12
Abwehrrechte
  Freiheitsgrundrechte als 106
Ärztekammer
  Beitragserhebung 14
  Rechtliche Grundlage 21
Allgemeine Bedeutung
  einer Verfassungsbeschwerde als
    Ausnahmefall 106, 120
Allgemeine Handlungsfreiheit
  als Auffanggrundrecht 12

Allgemeines Gesetz
  Grundrechtsschranken 308
Allgemeinheit
  Bestands- und Gebietsänderungen aus
    Gründen des Wohls der 319
  und Hochschulbelange 47
Anspruch auf Teilhabe
  Grundrechte und 107
Arbeit
  Staatszielbestimmung des Rechts
    auf – 104
Arbeitsbedingungen
  Vereinigungsfreiheit zur Wahrung und
    Förderung der – 256
Arbeitskampf
  und Tarifvertragsabschluß 256
Arbeitslosigkeit
  und Verfassungsbeschwerde 109
Arbeitsplatz
  Beschaffung, Erhalt 108
  Grundrecht der freien Wahl 36
Arbeitsrechtliche Kündigung
  Verfassungsrechtliche Überprüfung 30
Asylbewerberleistungsgesetz
  Verfassungsbeschwerde gegen
    verwaltungsgerichtliche
    Entscheidungen 114
Auftragsangelegenheiten
  Pflichtaufgaben für Gemeinden zur
    Erfüllung nach Weisung 84, 86
Ausbildungskapazitäten
  Reduzierung 46, 56
  Teilhaberechte und 107, 108
Ausbildungsstätte
  Teilhaberecht der freien Wahl 107
Auskunftspflicht
  und Datenschutz 18
Auslegung
  einfachen Gesetzesrechts 12
Aussetzungsantrag
  bezüglich einer Kabinettssitzung 347
  bezüglich eines Rechtssatzes 349

Bayern
Fraktionen, Gesetz zur Rechtsstellung und Finanzierung 166
Beamtenrecht
Alimentation, Bedeutung 257, 258
Aufwendungen für Wahlleistungen bei stationärer Behandlung 246
Besoldungsansprüche und Anspruchsniveau 260
und Beteiligung von Gewerkschaften, Berufsverbänden 255
Beteiligungsanspruch im Gesetzgebungsverfahren 351
Fürsorgepflicht 267
Hergebrachte Grundsätze des Berufsbeamtentums 267
Koalitionsfreiheit 258, 352
Koalitionsfreiheit und hergebrachte Grundsätze des Berufsbeamtentums 255
Rechtsstaatsprinzip, Vertrauensschutz 271
Ruhegehalt und Hinterbliebenenversorgung 265
Streikrecht, ausgeschlossenes 257
Vereinigungsfreiheit zur Wahrung und Förderung der Arbeitsbedingungen 256
Wohlerworbene Rechte der Beamten 260
Beihilferecht für Beamte
und Anpassungsanspruch nach Gesetzesänderung 274
und Frage wohlerworbener Rechte 266
Gesetzgebungskompetenz 251
Beitrittsgebiet
Hochschulerneuerungsprogramm 98, 110
Wissenschaftler-Integrationsprogramm 98, 110
Berlin
Gemeinsame Finanz- und Wirtschaftskommission für Universitätsklinika 55, 56
Haushaltsstrukturgesetz 1996 38, 49
Hochschulgesetz 44
Kammergesetz 19
Rettungsdienst 3
Straßengesetz 10
Berlin (Abgeordnetenhaus)
Studiengänge, Aufhebung 42

Berlin (Landesverfassung)
Verfassungsbeschwerde (Berlin) s. dort
Berufsfreiheit 6, 8
Berufswahl, Berufsausübung 17, 22, 35
Datenschutz 18
Eigentumsgewährleistung 10
Freiheit von Wissenschaft, Forschung und Lehre 44
Grundrechte des Grundgesetzes und Frage landesverfassungsrechtlicher Verbürgung 17
Rechtliches Gehör 25, 36
Berufsausübung
und Berufswahl 17, 22
und Koalitionsfreiheit 256
Berufsfreiheit
und Arbeitsplatzschaffung 108
und Arbeitsplatzwahl 106
und Kündigungsschutz 35
als Teilhaberechte 107
Verstaatlichung durch Verwaltungsmonopol 8
Berufsverbände
und Gesetzgebungsverfahren im Beamtenrecht 255
Beschwerdeverfahren, außerordentliches
und Untätigkeit eines Fachgerichts 128
Besoldung
Gesetzgebungskompetenz 251
Bewertungskommission
Abgeordnetenüberprüfung wegen ehemaliger Stasi-Tätigkeit 229
Bindungswirkung
BVerfGG § 31 Abs 1 und Landesverfassungsgerichtsbarkeit 103
Brandenburg
Richterschaft, Belastung 73
Verwaltungsstruktur aufgrund früherer DDR 92
Zweckentfremdungsverbot 27
Brandenburg (Landesverfassung)
und Bindungswirkung § 31 Abs 1 BVerfGG 103
Freie Entfaltung der Persönlichkeit 112
Freiheitsgrundrechte 106
Gemeinden und Subsidiaritätsprinzip 91
Gemeinden, Gemeindeverbände 87, 90

Gerichtsverfahren, Anspruch auf zügiges
    Verfahren 127
Kommunale Selbstverwaltung,
    Gewährleistung 82
Menschenwürde 104
Rechtliches Gehör 125
Rechtsschutzgarantie 127
Staatszielbestimmungen
    Vollbeschäftigung und
    Arbeitsförderung 104
Strafbarkeit, Verbot der
    rückwirkenden 78
Unschuldsvermutung 76
Wissenschaftsfreiheit 111
Bremen
Abgeordnetengesetz 166, 167, 169
Politische Parteien, Sendezeiten (Radio-
    Bremen-Gesetz) 189
Rechnungshof 171
Rückzahlungsanspruch gegenüber
    Fraktion 158
Staatsgerichtshof und
    Wahlprüfungsverfahren 186
Volksentscheid 1994 über die
    Verfassungsänderung 137, 177
Vollstreckung von Geldforderungen im
    Verwaltungswege 175
Wahlprüfverfahren 176
Bremen (Bürgerschaft)
Einnahmen, Ausgaben 171
Rechtsbeziehungen zu Teilorganen der
    Bürgerschaft 163
Vorzeitige Beendigung der
    13. Wahlperiode 186
Wahlprüfverfahren 176
Bremen (Landesverfassung)
Fraktionen 164
Bürgerbeteiligung
    und kommunale Selbstverwaltung 412,
    413
Bürgernähe
    und Verwaltungseffizienz 417
Bundesländer
Hochschulwesen 43
Bundespflegesatzverordnung 268, 269,
    281
Bundesrecht
Abgeordnetengesetz 166, 169
Grundgesetz
    s. dort

Hochschulwesen 42, 57
Landesverfassungsrechtliche
    Überprüfung von
    Grundrechtsverletzungen in Verfahren
    aufgrund – 34, 43, 71, 76, 122
Staatliche und akademische
    Angelegenheiten 43
Bundessozialhilfegesetz
    und Asylbewerberleistungsgesetz 121
Bundesverfassungsgericht
Abgeordnetenrechte, Verletzung :
    Abgrenzung Organstreit und
    Verfassungsbeschwerde 220
Abgeordneter, Redefreiheit 220, 221
Arbeitsplatzbeschaffung,
    Arbeitsplatzerhalt 108
DDR-Akademien und deren
    Einrichtungen 96
Eigentumsschutz und Auferlegung von
    Geldleistungsverpflichtungen 18
Fachgerichte, vorrangiger
    Rechtsschutz 290
Fraktionen, Gruppen von Abgeordneten
    (Rechtsstatus) 164
Fraktionsaufgaben 169
Gemeinden, Rück- und
    Neugliederungen 418
Gesetzeserlaß und
    Organstreitverfahren 217
Grundrechte als Teilhaberechte 107
Hochschulen,
    Selbstverwaltungsrecht 44
Kapitalerträge, Besteuerung 21
Koalitionsfreiheit 257
Lüth-Urteil 106
Numerus-Clausus-Urteil 107
Parlamentarische Gruppierungen,
    Finanzierung 169
Pressefreiheit und
    Falschinformationen 309
Private Ersatzschulen, finanzielle
    Förderung 297
Prognosen des Gesetzgebers 427
Rechtskraftwirkung
    verfassungsgerichtlicher
    Entscheidung 70
Rechtssatz-Verfassungsbeschwerde vor
    Gesetzesverkündung 349

Rechtsstaatsprinzip und hergebrachte
    Grundsätze des
    Berufsbeamtentum 272
Rechtsverkennung als Willkür 72
Richterspruch, Prüfungsmaßstab 60
Verwaltungseffizienz und Bürgernähe,
    Spannungsverhältnis 417
Vorabentscheidung bei einer
    Grundrechtsverletzung als
    Ausnahmefall 120
Wahlen und Rundfunkfreiheit 188
Wiederinanspruchnahme nach
    Ermächtigung für die Exekutive 252
Wissenschaftsfreiheit, Postulate 112
Zweckentfremdungsverbot 26
Daseinsvorsorge 417
Datenschutz
Beitragserhebung durch
    Ärztekammer 18
Personenbezogene Daten 18
DDR, ehemalige
Gemeindebestand 92
Staatssicherheitsdienst, Bedeutung 226
Wiederherstellung kommunaler
    Selbstverwaltung 418
Wissenschaftliche Akademien,
    Integration 94
Demokratie
Mehrheitsprinzip und
    Wahlanfechtung 373
Demoskopie
und Wahlkampf 193
Eigentum
und Auferlegung von
    Geldleistungsverpflichtungen 18
Beitragserhebung durch
    Ärztekammer 18
und Erfüllung öffentlicher Aufgaben 10
und Zweckentfremdungsverbot 27
Einigungsvertrag
Außerordentliche Kündigung bei Stasi-
    Tätigkeit 226
Einrichtungen der wissenschaftlichen
    DDR-Akademie, Integration 94
Kündigung eines Dienstverhältnisses im
    öffentlichen Dienst 35
Einkommensverhältnisse
Offenlegung und Datenschutz 19

Einstweilige Anordnung
Aussetzung eines
    Gesetzesbeschlusses 348
Aussetzungsantrag bezüglich einer
    Kabinettssitzung 347
Rechtsschutzbedürfnis 350
Einstweilige Verfügung
Gegendarstellungsverlangen 307
Rechtswegerschöpfung 302
Einstweiliger Rechtsschutz
Rechtswegerschöpfung und Subsidiarität
    der Verfassungsbeschwerde bei 119
Einziehungsverfahren
und Unschuldsvermutung 76
**Erstattungsanspruch (öffentlich-
rechtlicher)**
Fraktionsmittel (Bremer DVU-
    Fraktion) 167
Fachgerichte
Gerichtliche Entscheidungen s. dort
Auslegung einfachen Gesetzesrechts 12
und gesetzgeberisches Unterlassen 105
Interesse an fachgerichtlicher
    Vorklärung 55
und Subsidiarität der
    Verfassungsbeschwerde 119
Verfassungsrechtliche Überprüfung der
    Untätigkeit von 128
Verfassungsrechtliche Überprüfung 77
Vorrangigkeit fachgerichtlichen
    Rechtsschutzes 290
Feuerwehr
Gemeinden als Brandschutz-Träger 83
und Rettungsdienst 1
Finanzielle Förderungspflicht
gegenüber Schulen in freier
    Trägerschaft 297
Finanzierung
parlamentarischer Gruppierungen 169
Forschung
Hochschulerneuerungsprogramm 98
Hochschulsonderprogramm 99, 110
Rahmenvereinbarung
    Forschungsförderung und
    Einrichtungen der DDR-
    Akademien 97
Forschung und Lehre
Vorgaben für den Landesgesetzgeber 44

Fraktionen
Beendigung parlamentarischer
 Funktion 165
Begriff, Status 164
Doppelfunktion 193
als Gliederung der
 Staatsorganisation 168
und Öffentlichkeitsarbeit 173, 193
und parlamentarische Arbeit 169
und Partei 170
als Parteirepräsentanten 193
Rückzahlung von Fraktionsmitteln
 (Bremer DVU-Fraktion) 158
Sachverständigenbeauftragung 173
als staatliche Organe 193
und Vereinsmodell 166
und Volksabstimmung 156
Zweckverfehlung von Mitteln 168
Fraktionsgeschäftsführer
Gehaltszahlung aus staatlichen
 Mitteln 171
Fraktionsmitarbeiter
Gehaltszahlung aus staatlichen
 Mitteln 172
Freie Meinungsäußerung
Wahlen und Rundfunkfreiheit 188
Freiheitsrechte
Grundrechte als Abwehrrechte 106
und Organstreitverfahren 219
als Teilhaberechte 107
Frist
Verfassungsbeschwerde 7, 33, 123
Gebietskörperschaften
s. Gemeinden; Landkreis
Gegendarstellung
im Presserecht 304
Geldleistungsverpflichtungen
und Eigentumsschutz 18
Gemeinden
Ämter und Amtsangehörigkeit 91
Angelegenheiten der örtlichen
 Gemeinschaft 85
Bestands- und
 Gebietsveränderungen 258
als Brandschutzträger 82
Eingriffe in den Gebietsbestand 410
Gebietsreform, Stufen gesetzgeberischer
 Entscheidungen 418
Institutionelle Garantie 410
Kommunale Selbstverwaltung s. dort

Landkreiszugehörigkeit 331
Leistungsfähigkeit 418
Öffentliche Verwaltung 86
Örtliche Verbundenheit der Bürger 417
Rechte, gewährleistete 341
Rück-Neugliederungen 418
und Staat 410
Subjektives Recht aus Art 28 Abs 2
 GG 410, 411
Subsidiaritätsprinzip 91
Gemeinschaftsgüter
Eingriff in das Grundrecht der
 Berufsfreiheit 8
Gemeinwohl
Bestands- und Gebietsveränderungen von
 Gemeinden 319, 416
Neugliederung eines Landkreises 342
Gerichtliche Entscheidungen
Fachgerichte s. dort
Rechtliches Gehör, zu beachtendes 62
Verfassungsgerichtliche
 Überprüfung 35, 60
Wahlprüfungsgericht 148
Gerichtsverfahren
Grundrecht auf zügige
 Durchführung 127
Gesamtwirtschaftliches Gleichgewicht 108
Geschäftsordnung
als Maßnahme 217
Gesetz
Aussetzungsantrag vor
 Verkündung 348
und Geschäftsordnungsrecht,
 Kombination 224
Grundrechtsschranken aufgrund eines
 allgemeinen – 308
Rückwirkung 271
Teilnichtigkeit 283
Verfassungswidrigkeit und
 Organstreitverfahren 218, 219
Gesetzentwurf
Beteiligungsverfahren und Rückruf
 eines – 352
Gesetzeserlaß
als Maßnahme im Sinne des
 Organstreitverfahrens 217
Gesetzgeberisches Unterlassen
Verfassungsbeschwerde aufgrund – 105

Gesetzgebungskompetenz
Landesverfassungsrechtliche
Prüfung 250
Studiengänge, Aufhebung 42, 53
Zweifel an landesrechtlicher – 57
Gesetzgebungsverfahren
Ablauf 353
Prognosen, erforderliche 427
Gesetzgebung
und Interessenabwägung 259
Gesetzgebungskompetenz
Beamtenrecht und Beteiligungsrechte am Gesetzgebungsverfahren 255
Wiederinanspruchnahme nach Ermächtigung für die Exekutive 252
Gewerkschaften
und Gesetzgebungsverfahren im Beamtenrecht 255
Gleichheitsgrundsatz
Besteuerung von Kapitalerträgen 21
Erfüllung öffentlicher Aufgaben 9
Wahlen und Werbespots politischer Parteien 189
und Zweckentfremdungsverbot 27
Gleichstellung von Mann und Frau
Berufsleben 105
Grundgesetz
Kommunale Selbstverwaltung, Gewährleistung 85
Grundrechte
als Ausdruck einer Wertordnung 107
Freiheitsgrundrechte als Abwehrrechte 106
Hochschulen, Status 43
Landesverfassungsgerichtsbarkeit und grundgesetzlich gewährleistete 34, 43, 71, 76, 103
Landesverfassungsrecht und bundesrechtlicher Mindeststandard 109
Landesverfassungsrechtliche Verbürgung 17
Teilhaberrechte 107
Grundrechtseingriff
aufgrund allgemeiner Gesetze 309
Grundrechtsverletzung
und Organstreitverfahren 221
Vorabentscheidung, erforderliche Voraussetzungen bezüglich 120

Gruppe von Abgeordneten
s. Abgeordnetengruppe
Haftbefehl
Verfassungsbeschwerde 130
Handlungsfreiheit
Auffangsgrundrecht der allgemeinen – 12
Hauptsacheverfahren
Rechtswegerschöpfung, Subsidiarität der Verfassungsbeschwerde und noch mögliches – 119
Haushaltskonsolidierung
Einbeziehung der Hochschulen 46
Haushaltsmittel
für parlamentarische Gruppierungen 168
Haushaltswirtschaft
und Gemeinschaftsbelange 108
Hochschulerneuerungsprogramm
Beitrittsgebiet 98, 110
Hochschulsonderprogramm
Beitrittsgebiet 99, 110
Hochschulwesen
Ausbildungskapazitäten, reduzierte 46
und Haushaltskonsolidierung 46
Hochschulrahmengesetz 42, 57
Landesrechtliche Kompetenzen 43
Staat und Hochschulen 43
Informationelle Selbstbestimmung
Einkommensverhältnisse, Offenlegung 19
Interessen
und öffentliches Wohl 417
und Rechtspositionen 342
Interessenabwägung
Gesetzgebung 259
Jena-Fall
Eingemeindung 391
Juristische Person
Grundrechtsschutz 12
Kammerrecht
und Beitragserhebung 19
Kapitalerträge
Besteuerung 21
Koalitionsfreiheit
und Beamtenrecht 255, 352
Tarifvertragsabschluß 256
Kommunale Selbstverwaltung
Abwägungsgebot 341
Angelegenheiten der örtlichen Gemeinschaft 85

Sachregister

Anhörung bei Bestands- und
  Gebietsveränderungen 258
Anhörungsgebot 412
Auftragsangelegenheiten 84, 86
Bürgeranhörung und
  Gebietsveränderungen 411
Bundesverfassungsrechtliche
  Gewährleistung und
  Landesverfassungsgerichtsbarkeit 85
Entbindung von der Brandschutz-
  Trägerschaft 82
Garantie eines Mindestmaßes 409
Gebietsgestaltung von Gemeinden 411
Inhalt der Gewährleistung 341
Kernbereich 83
Kreisfreie Stadt, Leitbild 423
und Leistungsfähigkeit der
  Gemeinden 418
Leitbild 417, 422
Neugliederungsmaßnahmen und
  Prognoseerfordernisse 428
Stadt-Umland-Problematik 417
Systemgerechtigkeit, Systemtreue
  kommunaler Umgestaltung 422
Verfassungsgarantie 417
Verwaltungseffizienz und Bürgernähe,
  Spannungsverhältnis 417
Kommunale Verfassungsbeschwerde
Antragsbefugnis aufgelösten
  Landkreises 311
Garantie kommunaler
  Selbstverwaltung 409
Kommunale Selbstverwaltung
Gemeindezugehörigkeit zu einem
  Landkreis 331
und Neugliederungen von
  Gebietskörperschaften 311
Krankenhausleistungen
und Beihilferecht 252
Krankentransportunternehmen
Ausschluß vom Rettungsdienst 3
Kreisfreie Stadt
und kommunale Selbstverwaltung 422, 423
Kündigung
aufgrund Stasi-Tätigkeit 226
Kündigungsschutzklage
Verfassungsrechtliche Überprüfung 30
Landesrecht
Hochschulwesen 43, 57

Zweifel an der
  Gesetzgebungskompetenz 57
Landesverfassungen
s. einzelne Bundesländer
s. Verfassungsbeschwerde (nach
  Bundesländern aufgegliedert)
Landesverfassungsgerichtsbarkeit
und Bindungswirkung § 31 Abs 1
  BVerfGG 103
Grundrechte des Grundgesetzes 17
Verfassungsbeschwerde
s. dort
Landesverfassungsrecht
und bundesgrundrechtlicher
  Mindeststandard 109
Landkreis
Bestands- und
  Gebietsveränderungen 311
Beteiligtenfähigkeit nach
  Auflösung 318
Gemeindezugehörigkeit zu einem 331
Landtage, Bürgerschaften
s. einzelne Bundesländer
Lebensunterhalt
aufgrund Asylbewerberleistungsgesetz,
  verfassungsrechtliche
  Überprüfung 114
Liquidation
von Fraktionen 166
Lüth-Urteil 106
Mandat
Freies Mandat des Abgeordneten 223, 225
Mecklenburg-Vorpommern (Landtag)
Abgeordnetengesetz und Überprüfung
  der Landtagsmitglieder 204
Mecklenburg-Vorpommern (Landesverfassung)
Organstreitverfahren,
  Voraussetzungen 218, 219
Menschenwürde
Notlage und 104
Mietrecht
Verfassungsrechtliche Überprüfung von
  Richtersprüchen 58
Mündliche Verhandlung
und Erfordernis rechtlichen Gehörs 125
Mutterschutz
und Kündigungsvorschriften des
  Einigungsvertrages 36

Neugliederungsgesetz
 Gebietskörperschaften 311
Neutralitätsgebot des Staates 154
Neutralitätsgebot
 öffentlich-rechtlicher
  Rundfunkanstalten 188
Nichtzulassungsbeschwerde
 und Rechtswegerschöpfung 34
Nordrhein-Westfalen (Landesverfassung)
 Auftragsangelegenheiten der
  Gemeinden 87
Normenkontrollverfahren (abstraktes)
 Hochschulen,
  Selbstverwaltungsrecht 37, 49, 55
 Prüfungsmaßstab 249, 250
 Rechtssetzungsbefugnis eines Landes,
  Prüfung 250
Normenkontrollverfahren (kommunales)
 s. Kommunale Verfassungsbeschwerde
Normenkontrollverfahren (konkretes)
 Vorkonstitutionelle Landesgesetze 296
Numerus-clausus-Urteil 107
Öffentlich-rechtlicher Erstattungsanspruch
 Fraktionsmittel (Bremer DVU-
  Fraktion) 158, 167
Öffentlich-rechtliche Rundfunkanstalten
 Neutralitätsgebot 188
Öffentliche Aufgaben
 Erfüllungsermessen 8
Öffentliche Gewalt
 Grundrechte als Abwehrrechte 106
Öffentliche Verwaltung
 Gemeinden als Träger 86
Öffentlicher Dienst
 Bedienstete einer Berufskammer 20
 Gesetzgebungskompetenz 251
 Kündigung eines Arbeitnehmers
  aufgrund des Einigungsvertrages 35
 Kündigung aufgrund Stasi-
  Tätigkeit 226
Öffentliches Wohl
 Bestands- und Gebietsveränderungen von
  Gemeinden 416
Öffentlichkeitsarbeit
 parlamentarischer Gruppierungen 173,
  193
Öffentlichkeitsarbeit des Staates
 und Volksabstimmung 154

Örtliche Gemeinschaft
 Aufgaben 85, 89
Ordnungswidrigkeiten
 und Zweckentfremdungsverbot 28
Organisationshoheit
 und kommunale Selbstverwaltung 341
Organisationsmaßnahmen
 im Hochschulbereich 46
Organstreitverfahren
 Abgeordnetenstellung als
  Rechtsposition 219
 Freiheitsrechte und 219
 und Grundrechtsverletzung 221
 Maßnahmenerfordernis als
  Zulässigkeitsvoraussetzung 217
 und Verfassungsbeschwerde 220
 Verfassungsstreitigkeit als
  Gegenstand 219
 und Verfassungswidrigkeit eines
  Gesetzes 218, 219
Parlament
 Abgeordneter s. dort
 und Fraktionen 165, 169
 und freies Mandat des
  Abgeordneten 225
 und Repräsentation 225
 Wahlanfechtung und Sitzverteilung 376
Parlamentarische Gliederung
 Fraktionen, Abgeordnetengruppen
  als – 165
Parlamentarische Gruppe
 und Partei 170
Parteien
 Chancengleichheit während
  Wahlkampfzeit 190
 Chancengleichheit 382
 und Fraktionen, parlamentarische
  Gruppierungen 170
 und Haushaltmittel 169
 und politische Willensbildung 188
 und Rundfunkfreiheit 187
 Verfassungsrechtlicher Status 382
 und Wahlfreiheit 382
 Wahlvorbereitung und
  Wahlwerbung 382
 Werbespots und Rundfunkfreiheit 189
Pharmazie
 Wissenschaftsbetrieb 45
Pressefreiheit
 und Falschinformationen 309

Presserecht
und Gegendarstellungsverlangen 304
Private Unternehmen
und Erfüllung öffentlicher Aufgaben 8
Privater Rettungsdienst
Ausschluß 6
Privatklageverfahren
und Sühneversuch 73
Übersehen bevorstehender
Verjährung 67
Privatschulfreiheit 297
Prognosen
im Gesetzgebungsverfahren 427
Räteverfassungsrechtliche Ideen
in der saarländischen Verfassung 254
Rechtliches Gehör
Gebietskörperschaft, Bestands- und
Gebietsänderungen 319, 338
Gemeinden, Gemeindeverbände 90
Gerichtliche Entscheidung und
erforderliches – 62
und mündliche Verhandlung 125
Überraschungsklausel 310
Veränderung rechtlicher Gesichtspunkte
im Verfahren 310
Vorbringen, erforderliches 25
und Wissenschaftsfreiheit 45
Rechtsanwaltskammer
BRAO-Grundlage 21
Rechtskraft
Veränderungen durch nachträglich
eintretende Umstände 133
Rechtskraftwirkung
verfassungsgerichtlicher
Entscheidungen 70
Rechtsreflexe
und Interessensphäre 342
Rechtsschutzbedürfnis
Einstweilige Anordnung 350
Verfahrensteil, abgeschlossener und noch
bestehendes – 129
Verfassungsbeschwerde gegen
Haftbefehl, Untersuchungshaft 133
für die Verfassungsbeschwerde 71
Rechtsschutzgarantie
Grundrechtsverletzung 127
und Wahlprüfung 148
Rechtsschutzverweigerung
und außerordentliches
Beschwerdeverfahren 128

Rechtsstaatsprinzip
und Berufsbeamtentum, hergebrachte
Grundsätze 272
Prinzip der Rechtsbindung staatlicher
Organe 170
und Rückwirkung von Gesetzen 271
Selbstbindung 422
und verfassungsrechtlicher
Erstattungsanspruch 168
Rechtsverordnung
Inanspruchnahme der Regelungsbefugnis
trotz Exekutiv-Ermächtigung 252
Normative Gestaltungsfreiheit des
Verordnungsgebers 26
Rechtswegerschöpfung
Einstweiliges Rechtsschutzverfahren
und – 118, 302
Fachgerichte, vorrangiger
Rechtsschutz 290
Interesse an fachgerichtlicher
Vorklärung 55
Nichtzulassungsbeschwerde,
erforderliche 34
Sofortentscheidung als
Ausnahmefall 120
und Subsidiaritätsgrundsatz 118
und Untätigkeit eines Fachgerichts 128
Unterlassen der Regierung, des
Gesetzgebers, beanstandetes 105
Redefreiheit
des Abgeordneten 220, 221
Reformatio in peius
und Willkürvorwurf 29
Reichswirtschaftsrat 254
Rettungsdienst
Ausschluß Privater 6
Richterspruch
s. Gerichtliche Entscheidungen
s. Fachgerichte
Rückwirkung von Gesetzen
und Rechtsstaatsprinzip 271
Rückzahlung
von Fraktionsmitteln (Bremer DVU-
Fraktion) 158
Rundfunkfreiheit
und Freiheit und Gleichheit der
Parteien 187
und Sendungen mit wahlwerbender
Wirkung 190

Saarland
 Beamtenrecht, Aufwendungen für Wahlleistungen bei stationärer Behandlung 246
 Haushaltsfinanzierungsgesetz 1995 243
Saarland (Landesverfassung)
 Beamte, Fürsorgepflicht des Staates 267
 Beamte, Ruhegehalt und Hinterbliebenenversorgung 265
 Beamte, wohlerworbene Rechte 260
 Ermächtigung der Exekutive zur Rechtssetzung 252
 Räteverfassungsrechtliche Ideen 254
 Rechtssetzungsverfahren und Beteiligtenrechte 253
 Rechtsstaatsprinzip 271
 Vereinigungsfreiheit zur Wahrung und Förderung der Arbeitsbedingungen/ Wirtschaftsbedingungen 256
 Wirtschaftsverfassungsrechtliches Programm 254
 Zuständigkeit zur Rechtssetzung 250
Sachsen
 Dolmetschergesetz 287
 Kreisgebietsreformänderung 311
 Presserecht 304
 Schulen in freier Trägerschaft 292
Sachsen (Landesverfassung)
 Gebietsänderungen 319
 Kommunale Selbstverwaltung 318
 Pressefreiheit 308
 Rechtliches Gehör 310
 Schulen in freier Trägerschaft, Förderung 297
 Willkürverbot 310
 Wohnung, geschützte 303
Satzungsrecht
 als Bestandteil kommunaler Selbstverwaltung 341
Schulrecht
 Schulen in freier Trägerschaft, Förderung 296
Selbstbindung
 und Rechtsstaatsprinzip 422
Selbstverwaltungsrecht
 der Kommunen
 s. Kommunales Selbstverwaltungsrecht
 Recht der Hochschulen 44
 und staatliches Organisationsrecht, Abgrenzung 57

Sozialhilfebehörden
 und Asylbewerberleistungsgesetz 121
Sozialstaatsgedanke
 und Teilhaberechte 108
Staat und Gemeinden 410
Staat und Hochschulen 43, 259
Staat und Wissenschaft 44
Staatliche Leistungen
 für den Wissenschaftsbetrieb 45
Staatliche Organe
 Prinzip der Rechtsbindung 170
Staatliche Zuschüsse
 an parlamentarische Gruppierungen 170
Staatsorgane
 Sachlichkeitsgebot 155
 und Volksentscheid 154
Staatssicherheitsdienst der ehemaligen DDR
 Überprüfung von Abgeordneten bezüglich einer Tätigkeit für den – 204
Staatszielbestimmung
 statt einklagbaren Grundrechts 104
Stasi-Unterlagen-Gesetz
 und Überprüfung von Abgeordneten 222
Strafrecht
 Einziehungsverfahren, selbständiges 76
Straßenumbenennung
 Frage subjektiven Abwehrrechts gegen eine 12
Straßenverkehr
 und Wahlwerbung 197
Studiengänge
 Einrichtung, Aufhebung und Stellung der Hochschulen 45
 Verfassungsrechtliche Überprüfung der Aufhebung von 42, 53
Subsidiarität der Verfassungsbeschwerde
 Fachgerichte, Kompetenz 119
 und Rechtswegerschöpfung 119
 und Untätigkeit eines Fachgerichts 128
Subsidiaritätsprinzip
 Zuständigkeitspriorität zugunsten der Gemeinden 91
Tarifautonomie
 und Beamtenrecht 257
Tarifvertrag
 und Koalitionsfreiheit 256

Sachregister

Tatbestandsberichtigung
und Frist für
Verfassungsbeschwerde 124
Teilnichtigkeit
eines Gesetzes 283
Thüringen
Haushaltssicherungsgesetz 1997 343
Landeswahlgesetz 356
Neugliederungsgesetz 331, 391
Stadt-Umland-Problematik 421
Wahlbeschwerde zum
ThürVerfGH 369
Thüringen (Landesverfassung)
Gebietskörperschaften, Anhörungsrecht
bei Veränderungen 338
Parteien, verfassungsrechtliche
Stellung 382
Universität
s. Hochschulen
Unschuldsvermutung
Abgeordnetenüberprüfung wegen
ehemaliger Stasi-Tätigkeit 228
und selbständiges
Einziehungsverfahren 76
Untätigkeit
Verfassungsbeschwerde bei
fachgerichtlicher – 128
Unterlassen
Verfassungsbeschwerde aufgrund
gesetzgeberischen – 105
Untersuchungshaft
Verfassungsbeschwerde 130
Vereinigungen
Grundrechtsschutz 12
Vereinigungsfreiheit
zur Wahrung und Förderung der
Arbeitsbedingungen 256
Vereinsmodell
für Fraktionen, für parlamentarische
Gruppen 166
Verfassungsbeschwerde (Berlin)
Beschwer, konkrete 6
Bundesrecht, Prüfungskompetenz des
VerfGH 34
Fachgerichte und VerfGH 12
Frist 33
und Grundrechte des Grundgesetzes 17
gegen Rechtsvorschrift 7
Rechtswegerschöpfung 54
Richterspruch, überprüfter 60

Unmittelbare Rechtsverletzung 6
Willkürverbot 60
Verfassungsbeschwerde (Brandenburg)
Auslagenerstattung 129
Ausnahmefall „allgemeiner
Bedeutung" 106, 120
Bundesrecht, Überprüfung 122
Frist 123
Grundrecht der Landesverfassung,
erforderliche Verletzung 127
Rechtskraftwirkung von
Entscheidungen 70
Rechtsschutzbedürfnis 129, 133
Rechtswegerschöpfung und
gesetzgeberisches Unterlassen 105
Staatszielbestimmung statt einklagbaren
Grundrechts 104
Untätigkeit eines Fachgerichts 128
Unterlassen der öffentlichen
Gewalt 105
Wiedereinsetzung 124
Verfassungsbeschwerde (Bremen)
Zuständigkeit des
Staatsgerichtshofs 163
Verfassungsbeschwerde (Bund)
Abgeordnetenrechte, Verletzung:
Abgrenzung Organstreit und
Verfassungsbeschwerde 220
und Bindungswirkung § 31 Abs 1
BVerfGG 103
Grundrechtliche Gewährleistungen des
GG und 103
Grundrechtsverletzungen in
bundesrechtlich geregelten
Verfahren 71, 76
Rechtsschutzinteresse 71
Rechtswegerschöpfung 118, 119
Subsidiaritätsgrundsatz 119
Verfassungsbeschwerde (Sachsen)
Begründungsanforderungen 291
Duldung eines Wohnungseingriffs
aufgrund einstweiliger
Verfügung 303
Rechtswegerschöpfung 290
Zugang zum VerfGH, mittelbarer 291
Verfassungsbeschwerde (Thüringen)
Rechtssatz-Verfassungsbeschwerde 349
Rechtsschutzbedürfnis für eine
einstweilige Anordnung 351

Verfassungsgerichtsbarkeit
Bundesverfassungsgerichtsbarkeit
s. Bundesverfassungsgericht
Landesverfassungsgerichtsbarkeit
s. dort
Normenkontrollverfahren
s. dort
Organstreitverfahren
s. dort
Verfassungsbeschwerde und
Organstreitverfahren,
Abgrenzung 220
Vorabentscheidung bei einer
Grundrechtsverletzung als
Ausnahmefall 121
Verfassungsrechtliche Organe
Organstreitverfahren
s. dort
Rechtsnatur der Beziehungen
untereinander 163, 164
Verfassungsrechtlicher Erstattungsanspruch
und Rückzahlung von
Fraktionsmitteln 167
Verfassungsstreitigkeit
und Organstreitverfahren 219
Verfassungsverletzung
Verkennung einfachen Rechts und
Voraussetzungen einer – 72
Verfassungswidrigkeit
und Organstreitverfahren 218, 219
Verhältnismäßigkeit
Verlagerung von Verwaltungsaufgaben
von Gemeinden 93
Verjährung
Privatklageverfahren, Übersehen
bevorstehender 67
Verkündung eines Gesetzes
Rechtssatz-Verfassungsbeschwerde vor
Gesetzesverkündung 349
Vermögenspositionen
und Eigentumsschutz 18
Verwaltungsmonopol
und Grundrecht der Berufsfreiheit 8
Verwaltungsorganisation
und kommunale Selbstverwaltung 341
Vetrauensschutz
Beamtenrecht 271
Volksabstimmung
und Staatsorgane 154

und Stimmzettelverwendung 149
Wahlprüfungsverfahren 147
Vollstreckung
verfassungsrechtlicher
Entscheidung 174
Vorabentscheidung
bei einer Grundrechtsverletzung als
Ausnahmefall 120
Vorbeugender Rechtsschutz
gegen Beschlußfassung im
Gesetzgebungsverfahren 349
Vorkonstitutionelles Recht
und landesverfassungsrechtliche
Prüfung 297
Wahlanfechtung
und Wahlrechtsverstöße 373
und Wiederholungswahl 373, 374
Wahlen
Parteienbedeutung 188
und Rundfunkfreiheit 188, 189
Wahlfehler
und hypothetischer Wahlverlauf 385
Wahlfreiheit
und Parteienbedeutung 382
und Wahlfehler 197
Wahlkampf
Chancengleichheit der Parteien 190
Finanzierung 194
Veröffentlichung von
Umfrageergebnissen 193
Wahlkreisbewerber
Direktmandat, Wahrscheinlichkeit eines
Erwerbs 388
Folgen verhinderter Aufstellung 380
Wahlprüfung
Erheblichkeitsgrundsatz 373
Wahlbeschwerde zum
ThürVerfGH 370
Volksabstimmung 147
Wahlprüfungsgericht
kein Gericht im Sinne Art 92 GG 148
Wahlrecht
und Abgeordnetenmandat 223
Landesliste, zurückgewiesene 375
Verletzungen, Anfechtung im
Wahlanfechtungsverfahren 197
Wahlvorschlagsrecht
und öffentliches Interesse an
organisatorischer
Wahlbewältigung 382

Sachregister

Wahlwerbung
  Lautsprecherwerbung 197
  und Rundfunkfreiheit 190
  und Staatsmittel 194
Weimarer Republik
  Wirtschaftsverfassung 254
Weimarer Verfassung
  Beamtenstatus, wohlerworbene Beamtenrechte 261
  Hergebrachte Grundsätze des Berufsbeamtentums 267
Wertordnung
  und Grundrechte 107
Wiedereinsetzung
  Verfassungsbeschwerde 124
Willkürverbot
  Überprüfung eines Richterspruchs 60
  und Verletzung einfachen Rechts 72
Wirtschaftsverfassung
  Räteverfassungsrechtliche Ideen 254
Wissenschaft, Forschung und Lehre
  Verfassungsrechtliche Gewährleistung 44

Wissenschaftler-Integrationsprogramm 98, 110
Wissenschaftliche Akademien
  Integration der DDR 94
Wissenschaftsfreiheit
  Aufhebung von Studiengängen 53, 56
  und rechtliches Gehör 45
  als Teilhaberecht 111, 112
Wohnung
  Schutzumfang 303
Wohnungsbewirtschaftung
  mittels Zweckentfremdungsverbots 26
Zahnmedizin
  Wissenschaftsbetrieb 45
Zollfahndung
  Einziehung unversteuerter Waren 75
Zweckentfremdungsverbot
  Verfassungsmäßigkeit 25
Zweckverfehlung
  von Fraktionsmitteln 168

Gesetzesregister

Bundesrecht

Gesetz über die Rechtsverhältnisse der Mitglieder des Deutschen Bundestages i. d. F. der Bekanntmachung vom 21. 2. 1996 (BGBl. I S. 326) - AbgG -	§ 44 b Abs. 2	Nr. 1 (MV)
Gesetz zur Neuregelung der Leistungen an Asylbewerber vom 30. 6. 1993 (BGBl. I S. 1074) - Asylbewerberleistungsgesetz - AsylbLG -	§ 2	Nr. 5 (Bbg.)
Bundessozialhilfegesetz i. d. F. der Bekanntmachung vom 23. 3. 1994 (BGBl. I S. 646) - BSHG -	§ 3 Abs. 1 § 4 Abs. 2 § 22 Abs. 1	Nr. 5 (Bbg.) Nr. 5 (Bbg.) Nr. 5 (Bbg.)
Gesetz über das Bundesverfassungsgericht i. d. F. der Bekanntmachung vom 11. 8. 1993 (BGBl. I S. 1473) - BVerfGG -	§ 31 Abs. 1	Nr. 4 (Bbg.)
Bürgerliches Gesetzbuch vom 18. 8. 1896 (BGBl. III 400-2) - BGB -	§ 21	Nr. 2 (HB)
Geschäftsordnung des Deutschen Bundestags i. d. F. der Bekanntmachung vom 2. 7. 1980 (BGBl. I S. 1237)	§ 10	Nr. 2 (HB)
Grundgesetz für die Bundesrepublik Deutschland vom 23. 5. 1949 (BGBl. S. 1) - GG -	Art. 5 Abs. 3 Art. 70 Abs. 1 Art. 75 Abs. 1 Nr. 1 a	Nr. 6 (B) Nr. 6 (B) Nr. 6 (B)
	Art. 5 Abs. 3 Art. 12 Abs. 1 Art. 19 Abs. 4 Art. 28 Abs. 2 Art. 91 b	Nr. 4 (Bbg.) Nr. 4 (Bbg.) Nr. 7 (Bbg.) Nr. 3 (Bbg.) Nr. 4 (Bbg.)
	Art. 3 Art. 5 Art. 19 Abs. 4 Art. 20 Abs. 3	Nr. 3 (HB) Nr. 3 (HB) Nr. 1 (HB) Nr. 2 (HB)

	Art. 21	Nr. 3 (HB)
	Art. 92	Nr. 2 (HB)
	Art. 103 Abs. 1	Nr. 2 (HB)
	Art. 2	Nr. 1 (MV)
	Art. 3 Abs. 1	Nr. 1 (MV)
	Art. 5	Nr. 1 (MV)
	Art. 38 Abs. 1 Satz 2	Nr. 1 (MV)
	Art. 38 Abs. 3	Nr. 1 (MV)
	Art. 48 Abs. 3 Satz 3	Nr. 1 (MV)
	Art. 9 Abs. 3	Nr. 1 (SL)
	Art. 33 Abs. 4, 5	Nr. 1 (SL)
	Art. 70 Abs. 1	Nr. 1 (SL)
	Art. 74 a Abs. 1	Nr. 1 (SL)
	Art. 28	Nr. 5 (S)
	Art. 21	Nr. 3 (Thür)
	Art. 28 Abs. 2	Nr. 1, 2 (Thür)
	Art. 33 Abs. 4, 5	Nr. 2 (Thür)
	Art. 59 Abs. 2	Nr. 2 (Thür)
Hochschulrahmengesetz i. d. F. der Bekannt-machung vom 9. 4. 1987 (BGBl. I S. 1170) - HRG -	§ 60	Nr. 6 (B)
Gesetz über die Unterlagen des Staatssicher-heitsdienstes der ehemaligen Deutschen Demokratischen Republik vom 20. 12. 1991 (BGBl. I S. 2272) - StUG -	§ 20 Abs. 1 Nr. 6 lit.b § 21 Abs. 1 Nr. 6 lit.b § 32 Abs. 3 Nr. 2/ 2. Spiegelstrich § 34	Nr. 1 (MV) Nr. 1 (MV) Nr. 1 (MV) Nr. 1 (MV)
Strafgesetzbuch i. d. F. der Bekanntmachung vom 10. 3. 1987 (BGBl. I S. 945, ber. S. 1160) - StGB -	§ 45 § 51 Abs. 1 Satz 1 § 76 a Abs. 3 § 78 Abs. 3 Nr. 5	Nr. 1 (MV) Nr. 8 (Bbg.) Nr. 2 (Bbg.) Nr. 1 (Bbg.)
Strafprozeßordnung i. d. F. der Bekanntmachung vom 7. 4. 1987 (BGBl. I S. 1074, ber. S. 1319) - StPO -	§ 53 § 55 § 153 § 380 § 440 § 441	Nr. 2 (HB) Nr. 2 (HB) Nr. 2 (Bbg.) Nr. 1 (Bbg.) Nr. 2 (Bbg.) Nr. 2 (Bbg.)
Gesetz über den Versicherungsvertrag vom 30. 5. 1908 (RGBl. S. 362), zuletzt geändert durch Gesetz vom 21. 7. 1994 (BGBl. I 1630, 3134)	§ 178 e, f	Nr. 1 (SL)
Verwaltungsgerichtsordnung vom 21. 1. 1960 (BGBl. I S. 17) - VwGO -	§ 123	Nr. 2 (Thür)

Gesetzesregister

Zivilprozeßordnung i. d. F. der Bekanntmachung vom 12. 9. 1950 (BGBl. I S. 533) - ZPO -	§ 85 Abs. 2 § 320	Nr. 6 (Bbg.) Nr. 6 (Bbg.)

Reichsrecht

Verfassung des Deutschen Reiches vom 11. 8. 1919 (RGBl. S. 1383)	Art. 129 Abs. 1 Satz 2	Nr. 1 (SL)

Landesrecht
Berlin

Gesetz zur Beseitigung des strukturellen Ungleichgewichts des Haushalts vom 15. 4. 1996 (GVBl. S. 126) - Haushaltsstrukturgesetz 1996 - HStrG 96 -	Art. II § 2 Abs. 1 Nr. 1 Art. II § 2 Abs. 2 Art. II § 3 Abs. 1 Nr. 1, 2 Art. II § 3 Abs. 1 Nr. 2, 3, 6	Nr. 6 (B) Nr. 6 (B) Nr. 7 (B) Nr. 7 (B)
Gesetz über die Hochschulen im Land Berlin i. d. F. vom 5. 10. 1995 (GVBl. S. 728) - Berliner Hochschulgesetz - BerlHG -	§ 22 Abs. 3 § 61 Abs. 1 Nr. 3	Nr. 6 (B) Nr. 6 (B)
Gesetz über die Kammern und die Berufsgerichtsbarkeit der Ärzte, Zahnärzte, Tierärzte und Apotheker i. d. F. vom 4. 9. 1978 (GVBl. S. 1937, 1980) - Berliner Kammergesetz - KaG - - Berliner Kammergesetz - KaG -	§ 13	Nr. 3 (B)
Gesetz über den Rettungsdienst für das Land Berlin vom 8. 7. 1993 (GVBl. S. 313) - Rettungsdienstgesetz - RDG -	§ 2 Abs. 2 Satz 1 § 5 Abs. 1 Sätze 2, 3 § 23 Abs. 1 Satz 3 § 23 Abs. 2 Satz 1	Nr. 1 (B) Nr. 1 (B) Nr. 1 (B) Nr. 1 (B)
Berliner Straßengesetz vom 28. 2. 1985 (GVBl. S. 518) - StrG -	§ 5 Abs. 1	Nr. 2 (B)
Gesetz über den Verfassungsgerichtshof vom 8. 11. 1990 (GVBl. S. 2246/GVABl. S. 510) - VerfGHG -	§ 49 Abs. 1 § 51	Nr. 5 (B) Nr. 5 (B)
Verfassung von Berlin vom 1. 9. 1950 (VOBl. I S. 433) - VvB 1950 -	Art. 6 Art. 11 Art. 15 Art. 21 b Art. 62	Nr. 1, 4 (B) Nr. 1, 3, 4, 5 (B) Nr. 1, 4 (B) Nr. 3 (B) Nr. 4, 5 (B)

Verfassung von Berlin vom 23. 11. 1995 (GVBl. S. 779) - VvB -	Art. 7	Nr. 2 (B)
	Art. 10 Abs. 1	Nr. 8 (B)
	Art. 15 Abs. 1	Nr. 8 (B)
	Art. 15 Abs. 5 Satz 2	Nr. 8 (B)
	Art. 21 Satz 1	Nr. 6, 7 (B)
	Art. 84 Abs. 2 Nr. 2	Nr. 6 (B)

Brandenburg

Verfassung des Landes Brandenburg vom 20. 8. 1992 (GVBl. I S. 298) - LV-	Art. 6 Abs. 1	Nr. 7 (Bbg.)
	Art. 6 Abs. 2 Satz 1	Nr. 4 (Bbg.)
	Art. 7	Nr. 4 (Bbg.)
	Art. 12 Abs. 3	Nr. 4 (Bbg.)
	Art. 31	Nr. 4 (Bbg.)
	Art. 41 Abs. 1	Nr. 2 (Bbg.)
	Art. 48	Nr. 4 (Bbg.)
	Art. 49 Abs. 1	Nr. 4 (Bbg.)
	Art. 52 Abs. 3	Nr. 6 (Bbg.)
	Art. 52 Abs. 4	Nr.1, 7, 8 (Bbg.)
	Art. 53 Abs. 2	Nr. 2 (Bbg.)
	Art. 97	Nr. 3 (Bbg.)
Art. 3 der Kommunalverfassung des Landes Brandenburg vom 15. 10. 1993 (GVBl. I S. 398, 450) - Amtsordnung -AmtsO -	§ 1	Nr. 3 (Bbg.)
	§ 4	Nr. 3 (Bbg.)
	§ 5	Nr. 3 (Bbg.)
Gesetz über die Gewährung des Brandschutzes und die technische Hilfeleistung der Feuerwehren vom 14. 6. 1991 (GVBl. S. 192) - Brandschutz- und Hilfeleistungsgesetz -	§ 1	Nr. 3 (Bbg.)
	§ 2	Nr. 3 (Bbg.)
	§ 4	Nr. 3 (Bbg.)
	§ 26	Nr. 3 (Bbg.)
Erstes Gesetz zur Änderung des Brandschutzgesetzes vom 14. 2. 1994 (GVBl. I S. 22)	Art. 1 Nr. 1 b	Nr. 3 (Bbg.)
Gesetz über den Brandschutz und die Hilfeleistung bei Unglücksfällen und öffentlichen Notständen des Landes Brandenburg i. d. F. der Bekanntmachung vom 9. 3. 1994 (GVBl. I S. 65)	§ 1 Abs. 1	Nr. 3 (Bbg.)
	§ 28	Nr. 3 (Bbg.)
Art. 1 der Kommunalverfassung des Landes Brandenburg vom 15. 10. 1993 (GVBl. I S. 398) - Gemeindeordnung - GO -	§ 3 Abs. 3	Nr. 3 (Bbg.)
	§ 35 Abs. 1	Nr. 3 (Bbg.)
	§ 63 Abs. 1 Buchst. c	Nr. 3 (Bbg.)
Gesetz über das Verfassungsgericht des Landes Brandenburg vom 8. 7. 1993 (GVBl. I S. 322) - VerfGGBbg -	§ 13 Abs. 1	Nr. 4, 6 (Bbg.)
	§ 45 Abs. 1	Nr. 4, 5 (Bbg.)
	§ 45 Abs. 2	Nr. 4, 5, 7 (Bbg.)
	§ 46	Nr. 4 (Bbg.)
	§ 47 Abs. 1, 2	Nr. 6 (Bbg.)
	§ 51 Abs. 2	Nr. 3 (Bbg.)

Bremen

Landesverfassung der Freien Hansestadt Bremen vom 21. 10. 1947 (BremGBl. 1947, S. 251; SaBremR 100-a-1) - BremLV - LV -	Art. 69 Abs. 2	Nr. 1 (HB)
	Art. 72 Abs. 1	Nr. 1 (HB)
	Art. 76	Nr. 3 (HB)
	Art. 83 Abs. 1	Nr. 1 (HB)
	Art. 92 Abs. 3	Nr. 2 (HB)
	Art. 96	Nr. 2 (HB)
	Art. 135 Abs. 1	Nr. 1 (HB)
	Art. 140	Nr. 2 (HB)
Gesetz über die Rechtsverhältnisse der Mitglieder der Bremischen Bürgerschaft vom 16. 10. 1978 (BremGBl. S. 209; SaBremR 1100-a-3) - Bremisches Abgeordnetengesetz BremAbgG -	§ 37	Nr. 2 (HB)
	§ 38 Abs. 2	Nr. 2 (HB)
	§ 40	Nr. 2 (HB)
	§ 42	Nr. 2 (HB)
Geschäftsordnung der Bremischen Bürgerschaft i. d. F. vom 6. 11. 1991 (BremABl. S. 121)	§ 5	Nr. 2 (HB)
	§ 7 Abs. 5	Nr. 2 (HB)
Haushaltsordnung der Freien Hansestadt Bremen vom 25. Mai 1971 (BremGBl. S. 143; SaBremR 63-c-1) - Landeshaushaltsordnung - LHO -	§ 44 a	Nr. 2 (HB)
	§ 88	Nr. 2 (HB)
Gesetz über die Errichtung und Aufgaben einer Anstalt des öffentlichen Rechts - Radio Bremen - vom 22. 6. 1993 (BremGBl. S. 197; SaBremR 225-b-1) - Radio-Bremen-Gesetz - RBG -		Nr. 3 (HB)
Gesetz über den Staatsgerichtshof vom 18. 6. 1996 (BremGBl. S. 179; SaBremR 1102-a-1) - BremStGHG - StGHG -	§ 30	Nr. 3 (HB)
	§ 34	Nr. 3 (HB)
	§ 35	Nr. 3 (HB)
Gesetz über das Verfahren beim Volksentscheid vom 1. 4. 1969 (BremGBl. S. 39) - VE-Gesetz -	§ 2 a	Nr. 1 (HB)
	§ 3	Nr. 1 (HB)
	§ 24 Abs. 1	Nr. 1 (HB)
Bremisches Wahlgesetz vom 22. 4. 1955 i. d. F. der Bekanntmachung vom 23. 5. 1990 (BremGBl. S. 321; SaBremR 111-a-1) - BremWG -	§ 27	Nr. 1 (HB)
	§ 32 Abs. 1	Nr. 1 (HB)
	§ 37 Abs. 1	Nr. 1 (HB)
	§ 38 Abs. 1, 2	Nr. 3 (HB)
	§ 38 Abs. 4	Nr. 1 (HB)
	§ 39 Abs. 2	Nr. 1, 3 (HB)

Mecklenburg-Vorpommern

Gesetz über die Rechtsverhältnisse der Mitglieder des Landtages von Mecklenburg-Vorpommern vom 20. 12. 1990 (GVOBl. 1991 S. 3) - AbgG -	§ 48 = § 47 a	Nr. 1 (MV)
	§ 48 Abs. 2 Sätze 1, 4	Nr. 1 (MV)
	§ 48 Abs. 3 Satz 4	Nr. 1 (MV)
	§ 48 Abs. 4 Sätze 3, 4	Nr. 1 (MV)

Fünftes Gesetz zur Änderung des Gesetzes über die Rechtsverhältnisse der Mitglieder des Landtages von Mecklenburg-Vorpommern vom 19. 7. 1995 (GVOBl. M-V S. 332) - 5. ÄndG AbgG M-V -		Nr. 1 (MV)
Sechstes Gesetz zur Änderung des Gesetzes über die Rechtsverhältnisse der Mitglieder des Landtages von Mecklenburg-Vorpommern vom 11. 12. 1995 (GVOBl. M-V S. 608) - 6. ÄndG AbgG M-V -	Art. 1 Nr. 19	Nr. 1 (MV)
Verfassung des Landes Mecklenburg-Vorpommern vom 23. 5. 1993 (GVOBl. S. 371, 372) - LV -	Art. 6	Nr. 1 (MV)
	Art. 20 Abs. 1	Nr. 1 (MV)
	Art. 20 Abs. 2 Satz 4	Nr. 1 (MV)
	Art. 22 Abs. 1	Nr. 1 (MV)
	Art. 22 Abs. 3 Satz 3	Nr. 1 (MV)
	Art. 23 Abs. 2	Nr. 1 (MV)
	Art. 53 Abs. 1 Nr. 1	Nr. 1 (MV)
Gesetz über das Landesverfassungsgericht Mecklenburg-Vorpommern vom 19. 7. 1994 (GVOBl. S. 734, 736) - LVerfGG -	§ 11 Abs. 1 Nr. 1	Nr. 1 (MV)
	§ 32	Nr. 1 (MV)
	§ 33 Abs. 2	Nr. 1 (MV)
	§ 36 Abs. 1, 2, 3	Nr. 1 (MV)
Richtlinie für das Verfahren der Überprüfung der Abgeordneten gem. § 47 a Abgeordnetengesetz vom 20. 6. 1995 (GVOBl. S. 333)		Nr. 1 (MV)

Saarland

Verfassung des Saarlandes vom 15. 12. 1947 (ABl. S. 1077), zuletzt geändert durch Gesetz Nr. 1366 vom 27. 3. 1996 (ABl. S. 422)	Art. 12 Abs. 1	Nr. 1 (SL)
	Art. 56	Nr. 1 (SL)
	Art. 58 Abs. 1	Nr. 1 (SL)
	Art. 60 Abs. 1	Nr. 1 (SL)
	Art. 65 Abs. 2	Nr. 1 (SL)
	Art. 104 Abs. 1	Nr. 1 (SL)
	Art. 114 Abs. 1	Nr. 1 (SL)
	Art. 115 Abs. 2 Satz 2	Nr. 1 (SL)
Gesetz Nr. 1349 über die Haushaltsfinanzierung 1995 vom 6. 4. 1995 (ABl. S. 418)	Art. 5	Nr. 1 (SL)
	Art. 6	Nr. 1 (SL)
	Art. 7	Nr. 1 (SL)
Saarländisches Beamtengesetz, Gesetz Nr. 771 vom 11. 7. 1962 (ABl. S. 505), zuletzt geändert durch Gesetz Nr. 1371 vom 24. 4. 1996 (ABl. S. 623)	§ 111	Nr. 1 (SL)
Verordnung über die Gewährung von Beihilfen in Krankheits-, Pflege-, Geburts- und Todesfällen vom 11. 12. 1962 (ABl. S. 832), zuletzt geändert durch Verordnung vom 23. 5. 1995 (ABl. S. 578) - Beihilfeverordnung -	§ 5	Nr. 1 (SL)

Sachsen

Gesetz über den Verfassungsgerichtshof des Freistaates Sachsen vom 18. 2. 1993 (GVBl. S. 177, ber. in GVBl. S. 495) - SächsVerfGHG -	§ 27 Abs. 2 § 28	Nr. 1 (S) Nr. 1 (S)
Gesetz über Schulen in freier Trägerschaft vom 4. 2. 1992 (GVBl. S. 37) - SächsFrTrSchulG -	§ 15 Abs. 2 Satz 1, 3 Nr. 3, 5	Nr. 2 (S)
1. Gesetz zur Änderung des Kreisgebietsreformgesetzes und anderer kommunalrechtlicher Vorschriften vom 6. 9. 1995 (GVBl. S. 281) - 1. KGRÄndG -	Art. 1 Nr. 1, 2 lit. b, d, e, Nr. 4 Art. 2	Nr. 5 (S) Nr. 5 (S)
Sächsisches Gesetz über die öffentliche Bestellung und allgemeine Beeidigung von Dolmetschern und Übersetzern vom 16. 6. 1994 (GVBl. S. 1105) - SächsDolmG -	§ 3 § 14	Nr. 1 (S) Nr. 1 (S)
Sächsisches Gesetz über die Presse vom 3. 4. 1992 (GVBl. S. 125) - SächsPresseG -	§ 10	Nr. 4 (S)
Verfassung des Freistaates Sachsen vom 27. 5. 1992 (GVBl. S. 243) - SächsVerf -	Art. 20 Art. 30 Art. 31 Abs. 1 Satz 1 Art. 48 Abs. 4 Art. 78 Abs. 2 Art. 81 Abs. 1 Nr. 3 Art. 102 Art. 120 Abs. 2	Nr. 4 (S) Nr. 3 (S) Nr. 3 (S) Nr. 4 (S) Nr. 4 (S) Nr. 2 (S) Nr. 2 (S) Nr. 2 (S)

Thüringen

Verfassung des Freistaats Thüringen vom 25. 10. 1993 (GVBl. S. 625)	Art. 9 Satz 2 Art. 37 Abs. 1 Art. 49 Abs. 3 Art. 80 Abs. 1 Nr. 2 Art. 80 Abs. 1 Nr. 1, 8 Art. 81 Abs. 1 Art. 91 Abs. 1 Art. 92 Abs. 2 Satz 3	Nr. 2 (Thür) Nr. 2 (Thür) Nr. 3 (Thür) Nr. 4 (Thür) Nr. 2 (Thür) Nr. 3 (Thür) Nr. 4 (Thür) Nr. 1 (Thür)
Gesetz über den Thüringer Verfassungsgerichtshof vom 28. 6. 1994 (GVBl. S. 781) - ThürVerfGHG -	§ 11 Nr. 1, 8 § 26 § 31 Abs. 2 § 48 Abs. 1, 2, 3	Nr. 2, 3 (Thür) Nr. 3 (Thür) Nr. 4 (Thür) Nr. 3 (Thür)
Gesetz zur Neugliederung der Landkreise und kreisfreien Städte in Thüringen vom 16. 8. 1993 - ThürNGG -	§ 4 Abs. 2 Nr. 3 § 23	Nr. 1 (Thür) Nr. 4 (Thür)

Thüringer Beamtengesetz vom 10. Juni 1994 (GVBl. S. 589) - ThürBG -	§ 108	Nr. 2 (Thür)
Geschäftsordnung des Thüringer Landtags - ThürGOLT - vom 7. Juli 1994 (Unterrichtung durch den Präsidenten des Landtags, 2. Wahlperiode, Drucksache 2/80 vom 17. 1. 1995)	§ 67	Nr. 2 (Thür)
Thüringer Wahlgesetz für den Landtag vom 9. 11. 1993 (GVBl. S. 657) - ThürLWG -	§ 7 Abs. 1	Nr. 3 (Thür)
	§ 20 Abs. 2, 4	Nr. 3 (Thür)
	§ 22 Abs. 2, Satz 2	Nr. 3 (Thür)
	§ 23	Nr. 3 (Thür)
	§ 28 Abs. 2	Nr. 3 (Thür)
	§ 29 Abs. 1 Satz 1, 2	Nr. 3 (Thür)
	§ 30 Abs. 1 Satz 1, 2	Nr. 3 (Thür)
	§ 51 Nr. 1	Nr. 3 (Thür)
	§ 53	Nr. 3 (Thür)
	§ 54 Nr. 3	Nr. 3 (Thür)
	§ 57 Abs. 1	Nr. 3 (Thür)
	§ 62	Nr. 3 (Thür)
	§ 63	Nr. 3 (Thür)
	§ 64	Nr. 3 (Thür)

Zwischenstaatliches Recht und Vertragsgesetze

Vertrag zwischen der Bundesrepublik Deutschland und der Deutschen Demokratischen Republik über die Herstellung der Einheit Deutschlands - Einigungsvertrag - vom 31. 8. 1990 (BGBl. II S. 889)	Art. 38	Nr. 4 (Bbg.)